한국의 영유아정책

영유아 교육 · 보육 통합 관점

| **장석환** 저 |

Early Childhood Education and Care Policy in Korea

학지사

머리말

유아교육 업무와 인연을 맺은 지 어느덧 10년이 흘렀다. 그동안 유아교육과 보육 분야에는 많은 변화가 있었다. 2012년에는 만 5세 유아를 대상으로 '5세 누리과정'이 적용되었고, 2013년에는 만 3~4세 유아까지 누리과정이 확대되었다. 2014년부터는 결제카드, 정보공시, 평가, 시설기준, 재무회계규칙 등이 통합되었다. 2019년 7월 교육부와 보건복지부는 '2019 개정 누리과정'을 확정 · 발표하여 누리과정을 '국가 수준의 공통 교육과정'으로 명시하였다.

누리과정이 처음 도입되었을 때는 반응이 좋았다. 그러나 국가 경제가 어려워지자 누리과정은 갈등의 대명사가 되었다. 여당과 야당, 중앙과 지방은 질긴 논쟁을 벌였고, 누리과정 예산은 2014년부터 3년간 새해 예산안의 최대 쟁점이었다. 한편, 박근혜 정부는 2013년부터 유아교육과 보육의 통합을 추진하였다. 대통령의 의지가 강했고 임기 내에 완성하겠다고 약속했으므로 많은 사람이 통합을 낙관하였다. 유보통합은 2014년부터 2016년까지 3단계로 나누어 추진했지만 그 기간은 공교롭게도 누리과정 논쟁이 첨예하게 대립된 시기와 겹쳤다.

필자는 누리과정 정책과 유보통합 정책을 직접 경험하였다. 교육부가 누리과정 도입을 준비하던 때에는 누리과정 정책의 담당자였고, 유보통합이 이슈가 된 때에는 유보통합 정책이 주된 업무였으므로 두 정책의 결정과정에 참여하였다. 그 인연으로 국무조정실 영유아교육 · 보육통합추진단에서 일하기도 하였다. 돌이켜 보면, 그 세월은 새로운 제도를 도입하고 개선했다는 뿌듯함보다는 갈등이 절정으로 치달은 누리과정, 지지부진한 유보통합, 국정 혼란을 지켜봐야 하는 힘든 시기였다.

이 책을 쓰게 된 동기는 필자가 직접 경험한 정책을 기록으로 남기고 싶었기 때문이다. 정책의 결정과정과 집행과정을 밝혀 훗날 유사한 정책을 담당하는 공직자, 정책사례를 연구하는 학자와 공부하는 학생들에게 읽을거리를 제공하고 싶었다. 수많은 정부 보고서, 저서와 논문, 언론보도, 이익단체의 성명서 등을 접하면서 '구슬이 서 말이라도 꿰어야 보배'라는 말을 절감하였다. 특히 누리과정 정책은 실록을 정리한다는 생각으로 썼다. 그러다가 누리과정 도입 이전에 이루어진 유보통합 정책사례도 함께 정리해야겠다고 결심하였다. 그 과정은 힘들었지만 몰랐던 사실을 새롭게 알게 된 데서 오는 희열 또한 컸다.

이 책은 광복 후부터 2019년까지 약 70여 년간 우리나라 유아교육 정책과 보육정책이 어떻게 추진되어 왔는지를 광범위하게 다루고 있다. 시기 구분은 정치권력의 변천을 중심으로 기술하는 방법과 획기적인 정책 도입을 중심으로 기술하는 방법으로 나눌 수 있는데, 이 책에서는 광복 후 추진한 유보통합 정책사례를 시기 구분의 기준으로 삼았다. 정부가 발표한 공식 문서, 국회 회의록, 법령 등 1차 자료를 주로 활용했고, 이야기의 연결을 위해 선행연구와 언론보도도 참고하였다. 모든 자료는 일반에 공개되어 누구나 시간과 노력을 투자하면 확인할 수 있는 것이다. 유아교육과 보육 중 어느 한쪽으로 치우치지 않으려고 애썼고, '술이부작(述而不作)'의 자세를 견지하였다.

이 책은 총 4부로 구성되어 있다. 제1부에서는 정책과 유보통합 문제를 다루었다. 제1장은 정책의 개념, 정책과정과 참여자에 대해 살펴보았다. 제2장은 유아교육과 보육의 의미, 국제 이슈로서의 유보통합 문제를 살펴보았다. 제2부에서는 누리과정이 도입되기 전까지 약 60여 년간의 영유아정책을 개괄하고, 세 차례의 유보통합 정책사례를 다루었다. 제3장은 제5공화국 정부가 1982년에 수립한 '유아교육 진흥 종합계획'을, 제4장은 김영삼 정부가 1997년에 수립한 '유아교육의 공교육체제 확립 방안'을, 제5장은 노무현 정부가 2004년과 2005년에 수립한 '육아지원정책 방안'을 살펴보았다. 제3부는 누리과정 정책과 유보통합 추진방안이 주요 내용이다. 제6장부터 제9장까지는 유보통합의 네 번째 정책사례로 이명박 정부가 도입하고 박근혜 정부와 문재인 정부가 계승한 누리과정 정책을 다루었다. 제6장은 '5세 누리과정'의 도입과정을, 제7장은 누리과정이 만 3~4세 유아까지 확대되는 과정을 설명하였다. 제8장은 3~5세 연령별 누리과정이 적용된 후 운영시간이 변경되는 과정을, 제9장은 누리과정을 둘러싼 논쟁과 해소과정을 자세하게 기술하였다. 제10장은 유보통합의 다섯 번째 정책사례로 박근혜 정부가 2013년에 수립한 '유보통합 추진방안'을 알아보았다. 제4부에서는 유보통합 정책을 평가한 후 시사점을 도출하였고, 향후 전망과 해결해야 할 과제를 기술하였다.

이 책의 출간을 계기로 감사드려야 할 분들이 많다. 부모님은 암울한 시대에 태어나 신산한 삶을 사셨지만 일곱 남매를 바르게 키우셨다. 첫 번째 작품을 두 분의 영전에 바친다. 가장 친한 친구인 아내는 재미없는 원고를 교정해 주었다. 늠름하게 자란 두 아들과 함께 아내에게 고마운 마음을 전한다. 유보통합추진단에서 일할 때, 글의 초안을 꼼꼼히 읽고 의견을 준 송요현 전문위원을 비롯하여 신희연 전문위원, 한문교 사무관, 김성회 사무관에게 감사의 뜻을 표한다. 중앙대학교 이원영 명예교수님과의 인연도 빼놓을 수 없다. 유보통합에 관한 책을 쓴다고 말씀드렸더니 여러 번 원고를 봐주셨고, 이왕이면 누리과정 이전에 있었던 정책도 쓰는 게 좋겠다는 조언도 하셨다. 그분의 응원과 격려 덕분에 광복 이후 70년간의 영유아정책을 쓸 수 있었다. 흔쾌히 출판을 허락하신 학지사의 김진환 대표님과 편집을 맡아 수고해 주신 유은정 님 등 관계자분들께도 감사드린다. 이 책이 영유아정책에 관심 있는 분들에게 조금이나마 도움이 된다면 더 바랄 게 없겠다.

2020년 1월

저자 장석환

추천사

영원히 보존되어야 할 유아교육정책사

나의 친정집은 유치원 교사 출신이 5명이나 된다. 친정어머님께서는 1945년 광복 직후부터 만 3세였던 나와 동생들에게 프뢰벨의 손유희, 은물, 작업을 하게 하셨으며, 유치원 아이들이 배우는 노래와 손유희를 가르쳐 주셨다. 그래서인지 자매 여럿이 선뜻 유치원 교사가 되는 길을 택하였다. 기억을 더듬어 보면 어린 시절부터 어머니는 1923년부터 1964년까지 41년간 우리나라에서 유치원 교육 확대를 실천하셨던 미국 선교사 Miss Clara Howard(한국명 허길래, 1895. 8. 19.~1995. 12. 17.)가 개최하는 유치원 관계자 대상 연수에 꼭 참석하셔서 이런 교육활동들을 배워 가정유치원을 운영하셨던 것이다. 허길래 선교사는 우리나라 농촌에도 유치원을 설립하기 위해 덜컹거리는 흙길을 지프차를 타고 다니시며 가마니를 깔고 아이들에게 서툰 한국어로 동화를 들려주곤 하셨다. 그림책 한 권 없던 나라에서 아이들이 「세 마리 곰」「옥토끼」「삼손」「다윗과 골리앗」 같은 동화를 들으며 행복해했던 기억이 난다. 이처럼 나는 우리나라 유치원 교육의 초기 역사를 경험했으면서도 유아교육 역사 형성과정의 한가운데 있는 줄 몰랐다. 유아교육 전공자로서의 삶을 살면 살수록 역사에 대한 기록이 필요함을 느꼈지만, 우리나라 유치원 교육의 역사 전체를 글로 기록한 것은 아직 없다. 단편적 기록은 있지만 전반적인 상황을 꿰뚫어 볼 수 있는 책이 없다는 뜻이다. 원인은 두 가지이다.

첫째, 영유아를 돌보고 가르치는 유아교육자들의 문화는 기록문화라기보다는 구어문화이고 몸의 움직임과 심리적 개입이 많이 필요한 직업이기 때문이다. 유치원과 어린이집 현장에서 일어나는 중요한 역사적 사실도 기록할 여력이 없다. 이리저리 팔짝 펄쩍 뛰는 아이들의 안전과 건강을 먼저 챙기다 보면 하루 일과를 끝내는 즉시 초죽음이 될 정도로 피곤하기 때문이다. 둘째, 1980년대가 될 때까지 정부와 지방자치단체 모두 유치원에 대한 관심이 없어 기록할 만한 유아교육 · 보육정책이 없었기 때문이다. 현직에 있을 때에는 퇴직하면 이 역사적 사실들을 기록해야겠다고 생각했지만 퇴직한 지 10년이 훌쩍 넘은 이 시점에서도 난 아직 시작조차 못하였다. 1990년대부터는 정부 차원에서 이루어진 유아교육 · 보육정책이 많았기 때문에 기록이 절실하게 필요하다고 느꼈지만 정부의 자료를 찾는 일이나 그 자료와 연관된 실제 상황을 파악하는 일이 엄청나서 걱정만 하고 있던 차에 장석환 박사의 전화를 받았다. 유아교육 · 보육 통합에 대한 기록을 하신다는 것이었다. 난 무조건 만나자고 했고 초고를 읽어 볼 수 있으면 좋겠다고 하였다.

처음 읽었던 원고는 2008년 이후에 만들어졌던 정책과 그 실천에 대한 내용이 주를 이루었다. 참고자료가 다양하고 신뢰할 만했으며 가치 있는 내용들이었다. 유아교육자들은 쉽게 찾을 수 없는 자료들을 장 박사는 찾아냈다. 공무원으로서 언제 어디서 누가 그것을 만들었으며, 현장에 어떻게 전달되고 평가받았는지를 잘 알기 때문이었을 것이다. 본인이 그 정책들의 생산과정에 깊숙이 파묻혀 있었기 때문에 가능했을 것으로 본다. 유아교육 · 보육정책사로서 손색이 없었다. 그러나 난 안다. 이 책이 많이 팔릴 책은 아닐 것이라는 것을…… 왜냐하면 우리나라 대학교의 유아교육과, 보육과 교육과정에 유아교육정책사라는 과목은 아직 없기 때문이다.

초고를 읽은 후 난 장 박사를 만나 "장석환 박사님! 이 책은 팔리지 않을 책입니다. 그러나 반드시 쓰여야 할 책입니다. 영유아를 돌보고 교육하는 이들은 누구나 한 번쯤은 읽어야 하는 책일 뿐 아니라 유아교육을 전공하는 교수, 대학원 학생, 유아교육 · 보육 전공 학생들, 한국의 유치원과 어린이집을 빠른 시일 안에 반드시 교육부로 통합하는 일을 해야 하는 우리나라 정치인, 정책입안자들, 또 한국의 유보통합에 관심이 있는 외국인 학자들이 밤을 새워서라도 읽어야만 할 바로 그런 책입니다. 훗날에도 반드시 읽힐 책입니다. '몇 권이나 나갈까?' 생각하지 마시고 그냥 지금대로 써 주시면 감사하겠습니다. 그리고 1980년대 이전에는 별로 일어난 일이 없으니 건국 후 70년간의 정책사를 함께 다루어 주시면 좋겠습니다만……."이라고 말했던 것으로 기억한다.

이 책이 출판사업에 도움이 되지 않을 것을 충분히 인지하셨을 것임에도 불구하고 유아교육정책사를 기록하는 일이야말로 누군가 반드시 해야만 하는 중요한 일로 판단하시고 흔쾌히 출판을 허락하신 학지사의 김진환 사장님과 학지사 직원 여러분에게 유아교육 · 보육계를 대표하여 진심을 담아 감사 인사를 드린다.

2020년 1월

중앙대학교 유아교육과 명예교수 이원영

차례

제3부
누리과정 정책과 유보통합 추진방안

제4부
정책평가와 향후 과제

제1부

정책과 유보통합 문제

정책과 정책과정

개요

우리가 흔히 말하는 정책은 종류가 많고, 상위정책과 하위정책으로 이루어져 있다. 정책은 정치체제의 산출물로서 정치체제를 둘러싼 사회 · 경제적 환경, 권력구조, 분위기와 이념, 담당자 등의 영향을 받는다.

정부가 사회문제를 현안으로 선택하여 대안을 검토한 후 정책을 결정하고 집행 · 평가하는 일련의 과정을 '정책과정'이라고 한다. 정책과정은 정책형성, 정책집행, 정책평가, 정책변동 단계로 나누며, 정책형성 단계는 다시 정책의제설정, 정책분석, 정책결정 단계로 나눈다. 정책과정에는 공식적 참여자와 비공식적 참여자 등 많은 사람이나 단체가 참여한다.

1. 정책과 정치체제

우리는 일상생활에서 정책이라는 용어를 많이 사용한다. '정책'에 교육정책 · 국방정책 · 경제정책 · 문화정책 · 복지정책 · 주택정책 · 환경정책 등과 같이 각종 수식어를 붙여서도 사용한다. 교육정책은 교육부가 하는 일에 따라 인적자원개발 정책, 학교교육 정책, 평생교육 정책, 학술 정책 등으로 나눌 수 있다. 학교교육 정책은 다시 교육과정 정책, 유아교육 정책, 초 · 중등교육 정책, 교원 정책, 대학 정책 등으로 세분할 수 있고, 유아교육 정책에는 국 · 공립유치원 확충 정책, 사립유치원 지원 정책 등 수많은 하위정책이 있다. 이처럼 정책은 종류도 많고, 상위정책과 하위정책이 계층을 이루고 있다.

1) 정책의 개념

정책은 무엇인가? 정책은 "정치적 목적을 실현하기 위한 방책"이다(국립국어원 표준국어대사전). 그만큼 정책과 정치는 밀접한 관계가 있다. 데이비드 이스턴(David Easton, 1981: 129)은 정치를 "희소자원의 권위적 배분을 둘러싼 활동"으로 정의했다. 즉, 정치는 형식 면에서는 사회의 정책결정 과정, 내용 면에서는 사회에 대해 가치를 배분하는 행위이다(이극찬, 2008: 111).

일상생활에서는 정책을 '중요한 결정'이라는 뜻으로 사용하는 경우가 많다. 1950년대 초에 정책학을 창시한 라스웰(Harold D. Lasswell)은 정책을 "가장 중요한 선택"이라고 단순하게 정의하였다. 정부뿐만 아니라 다양한 조직에서 행하는 중요한 결정이 모두 정책이라는 것이다(김문성, 2014: 14-15). 우리나라 학자들은 정책을 보다 구체적으로 정의하였다. 정정길 등(2017: 35)은 "바람직한 사회 상태를 이룩하려는 정책목표와 이를 달성하기 위해 필요한 정책수단에 대하여 권위 있는 정부기관이 공식적으로 결정한 기본방침"이라고 하였다. 즉, '정책목표' '정책수단' '권위 있는 정부기관에 의한 결정' '기본방침'이 정책의 주요 구성요소임을 알 수 있다.

정책목표는 미래에 도달하고자 하는 바람직한 상태(desirable state)이며, 무엇이 바람직한 상태인가를 판단하는 가치판단에 의존하므로 주관적이고 규범적인 특성이 있다. 정책수단은 정책의 실질적인 내용이며, 정책목표를 달성하기 위한 방법이다. 정책수단은 국민들에게 직접 영향을 미치기 때문에 이를 둘러싼 이해관계자들 간의 갈등과 대립이 첨예하게 발생하곤 한다. 따라서 정책수단은 정책과 관련된 갈등이나 타협과정에서 핵심 역할을 한다. 권위 있는 정부기관은 정책을 결정할 권한을 가지고 있는 정부기관으로 국회와 대통령, 장관 등이다. 기본방침을 결정한다고 한 이유는 정책의 내용이 전문적이고 기술적이므로 정책을 결정할 때는 중요한 방침만 결정하는 것이 일반적이기 때문이다. 이들 중 정책목표와 정책수단이 가장 핵심적인 요소이며, 여기에 '정책대상 집단'을 합하여 정책의 3요소라고 한다. 정책대상 집단은 정책의 혜택을 받는 수혜집단과 정책 때문에 희생을 당하는 정책비용 부담집단으로 나눌 수 있다(정정길 외, 2017: 37-47).

하나의 정책 사례를 살펴보자. 2018년 10월 11일 국회 교육위원회의 교육부에 대한 국정감사에서 더불어민주당 박용진 의원이 17개 시 · 도 교육청의 유치원 감사 결과를 실명으로 공개하여 사립유치원 문제가 사회적 이슈가 되었다. 이른바 '비리 유치원'의 실명이 공개되자 그동안 사립유치원에 자녀를 믿고 맡겼던 학부모들의 분노가 거세졌고, 언론은 유치원의 각종 비리와 문제점 관련 기사를 주요 뉴스로 다루었다. 교육부는 시 · 도 교육청 부교육감 회의 등을 열어 대응방안을 논의하였고, 2018년 10월 25일 당정협의를 개최한 후 '유치원 공공성 강화 방안'을 확정 · 발표하였다(교육부, 2018a).

[그림 1-1]에서 보는 것처럼 '유치원 공공성 강화 방안'의 정책목표는 유치원의 공공성 강화로 모든 유아에게 양질의 교육을 제공하는 것이다. 정책목표를 달성하기 위해 제시한 학습권 보장, 국 · 공립 확대, 관리 · 감독 강화 등 3개의 '즉각 추진과제'와 학부모 참여 강화, 투명한 회계 운영, 사립유치원 교육 질 관리 등 3개의 '제도 개선과제'는 하위목표인 동시에 정책수단이다. 또 6개 정책수단별로 '추진방안'이라는 하위정책수단을 3~4개씩 마련하였다. 이 정책은 여당의 원내대표, 정책위의장, 전략기획위원장 등과 정부 측의 교육부장관 및 차관, 기획조정실장 등이 참석한 당정협의에서 최종 확정되었다. 정책의 수혜집단은 학부모와 유치원에 다니는 유아이며, 정책비용 부담집단은 사립유치원 설립 · 운영자이다.

대책, 방안, 계획, 사업, 지침 등과 같은 용어들은 정책과 거의 같은 뜻으로 쓰이지만, 대개는 어떤 정책의 하위정책을 지칭할 때가 많다. 예를 들어, 교육부의 유치원 공공성 강화방안, 사교육비 경감대책, 중학교 자유학기제 추진계획, 전문대학 육성방안 등은 해당 교육정책의 하위정책이다. 보건복지부가 5년마다 작성하는 '중장기 보육 기본계획'도 마찬가지이다. 정부부처가 작성하는 문서에서는 '정책'보다는 방안, 대책, 계획 등의 단어를 더 많이 사용한다.

법률은 국민을 대표하는 국회의 의결을 거치므로 정책의 한 형태이다. 정책과 마찬가지로 법률도 목표가 있고, 최후 수단으로 강제력을 보유하고 있으며, 대상 집단으로 규제하는 사람이 있고, 법의 내용을 실현할 정부의 의지가 있기 때문이다. 하지만 모든 정책이 법률의 형식을 취하는 것은 아니다(정정길 외, 2017: 36-37). 법률의 제정이나 개정 없이 정부가 독자적으로 추진하는 정책도 많다.

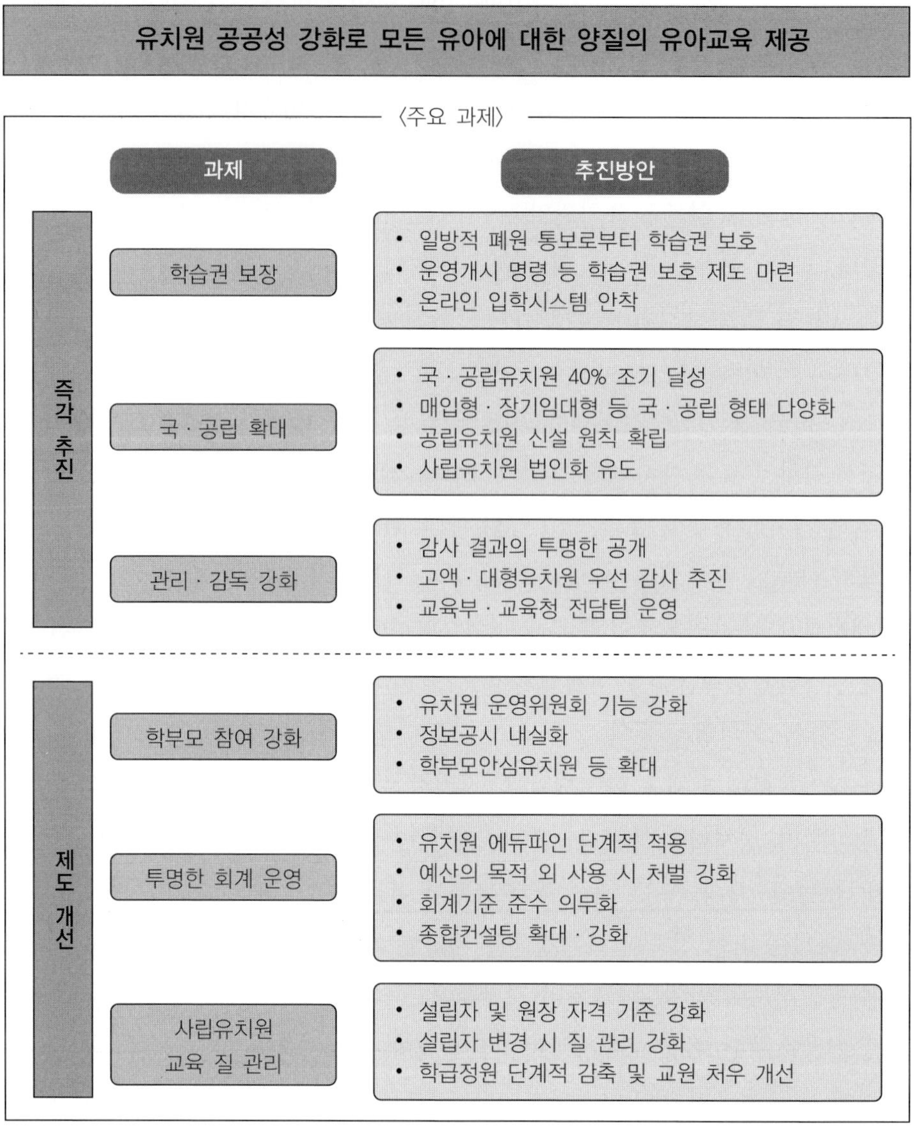

유치원 공공성 강화로 모든 유아에 대한 양질의 유아교육 제공

〈주요 과제〉

	과제	추진방안
즉각 추진	학습권 보장	• 일방적 폐원 통보로부터 학습권 보호 • 운영개시 명령 등 학습권 보호 제도 마련 • 온라인 입학시스템 안착
	국 · 공립 확대	• 국 · 공립유치원 40% 조기 달성 • 매입형 · 장기임대형 등 국 · 공립 형태 다양화 • 공립유치원 신설 원칙 확립 • 사립유치원 법인화 유도
	관리 · 감독 강화	• 감사 결과의 투명한 공개 • 고액 · 대형유치원 우선 감사 추진 • 교육부 · 교육청 전담팀 운영
제도 개선	학부모 참여 강화	• 유치원 운영위원회 기능 강화 • 정보공시 내실화 • 학부모안심유치원 등 확대
	투명한 회계 운영	• 유치원 에듀파인 단계적 적용 • 예산의 목적 외 사용 시 처벌 강화 • 회계기준 준수 의무화 • 종합컨설팅 확대 · 강화
	사립유치원 교육 질 관리	• 설립자 및 원장 자격 기준 강화 • 설립자 변경 시 질 관리 강화 • 학급정원 단계적 감축 및 교원 처우 개선

[그림 1-1] 유치원 공공성 강화방안

출처: 교육부(2018b), p. 4.

2) 정책은 정치체제의 산물

정책은 누가 결정하는가? 앞에서 정책은 '권위 있는 정부기관', 즉 국회와 대통령, 장관 등이 결정한다고 하였다. 이들은 정치체제(political system)에서 정책활동을 하며, 정책활동의 결과물로 정책을 생산한다. 정책이 정치체제의 산출물이라면 정치체제의 속성에 따라 정책의 내용이 달라질 수 있을 것이다. 정치체제는 일종의 체제(system)이므로 체제가 지닌 여러 가지 속성을 가지고 있다. 체제가 지닌 속성은, 첫째, 체제를 구성하는 요소, 둘째, 요소와 요소 간의 상호관계, 셋째, 체제와 외부를 구별 짓는 경계이다. 교육부 조직을 하나의 체제로 본다면, 교육부에는 유아교육 담당부서와 초·중등교육 담당부서 등이 있으며, 이 부서들은 행정활동을 하는 과정에서 서로 관련되는 경우가 많다. 교육부 조직은 다른 정부기관이나 비정부기관과 구별되는 경계를 갖고 있다. 정치체제도 마찬가지이다. 정치체제의 구성요소는 정책의 결정과 집행에 관련된 여러 가지 정치활동, 이를테면 행정부가 수행하는 행정활동과 입법부가 수행하는 입법활동, 사법부의 판결 등을 들 수 있다. 이와 같이 정치체제를 정치활동을 담당하는 조직이나 기관으로 본다면 국회, 행정부, 대통령실 등은 모두 정치체제의 구성요소가 될 수 있다. 따라서 정치체제는 정치활동을 담당하는 정부기관 등을 뜻한다고 할 수 있다(정정길 외, 2017: 75-76).

모든 체제는 환경과 상호작용한다. 환경으로부터 받아들이는 것을 투입(input), 환경으로 내보내는 것을 산출(output)이라고 하고, 산출에 대한 환경의 반응을 점검하여 체제를 환경에 적응시키는 것을 환류(feedback)라고 부른다. 정치체제는 환경으로부터 요구(demand)와 지지(support)라는 두 가지 종류의 투입을 받아들인다. 환경이 정치체제에 대해 사회문제를 해결하라고 요구하면 이것이 정책과정의 출발점이다. 정치체제가 환경 구성원이 원하는 사회문제를 해결해 줄 것으로 보이면 그 환경 구성원은 인적·물적 자원을 공급하고 공권력 발동에 순응함으로써 지지를 보낸다. 산출은 정책을 의미한다(정정길 외, 2017: 76-77).

정치체제와 그것을 둘러싼 환경 중에서 어느 것이 정책에 더 큰 영향을 미치는가? 1950년대부터 정책의 내용을 결정하거나 좌우하는 요인이 무엇인가를 밝히고자 하는 연구가 이루어졌다. 초기의 경제학자들 중 일부는 정책을 좌우하는 요인으로 정치체제보다는 환경적 요인이 더 중요하다고 주장했으나 후기 학자들은 정치체제와 사회·경제적 변수 모두 정책에 영향을 미친다고 보고 있다. 그 이유는, 첫째, 사회·경제적 요인은 정치체제의 선택을 제약하는 일종의 제약요인이며, 이 제약요인의 범위 내에서의 정책결정은 정치체제의 특성에 따라 좌우되기 때문이다. 요컨대, 환경적 변수의 제약하에서 정치적 변수가 영향을 받아 구체적인 정책내용이 결정되는 것을 예로 들 수 있다. 둘째, 경제가 고도로 발전할수록 요구가 다양해지며, 소득증대에 따라 재정수입도 늘어나므로 재정적인 제약에서 벗어나 정치적 영역의 폭이 넓어지기 때문이다. 따라서 이때는 정치체제 요인의 비중이 커진다. 소득수준이 높아지면 재정규모가 증가하여 정치적으로 선택할 수 있는 정책대안의 폭이 더 넓어진다(정정길 외, 2017: 88).

정치체제는 사회문제가 환경으로부터 투입되면 그중 일부를 선별하여 정책으로 전환시키고, 정책을 집행하여 정책결과를 환경에 내보낸다. 이 과정에서 담당자, 분위기와 규범, 구조 등 정치체제의 특성이 정책의 내용에 영향을 미친다. 구체적으로 보면, 첫째, 정책 담당자의 능력과 성향이 정책에 큰 영향을 미친다. 능력은 전문적 · 정치적 능력을 말하고, 성향은 정책에 대한 정책 담당자의 선호도나 태도를 의미한다. 둘째, 정치체제의 분위기와 규범 중에서 가장 중요한 것은 정치이념, 정치 · 행정문화이다. 정치이념은 정치적 가치에 대한 일관성 있는 사고체계로 자유주의, 사회주의, 경제성장주의, 안보 우선주의, 복지주의, 평등주의 등을 예로 들 수 있다. 정치 · 행정문화는 정부와 시민의 관계에 대한 신념과 인식, 정치체제의 운영방식에 대한 신념과 태도 등이다. 셋째, 정치체제의 구조 중에서 가장 중요한 것은 권력구조이다. 권력구조는 중앙집권과 지방분권과 같은 정부계층 간 권력구조, 입법부 · 행정부 · 사법부와 같은 정부기관 간 권력구조, 행정부 내부의 권력구조 등으로 구분할 수 있다(정정길 외, 2017: 95-106).

우리는 국회의원 총선 결과에 따라 국회의 의석 분포가 어떻게 되는지, 대통령 선거에서 어느 정당의 후보가 당선되는지, 정부 부처의 장관이 누가 되는지에 관심을 가진다. 그들의 능력과 성향, 지향하는 정치이념에 따라 우리의 삶에 영향을 미치는 정책의 결과물도 달라질 수 있기 때문이다. 행정부 입장에서는 여당이 국회의 다수 의석을 차지했을 때보다 '여소야대(與小野大)'일 때, 법률의 제정이나 개정을 수반하는 정책을 수립하기가 더 어렵다. 대통령과 국회의 다수당, 지방자치단체장과 지방의회 구성원들의 정치 성향이 같다면, 정책집행은 원만할 가능성이 높다. 이와 같이 정치체제의 특성은 정책의 형성과 집행과정에 크게 영향을 미친다.

2. 정책과정과 참여자

1) 정책과정

정책은 다양한 분야에서 일어나는 크고 작은 문제를 해결하여 바람직한 사회 상태를 실현하고자 하는 목표를 가지고 있으므로 사회문제야말로 정책과정의 출발점이다. 그러면 정책은 어떤 과정을 거쳐 결정되고 집행되는가? 우리가 사는 세상에는 수많은 사회문제가 있다. 그러나 사회문제가 모두 정책의 대상이 되는 것은 아니며, 정부가 다 해결할 수도 없다. 수많은 사회문제 중에서 일부 문제는 정부가 공식적으로 해결하려고 하지만 다른 사회문제는 방치된다. 정부가 사회문제를 정책문제로 채택하여 정책을 결정하고, 결정된 정책을 집행하고 평가하는 일련의 과정을 '정책과정(policy process)'이라고 한다.

정책과정의 단계에 대해서는 학자들 간에 의견이 다르지만 대체로 정책형성 단계, 정책집행 단계, 정책평가 단계, 정책변동 단계로 나눈다(유훈, 2007: 110). 넓은 의미의 정책형성은 정부가 문제의 심각성을 인정해서 정책문제를 선정하고, 정책문제 해결에 기여할 수 있는 실현 가능한 여러 가지 대안을 개발한 후 여러 대안 중에서 최종안을 선택하고 이에 합법성을 부여하는 모든 단계를 말한다(유훈, 2007:

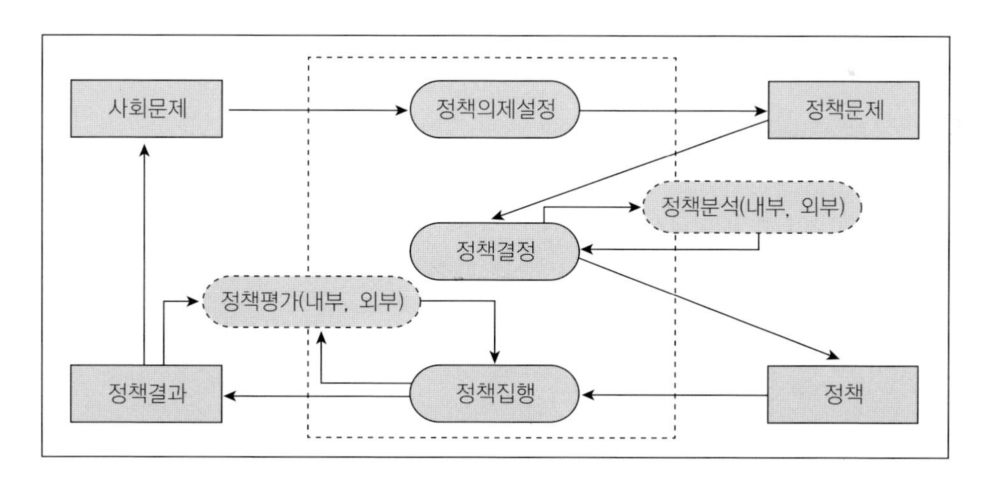

[그림 1-2] 정책과정

출처: 정정길 외(2017), p. 14의 내용 재구성.

261). 그러므로 정책형성 단계에는 정책의제설정, 정책분석, 정책결정 단계가 포함되어 있다.

[그림 1-2]는 정책과정의 여러 측면을 보여 준다. 정책과정에서 정책활동을 구체적으로 수행하는 것은 정치체제가 담당한다. 정치체제는 정책의 결정 및 집행과 관련된 여러 가지 정치활동의 집합체로 정부기관을 말하며, 그림에서 점선으로 된 큰 사각형으로 표시되어 있다(정정길 외, 2017: 14). 정책의제설정, 정책결정, 정책집행은 정치체제의 핵심적인 정책활동이다. 정책분석과 정책평가는 정치체제 내부와 외부에서 나누어 진행된다. 정책과정의 내용을 자세히 살펴보고자 한다.

(1) 정책의제설정

정책의제설정(agenda setting)은 정부가 사회문제를 공식적으로 해결하기 위해 정책문제로 전환하는 행위이다. 정책문제는 정부가 그 사회문제를 심각하게 검토하여 해결하기로 결정한 문제이다. 그러므로 정책의제설정이란 정부가 어떤 사회문제를 정책적으로 해결하기로 결정하는 행위 또는 과정이다(정정길 외, 2017: 283).

사회문제를 정책문제로 전환하는 사례를 보자. 2017년 11월부터 약 2개월간 초등학교 빈 교실을 국 · 공립어린이집으로 활용하는 문제가 논란이 되었다. 이 논란은 2017년 11월 24일 국회 보건복지위원회에서 「영유아보육법」 개정안이 통과되면서 시작되었다. 남인순 의원이 대표발의한 법안은 학생 수 감소 등으로 수업에 이용되지 않는 초등학교 유휴교실을 국 · 공립어린이집으로 용도 변경하여 활용할 수 있게 하자는 내용이었다(의안정보시스템 홈페이지, 의안번호 2005350).

이에 대해 전국 시도교육감협의회와 한국교원단체총연합회는 반대 입장을 표명했다. 학교의 부담이 늘어나고 초등학생의 학습권이 침해되며 국 · 공립유치원 설립이 더 시급하다는 것이 반대의 이유였다(전국 시도교육감협의회, 2017; 한국교원단체총연합회, 2017). 교육계가 반발하자 국회 법제사법위원회는 법안을 통과시키지 않았다. 언론은 이 문제를 부각시켰고, 문제해결의 대안으로 유보통합을 제시하기도 하였다(중앙일보, 2017. 12. 4.).

2017년 12월 12일 유시민 전 보건복지부장관이 청와대 국민청원 게시판에 '초등교실을 활용한 공공보육시설 확충'이라는 제목의 청원을 올리면서 찬반 논란은 가열되었다. 김상곤 사회부총리는 "초등학교에 빈 교실이 생기면 병설유치원 600개를 만들어 국 · 공립유치원 취원율을 40%까지 끌어올릴 계획"이라고 말했다(동아일보, 2017. 12. 13.). 문재인 정부 5년간 국·공립어린이집 이용률을 40%까지 확대하는 것이 보건복지부의 국정과제인 것처럼 국·공립유치원 취학률 40% 확대 또한 교육부가 맡은 국정과제이기 때문이다.

문제가 점점 커지자 이낙연 국무총리는 2017년 12월 21일 국정현안점검조정회의[1]에서 "이 문제가 청와대 청원으로 들어가 있기 때문에 공론화는 이미 돼 버린 상태고 토론 자체를 미룰 수도 없는 상황"이라고 말했다. 그리고 이 날을 기점으로 교육부와 보건복지부를 포함한 관계부처 간의 의견조정을 서두를 것을 주문하였다(국무조정실, 국무총리비서실, 2017). 이때부터 정부는 '초등 유휴교실 국·공립어린이집 활용' 문제를 정책문제로 전환하였다.

(2) 정책분석과 정책결정

사회문제가 정책문제로 거론되면 정부의 관련자는 정책목표를 설정하고 이 목표를 달성할 수 있는 여러 가지 대안을 생각하고 검토하는 정책분석 과정을 거친다. 이 모든 활동이 정책결정이며, 그 결과로서 나오는 산출물이 정책이다. 이때 보다 바람직한 정책결정을 위해 수행되는 지적 작업이 정책분석이며, 이것은 정책결정에 중요한 논리적 근거를 제공한다(정정길 외, 2017: 13). 정책분석 단계에서는 정부 내에서도 태스크포스(TF)를 구성하는 등 다각적으로 정책대안을 검토하지만, 문제의 성격에 따라 관련 분야 전문가에게 정책연구를 맡기는 경우가 많다. 정책을 결정하기 위해 그들의 전문지식을 적극 활용하기 위해서이다. 정책분석을 정치체제의 내부와 외부에서 나누어 담당한다는 말은 이런 의미이다.

다시 초등학교 유휴교실 국·공립어린이집 활용 문제로 돌아가 보자. 국무총리의 지시에 따라 2018년 1월 4일 이 문제를 해결하기 위한 첫 번째 조정회의가 열렸다. 국무총리실이 회의를 주재하고 교육부와 보건복지부가 참석하였다(동아일보, 2018. 2. 2.). 정부는 약 한 달간 정책대안 검토와 조정과정을 거쳐 2018년 2월 1일 국정현안점검조정회의에서 '학교시설 활용 및 관리 개선방안'을 심의·확정하였다. 초등학교 빈 교실은 우선순위를 정해서 활용하고, 활용 가능한 빈 교실의 객관적인 산정기준을 마련하며, 2018년 3월까지 시설관리 및 안전책임 가이드라인을

---

1) 국정현안점검조정회의는 '국가의 중요 정책 조정과 주요 국정현안에 대한 범정부적 대응의 원활한 수행을 위하여' 국무총리 소속으로 설치되었다. 문재인 정부 출범 후 과거 국가정책조정회의를 국정현안점검조정회의로 명칭을 변경하고, 일부 기능을 조정하였다(대통령령 제28143호, 2017. 6. 20. 일부개정).

마련한다는 것이 방안의 주요 내용이었다(국무조정실, 국무총리비서실, 2017).

(3) 정책집행

정책이 결정되면 정책의 담당자는 정책의 내용을 실현하는데, 이것이 정책집행이다. 정책의 내용은 정책목표와 정책수단으로 이루어지는데, 정책내용 실현의 핵심은 정책수단의 실현이다. 그러나 정책수단이 실현되더라도 정책목표가 반드시 달성되는 것은 아니다. 목표가 달성되는 경우도 있고 그렇지 않은 경우도 있다. 정책이 집행되었는데도 정책목표가 달성되지 않은 경우는 정책목표와 수단 사이에 인과관계가 존재하지 않았거나 정책집행 과정에서의 잘못으로 정책효과가 나타나지 않은 경우에 해당된다(정정길 외, 2017: 511).

앞의 사례에서 정부가 수립한 '학교시설 활용 및 관리 개선방안'은 2018년 2월부터 후속조치 마련과 함께 정책집행 단계에 들어갔다. '빈 교실 활용 3대 원칙'에서 정한 정책수단을 실현하는 단계였다.

(4) 정책평가

상식적인 의미에서 정책을 평가한다는 말은 정책의 좋고 나쁨을 비판한다는 뜻으로 사용된다. 즉, 상식적 의미의 정책평가는 정책과정의 모든 측면에 대한 가치판단적 논의이다. 그러나 정책학에서는 주로 정책결과와 집행과정만을 평가의 대상으로 삼고 있다. 다시 말해, 정책집행이 일어난 이후에 집행과정이나 정책결과를 대상으로 하는 평가적 · 지적 활동이 정책평가이다(정정길 외, 2017: 619-620). 이처럼 정책평가는 정책집행이 이루어진 이후를 평가의 대상으로 하므로 정책결정을 하기 전에 다양한 대안을 검토하는 정책분석과는 다르다. 정책평가도 정책분석과 같이 정부기관 내부와 외부에서 나누어서 수행한다. 국회 국정감사와 질의 · 토론, 감사원 감사, 국무조정실의 정부업무평가,[2] 중앙부처 기획관리실의 자체평가 등은 정부기관 내부의 평가이고, 언론 및 각종 연구기관 등의 평가는 외부 평가에 해당한다.

2) 국무조정실은 2019년 1월 22일, '2018년도 정부업무평가 결과'를 발표하였다. 43개 중앙행정기관의 2018년도 업무성과를 일자리 · 국정과제, 규제혁신, 정부혁신, 정책소통, 소통만족도 등 6개 부문으로 나누어 평가하고 이를 기관별로 종합한 평가결과를 도출하였다(국무조정실, 국무총리비서실, 2019).

(5) 정책변동

정책변동은 특정한 정책을 수정하거나 종식 또는 중지시키는 것이다(유훈, 2007: 301). 다시 말해, 정책변동은 정책이 본래의 모습과는 다른 모습으로 변화되는 것을 의미한다(김문성, 2014: 332). 정책과정에는 끊임없는 환류가 일어난다. 정책활동을 유발시킨 사회문제는 정치체제의 환경 변화에 따라 질적으로 달라질 수 있다. 환경 변화에 따른 문제의 성격 변화와 새로운 문제의 등장 등 여러 가지 변수가 작용하여 문제를 변화시키기 때문이다. 이러한 '문제의 변화'는 정책결정 도중이나 정책집행 도중 또는 평가 활동 도중에 인지되거나 파악되고 환류되어서 정책의 변동을 일으키는 주된 요인이 된다. 정책변동은 정책목표와 정책수단, 정책대상 집단 등과 같은 정책내용의 변동뿐만 아니라 서비스 제공 체계상의 변화와 같은 정책집행 방법까지도 포함한다. 정책변동은 정책결정에서 일어나는 정책의 수정과 종결만이 아니라 집행 단계에서 일어나는 것도 포함한다(정정길 외, 2017: 700).

앞에서 정책과정의 단계를 말할 때 마지막에 정책변동 단계가 있었다. 그러나 [그림 1-2]에 정책변동이 표시되어 있지 않은 이유는 정책결정과정 단계뿐만 아니라 정책집행 단계와 정책평가 단계에서도 정책변동이 일어나므로 정책과정의 어느 한 부분에 배치하기가 애매하기 때문이다.

2) 정책과정의 참여자

정책과정에는 많은 사람이나 단체가 참여한다. 정책과정에 참여하는 행위자는 크게 공식적 참여자와 비공식적 참여자로 나눌 수 있다. 공식적 참여자는 정책과정에서 법적 권한과 책임을 가지고 있는데, 국회, 대통령, 행정기관, 사법부를 들 수 있다. 비공식적 참여자는 정당, 이익집단, 사회단체, 언론, 전문가, 일반 대중 등을 들 수 있다. 여기서는 공식적 참여자로 국회, 대통령, 행정기관을, 비공식적 참여자로는 정당, 이익집단, 언론에 대해 알아보고자 한다.

(1) 국회

「대한민국 헌법」(이하 「헌법」) 제3장은 국회의 권한과 책임을 규정하고 있다. 입법권은 국회에 있으며, 국회의원은 법률안을 제출할 수 있다. 국회는 국가의 예산안을 심의·확정하고, 국정을 감사하거나 특정한 국정사안에 대하여 조사할 수 있다.

뿐만 아니라 국회는 대통령의 헌법기관 구성원 임명에 대한 동의권을 가지며, 국무총리와 국무위원 또는 정부위원에 대해 국회에 출석하여 답변할 것을 요구할 수 있다. 국회는 대통령, 국무총리, 국무위원, 행정각부의 장, 헌법재판소 재판관, 법관, 감사원장 등 공무원이 직무집행에 있어서 헌법이나 법률을 위배한 때에는 탄핵의 소추를 의결할 수 있다(헌법 제10호, 1987. 10. 29.).

국회의 가장 기본적인 권한은 법을 제정할 수 있는 입법권이다. 법률안의 제출은 국회의원과 행정부가 할 수 있지만 법률안을 심의하고 의결할 수 있는 권한은 배타적으로 국회에 속한다. 국회가 법률을 제정할 때에는 일련의 절차를 거치는데, 이것을 입법절차 또는 입법과정(legistraion process)이라고 한다. [그림 1-3]은 국회에서의 입법과정을 보여 준다. 입법과정은 일정한 입법정책의 목적에 따라 작성된 법률안이 국회에 제출된 후 소정의 절차에 따라 심의를 거친 다음, 정부에 이송되어 대통령의 공포에 의하여 법률로서 효력이 발생되기까지의 모든 과정을 포함한다. 입법과정을 단계적으로 살펴보면 법률안의 입안과정, 국회에서의 심의 의결과정, 법률안의 정부 이송 및 대통령의 공포 등으로 크게 구별할 수 있다(국회법률정보시스템 홈페이지).

입법과정의 형태는 법안 심의 활동의 중심이 모든 의원이 출석하여 심의 및 의결하는 본회의에 있는지 아니면 전문성을 바탕으로 소수의 의원으로 구성된 위원회에 있는지에 따라 '본회의 중심주의'와 '위원회 중심주의'로 구분된다. 우리나라는 1948년 5월 제헌국회에서 전원위원회 제도를 도입하여 본회의 중심주의 원칙에 따라 국회를 운영하였다. 그러나 1963년 12월 제6대 국회부터는 상임위원회 중심으로 국회를 운영해 왔다(이완범 외, 2015: 229). 「국회법」 제5장은 위원회의 종류와 그 소관 범위 등에 대해 자세히 정하고 있다(법률 제14840호, 2017. 7. 26.)

국회는 「헌법」과 「국회법」에 따라 국가의 예산안을 심의 · 확정한다. 국회의 예산안 심의 · 확정 권한은 재정과정(financial process)의 일부분이다. 재정과정은 나라살림을 운용하는 일련의 과정으로, 크게 예산과정과 결산과정으로 구분할 수 있다. 예산과정은 정부의 예산안 편성, 국회의 예산안 심의 · 확정, 정부의 예산집행으로 구성되고, 결산과정은 정부의 결산보고서 작성, 감사원의 결산 검사확인, 국회의 결산심사로 구성된다. 이러한 재정과정은 3년의 기간에 걸쳐 이루어지고, 특정연도 중에는 전년도 결산, 당해 연도 예산의 집행, 다음 연도 예산안의 편성 및 심의가 이루어진다(국회예산정책처 홈페이지). 중앙정부의 재정과정은 [그림 1-4]와

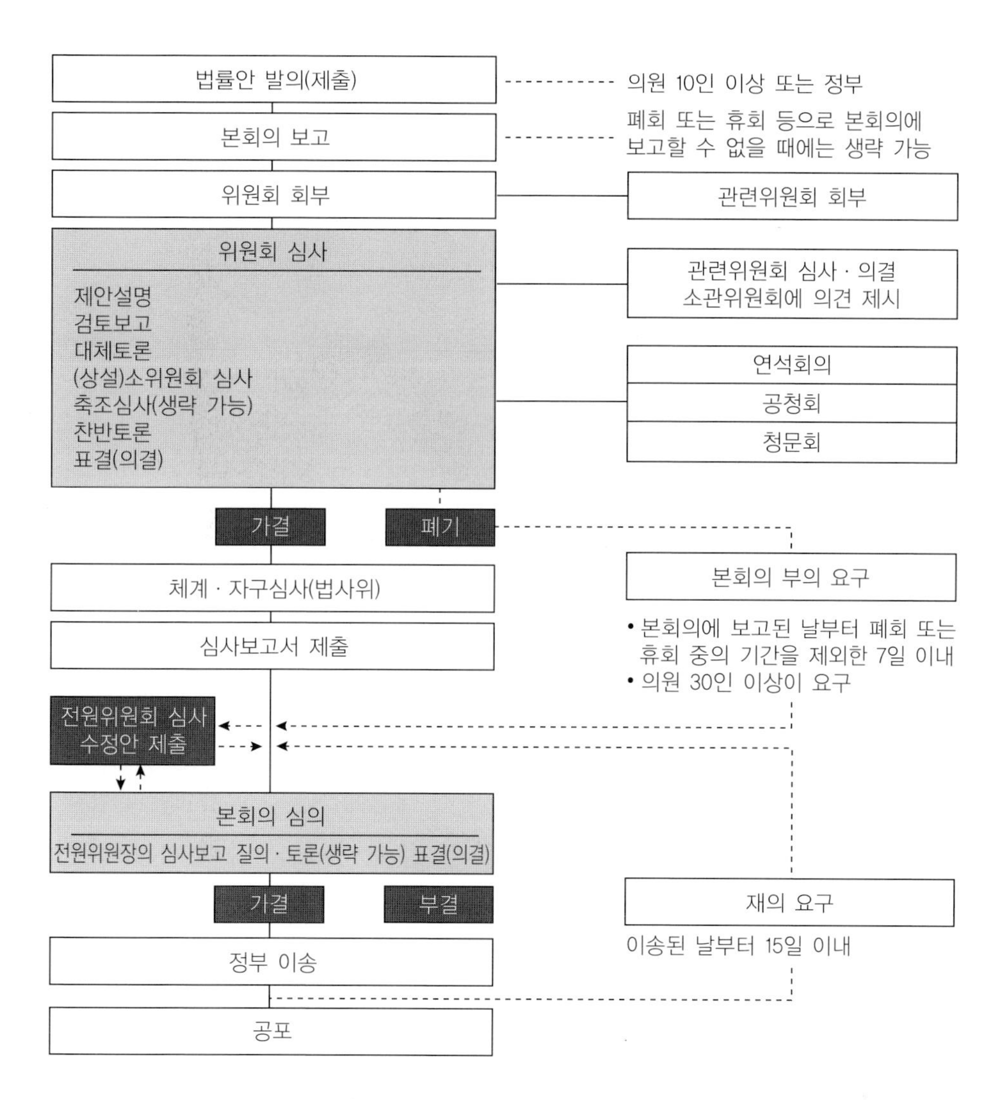

[그림 1-3] 국회에서의 입법과정

출처: 국회법률정보시스템 홈페이지.

같다.

「국가재정법」 제31조 내지 제33조에 따르면, 각 중앙관서의 장은 매년 5월 31일까지 다음 연도 세입 · 세출예산 요구서를 작성하여 기획재정부에 제출하고, 기획재정부는 예산요구서에 따라 예산안을 편성하여 국무회의 심의를 거친 후 대통령의 승인을 얻어야 한다. 그리고 정부는 대통령의 승인을 얻은 예산안을 회계연도 개시 120일 전까지 국회에 제출하여야 한다(법률 제12861호, 2014. 12. 30.).

「헌법」 제54조 제2항 후단은 국회가 회계연도 개시 30일 전까지 예산안을 의결하

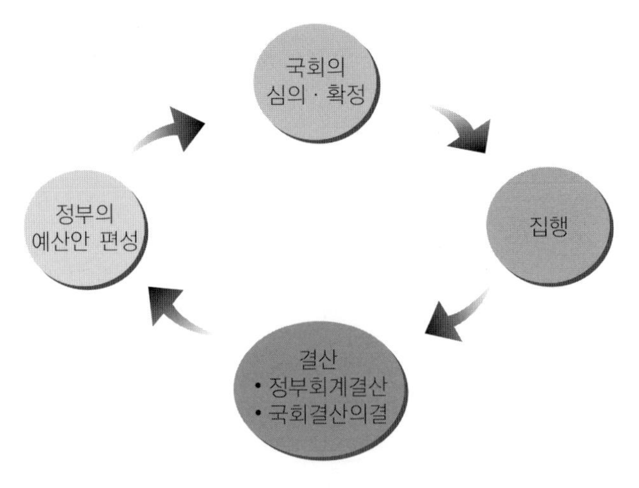

[그림 1-4] 중앙정부의 재정과정

출처: 국회예산정책처 홈페이지.

도록 하였지만, 그동안 잘 지켜지지 않았다. 국회는 2012년 5월에 「국회법」을 개정하여 예산안 등이 법정기한 내에 처리될 수 있도록 제도를 보완하였다. 「국회법」 제85조의3을 신설하여 위원회가 예산안을 비롯한 세입예산안 부수 법률안의 심사를 매년 11월 30일까지 마치도록 하였고, 위원회가 기한 내에 심사를 마치지 않은 때에는 그 다음날에 바로 본회의에 정부안을 부의할 수 있게 하였다. 이것을 흔히 '국회선진화법'이라고 부른다. 신설된 「국회법」 제85조의3은 2014년 5월 30일부터 시행되었다(법률 제11453호, 2012. 5. 25.; 법률 제11820호, 2013. 5. 22.). 국회의장이 예산안을 상정하면 국회 재적의원 과반수의 출석과 출석의원 과반수의 찬성으로 가결된다. 국회의 예산안 심의 절차는 [그림 1-5]와 같다.

국가의 중요한 정책은 대부분 예산과 법률의 제 · 개정을 수반하고, 예산의 심의 · 의결권과 입법권은 국회에 있으므로 국회는 국가 정책을 결정하는 최고 의사결정기관이라고 할 수 있다. 국회의원은 선거에서 당선되기 위해 지역구민이나 국민들이 원하는 문제들을 이슈화하고 정책의제로 부각시킨다. 또한 의원입법 형태의 법안 발의를 통해 정책의제설정에 관여한다. 행정부의 정책집행 과정에서는 대정부 질문, 예 · 결산 심사, 정책평가, 국정감사, 국정조사 등을 통해 행정부를 견제하고 감시 · 감독한다.

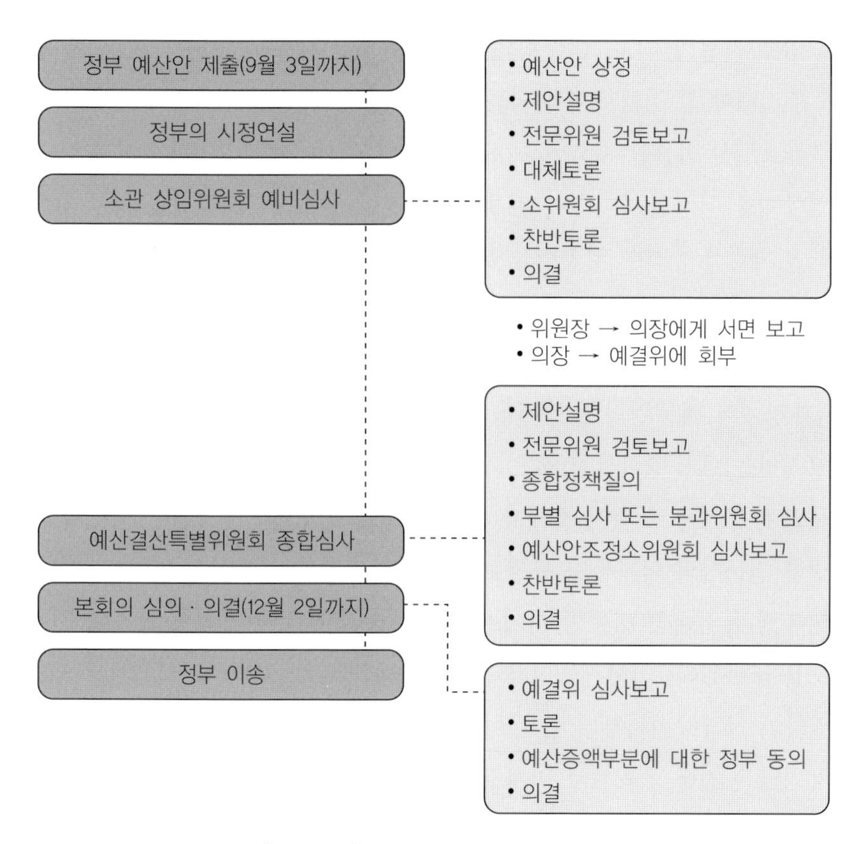

[그림 1-5] 국회의 예산안 심의 절차

출처: 국회예산정책처 홈페이지 내용 재구성.

(2) 대통령

대통령제를 채택한 국가에서 대통령은 정책과정 전반에 강력한 영향력을 행사한다. 「헌법」 제4장은 정부의 권한과 책임을 정하고 있는데, 정부는 다시 대통령과 행정부로 나누었다. 대통령은 국가의 원수이며, 행정부의 수반이다. 대통령은 필요하다고 인정할 때에는 외교, 국방, 통일, 기타 국가안위에 관한 중요 정책을 국민투표에 붙일 수 있다. 대통령은 헌법과 법률이 정하는 바에 의하여 국군을 통수하며, 법률에서 구체적으로 범위를 정하여 위임받은 사항과 법률을 집행하기 위하여 필요한 사항에 관하여 대통령령을 발할 수 있다. 대통령은 헌법과 법률이 정하는 바에 의하여 공무원을 임면한다. 국회에 출석하여 발언하거나 서한으로 의견을 표시할 수 있다(헌법 제10호, 1987. 10. 29.).

대통령은 선거과정에서의 공약, 국회 연설, 대국민 담화 등을 통해 정책의제를 제시한다. 대선 때의 정책공약은 대통령으로 당선된 후에 국정과제를 수립하는 데 중요한 기초 자료가 되고, 대통령의 국회연설이나 대국민 담화 내용은 행정부 각 부처가 추진해야 할 정책과제가 되는 경우가 많다. 정책결정 과정에서 대통령은 행정부 수반으로서 법률안 제출권과 거부권을 비롯하여 행정입법인 대통령령을 활용하여 영향력을 행사할 수 있다. 정책집행과정에서는 장 · 차관이나 정무직 공무원에 대한 인사권을 통하여 영향력을 행사할 수 있다. 그리고 국정의 최고책임자로서 국정에 참여하는 다수의 주체를 평가하고 통제함으로써 정책평가와 환류에도 지속적으로 영향을 미친다(정정길 외, 2017: 129-132).

정책과정에서 대통령의 영향력을 말할 때 빼놓을 수 없는 기관이 대통령의 직무를 보좌하는 대통령비서실이다. 우리나라 대통령비서실은 1960년대 중반에 벌써 전문화된 조직을 갖추어 소내각(小內閣) 같이 되었다. 1970년대에는 해당 분야의 저명한 전문가와 학자들을 특별보좌관으로 임명하여 조언을 얻기도 하였고, 김영삼 대통령과 김대중 대통령 시기에는 청와대에 각종 위원회를 만들어 전문가들의 자문을 구하였다. 비서관들의 전문성이 높아진 것은 행정부처의 엘리트 관료들을 충원하기 시작하면서부터이다. 이는 부처 간의 협조를 쉽게 하는 장점도 있지만 부처 못지않은 전문성 확보로 비서실이 지나치게 강화되는 단점도 있다(정정길 외, 2017: 139). 정부가 발표하는 주요 정책은 거의 대부분 대통령비서실과 사전 협의를 거친다.

(3) 행정기관

헌법은 정부를 대통령과 행정부로 나누었고, 행정부는 다시 국무총리와 국무위원, 국무회의, 행정각부, 감사원으로 나누었다. 국무총리는 국회의 동의를 얻어 대통령이 임명하고, 국무위원은 국무총리의 제청으로 대통령이 임명한다. 정부의 권한에 속하는 중요한 정책을 심의하기 위해 국무회의를 두는데, 국무회의 의장은 대통령이고, 부의장은 국무총리이다. 「헌법」 제89조는 국무회의 심의 사항 17개를 나열하고 있다(헌법 제10호, 1987. 10. 29.).

행정기관의 공식적인 권한은 대통령과 국회가 결정한 정책을 정치적 중립성과 전문성에 입각하여 충실히 집행하는 것이다. 그러나 사회의 변화가 빠르고 사회문제가 복잡 · 다양하여 행정기관의 역할이 점점 커지고 있다. 정책의제설정 과정에서 행정기관이 영향을 미칠 수 있는 이유는 행정조직의 관료들이 오랫동안 업무를 해 오면서 쌓은 경험과 전문성, 그리고 행정조직이 국회의 소관 위원회와 관련 이익집단과 맺고 있는 관계 때문이다. 행정기관은 정책결정을 위한 정책대안의 탐색과 분석 과정에서 큰 역할을 한다. 대통령과 국회는 행정조직의 도움 없이 정책결정을 하기 어려운 구조이다. 정책집행은 행정조직의 고유 권한이며, 정책집행 과정에서 행정조직이 행사하는 재량권은 광범위하다. 정책평가 과정에서 행정기관은 정보와 자료의 선택적 제공을 통해 평가에 영향을 미칠 수 있다. 우리나라의 정책평가기관은 감사원, 국무조정실 등을 들 수 있다(정정길 외, 2017: 142-146).

(4) 정당

정당은 정권 획득을 목적으로 구성된 결사체이다. 정당의 가장 큰 목표는 정권을 획득하고 중요한 정부 직책을 장악하는 것이지만, 정부의 정책을 통제하기 위해서도 노력한다. 현대 정치에서 정당은 국가와 시민사회를 연결하는 교량과 같은 정치주체이다(정정길 외, 2017: 166-167).

정책과정에서 정당은 정책의제설정과 정책결정에 중요한 역할을 한다. 여당은 당정협의를 통해 대통령과 행정각부의 결정에 영향을 미치고, 야당은 대정부 및 대여 협상에서 중요한 정책대안을 제시한다. 정책의제설정 과정에서 정당은 이익집단을 대신하여 이익을 표출하거나 각종 요구사항을 정책대안으로 전환하는 이익결집 기능을 수행한다. 정당에 의한 이익결집은 정당이 선거과정에서 제시하는 공약사항 또는 정강정책 등으로 나타난다. 복수의 정당이 서로 경쟁하는 상황에서 정당은 다수 국민의 지지를 얻을 만한 정책대안을 제시하고, 집권당이 된 후에는 이를 근거로 하여 구체적인 정책내용을 결정한다. 그 외에도 정당은 중요하다고 생각하는 정책대안을 법안으로 발의하여 가결하거나 행정부에 제시하여 이를 받아들이도록 함으로써 정책결정과정에 영향을 미치는 경우가 많다. 정당은 집행과정에도 개입하는데, 집권당은 자신들이 원하는 방향대로 정책이 집행되도록 행정부의 장·차관에게 영향력을 행사한다. 야당은 주로 정책에 대한 비판적 평가나 집행과정에서의 실패, 실수, 행정부패 등을 파헤치고 비판한다(정정길 외, 2017: 169-172).

(5) 이익집단

이익집단은 집단 구성원들의 공통된 이익 증진을 목적으로 한다. 특히, 이익집단은 정책과정에서 자신에게 유리한 정책을 이끌어 내기 위해 활발한 활동을 한다. 이익집단은 인적·물적 자원을 활용하여 정치권력을 가진 이들에게 압력을 가하고, 국회와 행정부에 접근하여 그들의 이익을 관철시킨다. 이익집단, 국회 상임위원회, 관련부처 관료들은 '철의 삼각'을 구성하기도 한다. 이익집단의 영향력을 좌우하는 요인으로는 경제력, 이익집단이나 구성원의 사회적 명성, 정책결정자와의 친밀도, 집단의 규모, 집단의 응집성 등이다(정정길 외, 2017: 177-179).

정책과정에서 이익집단은 정치적 지지를 동원하고 실현 가능한 정책대안을 제시함으로써 정책의제설정에 중요한 역할을 한다. 이익집단의 전형적인 정치적 역할은 이익의 표명이며, 정부기관에 대하여 요구하는 형태를 취한다. 자신들에게 피해를 주고 있는 문제의 해결을 요구하는 것이 대부분이다. 이익집단은 직접적으로는 정부에 대한 건의사항을 전달하거나 진정서를 통해 공식적으로 참여하고, 간접적으로는 정부에 대한 압력을 행사하는 방법으로 기자회견, 담화문, 성명서 등을 발표해 여론을 형성하여 영향을 행사한다. 이익집단은 정책결정 과정에서 국회의원이나 고위 정책결정자들에게 문제해결에 필요한 전문지식, 문제 상황 및 문제의 원인과 결과에 관한 정보와 자료를 제공한다. 또한 정치적 지원을 미끼로 이용하여 정책결정자가 자신들에게 유리한 정책을 결정하도록 정치적 압력을 가한다. 이익집단은 정책대상 집단으로서 정책집행의 영향을 받으므로 정부와의 면담이나 회의 등에 참여하여 정책을 지연하거나 거부하는 방식을 이용한다. 집회와 시위를 하기도 한다. 정책이 집행된 후에는 자신들에게 유리한 정책효과와 정책비용에 대한 여론을 환기시키고 정보를 제공하여 공식적인 정책평가에 영향을 미친다(정정길 외, 2017: 182-184).

(6) 언론매체

언론은 대중매체를 통해 사회구성원 간의 의사전달을 돕고 사회에서 발생하는 주요 사건들을 구성원들에게 알려 준다. 언론은 민주주의를 유지하는 혈액과 같은 존재이다. 언론매체의 중요한 역할 때문에 입법부, 행정부, 사법부와 같은 헌법기관과 더불어 제4부로 자리매김하고 있다(정정길 외, 2017: 198).

언론은 여론형성으로 사회문제를 공중 의제화하는 데 결정적인 역할을 수행한다. 언론이 어떤 문제를 보도하면 그것은 바로 그 문제해결을 주장하는 여론형성에 결정적인 영향을 주기 때문이다. 언론은 정부의 정책결정 과정을 모니터링하여 민주주의 수호자로서 정부를 감시하고 시민에게 알 권리를 충족시키는 기능을 한다. 언론이 정책집행과정상의 문제를 보도하면 여론을 불러일으키거나 묻히기 쉬운 문제가 노출될 수 있다. 그 결과, 문제점을 개선하거나 기존 정책의 종결을 가져올 수 있다. 언론은 항상 비판적인 관점을 유지하면서 정부정책을 평가한다. 그래서 언론의 평가는 정책평가 시 정책효과에 대한 긍정적 또는 부정적 이미지를 형성하는 데 상당한 영향을 준다(정정길 외, 2017: 199-202).

지금까지 정책이 무엇인지, 정책은 어떠한 과정을 거쳐서 결정되고 집행되는지, 그리고 정책과정에 누가 참여하는지에 대해 알아보았다. 다음 장에서는 하나의 정책 사례로 유아교육과 보육의 통합 정책, 즉 유보통합 정책에 대해 살펴보고자 한다.

참고문헌

교육부(2018a). 당정「유치원 공공성 강화 방안」확정: 국 · 공립 유치원 40% 조기 달성. 2018. 10. 25. 보도자료.

교육부(2018b). 유치원 공공성 강화 방안.

국무조정실, 국무총리비서실(2017). 제21회 국정현안점검조정회의 모두 말씀. 2017. 12. 21.

국무조정실, 국무총리비서실(2018). 학교시설을 체계적으로 관리하고 지역 수요에 적극 활용하겠습니다. 2018. 2. 1. 보도자료.

국무조정실, 국무총리비서실(2019). 43개 중앙행정기관 2018년도 정부업무평가 결과 발표. 2019. 1. 22. 보도자료.

김문성(2014). 정책학. 서울: 박영사.

노화준(2010). 정책평가론. 경기: 법문사.

동아일보(2017. 12. 13.). 시도교육청 자율성 막는 80여개 교육부 지침-사업 없앨 것. a10면.

동아일보(2018. 2. 2.). “빈 교실에 어린이집” 국민 목소리 통했다. http://www.donga.com/news/article/all/20180202/88476610/1

양승일(2014). 정책변동론. 서울: 박영사.

유훈(2007). 정책집행론. 서울: 대영문화사.

이극찬(2008). 정치학. 경기: 법문사.

이완범, 진덕규, 신명순, 이현우, 이효원(2015). 한국의 정치 70년. 경기: 한국학중앙연구원출판부.

전국 시도교육감협의회(2017). 초등교실에 어린이집을 설치하는「영유아보육법 일부개정 법률안」졸속처리를 우려한다. 2017. 11. 30.

정정길, 최종원, 이시원, 정준금, 정광호(2017). 정책학원론. 서울: 대명출판사.
중앙일보(2017. 12. 4.). '빈 교실에 어린이집' 놓고 교육부 · 복지부 밥그릇 싸움. 012면.
한국교원단체총연합회(2017). 초등학교 유휴교실에 어린이집 설치 근거법 국회 보건복지위 통과 관련 교총 성명. 2017. 11. 28. 보도자료.

Easton, D. (1981). *The political system* (2nd ed.). Chicago: University of Chicago Press.

교육부(https://www.moe.go.kr)
국가법령정보센터(http://www.law.go.kr)
국립국어원 표준국어대사전(https://stdict.korean.go.kr)
국회법률정보시스템(http://likms.assembly.go.kr/law)
국회예산정책처(https://www.nabo.go.kr)
대한민국국회(http://www.assembly.go.kr)
의안정보시스템(http://likms.assembly.go.kr/bill)

유보통합 정책

개요

유치원 교육은 만 3세부터 초등학교 취학 전까지의 어린이를 대상으로 하는 교육을 말하며 교육부가 관장한다. 유치원 교육을 유아교육으로 부르기도 한다. 보육은 0~5세 영유아를 보호 · 양육 · 교육하는 어린이집과 가정양육 지원에 관한 사회복지서비스를 말하며 보건복지부가 관장한다. 세계의 유아교육 전문가들은 유아교육의 대상을 0~8세로 보고 있다.

유보통합은 '초등학교 취학 전의 영유아들을 대상으로 하는 교육과 보육지원 체계를 하나의 정부조직으로 합치는 것'이라고 할 수 있다. OECD는 정책의 일관성, 효과적인 투자, 질 높은 서비스, 연령별 · 시설별 서비스 연계, 영유아와 부모에게 더 좋은 서비스를 제공하기 위해 하나의 정부부처에서 영유아정책을 관장하는 것이 바람직하다고 권고하고 있다.

1. 유아교육과 보육

'유아교육'과 '보육'은 무엇이 다른가? 각 단어의 사전적 의미를 보면, 유아교육은 "초등학교에 들어가기 전의 아이들을 대상으로 하는 교육"이며, 보육은 "어린아이들을 돌보아 기름"을 뜻한다. 그리고 '유아(幼兒)'는 "생후 1년부터 만 6세까지의 어린아이"로 젖먹이인 '영아'와 구별한다(국립국어원 표준국어대사전). 이러한 사전적 의미는 학문분야와 법률에서 사용하는 개념과 다소 차이가 있다.

1) 유아교육과 보육의 개념

유아교육(early childhood education)은 유아를 대상으로 하는 교육인 만큼 '유아'에 대해 알아볼 필요가 있다. 19세기 말 아동연구에 이어 아동발달연구에서 파생한 발달심리학[1]에서는 사람의 전 생애에 걸친 발달을 여러 단계로 나누고 각 시기별로 대략적인 연령 범위를 정하고 있다. 발달학자마다 인간의 발달단계를 다양하게 제시하고 있으나 대체로 태내기, 신생아기, 영아기(infancy), 유아기(early childhood), 아동기, 청소년기, 성인 전기, 성인 중기, 노년기로 구분한다. 이 중에서 영아기는 생후 1개월부터 24개월까지, 유아기는 2세부터 6세까지를 말한다. 대부분의 발달학자들은 이 나이의 범위를 수용하지만 실제로 나이는 여러 측면에서 임의적이다. 구분이 확실한 시기가 있는가 하면 어떤 시기는 그 시작이나 끝이 애매하여 분명하지 않다.[2] 예를 들어, 영아기는 출생에서 시작되고 유아기는 초등학교에 입학하면서 끝이 난다(신명희 외, 2017: 23).

최근에는 유아교육에 초등학교 3학년 어린이를 포함하게 되었다. 취학 전 교육과 초등학교 입학 후 교육의 연계성을 갖자는 의도에서 유아교육의 대상 개념을 확장한 것이다(서울대학교 교육연구소, 2011: 505). 유아기의 중요성이나 효과를 입증하는 연구 결과는 유아교육의 시작 시기를 점차 낮추고 있으며, 그 기간도 길어져야 한다고 강조한다. 미국유아교육협회(National Association for the Education of Young Children: NAEYC)는 유아교육을 "0~8세 유아를 위한 교육"으로 정의하였고,

---

1) 발달심리학은 1890년대에 스탠리 홀(G. Stanley Hall)에 의해 시작된 아동연구 운동, 1920년대 이후 아동발달 운동을 거쳐 1950년대부터 지금까지 발달심리학으로 불리는 과정을 거쳐 왔다. 즉, 과학의 발달과 사회 변화에 의해 1894년부터 1904년까지 아동연구가 활발해졌고, 1920년대와 1930년대에 아동발달연구가 전성기를 이루어 1930년대에는 아동발달학이 심리학의 한 분야가 되었다. 제2차 세계대전 이후 아동발달 분야는 부모교육을 강조하는 입장에서 점점 심리학의 주류로 편입되었는데, 아동발달 대신에 발달심리학이라는 용어를 더 많이 사용하였다(이춘재, 1994).

2) 우리는 흔히 사람을 아이와 어른으로 나눈다. 연령층에 따라서는 유년기, 청소년기, 성년기 등으로 구분하기도 한다. 현행 「아동복지법」은 '아동'을 "18세 미만의 사람"으로 정의하고, 「민법」은 19세로 '성년'이 된다고 한다. 즉, 법적으로 18세 이하는 아이, 19세 이상은 어른인 셈이다. 그런데 19세 이상인 사람을 모두 어른으로 부르기에는 무리가 있다. 그래서인지 「청소년 기본법」에서 '청소년'은 "9세 이상 24세 이하인 사람"이다. 한편, 「청소년 보호법」에서는 법적 보호 대상인 청소년을 "만 19세 미만인 사람"으로 정하고 있는데, 이는 미성년으로 아동과 유사하다(국가법령정보센터 홈페이지). 청소년을 9세 이상으로 보는 것은 아동 초기, 즉 유아기를 만 3세부터 초등학교 저학년까지로 보는 것과 맥락이 닿아 있다.

유아교육 분야의 전문단체나 학자들이 이에 동의하고 있다(이기숙 외, 2014: 13-14; Morrison, 2015: 3).

이처럼 학계에서는 유아교육의 대상을 넓히고 있지만 현실 제도에서 유아교육의 대상연령은 만 3~5세까지이다. 초등학교 취학연령이 만 6세부터이기 때문이다. 우리나라에서 '유아교육'을 언급한 최상위법은 「교육기본법」이다. 법 제9조는 "유아교육 · 초등교육 · 중등교육 및 고등교육을 하기 위하여 학교를 둔다."고 했고, 제20조는 "국가와 지방자치단체는 유아교육을 진흥하기 위하여 필요한 시책을 수립 · 실시하여야 한다."고 정하고 있다(법률 제14601호, 2017. 3. 21.). 법 제9조에 따라 유아교육에 관한 사항을 정한 법률이 「유아교육법」이다. 「유아교육법」 제2조에 따르면, '유아'는 "만 3세부터 초등학교 취학 전까지의 어린이"이다. 따라서 법률에서 말하는 유아교육은 만 3세부터 초등학교 취학 전까지의 어린이를 대상으로 하는 교육이다. 유아교육을 위해 유치원을 두며, '유치원'은 「유아교육법」에 따라 설립 · 운영되는 학교이다. 유치원은 교육과정 외에 방과후 과정에서 교육 · 돌봄 활동을 수행한다(법률 제15232호, 2017. 12. 19.). 경제협력개발기구(OECD) 회원국에서도 대부분 초등교육이 시작되는 연령은 만 6세이며, 유치원을 비롯한 유아교육기관에 다니는 유아의 연령은 대체로 3~5세이다(OECD, 2006: 58-59).

유치원은 설립 주체에 따라 국립유치원, 공립유치원, 사립유치원으로 나눈다. 2018년 기준으로 9,021개 유치원에 675,998명의 유아가 다니고 있다. 유치원 수는 국 · 공립유치원(53.2%)이 사립유치원(46.8%) 보다 조금 더 많으나, 원아 수는 국 · 공립유치원(25.5%)에 비해 사립유치원(74.5%)이 3배 정도 더 많다.

〈표 2-1〉 유치원 현황(2018년)

구분	합계	국립유치원	공립유치원	사립유치원
유치원 수 (%)	9,021 (100)	3 (0.03)	4,798 (53.2)	4,220 (46.8)
원아 수 (%)	675,998 (100)	249 (0.03)	172,121 (25.5)	503,628 (74.5)

출처: 교육통계서비스 홈페이지.

보육(child care)은 출생 후 영아기와 유아기에 제공되는 돌봄과 교육을 뜻한다. 대체로 부모가 가정에서 영유아를 돌보지만 부모가 직업을 가지고 있거나 사정상

돌볼 수 없는 경우에는 부모를 대신하여 대리부모가 보육한다. 보육의 개념은 출생 초기인 신생아에게는 필요한 영양과 식사를 제공하고 목욕을 시키고 쉽게 잠들 수 있게 하는 돌봄에 국한되지만 영아기에 들어서면서 점차 사회적 자극을 주고받는 상호작용을 포함해 언어, 인지, 수, 자연 등 통합적 교육활동을 의미한다고 할 수 있다(이순형 외, 2013: 15-16). 다시 말해, 보육은 아이들이 가족으로부터 받는 돌봄과 교육을 보충해서 집 바깥에서 받는 통합적인 돌봄과 교육을 말한다(Morrison, 2015: 183).

보육의 개념은 과거 '탁아'라는 개념에서 시작하였다. 가정에서 부모가 양육하기 어려운 경우 부모 대신 일정시간 동안 아이를 맡아서 돌보아 주는 것이었다. 그러나 현대에 이르러 보육은 단순히 부모가 아닌 다른 사람에게 맡겨지는 것에 한정되는 것이 아니라, 영유아들의 보호받고 교육받을 권리와 부모가 일할 수 있는 권리를 개인적인 차원을 넘어 국가와 사회가 함께 책임지겠다는 개념으로 변화되었다(유구종, 조희정, 2015: 43).

탁아사업이 보육사업으로 변화하는 과정에서 '보육'이라는 용어는 취학 전 아동이라는 동일 연령을 대상으로 유사한 서비스를 제공하는 유아교육 체제와 구별하기 위해 정책적으로 사용되기 시작하였다(나종혜 외, 2014: 17-19). 제3장에서 자세히 진술하겠지만 우리나라는 1945년 광복 후부터 1980년대까지 '유치원 교육' '유아교육' '보육'을 같은 의미로 사용했다. 유아교육과 보육을 엄밀하게 구별하기 시작한 때는 1991년 1월 「영유아보육법」이 제정되면서부터였다. 법안이 발의될 당시의 명칭은 '영 · 유아의 보호 · 교육에 관한 법률안'이었으나 국회의 법안심사 과정에서 '영유아보육법'으로 명칭이 변경되었다. 「영유아보육법」이 제정된 해에 「교육법」이 개정되었고, 이때부터 유치원은 '만 3~4세 유아를 **보육**'하는 곳에서 '만 3~5세 유아를 **교육**'하는 곳으로, 보육시설은 '만 0~5세 영유아를 **보육**'하는 곳으로 고착화되었다.

「유아교육법」이 제정된 2004년 1월, 「영유아보육법」도 전면개정되어 공보육의 개념이 등장했다. 그 이전까지의 보육은 "보호자가 근로 또는 질병, 기타 사정으로 영유아를 보호하기 어려운 경우에 보호자의 위탁을 받아 영유아를 보육"하는 것이었다. 그러나 「영유아보육법」이 시행된 2005년 1월부터 보육은 "영유아를 건강하고 안전하게 보호 · 양육하고 영유아의 발달특성에 적합한 교육을 제공하는 사회복지서비스"로 바뀌었다. 보육의 개념에 '보호 · 양육 · 교육'이 포함되었고, 선택적 보육에서 보편적 보육으로 보육의 대상이 전환되었다. 2008년 12월 「영유아보육법」 개정 때에는 보육의 정의에 '가정양육 지원'까지 포함되었다. 현행 「영유아보육법」 제2조에서 보육은 "영유아를 건강하고 안전하게 보호 · 양육하고 영유아의 발달특성에 맞는 교육을 제공하는 어린이집 및 가정양육 지원에 관한 사회복지서비스"를 말한다. '영유아'는 "6세 미만의 취학 전 아동"이며, '어린이집'은 "보호자의 위탁을 받아 영유아를 보육하는 기관"이다(법률 제16078호, 2018. 12. 24.).

어린이집은 설립주체에 따라 국 · 공립어린이집, 사회복지법인어린이집, 법인 · 단체 등 어린이집, 직장어린이집, 가정어린이집, 협동어린이집, 민간어린이집 등 7종류로 나눈다. 2018년 기준으로 39,171개 어린이집에 1,415,742명의 영유아가 다니고 있다. 어린이집 수는 가정어린이집(47.6%), 민간어린이집(34.5%) 순으로 많고, 영유아 수는 민간어린이집(50.2%), 가정어린이집(21.4%) 순으로 많다.

〈표 2-2〉 어린이집 현황(2018년)

구분	계	국 · 공립 어린이집	사회복지 법인 어린이집	법인 · 단체 등 어린이집	민간 어린이집	가정 어린이집	협동 어린이집	직장 어린이집
어린이집 수 (%)	39,171 (100)	3,602 (9.2)	1,377 (3.5)	748 (1.9)	13,518 (34.5)	18,651 (47.6)	164 (0.4)	1,111 (2.9)
영유아 수 (%)	1,415,742 (100)	200,783 (14.2)	92,787 (6.6)	41,298 (2.9)	711,209 (50.2)	302,674 (21.4)	4,360 (0.3)	62,631 (4.4)

출처: KOSIS 국가통계포털 홈페이지.

지금까지 살펴본 것과 같이 유아교육과 보육은 떼어 놓을 수 없다. 유치원과 어린이집에는 각각 만 3~5세 유아가 다니고 있고, 유아기의 발달특성으로 인해 유치원과 어린이집 모두 돌봄 서비스와 교육 서비스를 수행하고 있다. 그러므로 보육의 기능이 보호가 위주냐 교육이 위주냐 하는 문제는 더 이상 논란의 대상이 될 수 없다. 돌봄과 교육의 정도는 영아기와 유아기의 발달적 특성에 따라 손길이 많이 가는가, 적게 가는가 하는 돌봄의 양보다는 교육적인 기능이 얼마나 많이 배려되어야 하는가의 문제에 집중될 필요가 있다. 영유아를 보육하는 순간마다 이것은 돌봄이고 이것은 교육이라고 확실히 구분해 말하기 어렵다(유구종, 조희정, 2015: 44-45).

1990년대부터 유아교육과 보육에 관심을 가져온 OECD와 유네스코는 유아교육과 보육을 통칭하는 용어로 'Early Childhood Education and Care(ECEC)'를 사용한다. OECD(2001: 14)에 따르면, ECEC라는 용어는 환경과 예산지원, 운영시간 또는 프로그램의 내용과 상관없이 초등학교 취학 전 아동에게 제공하는 모든 형태의 돌봄과 교육을 포함한다. OECD가 ECEC에서 '보육(care)' 앞에 '교육(education)'을 두는 이유는 다음과 같다. 1970년대 이후 산업화와 함께 많은 여성이 노동시장에 진입했고, 서비스 및 지식기반 경제로의 전환에 의해 여성이 일할 수 있는 기회가 더욱 확대되었다. 여성 고용의 현저한 증가는 아동양육 방식에 주요한 영향을 미쳐 많은 국가로 하여금 육아정책을 발전시키게 하였다. 그러나 문제는 여성 노동자의 관점에서 유아교육과 보육정책을 수립하므로 아동의 필요와 발달에 부적합한 정책수립으로 이어졌다. 육아가 여성의 일에 장애물로, 육아가 필요악으로 여겨지는 나쁜 인식도 키웠다. OECD는 '보육' 앞에 '교육'을 씀으로써 영유아를 위해 조직된 모든 서비스에서 양질의 교육을 우선순위로 놓아야 함을 강조하였다(OECD, 2006: 2-4).

유네스코는 유아교육과 보육을 종종 'Early Childhood Care and Education (ECCE)'이라고도 한다. ECCE에 대한 유네스코의 설명은 다음과 같다(유네스코 홈페이지).

> 유아기는 출생부터 8세까지이며, 이 시기는 두뇌발달이 최고조에 이르고 현저하게 성장하는 시기이다. 이 시기 동안 어린이들은 그들을 둘러싼 환경과 사람에 의해 크게 영향을 받는다. 유아보육과 교육(ECCE)은 초등학교 준비 이상의 의미를 가진다. 견고하고 광범위한 평생학습 및 복지의 기반을 구축하기 위해 어린이들의 사회적 · 정서적 · 인지적 · 신체적 필요를 종합적으로 발달시키는 것을 목표로 한다. ECCE는 배려하고 유능하고 책임질 줄 아는 미래 시민을 기를 가능성이 있다. 이처럼 ECCE는 한 나라가 인적자원개발, 양성평등, 사회통합을 증진하고 훗날의 교정 프로그램 비용을 줄이기 위해 채택할 수 있는 최선의 투자 중 하나이다. 사회적으로 불리한 어린이들을 위해 ECCE는 가족 측면에서의 불리함을 보상하고, 교육적인 불평등을 방지하는 데 중요한 역할을 한다.

최근 많은 연구는 유아교육과 보육이 유아와 부모, 사회 전체에 폭넓은 혜택을 가져올 수 있다고 인정한다. 그러나 이러한 혜택들은 '질(quality)'에 의해 좌우된다. 다시 말해, 질적 측면에 대한 고려 없이 이루어지는 서비스의 확대는 유아에게 좋은 결과를 가져올 수 없으며, 사회에도 장기적으로 생산성 있는 혜택을 줄 수 없다. 게다가, 질이 낮으면 유아발달에 긍정적인 효과보다는 해로운 영향을 줄 수도 있다는 연구 결과가 발표되기도 하였다. OECD는 유아교육과 보육의 질을 높이기 위한 효과적인 방법으로 다섯 가지 주요 정책수단을 제시하였다. 첫째, 질 제고를 위한 목표와 규제 설정, 둘째, 교육과정 및 기준의 설계와 실행, 셋째, 교사의 자격 · 훈련 · 근무조건의 향상, 넷째, 가족과 지역사회 참여, 다섯째, 데이터 수집, 연구 및 모니터링의 향상 등이다(OECD, 2011: 9). 우리나라는 그동안 유아교육과 보육의 질적 수준을 높이기 위해 꾸준히 노력해 왔다.

2) 유아교육 정책과 보육정책

우리나라 유아교육 업무는 교육부장관이 관장하고, 영유아보육 업무는 보건복지부장관이 관장한다(「정부조직법」, 법률 제15624호). 즉, 교육부는 유아교육 정책을, 보건복지부는 영유아보육 정책을 수행한다.

2019년 현재 교육부 유아교육 정책은 교육복지정책국의 유아교육정책과에서 담당한다. 교육복지정책국장의 유아교육 관련 주요 업무는 ① 유아교육 진흥 기본정책의 수립 · 시행, ② 유아교육비 지원 계획의 수립 · 시행, ③ 유치원 교육과정 및 교원 관련 제도 개선, ④ 국립 · 공립 · 사립유치원의 설립 · 운영 지원 등이다. 유아교육정책과장의 업무는 교육부령으로 자세히 정해 놓았다.[3] 교육부 유아교육정책과 직원은 과장 포함 20명이다(교육부 홈페이지).

중앙행정기관인 교육부 외에 지방자치단체에서도 유아교육 정책을 수행한다. 교육감은 국가가 시 · 도에 위임하는 교육 · 학예에 관한 사무 외에 해당 시 · 도의 조례안의 작성 및 제출, 예산안의 편성 및 제출, 교육규칙의 제정, 학교 등 설치 · 이전 및 폐지, 교육과정 운영 등 사무를 관장한다(「지방교육자치에 관한 법률」, 법률 제11212호). 「유아교육법」에서 정한 교육감의 업무를 몇 가지 나열하면, 매년 유아교육 시행계획 수립, 시 · 도 유아교육위원회 설치, 사립유치원 설립 · 폐지인가, 유치원 설립 의무, 지역 실정에 적합한 유치원 교육과정의 기준과 내용 설정, 공립 · 사

3) 「정부조직법」의 위임에 따라 각 중앙행정기관의 조직과 직무범위 등을 대통령령으로 정하는데, 「교육부와 그 소속기관 직제」에서는 교육부 교육복지정책국장의 업무를 정하였다(대통령령 제29897호, 2019. 6. 25. 일부개정). 유아교육정책과장의 업무는 대통령령의 위임을 받아 「교육부와 그 소속기관 직제 시행규칙」에서 정하고 있다(교육부령 제184호, 2019. 6. 25. 일부개정).

립유치원 지도 · 감독 및 유치원 장학지도, 유치원 평가, 유치원 휴업 및 휴원 명령, 유치원 폐쇄 권한 등이다(법률 제14567호). 17개 시 · 도 교육청의 유아교육 업무는 유아교육과 또는 유초등교육과 등에서 수행한다.[4] 그리고 시 · 도의 교육 · 학예에 관한 사무를 분장하기 위해 하급교육행정기관으로서 교육지원청을 두고 있다. 176개 교육지원청의 교육장은 공 · 사립유치원 등 각급학교의 운영 · 관리에 관한 지도 · 감독 업무와 시 · 도 조례에서 정하는 사무 등을 수행한다.

그 밖에 국가와 지방자치단체는 유아교육에 관한 연구와 정보 제공, 프로그램 및 교재 개발, 유치원 교원 연수 및 평가, 유아 체험교육 등을 담당하는 유아교육진흥원을 설치할 수 있다(「유아교육법」 제6조). 현재 중앙유아교육진흥원은 설치되지 않았고, 경기도 · 경상북도 · 세종특별자치시를 제외한 14개 시 · 도 교육청이 유아교육진흥원을 설치 · 운영하고 있다.

보건복지부의 영유아보육 정책(이하 '보육정책') 담당부서는 1국 3과 체제이다. 인구정책실에 보육정책관을 두고, 보육정책관 아래에 보육정책과, 보육사업기획과, 보육기반과 등 3개 과를 두었다. 보육정책관의 주요 업무는 ① 중앙행정기관 및 지방자치단체의 영유아정책(유아교육 정책은 제외. 이하 같음)의 협의 · 조정 총괄, ② 영유아정책에 대한 평가 및 제도 개선, ③ 보육예산의 편성 및 집행의 관리, ④ 보육행정 전산화 및 보육서비스 이용권 제도 운영 · 관리, ⑤ 보육교직원의 양성 및 자격관리, ⑥ 영유아 보육료 · 양육수당 지원 및 가정양육 지원, ⑦ 영아 · 장애아 · 다문화 가정 영유아 등 취약보육 서비스 등의 지원, ⑧ 표준보육과정 및 보육프로그램의 개발 · 보급, ⑨ 어린이집의 평가인증, ⑩ 국 · 공립어린이집 등의 확충 및 환경 개선, ⑪ 어린이집의 설치 및 인가 기준, ⑫ 어린이집의 지원 및 지도 · 감독 등이다. 보건복지부의 보육업무 담당 공무원은 보육정책관 포함 40명이다.[5]

---

4) 2019년 5월 현재 서울특별시교육청과 경기도교육청은 유아교육과를 설치 · 운영 중이다. 서울특별시교육청 유아교육과 주요 업무는 다음과 같다. ① 유치원 교육과정 운영지원, ② 유치원 장학 기본계획 수립 운영, ③ 유아교육위원회 운영, ④ 유아 도덕 · 인성교육 업무, ⑤ 유치원 방과후 과정 운영 업무 총괄, ⑥ 유치원 생활지도, ⑦ 유 · 보 협력사업 관련 업무, ⑧ 사립유치원 재정 지원, ⑨ 만 3~5세 누리과정 교육비 지원, ⑩ 유치원 통학차량 운영 관리 및 안전 교육(서울특별시교육청 홈페이지). 부산 · 대전 · 세종 · 경북교육청은 유초등교육과, 대구 · 광주 · 경남교육청은 유아특수교육과, 인천광역시교육청은 초등교육과에서 유아교육 정책을 수행한다. 나머지 교육청은 대상별이 아닌 기능별로 나누어 업무를 담당한다.

5) 「보건복지부와 그 소속기관 직제」(대통령령 제29736호, 2019. 5. 7. 일부개정) 참고. 보육정책과장, 보육사업기획과장, 보육기반과장의 업무는 「보건복지부와 그 소속기관 직제 시행규칙」에서 자세히 정하고 있다(보건복지부령 제627호, 2019. 5. 31. 일부개정). 보건복지부의 보육업무 담당 공무원은 보육정책관 1명, 보육정책과 17명, 보육사업기획과 10명, 보육기반과 12명 등 40명이다(보건복지부 홈페이지).

지방자치단체의 보육정책은 시 · 도지사와 시장 · 군수 · 구청장이 수행한다. 지방자치단체는 관할구역의 자치사무와 법령에 따라 지방자치단체에 속하는 사무를 처리한다. 사회복지시설의 설치 · 운영 및 관리 등 주민의 복지증진에 관한 사무는 대표적인 자치사무이다(「지방자치법」, 법률 제14839호). 「영유아보육법」에서 정한 시 · 도지사와 시장 · 군수 · 구청장의 보육업무를 몇 가지 나열하면, 지방보육정책위원회 및 지방육아종합지원센터 설치, 보육계획의 수립 및 시행, 국 · 공립어린이집 설치, 국 · 공립어린이집 외 어린이집 설치 인가, 보육교직원의 임면과 경력 등 관리, 취약보육 우선 실시, 보육서비스 이용권 지급, 어린이집 설치 · 운영자 및 보육교직원에 대한 지도와 명령, 어린이집 휴원 명령, 어린이집 폐쇄 등 권한, 위반사실 공표 권한 등을 들 수 있다.[6]

보건복지부장관과 시 · 도지사 및 시장 · 군수 · 구청장은 영유아에게 시간제보육서비스를 제공하거나 보육에 관한 정보의 수집 · 제공 및 상담을 위하여 각각 중앙육아종합지원센터와 지방육아종합지원센터를 설치 · 운영하여야 한다(「영유아보육법」 제7조). 2019년 3월 기준 중앙육아종합지원센터 1개소, 시 · 도 육아종합지원센터 18개소, 시 · 군 · 구 육아종합지원센터 86개소가 설치 · 운영되고 있다(중앙육아종합지원센터 홈페이지).

그 외에도 보육서비스의 질적 향상과 보육정책의 체계적인 지원을 위해 「영유아보육법」 제8조에 따라 한국보육진흥원이 설립되어 있다. 한국보육진흥원은 어린이집 평가, 어린이집 원장과 보육교사의 자격검정 및 자격증 교부, 보육교직원 맞춤형 교육 및 지원, 시간제 보육사업 등을 수행한다. 그리고 전국 육아종합지원센터를 아우르는 중앙육아종합지원센터를 위탁운영하고 있다(한국보육진흥원 홈페이지).

광복 이후 유아교육 정책은 교육부가 계속 담당해 왔고, 보육정책은 보건사회부, 내무부, 노동부, 여성부, 보건복지부 등 여러 부처에서 담당해 왔다. 각 정책의 변천과정은 제3장에서부터 자세히 다루겠다.

두 개 이상의 정부부처가 유아교육 정책과 보육정책을 나누어 담당함에 따라 그것을 통칭해서 부르는 명칭이 다양하게 나타났다. 유아교육과 보육 관련 각종 정책, 저서, 논문, 정부간행물에 보이는 '유아교육 · 보육 발전' '영유아 교육 · 보육 정

---

6) 서울특별시는 여성가족정책실에 보육담당관을 두고, 보육담당관 아래에 보육기획팀, 공보육기반팀, 공보육운영팀, 보육지원팀, 보육사업팀, 현장관리팀 등 6개 팀을 두었다(서울특별시 홈페이지).

책' '영유아정책' '육아정책' '육아지원 정책' 등의 용어가 그것이다.[7] 두 개의 정책을 통칭하는 명칭을 처음 고민한 시기는 「유아교육법」이 제정되고 「영유아보육법」이 전면 개정된 2004년부터이다. 노무현 정부 당시인 2004년 6월 '대통령자문 고령화 및 미래사회위원회'[8]는 미래 인력양성과 여성 경제참여 확대를 위해 '육아지원 정책 방안'을 발표하였다(고령화 및 미래사회위원회, 2004; 대한민국정부, 2006: 187).

육아정책이란 용어는 육아정책연구소 설립과정과도 관계가 깊다. 2004년 1월 제정된 「유아교육법」 제6조는 "국가와 지방자치단체는 유아교육에 관한 연구와 정보제공, 프로그램 및 교재 개발, 유치원 교원 연수 및 평가를 담당하는 유아교육진흥원을 설치하거나 당해 업무를 교육 관련 연구기관 등에 위탁할 수 있다."고 하였다(법률 제7120호, 2004. 1. 29.). 같은 날 전면개정된 「영유아보육법」 제8조 또한 보건복지부장관이 보육에 관하여 위와 비슷한 업무를 하도록 보육개발원을 설치하거나 그 업무를 관련 연구기관 등에 위탁할 수 있게 하였다(법률 제7153호, 2004. 1. 29.). 유사한 기능을 가진 전문 연구기관을 두개의 부처가 각각 신설할 수 있게 한 것이다. 당시 교육인적자원부와 영유아 보육 업무를 이관받은 여성부가 각각 유아교육진흥원과 보육개발원 설치를 추진하자 국무총리실이 조정에 나섰다. 2005년 8월 국무총리가 주재한 국정현안정책조정회의에서 '육아정책개발센터' 설치 논의를 확정하였고, 같은 해 9월 관련기관들이 양해각서를 체결한 후 11월에 기관을 설치하고 초대 소장을 선임하였다. 2009년 12월에는 기관의 명칭을 '육아정책연구소'로 변경하였다. 육아정책연구소는 국가 인적자원 육성을 위한 육아정책 연구를 종합적 · 체계적으로 수행한다(육아정책연구소 홈페이지).

유아교육과 영유아보육이 서로 다른 사회적 요구와 역사적 배경에 따라 분리되어 발전해 왔으므로 각 나라마다 두 개 이상의 정부부처가 유아교육 정책과 보육정책을 나누어 담당하는 현상은 흔한 일이다. 1990년대에 이르러 각국의 정책결정자들은 유아교육과 보육 문제에 관심을 기울이기 시작하였다. 질 높은 유아교육과 보육에의 공평한 접근이 모든 어린이의 평생학습 기반을 강화하고 가정의 교육적 · 사회적 요구를 지원할 수 있다고 인식한 것이다(OECD, 2001: 14). 이에 따라

7) 이 책에서는 '영유아정책'이라는 용어를 많이 사용하겠지만 상황에 따라 혼용하기로 한다.

8) 고령화 및 미래사회위원회는 2004년 2월 9일, 출산율의 저하와 고령화로 인한 인구문제와 사회 · 경세적 여건 변화에 따른 미래사회의 도전에 적극적으로 대응하여 국가경쟁력을 강화하기 위한 고령화 및 미래사회 대책에 관하여 대통령의 자문에 응하기 위하여 대통령 소속으로 설치되었다[「고령화 및 미래사회위원회 규정」(대통령령 제18280호, 2004. 2. 9. 제정)].

OECD는 1998년부터 OECD 가입 국가들의 유아교육과 보육 정책 수행을 개선하는 데 필요한 정보를 제공할 목적으로 '유아교육 · 보육 정책 주제검토 사업(Thematic Review of Early Childhood Education and Care Policy)'을 추진하였다(나정 외, 2005). OECD 교육위원회가 발의한 이 사업은 1998년부터 2000년까지 진행되어 12개국이 참여하였고, 그 결과 2001년에 1차 보고서인『Staring Strong』을 발간하였다. 우리나라는 2002년부터 2004년까지 8개국이 참여한 2차 검토사업에 참여하였다.[9)]

OECD 교육위원회는 2006년에 발간한 영유아교육과 보육에 대한 제2차 검토보고서에서 국가가 영유아교육과 보육에 관심을 가지게 된 배경으로 네 가지를 들었다. 첫째, 서비스 경제의 확대와 여성의 노동시장 유입, 둘째, 여성에게 보다 공평한 방식으로 일과 가정의 책무를 조화시킬 필요성, 셋째, 출산율 저하와 같은 인구문제, 넷째, 아동 빈곤과 교육적 불이익에 대응할 필요성이다(OECD, 2006: 2-18). 이에 추가하여 OECD는 영유아교육과 보육을 공공재로 보고, 정부가 개입해서 질 높은 서비스를 제공해야 하는 이유를 다음과 같이 언급하였다(OECD, 2006: 19).

> 영유아교육과 보육을 공공재로 인식하는 이론적 기반은 클리브랜드와 크래신스카이(Cleveland & krashinsky, 2003)에 의해 구축되었다. 캐나다 경제학자인 이들은 ECEC를 공공재로 취급하는 것에 찬성하는 논거가 공교육을 찬성하는 데 사용하는 것과 비슷하다고 주장한다. 다시 말해, 영유아 서비스는 직접적인 개인의 이익이나 소비의 효과를 넘어선 외부효과를 지닌다. 영유아교육과 보육은 공익, 즉 국가 아동들의 일반적인 건강수준, 미래의 교육성취, 노동시장의 크기와 유연성, 사회적 결속에 기여한다. 영유아 서비스는 또한 '시장의 실패'를 경험하기 쉽다. 다시 말해서, 이들 서비스는 소비자가 정확히 판단하기 어려운 특징을 지니며, 잘못된 구매는 영유아의 발달에 심각한 영향을 미친다. 교육은 반복할 수 없는 과정이다. 환불이나 교환이 가능한 물건을 사는 것과 달리, 열악한 영유아 시설에서 아동을 옮긴다고 해도 지나간 기회의 상실을 보상할 수는

---

9) OECD는 2017년까지 다섯 차례 Starting Strong 시리즈를 발간하였다. 2001년에 처음으로 OECD 국가들의 유아교육 · 보육정책에 관한 국제 비교연구를 실시하여『Starting Strong: Early Childhood Education and Care』를 발간한 데 이어 2006년에는『Starting Strong II』를 발간하였다. 2011년에는 유아교육과 보육의 질을 높일 수 있는 정책방안을『Starting StrongIII: A Quality Toolbox for Early Childhood Education and Care』에서 제시하였다. 2015년에는 질을 향상시킬 수 있는 정책수단 중에서 모니터링을 중심으로『Starting StrongIV: Monitoring Quality in Early Childhood Education and Care』를 발간하였다. 2017년에는 유아교육과 보육에서 초등교육으로의 전이를 주제로『Starting Strong V: Transitions from Early Childhood Education and Care to Primary Educationd』를 발간하였다(OECD 홈페이지).

없으며, 열악한 서비스를 지속적으로 이용하는 것은 실제로 아동발달에 해를 미칠 수 있다(NICHD, 1997). 뿐만 아니라, 시장 상황에서 영유아 서비스는 심각한 공급 부족에 시달리기 쉬우며, 질적으로 낮은 서비스일 가능성이 높다. 이 모든 것들은 정부의 개입이 적절하다는 것을 보여 준다. 정부의 개입은 또한 질 높은 영유아 서비스로 인해 사회가 얻을 수 있는 이득이 그 비용보다 크다는 사실로 인해 정당화된다.

공공재인 영유아교육과 보육에 정부가 개입해야 하는 이유를 좀 더 구체적으로 보면 다음과 같다. 쿠나(Cunha)와 노벨 경제학상 수상자인 헤크먼(Heckman)은 영유아기가 인적자본 투자를 위한 절호의 기회라고 주장하였다. 이들은 인적자본 형성을 일생 동안 지속되는 역동적인 과정으로 이해하고, 인생의 한 단계에서의 배움은 다음 단계에서의 배움을 낳는다고 보았다. 기초 단계인 영유아기에 투자하면 다음 단계의 생산성이 증가하고 그것이 또 다음 단계의 생산성을 증가시킨다는 것이다. 전 생애 동안 투자가 동일하게 이루어졌을 때, 취학 전 영유아기가 다른 시기에 비해 인적자본 투자 회수율이 가장 높다고 한다(OECD, 2006: 19-20).

2. 유아교육·보육 통합 정책

21세기에 진입하며 우리나라는 '유보통합'이라는 말을 많이 사용하기 시작하였다. 유보통합은 '유아교육과 보육의 통합'을 줄인 말이다. '통합'은 여러 가지 뜻으로 쓰이지만 일반적으로는 "둘 이상의 조직이나 기구 따위를 하나로 합침"을 뜻한다. 교육 분야에서는 "아동 및 학생의 생활경험을 중심으로 학습을 종합하고 통일"한다는 뜻으로도 쓴다(국립국어원 표준국어대사전). 두 개의 정당을 통합하는 것은 전자의 사례이고, '문·이과 통합 교육과정'에서의 통합은 후자의 사례이다.

앞에서 살펴본 사전적·법률적 의미를 종합해서 유보통합을 정의하면, 유보통합은 '초등학교 취학 전의 영유아들을 대상으로 하는 교육과 보육 지원 체계를 하나의 정부조직으로 합치는 것'을 말한다. 유보통합 정책은 '초등학교 취학 전의 유아교육과 보육 지원 체계를 통합하는 것을 정책목표로 설정하고, 이를 달성하기 위해 필요한 정책수단에 대하여 정부가 공식적으로 결정한 기본 방침'이다.

1) 유아교육 · 보육 통합 문제

OECD가 『Starting Strong』에서 지적하였듯이 유보통합은 핵심적인 국제적 동향이 되고 있다(이정욱, 2015: 227). OECD는 하나의 정부부처에서 영유아정책을 수립할 때 여러 가지 장점이 나타날 수 있다고 하였다. OECD는 "중앙정부 수준에서 하나의 주무부처를 만들어 낸 국가들은 0~6세 영유아의 보육과 교육정책을 총체적이고 일관성 있게 추진할 수 있다."라고 하였다. 그리고 다양한 분석을 통해 하나의 주무부처에서 영유아정책을 수립할 때 나타날 수 있는 장점을 다음과 같이 기술하였다(OECD, 2006: 31).

- 정책과 서비스의 엄격한 분리와는 대조적으로, 규제, 재정, 교원제도, 교육과정과 평가, 비용과 이용시간 등 여러 영역에 걸쳐 보다 일관성 있고 일치된 정책
- 영유아에 대한 보다 효과적인 투자 및 질 높은 서비스. 보육과 교육이 분리된 제도하에서, 영유아는 주로 부모에게 의존적이거나 단지 보육서비스를 필요로 하는 대상으로 정의된다. 그 결과, 영유아 서비스는 종종 시설설비가 충분치 않은 환경에서 자격이 없는 사람들에 의해 제공된다.
- 하나의 주무부처하에서 서비스에 대한 접근성과 질적인 격차가 줄어듦에 따라, 아동의 영유아기 경험의 연속성이 증대되고, 연령 및 시설별 서비스 수준의 연계가 보다 용이해진다.
- 서비스에 대한 공적 관리가 향상되면서, 부모에게 더 높은 질의 서비스와 서비스 접근성을 가져다준다.

유보통합을 추진하거나 논의 중인 국가는 점차 늘어나고 있다. 전통적으로 유아교육과 보육이 분리되거나 이원화된 체계는 서비스에 있어 교육 또는 보육에 중점을 두는 것을 의미하는데, 종종 일관되지 않은 목표와 운영절차, 규정, 교직원 교육과 자격으로 이어진다. 그러나 이원화된 체계 내에서도 교육과 보육의 구분은 모호해지고 있다. 통합된 체계는 영유아에게 ECEC 서비스에서 다른 환경으로, 그리고 초등학교로의 전이를 용이하게 하는 제도적 환경을 조성한다(OECD, 2015: 26).

한편, 유네스코도 21세기에 들어와 유보통합에 많은 관심을 기울이고 있다. 유네스코는 2002년부터 2004년까지 유보통합과 관련된 책자를 발간하였고, 2010년에는 유보통합에 대한 지식기반을 심화하고 정책 권고를 제공하기 위해 국제연구를

추진하였다. 연구 결과물인 『Caring and Learning together』는 주로 교육부 중심으로 유보통합을 이룬 국가와 지역에 초점을 맞추었다(Kaga, Bennett, & Moss, 2010). Kaga와 그의 동료들(2010)은 영유아기의 교육과 보육이 통합될 때 정책의 효율성이 극대화되고, 이를 통해 지속적인 경제 성장 및 사회 통합이 이루어지며, 영유아기에 양질의 경험을 제공할 수 있다고 주장한다. 또한 나라별로 유아교육과 보육의 통합 정도를 한 가지 기준 혹은 영역만으로 보기 어려우며 대신 통합의 개념, 행정체계, 접근성, 재정, 교육과정, 법, 교원, 기관의 유형 등 여덟 가지 요소에 따라 통합의 정도가 달라진다고 하였다(박은혜, 장민영, 2014: 150-152 재인용).

이 책에서는 앞에서 정의한 유보통합의 개념, 유보통합에 대한 OECD와 유네스코의 보고서, 국내 문헌 등을 참고하여 유보통합의 유형을 다음과 같이 네 가지로 구분하고자 한다. ① 가장 넓은 의미의 유보통합은 유치원과 어린이집 등 기관에서 이루어지는 영유아교육 · 보육 서비스, 가정양육 지원 서비스, 육아휴직 등을 포괄하는 것이다.[10] ② 넓은 의미의 유보통합은 가정양육 지원 서비스와 육아휴직 등을 제외하고, 유치원과 어린이집에서 이루어지는 영유아교육 · 보육 서비스만 통합하는 것이다. ③ 좁은 의미의 유보통합은 유치원과 어린이집에서 이루어지는 만 3~5세 유아교육과 보육 서비스를 통합하는 것이다. 만 0~2세 영아보육 서비스는 제외한다. ④ 가장 좁은 의미의 유보통합은 유치원과 어린이집에서 서로 다르게 운영되는 요소들의 일부만을 통합하는 것이다. 교육과정, 교사자격, 시설, 교육비 지원방식 등을 통합하여 하나의 조직에서 담당하게 하거나 조직을 통합하는 것과는 관계없이 각 요소들만을 통합하는 것이다.

2) 유아교육 · 보육 통합 정책 사례

제3장부터 제10장까지는 앞에서 설정한 유보통합의 유형을 기초로 우리나라 유아교육과 보육의 역사에서 유보통합 정책이 전개되어 온 과정을 살펴보고자 한다. 즉, 광복 후부터 2019년까지 약 70여 년 간 역대 정부가 다섯 차례에 걸쳐 유보통합 정책을 추진하였다고 보고, 유보통합 정책 사례를 〈표 2-3〉과 같이 제시하였다.

---

10) 이정욱은 OECD 선진국들이 실행하고 있는 것과 같이 유보통합의 개념을 육아휴직과 기관의 교육 · 보육 서비스가 원활하게 이어지는 것까지 확장된 개념으로 재정의해야 한다고 주장하고, 이를 '확장된 유보통합'이라고 표현한다(이정욱, 2015).

〈표 2-3〉 한국의 유보통합 정책 사례

시기	유보통합 정책 사례
전두환 정부	• 유아교육 진흥 종합계획(1982)
김영삼 정부	• 유아교육의 공교육 체제 확립 방안(1997)
노무현 정부	• 육아지원 정책 방안(2004, 2005)
이명박 정부	• 누리과정 도입 계획(2011, 2012)
박근혜 정부	• 유보통합 추진방안(2013)

각 정책 사례별로 내용을 간략하게 소개하면 다음과 같다. 첫 번째 유보통합 정책 사례는 1980년 전두환 대통령의 제5공화국 정부가 출범한 이후 1982년에 수립한 '유아교육 진흥 종합계획'이다. 당시 정부는 유아교육을 진흥하기 위해 유치원과 새마을유아원을 유아교육기관으로 정하고, 정부부처별로 역할을 나누어 맡겼다. 내무부는 새마을유아원을 설립 · 운영하고, 문교부는 유치원과 새마을유아원의 교육계획 수립, 교재개발 · 보급, 교사양성 · 연수 등 교육 관련 업무를 담당하였으며, 보건사회부는 보건 · 의료 업무를 담당하였다. 각 정부부처별로 통합의 요소들을 각각 나누어서 담당했으므로 유보통합 정책 사례에 포함하였다. 자세한 내용은 제3장에서 알아본다.

두 번째 유보통합 정책 사례는 김영삼 정부 때 '대통령자문 교육개혁위원회'가 1997년에 발표한 '유아교육의 공교육 체제 확립' 방안이다. 교육개혁위원회는 유아교육의 공교육 체제 확립을 위해 만 3~5세 유아학교 체제 구축과 만 5세 유아무상교육의 단계적 도입 등을 추진하였다. 0~2세 보육은 보건사회부가 담당하고, 3~5세 유아교육은 교육부가 담당하게 하는 방안이었다. 이 정책을 유보통합 정책 사례에 포함한 이유는 0~2세와 3~5세로 연령을 구분하여 통합을 추진하려고 했기 때문이다. 자세한 내용은 제4장에서 알아본다.

세 번째 유보통합 정책 사례는 노무현 정부 당시 '대통령자문 고령화 및 미래사회위원회'가 2004년과 2005년에 수립한 '육아지원 정책 방안'이다. 고령화 및 미래사회위원회는 출생 후부터 초등학교 저학년까지인 0~8세를 육아지원 정책 대상으로 하여 연령별로 정책방안을 마련하였다. 0세는 가정양육 중심 지원, 만 1~4세는 육아비용 지원 강화와 서비스 질 제고를 통한 이용 기회 확대, 만 5세는 무상교육 · 보육 확대, 만 6~8세는 방과후 교육 · 보육 활성화에 중점을 두었다. 처음으로 유아교육과 보육을 아우르는 종합적인 영유아정책을 수립했으므로 유보통합 정책 사례에 포함하였다. 자세한 내용은 제5장에서 알아본다.

네 번째 유보통합 정책 사례는 이명박 정부가 2011년과 2012년에 추진한 '누리과정 도입 계획'이다. 이 정책의 내용은 유치원과 어린이집에 다니는 만 3~5세 유아에게 공통 교육과정을 적용하고, 부모의 소득수준에 관계없이 교육부의 지방교육재정교부금으로 유치원비와 보육료를 지원하는 것이었다. 2012년 3월에 만 5세 유아를 대상으로 정책이 시행되었고, 2013년 3월에는 만 3~4세 유아까지 확대되었다. 이 정책을 유보통합 정책 사례에 포함한 이유는 유치원과 어린이집에서 서로 다르게 운영되어 온 교육과정과 교육・보육비 지원 재정 등 일부 요소를 통합 대상으로 하였기 때문이다. 누리과정 정책에 대해서는 제6장부터 제9장까지 할애하였다. 비교적 최근에 추진된 정책으로, 관련 자료의 확보가 용이할 뿐만 아니라 이어지는 다섯 번째 통합 사례와 밀접한 관련을 맺고 있기 때문이다.

다섯 번째 유보통합 정책 사례는 박근혜 정부가 2013년에 발표한 '유보통합 추진 방안'이다. 박근혜 정부는 2014년부터 유보통합을 단계적으로 추진하여 임기 내에 완성하겠다고 하였다. 이 정책을 유보통합 정책 사례에 포함한 이유는 유치원과 어린이집에서 이루어지는 만 0~5세 대상의 영유아교육・보육 서비스를 통합하려고 했기 때문이다. 자세한 내용은 제10장에서 알아본다.

참고문헌

나정, 문무경, 심은희(2005). **한국의 유아교육과 보육 정책**. 경기: 양서원.

나종혜, 김상림, 김송이, 신나리, 권연희(2014). **보육학개론**. 경기: 양서원.

고령화 및 미래사회위원회(2004). 미래인력 양성 및 여성 경제참여 확대를 위한 육아지원 정책방안. 2004. 6. 11. 제46회 국정과제회의 보고자료.

대한민국정부(2006). **국가인적자원개발백서: 인재강국코리아, Creative Korea, 2000-2006**. 서울: 교육인적자원부.

박은혜, 장민영(2014). 통합 요소별로 살펴본 8개국의 유아교육과 보육 통합 현황 비교: 노르웨이, 뉴질랜드, 덴마크, 스웨덴, 영국, 일본, 프랑스, 핀란드. **교육과학연구**, 45(1), 149-180.

서울대학교 교육연구소(2011). **교육학 용어사전**. 서울: 도서출판 하우.

신명희, 서은희, 송수지, 김은경, 원영실, 노원경, 김정민, 강소연, 임호용(2017). 발달심리학(2판). 서울: 학지사.

유구종, 조희정(2015). 영유아교육개론. 경기: 공동체.

이기숙, 장영희, 정미라, 엄정애(2014). 유아교육개론. 경기: 양서원.

이순형, 이혜승, 이성옥, 황혜신, 이완정, 이소은, 권혜진, 이영미, 정윤주, 한유진, 성미영(2013). 보육학개론(4판). 서울: 학지사.

이정욱(2015). 단계별 유보통합에 대한 비판적 고찰. 유아교육연구, 35(6), 221-240.

이춘재(1994). 발달심리학의 오늘과 내일. 인간발달연구, 1(1), 1-19.

정선아(2002). 아동기의 현대적 의미 변화과정 고찰: 인쇄술과 대중교육의 맥락에서. 아동권리연구, 6(2), 365-384.

Kaga, Y., Bennett, J., & Moss, P. (2010). *Caring and Learning together: A cross-national study on the integration of early Childhood care and Education within education*. Paris: UNESCO.

Morrison, G. S. (2015). *Early childhood education today* (13th ed.). Upper Saddle River, NT: Pearson.

OECD. (2001). *Starting Strong: Early Childhood Education and Care*. Education and Skills. Paris: OECD.

OECD. (2006). *Starting strong II: Early childhood education and care. Paris: OECD.* 이옥 외 역(2008). OECD 영유아 교육 · 보육정책II. 서울: 육아정책개발센터.

OECD. (2011). *Starting strong III: A quality toolbox for early childhood education and care*. 교육부, 경기도교육청, 덕성여자대학교 역(2013). OECD 영유아 교육 · 보육정책III: OECD 유아교육과 보육의 질 제고를 위한 정책방안. 서울: 덕성여자대학교 산학협력단.

OECD. (2015). *Starting strong IV: Monitoring quality in early childhood education and care*. 교육부, 광주광역시교육청, 육아정책연구소 역(2017). 영유아 교육 · 보육 질 모니터링. 광주: 광역시교육청.

KOSIS 국가통계포털(http://kosis.kr)

OECD(http://www.oecd.org)

교육부(https://www.moe.go.kr)

교육통계서비스(https://kess.kedi.re.kr)

국가법령정보센터(http://www.law.go.kr)

국립국어원 표준국어대사전(https://stdict.korean.go.kr)

미국유아교육협회(https://www.naeyc.org)

보건복지부(http://www.mohw.go.kr).

서울특별시(http://www.seoul.go.kr)

서울특별시교육청(http://www.sen.go.kr)
유네스코(https://en.unesco.org)
육아정책연구소(http://kicce.re.kr)
중앙육아종합지원센터(http://central.childcare.go.kr)
한국보육진흥원(https://www.kcpi.or.kr).

제2부

누리과정 이전의 유보통합 정책

유아교육 진흥 종합계획

개요

이 장에서는 1945년 광복 이후부터 제5공화국 정부가 끝난 1987년까지 영유아정책의 변천과정을 알아본다. 이 기간은 두 시기로 나눌 수 있다. 첫째, 광복 후부터 1970년대 말까지이다. 1949년 「교육법」이 제정되어 학교와 교육기관에 유치원이 포함되었지만 영유아정책은 국가 정책의 우선순위에서 밀렸었다. 1960년대에 탁아시설의 근거법률인 「아동복리법」이 제정되었고, '아동복리시설 설치기준령' '유치원 시설기준' '유치원 교육과정' 등이 차례로 갖추어졌다. 1963년부터 1979년까지 우리나라 경제는 괄목할 만한 성장을 이루었지만 영유아정책에 대한 투자는 미흡하였다.

둘째, 신 군부가 정권을 장악한 1980년부터 1987년까지이다. 제5공화국 정부는 역사상 처음으로 유아교육 진흥을 강조하면서 1982년에 '유아교육 진흥 종합계획'을 수립하였고, 다양한 교육시설과 탁아시설을 통합 · 정비하였다. 1983년 3월 「유아교육진흥법」 시행으로 유아교육기관인 유치원과 새마을유아원의 설립 · 폐지 인가는 문교부와 내무부가 각각 담당하였지만, 유아교육 기본계획 수립, 장학지도, 교원양성 · 연수, 교재개발 · 보급 등 교육적인 기능은 문교부가 담당하였다. 1980년대에 유아교육기관은 증가했고, 유아교육 기회는 대폭 확대되었다.

1. 광복 후 1970년대 말까지 상황

1945년 8월 15일 광복을 맞이한 우리나라는 1948년 7월 17일「대한민국 헌법」을 제정하였다. 이때 제정된「헌법」제16조는 "모든 국민은 균등하게 교육을 받을 권리가 있다. 적어도 초등교육은 의무적이며 무상으로 한다. 모든 교육기관은 국가의 감독을 받으며 교육제도는 법률로써 정한다."라고 규정하였다(헌법 제1호, 1948. 7. 17.). 국민의 교육권, 교육의 기회균등, 의무・무상의 초등교육, 교육제도 법률주의를 명시한 것이다.

교육제도를 법률로 정하도록 한「헌법」의 위임에 따라 1949년 12월 31일「교육법」이 제정되었고, 같은 날 시행되었다.「교육법」제1조는 교육의 목적, 제2조는 교육의 목적 달성을 위한 교육방침을 정했으며, 제3조에서는 교육의 목적이 "학교 기타 교육을 위한 시설에서만 아니라 정치, 경제, 사회, 문화의 모든 영역에서도 항상 강력하게 실현"되어야 한다고 규정하였다. 그리고 제81조에서는 모든 국민이 균등하게 교육을 받게 하기 위하여 국민학교, 중학교, 고등학교, 대학을 비롯하여 유치원 등 학교를 설치한다고 하였다(법률 제86호, 1949. 12. 31.).

1) 유치원

「교육법」은 제5장 제10절 유치원에 관한 규정을 두어 유치원을 학교제도의 하나로 정했다.[1] 법 제146조는 유치원 교육의 목적이 "유아를 보육하고 적당한 환경을 주어 심신의 발육을 조장하는 것"이라고 하였고, 제147조는 '유치원 교육'의 목표를 정했다. 제148조에서는 "유치원에 입원할 수 있는 자는 만 4세부터 국민학교 취학시기에 달하기까지의 유아"로 정하였다(법률 제86호, 1949. 12. 31.). 유치원 교육은 1948년부터 문교부가 담당하였다(「정부조직법」제20조, 법률 제1호, 1948. 7. 17.). 이 당시에는 '유치원 교육'과 '보육'을 동일한 의미로 사용한 것이 특징이다.

1) 일제 강점기 유치원에 관한 최초의 규정은 1922년 '조선교육령'이며, 이 법령은 광복 후「교육법」이 제정되기 전까지 유치원의 법적 근거였다. 1945년 전국의 유치원 수는 144개였고, 38도선 이남에는 39개가 있었다(교육50년사편찬위원회, 1998).

교육법[시행 1949. 12. 31.] [법률 제86호, 1949. 12. 31., 제정]

제10절 유치원

제146조 유치원은 유아를 보육하고 적당한 환경을 주어 심신의 발육을 조장하는 것을 목적으로 한다.

제147조 유치원 교육은 전조의 목적을 실현하기 위하여 다음 각 호의 목표를 달성하도록 노력하여야 한다.

1. 건전하고 안전하고 즐거운 생활을 하기에 필요한 일상의 습관을 기르고 신체의 모든 기능의 조화적 발달을 도모한다.
2. 집단생활을 경험시키어, 즐기어 이에 참가하는 태도를 기르며 협동자주와 자율의 정신을 싹트게 한다.
3. 신변의 사회생활과 환경에 대한 바른 이해와 태도를 싹트게 한다.
4. 말은 바르게 쓰도록 인도하고 동화 그림책 등에 대한 흥미를 기른다.
5. 음악 · 유희 · 회화 · 수기, 기타 방법에 의하여 창작적 표현에 대한 흥미를 기른다.

제148조 유치원에 입원할 수 있는 자는 만 4세부터 국민학교 취학시기에 달하기까지의 유아로 한다.

문교부는 1950년 5월 '국립유치원 설치계획'을 발표하고 정부 차원에서 국립유치원을 확대해 나가려고 했으나 한국전쟁으로 실현되지 못하였다(문교부 편, 1980: 157, 386). 전쟁 중인 1952년 4월에는 「교육법 시행령」이 제정되었는데, 유치원에 관한 사항이 일부 포함되었다. 유치원에 원장 · 원감 외에 반마다 교사 2명을 배치하도록 하였고, 3반 미만인 유치원에는 원장과 원감이 반을 담당할 수 있다고 하였다(제61조). 재단법인만이 사립학교를 설립 · 경영할 수 있었지만 유치원은 개인이나 사단법인이라도 설립할 수 있게 하였다(제63조). 시행령 제4장에는 유치원에 관한 절을 따로 두어 설립 · 폐지 인가, 원칙(園則) 기재사항, 1반당 원아 수, 보육과목, 보육일수 등을 정하였다. 유치원의 '1반당 원아 수'는 40인 이하였고, '보육과목'은 음악 · 유희 · 담화 · 회화 · 수기였으며, '보육일수'는 매 학년 2백일 이상으로 정하였다(대통령령 제633호, 1952. 4. 23.).

전쟁 이후 사회가 어느 정도 안정을 되찾으면서 사립유치원이 점차 증가했으나 자격증을 취득한 교사가 부족했고, 교재도 없었으며, 문교부에 의한 현직교사 연수도 없었다. 「교육법」과 시행령에 규정된 것 외에는 법적 근거가 없었기에 유치원 교육은 체계화된 교육과정 없이 다만 놀이하고 노래하고 춤추고 그림을 그리는 등 비체계적으로 운영되었다(문교부 편, 1980: 157). 1953년 4월 「교육공무원법」이 제정되어 정교사 1·2급, 준교사 등 교사의 자격을 정했으나 유치원 교사의 자격기준은 별도로 정하지 않고 초등학교 교사 자격기준에 포함되어 규정되었다(법률 제285호, 1953. 4. 18.).

유아교육에 대한 정부 관료와 사회 일반의 무관심으로 공립유치원 설립은 기대하기 어려웠고 사립유치원의 증가도 아주 미약하였다.[2] 1970년대까지 유치원 취원율이 2% 내외인 사실이 이를 증명해 준다(교육50년사편찬위원회, 1998: 316). 국가재정이 부족했으므로 교육기회를 확대하기 위해 수익자 부담에 의지했고, 유아교육은 교회·개인·단체 등 민간이 설립한 사립유치원이 주류였다. 한국어린이교육협회와 한국유아교육협회가 교사연수를 방학마다 개최하였다.[3]

1961년에 '5·16 군사쿠데타'로 집권한 군부는 국회를 해산하고 최고 통치기관인 국가재건최고회의를 두어 1963년 민정이양 전까지 모든 정책을 입안하고 결정하였다. 「국가재건비상조치법」이 헌법을 대신하였다(이완범 외, 2015: 278). 1960년대에 정부는 유아교육을 위한 시설투자는 하지 않았지만 질적 수준을 높이기 위한 노력은 하였다. 문교부는 1962년, 우리나라에서는 처음으로 유치원 현직교사를 대상으로 16주(200시간)의 단기 특별교육과정을 이수시켜 수료증을 주었고, 1963년에는 유치원 교사를 정교사 1·2급, 준교사로 구분하여 교사 자격증을 수여하였다(문교부 편, 1980: 157-158). 1963년 이후에는 무자격 유치원 교사를 전원 유자격 교사로 대치하는 시책을 강력히 추진하였다(교육50년사편찬위원회, 1998: 317).

유치원 교육의 질적 수준을 높이기 위해 시도한 정책 중에서 가장 중요한 것은 1969년 2월 19일 문교부령으로 국가 수준의 「유치원 교육과정」을 처음 제정·공포

---

2) 정부수립 이후 가장 긴급하고 중요한 정책은 「헌법」과 「교육법」에 명시한 의무교육을 추진하는 과제였다. 정부는 1950년 6월부터 초등 의무교육을 추진하고자 했으나 한국전쟁으로 좌절되었다. 그러나 정부는 1954년부터 1959년까지 '의무교육 완성 6개년 계획'을 실시했고, 1960년대에는 '경제개발 5개년 계획'과 병행하여 두 차례(1차: 1962년~1966년, 2차: 1967년~1971년)에 걸쳐 의무교육 시설 확충 5개년 계획을 수립·추진하였다. 이 계획의 완성연도인 1971년에 부족한 교실을 거의 해소할 수 있었다. 시설확충과 함께 초등교원 확보에도 주력하여 1970년에는 교원확보율도 100% 달성하였다(교육50년사편찬위원회, 1998, pp. 120-126).

3) 중앙대학교 이원영 명예교수의 증언(2018. 10. 31.)에 따르면, 당시 이화여자대학교의 허길래 선교사와 김애마 학장은 1948년 한국어린이교육협회를 조직하여 여름방학마다 교사연수를 하고 교육활동을 전국적으로 보급하였다. 1960년대 후반부터 중앙대 보육과의 김옥련 교수가 조직한 한국유아교육협회도 여름방학마다 교사연수를 하여 유치원 교육의 질적 수준을 높였다.

한 것이었다. 한반도에 유치원 교육이 도입된 지 70여 년이 지난 후의 일이었다(교육50년사편찬위원회, 1998: 317). 이 교육과정 제1부 총론에서 명시한 '유치원 교육의 필요성'은 대략 다음과 같다. 6세 이전의 초기 경험이 인간의 성격 형성과 사회행동의 기초를 이루는 데 있어서 없어서는 안 될 중요한 역할을 한다는 점은 이미 많은 교육학자와 심리학자에 의해 밝혀졌고, 타고난 가능성도 초기 경험을 통한 적절한 자극으로써 충분히 개발될 수 있다. 이와 같이 성격 형성이나 기능 발달에 결정적인 영향을 받는 유치원 유아들에게 적절한 교육을 하는 것은 그 아이의 일생 동안 학업의 방향과 생활태도의 기반을 이루어 주고, 나아가 국가와 사회가 바라는 유능한 인간을 육성하는 데도 없어서는 안 될 중요한 계기를 마련한다. 따라서 유치원은 유아의 흥미와 욕구에 적합한 환경을 제공하여 아이들이 즐거운 가운데서 도움이 될 수 있는 경험을 몸에 익혀 나갈 수 있게 해야 한다(문교부령 제207호). 이것은 우리나라 첫 번째 유치원 교육과정이었지만 전인교육을 추구하는 교육목적을 제시하는 초보적 수준의 국가 수준 교육과정이었다.

문교부는 유치원의 교육내용 개선과 함께 교육환경 개선을 위한 노력도 병행하였다. 1962년 8월 「유치원 시설기준」을 제정하여 유치원의 시설과 설비, 원구와 교구, 소방시설 등에 관한 기준을 정했다(문교부령 제106호, 1962. 8. 11.). 1967년 10월에 제정된 「학교시설 · 설비기준령」 가운데 유치원 조항도 교육환경 개선의 일환이었다(대통령령 제3253호, 1967. 10. 26.). 1969년에는 전국 유치원 시설을 조사하여 법적 기준에 미달된 10개 유치원을 폐쇄하기도 하였다. 그러나 유치원 취원율 부진, 유아교육 프로그램 부재, 자질 있는 원장 및 교사의 부족, 유아교육을 위한 시설 미비 등으로 체계적인 유치원 교육이 이루어지지 못하였다(문교부 편, 1980: 158).

1969년에 우리나라 유아교육의 현실을 보여 주는 통계를 보면, 유치원 입학생은 22,327명으로 초등학교 입학생 103만 7천 명의 2.1%에 불과했다. 반면, 일본 요미우리 신문이 1970년 11월 13일 사설에서 밝힌 각국의 초등학교 신입생 대비 유치원 수료자 비율은 일본 51.8%, 미국 76.8%, 프랑스 98.9%, 영국은 의무교육으로 100%였다(대한교육연합회, 1971: 120-121).

1970년대 우리나라 유아교육은 국내의 정치 · 사회적 변화와 함께 선진 여러 나라들의 움직임에 직 · 간접적인 영향을 받았다. 1970년은 유네스코가 선포한 '세계 교육의 해'로 이 시기에 즈음하여 평생교육의 사조가 크게 대두되었고, 유아교육의 광범위한 기회확대 운동이 활발히 전개되고 있었다. 1972년 '7 · 4 남북공동 선언'

에도 불구하고 북한과의 체제 경쟁이 가열된 가운데 북한이 1976년에 「어린이 보육교양법」을 제정한 것은 1980년대 우리나라 유아교육 진흥 정책에 영향을 미쳤다(교육50년사편찬위원회, 1998: 317).

1976년에 처음으로 초등학교 병설 형태로 공립유치원이 5개 설립·운영되었는데, 서울의 4개 교육구청 관할구역에 각 1개씩 4개원(동부: 신천, 서부: 공덕, 남부: 신용산, 북부: 삼선)과 부산에 1개원(성지)이었다(정혜손, 2008: 40). 1979년에는 유아교육의 학문적 발전 추세를 감안하여 학습영역 중심으로 짜여져 있던 유치원 교육과정을 유아의 발달영역에 초점을 맞추어 개정하는 등 구체적인 관심과 노력을 기울이기 시작하였다(윤기영, 1985: 18-19). 1979년 UN이 정한 '세계 어린이 해'를 정점으로 우리나라도 유아교육에 대한 관심이 고조되었다.

한편, 1970년대는 유아교육기관이 난립하기 시작한 시기이다. 한국행동과학연구소가 1975년 5월 '국가발전과 어린이'라는 세미나를 개최하여 유아교육의 중요성을 일반인에게 알렸고, 그 밖에 대중매체를 통하여 유아교육의 중요성이 홍보되자 공·사립유치원, 어린이집 이외에 선교원과 유아 대상 미술·음악·체육 학원 등 사설기관이 앞다투어 설립되어 유치원 및 어린이집의 질적 수준을 유지하기 어렵게 만들었다. 그럼에도 불구하고 1970년대는 일반인에게 유아교육의 중요성을 인식시킨 시기였고, 양질의 유아교육이 필요하다고 인지한 제5공화국 정부가 1980년대에 유아교육 지원 정책을 마련하는 데 기여하였다(교육50년사편찬위원회, 1998: 318).

1970년대의 유아교육과 관련된 중요한 보고서가 하나 있다. 1978년 문교부의 의뢰로 한국교육개발원(KEDI)이 발간한 '교육발전의 전망과 과제: 1978~1991'이 그것이다. KEDI는 교육분야뿐만 아니라 사회 각계의 전문가 수백 명이 참여한 이 보고서에서 지난 30년간의 한국교육을 평가하고, 제6차 경제개발 5개년 계획이 끝나는 1991년까지 한국교육이 나아가야 할 방향과 과제들을 제시하였다. 그동안 초등교육의 의무화와 중등교육의 보편화를 토대로 1980년대에는 중학교 의무교육, 고등학교 및 대학교육의 보편화와 함께 이제까지 교육발전의 망각지대로 방치되어 온 유아교육과 특수교육도 획기적으로 강화해야 한다는 내용이 수록되었다(한국교육개발원, 1979: 44-45).

KEDI는 '유아교육의 보편화 실현'을 위한 정책방향으로 유아교육의 기회 확대, 문화 낙후지역 저소득층 우선, 공립유치원의 설립 확대 등을 제시하였다. 유아교육 기회를 확대하기 위해 1978년 기준으로 만 5세 유아의 유치원 취원율 5.3%를 1986년에는 20%, 1991년에는 70%까지 확대해야 한다고 제안하였다. 이와 함께 유아교육 보편화 실현을 위한 정책과제의 하나로 '유아교육 지원체제 강화'를 제시하였다. 즉, 유아교육을 보편화하고 의무교육 체제와 연결시키기 위해서는 보건사회부와 문교부로 이원화되어 있는 유아교육 행정조직을 일원화해야 한다고 하였다. 이것은 교육목표의 정립, 일관성 있는 지도와 장학을 가능하게 하며, 교육자료의 공급과 시설의 확충 등을 위해서도 필요하다는 논지였다(한국교육개발원, 1979: 60-64).

1945년부터 1980년까지 유치원 수와 유치원 원아 수 변동 추이는 〈표 3-1〉과 같다. 유치원은 1955년 192개에서 1980년 901개로 4.7배 늘었고, 원아 수는 1955년 11,561명에서 1980년 66,433명으로 5.7배 늘어났다. 이러한 증가세는 우리나라 경제가 1963년부터 1979년까지 고투자 · 고성장의 '제1차 고도성장'을 이룩한 데 비하면 보잘것없는 결과였다.

〈표 3-1〉 유치원 수, 유치원 원아 수 변동 추이(1945~1980년)

구분	1945	1955	1965	1970	1975	1980
유치원 수	39	192	423	484	611	901
원아 수	-	11,561	19,566	22,271	32,032	66,433

출처: 1945년, 1955년은 교육50년사편찬위원회(1998), p. 324; 1965~1980년은 문교부. 각 연도 교육통계연보.

2) 탁아소에서 어린이집으로

1970년대 말까지 만 5세 유아의 유치원 취원율이 5% 정도였다는 것은 무엇을 의미하는가? 대부분의 아이들은 초등학교에 입학할 때까지 가정에서 돌보았다는 뜻이다. 그러나 버려진 아이, 길 잃은 아이, 부모가 일을 해야만 하거나 질병 등 여러 가지 이유로 가정에서 돌볼 수 없는 아이들을 위한 시설이 필요했고, 고아원이나 탁아소가 이런 아이들을 돌보았다.

광복 이후 초기의 탁아소는 주로 저소득층을 중심으로 부모를 대신하여 아이들을 돌보아 주는 자선, 빈민구제 목적으로 시작되었다.[4] 1950년에 한국전쟁이 발발

4) 1939년 조선총독부 통계에 의하면 전국에 11개의 탁아소가 있었다(이순형 외, 2013, p. 53). 일제는 1944년 3월 '조선구호령'을 발표했는데, 이 법은 광복 이후 대한민국의 '요보호아' 사회사업 관련 법 및 「영유아보육법」의 근간이 되었다(이윤진, 2002, pp. 77-78).

함에 따라 전쟁고아나 미아가 많이 발생했으므로 이들을 수용 · 보호하기 위한 시설 중심으로 탁아소가 생겼고, 재정 지원은 주로 외국의 원조에 의한 것이었다. 정부는 이러한 시설을 행정지도하기 위해 1952년 10월 '후생시설 운영요령'을 시달하였다. 그러나 주로 빈민층 가정의 자녀를 단순히 보호해 줄 목적으로 설치된 당시의 탁아소는 보육의 제 기능을 다하지 못하였다(이순형 외, 2013: 53-54).

1960년대에 들어와 군사정부는 국가재건최고회의 의결을 거쳐 1961년 12월 「아동복리법」을 제정 · 공포하였다. 「아동복리법」은 "아동이 그 보호자로부터 유실, 유기 또는 이탈되었을 경우, 그 보호자가 아동을 양육하기에 부적당하거나 양육할 수 없는 경우, 아동의 건전한 출생을 기할 수 없는 경우 또는 기타의 경우에 아동이 건전하고 행복하게 육성되도록 그 복리를 보장"할 목적으로 제정되었다. 「아동복리법」 제3조는 다양한 '아동복리시설'을 나열하였는데, '탁아시설'과 '보육시설' 등이 이에 포함되었다(법률 제912호, 1961. 12. 30.).

1962년 3월 제정된 「아동복리법 시행령」 제2조는 탁아시설을 "보호자가 근로 또는 질병 등으로 인하여 양육하여야 할 아동을 보호할 능력이 없을 경우에 보호자의 위탁을 받아 그 아동을 입소시켜 보호함을 목적으로 하는 시설"이라고 하였다. 그리고 보육시설은 "보호자가 없는 아동 또는 이에 준하는 아동을 입소시켜 보육"하는 시설로 영아시설과 육아시설로 나누었다(각령 제594호, 1962. 3. 27.). 이 당시 보육시설은 고아원을 말한다. 당시 탁아시설 등 구호, 부녀 문제 등 업무는 보건사회부가 담당하였다(「정부조직법」 제27조, 법률 제734호, 1961. 10. 2.).

보건사회부는 1962년 10월 「아동복리시설 설치기준령」을 제정하여 탁아시설 등 각종 아동복리시설의 설치기준과 운영에 관하여 필요한 사항을 정하였다. 탁아시설 설비의 기준, 직원, 탁아시간, 보호의 내용 등이 이때 정해졌다(보건사회부령 제92호, 1962. 10. 15.). 이로써 탁아시설은 복지시설로서의 법적 근거를 가지게 되었고, 가난을 구제하는 성격을 벗어나 아동의 복리를 증진시키기 위한 사업으로 그 성격이 변화 · 발전하였다(나종혜 외, 2014). 그러나 여전히 위탁과 보호를 목적으로 하는 구호적 성격이 강했다(조복희 외, 2013).

1960년대에 「아동복리법」이 제정되었지만 탁아시설의 증가 속도는 느렸다. 탁아시설은 「아동복리법」 제17조에 따라 국가, 지방자치단체와 시 · 도지사의 인가를 받은 재단법인만이 설치할 수 있었기 때문이다. 그럼에도 불구하고 1960년에 24개이던 탁아소는 1966년 말에 116개로 증가하였다. 이는 고아원 등 법인체가 사업내용을 탁아로 바꾸면서 증가한 것이다. 그러나 1960년대 경제발전으로 인하여 보호결함 아동과 탁아대상 아동의 수가 늘어나 시설의 부족 현상은 더욱 심화되었다(보건복지70년사편찬위원회, 2015: 181). 탁아시설의 부족 현상을 해결하기 위해 보건사회부는 1967년부터 1981년까지 15년간 3차에 걸쳐 '탁아시설 설치 5개년 계획'을 수립하고 비용도 지원했다. 1968년 3월에는 '미인가 탁아시설 임시조치요령'을 공포하여 법인이 아닌 개인도 탁아시설을 설립할 수 있게 했고, 1968년 12월에는 '탁아소'를 '어린이집'으로 부르도록 권장하였다(정혜선, 2003: 60; 조복희 외, 2013: 384).

탁아소의 명칭 변경을 제안한 인물은 주정일[5)]이다. 그는 탁아소를 어린이집으로 바꾼 이유를 다음과 같이 설명하였다(주정일, 1990).

> 탁아소라는 이름은 일제 강점기에 생겨난 것으로 어린이를 마치 짐짝 맡기듯 임시 맡겨 두는 곳이라는 인상을 주며, 보모들도 어린이를 맡아서 보호하는 일로 자기들의 사명이 끝나는 것으로 착각할 우려가 있기 때문이었다. 어린이집은 이름 그대로 어린이가 자기 집에서처럼 놀며 배우고 사랑받고 자라며 사람 사귀는 곳이라는 뜻을 함축한다.

1968년 6월 의원입법으로 발의된 '사회복지사업법안'이 1969년 12월에 국회 본회의를 통과하여 사회복지사업의 기본법인 「사회복지사업법」이 제정되었다. 이에 따라 「아동복리법」에 의한 각종 복지사업과 복지시설의 운영을 목적으로 하는 사업은 사회복지사업에 포함되었고, 탁아시설인 어린이집도 마찬가지였다(법률 제2191호, 1970. 1. 1.). 1960년대 말부터 어린이집 설치가 쉬워지고 어린이집 수가 크게 늘어났으나 질적 수준은 매우 미흡하였다. 보건사회부는 1977년 2월 「사회복지사업법 시행규칙」을 개정하여 다시 어린이집의 법인화를 장려하는 동시에 '미인가 탁아시설 임시조치요령'을 폐지하였다. 그러나 경제개발 정책으로 보육수요가 지속적으로 늘어남에 따라 1978년 '탁아시설 운영개선안'을 마련하여 어린이집을 일반 영유아에게도 개방하는 대신 수탁료를 받을 수 있도록 하였다. 이때부터 저소득층이 아닌 중산층의 아이들도 어린이집을 이용할 수 있게 되었다(이순형 외, 2013: 54).

---

5) 주정일(1927. 3. 27.~2014. 12. 3.)은 1967년부터 1969년까지 보건사회부 부녀아동국장을 역임하였다. 그는 공직에 들어오기 전 서울대 사범대학 가정학과 교수 재직 시 '아동발달' 과목을 처음으로 개설하였고, 공직을 떠난 뒤에는 숙명여대 가정학과 교수로 취임했다가 1972년 처음으로 아동복지학과를 개설하였다(2018. 2. 20., 이원영 중앙대 유아교육과 명예교수 면담).

1960년부터 1980년까지 어린이집 수와 어린이집 원아 수 변동 추이는 〈표 3-2〉와 같다. 어린이집은 1960년 24개에서 1980년 657개로 27.4배 늘어났고, 원아 수는 1960년 1,130명에서 1980년 45,075명으로 39.9배 늘어났다.

〈표 3-2〉 어린이집 수, 어린이집 원아 수 변동 추이(1960~1980년)

구분	1960	1966	1970	1975	1980
어린이집 수	24	116	377	591	657
원아 수	1,130	10,110	29,906	40,655	45,075

출처: 김의영(2013), p. 80.

3) 농번기유아원

한편, 1960년경부터 농촌지역 아이들의 탁아를 위해 농번기탁아소가 자생적으로 출현하였다. 농번기탁아소는 농촌 여성들의 요구에 따라 4-H 여성 지도자 또는 4-H 클럽 여성들을 중심으로 자원봉사 차원에서 출발하였다. 농번기탁아소는 농번기인 5월부터 10월 사이에 2개월간, 만 3~5세의 취학 전 유아를 대상으로 운영되었고, 1963년부터 농촌진흥청에서 관장하였다. 농촌진흥청은 1980년 11월에 농번기탁아소의 명칭을 '농번기유아원'으로 변경하였다(정혜선, 2003: 63-64; 홍인혜, 2006: 60; 조복희 외, 2013: 384).

농번기유아원의 변동 추이는 〈표 3-3〉과 같다. 농번기유아원은 1963년 139개에서 1980년 6,009개로 늘어났고, 원아 수는 1963년 15,060명에서 1980년 148,559명으로 늘어났다.

〈표 3-3〉 농번기유아원 수 및 원아 수 변동 추이(1963~1980년)

구분	1963	1965	1970	1975	1980
농번기유아원 수	139	1,198	2,237	5,570	6,009
원아 수	15,060	48,459	103,979	172,768	148,559

출처: 김의영(2013), p. 83.

2. 유아교육 진흥 종합계획(1982년)

1980년대에 정치체제는 큰 변화를 맞이하였다. 1979년 '10 · 26 사태'로 박정희 정권의 유신체제가 막을 내린 후 같은 해 '12 · 12 쿠데타'로 신 군부가 정권을 장악하였기 때문이다. 신 군부는 전국 비상계엄하에서 1980년 5월 31일 행정 · 사법 업무를 조정 통제하는 기능을 갖는 국가보위비상대책위원회를 설치하였다(교육개혁위원회, 1998: 40). 전두환 장군 등은 국회를 해산하고 국가보위입법회의가 국회의 기능을 대신하는 헌정중단 사태를 일으켰다(이완범 외, 2015: 278). 1980년 8월 27일 통일주체국민회의에서 간선으로 제11대 전두환 대통령이 선출되었다. 같은 해 9월 1일 취임한 전두환 대통령은 9월 9일 과거 정무2비서실에 소속된 교육분야를 따로 독립시켜 교육 · 문화수석비서실을 신설하였다.[6] 이는 박정희 정부 때보다 대통령 비서실이 확대된 유일한 분야였다(문교부 편, 1980: 398; 정정길, 1994: 136). 1980년 10월 22일 국민투표로 헌법개정안이 확정되었고, 10월 27일 개정된 제5공화국 헌법에는 처음으로 평생교육 진흥 조항이 포함되었다.[7]

1) 새마을협동유아원

전두환 대통령은 1980년 10월 7일 경상남도의 첫 순시에서 유아교육의 필요성과 중요성을 강조했는데, 통치권자가 유아교육에 관한 정부의지를 피력한 것은 처음이었다. 이로 인해 우리나라 유아교육사는 새로운 장을 맞게 되었다. 대통령의 지시에 따라 내무부는 유아교육의 실태 파악과 함께 정책입안에 착수하였고, 1980년 11월 5일 '취학 전 아동 교육시설의 운영모델'을 수립하였다(내무부, 1988: 32-33).

이러한 기초 자료를 토대로 청와대 교육 · 문화수석비서실은 1980년 11월에 '새

6) 초대 청와대 교육문화수석 비서관(1980. 9.~1982. 1.)은 이상주 서울대 사범대학 교수가 발탁되었다. 그는 이후 강원대 · 울산대 · 한림대 총장과 한국정신문화연구원장 등을 거쳐 김대중 대통령 당시에는 대통령 비서실장(2001. 9.~2002. 1)과 부총리 겸 교육인적자원부장관(2002. 1. 29.~2003. 3. 5.)을 역임했다.

7) 제5공화국 헌법 제29조 ① 모든 국민은 능력에 따라 균등하게 교육을 받을 권리를 가진다. ② 모든 국민은 그 보호하는 자녀에게 적어도 초등교육과 법률이 정하는 교육을 받게 할 의무를 진다. ③ 의무교육은 무상으로 한다. ④ 교육의 자주성 · 전문성 및 정치적 중립성은 법률이 정하는 바에 의하여 보장된다. ⑤ 국가는 평생교육을 진흥하여야 한다. ⑥ 학교교육 및 평생교육을 포함한 교육제도와 그 운영, 교육재정 및 교원의 지위에 관한 기본적인 사항은 법률로 정한다[「대한민국 헌법」(헌법 제9호, 1980. 10. 27., 전부개정)].

마을협동유아원 설치계획'을 대통령에게 보고하였다. 새마을협동유아원을 설치하는 목적은 "도시 영세민 지역과 농어촌의 어린이를 안전하고 건강하게 보육하면서 사회성 교육을 강화하여 어린이의 복리 증진과 건전 성장을 도모"하기 위해서였다(대통령비서실, 1980).

〈표 3-4〉는 교육·문화수석비서실이 작성한 1980년 기준 탁아소와 유치원 현황이다. 탁아소는 상설 619개, 농번기탁아소 6,009개로 모두 6,628개였고, 유치원은 919개였다. 상설 탁아소에는 0~5세 아동 42,794명, 농번기탁아소에는 148,559명이 다니고 있었고, 유치원에는 4~5세 아동 66,216명이 다니고 있었다. 상설 탁아소 교사는 3,444명, 유치원 교사는 3,014명이었다. 1980년에 유치원 취원율은 7%에 불과했다(대통령비서실, 1980). 상설 탁아소는 '어린이집'을 말한다.

〈표 3-4〉 탁아소, 유치원 현황(1980년)

구분		시설 수	어린이 수	교사 수	비 고
계		7,547	257,569	6,458	
탁아소	상설	619	42,794	3,444	대상아동: 0~5세 어린이 14만 명 중 30% 보호
	농번기	6,009	148,559		
유치원		919	66,216	3,014	대상아동: 4~5세 어린이 171만 명 중 7% 취원

출처: 대통령비서실(1980), p. 1.

정부는 유아교육의 문제점으로 유아교육 시설이 부족하고, 시설에 아이를 맡기는 비용 때문에 영세민이 활용하기 어려우며, 유아에 대한 사회성 교육 기능이 미흡하다고 보았다. 따라서 새마을협동유아원 설치를 통해 '보육'과 함께 '교육' 기능을 강화하고자 하였다. 새마을협동유아원은 새마을부녀회와 새마을청소년회가 운영주체가 되어 자원봉사 활동 중심으로 운영하고, 보호기능과 교육기능을 병행하여 새마을회관·교회·학교 등 기존 시설을 활용하도록 하였다. 교육 대상은 도시 영세민 지역과 농어촌 지역의 4~5세 미취학 어린이로 하였고, 1981년 시범 설치를 시작으로 218개 시·군·구에 1개소씩 설치하기로 하였으며 각 시설에는 보육교사 2명을 배치하기로 하였다. 정부 주관기관은 내무부였고, 교육교재 개발과 지원은 문교부, 기타 운영 지원은 보건사회부와 농촌진흥청이 맡도록 하였다(대통령비서실, 1980).

새마을운동의 일환으로 추진된 새마을협동유아원은 특별한 근거법령 없이 1980년 12월 발행된 내무부의 운영지침과 '새마을협동유아원 설치 운영자료'에 의해 1981년 3월부터 시범 운영되기 시작하였다(위영희, 1982). 특히, 대통령 영부인이 주관하는 '새세대육영회'의 주요사업으로 새마을협동유아원 교육이 선정되어 전폭적인 지지와 지원을 받았다. 그리고 1981년 초에 새세대육영회가 개최한 '복지사회와 유아교육의 발전 방향'이라는 심포지움을 통해 학계로부터도 정당성을 인정받고 지원받기에 이르렀다(윤기영, 1985: 19).

1981년 3월 기준으로 취학 전 교육 및 탁아시설은 「교육법」에 의해 문교부가 관리하는 유치원, 「아동복리법」에 의해 보건사회부가 관리하는 어린이집, 그 밖에 초등학교 유휴교실에 설치한 유아교실, 개인이 창설한 비인가 골목유치원, 농촌진흥청이 관리하는 농번기유아원, 내무부가 관리하는 새마을협동유아원 등이 있었다. 1981년 3월 전국 263개소의 새마을협동유아원이 일제히 개원하였다(내무부, 1988: 37).

한편, 탁아시설의 근거법인 「아동복리법」은 1981년 4월 「아동복지법」으로 명칭을 변경하여 전면 개정되었다. 이때 법 개정으로 보호대상 아동의 범위는 '보호를 필요로 하는 아동'에서 '전체 아동'으로 확대되었다(법률 제3438호, 1981. 4. 13.). 1982년 2월에 개정된 「아동복지법 시행령」에서는 탁아시설이 아동복지시설에서 제외되었고, 보육시설이라는 표현을 삭제하였다(대통령령 제10741호, 1982. 2. 22.).

2) 유아교육 진흥 종합계획

전두환 정부는 4대 국정지표로 '민주주의의 토착화' '복지사회의 건설' '정의사회의 구현' '교육혁신과 문화창달'을 표방하였다. 1981년 1월 12일 대통령은 우리나라 역사상 처음으로 취학 전 아동교육의 강화를 새해 국정연설에 포함시켰다(대통령비서실, 1981).

> 배움에는 나이가 없다는 옛말을 빌릴 것도 없이 급속히 변화 발전하는 현대 사회에서 남에게 뒤지지 않기 위해서는 국민 누구나 끊임없이 자기완성에 노력하지 않으면 안 됩니다. 이를 위해서는 사회가 어떤 계층, 어떤 연대의 사람에게도 교육을 받을 기회를 주어야 합니다. 정부는 새해에 평생교육의 기반을 다지기 위

한 여러 시책을 강구해 나갈 것이며, 특히 조기교육의 중요성을 감안하여 취학 전 아동의 교육을 획기적으로 강화해 나갈 것입니다.

제5공화국 헌법에 따라 1981년 2월 25일 대통령선거인단의 간선에 의해 제12대 전두환 대통령이 선출되었다. 1981년 3월부터 새마을협동유아원 사업을 추진한 정부는 같은 해 8월 '제5차 경제사회발전 5개년 계획(1982~1986)'을 확정 · 발표했다. 제5차 경제사회발전 5개년 계획에는 1962년 경제개발 5개년 계획이 시작된 지 20년 만에 처음으로 '유아교육의 강화'가 교육부문의 세부과제에 포함되었다. 교육기회를 확대하기 위해 1981년 현재 8%인 유치원 취원율을 1986년 50%까지 높인다는 계획이었다(대한민국정부, 1981: 89).

이어서 정부는 1982년 3월 '유아교육 진흥 종합계획'을 수립하였다. 정부가 '유아교육 진흥 종합계획'을 수립한 이유는 다음과 같은 대통령의 지시가 있었기 때문이다(국무총리 행정조정실, 1982: 1).

- 평생교육의 기반이며 인격 형성의 대부분을 점하는 유아기의 교육은 어떤 교육보다 중요하다.
- 유아교육의 확대야말로 복지사업의 일환이며 복지국가 건설의 기초다. 특히, 자력으로 생활하기 어려운 취약계층의 유아에 대한 교육은 무엇보다도 우선되어야 한다.
- 유아교육은 20~30년 후의 국가발전 역량을 배양하고 사회 주도세력을 양성하는 일이므로 장기 계획으로 추진되어야 한다.

당시 정부가 유아교육 진흥 종합계획을 추진한 경위는 다음과 같다. 1982년 1월 25일 대통령은 유아교육 진흥 종합계획 수립에 대해 몇 가지 지침을 내렸다. 첫째, 다원화된 유아교육 체계를 정비하기 위해 추진 협의기구를 설치하고 관련 예산의 집행을 조정할 것, 둘째, 정부와 지역사회의 협조체제를 구축할 것, 셋째, 시설기준과 교사의 자격 · 보수 등이 비현실적이니 이를 점차 개선할 것 등이었다(국무총리 행정조정실, 1982: 3). 계획수립 총괄은 국무총리 행정조정실이 맡았다.[8] 당시

8) 2019년 현재 국무총리의 직무를 보좌하는 기관은 국무조정실과 국무총리비서실이 있다. 국무조정실은 행정조정실(1973~1998), 국무조정실(1998~2008), 국무총리실(2008~2013), 국무조정실(2013~)로 명칭과 기능이 변경되었다. 1963년에 신설된 국무총리비서실은 2008년에 국무총리실에 통합되었다가 2013년에 다시 국무총리비서설로 분리되었다(국무조정실 · 국무총리비서실 홈페이지).

문교부 직제에는 유아교육담당관이 없고 의무교육과에서 유아교육 업무를 관장하고 있었기에 국가적 차원에서의 계획수립·조정체계로서는 미흡하였기 때문이다(내무부, 1988: 44). 정부는 1982년 2월 15일까지 중앙과 지방에 추진 협의기구를 설치했다. 중앙의 위원장은 국무총리, 위원은 관계부처 장관이었고, 지방의 위원장은 시·도와 시·군·구의 장, 위원은 관계 전문가였다. 종합계획 수립을 위해 1982년 2월 1일부터 2월 18일까지 전면 실태조사를 했다(국무총리 행정조정실, 1982: 3).

중앙정부 부처별 추진계획을 작성하는 과정에서 부처 간 통합정비 내용이 정해졌다. 통합정비의 내용은 ① 유치원은 현행 체제로 문교부가 관장하고, ② 새마을협동유아원, 어린이집, 농번기 상설탁아소 등은 모두 '새마을유아원'으로 명칭변경과 동시에 내무부가 통합 관장하며, ③ 시설운영은 내무부, 교육지도 및 지원은 문교부, 보건의료 지원은 보건사회부가 나누어 추진한다는 것이었다. 이에 따라 농촌진흥청이 관장하는 농번기 상설탁아소는 1982년 2월 4일, 보건사회부의 어린이집은 1982년 2월 24일 각각 내무부로 이관되었다(내무부, 1988: 41). 「아동복지법 시행령」에서 탁아시설이 제외된 시기는 이때였다. 1982년 2월 28일까지 부처별 추진계획을 작성하였고, 3월 24일까지 취원율, 추진체계, 재원 등에 대해 종합조정을 했다. 조정 과정에서 전문가, 시설운영자 등과 협의하였고, 다섯 차례 실무조정회의를 하였으며, 정책조정위원회를 거쳤다. 유아교육 진흥 종합계획은 1982년 3월 26일 대통령이 결재함으로써 확정되었다(국무총리 행정조정실, 1982: 3).

당시 정부가 작성한 유아원과 유치원 현황은 〈표 3-5〉와 같다. 1982년 1월 기준으로 보건사회부가 관리하는 어린이집, 농촌진흥청이 관리하는 농번기유아원, 내무부가 관리하는 새마을유아원, 정부가 지원하지 않는 민간시설 등을 모두 유아원에 포함시켰는데, 그 수는 1,392개였다. 문교부가 관리하는 유치원은 공립 1,927개, 사립 1,023개로 합계 2,950개였다. 전국 4~5세 유아의 14.7%만이 유아원과 유치원에 다니고 있었다. 시설 현황을 공·사립별로 보면, 공립은 49%, 사립은 51%였다. 지역별로는 도시지역은 38%, 농촌지역은 62%였다. 영세민과 농어촌 취약지역에 부족한 시설이 각각 635개, 560개였다(국무총리 행정조정실, 1982: 4-5). 유치원 중에서 공립유치원은 65.3%, 사립유치원은 34.7%였고, 아동 수는 각각 50.8%, 49.2%였다. 공립유치원은 1976년에 처음 5개가 설립된 이후 6년 만인 1982년에는 1,927개로 늘어나 있었다.

시설별 운영 재원은 각 시설마다 정부보조금과 자부담 비율이 달랐다. 교사는 무자격 교사가 46%였는데, 유아원에는 87%가 무자격자였다. 교사의 보수는 농번기유아원 6만 9천 원부터 유치원 25만 2천 원까지 다양했다. 취원 연령은 만 5세 83%, 만 4세 15%, 만 3세 2%였다(국무총리 행정조정실, 1982: 6).

〈표 3-5〉 유아원, 유치원 시설 총괄 현황(1982. 1. 기준)

구분		주관부처	시설 수	교사 수	아동 수	교사1인당 아동 수	취원율 (4~5세)
계			4,342	7,392	230,285	31	14.7%
유아원	소계		1,392	3,276	78,814	24	5.0%
	어린이집	보사부	709	2,417	49,226	23	3.1%
	농번기유아원	농진청	382	486	11,429	23	0.7%
	새마을유아원	내무부	263	580	16,490	28	1.1%
	민간시설(비지원)	-	38	63	1,669	26	0.1%
유치원	소계		2,950	4,116	151,471	37	9.7%
	공립	문교부	1,927	2,029	76,976	38	4.7%
	사립	문교부	1,023	2,087	74,495	36	4.9%

※ 농번기 비상설 유아원: 2,769개

출처: 국무총리 행정조정실(1982), p. 4.

정부는 이러한 현황 분석을 토대로 몇 가지 문제점을 도출하였다. 첫째, 교육체계가 정립되어 있지 않다고 판단하였다. 주관부서가 다원화되어 있어 지원과 기준 등이 상이하고, 유치원과 유아원의 구분이 불분명하며, 3세 미만 영아보육을 위한 시설이 갖추어지지 않았다고 보았다. 둘째, 시설의 절대수가 부족하고 시설 활용도가 저조하다고 보았다. 4~5세의 취원율이 14.7%에 불과하고, 특히 도시 영세민 지역 시설부족이 문제였다. 셋째, 운영 면에서 정부 의존율이 40% 이상인 것도 문제지만 자격 있는 교사의 부족과 교재와 교구가 빈약하여 교육내용 또한 부실하다고 보았다. 넷째, 학부모나 사회봉사단체의 지원과 협조가 미흡하다고 판단하였다(국무총리 행정조정실, 1982: 7).

이에 따라 정부가 수립한 유아교육 진흥 종합 대책의 내용을 요약하면 다음과 같다. 먼저 목표로 하는 계획기간은 1982년부터 1986년까지 5년간이었다. 그리고 여러 측면에서 기본방향을 제시하였다. 다원화된 체계를 정비하여 시설과 운영은 내무부, 교육은 문교부, 보건과 의료는 보건사회부가 담당하기로 하였다. 유아교육 기관은 유치원과 새마을유아원으로 나누기로 하였다. 교육방법은 교육과 보육을 병행하되 유치원은 교육에, 유아원은 보육에 중점을 두기로 하였다. 교육대상은 4~5세로 하되, 3세 이하 탁아기능도 갖도록 하였다. 기존 시설을 최대한 활용하고, 시설 확대는 연차별 · 단계별로 하되 영세민과 농어촌 취약지역에 우선하기로 하였다. 운영 측면에서는 우수 교사와 교재 · 교구를 확보하고 운영의 내실화를 기하여 자립화를 촉진하기로 하였다. 재정투자는 5차 5개년 계획 범위 내에서 투자하되, 재원은 국가와 자치단체가 분담하는 계획이었다(국무총리 행정조정실, 1982: 8).

유치원과 새마을유아원 확충 계획은 〈표 3-6〉과 같다.

〈표 3-6〉 유치원 및 새마을유아원 확충 계획

<table>
<tr><th colspan="3">구분</th><th>1981</th><th>1986</th></tr>
<tr><td rowspan="6">분야별</td><td rowspan="2">계</td><td>시설</td><td>4,342</td><td>10,244</td></tr>
<tr><td>원아(취원율)</td><td>230,285(15%)</td><td>642,415(38%)</td></tr>
<tr><td rowspan="2">유치원</td><td>시설</td><td>2,950</td><td>5,645</td></tr>
<tr><td>원아(취원율)</td><td>151,471(10%)</td><td>296,015(18%)</td></tr>
<tr><td rowspan="2">유아원</td><td>시설</td><td>1,392</td><td>4,599</td></tr>
<tr><td>원아(취원율)</td><td>78,814(5%)</td><td>346,400(21%)</td></tr>
<tr><td rowspan="4">공사립별</td><td rowspan="2">공립</td><td>시설</td><td>3,281</td><td>7,375</td></tr>
<tr><td>원아(구성비)</td><td>157,121(68%)</td><td>446,680(70%)</td></tr>
<tr><td rowspan="2">사립</td><td>시설</td><td>1,061</td><td>2,869</td></tr>
<tr><td>원아(구성비)</td><td>76,164(32%)</td><td>195,735(30%)</td></tr>
<tr><td rowspan="2">중점지역</td><td rowspan="2">영세민, 농어촌 취약지역</td><td>시설</td><td>214</td><td>1,409</td></tr>
<tr><td>취원율</td><td>10%</td><td>100%</td></tr>
<tr><td colspan="3">자격교사 확보(시설당 1인)</td><td>54%</td><td>100%</td></tr>
</table>

※ 영세민지역 증설(635개): 83년까지 완료, 농어촌 취약지역 증설(560개): 85년까지 완료

출처: 국무총리 행정조정실(1982), p. 9.

1981년에는 유치원과 새마을유아원 4,342개소에 약 23만 명이 취원하여 취원율이 15%지만 5년간 5,902개소를 확충하여 1986년에는 10,244개소에 약 64만 명을 취원하게 함으로써 취원율을 38%까지 높이겠다는 계획이었다. 공립과 사립 시

설 비율을 70대 30으로 하고, 영세민과 농어촌 취약지역에는 필요한 시설을 100% 우선 확충하며, 시설당 1명씩 자격교사를 배치하기로 하였다(국무총리 행정조정실, 1982: 9). 사립유치원 설치를 유도하기 위해 시설기준을 완화하고, 예능학원 · 선교원 · 유아교실 등 각종 무인가 시설을 양성화하기 위해 시설 인가조건을 완화하기로 하였다. 1982년 서울지역에 시범 유아원을 설치 · 운영하여 전국 유아원 설치 · 운영의 모델로 개발 · 보급하기로 하였다. 아울러 유아교육에 관한 기본법, 즉 「유아교육진흥법」을 1982년 정기국회에서 제정하기로 하였다(국무총리 행정조정실, 1982: 10-22).

이 계획을 추진하기 위해 국무총리실을 비롯하여 경제기획원 · 내무부 · 재무부 · 문교부 · 보건사회부 · 건설부 · 상공부 · 국방부 · 문화공보부 등 많은 정부부처가 참여하였다. 이 중에서 특히 내무부는 지역 유아교육 정책조정위원회 운영, 시설 설치 확대, 유아원 운영 관리를 담당하고, 문교부는 교육 프로그램, 교재 · 교구 개발 보급, 교사양성, 교원 연수, 장학지도, 「유아교육진흥법」 제정을 담당하며, 보건사회부는 보건 · 의료 지원을 담당하기로 하였다(국무총리 행정조정실, 1982: 23).

3) 「유아교육진흥법」 제정 과정

유아교육 진흥 종합계획에 따라 정부는 1982년 8월 16일 '유아교육진흥법안'을 발의하였다. 법안은 다음날 문교부 소관 상임위원회인 문교공보위원회에 회부되었다. 정부가 법안을 발의한 이유는 크게 두 가지였다. 하나는 "유치원, 새마을유아원, 어린이집 및 농번기유아원으로 다원화된 유아교육 체계를 유치원과 새마을유아원으로 조정 · 정비"하는 것이었다. 다른 하나는 "부족한 유아교육 시설의 확충과 교육내용의 충실화"로 "평생교육의 기반이며 인격 형성의 중요한 시기의 교육인 유아교육을 종합적이고 체계적으로 발전 · 추진"하기 위해서였다(의안정보시스템 홈페이지).

문교공보위원회는 1982년 11월 9일 법안을 상정하여 이규호 문교부장관으로부터 제안설명을 들은 후 전문위원[9]으로부터 법안 검토보고를 받았다. 김용균 전문위원은 유아 · 아동교육의 중요성을 설명하며 세계 26개국의 유아교육 현황과 각

9) 전문위원은 국회의원은 아니지만 위원회에서 위원장 및 위원의 입법활동 등을 지원한다. 전문위원의 직무와 역할에 대해서는 「국회법」과 「국회사무처법」에서 정하고 있다.

국의 유아교육기관 운영 현황을 자세하게 제시하였고, 우리나라 유아교육의 실태와 전망 등을 보고하였다. 전문위원의 보고에 따르면, 1982년 5월 현재 0~6세 어린이는 총 495만 명이며, 유치원 취원 대상인 4~6세 어린이는 154만 5천 명이었다. 그중에서 유치원 취원 아동은 11.3%인 17만 5천 명이고, 새마을유아원 취원 아동은 6.6%인 10만 2천 명이었다. 그 외 무인가유치원, 어린이선교원, 학원유치부, 골목유치원 등에 다니는 어린이는 7.9%인 12만 2천 명이었다(대한민국 국회사무처, 1982a). 이때는 이미 어린이집, 농번기유아원, 새마을협동유아원이 내무부 소관의 새마을유아원으로 통합된 상태였다.

전문위원은 정부가 발의한 '유아교육진흥법안'의 열 가지 문제점을 제시하였다. 이 중에서 두 가지만 소개하고자 한다. 첫째, 법안의 명칭이 '유아교육진흥법'이지만 그 내용은 새마을유아원의 설립 · 운영, 지도 · 감독 및 운영기금의 조성 등을 규정함으로써 실질적으로는 새마을유아원 육성법의 성격을 띠고 있다. 따라서 이 법은 진흥법이 가져야 할 보편성과 일반성을 결여하고 유아교육기관 중 새마을유아원의 진흥에만 역점을 둔 감이 있다고 하였다. 둘째, 법안은 새마을유아원의 설립 · 폐지 인가, 폐쇄명령 및 지휘감독권을 지방자치단체장에게 주고 있다. 그러나 「정부조직법」상 교육 · 학예에 관한 사무는 문교부장관의 관장사항이고, 「교육법」에서 교육위원회와 교육장은 교육 · 학예에 관하여 해당 지방자치단체를 대표한다고 규정하고 있다. 따라서 교육기관인 새마을유아원에 한하여 지방자치단체의 장에게 이와 같은 권한을 부여하는 것은 감독체계의 이원적 구조라고 하였다(대한민국 국회사무처, 1982a).

법안에 대한 문교공보위원회 위원들의 질의는 1982년 11월 16일, 이규호 문교부장관과 전석홍 내무부차관보가 출석한 가운데 본격적으로 진행되었다. 당시 국회는 1981년 4월 11일부터 임기가 시작된 제11대 국회였고, 여당은 민주정의당, 야당은 민주한국당과 한국국민당 등이 있었다. 민주한국당의 임재정 의원은 정부가 과거 어느 정부보다도 유아교육을 진흥하고자 하는 뜻은 가상하지만 법안이 제출된 이후 많은 국민이 수천 통의 진정서 · 건의문 · 탄원서 등을 제출하여 거부반응을 일으키고 있다고 하였다. 그는 많은 이해관계자가 관련된 법안을 정부가 졸속 입법했는데 국회마저 졸속으로 심의하면 영원히 국민들로부터 지탄을 받을 것이라고 하며 일곱 가지 질문을 하였다. 그중에서 법 명칭과 법 조항의 내용이 상치하고 있다며 다음과 같이 말했다(대한민국 국회사무처, 1982b: 3).

그동안 문교당국이나 본 위원회에서도 많이 이 법안에 대한 검토가 나름대로 있었을 것으로 믿습니다마는 본위원이 이 법의 특색이랄까 특징을 요약한다면 한마디로 유아교육진흥법 아닌 내무부 관장의 새마을유아원에 국한 중점 육성 지원하는 법이며, 결코 우리나라 유아교육 전반에 걸친 진흥대책을 강구하고 있는 법은 절대로 아니라는 사실은 삼척동자라도 알 수 있을 것이라는 사실입니다. …… (중략) …… 새마을유아원중점진흥법이라고 법명을 차라리 고치시오! 새마을유아원중점진흥법이라고 법명을 고치든가 아니라고 한다면 법명에 맞게끔 법조항을 대폭 수정할 생각이 있는가 없는가를 분명히 밝혀서 문교부의 유아교육 진흥을 위한 참다운 진의를 국민 앞에 제시해야 할 때라고 저는 분명히 말씀드리고자 하는 것입니다.

이규호 문교부장관은 임재정 의원의 질문에 소상하게 답했다. 먼저 법 제정을 통해 유아교육을 진흥할 수밖에 없는 문교부장관으로서의 고충을 설명하였다(대한민국 국회사무처, 1982b: 14).

이 유아교육진흥법은 문자 그대로 유아교육을 진흥시키고자 하는 법안입니다. …… 지금 세계적으로 조기교육, 유아교육이라고 하는 것이 굉장히 중요시되어 있습니다. 왜냐하면 취학 전에 이미 아동들의 인격의 틀이 형성이 된다라고 하는 증언뿐만 아니라 산업화되면서 가정이 본래 가지고 있었던 교육적인 기능을 제대로 발휘 못하게 되자 세계 각국은 이 유아교육을 위해서 굉장히 노력을 많이 하고 있습니다. 어떤 의미에 있어서는 우리가 체제경쟁에서 이기느냐 못 이기느냐라고 하는 것도 우리 국민을 어떤 인간으로 교육시키느냐에 달려 있습니다. …… 우리 한반도에 있어서도 그 질이 문제입니다마는 어떤 교육을 하고 있느냐가 문제입니다마는 북한은 우리보다 유아교육에 있어서는 훨씬 앞서 있습니다. 여러분이 아시는 바와 같이 몇 년 전에 이미 거기는 유아교육이 의무화되어 있습니다. …… 그런데 우리나라의 문교책임을 맡은 사람으로서 우리나라 교육재정의 형편을 살펴보면 지금 국민학교 6학년 의무교육도 과밀교실, 2부제교실, 과대학교 등으로 해서 굉장히 멍들고 있습니다. 그래서 올해 우리가 유아교육을 위해서 딴 예산이라고 하는 것이 90몇 억밖에 되지 못합니다. 지금 있는 유치원의 교사 인건비 보조도 하기 어려운 정도입니다. 그런데 내무부에서는 종래의 새마을운동의 일환으로 전국적으로 이 유아원을 세워서 실제로 그 유아교육을 하고 있었습니다. 그래서 우리 문교부로서는 이것을 고맙게 생각할 수밖에 없었고, 이것을 함께 우리 유아교육 전체의 테두리 안에 포섭을 해서 우리도 더 책임 있는 유아교육을 해 보려고 생각을 한 것입니다.

그리고 이규호 장관은 법 제정을 통한 유아교육 진흥과 함께 일정한 규제를 할 수밖에 없는 이유를 설명하였다(대한민국 국회사무처, 1982b: 14).

그런데 어린 시절의 아동이라고 하는 것은 굉장히 그들의 인격 형성을 위한 주변의 영향에 대해서 민감하기 때문에 유아교육은 까딱 잘못하면 오히려 역효과가 나타납니다. 그래서 지금도 보수적인 교육학자들은 어릴 때는 유치원에 보내는 것보다는 가정에서 기르는 것이 더 교육적이다라고 주장하는 사람들이 많이 있을 정도입니다. 그렇기 때문에 우리가 유아교육을 진흥시키려고 하기 때문에 그 반면에 비교육적인 정말 유아교육에 대해서 책임이 없는 어떤 기관이나 행위에 대해서는 규제를 할 수밖에 없습니다. 그래서 이 진흥과 규제는 이것은 하나의 사실에 불가피한 양면이다. 그러나 이 규제라고 하는 것이 과거로 소급해서 과거의 어떠한 것을 규제한다라고 하는 것이 아니라 앞으로 유아교육을 하려고 하면 최소한도 그것도 기준을 낮추고 낮추고 또 낮추어서 최소한도의 이만한 조건은 마련해야 유아교육을 그래도 책임 있게 할 수 있다라고 하는 그런 규제에 불과하다라고 하는 것을 이해를 해 주시기를 바랍니다.

법안이 새마을유아원을 합법화하기 위한 것이고, 「정부조직법」과 「교육법」에 의한 문교부의 기능을 양보하는 것이 아니냐는 질문에 대해 이규호 장관은 다음과 같이 말했다(대한민국 국회사무처, 1982b: 14-15).

지금까지 새마을유아원을 위해서 800억의 시설비가 여러 번 투자가 되었고 매년 200억의 운영비가 이를 위해서 지출 투자되고 있습니다. 이것은 우리 문교부의 예산으로서는 도저히 할애하기가 어렵습니다. 그래서 전체적으로 1,000억 정도가 새마을유아원을 위해서 투자되고 있습니다. 그렇기 때문에 이제는 평생교육이라고 하는 것이 세계적으로 교육의 추세가 되고 있기 때문에 전체 사회가 학교화 되어 가는 이런 추세 아래에서는 교육을 모조리 우리 문교부 산하에 두어야 되겠다라고 하는 것은 이것은 건설적이 되지 못하고 지나친 욕심이라고 나는 생각합니다. 그래서 장학을 우리가 하고 교육과정을 우리가 개발해서 유아교육이 올바른 유아교육이 되게끔 최선의 노력을 할 책임이 우리에게 있지만 다른 부처에서 이렇게 크게 투자를 해서 도와주는 것은 오히려 환영할 만한 일이 아닌가 그렇게 생각이 됩니다. …… 교육은 결단코 문교부만이 하기는 매우 어렵습니다. 국민학교부터 대학까지의 모든 교육을 문교부가 지금 책임지고 있다는 것만 해도 굉장히 방대한 책임이고 또 대학졸업을 맡은 사람들의 계속교육, 사회교육의 중요한 부분도 우리가 책임지고 있는데 그 사회교육의 전체도 우리가 단독으로 쥐고 있겠다고 생각한다면 그 사회교육의 정상적인 발전을 저해할 것으로 나는 생각을 하고 있습니다. 그래서 앞으로는 평생교육과 그리고 전체 사회가 학교화되어야 앞으로는 교육이 제대로의 기능을 발휘할 수 있다라고 하는 이런 시대에 있어서는 모든 부처가 교육을 위해서 협력을 해야 하는 것으로 믿고 있습니다.

이규호 장관은 법 제정으로 예체능계 학원과 어린이선교원, 골목유치원 등에서 이루어지는 유아교육을 단일화·획일화해서는 안 된다는 지적에 전적으로 공감한다고 말했다. 다만, 예체능계 학원이 특기교육을 하고, 어린이선교원이 선교를 위한 교육을 한다면 이 법에 의해 규제를 받지 않지만 유치원과 같은 전인교육을 하려면 최소한의 시설기준을 충족하여 인가를 받아야 한다고 하였다. 그러므로 "본 법은 유아교육을 단일화하거나 획일화하려고 하는 것은 결단코 아니고 다양성 속에서도 최소한도의 질적으로 보장된 교육"을 하자는 것이라고 말했다(대한민국 국회사무처, 1982b: 15). 그리고 유아교육이 우리나라에서 개발되지 못한 책임은 1차적으로 정부에게 있지만 유아교육에 관심을 돌리고 투자를 하고 장려해야겠다고 결심한 것도 정부이고, 유아교육의 세계적인 추세에 따라 우리나라 교육의 책임 있는 발전을 위해 정부가 더 노력을 해야겠다는 표시로 이 법안을 제출했다고 말했다(대한민국 국회사무처, 1982b: 16).

한국국민당의 강기필 의원은 법체계의 문제를 제기하였다. 지금까지 교육문제는 문교부가 주관하고 교육은 문교부에 일원화되어 있는데, 이 법의 제정으로 감독권한이 내무부와 문교부로 이원화되고 법 집행과정에서 서로 부딪치거나 어려우면 책임을 회피할 수도 있을 것이라고 우려하였다(대한민국 국회사무처, 1982b: 20-21). 이규호 장관은 교육이 문교부의 고유 영역이기는 하지만 문교부를 중심으로 해서 서로 협력하는 그런 체제가 바람직하다고 하였다. 현재도 국민교육의 일부를 여러 부처에서 관여하고 있고, 전체 교육을 위해 정부부처가 서로 보충하고 도와주는 입장이어서 내무부와 부딪힐 일은 없을 것이라고 답했다(대한민국 국회사무처, 1982b: 27-28).

민주한국당 강원채 의원은 임재정 의원이 질문한 것처럼 현재 교육기관으로 운영하고 있는 새마을유아원의 법적 근거가 어디에 있는지를 물었다(대한민국 국회사무처, 1982b: 21-23). 이규호 장관은 새마을유아원은 법적 근거가 없고, "유아교육진흥법안이 통과됨으로써 이 법에 의해서 밑받침되는 하나의 유아교육기관으로, 보육과 교육을 겸한 유아교육기관으로 발전할 것으로 생각"한다고 답했다(대한민국 국회사무처, 1982b: 27-29).

법안의 쟁점이 많았으므로 민주정의당 심상우 의원은 법안을 좀 더 신중하고 구체적으로 심사하기 위해 소위원회 구성을 제안하였다. 한병채 위원장은 각 당 간사와의 협의를 거쳐 여야 의원 7명으로 소위원회를 구성하고 이날 회의를 마쳤다(대한민국 국회사무처, 1982b: 43-44).

문교공보위원회는 1982년 11월 26일 전체 회의를 열어 소위원회 활동보고를 받았다. 심상우 소위원장은 1982년 11월 17일부터 24일까지 네 차례에 걸쳐 유아교육 관계자들의 의견을 듣는 등 신중한 검토와 면밀한 심의를 했다고 보고하였다. 소위원장의 보고에 따르면, 11월 17일 제1차 소위원회에서는 문교부차관과 내무부차관보를 참석시킨 가운데 유아교육 단체의 이해관계자들과 간담회를 개최하였다. 11월 22일 제2차 소위원회에서는 사설 미술학원장과 사설 음악학원장, 골목유치원, 어린이선교원 관계자, 새마을유아원 원장, 유치원 원장 등 8명의 유아교육 관계자들로부터 개별적으로 법안에 대한 의견을 청취한 후에 질의 · 토론하였다. 11월 23일 제3차 소위원회와 11월 24일 제4차 소위원회에서는 문교부차관과 내무부차관보를 참석시킨 가운데 그동안 위원회 질의과정에서 나타난 문제점과 간담회에서 진술한 내용을 중심으로 토의하고 심사하여 완전한 합의에 이르렀다(대한민국 국회사무처, 1982c: 1-2).

1982년 11월 26일 문교공보위원회는 소위원회에서 합의한 내용을 위원회 안으로 채택하여 법안을 의결하였고, 국회는 12월 15일 본회의를 열어 '유아교육진흥법안'을 의결하였다. 정부는 1982년 12월 31일 「유아교육진흥법」을 공포했고, 공포된 법은 1983년 3월부터 시행되었다(국가법령정보센터 홈페이지).

3. 유치원과 새마을유아원

정부가 「유아교육진흥법」을 제정한 목적은 글자 그대로 유아교육을 진흥하기 위해서였다. 「유아교육진흥법」은 우리나라 역사상 처음으로 유치원과 함께 새마을유아원을 '유아교육기관'으로 규정하였다.

1) 유아교육기관에 적용되는 법령

「유아교육진흥법」은 20개 조문과 부칙 5개 조항으로 구성되었다. 20개 조문은 유치원과 새마을유아원에 공통 적용되는 규정이 있었고, 새마을유아원에만 적용되는 규정이 있었다. 구체적으로 보면 법의 목적과 정의, 국가와 지방자치단체의 임무, 입원 시기, 장학지도, 건강진단 등 앞의 7개 조문은 유치원과 새마을유아원에 공통으로 적용되었다.

유아교육진흥법[시행 1983. 3. 1.] [법률 제3635호, 1982. 12. 31., 제정]

제1조 (목적) 이 법은 유아에게 좋은 교육환경을 마련하여 심신발달의 충실을 기함과 아울러 무한한 잠재력을 신장하게 함으로써 장차 건전한 인격을 가진 국민으로 성장하여 개인으로서 행복을 누리고 나아가 그들의 역량을 국가발전에 기여하게 하기 위하여 유아교육과 보육을 진흥함을 목적으로 한다.

제2조 (정의) 이 법에서 사용하는 용어의 정의는 다음과 같다.

1. "유아교육기관"이라 함은 「교육법」에 의한 유치원과 이 법에 의한 유아원을 말한다.
2. "새마을유아원"이라 함은 유아를 보육하거나 유아와 영아를 함께 보육하는 기관으로서 제8조 제1항 또는 제9조 제1항의 규정에 의하여 설립된 기관을 말한다.

제3조 (국가의 임무) 국가는 유아교육의 진흥을 위하여 다음 각호의 시책을 강구하여야 한다.

1. 유아교육 기본계획의 수립
2. 유아교육의 내용과 방법의 개선
3. 유아교육을 위한 교재 · 교구의 연구 · 개발과 보급
4. 유아교육 교원의 양성 및 연수

5. 유아를 위한 보건 · 의료
6. 유아교육에 소요되는 경비의 일부 지원
7. 기타 유아교육 진흥을 위한 시책

제4조 (지방자치단체의 임무) 지방자치단체는 유아교육의 진흥을 위하여 다음 각호의 사업을 시행하여야 한다.

1. 유아교육 시행계획의 수립
2. 유아교육기관의 설립 · 경영과 확충
3. 유아를 위한 보건 · 의료
4. 기타 유아교육 진흥을 위한 사업

제5조 (입원시기) 원아의 유아교육기관에의 입원시기는 3월 · 6월 및 9월로 한다.

제6조 (장학지도) 서울특별시 · 직할시의 교육위원회 및 시 · 군교육장은 유아교육기관에 대하여 장학지도를 하여야 한다.

제7조 (건강진단 등) ① 유아교육기관의 장은 원아에 대하여 정기적으로 건강진단을 실시하여야 한다.

② 유아교육기관의 장은 제1항의 규정에 의하여 건강진단을 실시한 결과, 치료를 요하는 원아에 대하여는 그 보호자와 상의하여 필요한 조치를 하여야 한다.

반면, 새마을유아원은 모든 조문의 적용을 받았다. 7개 조문 외에도 새마을유아원의 설립 · 폐지 인가, 지휘 · 감독, 취원 대상, 교직원의 종별 자격, 교직원의 직무와 임면, 복무, 보육료, 운영기금의 조성, 벌칙 규정이 그러하였다. 법 부칙에서는 기존의 새마을유아원과 「아동복리법」에 의해 설립된 탁아시설도 「유아교육진흥법」에 의해 설립된 새마을유아원으로 간주하였다(법률 제3635호, 1982. 12. 31.).

유치원은 1949년 「교육법」이 제정될 때부터 학교이자 교육기관이었으므로 초 · 중등학교, 대학 등과 마찬가지로 「교육법」 「교육공무원법」 등 교육 관련 법률의 적용도 받았다. 1983년 3월 기준으로 「교육법」에서 유치원을 별도로 규정한 조문은 여전히 제146조 내지 제148조의 3개 조문이었지만 학교에 대한 일반사항은 유치원에도 적용되었다. 이를테면 교육법의 총칙, 교육위원회, 지방교육재정, 교원, 교육기관의 설립 등 일반사항, 수업, 교육과정, 벌칙 등의 규정이 그러하였다. 이 중에서 교원과 관련한 내용을 예로 들면, 법 제75조는 유치원에 원장 · 원감 · 교사를 둔다고 했고, 제79조에서는 교원의 종류와 자격기준을 정하였다. 유치원 교사는 정교사 1 · 2급, 준교사로 구분하였다(법률 제3540호, 1982. 3. 20.).

새마을유아원이 교육 관련 법률의 적용을 받는 내용도 있었다. 「유아교육진흥법」 제14조 제4항은 "원장 · 원감과 교사는 각각 「교육법」에 의한 유치원의 원장 · 원감 및 교사의 자격을 가진 자이어야 한다."고 규정하였다. 명예원장과 보육사를 제외한 원장 · 원감 · 교사의 자격기준을 유치원 교원의 자격기준과 같게 한 것이다. 그리고 법 제17조는 "새마을유아원의 원장 · 원감 · 교사 및 보육사의 복무에 관하여는 이 법과 다른 법령에 따로 규정이 있는 경우를 제외하고는 교육공무원에 관한 규정을 준용한다."고 하였다(법률 제3635호, 1982. 12. 31.).

1983년 6월에 「유아교육진흥법 시행령」이 제정되었다. 「유아교육진흥법 시행령」의 규정 중에서 유치원과 새마을유아원에 공통 적용되는 내용은 장학지도와 건강진단 등이었다. 서울특별시 · 직할시의 교육위원회 및 시 · 군교육장은 유아교육기관에 대하여 장학지도를 연 1회 이상, 유아교육기관의 장은 건강진단을 연 2회 이상 실시하여야 했다. 나머지는 모두 새마을유아원에만 적용되는 내용이었다(대통령령 제11141호, 1983. 6. 9.).

1983년 6월 기준으로 「교육법 시행령」의 유치원 관련 규정과 「유아교육진흥법 시행령」의 규정을 비교해 보면, 설립 · 폐지 인가권자가 유치원은 교육위원회, 새마을유아원은 시장 · 군수로 차이가 있을 뿐 다른 내용은 유사했다. 설립인가 신청 시 제출하는 원칙(園則)의 기재사항이 그랬고, 유아원의 반당 원아 수, 보육과목 및 보육일수는 「교육법 시행령」의 유치원 관련 내용을 준용하였다(대통령령 제10767호, 1982. 3. 20.). 「유아교육진흥법 시행령」 제정에 맞추어 개정된 「교원자격검정령」 제8조 제1항은 학교와 마찬가지로 새마을유아원의 교원으로 근무한 경력을 교육경력으로 인정한다고 규정하였다(대통령령 제11141호, 1983. 6. 9.). 이 당시에 '**보육**'이라는 용어는 유치원과 새마을유아원에서 같이 사용하였다.

2) 유아교육 기회의 확대

1982년에 '유아교육 진흥 종합계획'을 수립한 후 정부는 세 차례에 걸쳐 계획을 수정하였다. 제1차 수정계획은 유치원 취원 기회를 보다 확대하고 당초 계획을 보완 · 체계화하기 위한 것이었다. 유치원의 취원율은 5개년 계획 목표연도인 1986년에 17.7%였으나 23.5%로 높였다. 제2차 수정계획은 새마을유아원의 신 · 증설 계획도 포함하여 보다 종합적인 계획이 되도록 하였고, 사립유치원 납입료 자율화를 추진하기 위한 것이었다. 목표연도인 1986년의 유치원 취원율은 23.5%에서 다시 30.6%로 상향 조정하였고, 새마을유아원 취원율은 21%에서 12.4%로 하향 조정하였으며, 유아교육기관의 전체 취원율은 38%에서 43%로 높였다. 제3차 수정계획은 유아교육 기회 확대 계획을 보다 효율적으로 추진하기 위해 취원율 산정 및 집계의 기준 연령을 만 5세로 하고, 공립유치원 교원 확보를 위한 조치를 강구하기 위한 것이었다. 목표연도인 1986년의 전체 취원율 43% 중에서 만 5세 취원율은 57%, 만 4세 취원율은 12.9%로 정했다. 만 5세 취원율 57%는 공립유치원 17.8%, 사립유치원 19%, 새마을유아원 20.2%였다(내무부, 1988: 49-54).

유아교육 진흥 종합계획의 추진성과 중에서 가장 주목할 만한 것은 역시 유아교육 기회의 확대였다. 〈표 3-7〉은 유아교육기관의 연도별 취원 현황을 보여 준다. 1980년에 7.3%에 불과하던 만 5세 유아 취원율이 1986년에는 57.0%까지 확대됨으로써 초등학교 신입생 절반 이상이 취학 전 유아교육을 경험하였다. 일부 계층만 유아교육을 받을 수 있었던 상황에서 취원 대상아의 과반수가 취원한 것은 우리나라 유아교육 사상 매우 의미 있는 수적 증가였다고 할 수 있다(내무부, 1988: 203).

〈표 3-7〉 유아교육기관 연도별 취원 현황(1986. 12. 기준)

구분		1980	1981	1982	1983	1984	1985	1986
취원대상	4세	792,632	773,068	774,272	793,201	838,318	830,342	845,669
	5세	836,222	790,668	771,117	772,374	791,331	836,454	828,551
	계	1,628,854	1,563,736	1,545,389	1,565,575	1,629,649	1,666,796	1,674,220
공립유치원	원 수	40	1,927	2,333	2,561	3,359	4,144	4,339
	학급 수	59	2,029	2,466	2,703	3,736	4,894	5,297
	원아 수	2,324	76,976	85,093	90,113	128,187	158,748	161,766
	취원율	0.1%	4.9%	5.5%	5.8%	7.9%	9.5%	9.7%
사립유치원	원 수	861	1,023	1,312	1,717	2,195	2,710	3,013
	학급 수	1,847	2,087	2,521	3,232	4,405	5,349	6,225
	원아 수	64,109	74,495	90,453	110,028	144,810	193,619	194,237
	취원율	3.9%	4.8%	5.9%	7.0%	8.9%	11.6%	11.6%
계	원 수	901	2,590	3,645	4,278	5,554	6,854	7,307
	학급 수	1,906	4,116	4,987	5,935	8,141	10,243	13,972
	원아 수	66,433	151,471	175,546	200,141	272,997	352,367	356,003
	취원율	4.0%	9.7%	11.4%	12.8%	16.8%	21.1%	21.3%

새마을유아원	원 수	-	-	1,871	2,328	2,408	2,403	2,410
	학급 수	-	-	3,212	4,656	4,833	4,806	5,172
	원아 수	-	-	123,325	178,000	187,349	197,423	197,062
	취원율	-	-	8.0%	11.4%	11.5%	11.9%	11.8%
합계	원 수	-	-	5,516	6,606	7,962	9,257	9,762
	학급 수			8,199	10,591	12,974	15,049	16,694
	원아 수	-	-	298,871	378,141	460,346	549,790	553,065
	취원율	-	-	19.4%	24.2%	28.3%	33.0%	33.1%
5세 원아수 (취원율)		60,665 (7.3%)	137,021 (17.3%)	242,277 (31.4%)	292,358 (37.9%)	356,842 (45.1%)	445,584 (53.3%)	472,835 (57.0%)

출처: 내무부(1988), p. 205.

1980년대 유아교육 진흥 정책으로 유아교육 기회가 확대된 결과를 공립유치원, 사립유치원, 새마을유아원으로 나누어 살펴보자. 먼저 공립유치원 신·증설은 유아교육 진흥 종합계획 중에서 가장 중요한 정책의 하나로 추진되었다. 교육재정 여건상 공립 병설유치원은 기존 초등학교 유휴시설 등을 활용할 수밖에 없었으나, 정부는 학교 교실을 유치원으로 개조하는 데 필요한 경비를 지원하였다. 또한 유치원의 효율적 운영을 위하여 자료 구입비와 학급운영비도 계속 지원하였다. 그 결과, 공립유치원은 1980년에 40개원, 원아 수 2,324명으로 만 4~5세 취원율이 0.1%에 불과했으나 1986년에는 4,339개원, 원아 수 161,766명으로 취원율이 9.7%로 늘었다. 공립유치원의 만 5세 취원율은 1980년 0.3%에서 1986년 18.5%로 대폭 증가하였다(내무부, 1988: 166-167, 205).

정부는 유아교육 기회 확대를 위해 사립유치원 설립을 적극적으로 권장하였다. 이를 위해 공립유치원과 새마을유아원은 사립유치원 설립이 잘 안 되는 지역에 설립하도록 했으며, 사립유치원의 시설기준도 완화하였다. 또한 사립유치원의 교사 연수, 사립유치원에 대한 교재보급 등도 국가 부담으로 실시하여 사립유치원의 증가 및 내실화를 도모하였고, 납입료를 완전 자율화하여 건실한 유치원 경영·관리가 될 수 있게 하였다. 그 결과, 사립유치원은 1980년에 861개원, 원아 수 64,109명으로 만 4~5세 취원율이 3.9%였으나 1986년에는 3,013개원, 원아 수 194,237명으로 취원율이 11.6%였다. 사립유치원의 만 5세 취원율은 1980년 7.0%에서 1986년 20.3%로 증가하였다(내무부, 1988: 176-177, 205).

새마을유아원은 1982년에 1,871개원, 원아 수 123,325명으로 만 4~5세 취원율이 8.0%였으나 1986년에는 2,410개원, 원아 수 197,062명으로 취원율은 11.8%였다(내무부, 1988: 205). 새마을유아원의 만 5세 취원율은 1982년 13%에서 1986년 18.2로 증가하였다.

내무부가 1988년 말에 발간한 『새마을유아원 백서』에 따르면, 1982년 1월 유아교육기관 통합 정비 당시 1,377개 시설로 출발한 새마을유아원은 1987년 말에는 2,422개 시설로 늘어났다. 이 시설을 설립 주체별로 보면, 공립이 1,214개로 50.2%, 사립이 1,208개로 49.8%였다. 설립 입지별로 보면, 농어촌 광산지역이 1,103개로 46%, 대도시 영세민 지역이 998개로 41%, 중소도시 지역이 321개로 13%였다(내무부, 1988: 65-66). 1982년 1월 새마을유아원 취원 아동 수는 7만 9천 명이었으나 1987년에는 20만 9천 명으로 늘어났다. 새마을유아원에 취원할 수 있는 연령은 0~6세까지의 영유아였지만 0~3세 영아 보육은 1만 4천 명에 불과했고, 4~5세 유아가 19만 5천 명으로 93%를 차지했다. 총 20만 9천명의 영유아를 가정 소득수준별로 분석하면, 저소득층 영세민 자녀가 8만 3천 명으로 40%, 중산층 이상 자녀가 12만 6천 명으로 60%였다. 이 중에서 영세층 맞벌이 부부 자녀가 7만 1천 명으로 전체 아동의 34%를 차지했다(내무부, 1988: 67). 1987년 기준으로 보육시간별 운영 실태를 보면, 종일반은 1,340개소 13만 3,800명으로 64%, 반일제는 848개소 4만 8,987명으로 24%, 도시지역의 2부제는 234개소 2만 6,104명으로 12%였다(내무부, 1988: 71).

3) 교재 개발 · 보급 및 교원의 자격 · 연수

1980년대 초기 유아교육용 교재 · 교구 보급은 극히 미미하였다. 시판교재도 별로 없었고, 그나마 있는 교재도 충분히 구입할 수 없었다. 교재 · 교구의 개발은 막대한 예산과 전문인력의 참여가 요구되는 만큼, 단시일 내에 많은 양의 교재 · 교구 개발은 불가능했다. 이 시기에 정부의 일차적인 목표는 취원율을 높이는 것이었다. 따라서 정부의 적극적인 지원으로 취원율을 높이는 동시에 문교부에서 개발한 교육교재가 전국 유아교육기관에 보급되기 시작하였다. 대부분의 유아교육기관에서 교사들이 무엇을 어떻게 지도해야 할지 잘 모르는 이때, 문교부의 보급 교재는 상당한 효용성을 가지고 절대적인 환영을 받았다. 1987년 기준으로 문교부가 전국의 유아교육기관에 개발 보급한 교재는 모두 21종 93책이었다. 전체 보급수량은 30여 만 부였고, 교재는 모두 무상으로 보급하였다(내무부, 1988: 71-72).

1982년 1월 어린이집, 농번기유아원, 새마을협동유아원을 새마을유아원으로 통합하여 1,377개 시설을 내무부가 관장하게 되면서 도출된 문제점 중 하나는 자격을 갖춘 교사의 확보였다. 당시 3,276명의 교사와 보육사 중에서 관련 자격을 취득한 사람은 13%인 4백여 명에 불과하였다. 따라서 정부는 1982년 5월, 기존 인력의 구제 방안으로 무자격 교사 중 고등학교 졸업자로서 3년 이상 경력을 가진 2천 명을 대상으로 '유치원 준교사 자격시험'을 실시하였고, 1,806명이 합격하였다. 교사 정원제를 실시하여 교사 1인당 24명 기준을 40명 선으로 통일하였다(내무부, 1988: 93). 유치원과 새마을유아원의 교원 자격기준은 「교육법」 제79조에 의한 '교사 자격기준'과 '원장 · 원감 자격기준'을 적용하여 임용하였다. 다만, 시립 · 군립 등 공립 새마을유아원의 명예원장은 별도의 자격기준을 두었는데, 이는 도서 · 낙도, 탄광촌, 항 · 포구, 민통선 북방지역 등 특수 취약지역으로서 「교육법」에 의한 원장 유자격자를 확보하지 못한 경우 적용하는 예외규정이었다(내무부, 1988: 93-95).

교원 연수는 1981년부터 새세대육영회가 새마을협동유아원에 종사하는 교직원을 대상으로 실시하였다. 새세대육영회는 1982년 9월 시범교육원을 개원하여 연수사업을 담당하였고, 1983년 1월 문교부로부터 유아교육 교원연수원으로 지정되었다. 1987년까지 교사 54회 13,526명, 원장 53회 11,720명, 원감 3회 656명, 장학사 5회 911명 등 총 27,750명이 교육을 받았다(내무부, 1988: 102-103).

제5공화국의 유아교육 진흥정책은 유아교육 기반을 확장하고 유아교육에 대한 국민의식을 높이는 데 기여하였다. 무엇보다도 유아교육 기회를 확대하기 위해 노력한 점은 높이 평가할 만하다. 그러나 영유아정책 전체를 놓고 볼 때 유아교육 진흥정책은 유아교육에 치우친 정책이었다. 새마을유아원에 취원한 영아는 극소수였고, 저소득층 맞벌이 부부가 아이를 맡길 곳이 부족했다. 그 결과, 1980년대 말에는 영유아정책과 관련하여 새로운 요구가 분출되기 시작하였다.

참고문헌

교육50년사편찬위원회(1998). 교육 50년사: 1948~1998. 서울: 교육부.

교육개혁위원회(1998). 한국교육개혁백서. 서울: 교육개혁위원회.

국무총리 행정조정실(1982). 유아교육 진흥 종합계획. 1982. 3. 국가기록원.

김의영(2013). 보육학개론. 서울: 동문사.

나은경, 오경희(2016). 유보통합을 위한 유아교육진흥법 재조명: 역사사회학적 접근으로. 미래유아교육학회지, 23(1), 183-200.

나종혜, 김상림, 김송이, 신나리, 권연희(2014). 보육학개론. 경기: 양서원.

내무부(1988). 새마을유아원 백서. 국가기록원.

대통령비서실(1980). 새마을협동유아원 설치계획. 1980. 11. 교육・문화비서실. 국가기록원.

대통령비서실(1981). 전두환대통령 연설문집: 제5공화국 출범편, 제1집. 대통령비서실 편. 서울: 대통령비서실.

대한교육연합회(1971). 한국교육연감. 서울: 대한교육연합회.

대한민국 국회사무처(1982a). 제114회 국회 문교공보위원회 회의록 제14호. 1982. 11. 9.

대한민국 국회사무처(1982b). 제114회 국회 문교공보위원회 회의록 제17호. 1982. 11. 16.

대한민국 국회사무처(1982c). 제114회 국회 문교공보위원회 회의록 제21호. 1982. 11. 26.

대한민국정부(1981). 제5차 경제사회발전 5개년 계획(1982~1986). 국가기록원.

문교부 편(1980). 한국교육삼십년. 서울: 삼화서적.

보건복지70년사편찬위원회(2015). 보건복지70년사: 가난의 시대에서 복지사회로. 세종: 보건복지부.

위영희(1982). 새마을협동유아원의 실태 분석 및 발전을 위한 제언. 새마을 연구논문집, 1, 67-98.

윤기영(1985). 새마을 유아원의 특성에 따르는 기능상의 문제점 분석. 새마을 연구논문집, 4, 17-35.

이순형, 이혜승, 이성옥, 황혜신, 이완정, 이소은, 권혜진, 이영미, 정윤주, 한유진, 성미영(2013). 보육학개론(4판). 서울: 학지사.

이완범, 진덕규, 신명순, 이현우, 이효원(2015). 한국의 정치 70년. 경기: 한국학중앙연구원출판부.

이윤진(2002). 한국 탁아정책의 연원과 문제 연구. 연세대학교 대학원 박사학위논문.

이제민, 안국신, 김경수, 전주성, 김대일, 송의영(2015). 한국의 경제발전 70년. 경기: 한국학중앙연구원출판부.

정정길(1994). 대통령의 경제리더십. 서울: 한국경제신문사.

정혜선(2003). 환경변화에 따른 보육정책변동에 관한 연구. 숙명여자대학교 대학원 박사학위논문.

정혜손(2008). 한국국공립유치원의 변천과정. 이화여자대학교 대학원 박사학위논문.
조복희, 강희경, 김양은, 한유미(2013). 한국 보육의 역사 및 관련법과 현황. 한국보육지원학회지, 9(5), 381-405.
주정일(1990). 한국 탁아사업의 어제 · 오늘 · 내일. 서울: 행동과학연구소.
한국교육개발원(1979). 교육발전의 전망과 과제. 서울: 교육과학사.
홍인혜(2006). 영 · 유아보육 및 유아교육 정책 변천에 관한 연구. 성신여자대학교 대학원 박사학위논문.

교육통계서비스(https://kess.kedi.re.kr)
국가기록원(http://www.archives.go.kr)
국가법령정보센터(http://www.law.go.kr)
대한민국국회(http://www.assembly.go.kr)
의안정보시스템(http://likms.assembly.go.kr/bill)

유아교육의 공교육 체제 확립 방안

개요

이 장에서는 제6공화국이 출범한 1988년부터 문민정부가 끝나는 1998년 2월까지 약 10년간의 영유아정책을 살펴본다. 이 기간은 두 시기로 나눌 수 있다. 첫째, 노태우 정부 시기이다. 산업화의 진전으로 여성의 사회참여가 증가하고 자녀양육 문제가 대두되자 탁아시설 확충을 요구하는 목소리가 높아졌다. 1991년 1월 「영유아보육법」이 제정되었으며, 같은 해 12월 「교육법」도 개정되어 유치원 취원 연령이 만 3세로 낮아졌다.

둘째, 김영삼 대통령의 문민정부 시기이다. 김영삼 대통령은 교육개혁위원회를 구성하고 과감한 교육개혁을 단행하였다. 교육개혁위원회가 1997년 6월 발표한 '유아교육의 공교육 체제 확립' 방안은 취학 전 유아교육과 보호 서비스를 통합하여 유아학교 체제를 구축하고, 유아교육의 내실화와 무상교육을 단계적으로 추진한다는 과제를 제시하였다. 이 시기에 만 5세 유아 무상교육 · 보육이 법제화되었고, 보육시설은 '보육시설 확충 3개년 계획(1995～1997)'에 따라 대폭 확충되었다.

1. 교육과 보육의 이원화 체제

제5공화국이 저물어 가던 1987년에 우리나라는 다시 한 번 정치체제의 격변을 겪었다. 우리나라 국민은 6월 민주항쟁으로 '6 · 29 민주화 선언'을 이끌어 냈고, 10월 27일 대통령직선제와 5년 단임제를 주요 내용으로 하는 헌법개정안을 국민투표로 확정했다. 이 헌법이 30여 년간 유지되어 온 현행 헌법이다. 같은 해 12월

16일에는 바뀐 헌법에 따라 제13대 대통령 선거를 치렀고, 민주정의당의 노태우 후보가 당선되었다. 노태우 대통령은 1988년 2월 25일부터 5년간의 임기를 시작했다. 1988년 4월 26일에는 제13대 국회의원 총선거가 실시되었는데 민주정의당은 125석에 머물러 헌정사상 유례없는 '여소야대' 정국이 출현하였다(공보처, 1992a).

1960년대 박정희 정부부터 제5공화국 전두환 정부까지 정치・행정 체제를 지배해 온 통치이념은 경제제일주의와 안보우선주의였으나 제6공화국에 접어들면서 복지주의와 자유민주주의가 새로운 통치이념으로 떠올랐다. 통치이념의 다원화는 대통령의 정책결정에 많은 제약을 가하기 시작하였다(정정길, 1994: 179-180). 정치체제의 변화와 함께 사회・경제적 환경도 변하고 있었다. 사회 각계의 민주화 요구가 분출했고, 1960년대부터 지속된 경제 성장으로 여성의 경제활동도 크게 늘어났다. 1986년 말 여성 취업자 수는 616만 5천 명으로 우리나라 전체 취업자 수의 39.8%를 차지했고, 여성의 근로활동 영역은 거의 모든 산업, 모든 직종에 이르렀다(보건사회위원회, 1987). 이에 따라 전통적으로 여성이 담당해 왔던 자녀양육은 심각한 사회문제로 대두되었다. 1980년대의 유아교육 진흥 정책이 이러한 사회의 요구를 충족하지 못하자 정부와 민간이 다양한 탁아소를 설치하기 시작하였다.

1) 다양한 탁아시설 등장

유아교육기관이 교육과 보호를 겸해야 한다는 시대적 요구를 법률에 명시하는 데 일조한 「유아교육진흥법」은 문교부로 하여금 유치원이 아닌 유아교육기관에도 관심과 책임을 갖도록 하는 데는 기여하였다. 그러나 이때부터 공인된 탁아시설은 자취를 감추었다. 1987년까지 법적으로 인정된 유아교육기관은 유치원과 새마을유아원밖에 없었다. 새마을유아원에 종일반 설치를 허용함으로써 맞벌이 부부에 대한 배려를 했지만 종일반 운영시간이 짧아서 노동시간이 긴 저소득층 가정의 부모에게는 그림의 떡이었다고 해도 과언이 아니다(주정일, 1990). 유치원에는 만 3세 이하 영유아가 취원할 수 없었고, 새마을유아원의 영아 취원율은 매우 낮았다.

산업구조의 재편으로 기혼여성들이 노동시장으로 대거 유입되고 저소득층 가정의 자녀들이 방치되는 상황이 벌어지자 도시 빈민지역과 공단지역을 중심으로 민간 탁아소가 생겨나기 시작하였다. 민간 탁아소는 새마을유아원과 같은 시기에 생겨나기 시작하여 어려운 재정, 불충분한 시설, 비전문적인 인력에도 불구하고 부모들의 노동시간에 맞는 탁아시간, 저렴한 보육료, 만 2세부터 취원 등 수요자의 요구에 맞추어 운영하는 장점이 있었다(지역사회탁아소연합회, 1992: 20). 민간탁아소 활동가들은 "엄마에게 일할 권리를, 아이들에게 보호받을 권리를!"이라는 슬로건으로 1986년 2월 '지역사회아동교사회'를 발족하였고, 1987년 6월 '지역사회탁아소연합회'로 명칭을 변경하였다.[1] 다음 글은 지역사회탁아소연합회가 탁아소 운동 내지 보육운동을 시작한 이유를 대변한다(한국보육교사회 홈페이지).

> 70년대 경제 성장의 그늘, 거기에 여성노동자들이 있었다. 여성의 경제활동이 증가하던 그 시절, 그러나 자아실현이니 사회활동이니 하는 포장은 그녀들에겐 사치였다. 먹고 살기 위해 일터로 나가야 했던 이들 여성노동자들은 여성이라는 이유로 저임금에 시달리고 더욱이 출산, 육아라는 또 다른 짐까지 져야 했다. 이른 아침 아이들에게 밥을 먹이고 출근 준비를 하면서 아이들을 따로 돌봐 줄 사람이 없어 긴 하루해를 보낼 먹을거리 장만해 놓고, 행여 길거리로 나가면 유괴되지 않을까 사고 나지 않을까 걱정스러운 마음에 문을 꼭 잠그고 일터로 향했던 여성 노동자들. 그렇게 남겨진 아이들을 위해 탁아소 운동이 시작되었다.
>
> 80년대 공단과 빈곤지역에서부터 만들어지기 시작한 탁아소들은 가난한 아이들도, 노동자의 자식들도 건강하게, 즐겁게, 생활하고 배울 권리가 있다는 신념으로 뭉친 탁아활동가들의 열정의 산물이었다. 그것이 보육운동의 시작이다.

정부도 손을 놓고 있었던 것은 아니다. 여성문제 전담 기구 설립에 대한 여성계의 여망을 담아 1983년 4월 '한국여성개발원'을 설립하였고, 여성정책을 종합적으로 심의 · 조정하기 위하여 같은 해 12월 국무총리 소속으로 '여성정책심의위원회'를 설치하였다.[2] 이때 여성정책이란 용어가 정부 내에서 처음 사용되었다(공보처, 1992b: 615). 도시지역에서 자생적으로 가정탁아가 생겨나자 한국여성개발원은 1984년 '가정탁아제 설치에 관한 연구'를 했고, 이를 근거로 1985년과 1986년 2회에 걸쳐 97명의 탁아모를 시범훈련하여 배출시켰다(주정일, 1990; 한국여성개발원, 1984).

1) 지역사회탁아소연합회는 약 10년간 탁아입법 제정, 「영유아보육법」 개정 등 활동을 전개한 후 1997년 7월 '한국보육교사회'로 전환하였다. 한국보육교사회는 약 10년간 보육교사 재교육, 보육교사 처우개선 활동 등을 전개한 후 2006년 1월 해산하였다(한국보육교사회 홈페이지).

2) 여성정책심의위원회는 1983년 12월에 "여성문제에 관한 정책을 종합적으로 심의 · 조정하기 위하여" 국무총리 소속으로 설치되었다[여성정책심의위원회규정(대통령령 제11270호, 1983. 12. 8., 제정)].

노동부는 1986년 6월 기혼여성들이 출산 후에도 퇴직하지 않고 계속 취업할 수 있도록 공단지역에 직장탁아소를 설치 운영하기로 하고 세부 시행계획을 확정하였다(정혜선, 2003: 91-92). 1987년 12월 제정된「남녀고용평등법」은 "헌법의 평등이념에 따라 고용에 있어서 남녀의 평등한 기회 및 대우를 보장하는 한편, 모성을 보호하고 직업능력을 개발하여 근로여성의 지위 향상과 복지 증진에 기여"할 목적으로 제정되었다. 이 법은 사업주에게 근로 여성을 위한 육아시설을 제공하도록 했고, 국가와 지방자치단체에 대해서는 교육 · 육아 · 주택 등 공공 복지시설을 설치할 수 있게 했다. 각 시설의 기준과 운영에 관해서는 노동부장관이 정하도록 하였다(법률 제3989호, 1987. 12. 4.).

노태우 정부 출범 후 1988년 3월 14일 문교부의 첫 업무보고가 있었다. 이 자리에서 내동령은 "현재 문교부와 내무부, 사립 등으로 다원화되어 있는 유아교육 체제를 합리적으로 정립하는 방안을 수립하고 유아교육의 질적인 향상을 기할 수 있도록 하라."고 지시하였다(MBC뉴스, 1988. 3. 14.). 대통령이 언급한 내용 중 사립은 민간이 설립한 탁아소로 추정된다. 이날 대통령이 유아교육 외에 교육정책 전반에 대한 대책 마련을 지시했으므로 문교부는 1988년 5월 장관 자문기구로 '중앙교육심의회'를 구성하였고,[3] 같은 해 8월 17일 중앙교육심의회 심의를 거쳐 '유아교육 체제 정립방안'을 확정하였다. 방안의 골자는 새마을유아원을 유치원과 탁아소로 개편 · 정비한다는 것이었다. 구체적으로 새마을유아원은 설립자의 희망에 따라 사립유치원으로 전환하고, 전환하지 않은 경우에는 보육이나 탁아 기능만을 전담하도록 하였다. 그리고 지역의 필요와 희망에 따라 사립유치원에 탁아시설 병설을 허용하기로 하였다. 문교부는 이 같은 방안을 내무부와 협의해서 1989년 중반기부터 시행하되, 탁아기능만을 갖는 새마을유아원에도 문교부가 교원임용 · 연수 · 장학 · 교재보급 등을 지도하기로 하였다. 1988년 기준으로 전국의 유아교육기관은 1만 477개였고, 그중에서 새마을유아원은 2,394개인 23%였다(중앙일보, 1988. 8. 18).

3) 중앙교육심의회는 1987년 말에 설치된 교육개혁심의회가 한국교육 전반에 걸쳐 문제점을 분석하여 '2000년대를 향한 교육개혁의 청사진'을 건의함에 따라 이 교육개혁안을 구체적으로 실천하기 위한 후속 심의기구의 설치 필요성에 의해 문교부장관의 자문기구로 1988년 5월에 설치되었다(공보처, 1992b, pp. 49-50).

2) 보건사회부, 탁아사업 본격 실시

문교부와 별도로 대통령 경제비서실은 1988년 6월 27일 탁아사업 개선방안을 노태우 대통령에게 보고하였다. 보고를 받은 대통령은 "영세가정의 생업을 돕고 맞벌이 부부의 어려움을 덜어 주기 위한 탁아시설의 설치 확대와 육성책을 마련, 보고할 것"을 지시하였다. 보건사회부는 1988년 11월 탁아시설 설치 · 운영의 근거를 마련하기 위해 「아동복지법 시행령」 개정 방침을 밝히고, 1989년 2월 9일 탁아사업 개선방안을 대통령에게 보고하였다. 개선방안의 기본 방향은 ① 저소득층 밀집지역에 정부지원 탁아시설 운영, ② 사업체 및 공단지역에 사업주 부담의 직장 탁아시설 설치 · 운영, ③ 일반지역에 가정탁아를 포함한 수혜자 부담의 민간 탁아시설 설치 운영이었다. 이에 따라 1989년 3월 7일 관계부처에 새마을유아원의 향후 운영방안에 대한 의견조회를 하였다(지역사회탁아소연합회, 1992: 26-28).

보건사회부는 1989년 3월 29일 강영훈 국무총리 주재로 열린 제6차 여성정책심의위원회에 '탁아사업 실시계획'을 보고하였다. 언론은 정부가 1990년 1월부터 탁아사업을 본격적으로 실시한다는 내용을 머리기사로 다루었다. 탁아사업 실시계획의 주요 내용은 크게 두 가지이다. 첫째, 저소득층 부부의 영유아 8만 명 가운데 2만 명을 수용하기 위해 1989년부터 1991년까지 탁아소 400개를 신설하고, 나머지 6만 명을 수용하기 위해 새마을유아원 2,394개소 중에서 1,200개소를 탁아소로 전환한다. 둘째, 맞벌이 부부 자녀 151만 명 가운데 시설탁아소 8만 명과 직장탁아소 11만 7천 명을 제외한 131만 3천 명을 돌보도록 하기 위해 가정탁아제도를 신설한다. 가정탁아제는 일반가정에서 맞벌이 부부로부터 일정액의 위탁료를 받고 5명 안팎의 어린이를 돌봐 주는 제도이다. 이를 위해 보건사회부는 1989년 8월 말까지 「아동복지법 시행령」과 「아동복지법 시행규칙」 개정을 끝내고, 9월 말까지 탁아사업 운영지침을 제정하기로 하였다(한국경제, 1989. 3. 29).

정부는 1989년 9월 「아동복지법 시행령」을 개정하였다. 정부가 「아동복지법 시행령」을 개정한 이유는 "기혼여성의 취업 확대에 따른 탁아수요 증가에 대응"하고, "탁아시설의 설치 · 운영에 관한 법적 근거를 마련"하기 위해서였다. 주요 개정내용은 아동복지시설의 종류에 탁아시설을 추가하고, 주민의 탁아시설 이용 편의를 증진하기 위해 신고만으로 설치할 수 있는 가정탁아제도를 신설한다는 것이었다(국가법령정보센터 홈페이지). 「아동복지법 시행령」 제2조는 탁아시설을 "보호자가 근로 또는 질병, 기타 사정으로 인하여 아동을 보육하기 어려운 경우에 보호자의 위탁을 받아 아동을 보육하는 것을 목적으로 하는 시설로서 보건사회부령이 정하는 규모 이상의 시설"이라고 정의하였다. 부칙 제3조에는 '새마을유아원에 관한 경과조치'를 두어 법인 형태의 새마을유아원은 1년 이내에 도지사에게 신고하면 탁아시설로 본다고 했고, 법인이 아닌 새마을유아원은 1년 이내에 법인을 설립하여 도지사에게 신고한 경우 탁아시설로 본다고 하였다(대통령령 제12808호, 1989. 9. 19.).

보건사회부는 1990년 1월 9일 「아동복지법 시행규칙」을 개정하여 탁아시설과 가정탁아시설 기준을 아동복지시설의 시설기준에 포함하였다(보건사회부령 제839호, 1990. 1. 9.). 그리고 관계기관, 단체, 전문가와 협의하여 탁아시설 설치 · 운영을 위한 세부지침으로 '탁아시설의 설치 · 운영 기준'을 보건사회부 훈령 제586호로 마련하였다. 1990년부터 탁아사업을 전국적으로 확산하기 위한 조치였다(보건복지70년사편찬위원회, 2015: 191).

1989년 「아동복지법 시행령」 개정으로 아동복지시설에 다시 추가된 탁아시설은 1982년 시행령에서 삭제되기 전의 탁아시설과 차이가 있었다. 과거에는 탁아시설의 주된 목적이 '보호자의 위탁을 받아 **보호**'하는 것이었으나, 이번에는 '보호자의 위탁을 받아 **보육**'하는 것으로 바뀌었다. 그동안 「교육법」과 「유아교육진흥법」에서 사용해 온 보육의 개념을 탁아시설에서도 사용하기 시작한 것이다.

3) 「영유아보육법」 제정, 보육시설은 '보육' 담당

1980년대 말에 유아교육기관과 탁아기관은 다양해졌다. 유아교육기관으로는 공 · 사립유치원과 새마을유아원이 있었고, 기타 교육기관으로는 어린이선교원과 예 · 체능학원이 있었다. 탁아기관은 농번기탁아소, 직장탁아소, 지역사회 민간탁아소, 가정탁아소가 있었다. 가정탁아소는 가정중심 기관이지만 나머지 시설들은 시설중심 기관이었다(등에편집부, 1989: 144-145).

보건사회부의 「아동복지법 시행령」 개정에 대해 민간탁아소를 운영하는 지역사회탁아소연합회 등은 전면 거부를 결의하고 독립적인 탁아법 제정을 요구하였다. 이들의 주장을 요약하면 다음과 같다. 첫째, 「아동복지법 시행령」은 국가와 지방자치단체의 역할을 의무화하지 않아서 지원입법이 아니라 규제입법이다. 둘째, 생활보호 대상자와 의료지원 대상자를 우선 지원함으로써 그 밖에 많은 저소득층 취업모 자녀가 혜택에서 제외될 가능성이 높다. 셋째, 탁아시설 유형 분류에 있어서 아동 30명 이상은 시설탁아로 하고 20명 이하는 가정탁아로 하여 시설 규모가 그 사이에 있는 민간탁아소에 대한 배려가 빠져 있다. 넷째, 직장탁아소는 노동부가 관할하고 새마을유아원은 내무부가 관장하고 있어 탁아행정이 다원화되어 있다(주정일, 1990).

지역사회탁아소연합회를 포함한 단체들이 탁아입법 제정 노력을 계속하자 야당인 평화민주당과 통일민주당은 각각 법안을 발의하였다(지역사회탁아소연합회, 1992: 30). 1989년 11월 10일 평화민주당의 박영숙 의원 외 69명이 '탁아복지법안'을 발의했는데, 법안의 제안이유는 다음과 같다(의안정보시스템 홈페이지, 의안번호 130668).

> …… 현재 맞벌이 부부를 대상으로 한 최소한 추정 탁아대상 아동 151만 명 중 약 51만여 명이 각종 공 · 사립 유아교육기관에 취원하고 있으며, 이들 중 3세 이하의 아동은 불과 2,770여 명만이 보육되고 있는 실정이다. 즉, 적어도 100만 명의 아동들이 부모들이 직장에서 일을 하는 동안 적절하게 보육되고 있지 못한 것이다. …… 그러나 보건사회부의 「아동복지법 시행령」은 아동복지시설 중 탁아시설의 설치 · 운영에 관한 법적 근거를 마련할 뿐 국가 및 지방자치단체에 대한 탁아소 설립의무가 없고 민간탁아소에도 시설 및 인적기준을 높은 수준으로 강제하여 규제입법의 성격을 지니는 바, 만약 개정 시행령에 따를 경우 지금까지 일정 수준 보육되고 있던 아동들마저 방치하는 결과를 초래할 가능성도 있다는 점에서 문제점을 가지고 있다…….

그로부터 얼마 지나지 않은 1989년 11월 24일에는 통일민주당의 신상우 의원 등 3명 외 57명이 '영 · 유아 보육시설 설치 및 운영에 관한 법률안'을 발의하였다. 법안의 제안이유는 다음과 같다(의안정보시스템 홈페이지, 의안번호 130733).

> 사회의 산업화에 따르는 가족형태의 핵가족화와 기혼여성의 취업증대라는 사회변화에서 자녀양육의 문제가 심각히 대두되고 있다. 특히, 저소득층 기혼 근로여성은 임금노동과 가사노동, 그리고 육아라는 삼중고에 시달리고 있으며, 이들의 자녀들은 건전한 사회화를 저해하는 결핍환경 속에 무방비 상태로 방치되고 있다. 따라서 이러한 문제를 사회의 공동책임이라는 인식하에 여성복지와 아동복지의 측면에서 해결하기 위하여 탁아사업의 활성화와 이의 제도적 보장의 필요성이 제기되고 있다…….

두 법안은 부모의 취업으로 인해 방치되고 있는 아이들의 보육과 탁아문제를 해결하겠다는 의지를 피력하고 있다. 법안의 내용은 국가와 지방자치단체에 대해 국·공립탁아소 설치 의무를 부과하였고, 인가를 받지 않은 민간탁아소를 양성화하기 위한 조치도 담았다. 탁아소와 유아 보육시설 모두 아동을 보호하고 교육하는 시설이라고 한 점도 공통점이었다(의안정보시스템 홈페이지).

두 법안은 1989년 12월 4일 보건사회위원회에 상정되었다. 이날 박영숙 의원은 법안 제안설명에서 우리나라 0~6세 아동이 약 526만 명이며 이 중에서 맞벌이 부부의 가구가 자녀 1명만 있다고 하더라도 151만 명인데 상시 수용 가능한 보육시설은 극소수에 불과하다고 하였다. 박영숙 의원에 따르면, 1989년 기준으로 보육시설은 새마을유아원 2,394개소, 88탁아소 34개소, 직장탁아소 9개소, 민간지역탁아소 53개소, 비상설 농번기탁아소 2,862개소가 있었다. 또 1990년에 보건사회부의 예산지원을 보면 새마을유아원에서 탁아소로 전환하는 시설 150개소와 신축 50개소인데, 이 시설에 수용될 수 있는 아동은 겨우 1만 2,500명에 불과하다고 하였다. 박영숙 의원은 "그간 탁아사업이 주무부처의 이관에 따른 행정처리나 탁아의 중요성을 깊이 성찰해 내지 못했던 결과로부터 파생된 모든 문제를 극복"하기 위해 "「아동복지법 시행령」에 탁아의 법적 근거를 끼워 맞출 것이 아니라 탁아복지를 국가의 사회보장 정책 차원에서 수행하기 위한 특별법을 제정"해야 한다고 말했다(대한민국국회사무처, 1989).

이에 대해 민주정의당의 신영순 의원은 탁아 관련 법률안은 사회보장 '프로그램'으로 반드시 실현시켜야 할 문제임에는 틀림없으나 「아동복지법」이나 「남녀고용평등법」 등 현행법을 집행하면서 결함이 발견되면 연구·검토한 후에 새 법을 만들거나 현행법을 수정·보완하는 것이 합리적인 절차라고 하였다. 보건사회위원회는 이날 두 법안을 탁아법안심사소위원회에 회부하였다(대한민국국회사무처, 1989).

보건사회부가 탁아사업을 시작한 1990년 새해 벽두에 정치권에 변혁이 일어났다. 민주정의당 총재인 노태우 대통령, 통일민주당 김영삼 총재, 신민주공화당 김종필 총재가 1990년 1월 22일 청와대에서 3당 통합을 선언하였다. 1990년 2월 9일 민주자유당의 창당으로 여소야대 국회는 200석이 넘는 거대여당 체제로 바뀌었다(공보처, 1992a: 108). 그로부터 한 달이 지난 1990년 3월, 서울 망원동의 지하셋방에서 파출부인 엄마가 일 나간 사이 잠긴 방에서 어린 남매가 질식사한 사건이 발생하였다(MBC뉴스, 1990. 3. 9.). 민주자유당은 1990년 5월 '탁아제도발전 추진위원회'

를 구성하여 이 위원회를 중심으로 토론회를 개최하는 등 본격적인 법 제정을 추진하였다. 탁아제도발전 추진위원회는 여러 차례 회의와 당정협의 등을 거쳐 1990년 10월 법안을 확정하였고, 1990년 11월 20일 신영순, 이윤자, 김장숙 의원 외 20명은 '영유아의 보호 · 교육에 관한 법률안'을 발의하였다(정혜선, 2003: 109). 법안이 발의될 무렵인 1990년 11월 내무부, 문교부, 보건사회부 3개 부처 장관은 새마을유아원을 1993년까지 유치원이나 보육시설로 전환하기로 합의하였다(홍인혜, 2006: 73). 신영순 의원 등이 법안을 발의한 이유는 다음과 같다(의안정보시스템 홈페이지, 의안번호 131059).

> 현대사회의 산업화에 따른 여성의 사회참여 증가 및 가족구조의 핵가족화에 의한 탁아수요의 급증에 따라 아동 보호와 교육문제는 개인적인 차원을 넘어 사회적, 국가적 차원에서 해결이 불가피하게 되었으나, 현행 아동복지법에 의한 탁아사업은 시설 설립주체의 제한으로 인한 보육사업 확대 곤란, 관장부처의 다원화로 체계적이고 효율적인 보육사업 추진 등에 문제점이 있으므로, 영유아의 보호와 교육에 관한 별도의 입법을 통하여 보육시설의 조속한 확대 및 체계화로 아동의 건전한 보호 · 교육 및 보육자의 경제적, 사회적 활동의 지원을 통하여 가정복지 증진을 도모하려는 것임.

이 법안은 국가가 아동 보육의 책임을 부모와 함께 지고자 하는 결연한 의지를 표명한 것으로 대한민국 역사상 처음 있는 일이었다(주정일, 1990). 국회 보건사회위원회는 1990년 12월 11일 신영순 의원 등이 발의한 법안을 상정하여 제안설명과 전문위원 심사보고를 받은 후 이미 구성되어 있는 탁아법안심사소위원회에 회부하였다. 그리고 통일민주당의 신상우 의원 등이 발의한 법률안은 철회하는 데 동의하였다(대한민국국회사무처, 1990a).

국회에 법안이 상정되자 관계부처, 학회, 사회단체 간에 논쟁이 벌어졌다. 관계부처 간의 갈등은 보건사회부와 노동부 사이에서 일어났다. 노동부는 "직장탁아의 경우 현재 「남녀고용평등법」에 근거하여 취업여성의 복지 증진을 위해 운영되고 있으므로 노동부의 강력한 근로감독 아래 수행되어야 효과를 거둘 수 있다."고 주장하였고, 직장탁아와 사업에 참여한 YWCA와 한국부인회 등이 이에 동조하였다. 그러나 보건사회부는 "새 법안은 직장 취업여성의 어린이뿐만 아니라 모든 가정을 대상으로 하고 있으므로 어린이의 보호 · 교육 차원에서 탁아사업은 일원화 · 체계화되어야 한다."는 입장이었다. 학계에서는 유아교육학계와 사회복지학계의 의견이 대립하였다. 유아교육학계는 "어린이의 보호뿐만 아니라 연령에 맞는 교육을 위해 유치원과 탁아시설을 일원화시키고 문교부 관장하에 두어야 한다."고 주장하였다. 이에 대해 사회복지학계는 "탁아시설의 교육기능을 강조해 81년 새마을유아원으로 통폐합한 정책이 실패했던 것을 경험 삼아 탁아사업에 사회복지 차원의 배려를 더해야 한다."고 맞섰다(중앙일보, 1990. 12. 13.).

보건사회위원회는 1990년 12월 14일 전체회의를 열어 탁아법안심사 소위원회 활동 보고를 받았다. 박병선 소위원장은 "사실 이 탁아관계법안 심의소위원회에서 단일안을 못 내놓게 되었다는 것은 참으로 유감스럽게 생각"한다고 말문을 열었다. 박 소위원장은 신영순 의원 등이 제출한 법안과 박영숙 의원 등이 제출한 법안을 소위원회에 일괄 상정하여 두 차례에 걸쳐 보건사회부 차관 등 정부 관계자를 출석시킨 가운데 진지한 토의를 거쳐 두 개 법안을 통합 조정하여 위원회 대안을 마련하고자 노력했다고 말했다. 그러나 제명(題名) 등 몇 가지 항목에서 의견 일치를 보지 못해 신영순 의원 등이 발의한 법안을 중심으로 심사했고, 그 결과 제명을「영유아보육법」으로 변경하고 보육시설 종사자 중 보육교사 자격기준을 구체화하는 등 법안의 일부 미비점을 보완했다고 보고하였다(대한민국국회사무처, 1990b: 4).

평화민주당의 박영숙 의원은 소위원회에서 두 개의 법안을 심의하는 과정에서 보건사회부와 민주자유당이 졸속으로 강행 처리하려는 잘못을 범하고 있다고 말하고, 여론을 좀 더 수렴해서 여야 합의로 법안을 처리하자고 하였다. 박 의원은 법안의 주요 쟁점을 조목조목 나열하였다. 그리고 '탁아'라는 용어 대신 사용하려는 '보육시설'이 부모들에게 더 많은 거부감을 준다고 말했다. 이에 대해 민주자유당의 신영순 의원은 법안 준비를 위해 1990년 초부터 수차례 토론회와 공청회를 거쳤고, 각계각층의 관계자들을 접하며 의견을 수렴했으므로 졸속으로 제안된 것은 아니라고 하였다. 신 의원은 탁아에 대한 인식과 관점이 달라지고 있다고 역설하였으며 "탁아사업은 단순한 보호의 차원을 넘어 보다 유익한 교육적 경험을 제공하는 사회적 체제"라고 하였다(대한민국국회사무처, 1990b: 5-9). 이날 회의에서 법안을 계속 논의하자는 야당 측과 논의를 해도 끝이 없다는 여당 측의 의견이 맞섰으므로 결국 표결에 부쳤고 법안은 보건사회위원회에서 가결되었다.

국회는 1990년 12월 18일 본회의를 열어 '영유아의 보호 · 교육에 관한 법률안'을 다른 여러 건의 법안들과 함께 강행 처리하였다(대한민국국회사무처, 1990c). 법안의 명칭은 '영유아보육법'으로 변경되었고, 법안의 내용 중 '보호 · 교육'은 모두 '보육'으로 수정되었다. 「영유아보육법」은 1991년 1월 14일 공포 · 시행되었다(의안정보시스템 홈페이지).

「영유아보육법」에서 '영유아'는 "6세 미만의 취학 전 아동"을 말하며, '보육시설'은 "보호자가 근로 또는 질병, 기타 사정으로 영유아를 보호하기 어려운 경우에 보호자의 위탁을 받아 영유아를 보육하는 시설"이다(법률 제4328호, 1991. 1. 14.).

영유아보육법[시행 1991. 1. 14.] [법률 제4328호, 1991. 1. 14., 제정]

제1조(목적) 이 법은 보호자가 근로 또는 질병, 기타 사정으로 인하여 보호하기 어려운 영아 및 유아를 심신의 보호와 건전한 교육을 통하여 건강한 사회성원으로 육성함과 아울러 보호자의 경제적 · 사회적 활동을 원활하게 하여 가정복지 증진에 기여함을 목적으로 한다.

제2조(정의) 이 법에서 사용하는 용어의 정의는 다음과 같다.

1. "영유아"라 함은 6세 미만의 취학 전 아동을 말한다.
2. "보육시설"이라 함은 보호자가 근로 또는 질병, 기타 사정으로 영유아를 보호하기 어려운 경우에 보호자의 위탁을 받아 영유아를 보육하는 시설을 말한다.

3.~4. (생략)

「영유아보육법」은 영유아를 보호하고 교육하는 '영유아 보육시설'의 근거 법률이 되었다. 「아동복지법 시행령」에서의 '탁아시설'은 '보육시설'로 명칭을 변경하여 법률상의 기관으로 승격하였다.[4] 법령상 탁아시설의 변천과정을 비교해 보면, 〈표 4-1〉과 같다.

4) 이처럼 법령상으로는 '탁아시설' '보육시설'을 사용했지만 제3장에서 언급했듯이 현장에서는 '어린이집'이라는 용어를 계속 써 왔다.

〈표 4-1〉 탁아시설에서 보육시설로 변천과정

아동복리법 시행령 [시행 1962. 3. 27.] [각령 제594호, 1962. 3. 27., 제정]	아동복지법 시행령 [시행 1989. 9. 19.] [대통령령 제12808호, 1989. 9. 19., 일부개정]	영유아보육법 [시행 1991. 1. 14.] [법률 제4328호, 1991. 1. 14., 제정]
제2조 아동복리시설 9. 탁아시설 보호자가 근로 또는 질병 등으로 인하여 양육하여야 할 아동을 보호할 능력이 없을 경우에 보호자의 위탁을 받아 그 아동을 입소시켜 보호함을 목적으로 하는 시설	제2조 아동복지시설 14. 탁아시설 보호자가 근로 또는 질병, 기타 사정으로 인하여 아동을 보육하기 어려운 경우에 보호자의 위탁을 받아 아동을 보육하는 것을 목적으로 하는 시설로서 보건사회부령이 정하는 규모이상의 시설	제2조 용어의 정의 2. 보육시설 보호자가 근로 또는 질병, 기타 사정으로 영유아를 보호하기 어려운 경우에 보호자의 위탁을 받아 영유아를 보육하는 시설

「영유아보육법」 제19조는 장학지도에 관한 규정을 두어 보건사회부장관은 영유아보육을 충실히 하기 위해 "장학지도와 보육 프로그램 및 교재 · 교구의 개발 보급 등 필요한 사항에 대하여 교육부장관에게 협조를 요청"할 수 있게 하였고, 그 구체적인 사항은 대통령령으로 정하도록 하였다.

「영유아보육법」 부칙에서는 「아동복지법」에 의해 설치된 탁아시설, 「남녀고용평등법」에 의해 설치된 '사업장 육아시설'과 '시범탁아소'를 보육시설로 간주하였고, 「유아교육진흥법」에 의해 설치된 새마을유아원은 1년 이내에 시장 · 군수에게 신고하면 보육시설로 간주하였다. 더구나 미인가 탁아시설도 6개월 내에 신고하면 보육시설로 간주하였다(법률 제4328호, 1991.1.14., 제정). 1991년 「영유아보육법」 제정으로 보육사업의 주관부처는 보건사회부로 일원화되었고, 종전의 단순 '탁아'사업에서 보호와 교육을 통합한 '**보육**'사업으로 확대 · 발전하게 되었다(보건복지부, 2017).

보육시설은 1990년 1,919개였으나 1991년 3,690개, 1992년 4,513개로 늘어났다. 그중 국 · 공립 보육시설은 1990년 360개에서 1991년 503개, 1992년 720개였다. 같은 기간 보육시설 이용 아동은 1990년 48,000명에서 1991년 89,441명, 1992년 123,297명으로 늘어났다. 국 · 공립시설 이용 아동은 1990년 25,000명, 1991년 37,017명, 2012년 49,529명이었다(KOSIS 국가통계포털 홈페이지).

4) 「교육법」 개정, 유치원은 '교육' 담당

「영유아보육법」의 제정으로 영유아 교육 · 보육 체계는 「교육법」상의 유치원과 「영유아보육법」상의 영유아 보육시설로 재편되었다. 노태우 정부는 유아교육의 내실을 기하기 위하여 유치원 학급을 증설하는 한편, 그동안 내무부에서 관할해 온 새마을유아원을 1991년 1월부터 교육부(1990. 12. 17. '문교부'를 '교육부'로 명칭 변경)로 이관하기 시작하였다. 1986년부터 1991년까지 공립유치원 101학급과 사립유치원 2,840학급이 증설되었고, 1992년까지 교육부로 이관된 새마을유아원은 공립 668개소, 사립 979개소 합계 1,647개소였다. 또한 유치원의 취원 연령을 하향 조정해야 한다는 건의가 많아 법 개정을 추진하였다(공보처, 1992b: 73-75).

1991년 12월 31일 「교육법」이 개정되었는데, 〈표 4-2〉에서 보는 것처럼 유치원의 목적을 '**보육**'에서 '**교육**'으로 바꾸었고 유치원 입학연령을 '만 4세'에서 '만 3세'로 낮추었다(법률 제4474호, 1991. 12. 31.). 이에 따라 1949년부터 법적으로 동의어였던 유아교육과 보육이 1991년부터 새롭게 법적으로 구분되어 교육과 보육은 다르다는 것을 확정하는 계기가 되었다. 유치원도 여성 취업 증가에 따른 사회적 요구에 부응하고자 1994년부터 종일반을 운영하기 시작하였다. 유치원과 보육시설의 기능은 더욱 유사해졌고, 유아교육 정책과 보육정책은 더욱 중복되었다(나정, 박창현, 2015).

〈표 4-2〉 「교육법」 개정 전후 비교

교육법 [법률 제4347호, 1991. 3. 8., 타법개정]	교육법 [법률 제4474호, 1991. 12. 31., 일부개정]
제146조 유치원은 유아를 보육하고 적당한 환경을 주어 심신의 발육을 조장하는 것을 목적으로 한다.	제146조(목적) 유치원은 유아를 교육하고 적당한 환경을 주어 심신의 발육을 조장하는 것을 목적으로 한다.
제148조 유치원에 입원할 수 있는 자는 만 4세부터 국민학교 취학시기에 달하기까지의 유아로 한다.	제148조(입학연령) 유치원에 입원할 수 있는 자는 만 3세부터 국민학교 취학시기에 달하기까지의 유아로 한다.

1982년에 다양한 영유아 시설을 새마을유아원으로 통합하기 위해 제정된 「유아교육진흥법」도 1991년 12월 31일 개정되었다. 법 부칙에서는 경과조치를 두어 새마을유아원이 보육시설로 인정받은 경우를 제외하고, 1993년 12월 31일까지 「교육법」

에 의한 유치원으로 개편하거나 폐지하도록 하였다(법률 제4475호, 1991. 12. 31.).

1987년부터 1992년까지 유치원과 유치원 원아 수 변동 추이는 〈표 4-3〉과 같다. 유치원은 1987년 7,792개에서 1992년 8,498개로 706개 늘었는데, 국·공립유치원은 37개, 사립유치원은 669개였다. 같은 기간 유치원 원아는 397,020명에서 450,882명으로 53,862명 늘었다. 국·공립유치원 원아는 5년간 56,227명 감소한 반면, 사립유치원 원아는 110,089명 증가하였다. 전체 유치원 원아 중에서 국·공립유치원 원아가 차지하는 비율은 1987년 43.6%에서 1990년 30.7%, 1992년 25.9%로 낮아졌다.

〈표 4-3〉 유치원 수, 유치원 원아 수 변동 추이(1987~1992년)

구분		1987	1988	1989	1990	1991	1992
유치원 수	국·공립	4,559	4,610	4,610	4,603	4,623	4,596
	사립	3,233	3,420	3,636	3,751	3,798	3,902
	계	7,792	8,030	8,246	8,354	8,421	8,498
원아 수	국·공립	173,311	162,514	145,240	127,144	117,878	117,084
	사립	223,709	242,741	265,584	287,388	307,657	333,798
	계	397,020	405,255	410,824	414,532	425,535	450,882

출처: 교육통계서비스 홈페이지. 각 연도 교육통계연보.

2. '유아교육의 공교육 체제 확립' 방안(1997년)

1992년 12월 대통령 선거 결과, 민주자유당의 김영삼 후보가 당선되었다. 1993년 2월 25일 임기를 시작한 김영삼 대통령은 군인들이 정치하는 시대가 끝났다는 의미에서 새 정부의 이름을 '문민정부'라고 불렀다. 문민정부의 출범과 더불어 사회 전 분야에 대한 개혁의 요구가 분출했고, 교육계에서도 교육개혁이 국가 개혁의 근본임을 주장하고 교육 전반에 대한 개혁을 요구하였다. 교육개혁위원회 설치·운영안이 국무회의를 통과한 때는 1993년 7월이다.[5] 1993년 8월 10일에는 대통령령으

5) 교육개혁위원회는 21세기에 대비한 교육의 기본방향을 정립하고, 교육의 장기발전을 위한 국민적 합의의 도출과 범정부적·범사회적 교육개혁의 추진 등에 관한 대통령의 자문에 응하기 위하여 대통령 소속으로 설치되었다(대통령령 제13955호, 1993. 8. 10., 제정).

로 「교육개혁위원회 규정」이 공포되었다(교육개혁위원회, 1998: 64-65).

1) 문민정부의 교육개혁위원회

교육개혁위원회는 1994년 9월에 제1차로 '신한국 창조를 위한 교육개혁의 방향과 과제'를 대통령에게 보고한 데 이어, 1995년 5월부터 1997년 6월까지 네 차례에 걸쳐 교육개혁 방안을 보고하였다. 특히, 1995년 5월 31일 제2차 대통령 보고서의 제목은 '세계화 · 정보화 시대를 주도하는 신교육체제 수립을 위한 교육개혁 방안'인데, 교육계에서는 이것을 '5 · 31 교육개혁 방안'이라고 부른다. 이 보고서에는 신교육체제의 비전과 목표, 신교육체제 수립을 위한 교육개혁 방안, 추진방법 등 교육개혁의 큰 틀이 제시되었다.

문민정부의 교육개혁 방안 중에서 유아교육 관련 개혁은 1994년 9월 5일 발표한 제1차 보고서와 1995년 5월 31일 발표한 제1차 교육개혁 방안에서 이미 그 터전을 마련하였다(교육개혁위원회, 1997a: 59). 제1차 대통령 보고서에서는 교육개혁의 지표 중 하나로 "2005년까지 만 5세 아동의 100%가 취학 전 교육을 받도록" 설정하였다. 그리고 교육개혁 11대 과제 중 하나인 '학제의 다원화 및 탄력성 제고'에서는 "유치원을 기본학제에 편입시키고, 도서 · 벽지 및 도시 저소득층 유치원 교육을 무상으로 실시"하는 내용이 포함되었다(교육개혁위원회, 1994).

1995년 5월 31일 제1차 교육개혁 방안에서는 '인성 및 창의성을 함양하는 교육과정' 개혁 과제로 '유아교육에 있어서 인성교육 강화'가 언급되었다. "유아의 기본생활습관을 길러 주기 위한 예절 · 질서 · 청결 등 실천위주 교육을 의무화"하고, "어린이집, 놀이방 등 보육기관의 유아교육 기능을 활성화하여 유휴 여성인력의 활용을 증대"시키며, "유아의 발달 수준을 고려한 다양한 유아교육 자료 및 교구를 개발하여 유치원과 보육기관에 보급"한다는 내용이다(교육개혁위원회, 1995: 47-48).

교육개혁위원회는 1994년 2월 5일부터 1996년 2월 4일까지 임무를 수행한 제1기 위원회와 1996년 4월 9일부터 1998년 2월 24일까지 임무를 수행한 제2기 위원회로 나눈다. 특히, 제2기 위원회는 제1소위원회에 유아교육특별위원회를 구성하여 유아교육 개혁안을 집중 연구하도록 하였다(교육50년사편찬위원회, 1998: 321). 제2기 위원회에는 정부 수립 이후 처음으로 유아교육학을 전공한 중앙대학교 이원영 교수가 위원으로 참여하였다. 1996년 8월 20일 보고한 제3차 개혁방안에서는 새로운 교육개혁 과제 중 하나로 '유아교육 체제 구축'을 포함하였다. 교육개혁위원회가 유아교육 개혁 과제를 추진하는 이유는 다음과 같다(교육개혁위원회, 1996: 72).

> 유아교육이 사회적으로 일반화되어 있음에도 불구하고 이 점을 제도적이고 공식적으로 수용하여 국가 교육체제를 체계화해 놓고 있지 못한 것이 한국 교육의 현실이다. 유아교육은 대체로 사적인 활동으로 간주되고 교육기회도 '능력껏 향유하라'는 식으로 방임되어 있는 상태이다. 결과적으로 교육의 질이 체계적으로 관리되지 못하며 교육기회의 불균등도 심각한 문제로 제기되고 있다. 이러한 현실을 타개하기 위하여 기간 학제 속에 유아교육을 정치(定置)하고 그 교육기회의 확대와 균등한 배분도 도모할 수 있는 방안을 강구할 것이다.

이러한 선언을 통해 앞으로 보다 본격적이고 구체적이며 실질적인 유아교육 분야의 개혁을 추진하기로 결정하였다.

2) 유아교육의 공교육 체제 확립 방안

교육개혁위원회는 유아교육 개혁을 위해 1996년 12월과 1997년 3월에 두 차례의 공청회를 개최한 후 1997년 6월 2일 제4차 교육개혁 방안의 하나로 '유아교육의 공교육 체제 확립' 방안을 대통령에게 보고하였다. 개혁안의 골자는 "3세에서 5세까지의 유아교육에 대한 국가의 책임을 분명히 하고, '유아학교' 체제를 구축하는 방안에 초점"을 두는 것이었다. 다시 말해, "공교육 체제 안으로 유아교육을 끌어들이고자 한 것"이다(교육개혁위원회, 1997b: 4). 교육개혁위원회가 '유아교육의 공교육 체제 확립' 방안을 제안하게 된 배경은 다음과 같다(교육개혁위원회, 1997b: 32).

> 초기 환경이 인간의 지적 · 정의적 · 사회적 기초를 형성한다는 사실에 비추어 볼 때 유아교육은 개인적 · 국가적으로 매우 중요한 과제이다. 특히, 유아의 건전한 성장 · 발달은 초 · 중등교육 단계의 성취와 적응에 긍정적인 영향을 미치기 때문에 교육 투자의 효율성이 가장 큰 분야이다.
>
> 그럼에도 불구하고, 유아교육은 교육정책의 우선순위에서 늘 밀려왔으며, 전적으로 수요자 부담 원칙에 의존하여 이루어져 왔다. 그 결과, 유아교육에 대한 가계 부담이 과중되고, 육아 부담으로 여성의 사회활동이 크게 제약받고 있으며,

대부분의 유아들이 적절한 교육을 받지 못한 채 초등학교에 진학하고 있다. 더욱이 유아교육에 대한 관리 및 지원이 체계화되지 못하여 집과 가까운 곳에서, 좋은 내용을, 저렴한 비용으로, 원하는 시간까지 제공해 주기를 바라는 수요자의 요구를 수용하지 못하고 있다.

그러나 선진 각국은 벌써부터 3세 미만의 영아를 위해서는 질 좋은 탁아를 제공하고, 3세 이상의 유아를 위해서는 공교육 체제 안에서 교육과 보호 서비스를 통합하여 제공하고 있다. 이렇게 국가적 차원의 질 관리를 통하여 취학 전 유아들에게 최적의 교육과 보호를 제공하고, 재정지원을 통하여 각 가정의 육아와 유아교육에 대한 부담을 완화시키는 것이 세계적 추세이다. 따라서 국가가 유아교육을 관리하고 지원하는 공교육 체제의 확립은 우리가 처한 시대적 과제라고 할 수 있다.

이러한 취지하에 유아교육 분야의 개혁은 세 가지 방향을 설정하여 마련하였다. 첫째, 3세 이상 초등학교 취학 전 유아들의 교육을 공교육 체제 안에 원칙적으로 포함하고, 교육과 보호 서비스가 함께 제공되도록 새로운 형태의 유아교육 체제를 구축한다. 둘째, 불리한 조건에 놓여 있는 저소득층의 유아들에게는 교육의 기회를 우선 제공하고, 학부모 부담을 완화시켜 교육기회의 형평을 유지한다. 셋째, 초등학교 취학 직전 연령인 5세 유아들에게는 최소한 1년의 유아교육을 받고 초등학교에 입학할 수 있도록 교육의 기회와 권리를 보장하여 출발점 평등의 원칙을 구현한다(교육개혁위원회, 1997b: 32).

'유아교육의 공교육 체제 확립 방안'의 주요 내용은 다음과 같다. 3세 이상 초등학교 취학 전 유아의 교육과 보호를 담당하는 '유아학교' 체제는 '유아학교 교육과정'을 기본으로 하되, 학부모 요구에 따라 다양한 형태의 종일반을 운영할 수 있도록 하였다. 유치원을 포함하여 3세 이상 유아교육 프로그램을 운영하는 시설은 일정한 기준에 맞추어 유아학교로 전환할 수 있도록 문호를 개방하기로 하였다. 유아학교의 법적 토대는 「교육기본법」 체제하에 「유아교육법」을 별도로 마련하고, 「유아교육법」은 기존의 「유아교육진흥법」을 전면개정하여 마련하기로 하였다. 아울러 유아교육의 질을 전반적으로 높이기 위해 유아학교 교원의 자질 향상 방안을 마련하고, 장학체제를 확충하기로 하였다. 유아교육에 대한 국가와 지방자치단체의 지원을 확대하고, 정부 교육예산 중 유아교육 예산을 상향 조정하여 2005년 이후에는 연간 5% 이상을 투입하기로 하였다(교육개혁위원회, 1997b: 33-34).

그리고 「유아교육법」에 초등학교 취학 직전 유아에 대한 1년간의 무상 유아교육 원칙을 명시하고, 군 이하 지역부터 단계적으로 추진하기로 하였다. 무상 유아교육을 추진하는 방법의 일환으로 일정액의 교육비를 학부모에게 지원하여 교육기관의 선택권을 보장하는 지불보증전표, 즉 바우처 시스템(Voucher system) 제도를 단계적으로 도입하기로 하였다. 평등한 출발선에서 초등학교 교육을 받을 수 있도록, 유아교육 수혜율이 낮은 지역을 '유아교육 투자우선지역'으로 지정하여 교육기회의 지역 간 불평등을 해소하기로 하였다. 2005년까지 초등학교 취학 전 유아학교 취원율이 100%가 되도록 추진하겠다는 취지였다(교육개혁위원회, 1997b: 34-35).

유아교육 개혁 추진을 위해 민관합동으로 '유아교육개혁 추진위원회'를 구성하여 한시적으로 운영하기로 하였다. 그리고 광역 자치단체와 기초 자치단체에 '유아교육진흥위원회'를 설치하여 지역 실정에 맞는 유아교육 발전을 도모하기로 하였다(교육개혁위원회, 1997b: 35).

교육개혁위원회는 유아교육의 공교육 체제를 확립한다고 했는데, 공교육은 무엇인가? 그리고 공교육의 개념에 비추어 볼 때 당시 우리나라 유아교육은 어떤 상태였으며, 유아교육의 공교육 체제는 왜 확립해야 하는가?

공교육은 "교육의 사회적 유용성으로 인해 국가가 적극적으로 관여하는 교육으로, 국가나 공공단체가 관리 · 운영 · 지원하고 국민 모두에게 개방하여 보편적인 교육을 실시하는 교육"을 말한다. 따라서 공교육은 "교육의 기회균등을 위해 무상성과 의무성을 추구하고, 교육내용의 중립성과 보편성을 추구하며, 국가가 관리 · 감독 · 운영하는 학교 제도 중심의 교육"을 그 원리로 한다(교육개혁위원회, 1997a: 1).

이러한 공교육의 개념에 비추어 볼 때 1997년 당시 우리나라 유아교육은 각 가정의 판단과 부담에 의해서 이루어지는 사교육의 성격이 강하였다. 〈표 4-4〉에서 보는 것처럼 국가의 지원과 관리 · 감독에 의해 제공되는 유아교육의 혜택을 받는 유아는 전체의 27% 수준에 불과하여 공교육 체제하에서 이루어지고 있다고 할 수 없는 수준이었다(교육개혁위원회, 1997a: 2).

국가가 적극적으로 유아교육을 관리하고 지원하여 공교육 체제를 확립하려는 이유는 다음의 네 가지 측면에서 살펴볼 수 있다. 첫째, 인성 및 인지 능력의 기반 형성에 중요한 유아교육의 기회균등을 실현하기 위해서이다. 둘째, 유아교육에 대한 각 가정의 교육비 부담을 해소하기 위해서이다. 셋째, 여성 취업을 위한 사회적 요

〈표 4-4〉 유아교육 기관 유형 및 원아 수(3~5세)

기관명	수용비율(%)	설립유형	기관수(%)	원아 수(%)	운영체제	관할부서
총대상 유아 수	100			2,085, 393		
유 치 원	27	계	9,010(100)	567,814(100)	교육 중심	교육부
		국공립	4,399(48.8)	120,553(21.2)		
		사립	4,611(51.2)	447,261(78.8)		
보육시설	18	계	14,074(100)	381,263(100)	보육 중심	보건복지부
		국공립	1,103(7.8)	68,674(18.0)		
		민간/직장	7,412(52.7)	259,641(68.1)		
		가정	5,559(39.5)	52,995(13.9)		

출처: 교육개혁위원회(1997a), p. 9에서 재구성.

청에 부응하기 위해서이다. 넷째, 유아교육에 대한 투자 가치를 극대화하기 위해서이다(교육개혁위원회, 1997a: 2-4).

유아교육의 기회균등과 관련하여 〈표 4-5〉는 1996년 기준으로 OECD 가입 국가와 우리나라 유치원·보육시설의 취원율을 보여 준다. 전 세계적으로 3세 이상의 유아는 교육대상 연령으로 간주되고 있는데, 1997년 4월 기준으로 우리나라 유치원 취원율은 3세, 4세, 5세 각각 10.2%, 27.3%, 45%에 불과했다. 보육시설을 포함할 경우에도 OECD 가입국가의 유아교육 수혜율 평균에는 미치지 못했다(교육개혁위원회, 1997a: 10-11).

〈표 4-5〉 OECD 가입국가와 한국의 유치원·보육시설 수혜 비율(%)

연령	OECD 평균	한국		
		합계	유치원	보육시설
3세	40.4	17.1	10.2	6.9
4세	67.9	45.5	27.3	18.2
5세	82.0	75.2	45.0	30.2

※ OECD는 1996년, 한국은 1997. 4. 1. 기준임.
출처: 교육개혁위원회(1997a), pp. 10-11에서 재구성.

3) 정부의 유아교육개혁 추진 방안

'5 · 31 교육개혁 방안'을 기점으로 범정부 차원의 교육개혁을 추진하기 위해 1995년 8월 국무총리를 위원장으로 하고 12개 부처 장관으로 구성된 '교육개혁추진위원회'가 출범하였다.[6] '교육개혁추진위원회'에 상정할 의안의 사전 조정과 부처 간 협조를 위하여 국무총리 행정조정실장을 실무위원장으로 하는 '교육개혁추진실무위원회'를 두었으며, 이를 지원하기 위하여 교육부장관 산하에 '교육개혁추진단'이 구성되었다(교육개혁위원회, 1998: 66).

교육개혁추진위원회는 교육개혁위원회가 1997년 6월 제4차 교육개혁 방안에서 '유아교육의 공교육 체제 확립' 방안을 발표하자 같은 해 7월 산하에 '유아교육개혁추진특별위원회'를 두었다. 특별위원회 설치기간은 1997년 7월 9일부터 김영삼 정부의 임기가 끝나는 1998년 2월 24일까지로 정하였다. 특별위원회의 역할은 「유아교육법」 등 유아교육 관련 법령 정비, 유아교육에 대한 재정투자계획과 소요재원 조달방안, 3세 미만 영아에 대한 국가의 대책 등을 심의하는 것이었다. 위원장은 국무총리 행정조정실장으로 하고, 위원은 학계, 유치원과 보육시설 관계자, 학부모 단체와 관계부처 1급 공무원 등 13명으로 구성하였다(교육개혁추진위원회, 1997). 유아교육개혁추진특별위원회는 1997년 8월부터 두 차례 회의를 개최하여 유아학교 체제 도입을 포함한 '유아교육개혁 추진방안'을 합의하였고, 교육개혁추진위원회는 1998년 1월 이 방안을 심의 · 확정하였다(교육부, 1998).

교육개혁추진위원회는 교육개혁위원회가 네 차례에 걸쳐 제안한 교육개혁 방안을 120개 과제로 분류하였다. '유아교육개혁 추진방안'은 과제 명칭을 '유아교육의 공교육 체제 구축'으로 정하고 ① '유아학교 체제의 구축'과 ② '유아교육의 내실화 및 무상교육의 단계적 추진'으로 나누어 추진하였다.

먼저 '유아학교 체제의 구축' 과제는 3세 이상 초등학교 취학 전 유아교육을 유아학교 체제로 구축한다는 것이 주요 내용이었다. 추진 원칙으로는 "유치원을 유아학교로 전환하여 향후 기간학제 편입에 대비하되, 수요자의 선택에 의해 일원화될 때까지 유아학교와 보육시설의 2원 체제"를 인정하기로 하였다. 아울러 "유아학교와

---

6) 교육개혁추진위원회는 "교육개혁에 관한 교육정책의 실천방안 및 소요재원의 조달방안 등에 관한 주요 정책을 심의 · 조정하기 위하여" 국무총리 소속으로 설치되었다[교육개혁추진위원회규정(대통령령 제14746호, 1995. 8. 9., 제정)].

보육시설의 선택은 수요자가 판단"하도록 하고, "중 · 장기적으로 일원화"하기로 하였다. 유아학교는 교육부장관이 정하는 유아학교 교육과정을 적용하고, 종일반은 보건복지부장관이 정하는 보육지침을 적용하기로 하였다. 교원자격은 현행 유치원 교원 자격기준 규정을 적용하되, 일정기간 보호 관련 연수를 하기로 하였다. 시설기준은 「고등학교 이하 각급학교 설립 · 운영 규정」에 의하되, 종일반은 보호 관련 시설을 보강하기로 하였다. 이를 위해 '유아교육진흥법 개정안'을 마련하여 유치원은 「유아교육진흥법」 부칙에 일괄 전환규정을 두어 1998년 중에 유아학교로 명칭을 변경하고, 시설 · 설비가 미달한 학교는 2004년까지 보완하도록 하였다. 그 밖에 유아학교로 전환을 희망하는 유아시설도 설립주체의 의견을 존중하여 일정요건을 갖춘 경우 전환할 수 있도록 문호를 개방하기로 하였다(교육부, 1998: 15-16).

'유아교육의 내실화 및 무상교육의 단계적 추진' 과제는 세 가지 하위 과제별로 기본방침을 정하였다. 첫째, 유아교육의 질적 수준을 높이기 위해 교육 및 보육지침 마련을 위한 관계부처 협의를 정례화하기로 하였다. 유아학교의 보호기능은 보건복지부가, 보육시설의 교육기능은 교육부의 장학 및 점검지도를 상호 허용하기로 하였다. 교원양성을 위한 이수과목을 점차 접근시켜 교원자격을 일원화하거나 상호 인정체제를 구축하고, 연간 최소 5종의 교사용 · 유아용 · 학부모용 자료를 개발 · 보급하기로 하였다. 유아교육진흥위원회를 구성하기로 하였다. 둘째, 무상 유아교육의 단계적 추진을 위한 지원대상은 초등학교 취학 전 만 5세 유아로서 유아학교에 취학하거나 보육시설에 입소한 유아로 정하였다. 2005년까지 초등학교 취학 전 유아학교 취원율 100%를 추진하기 위해 1단계로 읍 · 면 이하 지역, 2단계로 시 이하 지역, 3단계로 광역시 · 특별시를 포함한 전 지역으로 확대하기로 하였다. 지원방법으로는 국 · 공립은 납입금을 면제하고 사립은 학부모에게 일정액의 전표를 지급하는데, 전표 액수를 초과하는 부분은 학부모가 부담하도록 하였다. 셋째, 유아교육 기회를 확대하기 위해 도시 유휴교실을 활용한 병설 유아학교와 초등학교 부지를 활용한 공립학교를 신설하며, 법인이 운영하는 유아학교에 시설비를 지원하기로 하였다. 유아교육 투자우선지역을 선정하여 지원하기로 하였다(교육부, 1998: 17-18).

4) 만 5세 유아 무상교육의 단계적 추진

유치원과 보육시설로 이원화된 유아교육과 보육 체제를 교육과 보호 서비스가 통합된 유아학교 체제로 전환하고자 한 '유아학교 체제의 구축' 과제는 관련기관 및 단체의 이해관계와 갈등으로 상당한 난항을 겪게 된다. 「유아교육법」은 1997년에 처음 법안이 발의된 뒤 2004년까지 무려 7년이 지나 제정되었고, 제정된 내용도 가장 핵심적인 '유아학교' 체제 개편이 삭제되고 유치원 중심의 법률로 축소되었다. 그 과정은 뒤에서 자세히 다루기로 하고 여기서는 무상 유아교육의 단계적 추진에 대해 살펴보겠다.

앞에서도 보았듯이 2005년까지 모든 만 5세 유아가 취학 전 교육을 받도록 한다는 방침은 1994년 9월 교육개혁위원회 제1차 보고서에 이미 포함되어 있었다. '만 5세아 유치원 무상교육'은 교육개혁안을 실현하려는 교육 당국의 의지도 있었지만, 제한된 유아교육 기회와 엄청난 유치원 교육비를 더 이상 참을 수 없었던 학부모, 이로 인해 가장 큰 오해를 받았던 사립유치원들의 노력에 의해 이루어진 것이었다. 그만큼 유아교육에 관련된 당사자들의 생각은 일치했고 욕구 또한 더 이상 기다릴 수 없는 수준에 도달하였다(교육개혁위원회, 1997a: 59-60). 이에 따라 1997년 6월 발표한 '유아교육의 공교육 체제 확립' 방안에 만 5세 유아 무상교육 원칙을 명시하고, 군 이하 지역부터 단계적으로 도입하기로 하였던 것이다.

교육개혁위원회의 '유아교육의 공교육 체제 확립' 방안에서는 「유아교육법」을 제정하여 만 5세 유아 무상교육 원칙을 명시하기로 하였다. 이를 입법화하기 위해 1997년 11월 6일 새정치국민회의 김원길 의원 등이 '유아교육법안'을 발의하였다. 법안의 주요 골자는 만 3~5세 유아는 유아학교에서 교육하도록 하고, 유치원과 보육시설을 유아학교로 통합한 이후 일정 유예기간을 두어 교원의 자격과 시설기준 등을 유아학교의 기준에 맞추도록 하며, 만 5세 유아부터 무상교육을 단계적으로 실시한다는 내용이었다(의안정보시스템 홈페이지, 의안번호 150830). 같은 날 신한국당 함종한 의원 등이 '유아교육진흥법 개정안'을 발의하였다. 개정 법안에는 유치원을 유아학교로 전환하고, 초등학교 취학 전 유아에 대한 무상교육을 실시하며, 기존 보육시설이 유아학교로 전환할 수 있도록 문호를 개방하는 내용이 포함되었다(의안정보시스템 홈페이지, 의안번호 150829).

국회 교육위원회는 1997년 11월 13일, '유아교육법안'과 '유아교육진흥법 개정안'

을 상정하여 논의하였다. 두 법안의 공통점은 유아학교 체제의 구축, 취학 전 유아에 대한 무상교육, 국가와 지방자치단체의 지원 등을 담고 있다는 점이었다. 차이점은 ‘유아교육법안’이 유치원과 보육시설을 유아학교로 일원화하자는 입장인 데 반해, ‘유아교육진흥법 개정안’은 유아학교로 전환을 원하지 않는 보육시설은 남도록 하여 이원화 체제를 인정하였다. 그 밖에 ‘유아교육진흥법 개정안’을 제안한 가장 큰 이유는 당시 법안 제정을 추진 중이던 ‘초·중등교육법안’과 이에 상응하여 발의된 ‘영유아보육법 개정안’의 내용이 서로 얽혀 있었기 때문이다. 1997년 7월 ‘초·중등교육법안’에 만 5세아 유치원 교육을 무상으로 한다는 내용이 들어가자 1997년 10월과 11월 보육시설을 이용하는 만 5세 유아도 무상보육을 실시한다는 내용의 ‘영유아보육법 개정안’이 발의되었다. ‘유아교육진흥법 개정안’은 ‘영유아보육법 개정안’에 대응하여 발의한 법안이었다(국회사무처, 1997b: 6-8).

국회 교육위원회는 1997년 11월 13일 법안심사소위원회에 법안을 회부하여 같은 날 심사결과를 보고받은 후 ‘유아교육진흥법 개정안’은 원안대로 의결하였고, ‘유아교육법안’은 각계 의견을 수렴하여 신중히 처리할 필요가 있다고 보아 계속 심사하기로 하였다. 교육위원회 전체회의에서 안택수 의원은 유아교육이 유치원과 보육시설로 이원화되어 있는 상황에서 서로 대립과 감정의 골이 깊고, 내년에 새 정부가 들어서면 새 정부가 교육부, 보건복지부, 국회 교육위원회, 보건복지위원회와 합의하여 「영유아보육법」과 「유아교육진흥법」의 통합 법안을 마련하는 것이 일의 순서라고 하였다. 이수인 의원은 보육시설은 1995년부터 최근 3년간 정부가 1조원 이상 투입해서 저소득층과 맞벌이 가정 자녀들의 취학 전 보육과 유아교육을 실시하고 있고, 보육시설의 수와 아동 수 측면에서 유치원과 함께 유아교육의 한 축을 담당하고 있는 것이 명백하다고 말했다(국회사무처, 1997b: 6-10). 법안의 내용을 살펴보면, ‘유아교육법안’은 교육개혁위원회의 유아교육 개혁방안에 충실한 것이었고, ‘유아교육진흥법 개정안’은 교육개혁추진위원회가 1998년 1월에 심의·확정한 ‘유아교육개혁 추진방안’과 부합하는 법안이었다.

1991년 「영유아보육법」이 제정된 이후 보육시설의 수가 급증하고 재정지원이 많아진 국·공립 보육시설과 이 업무를 담당했던 보건복지부(1994. 12. 23. ‘보건사회부’를 ‘보건복지부’로 개편)는 유아학교로의 전환을 전혀 원하지 않았고, 유아대상 미술학원 역시 보육시설과 유치원이 통합되어 세력이 커지는 것을 원하지 않았다. 이때부터 보육시설계와 미술학원 측이 연합하여 「유아교육법」 제정 반대에 나섰다.

암묵적 합의가 이루어진 사항은 만 5세 유아 무상교육뿐이었다(이원영, 2004: 7-8).

'유아교육법안'은 이해관계자들의 반대로 진전이 없었지만 1997년 6월 24일 정부가 발의한 '초 · 중등교육법안'은 같은 해 7월 14일 국회 교육위원회에서 수정가결되어 1997년 11월 18일 국회 본회의를 통과하였다. 7월 14일에 법안이 수정가결된 가장 큰 이유는 '유치원 무상교육의 순차적 실시'에 관한 규정 때문이었다(의안정보시스템 홈페이지, 의안번호 150560). 유치원 규정과 관련하여 이날 국회 교육위원회 정부영 수석전문위원이 검토 보고한 내용은 다음과 같다(국회사무처, 1997a: 9).

> 안 제4장 제3절에는 유치원의 목적과 입학연령에 관하여 규정하고 있습니다. 정부는 이들 규정 외에도 법안의 입안 단계에서는 유아교육 진흥을 위하여 '유치원 무상교육의 순차적 실시'에 관한 규정을 두려고 하였으나 관계부처와의 협의 과정에서 유치원 교육시설 확충 및 유치원 교사 정원 확보에 따르는 소요재원이 막대하여 그 지원이 어렵다는 이유로 삭제되었습니다.
>
> 그러나 이는 유아교육의 중요성을 인식하고 유아교육에 대한 투자를 아끼지 않는 여러 선진국의 교육정책과 비교해 볼 때 뒤처지는 처사라 하지 않을 수 없습니다. 미래사회의 가장 중요한 자원은 인적자원이라고 생각합니다. 교육의 시발점이 되며 기초가 되는 유아교육을 등한시해서는 안 될 것입니다.
>
> 그러므로 유치원 교육의 공교육화가 절실히 요구되는 현실을 직시할 때 유치원 무상교육의 순차적 실시를 위한 법적 근거 마련과 그에 따른 소요예산의 적극적 지원이 필요하다고 할 것입니다.
>
> 정부는 「유치원 교육 장기발전계획」을 수립하여 추진 중에 있으므로 유치원 무상교육 실시 대상 지역 선정과 자금투자 계획을 위 계획과 연계하여 순차적으로 점진적으로 추진한다면 정부의 재정적 부담이 특별히 과중하지 않을 것으로 생각됩니다.

결국 만 5세 유아 무상교육의 단계적 추진 과제는 1997년 12월에 제정된 「초 · 중등교육법」에 명시되었다(법률 제5438호, 1997. 12. 13.). 만 5세 유치원 무상교육 원칙이 법제화된 시기에 맞추어 「영유아보육법」도 1997년 12월에 개정되었으며, '무상보육의 특례' 형식으로 반영하였다(법률 제5472호, 1997. 12. 24.). 두 법률은 1998년 3월 1일부터 각각 시행되었다. 1949년에 제정되어 약 50년간 시행된 「교육법」은 1997년 12월에 「교육기본법」「초 · 중등교육법」「고등교육법」 등으로 재편되면서 폐지되었고,「교육법」이 폐지되면서 유치원 관련 규정은「초 · 중등교육법」에 편입되었다.

〈표 4-6〉 만 5세 유아 무상교육 · 보육 법제화 내용(1997년)

초 · 중등교육법 [시행 1998. 3. 1.] [법률 제5438호, 1997. 12. 13., 제정]	영유아보육법 [시행 1998. 3. 1.] [법률 제5472호, 1997. 12. 24., 일부개정]
제37조 (무상교육) ① 초등학교 취학 직전 1년의 유치원 교육은 무상으로 하되, 대통령령이 정하는 바에 의하여 순차적으로 실시한다. ② 국가 및 지방자치단체는 제1항의 규정에 의한 유치원 교육을 받고자 하는 유아를 취원시키기 위하여 필요한 유치원을 설립 · 경영하여야 한다.	제21조의2 (무상보육 특례) ① 제21조의 규정에 불구하고 초등학교 취학 직전 1년의 유아에 대한 보육은 무상으로 하되, 대통령령이 정하는 바에 의하여 순차적으로 실시한다. ② 제1항의 무상보육 실시에 드는 비용은 대통령령이 정하는 바에 의하여 국가 및 지방자치단체가 이를 부담 또는 보조하여야 한다. ③ 제7조 제1항의 규정에 불구하고 국가 및 지방자치단체는 제1항의 규정에 의한 무상보육을 받고자 하는 유아를 보육시키기 위하여 필요한 보육시설을 설치 · 운영하여야 한다.

한편,「유아교육진흥법」은 1998년 9월에 전면개정되어 유치원 교육의 근거 법으로 유지하였다. 1982년 법 제정 후 처음으로 새마을유아원 관련 규정을 모두 삭제하였고, 초등학교 취학 전 유아 무상교육, 유아교육진흥위원회 설치 근거를 마련하였다. 유치원 수업과정을 반일제 · 시간연장제 · 종일제로 운영할 수 있게 하여 보육기능을 보완하였다. 대통령령이 정하는 바에 따라 국가 및 지방자치단체가 사립유치원 설립 · 운영 경비를 일부 보조할 수 있도록 하였다(법률 제5567호, 1998. 9. 17.).

김영삼 정부의 임기는 1998년 2월 24일 끝났다. 만 5세아 무상교육 · 보육 원칙이 1997년 12월에 법제화되어 1998년 3월부터 시행될 예정이었으므로 이 정책의 실현은 유아교육 개혁방안 중 '유아학교 체제의 구축' '유아교육의 내실화' 과제와 함께 다음 정부의 숙제로 남았다.

3. 유치원은 답보, 보육시설은 대폭 확충

문민정부 5년간 유치원과 보육시설은 어떻게 변했는가? 유치원은 답보상태를 유지했고, 어린이집은 지속적으로 늘어나기 시작했다. 그리고 이때부터 사립유치원과 민간보육시설이 대세를 이루었다.

1) 유치원은 답보 상태

문민정부는 과감한 교육개혁을 추진하고 '유아교육 공교육 체제 확립' 방안을 마련하였지만 유치원에 대한 투자는 소홀히 하였다. 〈표 4-7〉은 1993년부터 1998년까지 유치원과 유치원 원아 수 변동 추이를 보여 준다. 유치원은 1993년 8,515개에서 1998년 8,973개로 458개 늘었지만 모두 사립유치원 증가에 따른 것이었고 국·공립유치원은 오히려 59개 줄었다. 같은 기간 유치원 원아는 469,380명에서 533,912명으로 64,532명 증가하였다. 국·공립유치원 원아는 19,254명 증가한 반면, 사립유치원 원아는 45,278명 대폭 증가하였다. 전체 유치원 원아 중에서 국·공립유치원 원아가 차지하는 비율은 1993년 24.1%, 1998년 24.8%였다.

〈표 4-7〉 유치원 수, 유치원 원아 수 변동 추이(1993~1998년)

구분		1993	1994	1995	1996	1997	1998
유치원 수	국·공립	4,514	4,461	4,417	4,393	4,422	4,455
	사립	4,001	4,449	4,543	4,546	4,583	4,518
	계	8,515	8,910	8,960	8,939	9,005	8,973
원아 수	국·공립	113,332	113,087	114,380	115,856	120,582	132,586
	사립	356,048	397,013	414,885	435,914	447,514	401,326
	계	469,380	510,100	529,265	551,770	568,096	533,912

출처: 교육통계서비스 홈페이지. 각 연도 교육통계연보.

2) 보육시설은 대폭 확충

1991년 「영유아보육법」 제정 이후 보육정책은 이 법의 제정 취지에 따라 실시되었다. 보건사회부는 매년 보육사업지침을 책자로 발간했는데, 보육정책의 기본방향은 문민정부 때에도 동일했다. 즉, 여성의 사회 참여 증가와 가족구조의 핵가족화에 따른 보육 수요가 급증할 것이 예측되므로 저소득층 밀집지역에 정부지원 보육시설을 운영하는 한편, 일반지역에는 민간보육시설 등을 운영하여 보육시설을 확충시키겠다는 것이다. 이로써 영유아의 건전한 육성과 보호자의 경제적 · 사회적 활동을 지원하여 가정복지의 증진을 도모하고자 하였다(유희정, 1999: 57-58).

보육시설은 「영유아보육법」이 제정된 1991년부터 정부의 역할 확대와 사회 전반의 인식 변화로 매년 늘어났다. 그러나 한국행동과학연구소의 보육수요 추계 연구와 통계청의 각종 통계자료를 토대로 정부가 추산한 바에 따르면, 보육시설은 절대적으로 부족하였다. 가정에서 양육이 가능한 아동을 제외하고 실제 보육이 필요한 아동은 100만 명 정도이고 정부지원이 필요한 보육대상 아동은 65만 명이었다(이상석, 1994). 이에 비해, 1994년 6월 현재 전국 6,088개 보육시설에서 보육서비스를 받는 아동은 모두 19만 2천 명으로 보육율은 30% 수준에 불과했다(경제기획원, 1994).

문민정부는 1994년 10월, '영 · 유아 보육(탁아)사업 확충계획(1995~1997)'을 수립하였는데, 계획수립의 배경은 두 가지이다. 첫째, 기혼여성 인력을 생산인력으로 활용하기 위한 여건과 환경을 조성하기 위해서였다. 1990년대 초 우리나라 25~34세 여성의 경제활동 참여율은 46%인 데 비해 같은 연령대 미국 여성의 경제활동 참여율은 74%였다. 정부는 우리나라 25~34세 기혼여성의 경제활동 참여율을 다른 연령대와 유사하게 60%로 높일 경우 약 56만 명의 생산인력을 확보할 수 있다고 보았다. 기혼여성 인력을 점점 커지는 서비스 산업 분야에 활용함으로써 제조업 인력난 완화에 기여할 것으로 전망하였다. 둘째, 건전한 가정을 육성하기 위해 영 · 유아 조기교육 차원에서 보육체제를 마련하기 위해서였다. 당시 발생한 지존파 등 흉악 강력범죄 예방을 위해서는 보육사업을 통해 영 · 유아 조기교육 기회를 대폭 확대하고, 과거의 단순 탁아 위주에서 보육의 질 향상을 통한 영 · 유아의 인성교육을 강화할 필요가 대두되었다(경제기획원, 1994).

'보육시설 확충 3개년 계획'에 따라 정부는 1995년부터 1997년까지 3년간 1조 3천억 원을 집중 투 · 융자하여 〈표 4-8〉과 같이 보육시설을 7,590개 확충하고 보육아동을 42만 7천 명 추가로 수용하게 함으로써 1997년에는 보육율을 95%까지 높이기로 하였다. 정부는 국고보조 지원만으로는 계획 추진에 한계가 있다고 보고 민간보육시설의 대폭 확산을 위해 국민연금기금을 적극 활용하여 장기 저리융자를 지원하기로 하였다(경제기획원, 1994).

〈표 4-8〉 영유아 보육시설 확충계획 및 수용능력 전망

구분	1994	1995	1996	1997	계('95~'97)
보육시설(개소)	6,088	8,334	11,030	13,678	7,590
• 국고 보조지원 보육	1,651	2,651	3,701	4,801	3,150
• 직장보육	32	478	924	1,472	1,440
• 민간 지역보육	4,405	5,205	6,405	7,405	3,000
보육수용 능력(천명)	192	342	464	619	427
• 국고 보조지원 보육	126	170	220	275	150
• 직장보육	1	31	63	103	102
• 민간 지역보육	66	141	181	241	175

출처: 경제기획원(1994), pp. 10-12에서 재구성.

또한 정부는 계획이 원활하게 추진될 수 있도록 관련 법령을 개정하여 민간보육시설 활성화를 위한 제도 개선을 조속히 추진하기로 하였다. 「영유아보육법」을 개정하여 민간보육시설 설치 인가제를 등록제로 전환하고, 「영유아보육법」과 「남녀고용평등법」을 개정하여 노동부의 직장 보육시설에 대한 운영 및 지도 · 감독 규정을 신설하기로 하였다. 교육부는 보육시설에 대한 장학지도와 보육교사 재교육을 실시하도록 하였다. 이 계획을 추진하기 위해 보사부 · 노동부 · 내무부 · 문화부 · 건설부 등 관계부처 협조체제를 구축하기로 하였다(경제기획원, 1994).

'보육시설 확충 3개년 계획' 추진 결과, 보육시설은 1997년 12월 말 기준으로 8,928개가 확충되어 목표인 7,590개 대비 118%를 달성하였다. 그러나 시설 운영주체별로 보면, 공공보육시설이 3,150개 목표에 1,673개로 53%를, 직장보육시설은 1,440개 목표에 121개로 8%를 확충한 반면, 민간보육시설은 3,000개 목표에 7,134개를 확충하여 238%를 달성하였다. 3년 동안 늘어난 8,928개 보육시설 중에서 민간보육시설이 79.9%를 차지하였고, 공공보육시설은 18.7%, 직장보육시설은 1.4%에 불과하였다. 한편, 보육시설 이용 아동은 42만 7천 명 목표에 30만 1천 명이 늘어나 목표 대비 71% 수준에 머물렀다(보건복지부, 한국보건사회연구원, 1998: 123-124).

3개년 동안의 보육시설 확충사업을 두 가지 측면에서 평가해 볼 수 있다. 먼저 보육시설의 양적 확충계획 측면에서 보면, 전체적으로는 목표 대비 초과달성했지

만 민간보육시설이 크게 늘어나 부분적으로 목표를 달성한 셈이다(유희정, 1999: 87). 1998년 3월 현재 민간시설은 전체 보육시설 16,584개의 81.8%인 13,568개, 공공부문은 18.2%인 3,016개였다.[7] 공공부문의 보육아동 점유율은 1994년 65.6%에서 1997년에는 42.3%로 줄어들어 민간시설이 앞서게 되었다(보건복지부, 한국보건사회연구원, 1998: 138). 보육시설 확충사업은 우리나라 보육 공급구조를 민간 위주의 구조로 굳히는 결과를 가져왔다. 보육서비스의 공공성이 강조되는 시점에서 민간부문의 지나친 확대는 보육 서비스를 시장 원리에 맡기는 현상을 초래하였다(보건복지70년사편찬위원회, 2015: 198).

보육서비스의 질적 수준 향상 측면에서 보면 정책의 효과가 미약하였다. 이 기간 동안 보육정책은 주로 '종사자 관리 지원'과 '재정관리 및 제도적 지원체계 확립'에 초점이 맞추어져 왔고, 다른 과제들은 제안된 계획이 별로 없었음에도 불구하고 실적이 미흡하였다(유희정, 1999: 92-93). 구체적으로 살펴보면, 첫째, 영아 · 장애아 보육 등 특수보육이 상대적으로 미흡하였다. 3년간 주로 유아보육이 중심이 되어 확충되었고, 1998년 3월 현재 2세 이하 영아가 보육시설에서 보육을 받고 있는 비율은 20%에 불과했다. 둘째, 지역별로 정부지원 보육아동의 분포가 불평등했다. 정부지원을 받는 보육아동은 농촌지역이 47.6%인 반면, 서울은 8.8%에 불과했다. 정부의 보육료 감면 기준이 지역별로 구분되어 있지 않아 도시지역 저소득층은 상대적으로 불평등한 처우를 받기 때문이었다. 셋째, 보육 수요에 부응할 수 있는 다양한 서비스 제공이 미흡하였다. 시간제보육을 실시하는 보육시설은 230개소, 야간반을 운영하는 보육시설은 114개소, 24시간 반을 운영하는 보육시설은 97개소이며, 휴일반을 운영하는 보육시설은 19개소에 불과했다(보건복지부, 한국보건사회연구원, 1998: 139-144).

〈표 4-9〉는 1993년부터 1998년까지 보육시설과 보육아동 수 변동 추이를 보여준다. 보육시설은 1993년 5,490개에서 1998년 17,605개로 약 3.2배 증가하였고, 보육아동은 1993년 153,270명에서 1998년 556,957명으로 약 3.6배 증가하였다. 전체 보육아동 중에서 국 · 공립 보육시설 아동이 차지하는 비율은 1993년 35.9%에서 1998년 16.4%로 줄어들었다.

---

7) 공공부문은 인건비 · 운영비 · 시설비를 지원하는 국고보조 지원시설로 저소득층 밀집지역 등에 소재한 공립보육시설과 사회복지법인 시설 등을 말한다(경제기획원, 1994, p. 3).

〈표 4-9〉 보육시설, 보육아동 변동 추이(1993~1998년)

구분		1993	1994	1995	1996	1997	1998
보육 시설(개)	국·공립	837	983	1,029	1,079	1,158	1,258
	민간	2,419	3,091	4,125	6,037	8,172	9,622
	직장	29	37	87	117	158	184
	가정	2,205	2,864	3,844	4,865	5,887	6,541
	계	5,490	6,975	9,085	12,098	15,375	17,605
보육 아동(명)	국·공립	55,133	70,937	78,831	85,121	89,002	91,260
	민간	80,400	119,968	170,412	255,844	358,245	400,906
	직장	725	976	2,388	3,596	5,245	5,823
	가정	17,012	27,427	42,116	58,440	68,467	58,968
	계	153,270	219,308	293,747	403,001	520,959	556,957

출처: KOSIS 국가통계포털 홈페이지.

참고문헌

MBC뉴스(1988. 3. 14.). 노태우대통령, 문교부 업무 보고 받고 지시. http://imnews.imbc.com/20dbnews/history/1988/1807435_19338.html

MBC뉴스(1990. 3. 9.). 맞벌이 부부 일하는 사이 방안에 있던 자녀 화재로 질식사. http://imnews.imbc.com/20dbnews/history/1990/1831748_19370.html

경제기획원(1994). 영·유아 보육(탁아)사업 확충계획('95~'97). 보도자료

공보처(1992a). (자료) 제6공화국: 노태우 대통령 정부 5년. 서울: 공보처.

공보처(1992b). 제6공화국 실록: 노태우 대통령 정부 5년(4권). 교육·사회·문화·체육·청소년·여성. 서울: 공보처.

교육개혁위원회(1994). 신한국 창조를 위한 교육개혁의 방향과 과제. 1994.9.5. 제1차 대통령 보고자료.

교육개혁위원회(1995). 세계화·정보화 시대를 주도하는 신(新)교육체제 수립을 위한 교육개혁 방안. 1995. 5. 31. 제2차 대통령 보고서. 서울: 교육개혁위원회.

교육개혁위원회(1996). 세계화·정보화 시대를 주도하는 신(新)교육체제 수립을 위한 교육개혁 방안(III). 1996. 8. 20. 제4차 대통령 보고서. 서울: 교육개혁위원회.

교육개혁위원회(1997a). 유아교육의 공교육체제 확립 방안에 관한 기초연구. 교육개혁 정책연구 보고서: '97-1. 서울: 교육개혁위원회.

교육개혁위원회(1997b). 세계화 · 정보화 시대를 주도하는 신(新)교육체제 수립을 위한 교육개혁 방안(IV). 1997. 6. 2. 제5차 대통령 보고서. 서울: 교육개혁위원회.

교육개혁위원회(1998). 한국교육개혁백서. 서울: 교육개혁위원회.

교육개혁추진위원회(1997). 유아교육개혁추진특별위원회 구성 · 운영(안). 국가기록원.

교육부(1998). 교육개혁 요람. 서울: 교육부.

교육50년사편찬위원회(1998). 교육50년사: 1948~1998. 서울: 교육부.

국회사무처(1997a). 제185회 국회 교육위원회 회의록 제3호. 1997. 7. 14.

국회사무처(1997b). 제185회 국회 교육위원회 회의록 제7호. 1997. 11. 13.

나정, 박창현(2015). Kingdon의 다중흐름모형을 적용한 유 · 보통합 정책의 변동과정 분석. 열린유아교육연구, 20(3), 185-213.

대한민국국회사무처(1989). 제147회 국회 보건사회위원회 회의록 제14호. 1989. 12. 4.

대한민국국회사무처(1990a). 제151회 국회 보건사회위원회 회의록 제8호. 1990. 12. 11.

대한민국국회사무처(1990b). 제151회 국회 보건사회위원회 회의록 제10호. 1990. 12. 14.

대한민국국회사무처(1990c). 제151회 국회 국회본회의 회의록 제19호. 1990. 12. 18.

등에편집부(1989). 여성취업과 탁아운동. 서울: 등에.

보건복지부(2017). 2017년도 보육사업 안내. 부록 · 연혁.

보건복지부, 한국보건사회연구원(1998). 보육시설확충 3개년계획 평가에 관한 연구. 과천: 보건복지부.

보건복지70년사편찬위원회(2015). 보건복지70년사: 가난의 시대에서 복지사회로. 세종: 보건복지부.

보건사회위원회(1987). 남녀고용평등법안 심사보고서. 국회 의안정보시스템.

유희정(1999). 수요자 입장에서 본 보육정책 평가. 한국여성개발원 연구보고서.

이상석(1994). 영유아 보육사업 확충 3개년 계획. 나라경제. 1994년 12월호.

이원영(2004). 유아교육법 제정과정과 그 의의. 유아교육학논집, 8(4), 5-32.

정정길(1994). 대통령의 경제리더십. 서울: 한국경제신문사.

정혜선(2003). 환경변화에 따른 보육정책변동에 관한 연구. 숙명여자대학교 대학원 박사학위논문.

주정일(1990). 한국 탁아사업의 어제 · 오늘 · 내일. 서울: 행동과학연구소.

중앙일보(1988. 8. 18.). 새마을유아원 개편… 유치원 · 託兒所로 분리키로. 종합15면.

중앙일보(1990. 12. 13.). 탁아사업 관할다툼 치열 …「보사부 일원화 안」 노동부 · 관련단체 등 반발. 종합21면.

지역사회탁아소연합회(1992). 탁아정책연구. 지역사회탁아소연합회 탁아정책연구부 자료집1. 한국보육교사회(http://kdta.or.kr).

지역사회탁아소연합회(1995). 지역사회탁아소연합회 10년 활동. 한국보육교사회(http://kdta.or.kr).

한국경제(1989. 3. 29.). 내년 1월부터 탁아사업 본격 실시… 보사부, 여성정책심의위서 보고. https://www.hankyung.com/news/article/1989032900271

한국여성개발원(1984). 가정탁아제 설치에 관한 연구. 한국여성정책연구원(http://www.kwdi.re.kr)
홍인혜(2006). 영 · 유아보육 및 유아교육 정책 변천에 관한 연구. 성신여자대학교 대학원 박사학위논문.

교육통계서비스(https://kess.kedi.re.kr).
국가기록원(http://www.archives.go.kr)
국가법령정보센터(http://www.law.go.kr)
기획재정부(http://www.moef.go.kr)
의안정보시스템(http://likms.assembly.go.kr/bill)
한국보육교사회(http://kdta.or.kr)
한국여성정책연구원(http://www.kwdi.re.kr)
KOSIS 국가통계포털(http://kosis.kr)

육아지원 정책 방안

개요

이 장에서는 김대중 정부가 출범한 1998년부터 노무현 정부가 끝나는 2008년 2월까지 10년간의 영유아정책을 살펴본다. 이 기간은 두 시기로 나눌 수 있다. 첫째, 김대중 대통령의 국민의 정부 시기이다. 유아교육법 제정을 위한 노력과 함께 보육사업 활성화 방안 등 보육의 질적 수준을 높이려는 계획들을 발표하였다. 임기 5년차에는 '유아교육 · 보육 발전 방안'을 준비했지만 정부 정책으로 이어지지는 못하였다.

둘째, 노무현 대통령의 참여정부 시기이다. 2004년 1월 「유아교육법」 제정으로 유아교육 발전의 기틀을 마련하였고, 「영유아보육법」 전면 개정으로 보편적 보육의 기반을 닦았다. 참여정부는 육아지원의 이념으로 보편성과 공공성을 채택하여 만 5세아 무상교육비 지원대상을 중산층까지 확대하였고, 2004년부터는 만 3~4세아에게도 유아교육비를 지원하였다. 보육교사 국가자격관리제도와 보육시설 평가인증제도 도입, 표준교육과정 개발 등 보육서비스의 질적 수준을 높이기 위한 정책을 추진하였다.

1. 유아교육과 보육의 발전 모색

김영삼 정부 5년차인 1997년 말에 우리나라는 한국전쟁 이후 최대의 국가적 위기를 맞이하였다. 국가부도 위기 상황에서 정부는 1997년 11월 21일 국제통화기금(IMF)에 자금지원을 요청하기로 결정하였고, 12월 3일 IMF와 자금지원에 합의하였다. 이어 1997년 12월 18일 치러진 제15대 대통령 선거에서 새정치국민회의 김대중 후보가 당선되어 헌정사상 처음으로 야당에 의한 정권교체가 실현되었다.

대통령 선거 과정에서 김대중 후보는 영유아정책과 관련한 공약으로 '유아교육법' 제정, 만 3~5세 유아학교 체제 구축과 공교육화 추진, 만 5세 유아 무상교육의 단계적 추진과 만 4세 · 3세로의 단계적 확대, 만 0~2세 영아보육의 공보육화 추진을 제시하였다. 선거에서 승리한 후 대통령직인수위원회는 '유아교육 체제 개혁과 5세아 무상교육의 단계적 실현'을 100대 과제에 포함하였다(나정 외, 2000: 15).

1998년 2월 25일 김대중 대통령의 임기 시작과 함께 '국민의 정부'가 출범하였다. 외환위기라는 절박한 상황에서 출범한 김대중 정부는 "당면한 경제위기를 극복하고 21세기 국가 도약의 기반을 구축"하기 위해 1998년 2월 28일 「정부조직법」을 개정하였다. 부총리제 폐지에 따라 재정경제원을 재정경제부로 개편하였고, 대통령 소속으로 기획예산위원회를 신설했으며, 재정경제부장관 소속으로 예산청을 두었다. 또 여성의 지위 향상을 위해 여성특별위원회를, 중소기업 육성을 위해 중소기업특별위원회를 대통령 소속으로 신설하였다. 총무처와 내무부를 행정자치부로 통합하였다(국가법령정보센터 홈페이지).

1998년 6월 23일 국무회의에서는 4대 부문의 100개 대과제와 900여 개 실천과제로 구성된 국정과제를 확정하였다. 900여 개 실천과제 중에서 유아교육 분야는 '유아교육 체제 정비를 통한 유아교육 취학률 제고'가 포함되었다. 보육분야는 '여성의 사회참여 확대를 위한 여건 개선'의 하위과제로 '보육시설 확충 및 보육서비스의 질적 개선'이 포함되었다(기획예산위원회, 1998).

1) 유아교육 개혁과제 추진을 위한 노력

유치원과 보육시설로 이원화된 만 3세 이상 초등학교 취학 전 유아교육을 유아학교 체제로 전환하고자 하는 노력은 김대중 정부에 와서도 계속되었다. 김대중 정부 출범 후인 1998년 6월, 집권당인 새정치국민회의 정책위원회는 '유아교육법 제정 정책기획단'을 구성하여 운영하였다. 이 기획단은 유아교육계와 보육계를 대표하는 학자 · 단체장 · 학부모 대표 등으로 구성되어 1998년 7월까지 5회에 걸친 회의를 통해 유아교육법 제정에 찬성 9, 반대 5, 유보 3으로 의견을 개진하였다. 이와 함께 국회는 여야 의원 26명으로 '교육정책포럼'을 구성하고, 4회에 걸쳐 '유아교육제도 개혁안' '유아교육법 제정' 등을 주제로 논의하였다(나정 외, 2000:15). 이런 과정을 거쳐 새정치국민회의 정희경 의원 등 95명은 1999년 9월 1일 제2차 '유아교육법안'을 발의하였다. 법안의 제안이유는 다음과 같다(의안정보시스템 홈페이지, 의안번호 152074).

> 유아의 보육기능과 교육기능에 관한 소관부처와 그 근거법령이 서로 다른 데서 비롯되는 인적 · 물적 자원의 중복 · 비효율성을 개선하고, 유아의 보호와 교육에 대한 높은 사립 의존도 및 수익자 부담의 원칙으로 인한 학부모의 경제적 부담의 완화와 저소득 가정 유아의 보호 및 교육의 지원에 필요한 유아 공교육 체제를 마련함으로써 유아의 균형적이고도 조화로운 발달과 성장을 안정적으로 도모하려는 것임.

법안의 주요 내용은 만 3세부터 초등학교 취학 전까지의 유아를 대상으로 한 국 · 공립 또는 사립의 '유아학교'를 대통령령이 정하는 설립기준을 갖추어 설립하도록 하고, 유아교육의 질적 수준을 높이기 위해 유아학교 평가인증제를 실시하며, 초등학교 취학 직전 1년의 보호와 교육은 무상으로 하되, 대통령령이 정하는 바에 따라 순차적으로 실시한다는 것이었다.

여야 국회의원이 제2차 '유아교육법안'을 발의하자 교육부는 향후 법안 통과에 따른 후속조치를 원활하게 수행하기 위해 유아교육기획단을 구성하는 한편, 정책연구를 추진하였다. 유아교육기획단은 유아교육의 공교육화 기반을 조성하고, 유아학교 시설기준과 교원자격 등에 관한 후속조치를 마련하며, 보건복지부 등 관련 부처 간 협의회 추진을 통해 범국가적 차원의 유아교육 운영방안을 모색하기 위해 구성되었다. 정책연구의 제목은 '유아학교 모형개발 연구'였는데, 연구 결과는 앞으로 제정될 '유아교육법 시행령'의 초안 마련을 위한 기초자료로 활용할 계획이었다(나정 외, 2000: 3).

김영삼 정부가 유아교육 개혁방안을 발표한 이후 의원입법으로 1997년 11월과 1999년 9월 두 차례 '유아교육법안'이 발의되었지만, 보육계와 유아대상 미술학원계의 반대가 심하였다. 유아교육법 제정과 관련한 의견 대립은 유아교육 관련 단체뿐만 아니라 국회 안의 교육위원회와 보건복지위원회 사이에도 있었다. 1999년 9월 정희경 의원 등이 유아교육 공교육 체제 도입을 골자로 하는 '유아교육법안'을 제출하자 보건복지위원회는 1999년 11월 이 법안과 상충되는 내용의 '영유아보육법 개정안' 대안을 의결하여 법제사법위원회에 체계와 자구심사를 의뢰함으로써 이에 대한 반대의견을 분명히 하였다. 법제사법위원회는 '영유아보육법 개정안'이 교육위원회에 계류된 '유아교육법안'과 상충된다는 이유로 보류하였고, 두 법안은 모두 2000년 5월 제15대 국회 임기만료로 폐기되었다(교육위원회, 2003).

유아교육법 제정을 위한 노력과 별도로 교육부는 교육개혁을 지속적으로 추진하였다. 그러나 교육개혁이 성공하기 위해서는 일관성 있는 교육정책으로 국민들의 신뢰를 확보하고, 하향식 교육개혁의 한계를 극복하는 일이 선결과제라고 판단하였다. 따라서 1998년 9월 교육정책의 방향과 청사진을 종합적으로 제시할 수 있는 교육발전 5개년 계획을 수립하기로 방침을 정하고, 교육부에 '제2의 교육입국기획단'을 발족하였다. 교육부는 약 5개월간의 준비를 거쳐 1999년 3월, 교육개혁 방안을 집대성한 '교육발전 5개년 계획 시안'을 발표하고 국민과 교육 관계자를 대상으로 광범위한 의견수렴을 실시하였다(교육부, 1999: 18-21).

'교육발전 5개년 계획 시안' 중 유아교육 분야에는 '유아교육 기회 확대 및 질적 수준 제고'가 채택되었다. 유아교육 기회 확대를 위한 세부과제에는 만 5세아 무상교육 지원, 저소득층 원아 교육비 보조, 공립 병설유치원 시설 확충, 유아교육 투자 우선지역 지정 · 운영, 유치원 종일반 운영 확대 실시가 포함되었다. 유아교육의 질적 수준을 높이기 위한 과제로는 유아교육 자료의 개발 · 보급, 유치원 교재 · 교구 지원 강화, 교원연수 지원, 국립유치원 신설, 유아교육 평가체제 확립을 위한 평가지표의 개발 등이 포함되었다(교육부, 1999: 102-103). 김영삼 정부 당시 확정한 '유아교육의 내실화 및 무상교육 단계적 추진' 과제의 대부분이 반영되었다.

김대중 정부 2년차인 1999년 6월, 우리나라 경제는 외환위기를 극복하고 빠른 속도로 회복되고 있었으나 그 과정에서 실업 증가와 중소기업의 도산 등으로 인해 중산층과 서민층이 매우 큰 고통을 받고 있었다. 이에 따라 정부는 중산층과 서민층의 생활안정을 경제정책의 핵심과제로 설정하고, '중산층 및 서민생활 안정대책'을 발표하였다. 이 대책에 만 5세아 대상으로 '저소득층 자녀 유치원 학비 지원' 사업이 처음 포함되었다. 즉, 1999년 추경예산 56억 원을 확보하여 하반기부터 생활보호 대상자와 농어촌지역의 저소득층 만 5세 자녀 2만 3천 명에게 유치원 학비를 1인당 81,000원씩 지원한다는 내용이다(재정경제부, 기획예산처, 1999). 정부는 1999년 만 5세아 유치원 학비 113억 원을 지원하였고, 만 5세아 무상보육비는 1만 5천 명에게 28억 원을 지원하였다(재정경제부, 2000). 2000년 2월에는 국민경제자문회의의 '일자리 창출 등을 통한 저소득층 생활향상 대책'에 따라 지원대상을 농어촌지역에서 중소도시로 확대하였다(국민경제자문회의사무처 외, 2000). 2001년에는 '저소득층 자녀 유치원 학비 지원'을 '만 5세아 무상교육비 지원'으로 변경하고, 2002년 3월부터 지원대상을 확대하였다(MK뉴스, 2002. 1. 31.; 교육인적자원부, 2007).

새천년을 맞이한 2000년대 초기는 인적자원개발이 화두였다. 김대중 대통령은 2000년 1월 1일 신년 메시지와는 별도로 1월 3일 '새천년 새희망'을 주제로 새천년 신년사를 했다. 대통령은 연설문에서 "교육부장관을 부총리로 승격시켜 교육 · 훈련, 문화 · 관광, 과학 · 정보 등 인력개발 정책을 종합적으로 관장"하겠다고 하였다(대통령비서실, 2000: 6). 대통령 신년사의 후속조치로 정부는 2000년 2월 28일, 「인적자원개발회의 규정」을 제정하여 "교육 · 문화 · 과학기술 등 인적자원의 개발에 관한 주요 정책을 종합적으로 심의 · 조정"하는 '인적자원개발회의'를 설치하였다. 인적자원개발회의는 관계부처 장관 등을 위원으로 하고, 의장은 교육부장관이 맡았다(대통령령 제16735호).

정부는 2001년 1월 29일, "새천년의 요구에 맞는 경쟁력 있고 효율적인 정부를 구현"하기 위해 정부조직을 개편하였다. 조직개편의 주요 내용은 경제정책과 인적자원개발정책 분야를 총괄 · 조정하는 부총리 2명을 신설하고, 여성의 사회참여 확대와 권익신장을 도모하기 위해 여성특별위원회를 여성부로 확대 · 개편하여 여성 관련 기능을 강화하려는 것이었다. 교육부는 '교육인적자원부'로 명칭을 변경하였고, 교육인적자원부장관은 부총리를 겸임하여 관계부처의 인적자원개발정책을 총괄 · 조정하도록 하였다(국가법령정보센터 홈페이지).

인적자원정책을 총괄하는 부총리제 신설은 문민정부의 교육개혁위원회가 1996년 2월 제3차 대통령보고서에서 건의한 내용이었다. 경제개발 위주의 국가발전 전략이 산업화 시대에 알맞은 전략이었다면, 정보화 시대에는 국가의 인적자원개발 능력이 국가 경쟁력의 핵심이므로 범정부 차원의 협력과 지원을 이끌어 내기 위해서는 각 부처의 인적자원개발 관련 업무와 기능을 조정 · 총괄하는 부총리제를 신설해야 한다는 것이었다(교육개혁위원회, 1996: 91).

제16대 국회에서 유아교육법 제정을 위한 노력이 다시 시작되었다. 제3차 '유아교육법안'은 새천년민주당 이재정 의원 등이 2001년 12월 6일 발의하였다. 그런데 제3차 법안은 제15대 국회에 제출되었던 두 개 법안에 비해 내용이 많이 완화되었다. 제15대 국회에 제출되었던 '유아교육법안'은 유아학교를 신설하여 만 3~5세 유아교육을 일원화하고 유치원과 보육시설 등 유아 관련 시설을 흡수하려고 하였다. 그러나 제3차 법안은 이러한 내용을 삭제하고, 유아교육 및 보육에 관한 사항을 조정하기 위하여 국무총리 소속하에 유아교육·보육위원회를 설치하도록 하여 유아교육과 함께 보육에 대한 실체를 인정하였다. 그리고 우선 유치원만이라도 독자적인 학교체제로 전환·발전시킴으로써 장기적인 차원에서 유아교육 체제를 개선하려는 의지를 보였다(교육위원회, 2003).

제3차 '유아교육법안'이 제출된 시기에 우리나라 유아교육 체제는「초·중등교육법」에 근거한 유치원과「영유아보육법」에 근거한 보육시설로 이원화되어 운영되고 있었다. 그리고 기타 유아교육 관련시설로「학원의 설립·운영 및 과외교습에 관한 법률」에 의한 학원형의 유아대상 학원, 교습소와 종교시설 형태의 임의시설인 선교원 등 다양한 시설이 있었다. 이 시설들 중에서「유아교육법」제정에 이해관계가 대립된 유치원, 보육시설, 유아미술학원의 현황은 〈표 5-1〉과 같다.

〈표 5-1〉 유아교육 관련 시설 현황(2001. 4. 1. 기준)

구분	설립주체별	기관 수	취원아 수(만 3~5세)	취원율(%)
유치원	국·공립	4,209	122,425(22.5%)	6.0%
	사립	4,120	422,727(77.5%)	20.9%
	소계	8,329	545,152(100%)	26.9%
보육시설	국·공립	1,267	78,865(14.3%)	3.9%
	사립 등	17,640	473,688(85.7%)	23.4%
	소계	18,907	552,553(100%)	27.3%
미술학원	사립	8,508	457,938	22.6%

※ 취원대상 총원아 수(만 3~5세아): 2,023,938명
※ 만 0~2세 보육아 수: 150,307명, 총 보육아 수: 702,860명
※ 만 0~2세 미술학원 취원아: 104,444명, 총 미술학원 취원아: 562,382명
출처: 교육위원회(2003), p. 5에서 일부 수정.

2001년 4월 기준으로 유치원 8,329개소에 54만 5,152명의 유아가 다녔고, 보육시설은 1만 8,907개소에서 55만 2,553명의 유아를 보육하고 있었다. 보육시설의 영유아는 0~2세 영아 15만 307명을 포함하여 모두 70만 2,860명이었다. 유아미술학원 8,508개소에는 3~5세 유아 45만 7,938명을 포함하여 56만 2,382명이 다니고 있었다(교육위원회, 2003: 5). 전체 만 3~5세 유아 약 2백 2만여 명을 유치원, 보

육시설, 미술학원이 각각 26.9%, 27.3%, 22.6%씩 나누어서 교육하거나 돌보고 있었다.

제3차 '유아교육법안'의 내용이 대폭 완화되었으나 찬반 의견이 나누어졌다. 유치원 관련단체와 학부모 관련단체들은 "유치원의 유아학교 명칭 사용과 유아교육의 일원화 등이 이루어지지 않아 만족스럽지는 못하지만 우선 유아교육을 초·중등교육에서 분리하여 별도의 법체계로 정립함으로써 유아교육의 독자성을 확보"한다는 차원에서 찬성하였다. 반면, 보육시설 관련단체와 유아대상 학원 관련단체들은 "유치원을 중심으로 유아에 관한 공교육이 체계화되는 경우 소규모 유아교육 관련시설의 도태로 인해 심각한 사회문제를 야기할 수 있고, 학부모의 여건에 따른 유아교육·보호기관의 다양한 선택권이 제한되는 문제"가 있다고 하며 반대하였다(교육위원회, 2003: 6-7). 이처럼 관련단체의 의견이 갈렸으므로 제3차 '유아교육법안'은 교육위원회 법안심사소위원회에 계류된 채로 더 나아가지 못하였다.

2) 보육의 질적 수준을 높이려는 노력

1997년에 보육시설확충 3개년 계획이 끝났으므로 김대중 정부가 시작된 1998년부터는 새로운 보육정책이 필요하였다. 보건복지부는 한국보건사회연구원에 보육시설확충 3개년 계획을 평가하는 정책연구를 의뢰하였다. 보육사업 관련 법·제도, 시설 및 인력, 보육 프로그램의 질적 측면 등에 관한 종합적인 평가를 통해 보육을 필요로 하는 모든 아동이 질 높은 보육서비스를 받을 수 있도록 종합적인 개선방안을 모색하기 위함이었다(보건복지부, 한국보건사회연구원, 1998). 이와 별도로 대통령 소속 여성특별위원회 산하 국책연구기관인 한국여성개발원은 수요자 관점에서 보육정책을 평가한 보고서를 냈다. 연구내용은 보육시설확충 3개년 계획의 목표달성 정도, 수요자에게 도움을 준 정도, 정책결과의 성공 여부 등이었다(유희정, 1999). 두 연구기관은 유사한 평가 결과를 냈고, 앞으로 정부가 보육정책을 수립할 때 보육시설의 양적 확충과 보육서비스의 질적 수준 향상 간의 균형을 이룰 것을 주문하였다.

보건복지부는 2000년 11월 보육전문가 50여 명으로 보육발전위원회와 4개 분과의 보육발전기획단을 구성하였다. 「영유아보육법」이 제정된 이후 정부와 민간의 노력으로 불과 10여 년 만에 약 2만여 개 보육시설에서 69만여 명의 아동이 보육되고 있었으나, 단기간에 급격히 시설을 확충하는 과정에서 여러 가지 문제점이 드러났다. 이에 따라 21세기 변화된 사회 환경에 부응하고 미래지향적인 보육체계를 구축하기 위해 법령과 제도를 정비할 필요가 있었다(보건복지부, 2001a).

보건복지부는 2001년 8월 보육발전위원회와 보육발전기획단이 제시한 보육사업 제도 개선방안을 토대로 '보육사업 종합발전계획안'을 마련하였다(보건복지부, 2001b). 이어서 공청회 등 의견수렴 과정을 거쳐 같은 해 12월 17일에는 10년 후의 보육 비전과 세부과제의 단계적 추진방안을 담은 '보육사업 중 · 장기 종합 발전계획'을 발표하였다. 주요 내용으로는 첫째, 영아 · 장애아 · 방과후 및 야간 보육시설을 대폭 확충하여 2001년 현재 47.2%인 보육수요 충족률을 2010년까지 100% 수준으로 달성하기로 하였다. 둘째, 아동별 보육료 지원수준과 지원대상을 단계적으로 확대하여 차등보육료 제도를 정착시켜 나가기로 하였다. 셋째, 만 5세 무상보육을 2002년부터 확대 실시하고 2005년까지 장애아 무상보육도 실시하기로 하였다. 넷째, 보육시설장과 보육교사 국가자격증 제도를 도입하고 자격기준도 대폭 강화하기로 하였다. 다섯째, 2002년에 표준보육과정을 개발하고, 2003년에 시범사업을 거쳐 2004년부터 전국 보육시설에 보급하기로 하였다(보건복지부, 2001c).

이듬해인 2002년 3월 6일, 보건복지부는 노동부 · 여성부와 공동으로 '보육사업 활성화 방안'을 발표하였다. 정책을 추진한 배경은 두 가지이다. 하나는, 우리나라 여성의 경제활동참가율이 다른 나라와 비교할 때 저조하므로 여성의 사회 참여와 국가경쟁력을 높이기 위해 여성인력을 활용할 필요성이 커졌다는 것이다. 다른 하나는, 맞벌이 부부의 증가, 핵가족화, 저출산에 따라 다양한 보육서비스 수요를 충족시켜야 한다는 것이다(국무조정실, 2002: 1).

당시 정부가 진단한 보육 현황을 보면, 보육 수요가 있는 영유아의 절반 가까이 보육시설을 이용하지 못하고 있었다. 0~5세아 134만 4천 명 중에서 보육시설을 이용하는 영유아는 53%인 70만 3천 명이었다. 또한 보육시설의 질적 수준이 낮아 대부분 보육시설이 정원을 채우지 못했다. 정원 대비 보육현원의 비율을 뜻하는 보육시설 이용율은 85%였는데, 그 이유는 0~2세 영아의 보육시설 이용율이 71%에 불과했기 때문이다. 파트타임 근로제의 확산 등 취업구조의 변화에 부응하는 휴일 · 야간 · 24시간 보육 등 특수 보육서비스 제공 시설이 부족했다. 보육담당 공무원이 부족하여 보육시설에 대한 효율적인 지도 · 감독에 한계가 있었고, 보육교사 자격 취득자는 대폭 증가하고 있으나 우수한 교사인력은 부족했다(국무조정실,

2002: 1-2).

보육사업 활성화 방안은 3개월 전에 보건복지부가 발표한 종합계획과 큰 차이가 없으나 노동부와 여성부가 함께 참여하여 방안을 마련하였으므로 범부처 협력이 필요한 과제들이 포함되었다. 영아 보육서비스 확충을 위해 영아 전담시설 설치기준을 완화하고, 여성 주부인력을 활용하여 일반가정에서도 소수의 영아보육을 전담하는 가정보육모를 양성 · 배치하기로 하였다. 보육수요가 많은 공단, 병원소재지 등을 중심으로 야간 · 휴일 · 24시간 등 시간연장형 특수 보육서비스를 제공하는 시설을 설치하고, 초등학교 저학년생을 대상으로 하는 방과후 보육시설도 기존 시설을 활용하여 대폭 확충하기로 하였다. 이를 위해 2002년에 영아 · 장애아 등 특수 보육시설에 인건비 등 약 528억 원을 추가지원하기로 했으며, 2003년부터 보육사업 예산을 대폭 증액 편성하고 연차적으로 계속 투자규모를 확대하기로 하였다(보건복지부 외, 2002).

보육의 질적 수준 향상을 위한 정부의 노력과 병행하여 제16대 국회에서 여러 건의 '영유아보육법 개정안'이 발의되었다. 2001년 3월부터 발의된 법안 중에서 보육의 공공성 확보 측면에서 가장 포괄적인 법안은 2002년 3월 8일 김홍신 의원 등 20명이 발의한 것이었다. 이 법안은 2001년 6월 여성단체가 청원한 내용을 반영 · 조정한 것으로 보육의 발전을 위해 그동안 논의되었거나 정부가 발표한 내용이 대부분 포함되었다(의안정보시스템 홈페이지, 의안번호 161490). 특히, 국무총리 소속으로 '영유아보육 · 교육위원회'를 두어 영유아보육 · 교육에 관한 종합정책을 수립하고 관계부처 간의 의견을 조정하도록 한 내용은 2001년 12월 이재정 의원이 대표 발의하여 교육위원회에 계류 중인 '유아교육법안'과 유사한 내용이었다.

보건복지부의 '보육사업 중 · 장기 종합 발전계획'이 우리나라 최초의 종합적인 보육정책이라는 의미를 가진다면, '보육사업 활성화 방안'은 범부처 차원의 실행방안을 제시하였다는 데 의의가 있다. 그러나 이 방안은 밀도 있게 추진되지 못했고, 두 계획에 대한 대중의 인지도는 낮았다(백선희, 2009: 112). 그로부터 몇 개월 지나지 않아 정부는 유아교육과 보육의 발전을 아우르는 정책방안을 모색하게 된다.

3) 유아교육 · 보육 발전 방안

정부는 2001년 12월 17일 "사람과 지식 중심의 국가발전을 향한 21세기 청사진 마련"을 위해 제1차 '국가인적자원개발 기본계획'을 발표하였다.[1] 이 계획은 교육인적자원부(이하 '교육부')를 중심으로 관계부처와 한국개발연구원 등 정부 출연 연구기관이 참여하여 수립한 것으로 2005년까지 정부가 추진할 국가 인적자원정책의 목표와 주요 과제, 추진전략을 담고 있다(교육인적자원부, 2001; 대한민국정부, 2001). 2002년 8월에는 국가 인적자원정책 추진의 법적 근거를 확보하기 위해 「인적자원개발기본법」을 제정하였다. 법 제5조는 정부가 인적자원개발회의의 심의를 거쳐 5년마다 인적자원개발에 관한 기본계획을 수립하도록 하였고, 법 제7조는 인적자원개발회의에 대해 규정하였다(법률 제6713호, 2002. 8. 26.).

2000년 3월부터 시작된 인적자원개발회의는 매월 1회 정기회의를 개최하는 것이 원칙이었다. 김대중 정부 5년차인 2002년 7월, 제7차 인적자원개발회의에서 한명숙 여성부장관은 관련 부처 장관의 공감대를 형성하는 한 가지 제안을 하였다. 김대중 정부 초기부터 유아교육과 보육을 양적 · 질적으로 향상시키기 위한 정책방안을 꾸준히 수립 · 추진해 왔으나 정부와 시장 간 역할 설정이 명확하지 않고, 관계부처 간 연계 · 협력체제의 미비로 행 · 재정적 비효율성을 초래하며, 국민의 요구에 부응하는 서비스 제공도 미흡하다는 점이었다. 그 원인은 유아교육 · 보육 관련 정부부처나 단체 간의 대화와 타협에 입각한 협력의 부족, 범부처적으로 다수 국민의 지지에 근거한 정책방향 모색 작업이 미흡한 데 기인한 것으로 회의 참석자들이 인식을 같이하였다. 이를 개선하기 위해 유아교육 · 보육 발전에 관한 범부처 논의기구가 필요하다고 제안하였다(대한민국정부, 2006: 187).

이 제안에 따라 2002년 10월 제12차 인적자원개발회의에서는 산하에 관계부처 실 · 국장으로 '유아교육 · 보육 발전기획단'을 구성하고, 부처 공동으로 정책연구를 추진하기로 하였다. 기획단의 성격은 유아교육 · 보육 발전 방향과 관련하여 정부 합의안 수립을 위한 범부처 협의기구이며, 단장은 교육부 차관보가 맡았다. 위원은 교육부 · 행정자치부 · 문화관광부 · 농림부 · 보건복지부 · 노동부 · 기획예산처 · 여성부 · 재정경제부 · 건설교통부 등 10개 부처 실 · 국장이었다(대한민국정부, 2006: 190). 정책연구는 '영유아교육 · 보육 발전방안'이라는 제목으로 각 부처가 추천한 한국교육개발원, 한국보건사회연구원, 한국여성개발원, 한국조세연구원의 연구원 4명이 중심이 되어 2002년 11월부터 2003년 3월까지 수행하였다(나정 외, 2003: 1-3).

---

1) 2001년 12월에 수립된 이 계획을 2005년 12월에 수립된 '제2차 국가인적자원개발 기본계획'과 구별하기 위해 '제1차 국가인적자원개발 기본계획'이라고 한다.

정책연구진은 영유아 교육 · 보육 실태, 부모 및 현장의 요구, 재정지원, 선진국의 동향 등 분석을 토대로 우리나라 영유아 교육 · 보육의 문제점 여섯 가지를 도출하였다. 첫째, 영유아 양육 지원체계가 부족하다. 여성의 경제활동참가율이 저조하고, 다양한 양육지원 요구가 충족되지 못하고 있으며, 한부모나 조부모가 양육하는 가정의 아동에 대한 양육지원이 미비하다. 둘째, 유아교육 · 보육 기회가 제한된다. 2002년 현재 0~2세 영아 보육율은 10.1%, 3~5세 유치원 · 보육시설 통합 취원율은 59%에 불과하다. 소득계층별 · 지역별 접근기회의 형평성이 부족하고, 장애아를 위한 배려도 부족하다. 셋째, 유아교육과 보육서비스의 질이 부모의 기대에 부합하지 못한다. 다양한 영유아 교육 · 보육 프로그램이 부족하고, 교사 대 유아의 비율이 높으며, 기관에 대한 지도 · 감독체계가 미비하다. 시설 · 설비에 대한 만족도가 낮고, 교육 · 보육인력 자격관리와 양성제도가 일관성이 없다. 교사의 학력과 교사에 대한 처우가 낮고, 사립과 민간기관 인력에 대한 처우가 특히 열악하다. 넷째, 유아교육 · 보육 재정과 지원이 취약하다. 2002년 현재 유아교육 · 보육 분야에 대한 정부 재정지원액은 약 7,966억 원으로 GDP 대비 0.134%에 불과하며, 유아교육은 교육예산의 1%, 보육은 보건복지 예산의 3.6% 수준이다. 교육 · 보육료를 지원받는 영유아는 전체 취원아의 11.9%에 불과하고, 사립유치원과 민간보육시설 이용 부모는 비용 부담을 느끼고 있다. 다섯째, 유아교육 · 보육기관 운영이 어렵다. 사립유치원과 민간보육시설은 취원분담율이 80%, 90% 이상임에도 불구하고 재정지원이 거의 없으며, 법인시설의 경우 유치원과 보육시설의 지원기준이 다르다. 운영시간에 대한 요구가 증가하고 있으나 적절히 부응하지 못하고 있다. 여섯째, 유아교육 · 보육 운영체계의 효율성이 부족하다. 유아교육과 보육이 각각 다른 법률에 근거하고, 행정체계의 중복 운영으로 행정의 일관성이 부족하고, 재정지원이 비효율적이다(나정 외, 2003: 130-136).

이에 따라 '영유아 교육 · 보육 발전방안'의 기본방향은 "유아교육과 보육의 기회를 대폭 확대"하는 것으로 정하였다. 주요 과제로는 취약계층을 우선 지원하여 유아교육과 보육 기회의 형평성 추구, 여성의 경제활동참가율을 높이기 위한 다양한 양육 지원체계 구축, 유아교육과 보육의 질을 개선하여 수요자의 만족도 제고, 유아교육과 보육에 대한 공적 책임 제고, 민간기관과의 역할 분담체계 확립 및 기관 운영의 안정성 확보, 교육과 보육의 통합 서비스를 제공할 수 있는 효율적인 전달체제 구축을 제시하였다. 이 중에서 효율적인 영유아 교육 · 보육체제 구축을 위한 과제로는 ① 중앙부처의 영유아 교육 · 보육 관리체제 정비, ② 중앙과 지방의 행 · 재정 역할 분담 및 편차 해소, ③ 영유아 관련 법 체제 정비, ④ 영유아 교육 · 보육 발전을 위한 기반 구축을 제안하였다. 특히, 중앙부처의 영유아 교육 · 보육 관리체제 정비 과제는 '단일부처 통합 일원화 체제' '두 개 부처 간 연령별 이원화 체제' '두 개 부처 간 상호 협력체제'의 세 가지 방안별로 장점과 예상되는 문제를 제시하였다. 발전방안의 세부과제들을 달성하기 위한 추가 소요예산은 2004년 약 1조 9천억 원, 2008년 약 4조 3천억 원을 제안하였다. 이는 유아교육 · 보육 재정을 향후 5년간 매년 GDP 대비 0.1%씩 편성하여 2008년에는 GDP 대비 0.6% 수준으로 상향 조정한다는 것이지만 이렇게 투자하더라도 OECD 국가들의 1998년 수준에 불과하였다(나정 외, 2003: 139-165).

정책연구 수행 중에 연구내용과 관련한 쟁점이 하나 있었다. 재정경제부와 기획예산처는 재정 소요액이 너무 크고, 재정확보 방안이 지나치게 유아교육과 보육 중심이라는 의견을 제시하였다. 또 여성부는 유아교육과 보육 관련 행정체제 개편 문제를 연구내용에 포함하지 않거나 최소한으로 다루기를 요청하였지만 재정경제부와 기획예산처 · 농림부는 더 심도 있게 본격적으로 다루기를 요청하였다(대한민국 정부, 2006: 213).

정책연구가 진행 중이던 2002년 12월 19일 제16대 대통령선거가 있었다. 정책연구진은 2003년 1월 11일 대통령직인수위원회에 연구의 취지와 발전방안의 요지를 보고하였다(나정 외, 2003: 6). 유아교육 · 보육 발전기획단은 노무현 정부 출범 후 2003년 4월과 12월 인적자원개발회의에 정책연구 결과와 기획단 운영 경과를 보고하였다. 그러나 기획단의 활동은 2003년 3월 종료된 정책연구 결과에 따라 정부안을 마련하기 위해 실무팀을 구성하는 단계에서 종결되었다. 따라서 정부안은 만들어지지 않았다. 정부부처 사이에 기획단 운영과 관련한 쟁점이 있었기 때문이다. 구체적인 경과는 다음과 같다.

2003년 12월 제5차 기획단회의에서 행정자치부 · 여성부 · 농림부 · 기획예산처는 정부안 마련을 위한 실무팀 구성 시기를 「정부조직법」이 통과되고 보육업무의 여성부 이관이 완료된 2004년 6월 이후로 하자는 의견을 냈다. 보건복지부는 부처 간 공동 정책연구가 완료되었으니 기획단 활동을 종료하자고 하였다. 기획단을 존치하는 경우 교육부가 유아교육 · 보육 발전방안 수립의 당사자이므로 주관부처를 국무조정실로 옮기는 것이 바람직하다는 것이 이유였다. 이러한 제안으로 기획단은 2004년 5월 제3차 인적자원개발회의에 그동안의 운영 성과를 보고하는 것으로 종결되었다(대한민국정부, 2006: 213). 유아교육 · 보육 발전방안은 비록 정부안으로 만들어지지 않았지만 이 연구에서 제시한 방향과 과제는 노무현 정부 이후 영유아 정책과 맥락을 같이한다(대한민국정부, 2006: 190-191).

김대중 정부의 '유아교육 · 보육 발전방안'과 김영삼 정부의 '유아교육의 공교육 체제 확립 방안'의 공통점은 집권 5년차에 추진되어 정책 추진동력이 떨어졌다는 점이다. 차이점은 전자는 0~5세 영유아를 포괄했지만 정부 정책으로 확정되지 못한 반면, 후자는 만 3~5세 유아교육 중심의 정부 정책으로 확정되었다는 점이다.

2.「유아교육법」과「영유아보육법」

2002년 12월 19일 제16대 대통령 선거에서 새천년민주당의 노무현 후보가 당선되었다. 대통령 선거를 한 달 앞둔 11월 18일, 노무현 후보는 150대 핵심공약을 발표하였다. 영유아정책과 관련해서는 '만 5세아 무상교육 · 보육 실시' '유아 보육료 50% 국가 지원' '방과후 보육 확대' 등을 약속하였다. 교육분야 공약으로는 '유아교육의 공교육화'를 위해 "유아교육법을 제정하여 유아교육을 공교육 체제로 전환하고, 만 5세 무상교육을 시행"하기로 하였다(노무현사료관 홈페이지).

2002년 12월 30일 현판식을 가진 대통령직인수위원회는 새 정부의 정책방향 설정과 지난 정부의 정책진단 역할을 맡은 기획조정 · 정무 · 외교통일안보 · 경제 I · 경제II · 사회문화여성분과위원회 등 6개 분과위원회를 두었다. 대통령 선거 과정에서 유아교육의 공교육 체제 전환을 약속했으므로 사회문화여성분과위원회는 쟁점 현안과제의 하나로 '유아교육법 제정'을 논의하였다. 당시에는 이재정 의원이 대표발의한 '유아교육법안'이 국회에 계류 중이었는데, 분과위원회는 유아대상 학원 등이 법 제정에 반발하고 있다는 점, 법안이 보건복지부의 '영유아보육법 개정안'과 상충한다는 점을 쟁점사항이자 장애요인으로 확인하였다(제16대 대통령직인수위원회, 2003: 196-197).

대통령직인수위원회는 2003년 2월 새 정부의 명칭을 '참여정부'로 정했고, 12대 국정과제를 최종 확정하였다. 12대 국정과제 중 하나는 '참여복지와 삶의 질 향상'이었고, 세부 추진과제에 '보육문제 해결과 여성의 사회참여 확대'가 포함되었다.

주요내용은, 첫째, 보육료의 50%를 국가가 지원하고, 평가인증제도 도입 등을 통해 안심하고 맡길 수 있는 질 높은 보육환경을 조성하기로 하였다. 둘째, 방과후 보육을 방과후 아동복지 서비스로 확대 개편하는 등 종합적인 아동보호 · 육성체계를 구축하기로 하였다. 셋째, 시간제 육아 휴직제도 도입 등 휴직제도를 쉽게 이용할 수 있는 방안을 마련하여 모성보호와 여성의 사회참여 기반을 확대하기로 하였다(제16대 대통령직인수위원회, 2003: 263).

한편, 복지 중심 및 여성 중심의 정책을 강조하는 노무현 정부의 통치철학으로 인해 유아교육법 제정은 어려움에 처할 것으로 전망되었다. 2003년 2월 대통령직인수위원회는 보육시설을 여성부로 이관하는 문제를 검토하였고, 일각에서는 유치원의 만 5세는 모두 초등학교의 K학년으로 흡수시키고 유치원의 만 3~4세는 보육시설로 전환시키자고 하였다(이원영, 2004: 10-11).

1) 「유아교육법」 제정, 「영유아보육법」 전면개정

2003년 2월 25일 참여정부가 출범하였고, 노무현 대통령은 2월 27일 새 정부의 첫 내각을 발표하였다. 보건복지부장관에는 김화중 새천년민주당 의원, 여성부장관에는 지은희 시민사회단체 연대회의 공동대표가 임명되었다(서울신문, 2003. 2. 28.). 그로부터 얼마 지나지 않은 3월 17일 김화중 보건복지부장관이 보육업무를 여성부로 이관하겠다고 말했고, 이 발언이 언론에 보도되면서 찬반 의견이 대립하였다(오마이뉴스, 2003. 4. 24.). 김화중 장관은 2003년 3월 25일 열린 제14회 국무회의에서도 보육업무의 여성부 이관을 제안하였고, 노무현 대통령은 보육업무를 여성부가 주관하여 추진하도록 최종 결정하였다(한국여성단체연합, 2003). 이날 대통령의 발언 내용은 다음과 같다(정책기획위원회, 2008a: 32).

> 현실적으로 여성부를 만들어 놓았으면 여성들이 사회활동에 많이 참여해서 일하게 해 주어야 함. 그것이 첫 번째 요구이고, 두 번째로는 참여정부의 신 성장전략으로 여성의 사회 참여를 통한 성장 잠재력의 확대임. 그래서 단순한 보육만이 아니라 여성의 사회적 참여라는 국가적 전략과 맞물려 있음. 이런 이유로 보육업무를 여성부에서 추진하도록 함.

같은 날 보건복지부는 "청와대에서 열린 제14회 국무회의 시 보육업무 주관부처 이관문제에 관하여 토의하고, 정부조직법 개정과 더불어 관련부처 간에 협의하여 검토"하기로 했다는 보도자료를 냈다(보건복지부, 2003a).

며칠 후인 2003년 4월 4일 지은희 여성부장관이 보육시설 영유아 전부와 유치원의 만 3~4세 유아를 모두 여성부로 이관해 달라고 요청하자 당시 윤덕홍 부총리 겸 교육인적자원부장관이 긍정적으로 검토하겠다고 답변했다는 소식이 전해졌다. 보육시설의 여성부 이관과 함께 유치원의 여성부 이관 문제도 함께 계획 단계에 있는 것이 아닌가를 우려하던 유아교육계는 이 소식을 듣고 침통한 분위기였다(이원영, 2004: 11). 실제 이날 있었던 여성부의 첫 대통령 업무보고에서는 당면 현안과제로 '보육업무의 차질 없는 이관 준비'를 제시하였고, 쟁점과제인 '여성부의 기능 보강'을 위해 "여성 · 영유아 · 청소년 등 관련 업무를 새로운 패러다임의 가족정책으로 통합 추진"한다는 내용이 포함되어 있다(여성부, 2003).

보육업무를 보건복지부에서 여성부로 이관하려 하자 관련단체와 학계는 뜨거운 논쟁을 벌였다. 시민단체인 참여연대는 2003년 4월 23일 관련부처와 국회의원, 학계, 보육단체, 여성단체 등이 참여한 가운데 보육정책 대토론회를 열었다. 논쟁을 살펴보면 대체로 국 · 공립 보육시설 종사자들과 사회복지학계는 이관에 반대하였고, 여성부와 여성계, 민간 보육시설 종사자들은 이관에 찬성하였다(중앙일보, 2003. 4. 28.).

보육업무의 여성부 이관이 확정된 후인 2003년 4월 1일, 한나라당 김정숙 의원 등 46명이 제4차 '유아교육법안'을 발의하였다. 법안의 제안 이유는 다음과 같다(의안정보시스템 홈페이지, 의안번호 162181).

> 국가인적자원개발에 대한 범국가적인 관심이 높고 유아교육에 대한 국가 책임이 확대되고 있는 세계적 흐름에도 불구하고, 유아교육 체제가 여전히「초 · 중등교육법」에 부속적으로 규정되어 발생하는 많은 문제점을 해소하고, 국가 인적자원 관리 체제의 기본 틀을 유아 단계부터 체계화하고, 유아의 교육과 보호에 대한 공교육 체제를 마련함으로써 유아의 균형적이고 조화로운 발달을 조장함과 아울러, 보호자의 사회 · 경제적 활동이 원활하게 이루어질 수 있도록 지원하기 위하여 이 법을 제안함.

제4차 '유아교육법안'에는 유치원 대신 '유아학교' 명칭을 사용하고, 유아학교가 교육과 보호 기능을 동시에 수행하도록 하는 내용이 다시 포함되었다. 그 밖에는

2001년 12월 이재정 의원이 대표발의하여 교육위원회 법안심사소위원회에 계류 중인 제3차 '유아교육법안'과 거의 동일한 체계와 내용을 규정하고 있었다. 제4차 '유아교육법안'은 2003년 4월 17일 교육위원회에 상정되어 4월 18일부터 법안심사소위원회에 회부되었다(의안정보시스템 홈페이지, 의안번호 162181). 한편, 2002년 3월 김홍신 의원 등이 보육의 공공성 확보를 강조하는 내용으로 발의한 '영유아보육법 개정안'은 2002년 4월 15일 보건복지위원회에 상정되어 법안심사소위원회에 회부된 이후 2003년 4월 계속 계류되어 있었다(의안정보시스템 홈페이지, 의안번호 161490).

'유아교육법안'과 '영유아보육법 개정안'에 대해 관련단체 사이에 대립이 심해지자 2003년 5월 9일 국무조정실장 주재로 관계부처 차관 간담회를 열어 행정부는 유보적인 입장을 취하기로 합의하였다. 그러나 2003년 8월 20일에는 국무조정실 기획수석조정관 주재로 수무부처 간사회의를 열고 '유아교육법안'을 준조정과제로 선정하여 '영유아보육법 개정안'과의 쟁점을 조정하기 시작하였다. 2003년 11월 10일에는 국무조정실장 주재로 의원입법과 관련한 관계부처 차관회의를 열고, '유아교육법안'은 정부 입장이 조율될 때까지 '입법이 진전되지 않도록 발의한 의원을 설득'하기로 합의하였다. 그러다가 '영유아보육법 개정안'이 2003년 11월 25일 보건복지위원회 법안심사소위원회를 통과하자 사회수석조정관 주재로 조정회의를 열고, '유아교육법안'도 법제사법위원회에 함께 상정될 수 있도록 하였다(한만길 외, 2007: 36).

김홍신 의원 등이 발의한 '영유아보육법 개정안'은 2003년 12월 9일 보건복지위원회 대안에 반영하기로 하고 폐기되었다. 또 이재정 의원과 김정숙 의원이 대표발의한 제3차, 제4차 '유아교육법안'은 2003년 12월 11일 교육위원회 대안에 반영하기로 하고 폐기되었다. 국회 교육위원장과 보건복지위원장은 2003년 12월 27일 '유아교육법안'과 '영유아보육법 개정안'을 각각 발의하였고, 국회는 2004년 1월 8일 본회의에서 두 법안을 통과시켰다. 2004년 1월 29일 공포된 두 법률은 2005년 1월 30일 각각 시행되었다.

2) 「유아교육법」과 「영유아보육법」 체제

2004년 1월 29일 제정된 「유아교육법」과 같은 날 개정된 「영유아보육법」은 각각 어떤 의미와 내용을 담고 있는가?

「유아교육법」을 제정한 이유는 "국가 인적자원 관리 체제의 기본 틀을 유아단계부터 체계화하고, 유아교육에 대한 공교육 체제를 마련함으로써 유아의 균형적이고 조화로운 발달을 조장함과 아울러, 유아 보호자의 사회 · 경제적 활동이 원활하게 이루어질 수 있도록 지원하려는 것"이었다(국가법령정보센터 홈페이지). 무엇보다도「유아교육법」제정의 가장 큰 의미는 그동안「초 · 중등교육법」과「유아교육진흥법」에서 규정하고 있던 유치원 교육 관련 사항을 종합하여 별도의 독립된 법으로 제정함으로써 유아교육의 독자성을 확보하고, 유아교육에 대한 국가 차원의 재정 지원 가능성을 법으로 명시함으로써 유아교육의 체계적인 발전 기틀을 마련했다는 점이다.

「유아교육법」의 주요 내용은 다음과 같다. 첫째, 유아교육과 보육에 관한 기본계획, 유치원과 보육시설 간의 연계운영 등에 관한 사항을 심의하기 위하여 국무총리 소속으로 유아교육 · 보육위원회를 두도록 하고, 유아교육에 관한 정책과 사업의 기획 · 조사 등에 관한 사항을 심의하기 위하여 교육부에 중앙유아교육위원회를, 특별시 · 광역시 · 도 교육청에 시 · 도 유아교육위원회를 두도록 하였다. 둘째, 유치원의 학년도는 3월 1일부터 다음 해 2월 말일까지로 하고, 보호자의 요구와 지역 실정에 따라 반일제 · 시간연장제 · 종일제 등을 운영할 수 있도록 하였다. 셋째, 초등학교 취학 직전 1년의 유아교육은 무상으로 하며, 무상교육에 필요한 비용은 국가와 지방자치단체가 부담하되, 유아의 보호자에게 지원하는 것을 원칙으로 하였다. 넷째, 국가와 지방자치단체는 무상교육 대상이 아닌 유아 중에서「국민기초생활보장법」의 규정에 의한 수급권자와 대통령령이 정하는 저소득층 자녀의 유아교육에 필요한 비용의 전부 또는 일부를 예산의 범위 안에서 부담할 수 있도록 하였다. 다섯째, 국가와 지방자치단체는 대통령령이 정하는 바에 따라 사립유치원의 설립과 유치원교사의 인건비 등 운영에 소요되는 경비의 전부 또는 일부를 보조할 수 있도록 하였다. 여섯째, 국가와 지방자치단체는 유아교육에 관한 연구와 정보 제공, 프로그램 및 교재 개발, 유치원교원 연수 및 평가를 담당하는 유아교육진흥원을 설치하거나 그 업무를 교육 관련 연구기관 등에 위탁할 수 있도록 하였다(국가법령정보센터 홈페이지).

「유아교육법」의 제정으로「초 · 중등교육법」의 유치원 관련 사항은 삭제되었고,「유아교육진흥법」은 폐지되었으며, 이 두 법률에서 규정하고 있던 유아교육 관련 사항은 모두「유아교육법」으로 이관되었다(법률 제7120호, 2004. 1. 29.). 유치원의 설립기준, 학년도, 교육과정, 지도 · 감독, 교원의 자격 등 학교와 관련된 공통사항은 「초 · 중등교육법」으로부터 이어받았다. 그리고 유아와 유치원의 정의, 반일제 · 종일제 · 시간연장제, 사립유치원 소요 경비 보조, 국가와 지자체의 저소득층 자녀에 대한 유아교육 비용 부담 등은 「유아교육진흥법」을 계승했다. 만 5세 유아 무상교육 조항은 두 법률에서 이어받았다.

교육개혁위원회의 유아교육 개혁방안 중에서 유치원과 보육시설을 일원화하여 유아학교 체제를 구축하겠다는 과제는 유아교육과 보육에 관한 사항을 심의하기 위해 국무총리실 소속으로 '유아교육 · 보육위원회'를 두는 형태로 마무리되었다. 1991년 「교육법」 개정으로 사라졌던 '**보육**'이라는 용어가 새로 제정된 「유아교육법」에 다시 등장하였다.

한편, 1991년에 제정된 이래 지난 10여 년간 크게 바뀌지 않았던 「영유아보육법」은 2004년 1월 29일에 전면 개정되었다. 법 개정 이유는 "여성의 사회 참여 확대, 가족구조의 변화 등으로 인해 영유아 보육에 대한 수요가 증가함에 따라 보육시설 종사자의 자격기준을 강화하고, 영유아 보육시설 설치 · 운영을 종전 신고제에서 인가제로 전환하는 등 영유아 보육에 대한 공공성을 강화"하려는 것이었다(국가법령정보센터 홈페이지).

「영유아보육법」의 주요 개정내용은 다음과 같다. 첫째, 보육정책의 기본방향에 관한 심의와 관계부처 간의 의견을 조정하기 위하여 국무총리 소속으로 보육정책조정위원회를 두고, 보육에 관한 각종 정책 · 사업 · 보육지도 등을 심의하기 위하여 보건복지부에 중앙보육정책위원회를, 시 · 도 및 시 · 군 · 구에 지방보육정책위원회를 두도록 하였다. 둘째, 국 · 공립보육시설 외의 보육시설 설치 · 운영은 시장 · 군수 · 구청장에게 신고하도록 하였으나, 앞으로는 인가를 받도록 하였다. 셋째, 보육교사는 대학에서 일정한 보육관련 교과목과 학점을 이수하거나 일정한 교육훈련시설에서 소정의 교육을 받은 자로서 보건복지부장관이 검정 · 수여하는 자격증을 받은 자로 하되, 보육교사 자격의 등급은 1급 내지 3급으로 구분하였다. 넷째, 보육시설은 영아 · 장애아 등에 대한 보육을 우선적으로 실시하고, 「국민기초생활보장법」에 의한 수급자와 저소득층의 자녀가 우선적으로 보육시설을 이용할 수 있도록 하였다. 다섯째, 영유아의 발달 등을 종합적으로 관찰 · 평가하여 영유아의 생활지도와 초등학교 교육과의 연계지도에 활용할 수 있도록 보육시설의 장으로 하여금 생활기록부를 작성 · 관리하도록 하였다. 여섯째, 보건복지부장관은 보육에 관한 연구와 정보 제공, 프로그램 및 교재 개발, 평가척도 개발 및 종사자 연수 등의 업무를 위하여 보육개발원을 설치하거나 그 업무를 관련 연구기관 등에 위탁할 수 있도록 하였다(국가법령정보센터 홈페이지).

개정된「영유아보육법」은 보육의 기본방향으로 보육의 보편성, 아동의 보육받을 권리, 보육에 대한 국가와 사회의 책임을 밝혔다. 그리고 보육시설의 설치인가제, 보육교사의 자격제도, 평가인증제 등 그동안 논의되었던 보육 발전방안들이 모두 포함되어 있어서 보육이 새롭게 발전하는 데 중요한 기초가 될 것으로 기대되었다(서문희, 2004). 1991년에 제정된 법에서는 보육의 대상을 "보호자가 근로 또는 질병, 기타 사정으로 인하여 보호하기 어려운 영아 및 유아"로 한정하였으나 2004년에 개정된 법에서는 이러한 수식어를 제거하여 보편적 보육을 천명하였다. 이런 의미에서 개정된 법은 '보육시설에서의 보편적 보육'에 관한 법이라고 할 수 있다(황보영란, 2014).

2004년 1월 29일 제정된「유아교육법」과 같은 날 개정된「영유아보육법」의 목적과 정의 규정은 〈표 5-2〉와 같다.

〈표 5-2〉 유아교육법, 영유아보육법의 목적과 정의(2004. 1. 29. 기준)

유아교육법 [시행 2005. 1. 30.] [법률 제7120호, 2004. 1. 29., 제정]	영유아보육법 [시행 2005. 1. 30.] [법률 제7153호, 2004. 1. 29., 전부개정]
제1조 (목적) 이 법은 교육기본법 제9조의 규정에 따라 유아교육에 관한 사항을 정함을 목적으로 한다.	제1조 (목적) 이 법은 영유아를 심신의 보호와 건전한 교육을 통하여 건강한 사회성원으로 육성함과 아울러 보호자의 경제적 · 사회적 활동을 원활하게 함으로써 가정복지 증진에 기여함을 목적으로 한다.
제2조 (정의) 이 법에서 사용하는 용어의 정의는 다음 각호와 같다. 1. "유아"라 함은 만 3세부터 초등학교 취학 전까지의 어린이를 말한다. 2. "유치원"이라 함은 유아의 교육을 위하여 이 법에 따라 설립 · 운영되는 학교를 말한다. 3. "보호자"라 함은 친권자 · 후견인, 그 밖의 자로서 유아를 사실상 보호하는 자를 말한다.	제2조 (정의) 이 법에서 사용하는 용어의 정의는 다음과 같다. 1. "영유아"라 함은 6세 미만의 취학 전 아동을 말한다. 2. "보육"이라 함은 영유아를 건강하고 안전하게 보호 · 양육하고 영유아의 발달특성에 적합한 교육을 제공하는 사회복지서비스를 말한다. 3. "보육시설"이라 함은 보호자의 위탁을 받아 영유아를 보육하는 시설을 말한다.

4. "반일제"라 함은 1일 3시간 이상 5시간 미만의 교육과정을 말한다. 5. "시간연장제"라 함은 1일 5시간 이상 8시간 미만의 교육과정을 말한다. 6. "종일제"라 함은 1일 8시간 이상의 교육과정을 말한다.	4. "보호자"라 함은 친권자 · 후견인, 그 밖의 자로서 영유아를 사실상 보호하고 있는 자를 말한다. 5. "보육시설종사자"라 함은 보육시설에서 영유아의 보육, 건강관리 및 보호자와의 상담, 그 밖에 보육시설의 관리 · 운영 등의 업무를 담당하는 자로서 보육시설의 장 및 보육교사와 그 밖의 종사자를 말한다.

유아교육과 보육의 공통점은 초등학교 취학 전의 만 3~5세 유아를 대상으로 교육과 돌봄을 병행한다는 점이다. 차이점은 학교인 유치원에서는 만 3~5세 유아교육을, 사회복지서비스인 보육시설에서는 만 0~5세 영유아 보육을 담당한다는 점이다.

3. 육아지원 정책 방안(2004, 2005년)

노무현 정부의 출범을 전후한 2002년과 2003년은 저출산 · 고령화와 관련된 충격적인 소식들이 발표되어 전 국민적인 관심을 모은 시기였다. 가장 큰 이슈는 새 정부 출범 직후인 2003년 6월, 2002년의 합계출산율이 1.17명으로 '세계 최저'수준이라는 발표였다. '1.17 쇼크'라고 불러도 좋을 만큼 큰 파장을 일으킨 이 발표로 많은 사람들은 저출산 문제의 심각성을 공유하게 되었다(정책기획위원회, 2008b: 47).

노무현 대통령은 2003년 10월 2일 제7회 노인의 날 기념사에서 "고령화 사회의 대책은 이제 더 이상 미룰 수 없는 우리 사회의 과제"이므로 고령사회 대책을 차질 없이 세워 나가겠다고 말했다(대통령비서실, 2004). 이에 따라 대통령비서실은 같은 해 10월 24일 정책실 산하에 있던 '사회통합기획단'을 '고령사회대책 및 사회통합기획단'으로 확대 개편하고, 그 아래에 '인구 · 고령사회대책팀'을 설치하였다. '인구 · 고령사회대책팀'에는 재정경제부 · 기획예산처 · 노동부 · 보건복지부 · 여성부 등 5개 정부부처와 국책연구기관 연구자 등 10여 명이 팀원을 이루었고, 약 80여 명의 자문위원과 전문위원이 참여하여 저출산 · 고령사회 대책을 마련하기 시작하였다(참여연대, 2004).

인구 · 고령사회대책팀은 2004년 1월 15일 대통령이 주재하는 제35회 국정과제 회의에 '저출산 · 고령사회 대응을 위한 국가 실천전략'을 보고하였는데, 이는 저출산 · 고령화에 대한 국가적 대응전략과 계획을 담은 최초의 보고서였다(정책기획위원회, 2008b: 53). 인구 · 고령사회대책팀은 4대 분야 20개 과제로 구성된 보고서에서 급격한 고령사회에 효과적으로 대응하기 위해 '고령사회대책기본법'을 제정할 것과 종합계획을 수립 · 시행할 대통령 직속의 가칭 '고령사회대책위원회'의 설치 · 운영을 제안하였다(대통령비서실 고령사회대책 및 사회통합기획단 인구 · 고령사회대책팀, 2004: 73-74).

1) 제1차 육아지원 정책 방안

정부는 2004년 2월 9일 인구 · 고령사회대책팀을 위원회 체제로 확대 개편하기 위해 「고령화 및 미래사회위원회 규정」을 제정하였고, 같은 해 3월 5일 조직의 면모를 갖추어 '대통령자문 고령화 및 미래사회위원회'를 발족하였다(정책기획위원회, 2008b: 54). 고령화 및 미래사회위원회는 위원장을 포함하여 25명 이내의 위원으로 구성되었고, 고령화 및 미래사회 대책에 관한 과제 발굴과 추진상황 관리 등을 위해 보건복지부에 '고령화 및 미래사회 대책 추진단'을 둘 수 있도록 하였다(대통령령 제18280호).

고령화 및 미래사회위원회는 인구 · 가족정책, 고용 · 인력정책, 보건 · 복지정책 등 3대 정책과 '육아지원'을 포함한 5대 전략에 따라 활발한 연구 작업을 수행하였다. 그 결과, '육아지원방안' '공공보건 의료체계 개편방안' '고령친화산업 활성화 방안' 등 국정과제를 대통령에게 보고하였다. 육아지원 방안은 2004년 6월과 2005년 5월 두 차례에 걸쳐 보고가 이루어졌는데, 이 보고들의 목적은 저출산의 가장 큰 원인 중의 하나인 자녀양육을 지원하기 위해서였다(국정홍보처, 2008: 148-149).

한편, 정부는 2003년부터 법안 개정작업을 하여 2004년 1월 20일 보건복지부가 수행하던 영유아보육 업무를 여성부로 이관하는 내용이 포함된 '정부조직법 개정안'을 발의하였다. 국회는 2004년 3월 2일 본회의에서 법안을 의결했고, 여성부는 2004년 6월 12일부터 보육업무를 수행하였다(법률 제7186호, 2004. 3. 11.).

여성부가 영유아 보육업무를 담당하기 하루 전인 2004년 6월 11일, 고령화 및 미래사회위원회는 '제1차 육아지원 정책 방안'을 대통령에게 보고하였다. 고령화 및 미래사회위원회는 참여정부 출범 후 지난 1년을, 보육업무의 여성부 이관으로 행정력이 강화되고, 「영유아보육법」 개정과 「유아교육법」 제정으로 보편적 육아지원의 법적 기틀을 마련하였으며, 보육예산을 1천억 증액하여 보육료 수혜아동이 21만 명에서 28만 명으로 7만 명 증가했다고 평가하였다. 그러나 국가의 육아지원에 대한 부모의 체감도는 여전히 낮아 불만이라고 보았다. 보육예산은 2003년 3,120억 원에서 2004년 4,038억 원으로 증가하였고, 교육부의 유아교육 예산은 2003년 257억 원에서 2004년 408억 원으로 증가하였다(고령화 및 미래사회위원회, 2004: 3-4).

2004년 6월 우리나라 육아지원 정책은 4개 정부부처가 담당하고 있었다. 여성부는 0~5세 보육을, 교육부는 3~5세 유아교육을, 노동부는 직장보육시설 지원을, 농림부는 0~5세 농어민자녀 양육비 지원을 담당하였다. 고령화 및 미래사회위원회는 육아지원 정책의 문제점으로 세 가지를 들었다. 첫째, 연령별 육아지원 정책에 문제가 있다. 0세는 가정에서 자녀를 키울 수 있는 육아지원이 미흡하고, 1~5세는 육아 비용과 여성의 육아노동 부담이 과다하며, 6~8세는 방과후 안심하고 맡길 수 있는 육아지원 서비스가 부족하다. 둘째, 우리나라 25~34세 여성들은 육아 부담으로 인해 경제활동참가율이 낮다. 셋째, 전문집단 간 대립으로 인해 합리적인 정책 추진이 어렵다. 보육시설연합회와 유치원연합회가 대립할 뿐만 아니라 같은 시설 안에서도 국 · 공립단체와 민간 또는 사립단체가 대립하고, 보육학계와 유아교육학계도 대립하고 있다(고령화 및 미래사회위원회, 2004: 6-9).

이에 따라 '미래인력 양성 및 여성 경제참여 확대'를 정책비전으로 설정하였고, 이를 달성하기 위한 4대 정책목표를 정하였다. 즉, 출산력 제고와 우수한 아동 육성을 위해 시설이용률을 2004년 14~60%에서 2008년 40~90%로 증가시키고, 부모 육아비용은 현재의 50% 수준으로 줄이기로 하였다. 여성 경제활동참가율은 2004년 53%에서 2008년 60%로 높이고, 새로운 일자리를 26만 개 창출하기로 하였다. 육아지원의 정책대상은 0~8세로 하였고, 2004년부터 2008년 이후까지 4단계로 나누어 정책을 추진한다는 전략을 세웠다(고령화 및 미래사회위원회, 2004: 11-13). 제1차 육아지원 정책 방안은 연령별로 정책방안을 설정한 것이 특징이다. 그동안 영유아정책의 대상은 0세부터 만 5세까지였지만 초등학교 저학년은 오전 수업만 하므로 정책대상을 0세부터 8세까지 포함하였다(정책기획위원회, 2008a: 41).

육아지원 정책의 추진과제는 다섯 가지를 제시하였다. 첫째, 연령을 0세, 1~4세,

5세, 6~8세로 나누어 연령별로 지원정책을 수립한다. 0세아는 가정양육 중심으로 지원하는데, 노동부는 출산휴가와 육아휴직 제도를, 여성부는 가정보육교사 지원과 육아지원센터를 통한 부모 가정양육 지원을 맡는다. 0세를 포함한 1~4세아는 육아비용 지원을 강화하고 소득수준별로 보육료를 차등지원한다. 여성부가 중심이 되어 육아비용을 현재의 50% 수준으로 경감하고, 지원대상 아동은 2004년 22.6%에서 2008년 70% 수준으로 확대한다. 5세아는 여성부와 교육부가 함께 무상교육 · 보육 지원대상을 2004년 21%에서 2008년 70%로 확대한다. 6~8세아는 방과후 교육 · 보육을 활성화한다. 교육부는 초등학교 방과후 교육을 확대 실시하고, 보건복지부는 지역아동센터를 통한 방과후 보육을 확대한다. 둘째, 육아지원 예산집행 방식을 '시설별' 지원에서 '시설별 · 아동별' 지원으로 점진적으로 전환한다. 셋째, 육아지원 서비스의 질적 수준을 높인다. 시설 · 인력 · 프로그램 측면에서 질 관리 시스템을 구축하고, 특수보육 지원을 확대하며, 미취업모를 위한 부모지원 프로그램을 실시한다. 넷째, 과학적인 육아지원 정책을 수립하기 위해 기초정보를 확보한다. 시설 운영비 및 양육비 지원계획 수립을 위한 기초조사와 지역별 수요 · 공급 조사를 실시한다. 다섯째, 전달체계를 구축하고 정책평가를 강화한다. 국무총리 산하 '유아교육 · 보육위원회'와 '보육정책조정위원회'를 통합 · 운영하는 등 유아교육 · 보육 협조체제를 가동하고, 가칭 '육아지원 정책개발원'을 설치한다. 아울러 중앙정부와 지방정부의 육아지원 역할을 조정하여 분권화를 추진하고, 육아시설 운영위원회에 학부모 참여를 활성화하여 시설 운영의 투명성을 높인다(고령화 및 미래사회위원회, 2004: 14-23).

고령화 및 미래사회위원회는 제1차 보고에서 육아지원의 개념을 '보육' '유아교

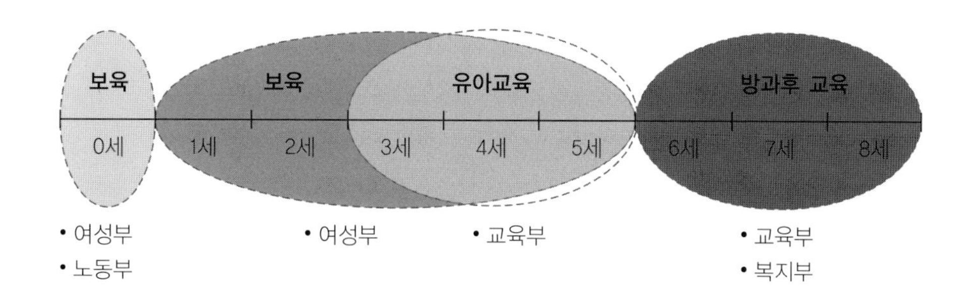

[그림 5-1] 양육지원의 정책대상

출처: 고령화 및 미래사회위원회(2004), p. 12.

육'과 함께 '방과후 교육'을 포함하는 것으로 설정하였고, 중장기 방향을 제시하였다. 제2차 보고는 2005년 3월에 기초조사 결과를 토대로 중장기 사업 및 재정계획을 수립하여 보고하기로 하였다. 또 제3차 보고는 2006년 3월에 사업평가에 근거한 중장기 사업 및 재정계획을 재수립하여 실시하기로 하였다(고령화 및 미래사회위원회, 2004: 30).

노무현 대통령은 제1차 육아지원 정책 방안 보고 및 논의과정에서 「영유아보육법」에 따라 2005년부터 매 5년마다 실시하기로 되어 있는 '보육실태조사'와 유아교육을 포함한 전국 실태조사를 2004년에 앞당겨 실시하도록 지시하였다. 보육업무가 2004년 6월 12일부터 여성부로 이관됨에 따라 여성부가 새로운 정책을 조기에 수립할 필요가 있었고, 고령화 및 미래사회위원회가 제1차 방안을 구체화하여 제2차 방안을 마련하기 위해서는 기초자료를 생산해야 할 필요가 있었기 때문이었다(서문희 외, 2005: 1).

새로 보육업무를 맡게 된 여성부는 정책수립의 기초자료를 확보하기 위해 '2004년도 전국 보육 · 교육 실태조사'를 발주하였다. 실태조사의 제1과제인 '보육 · 교육 이용 및 욕구 실태조사'는 한국보건사회연구원, 제2과제인 '보육시설 실태조사'는 한국여성개발원, 제3과제인 '유치원 실태조사'는 한국교육개발원, 제4과제인 '표준보육 · 교육단가 및 적정부담 수준에 관한 연구'는 한국조세연구원이 수행하였다. 정책연구는 2004년 9월부터 2005년 2월까지 이루어졌다(정책기획위원회, 2008a: 38-39).

이는 김대중 정부 당시인 2002년 11월 '유아교육 · 보육 발전방안'을 수립하기 위해 관계부처와 4개 국책연구기관이 참여하여 정책연구를 실시한 것과 유사하다. 당시 정책의 컨트롤 타워는 '인적자원개발회의'였으나 노무현 정부에서는 '고령화 및 미래사회위원회'로 바뀌었고, 정책연구의 주무부처는 '교육인적자원부'에서 '여성부'로 바뀌었다.

2) 제2차 육아지원 정책 방안

고령화 및 미래사회위원회는 전국 단위 실태조사를 토대로 2005년 5월 4일 '제2차 육아지원 정책 방안'을 보고하였다. 정책의 목표는 육아지원시설 이용 기회를 확대하여 접근성을 높이고, 가정의 육아비용 부담을 경감하며, 육아의 질적 수준을 높이는 것으로 정하였다(정책기획위원회, 2008a: 47).

세부 추진과제는 다음과 같다. 첫째, 육아지원시설 이용 기회를 확대한다. 이를 위해 지역별 수요·공급에 따른 시설 확충계획을 수립하여 지역별로 균형되게 배치하고, 국·공립 시설을 확충한다. 영아보육시설, 방과후 교실, 지역아동센터를 확대하여 연령별로도 균형되게 배치한다. 초등학교 유휴교실을 0~5세 영유아를 위한 병설유치원, 보육시설 등 통합 육아시설로 활용한다. 둘째, 육아비용을 현실화하고 부모 부담을 경감한다. 이를 위해 표준보육료·교육비를 산정하고, 보육료·교육비 인상에도 불구하고 부모의 부담은 증가하지 않도록 한다. 보육료·교육비 지원은 소득수준별로 차등지원하고, 두 자녀 이상 육아비용을 지원하며, 만 5세 무상교육을 추진한다. 셋째, 육아지원시설의 서비스 수준을 높인다. 세부 방안으로는 유치원 교육과정과 표준보육과정을 상호 연계하여 3~5세 유아가 보육시설 또는 유치원 어느 기관을 선택하더라도 동일한 양질의 유아교육 서비스를 받을 수 있게 한다. 시설 설치기준을 강화하고 시설환경 개선을 지원하여 육아지원시설 환경을 개선한다. 보육시설 평가인증을 2008년까지 완료하고, 유치원도 시범평가를 우선 실시한 후 확대한다. 교사양성 교육과정을 강화하여 대학 교과과정에 통합 보육·교육 관련 과목을 필수과목으로 포함하고, 통합 보육·교육이 가능한 교사인력을 확충한다. 넷째, 수요자 중심의 다양한 서비스를 제공한다. 취업모를 지원하고, 농어촌지역에 마을회관 등을 개보수하여 육아시설로 이용하게 하고, 개보수비를 지원한다. 장애영유아를 위한 서비스를 강화한다(정책기획위원회, 2008a: 47-52).

'제2차 육아지원 정책 방안'에서는 육아지원 정책을 효과적으로 수행하기 위해 부처 협력과 정책조정을 강화하고자 하였다. 국무총리 소속으로 가칭 '육아지원 정책조정위원회'를 설치하여 유아교육·보육 정책 협력을 강화하고, '유아교육·보육위원회'와 '보육정책조정위원회'를 통합하여 '육아지원 정책조정위원회'로 일원화하여 운영하기로 하였다. 또 육아지원 정책에 대한 지자체의 관심도와 재정 집행의 효율성을 높이고, 육아비용 국가 지원에 대한 홍보를 강화하기로 하였다. 그러나 '제2차 육아지원 정책 방안'은 표준보육료·교육비 산정과 육아지원시설 확충 등으로 많은 예산이 요구되었고, 예산 확충방안에 대한 논의가 길어지면서 공식적으로 공개·발표되지 못하였다(정책기획위원회, 2008a: 53).

정부는 저출산·고령화 대책을 추진하는 관련 기구의 설치와 함께 정책 추진을 위한 법적·제도적 기반 구축이 필요하다고 보았다. 이에 따라 2004년 5월부터 기본법 제정을 위한 준비 작업을 거쳐 같은 해 11월 8일 '고령화 및 인구대책 기본법안'을 제출하였다. 국회는 정부 발의 법안과 의원 발의 법안을 병합 심사하여 2005년 4월 26일 본회의에서 「저출산 · 고령사회기본법」이라는 이름으로 통과시켰다(정책기획위원회, 2008b: 58-59).

「저출산 · 고령사회기본법」에 따라 정부는 저출산 · 고령사회 중 · 장기 정책목표와 방향을 설정하고, 저출산 · 고령사회 기본계획을 수립 · 추진하여야 한다. 보건복지부장관은 관계 중앙행정기관의 장과 협의하여 5년마다 기본계획안을 작성하고, '저출산 · 고령사회위원회'와 국무회의의 심의를 거친 후 대통령의 승인을 얻어 기본계획을 확정한다. '저출산 · 고령사회위원회'는 위원장을 포함한 25명 이내의 위원으로 구성하고, 위원장은 대통령이 맡았다. 또 저출산 · 고령사회정책의 효율적인 수립, 조정 및 평가 등 위원회의 업무를 지원하기 위해 보건복지부에 저출산 · 고령사회 추진기구를 두기로 하였다(법률 제7496호, 2005. 5. 18.).

정부는 2005년 9월 1일 대통령직속 '저출산 · 고령사회위원회'를 출범시키고, 같은 해 10월에는 보건복지부에 '저출산 · 고령사회정책본부'를 설치하여 본격적으로 계획 수립 작업에 착수하였다(국정홍보처, 2008: 149-150). 계획 수립 과정에서 가장 복잡한 보육쟁점을 검토하기 위해 5회에 걸쳐 전문가 의견수렴을 실시하였다. 보육 관련 전문가 회의에서는 보조금 제도, 국 · 공립 보육시설 확충 등 다양한 의견이 개진되었다. 그 무렵 자녀양육비 부담이 대다수 가정에서 출산을 중단하는 중요한 요인으로 작용하는 것으로 조사되었다. 이를 해결하기 위해 영유아 보육비에 대한 정부 지원액을 늘리고, 좋은 보육시설도 늘어나야 한다는 지적이 높아졌다(정책기획위원회, 2008b: 69).

정부는 18개 연구기관과 학계 전문가 60여 명이 참여한 연구용역과 함께 관계부처 회의, 민간 간담회, 공청회 등을 거쳐 2006년부터 2010년까지 총 32조 원이 투자되는 '제1차 저출산 · 고령사회 기본계획', 즉 '새로마지 플랜 2010'을 2006년 7월 14일 확정하였다(보건복지부, 2006). 제1차 저출산 · 고령사회 기본계획에서는 출산율 하락추세 반전과 고령사회 적응기반 구축을 목표로 3대 분야에서 70대 이행과제, 230개 세부사업을 추진하기로 하였다. '출산과 양육에 유리한 환경 조성' 분야의 중점 추진과제는 다음과 같다. 첫째, 자녀양육 부담 경감을 위해 영유아교육 · 보육비 지원을 중산층까지 확대하고, 방과후 학교 확대 등 사교육비 부담경감을 지원한다. 둘째, 다양하고 질 높은 육아지원 인프라 확충을 위해 유치원과 어린이집 등 육아지원시설을 확충하고, 민간보육시설의 서비스를 개선하며, 수요자 중심의 다양한 육아지원 서비스를 확대한다(관계부처 합동, 2006: 37-57).

한편, 여성부는 2005년 3월 24일 개정된 「정부조직법」에 따라 같은 해 6월 23일부터 보건복지부가 수행하던 가족정책 기능을 이관 받아 '여성가족부'로 명칭을 변경하였다(법률 제7413호, 2005. 3. 24.). 여성가족부는 약 1년간 전문가 토론과 공청회 등 의견수렴, 관계부처 협의를 거쳐 2006년 7월 27일 '제1차 중장기 보육계획(2006~2010)', 즉 '새싹플랜'을 확정·발표하였다. 이 계획은 당시 민간 위주로 보육서비스가 제공되고 있고, 보육서비스 수준이나 다양성이 수요자의 기대를 충족시키지 못하고 있다는 현실을 극복하고자 '보육의 공공성 강화'와 '양질의 보육서비스 제공'을 정책목표로 설정하였다. 정책목표를 달성하기 위해 공보육 기반조성, 부모의 육아 부담 경감, 다양한 보육서비스 제공, 아동 중심의 보육환경 조성, 보육서비스 관리체계 강화 등 5개 정책분야와 20개 주요 정책과제를 정하였다. 이 가운데 핵심과제는 국·공립 보육시설을 2005년 1,352개소에서 2010년 2,700개소로 두 배 확충하고, 장기적으로 보육시설 이용 아동 기준 30% 수준까지 확충하는 것이었다. 또 보육료 지원 확대와 유아 기본보조금 도입에 따른 보육시설 운영의 투명화 및 질 관리를 위하여 평가인증시스템 확대, 보육행정전산망 전국 확대 시행, 보육시설 운영위원회 활성화 등을 추진하기로 하였다(여성가족부, 2006a: 2-4).

유아교육 분야는 두 차례 중장기 계획 수립을 시도했지만 성과를 내지 못했다. 교육부는 2005년 10월, '유아교육발전 종합계획 수립'을 위해 정책연구를 발주하였다. 정책연구진은 "모든 유아를 위한 양질의 유아교육 실현"을 '2010 유아교육 비전'으로 제시하였다. 그 실천과제로는 유아교육비 지원, 유아학교 체제 구축, 유아교육의 접근성 확보, 유아교육 서비스 및 질적 수준 제고, 유아교원 전문성 확립, 유아교육 지원체제 확립 등 여섯 가지를 제시하였다(정미라 외, 2005: 9). 취학 전 유아교육의 공교육화를 지향하는 유아학교 체제 구축 과제가 포함된 것이 특징이다. 그러나 2010년까지 유아교육의 비전을 제시하고자 했던 교육부의 의도는 관철되지 못하였다.

교육부는 2007년 6월에 다시 유아교육발전 5개년 계획 수립을 위한 정책연구를 발주하였다. 이에 앞서 정부는 2006년 7월 '제1차 저출산 고령사회 기본계획'을 수립하였고, 2006년 8월에는 '함께 가는 희망한국 비전 2030'을 발표하여 환경 변화에 대응하기 위한 우리 사회의 장기적인 방향과 미래 비전을 제시했었다. 이러한 국가

계획들과 연계하여 유아교육 분야에서 실행력을 확보할 수 있는 전략을 마련할 필요가 있었고, 여성가족부가 2006년 7월 '제1차 중장기 보육계획'을 수립 · 시행하고 있는 것도 하나의 요인이었다. 정책연구진은 교육부총리 주재 토론회, 전문가 자문회의, 지역 토론회와 공청회 등을 거쳐 2008년 2월 결과물을 제출하였다(정미라 외, 2008: 3-18). 정책연구에서는 3대 추진과제로 유아에게 질 높은 서비스 제공, 가정의 자녀양육 부담 경감, 유치원의 공공성 제고를 제시하였다. 그러나 노무현 정부의 임기가 끝나면서 유아교육발전 5개년 계획은 수립되지 못하였다.

3) 보육의 공공성 강화

노무현 정부 당시 실현된 정책들은 유아교육과 보육 분야에 모두 적용되는 내용, 유아교육 분야에만 적용되는 내용, 보육 분야에만 적용되는 내용 등 세 가지로 나눌 수 있다.

먼저 유아교육과 보육 분야에 모두 적용되는 내용이다. 첫째, 공평한 교육기회를 제공하고 학부모의 과다한 교육비 부담을 완화하기 위해 만 5세아 무상교육비 · 보육료와 만 3~4세아 차등교육비 · 보육료 지원을 확대하였다.

만 5세아 교육비와 보육료는 2006년까지 저소득층 위주로 지원했지만 2007년부터는 중산층 자녀까지 지원을 확대하였다. 지원대상자는 도시근로자 가구 월평균 소득을 기준으로 선정하였는데, 월평균 소득은 '소득평가액'과 '재산의 소득환산액'을 합산한 '소득인정액'을 기준으로 하였다(교육인적자원부, 2007: 1-4). 지원단가는 소득계층별, 지역별, 시설 유형별로 차이가 있었다. 예를 들어, 2003년 지원단가를 보면, 법정저소득층과 농어촌지역 기타 저소득층의 유아가 유치원에 다니면 입학금 · 수업료 전액을, 보육시설에 다니면 월 12만 5천 원을 지원하였다. 도시지역 기타 저소득층의 경우, 국 · 공립유치원은 입학금 · 수업료 전액을, 사립유치원은 월 10만 5천 원 범위 내에서 입학금 · 수업료를 지원하였고, 보육시설 중 국고보조시설은 월 9만 원, 민간보육시설은 월 10만 5천 원을 지원하였다. 기타 저소득층의 소득인정액과 지원단가는 매년 조금씩 상향 조정되었다. 〈표 5-3〉은 2003년부터 2007년까지 만 5세아 지원대상 및 지원단가의 변화 추이를 보여 준다.

〈표 5-3〉 만 5세 유아 지원대상 및 지원단가 변화 추이(2003~2007년)

연도	지원대상 (4인 가구 기준)	지원단가(원)	
		국·공립유치원	사립유치원, 민간보육시설
2003	소득인정액 215만 원 이하 (법정 및 기타 저소득층)	법정저소득층 및 농어촌 (입학금, 수업료 전액)	105,000
2004	소득인정액 223만 원 이하 (법정 및 기타 저소득층)	입학금, 수업료 전액	110,000
2005	소득인정액 272만 원 이하 (법정 및 기타 저소득층)	입학금, 수업료 전액	153,000
2006	소득인정액 318만 원 이하 (법정 및 기타 저소득층)	53,000	158,000
2007	소득인정액 369만 원 이하 (도시근로자 월평균 소득)	53,000	162,000

출처: 교육부(2014); 보건복지부(2003c, 2004); 여성부(2005); 여성가족부(2006b, 2007)에서 재구성.

보육시설에 다니는 저소득층의 만 0~4세 자녀는 2003년까지 보육료를 지원받아 왔지만, 유치원에 다니는 저소득층의 만 3·4세 자녀는 2004년에 처음으로 유아교육비를 지원받았다. 법정저소득층과 기타 저소득층 자녀가 지원대상이었는데, 기타 저소득층의 지원대상은 4인 가구 기준 소득인정액 127만 원에서 159만 원 이하 가구 유아였다. 지원단가는 법정저소득층 자녀의 경우 입학금·수업료 전액을, 기타 저소득층 자녀는 소득계층 및 지역에 따라 입학금·수업료의 40% 또는 60%를 차등 지원하였다(교육부, 2014). 2005년에는 두 자녀 이상이 동시에 취원하고 있는 경우, 둘째아 이상에게 교육비와 보육료 일부를 지원하였다.

영유아 보육료 재원은 「영유아보육법」과 「보조금의 예산 및 관리에 관한 법률」에 따라 국고보조사업으로 실시하였는데, 국고보조 비율은 「보조금의 예산 및 관리에 관한 법률 시행령」 제4조 제1항에서 정하였다. 유아교육비 지원도 국고보조사업으로 국가와 지방자치단체가 각각 50%씩 비용을 부담하였다. 그러나 노무현 정부 시기에 「지방교육재정교부금법」 개정과 함께 유아 학비 지원 예산의 지방이양이 이루어졌다. 먼저 2006년 12월 지방교육재정의 안정적인 확보를 위하여 내국세분 교부금의 교부율을 내국세 총액의 19.4%에서 2008년부터 20%로 인상하는 것을 주요 내용으로 하는 「지방교육재정교부금법」이 개정되었다. 이후 2008년 2월에는 유아교육비 지원 사업과 방과후 학교 사업 등 지방이양 사업에 대한 근거를 명시하고, 기준재정수요 측정항목에 포함하기 위해 「지방교육재정교부금법 시행령」이 개정되었다(국가법령정보센터 홈페이지). 이에 따라 그동안 국고보조금으로 지원해 온 유아교육비 지원사업은 2008년 3월부터 지방교육재정교부금으로 지원하기 시작하였다.

둘째, 유아교육과 보육의 통합적 발전방안을 제시하고 육아정책 연구개발의 싱크탱크로 자리매김할 수 있도록 지원하기 위해 2005년 12월 '육아정책개발센터'가 설립되었다. 교육부 · 여성부 · 기획예산처가 교육 · 보육 연구기관의 통합 설립에 합의하였고, 2005년 8월 17일 국무총리 주재 국정현안정책조정회의에서 확정하였다. 경제인문사회연구회 이사장, 한국교육개발원장, 한국여성개발원장, 한국보건사회연구원장은 2005년 9월 30일 양해각서를 체결하여 같은 해 12월 5일 3개 연구기관 공동 부설형태로 육아정책개발센터를 설치하였다. 육아정책개발센터는 2009년 12월 '육아정책연구소'로 명칭을 변경하였다(교육인적자원부, 한국교육개발원, 2007: 306; 육아정책연구소 홈페이지).

유아교육 분야에만 해당되는 내용으로는, 첫째, 유치원 종일제 운영이 급격하게 증가하였다. 맞벌이 부부의 증가와 여성의 사회 참여 확대로 유아의 종일 교육 · 보육에 대한 요구가 증가하였으나 노무현 정부 이전에는 종일반 운영 유치원 수가 수요에 훨씬 미치지 못하였다. 2002년에는 전체 유치원의 29.6%만 종일반을 운영하였으나, 2003년에는 35.2%, 2004년 46.3%, 2005년 62.5%, 2006년 73.3%, 2007년 81%로 계속 늘어났다. 둘째, 사립유치원에 대한 재정지원 확대를 위해 2006년부터 농어촌지역과 30만 명 미만 도농복합지역 사립유치원 학급 담임교사에게 학급담임수당을 지원하기 시작하였다(교육인적자원부, 한국교육개발원, 2007: 304-306).

만 5세아 무상교육비와 만 3~4세아 차등교육비 지원대상이 확대되었지만 유치원 수와 원아 수는 크게 늘어나지 않았다. 〈표 5-4〉는 1998년부터 2008년까지 유치원과 원아 수 변동 추이를 보여 준다. 유치원은 1998년 8,973개에서 2008년 8,344개로 629개 줄었는데, 대부분 사립유치원 감소에 따른 것이었고 국 · 공립유치원은 28개 늘었다. 같은 기간 유치원 원아는 533,912명에서 537,822명으로 3,910명 늘었는데, 국 · 공립유치원 원아는 13,458명 감소했고, 사립유치원 원아는 17,368명 증가하였다. 전체 유치원 원아 중에서 국 · 공립유치원 원아가 차지하는 비율은 1998년 24.8%에서 2008년 22.2%로 줄었다.

〈표 5-4〉 유치원 수, 유치원 원아 수 변동 추이(1998~2008년)

구분		1998	2000	2002	2004	2006	2008
유치원 수	국·공립	4,455	4,176	4,240	4,328	4,460	4,483
	사립	4,518	4,318	4,103	3,918	3,830	3,861
	계	8,973	8,494	8,343	8,246	8,290	8,344
원아 수	국·공립	132,586	122,208	119,568	123,906	121,324	119,128
	사립	401,326	423,055	430,688	417,807	424,488	418,694
	계	533,912	545,263	550,256	541,713	545,812	537,822

출처: 교육통계서비스 홈페이지. 각 연도 교육통계연보.

이에 비해 보육 분야의 발전은 다채롭다. 유아교육은 초·중등교육과 함께 모든 유아를 대상으로 하는 보편적 공교육의 기반 아래 운영되어 왔다. 그러나 소외된 저소득층 자녀를 지원하기 위하여 발생한 보육은 저소득층 자녀를 우선하는 정책을 수행해 왔다. 사회의 변화에 따라 모든 가정이 보육의 대상이 되면서 노무현 정부는 육아지원의 이념으로 보편성과 공공성을 채택하였다(국정홍보처, 2008:163). 그 대표적인 정책이 보육료 지원 확대, 기본보조금 제도의 도입, 보육서비스의 질적 수준 개선이다.

첫째, 보육료 지원은 1991년 시설 운영 지원을 위해 탁아급식비를 지원한 이래 1992년부터 2003년에는 차상위 계층까지 지원하였으나 2004년 이후부터 점차 그 대상과 지원기준을 상향 조정하였다(정책기획위원회, 2008a: 89). 보육료 지원사업 대상은 2004년까지는 저소득층, 만 5세아, 장애아였으나 2005년부터는 두 자녀 보육료 지원이 추가되었다. 정부 보육료 지원 예산은 2003년부터 2008년까지 매년 30% 이상 늘어났는데, 2003년 1,171억 43백 만 원에서 2008년 8,078억 51백 만 원으로 6.9배 증가했다. 보육료 수혜 영유아는 2003년 21만 명에서 2008년 83만 6천여 명으로 약 4배 늘었다(각 연도 보육사업안내).

보육료 지원대상을 확대하자 보육시설과 보육시설 이용 아동도 증가하였다. 〈표 5-5〉는 1998년부터 2008년까지 보육시설과 보육아동 수 변동 추이를 보여 준다. 보육시설은 1998년 17,605개에서 2008년 33,499개로 약 1.9배 증가하였고, 보육아동은 1998년 556,957명에서 2008년 1,135,502명으로 2배 증가하였다. 그러나 전체 보육아동 중에서 국·공립 보육시설 아동이 차지하는 비율은 1998년 16.4%에서 2008년 10.8%로 오히려 줄어들었다.

〈표 5-5〉 보육시설, 보육아동 변동 추이(1998~2008년)

구분		1998	2000	2002	2004	2006	2008
보육시설 (개)	국 · 공립	1,258	1,295	1,330	1,349	1,643	1,826
	민간	9,622	11,304	12,679	14,728	15,464	15,798
	직장	184	204	199	243	298	350
	가정	6,541	6,473	7,939	10,583	11,828	15,525
	계	17,605	19,276	22,147	26,903	29,233	33,499
보육아동 (명)	국 · 공립	91,260	99,666	103,351	107,335	114,657	123,405
	민간	400,906	510,567	597,971	691,343	762,926	784,850
	직장	5,823	7,807	8,730	11,787	14,538	16,809
	가정	58,968	67,960	90,939	119,787	148,240	210,438
	계	556,957	686,000	800,991	930,252	1,040,361	1,135,502

출처: KOSIS 국가통계포털 홈페이지.

둘째, 국 · 공립 및 법인 보육시설의 교사 중심 인건비 지원 방식을 영유아별 기본보조금 방식으로 전환하는 정책을 추진하였다. 기본보조금 제도는 그동안 시설유형 간 부모 부담액에 차이가 있었고 보육서비스 개선 요구가 높으나 이를 위해서는 비용이 증가하므로 부모 부담은 높이지 않으면서도 양질의 육아서비스를 이용할 수 있도록 표준보육비용을 산정하고 부모 부담 보육료의 차액을 정부가 부담하는 제도이다(정책기획위원회, 2008a: 72-73).

기본보조금은 정부 재정부담을 고려하여 단계적으로 지원수준을 확대한다는 것이 방침이었다. 처음에 '고령화 및 미래사회위원회'는 민간 육아지원기관의 기본보조금 지원 비용을 2006년에는 '표준보육료 · 교육비'의 80% 수준으로 하고 매년 5%씩 상향 조정하여 2010년에 '표준보육료 · 교육비' 수준에 도달한다는 계획이었다. 여성가족부는 부모 부담 보육료의 기관 간 격차 해소를 위해 2006년으로 앞당겨 조기 실시하는 방안을 제시하였다. 실제 2006년 기본보조금 지급을 보면, 영아는 종전에 실시하던 영아지원을 2006년부터 기본보조금이란 용어로 재정의하여 계획대로 실시하였다. 유아는 2006년 10월부터 2007년 2월까지 시범사업을 실시한 후 평가를 거쳐 2009년부터 본격 지급한다는 계획을 세웠다(정책기획위원회, 2008a: 78).

기본보조금 지원대상은 민간보육시설을 이용하는 만 2세 이하 영아였고, 지원단가는 2006년 0세 249,000원, 1세 104,000원, 2세 69,000원이었다. 2008년에는 농산

어촌 유아반 기본보조금이 도입되었는데,[2)] 민간시설을 이용하는 만 3~5세 유아 5만 6천 명에게 45,000원을 지원하였다(여성가족부, 2006b; 여성가족부, 2008).

셋째, 2004년 1월 전면 개정된「영유아보육법」이 2005년 1월부터 시행됨에 따라 보육교사 국가자격제도, 표준보육과정 개발 · 보급, 보육시설 평가인증제도 등 보육서비스의 질적 수준을 개선하기 위한 정책들이 시행되었다.

보육교사 자격은 그동안 자격인정제로 운영되었으나「영유아보육법」개정으로 보육교사 자격증제도가 도입되면서 자격검정 및 자격증 발급체계를 구축하였다. 보육교사자격관리사무국이 설치된 2005년 보육교사 자격증 발급건수는 6만 353건, 2006년 9만 3,478건, 2007년 11만 584건이었다. 2006년 12월부터는 시설장 자격증 발급교부 업무가 시작되어 2007년부터 사무국 명칭이 '보육자격관리사무국'으로 변경되었다(국정홍보처, 2008: 167).

유치원은 1969년에 '유치원 교육과정'이 제정되어 그동안 여러 차례 개정되어 왔다. 보육시설은 뚜렷한 보육과정이 없었으며,「영유아보육법」전면개정을 계기로 표준보육과정 개발 · 보급에 관한 법적 근거를 마련하였다. 여성부는 2004년 12월 표준보육과정 개발을 위한 연구용역을 발주하였고, 2005년 11월에는 의견수렴을 위한 공청회를 개최하였다(여성가족부, 2005). 이어 2007년 1월 3일「표준보육과정의 구체적 보육내용 및 교사지침」을 고시하였다(여성가족부고시 제2007-1호).

보육시설 평가인증제도는 김대중 정부 때인 2002년 3월 '보육사업 활성화 방안'의 과제 중 하나로 발표되었다. 보건복지부는 2002년 6월부터 평가인증제 도입 기본계획 마련을 위한 전문가 간담회를 개최하였고, 2003년 4월 한국여성개발원에 평가인증제 실시모형 개발을 위한 정책연구를 의뢰하였다(보건복지부, 2003b). 2004년 1월「영유아보육법」개정으로 평가인증제도의 법적 근거를 갖게 되었고, 2004년 6월 보육업무의 여성부 이관으로 평가인증의 구체적인 내용은 여성부 주도로 만들어졌다. 어린이집 평가인증은 2005년 시범실시를 거쳐 2006년에는 본격 시행되었다(정책기획위원회, 2008a: 110).

그 밖에 여성가족부는 2007년에 e-보육, 즉 '표준보육행정시스템'을 구축하였고, '보육시설 운영위원회'와 보육시설 '재무회계규칙'을 도입하였다(정책기획위원회,

2) 2009년부터 영아기본보조금은 만 0~4세 아동을 대상으로 가구원수별 소득인정액 기준에 따라 정부지원 단가를 지원하는 차등보육료와 통합되었고, 유아기본보조금 사업은 종료되었다(보건복지가족부, 2009, p. 374).

2008a: 113-116). 2000년대 보육 분야는 양적으로나 질적으로 괄목할 만한 발전을 이루었고 보육의 공공성은 강화되었다.

4) 유아교육과 보육의 통합 제안

노무현 정부의 임기가 끝나는 2008년 2월, '대통령자문 정책기획위원회'는 지난 5년간 추진되었던 핵심정책 중 77개 과제를 선정하여 '참여정부 정책보고서'를 발간하였다. 그 가운데 하나가 '안정적 자녀양육 지원체계 구축'이며, '보육의 공공성 강화를 위한 노력'이라는 부제가 달렸다. 이 정책보고서는 크게 세 부분으로 구성되었다. 제1부에서는 참여정부 이전에 진행되었던 정책의 진행과정과 문제점을 짚어보았고, 제2부에서는 참여정부 육아지원 정책의 내용과 과정, 문제점과 성과를 살펴보았다. 제3부는 앞으로 나아가야 할 방향과 풀어야 할 숙제를 다루었다(정책기획위원회, 2008a: 3).

정책기획위원회는 제3부에 해당하는 "육아지원 정책 어디로 가야 하나?"에서 유아교육과 보육의 통합에 대해 언급하였다. 주요 내용은 다음과 같다. 가정의 자녀양육을 지원하는 대표적인 육아지원기관은 유치원과 보육시설인데, 두 기관은 상당한 갈등관계에 있다. 우리나라 유아교육과 보육은 오랫동안 서로 구별된 영역에서 독자적으로 발전해 왔지만, 산업사회 이후 서비스 대상이 확대되고 보편화되면서 두 영역의 기능적 차이는 감소하고 유사성은 증가하는 추세이다. 이처럼 유치원과 보육시설의 사회적 역할과 실제 운영이 점차 유사해지자 정부는 행정 효율화를 이유로 체제 일원화를 모색하기 시작하였고, 유아교육과 보육의 협력과 통합은 최우선 정책과제로 부각되어 왔다. 1990년대 중반 이후 교육개혁 차원에서 유아교육과 보육의 통합 논의가 있었으나 진전되지 못하였고, 세계 최저 수준의 저출산 위기를 맞아 계속 증액되는 육아지원 재정의 효율적인 지출을 위해 유아교육과 보육 통합의 중요성은 더욱 증가되고 있다. 선진적인 육아지원 정책을 수립한 국가들은 유아교육과 보육의 이원화 문제를 극복함으로써 효과적인 육아정책을 실시하고 있고, 그 밖에 육아지원의 중요성을 인식하는 국가들도 최근 유아교육과 보육을 통합하는 정책방안을 모색하고 있다(정책기획위원회, 2008a: 129-131).

이에 따라 정책기획위원회는 유아교육과 보육 통합에 관한 논의가 이루어져야 할 필요성으로 네 가지를 들었다. 첫째, 육아재정의 효율성을 높이기 위해서이다.

우리나라의 2005년도 육아재정은 유아교육과 보육 분야를 합쳐 2조 3천억 원 규모로 GDP 대비 0.258% 수준이며 앞으로도 더욱 증가될 전망이므로 육아재정이 종합적이고 체계적으로 지출될 수 있도록 재정배분의 합리성과 형평성을 높여야 한다는 것이다. 둘째, 사회통합 차원에서 필요하다. 유아교육과 보육의 이원화 체제는 교직원과 종사자, 학계와 전문가들을 반목하게 하고, 두 영역에 대한 정책지원의 비형평성 문제를 제기하며, 사회 갈등을 일으킨다. 셋째, 실효성 있는 육아지원 정책을 시행하기 위해 유아교육과 보육의 제도적 통합은 세계적 추세이다. 주요 선진국들은 유아교육과 보육의 이분법적 사고를 벗어나 종합적이고 일원화된 육아지원 제도를 수립해 나가고 있다. OECD는 유아교육과 보육에 대한 통합적 개념과 정부의 체계적인 접근만이 두 분야의 분리로 인한 중복과 갈등 및 혼란을 막을 수 있는 유일한 길임을 강조했다. 또 2006년 우리나라 ECEC 검토보고서에서 육아정책의 효율성과 아동양육의 형평성 차원에서 관행적 · 제도적 이원화 문제를 반드시 해결해야 할 과제로 제시했다. 넷째, 육아정책 환경의 변화 때문이다. 유치원은 종일제를 도입 · 확대하여 보호서비스를 포함하고, 보육시설은 교육환경과 경험을 제공하기 위한 프로그램을 적극 포함하여 두 시설의 서비스 기능이 유사해졌다. 그리고 유아교육과 보육의 협력과 통합정책에 대한 정부의 관심과 국민적 공감대가 형성되어 가고 있다. 정부는 유아교육과 보육 통합이라는 시대적 요구를 수용하여 2005년 12월 '육아정책개발센터'를 설립하였다(정책기획위원회, 2008a: 131-132).

정책기획위원회는 유아교육과 보육의 통합을 위한 과제로 아홉 가지를 들었다. 첫째, 교육 중심의 반일제 유치원과 보육 위주의 종일제 보육시설의 기능이 수요자 중심으로 통합되어 서비스 운영시간의 조정 및 일원화가 이루어져야 한다. 둘째, 3~5세 대상 유치원과 0~5세 대상 보육시설의 영유아 연령이 0~5세로 조정 및 일원화되어야 한다. 셋째, 유치원과 보육시설을 모두 포괄할 수 있도록 시설 · 설비기준을 조정 및 통일해야 한다. 넷째, 표준보육과정과 유치원 교육과정을 상호 보완하여 통합해야 한다. 다섯째, 교사 자격제도의 일원화는 가장 핵심과제로 추진해야 한다. 여섯째, 교육청 중심의 유아교육 전달체계와 지방자치단체 중심의 보육 전달체계를 통합해야 한다. 일곱째, 보육정보센터를 유치원과 보육시설을 함께 지원하는 '육아지원정보센터'로 통합하는 것이 바람직하다. 여덟째, 유치원 장학사와 보육시설 평가인증사무국 기능을 통합한 평가기구가 설치 · 운영되어야 한다. 아홉째, 유치원과 보육시설, 국 · 공립과 사립 시설별 영유아 1인당 교육 · 보육비를 통일하고, 예산지원 체계도 통합되어야 한다(정책기획위원회, 2008a: 133).

제6장부터 제9장까지 다룰 누리과정 정책은 정책기획위원회가 제시한 아홉 가지 과제 중에서 유치원 교육과정과 표준보육과정을 통합하고, 그에 소요되는 재정을 통합하는 정책에 해당한다고 할 수 있다.

참고문헌

MK뉴스(2002. 1. 31.). 만 5세아 무상교육비 지원 기준 확정. https://www.mk.co.kr/news/home/view/2002/01/29876/

고령화 및 미래사회위원회(2004). 미래인력 양성 및 여성 경제참여 확대를 위한 육아지원 정책방안. 2004. 6. 11. 제46회 국정과제회의 보고자료.

관계부처 합동(2006). 제1차 저출산고령사회 기본계획(안) 2006~2010. 보건복지부, 저출산고령사회 기본계획 확정. 2006. 7. 14. 보도자료 붙임.

교육개혁위원회(1996). 세계화 · 정보화 시대를 주도하는 신(新)교육체제 수립을 위한 교육개혁 방안(II). 1996. 2. 9. 제3차 대통령 보고서. 서울: 교육개혁위원회.

교육부(1999). 교육발전 5개년 계획 시안. 서울: 교육부.

교육부(2014). 유아교육비 지원 현황. 내부자료.

교육위원회(2003). 유아교육법안 심사보고서. 국회 의안정보시스템. 의안번호 161291.

교육인적자원부(2001). 사람과 지식 중심의 국가발전을 향한 21세기 청사진 마련: 국가 인적자원개발기본계획 발표. 2001. 12. 17. 보도자료.

교육인적자원부(2007). 2007학년도 유아교육비 지원계획.

교육인적자원부, 한국교육개발원(2007). 교육백서: 2003~2007. 서울: 교육인적자원부.

국무조정실(2002). 보육사업 활성화 방안. 국가기록원.

국민경제자문회의사무처, 국무조정실, 재정경제부, 기획예산처(2000). 일자리 창출 등을 통한 저소득층 생활향상 대책 수립방안. 국가기록원.

국정홍보처(2008). 참여정부의 국정운영 백서. 4편. 사회. 서울: 국정홍보처.

기획예산위원회(1998). 국민의 정부 국정과제. 기획예산위원회, 정부간행물제작소.

나정, 서문희, 유희정, 박기백(2003). 영유아 교육과 보육 발전방안. 서울: 한국교육개발원.

나정, 유희정, 문무경(2000). 유아학교 모형 개발 연구. 서울: 한국교육개발원.

대통령비서실(2000). 2000년 새천년 신년사. 김대중대통령 연설문집 제2권. 국가기록원.

대통령비서실(2004). 노무현대통령 연설문집(제1권). 국가기록원.

대통령비서실 고령사회대책 및 사회통합기획단 인구 · 고령사회대책팀(2004). 저출산 · 고령사회 대응을 위한 국가실천전략. 2004. 1. 15. 제35회 국정과제회의 보고자료.

대한민국정부(2001). 국가인적자원개발기본계획: 사람, 지식, 그리고 도약.

대한민국정부(2006). 국가인적자원개발 백서: 인재강국코리아 · Creative Korea 2000-2006. 서울: 교육인적자원부.

백선희(2009). 김대중 · 노무현 정부 10년의 보육정책 평가: 국가계획을 중심으로. 상황과 복지, 28, 95-141.

보건복지가족부(2009). 2009 보육사업안내.

보건복지부(2001a). 영유아보육사업 제도 개선을 위한 공청회 개최. 2001. 5. 29. 보도자료. 보건복지부 홈페이지.

보건복지부(2001b). 보육사업 종합발전계획(안) 마련. 2001. 8. 7. 보도자료.

보건복지부(2001c). 정부, 보육사업의 획기적 발전을 위한 마스터플랜 제시. 2001. 12. 17. 보도자료.

보건복지부(2003a). 영유아 보육사업 주관부처 이관 문제. 2003. 3. 25. 보도자료.

보건복지부(2003b). '보육시설 평가인증제 실시모형 개발' 공청회 개최. 2003. 7. 24. 보도자료.

보건복지가족부(2003c). 2003년도 보육사업안내.

보건복지가족부(2004). 2004년도 보육사업안내.

보건복지부(2006). 저출산 고령사회 기본계획 확정. 2006. 7. 14. 보도자료.

보건복지부, 노동부, 여성부(2002). 젊은 맞벌이 부부의 육아문제 획기적 해결을 위한 범정부 차원의 보육종합대책 마련. 2002. 3. 6. 보도자료.

보건복지부, 한국보건사회연구원(1998). 보육시설확충 3개년계획 평가에 관한 연구. 경기: 보건복지부.

서문희(2004). 2004 영유아보육법 개정의 의미와 과제. 보건복지포럼, 91.

서문희 외, 여성부, 한국보건사회연구원(2005). 보육 · 교육 이용 및 욕구 실태조사 보고. 서울: 여성부, 한국보건사회연구원.

서울신문(2003. 2. 28.). 참여정부 첫 내각 발표… 경제부총리 김진표. http://www.seoul.co.kr/news/newsView.php?id=20030228001003

여성가족부(2005). 여성가족부, 표준보육과정 개발 보급. 2015. 11. 2. 보도자료.

여성가족부(2006a). 2010년, 보육료 지원아동 비율을 80.8%까지 확대. 2006. 7. 27. 보도자료.

여성가족부(2006b). 2006 보육사업안내.

여성가족부(2007). 2007 보육사업안내.

여성가족부(2008). 2008 보육사업안내.

여성부(2003). 주요 현안업무 보고.

여성부(2005). 2005 보육사업안내.

오마이뉴스(2003. 4. 24.). 보육업무 여성부 이관 '뜨거운 논쟁'. http://www.ohmynews.com/NWS_Web/view/at_pg.aspx?CNTN_CD=A0000119620

유희정(1999). 수요자 입장에서 본 보육정책 평가. 한국여성개발원 연구보고서.

이원영(2004). 유아교육법 제정과정과 그 의의. 유아교육학논집, 8(4), 5-32.
재정경제부(2000). 우리경제, 많이 달라지고 있습니다.「국민의 정부 2년」경제정책의 성과와 과제. 경기: 기획재정부.
재정경제부, 기획예산처(1999). 중산층 및 서민생활 안정대책. 기획재정부 홈페이지.
정미라, 나정, 박은혜, 하봉운(2008). 유아교육발전 5개년 계획(안) 연구. 경기도교육청.
정미라, 천세영, 신은수, 문무경(2005). 유아교육 발전 종합계획 수립: 비전 2010. 서울: 교육인적자원부.
정책기획위원회(2008a). 안정적 자녀양육 지원체계 구축. 참여정부 정책보고서, 2-26.
정책기획위원회(2008b). 저출산 · 고령사회 대응. 참여정부 정책보고서, 2-25.
제16대 대통령직 인수위원회(2003). 제16대 대통령직 인수위원회 백서 대화.
중앙일보(2003. 4. 28.). 보육업무 여성부 이관 논란. https://news.joins.com/article/160512
참여연대(2004). 대통령직속 인구 · 고령사회대책팀의 출범과 향후 활동방향. http://www.peoplepower21.org/Welfare/654104.
한국여성단체연합(2003). 보육업무 여성부 이관에 대해 환영의 뜻을 표한다. 한국여성단체연합(http://www.women21.or.kr).
한만길 외(2007). 5 · 31 교육개혁의 성과와 과제. 서울: 대통령자문 교육혁신위원회.
황보영란(2014). 영유아보육법에 관한 연혁적 고찰. 육아지원연구, 9(2), 125-146.

교육통계서비스(https://kess.kedi.re.kr).
국가기록원(http://www.archives.go.kr)
국가법령정보센터(http://www.law.go.kr)
기획재정부(http://www.moef.go.kr)
노무현사료관(http://archives.knowhow.or.kr)
보건복지부(http://www.mohw.go.kr)
육아정책연구소(http://www.kicce.re.kr)
의안정보시스템(http://likms.assembly.go.kr/bill)
참여연대(http://www.peoplepower21.org)
한국여성단체연합(http://www.women21.or.kr)
KOSIS 국가통계포털(http://kosis.kr)

제3부

누리과정 정책과 유보통합 추진방안

5세 누리과정 도입

개요

2009년 11월에 '만 5세 초등학교 취학'이 저출산 대책 방안의 하나로 제안됨에 따라 이명박 정부는 대안 검토 후 '만 5세 무상교육 강화'를 정책의제로 설정하였다. 정부는 관계부처 협의를 거쳐 2011년 5월 2일 '만 5세 공통과정' 도입 계획을 발표하였고, 대국민 공모를 하여 '5세 누리과정'으로 명칭을 변경하였다. 제도 도입을 위한 후속조치로 2011년 9월 5일 공통 교육 · 보육과정인 '5세 누리과정'을 개발 · 고시하였고, 2011년 9월 30일 관련 법령을 정비하였다. 국회 예산심의를 거쳐 예산을 확보하는 한편, 2012년 2월까지 교사용 자료를 개발 · 보급하고 교사연수를 완료하였다. 2012년 3월 1일부터 만 5세 유아를 대상으로 누리과정이 시행되었다.

1. 제도 도입 배경

2007년 12월 제17대 대통령 선거 결과, 한나라당 이명박 후보가 당선되었다. 2008년 2월 25일 임기를 시작한 이명박 정부는 '선진 일류국가' 건설을 국정목표로 제시하고, '능동적 복지'와 '인재대국'을 포함한 5대 국정지표와 100대 국정과제를 정하였다(대한민국정부, 2013a).

이명박 정부는 2008년 2월 29일, 정부조직을 대폭 개편하였다. 기획예산처와 재정경제부를 통합하여 '기획재정부'를 신설하고, 교육인적자원부와 과학기술부를 통합하여 '교육과학기술부'를 신설하였다. 또 여성가족부가 수행하던 영유아 보육과 가족에 관한 업무를 보건복지부로 이관하고, 명칭도 각각 여성부와 '보건복지가족부'로 변경하였다(법률 제8852호, 2008. 2. 29.).

보육의 개념에 '가정양육 지원'을 포함하여 「영유아보육법」을 개정한 때는 2008년 12월이었다. 개정된 「영유아보육법」은 보육을 "영유아를 건강하고 안전하게 보호 · 양육하고 영유아의 발달특성에 맞는 교육을 제공하는 보육시설 및 가정양육 지원에 관한 사회복지서비스"라고 정의하였다. 가정 양육수당 제도를 신설하여 유치원이나 보육시설을 이용하지 않는 영유아에게도 국가와 지자체가 양육수당을 지원할 수 있게 한 것이다. 개정 법률은 2009년 7월부터 시행되었다(법률 제9165호, 2008. 12. 19.).

영유아 보육업무를 다시 맡게 된 보건복지가족부는 2009년 4월 새 정부의 국정철학에 부합하는 보육정책 추진 방향을 재설정하기 위해 중장기 보육계획을 수립하였다. 여성가족부가 만든 새싹플랜을 수정 · 보완한 '아이사랑플랜(2009~2012)'이 그것이다(보건복지가족부, 2009: 6).

교육과학기술부도 2009년 12월에 학부모의 육아학비 부담 경감과 수준 높은 유아교육을 보편화하고자 '유아교육 선진화 추진계획'을 마련하였다. 교육과학기술부(이하 '교육부')는 계획을 효율적으로 추진하기 위하여 교육부[1] 주도로 추진할 분야와 유아교육 · 보육의 역할 분담과 같이 범부처 협의가 필요한 분야로 나누었다. 유보통합과 같은 과제는 국무총리실, 미래기획위원회 등에 협의기구 구성을 건의하고, 교육부 차원에서 추진 가능한 과제 중심으로 유아교육 선진화 계획을 수립하였다(교육과학기술부, 2009: 6).

1) 미래기획위원회, 만 5세 초등학교 취학 제안

교육부와 보건복지가족부가 유아교육과 보육 정책을 각각 추진하는 상황에서 2009년 말에 이러한 틀을 흔드는 하나의 방안이 발표되었다. 당시 정부는 '제2차 저출산 · 고령사회 기본계획(2011~2015)'을 준비하고 있었는데, 대통령 직속 미래기획위원회는 2009년 11월 25일 저출산 대책의 하나로 초등학교 취학연령을 1년 앞

---

1) 우리나라의 교육 업무를 관장하는 중앙행정기관은 문교부(1948. 7. 17.), 교육부(1990. 12. 27.), 교육인적자원부(2001. 1. 29.), 교육과학기술부(2008. 2. 29.), 교육부(2013. 3. 23.)로 명칭이 변경되었다. 이하에서는 모두 '교육부'로 표기한다. 다만, 인용문에서는 인용한 내용 그대로 쓴다.

당기는 학제개편 방안을 제안하였다. 미래기획위원회[2)]는 이날 '제1차 저출산 대응 전략회의'에서 저출산 대응을 위한 기존 정책은 계속 추진하되, 앞으로의 추진 방향으로 ① 자녀양육 부담 경감, ② 일과 가정의 양립기반 확대, ③ 한국인 늘리기 등 3대 정책분야를 설정하였다. '자녀양육 부담 경감'을 위해 제안한 내용 중에는 '초등학교 취학연령을 앞당기는 학제개편 추진'이 포함되었다. 이 제안에 대해 미래기획위원회는 "최근 아이들 발달 상황을 고려할 때, 학교 입학연령을 1세 낮추어 조기에 사회에 진출하도록 하고, 절감재원을 보육 및 유아교육 지원에 집중시키는 것이 보다 효율적이라는 관점에서 이를 적극 제시하였다."고 하였다(청와대, 2009: 4).

언론은 같은 날 석간부터 회의 내용을 보도했는데, 헤드라인은 단연 '만 5세 초등학교 취학'이었다(문화일보, 2009. 11. 25.). 이튿날 조선일보는 "'만 5세 취학' 출산율 높일 수 있을까"라는 제목의 1면 톱기사에서 대통령을 비롯한 회의 참석자들의 발언 내용과 함께 '만 5세 취학' 문제를 심층 보도하였다. 기사에서는 역대 정부에서도 여러 차례 취학연령을 낮추려는 시도가 있었지만 매번 결론을 내지 못했다는 것, 전국 유치원과 유아교육학자 모임인 유아교육대표자연대가 반대 성명서를 냈다는 것, 제도 도입 초기에 치열한 경쟁을 거쳐야 하는 해당 학년 학부모들의 반발 가능성, 그리고 세계 주요국들의 초등학교 입학연령 등을 소개하였다. 이날 회의에 참석한 이주호 교육부 제1차관은 "지금부터 교과부가 주도해 태스크포스(TF)도 만들고 종합적인 대책을 내놓겠다."고 말했다(조선일보, 2009. 11. 26.). 미래기획위원회가 저출산 대책 방안의 하나로 제시한 만 5세 취학 문제는 학제개편의 주무부처인 교육부가 검토해야 할 과제가 되었다.

2) 교육부, 대안으로 만 5세 무상교육 강화 제시

교육부는 학계, 유아교육 및 보육계 관계자 등이 참여하는 태스크포스를 구성하고 구체적인 검토에 들어갔다. 정책연구도 병행했는데, 연구 제목은 '초등학교 취학연령 및 유아교육 체제개편 연구'이며, 연구진에는 경제학 · 초등교육 · 유아교육 · 보육 분야 전문가들이 참여하였다.

2) 미래기획위원회는 이명박 정부 출범과 함께 미래사회 전망 및 미래 생활과 관련된 총체적 국가 비전과 전략 수립에 관하여 대통령의 자문에 응하기 위하여 대통령 소속으로 설치되었다[「미래기획위원회 규정」(대통령령 제20652호, 2008.2.29. 제정)].

연구는 크게 두 부분으로 나누어 진행되었다. 제1부에서는 만 5세 취학의 사회·경제적 효과로 사교육 감소 효과, 여성 경제활동 제고 효과, 입직연령 하향 효과를 분석했다. 연구진이 내린 결론은 만 5세 취학이 여성의 고용 촉진이나 출산율과 직결되는 본질적 요소로 보기는 어렵다는 것이었다(장명림 외, 2011: 53-54). 제2부에서는 만 5세 취학연령 하향 조정의 대안을 모색하였다. 여기서는 '만 5세 초등학교 편입 방안' '기초학년(K-grade) 도입 방안' '현행 제도 유지 및 개선방안' 등 세 가지 대안을 제시하고, 대안별 장단점과 소요예산을 추계했다. 세 가지 대안 중에서 연구진이 의견을 모은 것은 '기초학년 도입 방안'이었다(장명림 외, 2011: 191-194). 이것은 유치원과 어린이집의 이원화 체제는 그대로 둔 상태에서 만 5세 유아 교육과정을 통일하고 교사 자격체계를 개선하며, 1일 5시간 교육비를 무상으로 제공함으로써 학부모의 교육비 부담을 경감하고자 하는 방안이다.

교육부와 TF에서 약 6개월간에 걸쳐 검토한 결과, 유아기는 초등학교 연령대와는 다른 교육적 역할이 있다는 공통된 인식하에 취학연령의 하향 조정보다는 만 5세 유아에 대한 투자 확대와 교육·보육의 질적 향상이 더 효율적이고 시급하다는 방향으로 의견이 모아졌다. 그 이유는 다음의 세 가지로 요약할 수 있다(대한민국정부, 2013b: 151).

첫째, 대중매체와 사교육의 영향으로 만 5세 유아의 읽기·쓰기·셈하기 능력 등이 일부 향상되었으나, 초등학교에서 필요한 문제해결능력 등 인지능력이 발달되었다고 단정하기 어렵다는 것이다. 둘째, 만 5세 유아를 초등학교 1학년으로 편입하면 원래 만 6세에 초등학교 1학년에 입학하는 아이들과 2개 연령대가 계속 학업을 같이하게 된다. 이에 따라 초등학교 시설을 확충하고 교원을 확보하는 데 약 33조 원 내지 34조 원이 소요되는 등 과다한 비용이 발생한다는 점이다. 셋째, 정책 대상이 되는 연령대에 있는 유아들은 성장하는 내내 학력 경쟁을 경험하고, 대입·취업 경쟁 등이 심화될 것이므로 이에 대한 학부모들의 반발이 예상된다는 점이다(대한민국정부, 2013b: 151).

다시 말해, 초등학교 취학연령을 만 5세로 1년 낮추는 방안은 아이들의 발달 수준, 과다한 소요 비용, 학부모 반발 등을 고려할 때 추진이 어렵다는 판단이었다. 이에 따라 교육부는 2010년 6월 22일 취학연령 하향 조정에 대한 대안으로 만 5세 무상교육 체계 강화를 주요 내용으로 하는 가칭 '만 5세 기초학년제 도입 방안'을 대통령에게 보고하였다(대한민국정부, 2013b: 151). 이날 교육부가 보고한 내용은

2012년부터 유치원과 어린이집에 다니는 만 5세 유아에 공통 적용되는 교육과정을 도입하여 무상교육을 하고, 소요 비용은 지방교육재정교부금에서 부담한다는 방안이었다(감사원, 2016b: 5-6).

이상과 같은 과정을 거쳐 정부는 미래기획위원회가 제안한 만 5세 취학 문제를 검토한 후 철회하고, 그 대안으로 만 5세 기초교육 강화방안을 새로운 정책의제로 채택했다는 사실을 확인할 수 있다.

2. '만 5세 공통과정' 도입 계획

교육부가 이명박 대통령에게 보고한 '만 5세 기초학년제 도입 방안'을 추진하기 위해서는 관계부처의 협조가 필요했다. 이에 따라 2010년 8월부터 국무총리실 중심으로 교육부, 기획재정부, 보건복지부,[3] 행정안전부 등이 참여하는 TF를 구성하여 본격적인 협의에 들어갔다. 그러나 새로운 제도의 명칭, 커리큘럼, 시설 기준, 교원, 재원 확보, 관리 체계, 법령 개정 문제 등 의제 자체가 만만치 않았다. 유아교육과 보육의 다양한 문제는 지난 수십 년간 보완의 필요성을 누구나 인정하면서도 관련 기관과 단체들의 이해관계 때문에 합의하기가 쉽지 않았던 대표적인 과제 중 하나였기 때문이다(대한민국정부, 2013b: 151-152).

정부가 '기초학년제' 도입을 검토하고 있다는 사실은 당시 언론보도와 교육부의 새해 업무보고에서 일부 언급이 되었다. 2010년 10월 설동근 교육부 제1차관은 언론 인터뷰에서 초등학교 "취학연령을 만 5세로 하향 조정하지 않기로 했으며, 관계부처와 함께 취학 전 만 5세 아동을 공교육 체제로 흡수하는 '기초학년제' 실시 방안을 협의하고 있다."고 말했다(노컷뉴스, 2010. 10. 24.). 교육부는 2010년 12월 17일 대통령에게 2011년도 업무보고를 했는데, 보고 내용에는 "만 5세아 대상 표준화된 교육과정 도입 및 학비지원 확대를 통해 유아 단계의 기초교육 강화 추진"이라는 표현이 들어 있다(교육과학기술부, 2011a: 21).

2010년 6월에 교육부가 정책대안을 제시할 때, '기초학년제'라는 명칭을 사용하

3) 2010년 1월 18일, 보건복지가족부의 청소년 · 가족 기능을 여성부로 이관하여 종합적인 가족정책 기능을 수행할 수 있도록 여성부를 '여성가족부'로 확대 개편하였고, 보건복지가족부는 보건복지 정책 기능을 중심으로 재편하여 '보건복지부'로 명칭을 변경하였다. 개정된 「정부조직법」은 2010년 3월 19일 시행되었다(법률 제9932호, 2010. 1. 18., 일부개정).

였으므로 관계부처도 협의과정에서 그 명칭을 사용하였다. 그러나 2011년 4월부터는 용어의 중립성 등을 감안하여 '만 5세 공통과정'으로 바꾸어 불렀다.

정부는 2010년 8월부터 약 9개월간 관계부처 협의를 한 후 2011년 4월 25일 국무총리가 주재하는 교육개혁협의회에 '만 5세 공통과정 도입 방안'을 안건으로 상정하여 논의하였다(교육과학기술부, 2011b: 3). 교육부는 2011년 4월 29일 '만 5세 공통과정 도입 추진계획'을 수립하여 2012년부터 '만 5세 공통과정'을 도입하되, 이에 소요되는 재원은 지방교육재정교부금으로 지원하는 방침을 확정하였다(감사원, 2016b: 6). 그로부터 며칠 후인 2011년 5월 2일 아침, 이명박 대통령은 제64차 라디오 · 인터넷 연설에서 '만 5세 공통과정' 도입과 관련하여 다음과 같이 말했다(대한민국 정책브리핑 홈페이지).

> 국민 여러분, 정부는 2012년부터 '만 5세 공통과정'을 도입할지 여부를 최종적으로 검토하고 있습니다. 사실상 정부가 부담하는 의무교육 기간이 9년에서 10년으로 늘어나는 것입니다. 보육과 교육 서비스의 질을 한층 더 높이기 위한 정부의 노력은 앞으로도 계속될 것입니다.

같은 날 김황식 국무총리는 이주호 교육부장관, 진수희 보건복지부장관, 임채민 국무총리실장, 류성걸 기획재정부 제2차관이 배석한 가운데 관계부처 합동 기자회견을 열고, 2012년 3월부터 '만 5세 공통과정'을 도입하여 시행한다고 발표하였다.

김황식 국무총리가 2011년 5월 2일, '만 5세 공통과정 도입 추진계획'을 발표하고 있다.

출처: 대한민국 정책브리핑 홈페이지.

이날 정부는 새로 도입하는 '만 5세 공통과정'에 몇 가지 의미를 부여하였다. 우선 '만 5세 공통과정'은 "유치원과 어린이집으로 이원화되어 있는 교육 · 보육과정을 통합하여 만 5세의 모든 어린이들이 새로운 공통과정을 배울 수 있도록 하는 데 의의"가 있다는 것이다. 그다음으로 "유치원과 어린이집에 만 5세 자녀를 보내는 모든 보호자에 대해 유치원비 · 보육비 지원을 순차적으로 늘려 젊은 부부들의 경제적 부담을 경감"한다는 것이다. 아울러 새로운 제도 도입을 통해 "지난 15년간 완성을 미뤄 왔던 취학 직전 1년간의 유아교육 · 보육 선진화를 실현하려는 것"이며, 이것은 "정부가 부담하는 의무교육이 사실상 10년으로 확대되는 효과"가 있다는 것이다(국무총리실, 교육과학기술부, 보건복지부, 2011: 1).

정부는 2011년 5월 2일 발표한 보도자료에 '만 5세 공통과정 도입 추진계획'과 '만 5세 공통과정 도입 관련 Q/A'를 첨부하여 배포하였다(관계부처 합동, 2011: 1). 이 자료들은 나중에 '누리과정'으로 불리게 되는 정부 정책의 첫 번째 공식문서인 만큼 그 내용을 다음과 같이 자세히 소개한다.

1) '만 5세 공통과정' 도입 배경 및 필요성

정부는 '만 5세 공통과정' 도입 배경 및 필요성으로 만 5세 교육과 보육에 대한 국가책임 강화, 만 5세 유아교육과 보육의 중요성, 유아교육 국제 동향 등 세 가지를 들었다.

첫째, 만 5세 유아교육과 보육에 대한 국가책임을 강화하기 위해서이다. 〈표 6-1〉을 보면, 2010년 말 현재 만 5세 유아 43만 5천여 명 중에서 약 90%는 유치원이나 어린이집에 다니고 있었지만 약 10%인 4만 명은 유치원과 어린이집 중 어느 곳에도 다니지 않고 있었다. 정부는 유치원이나 어린이집을 이용하지 않는 유아 중에서 저소득층은 추가적인 경제적 부담 때문에 이들 기관을 이용하기 어렵고, 고소득층은 영어나 특기교육을 충족하기 위해 값비싼 영어 학원 등을 선택하는 경향이 있다고 보았다. 따라서 유아 단계에서 양질의 교육을 제공하고, 교육비 부담을 완화할 수 있는 적극적인 대책 마련이 필요하다고 보았다(관계부처 합동, 2011: 1).

〈표 6-1〉 2010년 유치원과 어린이집 이용률

연령	취원 대상아 수[1]	이용 인원 및 이용률						미이용 인원 및 미이용률	
		유치원[2]		어린이집[3]		유치원+어린이집			
		인원	비율 (%)	인원	비율 (%)	인원	비율 (%)	인원	비율 (%)
전체	1,376,933	538,587	39.1	577,395	41.9	1,115,982	81.0	260,951	19.0
3세	493,452	111,482	22.6	245,342	49.7	356,824	72.3	136,628	27.7
4세	448,200	181,441	40.5	181,891	40.6	363,332	81.1	84,868	18.9
5세	435,281	245,664	56.4	150,162	34.5	395,826	90.9	39,455	9.1

1) 주민등록 인구통계('10. 12. 31. 기준), 2) 2010년 교육통계연보('10. 4. 기준), 3) 보건복지부 내부자료('10. 11. 기준)

출처: 관계부처 합동(2011), p. 1에서 일부 수정.

법적으로도 만 5세 유아 무상교육 · 보육 원칙은 1997년부터 법률로 명문화되어 있었지만 정부는 2011년에도 소득 하위 70% 이하 가정의 유아에게만 유치원비와 보육료를 지원하고 있었다. 그러므로 이에 대한 국가책임을 확대할 필요가 있다고 보았다(관계부처 합동, 2011: 1).

- 만 5세 무상교육: 「초 · 중등교육법」(1997), 「유아교육진흥법」(1998)에 차례로 명시된 이후 「유아교육법」(2004)으로 단일화
- 만 5세 무상보육: 「영유아보육법」(1997)에 계속 명시

둘째, 만 5세 유아의 교육과 보육이 중요하기 때문이다. 영유아기는 개인의 최종 지능의 80%가 발달되는 지적 발달의 결정적 시기로 인지 · 정서 · 사회영역 등 기초능력이 집중 형성된다는 연구 결과가 속속 발표되고 있다. 그리고 [그림 6-1]은 각 생애단계별로 투자비용을 동일하게 산정할 경우, 영유아기의 인적자원 투자 대비 회수비율이 가장 크게 나타난다는 것을 보여 준다. 또한 생애 초기 가정환경과 소득격차에 따른 기본 학습능력의 격차가 이후 누적적인 교육 격차를 발생시킨다는 것이다(관계부처 합동, 2011: 2).

셋째, 국제적으로도 유아교육과 보육의 공공성을 강화하는 추세이다. 북미와 대부분의 유럽연합(EU) 국가들은 만 5세 유아 무상교육을 확대하고 있고, 2007년 기준으로 유아교육비 공공부담 비율은 OECD 평균이 79.7%인 데 반해 한국은 49.7%

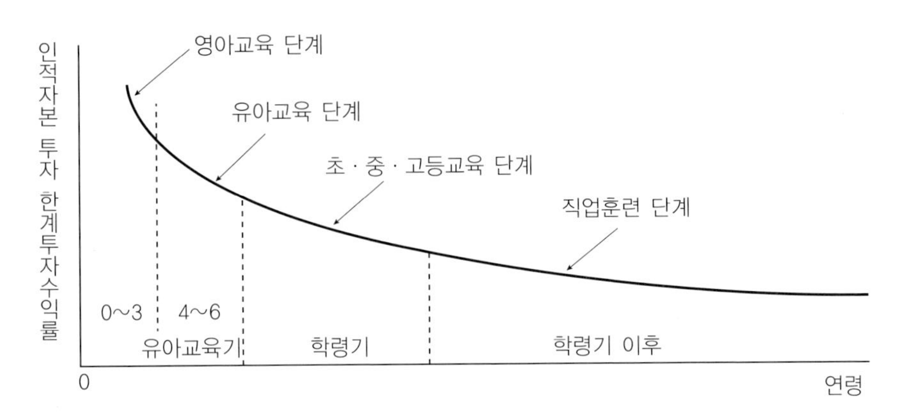

[그림 6-1] 인적자원 투자 대비 회수율

출처: 관계부처 합동(2011), p. 2.

에 불과하므로 우리나라도 생애 초기 단계에 국가 지원을 강화할 필요가 있었다(관계부처 합동, 2011: 3).

2) '만 5세 공통과정' 도입 계획의 주요 내용

정부가 발표한 '만 5세 공통과정' 도입 계획의 주요 내용과 세부 추진계획은 다음과 같다(관계부처 합동, 2011: 4-8).

첫째, 유치원과 어린이집에 다니는 만 5세 유아를 대상으로 공통 교육과정을 도입한다. 2011년 현재 유치원에 다니는 아이들은 '유치원 교육과정'을 배우고 어린이집에 다니는 아이들은 '표준보육과정'을 배우고 있지만 2012년부터는 유치원과 어린이집에 '만 5세 공통과정'을 동시에 적용한다.

둘째, 만 5세 공통과정 담당 교사를 유치원 교사와 보육교사 1 · 2급 자격 소지자로 제한하되, 보육교사 1 · 2급이 없는 일부 지역의 어린이집은 일정기간 3급도 허용한다.

셋째, 유치원과 어린이집에 다니는 모든 만 5세 유아는 보호자의 소득수준에 관계없이 동일한 비용을 지원받는다. 2011년에는 만 5세 이하 어린이를 둔 가정 중 소득기준으로 전체 70%의 가정에 대해 유치원비와 어린이집 보육료 월 17만 7천 원을 지원하였다. 그러나 2012년부터는 전 계층에 지원하고 지원단가도 2012년 월 20만 원에서 시작하여 2013년과 2014년에는 매년 2만 원씩, 2015년과 2016년에는 매년 3만 원씩 증액하여 2016년에는 월 30만 원을 지원한다.

넷째, 만 5세 유아 교육비와 보육료를 지방교육재정교부금으로 지원한다. 2011년에는 만 5세 유아의 유치원비는 교육부 소관의 지방교육재정교부금으로 부담하고, 어린이집 보육료는 보건복지부 소관의 국고와 지방자치단체의 지방비에서 부담하였다. 그러나 2012년부터는 모든 만 5세 유치원비와 보육료를 지방교육재정교부금에서 지원한다. 교육과정을 통합하는 것처럼 유치원비와 보육료 재원을 지방교육재정교부금으로 통합한다는 의미가 있다.

다섯째, 교육부 소관의 유치원과 보건복지부 소관의 어린이집 관리체제는 현행 체제를 유지한다. 즉, 교육부-시 · 도 교육청-교육지원청-유치원으로 이어지는 전달체계와 보건복지부-시 · 도-시 · 군 · 구-어린이집으로 이어지는 전달체계는 그대로 유지한다는 의미이다.

여섯째, 새로운 제도 도입을 위해 「유아교육법 시행령」, 「영유아보육법 시행령」, 「지방교육재정교부금법 시행령」 등 관련 법령을 개정한다.

2011년과 비교하여 2012년에 '만 5세 공통과정' 도입으로 달라지는 내용은 〈표 6-2〉와 같다.

〈표 6-2〉 '만 5세 공통과정' 도입으로 달라지는 내용

구분	2011		2012
지원대상	소득하위 70%		전 계층으로 확대(100%)
교육 · 보육과정	유치원 교육과정, 어린이집 보육과정으로 이원화		표준화된 유아 공통과정으로 일원화
지원단가	공립유치원(월 5.9만 원) 사립유치원 및 어린이집 (2011년 월 17.7만 원)	➜	공립유치원(현행 유지) 사립유치원 및 어린이집 (연차적 인상: 2012년 월 20만 원, 2016년 월 30만 원 지원 예정)
재원 부담	유아학비 및 보육료로 이원화 (단, 지원 범위 및 단가는 동일)		지방교육재정교부금으로 유아학비 및 보육료 부담
관리체제	유치원(교과부), 어린이집(복지부)		현행 유지

출처: 관계부처 합동(2011), p. 5에서 재구성.

지금까지 정부가 '만 5세 공통과정'을 도입하는 이유와 주요 내용을 알아보았다. 여기서 잠시 '만 5세 공통과정'이 도입되면 "정부가 부담하는 의무교육이 사실상 10년으로 확대"된다고 한 이유를 살펴보자.

만 5세 유아 무상교육 원칙은 1997년 12월 13일「초 · 중등교육법」이 제정되면서 법률에 처음 명시되었고, 1997년 12월 24일「영유아보육법」개정을 통해 '무상보육의 특례' 형식으로 반영되었다. 두 개의 법률은 1998년 3월 1일부터 각각 시행되었다. 그리고「초 · 중등교육법」에서의 이 원칙은 2004년 1월 29일「유아교육법」이 제정될 때 그대로 계승되었다.

이처럼 만 5세 유아 무상교육 원칙이 법률로 명문화되어 있었지만, 그동안 역대 정부는 보호자의 소득수준에 따라 유치원비와 보육료를 차등하여 지원해 왔다. 지원대상은 2006년까지는 법정 저소득층과 정부가 정하는 소득인정액 기준 이하 가구의 자녀였으나 2007년부터는 도시근로자 월 평균소득 이하 가구의 자녀로 확대되었고, 지원단가도 매년 조금씩 인상되었다(교육부, 2014). 〈표 6-3〉은 이명박 정부가 출범한 2008년부터 2012년까지 5년 동안 만 5세 유아 지원대상과 지원단가의 변화 추이를 보여 준다(대한민국정부, 2013b: 160). 2008년부터 만 5세 유아 지원대상과 지원단가는 조금씩 늘었지만 2011년 기준으로도 영유아가구 소득하위 70%를 대상으로 어린이집이나 사립유치원에 다닐 경우 월 17만 7천 원을 지원하였다는

〈표 6-3〉 만 5세 유아 지원대상 및 지원단가 변화 추이(2008~2012년)

연도	지원대상	지원단가(원)	
		국 · 공립유치원	사립유치원, 어린이집
2008	소득인정액 398만 원 이하 (도시근로자 평균)	55,000	167,000
2009	소득인정액 398만 원 이하 (도시근로자 평균)	57,000	172,000
2010	소득인정액 436만 원 이하 (영유아가구 70%)	57,000	172,000
2011	소득인정액 480만 원 이하 (영유아가구 70%)	59,000	177,000
2012	전 계층	공립 30,000(입학금, 수업료 면제), 국립 59,000	200,000

출처: 대한민국정부(2013b), p. 160.

것을 알 수 있다.

주지하다시피 우리나라 「헌법」 제31조는 "① 모든 국민은 능력에 따라 균등하게 교육을 받을 권리를 가진다. ② 모든 국민은 그 보호하는 자녀에게 적어도 초등교육과 법률이 정하는 교육을 받게 할 의무를 진다. ③ 의무교육은 무상으로 한다."고 규정하고 있다. 그리고 「교육기본법」 제8조는 "① 의무교육은 6년의 초등교육과 3년의 중등교육으로 한다. ② 모든 국민은 제1항에 따른 의무교육을 받을 권리를 가진다."라고 정하고 있다. 「헌법」과 「교육기본법」을 종합하면 모든 국민은 누구나 9년간의 의무교육을 받을 권리가 있다.

그런데 「헌법」에서 정한 '교육의 의무'의 주체는 학령 어린이의 친권자 또는 후견인이지만 국가 또한 모든 국민이 균등한 교육을 받을 수 있도록 교육시설의 확장, 장학정책의 시행 등 적극적인 의무를 진다. 그리고 의무교육의 무상의 범위에 대해서는 학설이 대립하고 있다(김철수, 2015: 205-207).

만 5세 유아교육, 즉 초등학교 취학 직전 1년의 유아교육은 법률상 의무교육은 아니다. 그러나 2012년부터는 만 5세 유아가 유치원이나 어린이집에 다니기만 하면 누구나 국가 공통 교육과정인 '만 5세 공통과정'을 배우고, 유치원비와 보육료를 동일하게 지원받으며, 지원단가도 연차적으로 인상된다. 이런 이유로 정부가 취학 직전 1년의 만 5세 유아교육에 대해 "사실상 정부가 부담하는 의무교육"이라는 표현을 사용한 것으로 보인다.

3) 언론과 국회의 반응

'만 5세 공통과정 도입 계획'이 발표되자 언론의 반응은 뜨거웠다. 언론보도의 논조는 정부가 발표한 내용을 소개하고 달라지는 내용에 대한 문답풀이 등 객관적인 내용이 대부분이었다. 그러나 재정 부담, 포퓰리즘, 발표 시기, 저출산 효과 의문 등 일부 비판적인 기사도 있었다. 2011년 5월 2일과 3일 주요 일간지에 실린 기사의 제목은 〈표 6-4〉에서 확인할 수 있고, 5월 3일자 사설과 칼럼의 제목은 〈표 6-5〉와 같다.

〈표 6-4〉 만 5세 공통과정 도입 관련 언론 보도

2011년 5월 2일 석간 보도 제목	
문화일보	내년부터 만 5세 사실상 무상교육
	교부금 매년 1조 원씩 투입 … 초 · 중 · 고 교육예산 축소 우려
	교육계 대체로 "환영" … 일각선 "과잉복지"
	재보선 이후 위기감? … 靑, 다시 꺼낸 '친서민 카드'
	'유치원 보낼까? 어린이집 보낼까?' 부모들의 고민 해소
	유아교육 공공부담률 佛 94% · 英 86% · 美 77%
	무조건 보내야 하나? 초 · 중학교처럼 의무 아니다 소득 많아도 해당되나? 어떤 계층이든 원하면 지원
내일신문	의무교육, 사실상 만 5세로 확대
아시아경제	다섯 살도 무상교육
	유아교육, 공교육이 품었다
헤럴드경제	만 5세 내년부터 의무교육
	지방교육재정교부금으로 충당, 지방에 부담 떠넘기기 우려도
	유아교육 투자비 OECD 기준 절반도 안 돼
	의무교육 1년 앞당겨 육아 부담 경감 … 영어유치원은 제외
2011년 5월 3일 조간 보도 제목	
조선일보	2016년엔 아이 한 명당 月30만 원 보조
중앙일보	소득 상관없이 월 20만 원 … 급식 · 교재비는 학부모 부담
	연 1조 넘게 들여 무상 유아교육, 급식 이어 포퓰리즘 논란 일듯
동아일보	내년 2006년생 월 20만 원 지원 … 영어유치원은 포함 안 돼
	14년 끈 논란 '보육부담 줄이기'로 결론 재원 年1조 필요 … 또 다른 '무상보육' 논란
경향신문	모든 만 5세 보육 · 교육비, 내년부터 정부서 지원한다
	모든 계층에 혜택 … MB '선별적 복지' 바뀌나
	지방교육재정 교부금으로 충당
	월 20만 원 쿠폰으로 … 초과분 학부모 부담
한겨레	'만 5살' 둔 모든 가정에 월 20만 원 지원
	'유아 공교육화' 걸음마 뗐지만…
서울신문	'1년 먼저 취학안' 절충 … 유아 90.9% 혜택
	초등 1~2년과 연계, 창의 · 인성계발 초점
	"가계 도움" "저소득층 되레 차별"

신문	제목
세계일보	만 5세 사실상 의무교육
	유아교육 공교육화 진입 첫발 … "또 다른 복지 포퓰리즘" 논란
	교육계 대체로 "취지 공감" … 일각 "실효성 의문"
	저출산 완화 동력될까, 장기적으론 긍정 영향, '체감 효과'는 미지수
한국일보	내년부터 만 5세 사실상 무상교육
	부모 소득에 관계없이 교육비 지원 … '영어유치원'은 제외
	재원 마련이 관건 … "세수 늘고 초중고 예산 줄어 충당 가능"
	유치원 · 어린이집 대체로 "환영" … 공통과정 도입엔 "과제 많아"
국민일보	만 5세, 내년부터 사실상 의무교육
	정부 지원 月20만 원 → 24만 원 → 30만 원으로 '확대'
	최소한의 양질 교육 동등하게, 선거 겨냥한 '票퓰리즘' 시각도
	대부분 "환영" … 사설 영어유치원은 불만
한국경제	'만 5세 무상교육' 과잉복지 논란
	'선심성 복지' 안 한다더니 … 年 1조 들여 고소득층까지 지원
	어린이집 교육 유치원 수준으로, 보육교사 역량 강화가 '관건'
	'영어유치원' 보내면 지원 못 받아
매일경제	'의무교육' 만 5세로 확대
	소득 관계없이 유치원 무상교육 … 年 1조 안팎 재정 추가 부담
	쌍둥이도 모두 지원 … 영어유치원은 혜택 없어
	세금 거둬 고소득층 지원, "복지 포퓰리즘 자극" 우려도
	與, 이런 호재를 선거 뒤 발표하다니…
서울경제	내년부터 만 5세 무상교육
	"2016년까지 월 30만 원 지원"
파이낸셜 뉴스	"원하면 누구나" 의무교육 1년 당겨 육아 부담 덜어 준다
	"1년 만에 만 5세 교육과정 짤 수 있을까" 교육업체 기대 반 우려 반

특히, 새로운 제도 도입을 발표한 지 한 달이 지난 후, 문화일보는 6월 13일자 기사에서 "임기 말 '부처 이기주의'가 팽배한 상황에서도 양보와 협력을 통해 '정책적 성공'을 이끌어 낸 사례"로 '만 5세 공통과정' 정책을 꼽기도 하였다(문화일보, 2011. 6. 13.).

〈표 6-5〉 만 5세 공통과정 도입 관련 사설 및 칼럼

매체	5월 3일 사설 및 칼럼
조선일보	무상 유아교육은 삶에 평등한 출발기회를 주는 것
중앙일보	'만 5세 무상교육' 성공을 위한 과제
동아일보	유치원 의무교육, 공짜 점심과는 다르다
경향신문	유아 공교육 위한 첫발은 내디뎠지만
한겨레	보육비 지원 확대보다 공보육 확충이 먼저다
서울신문	만 5세 K학년 도입 정교하게 준비하라
세계일보	만 5세 무상교육, 면밀한 재원대책 세워야
한국일보	만 5세 무상교육 준비에 차질 없도록
국민일보	만 5세 의무교육안 세심하게 다듬어야
한국경제	선거에 지고 바로 내놓은 5세 무상교육
매일경제	만 5세 아동 공통과정, 포퓰리즘 지탄 안 받게
파이낸셜뉴스	'만 5세 무상교육', 포퓰리즘 안 되려면
문화일보	만 5세 의무교육과 OECD 최저 출산율
아시아경제	갑작스레 나온 '만 5세 의무교육'
헤럴드경제	취학 전 의무교육, 출산 장려에도 도움

새로운 정책에 대한 우려와 기대는 국회에서도 논의되었다. 2011년 6월 2일 임시국회 정치 분야 대정부질문에서 가장 먼저 '만 5세 공통과정'과 관련하여 질의한 의원은 한나라당 이상권 의원이었다. 이상권 의원은 김황식 국무총리에게 정부의 소통 노력이 부족하다고 지적하고, 그 사례의 하나로 '만 5세 공통과정' 도입을 들었다. 이상권 의원은 제도 도입 자체는 필요하고 적절한 조치지만 정부가 일방적으로 진행하다 보니 허점도 생기고 갈등도 생겼다고 말했다. 이 의원의 말에 따르면, 형편이 더 어려운 아이들이 다니는 지역아동센터나 교회 선교원 같은 곳이 정부 지원대상에서 빠졌고, 그로 인해 지원받지 못하는 계층이 반발하게 되었다는 것이다. 이에 대해 김황식 국무총리는 "5세아 공통 교육 문제는 사실상은 의무교육이지만 법률상은 의무교육이 아니기 때문에" 정부 지원대상에서 제외된 기관에 대해서는 "아마 교과부나 보건복지부에서도 고민을 하고 있을 것이라고 생각"한다고 대답하였다(국회사무처, 2011a: 71-72).

국회 교육과학기술위원회는 2011년 6월 13일 전체회의를 열어 '반값등록금' '만 5세 공통과정 도입' '서울대 법인화' 등에 대해 교육부로부터 현안보고를 받았다. 이주호 교육부장관은 현안보고에서 "유아교육 · 보육의 질을 높이고 학부모의 육아 부담을 경감"하기 위해 만 5세 공통과정 도입 계획을 발표했다고 한 후 "내년부터 전 계층으로 지원을 확대하고 지원단가도 연차적으로 인상하여 월 30만 원을 지원할 예정"이라고 말했다. 그리고 "앞으로 제도 도입을 위한 관련 법령을 정비하고 교육과정 마련과 교사연수 등을 실시하여 내년 3월에 전면 시행"하고자 한다고 말했다(국회사무처, 2011b: 9).

교육부장관의 현안보고가 끝나자 몇몇 교육과학기술위원회 위원들이 질문을 했다. 먼저 임해규 의원과 이주호 장관 사이의 질의답변 내용은 다음과 같다(국회사무처, 2011b: 12).

- 임해규 위원 (……) 그다음에는 유치원 만 5세 공통과정의 문제인데, 이것이 저는 굉장히 획기적인 출발이라고 생각합니다. 이게 유보통합의 실질적인 토대를 마련하는 작업이기 때문에 일단 재정을 통합하는 문제, 그리고 교육과정을 통합하는 문제의 방향을 잘 잡았다 이렇게 생각이 들거든요. 그런데 문제가 금방 생기는 것이, 그렇게 재원을 통합하기 위해서는 몇 가지의 법도 지금 개정해야 되지요?
- 교육과학기술부장관 이주호 지금 그 재원은 지방교육재정교부금으로 하는데요, 그 관련해서 아마 시행령을 일부 개정해야 되는 것으로 알고 있습니다.
- 임해규 위원 그러면 국회에서는 특별히 법 개정을 하지 않아도 된다 그런 뜻인가요?
- 교육과학기술부장관 이주호 예, 국회 법 개정 사항은 아닌 것으로 알고 있습니다.
- 임해규 위원 그러면 교육지방자치단체의 수장인 교육감들과 이 문제에 대한 협의가 상당히 뒤따를 것으로 보는데, 어떻게 협의는 원활하게 되고 있나요?
- 교육과학기술부장관 이주호 저희가 이 시행을 발표할 때 각 교육청하고 협의했었고요, 지금 큰 배경은 지방교육재정교부금 규모가 올해, 내년, 후년 이렇게 해서 3조에서 많게는 4조까지 계속 매해 증가하는 추계를 저희가 갖고 있습니다. 그래서 충분히 흡수가 가능하다는 입장입니다. …… (후략)

박보환 의원은 만 5세 공통과정 도입이 유보통합의 시발점이라고 하면서 유보통합에 대한 교육부의 중장기 계획이 있는지를 물었다. 이에 대해 이주호 교육부장관은 유보통합은 워낙 갈등이 많은 분야이고 부처 간에도 이견이 많아서 국무총리실 중심으로 육아정책연구소에서 연구를 진행해 오고 있고, 교육부 단독으로 통합을 추진하기에는 힘든 사안이지만 만 5세 공통과정이 하나의 시발점이 될 수는 있을 것이라고 답하였다(국회사무처, 2011b: 43).

김춘진 의원은 교사 연수기간이 너무 짧고, 유아교육비의 공공부담 비율을 높여야 하며, 공통 교육과정을 위한 철저한 준비가 필요하다고 하였다(국회사무처, 2011b: 75-76, 83-84). 이때만 해도 지방교육재정교부금을 어린이집에 다니는 유아에게 지원하는 것에 대해 문제 삼는 국회의원은 없었다.

3. 제도 도입을 위한 후속조치

정부는 '만 5세 공통과정' 도입 계획을 발표하면서 앞으로의 추진일정을 제시하였다. 우선 2011년 5월 중에는 국민 공모를 통해 정책에 부합하는 밝고 친근한 명칭을 정하기로 하였다. 그리고 2011년 8월까지는 공통 교육과정인 '만 5세 공통과정'을 제정하여 고시하는 한편, 제도 도입 및 재정부담 근거 마련을 위한 관련 법령을 정비하기로 하였다. 아울러 2011년 9월부터 2012년 2월까지는 공통과정 해설서를 개발 · 보급하고 담당교사 연수를 실시하여 2012년 3월부터 정책을 전면 시행하기로 하였다(관계부처 합동, 2011: 9). 이러한 계획의 시행 과정은 다음과 같다.

1) '5세 누리과정'으로 명칭 변경

미래기획위원회가 '만 5세 초등학교 취학안'을 제시하자 교육부는 그 대안으로 '기초학년제' 도입방안을 제시하였고, 그것이 정책의제로 채택되었다. 정부는 제도 도입 계획을 발표할 때 잠정적으로 '만 5세 공통과정'이라는 명칭을 사용하였는데, 유치원과 어린이집에 다니는 모든 만 5세 유아에게 동일한 공통 교육과정을 적용할 뿐만 아니라 지방교육재정교부금으로 교육비를 지원하는 정책을 잘 표현한다고 보았기 때문이다(대통령실, 2011: 6).

그러나 관계부처 협의 과정에서 명칭이 다소 관료적이라는 지적이 있어 제도 도입의 취지를 잘 나타내면서 국민의 공감대를 형성할 수 있는 밝고 친근한 명칭을 공모하기로 방침을 정하였다. 따라서 제도 도입 계획을 발표할 때 후속조치의 하나로 명칭을 공모하기로 했던 것이다.

교육부와 보건복지부는 2011년 5월 13일 대국민 명칭 공모전을 공고하였다. 공모전은 정부의 위탁을 받아 육아정책연구소가 주관하고, 접수는 2011년 5월 16일부터 5월 28일까지로 하였다(교육과학기술부, 보건복지부, 2011a). 그러나 공모 과정에서 보다 많은 국민이 참여할 수 있도록 하기 위해 6월 30일까지 공모전을 연장하였다. 4,076명이 5,603건의 명칭을 제안했고, 2차에 걸친 전문가 심사를 거쳐 '5세 누리과정'을 당선작으로 선정하였다(대통령실, 2011: 6; 대한민국정부, 2013b: 153).

교육부와 보건복지부는 2011년 7월 14일 명칭공모 결과, '5세 누리과정'을 당선작으로 선정했다고 밝히고, 새로운 명칭의 의미를 설명하였다(교육과학기술부, 보건복지부, 2011c).

> '5세 누리과정'의 '누리'는 '세상'을 뜻하는 순 우리말로 국가가 책임지는 교육과 보육을 통해 만 5세 어린이들이 유치원과 어린이집에서 행복한 세상을 열어 가고, 생활 속에서 꿈과 희망을 마음껏 누리도록 하겠다는 의미를 담고 있다.

이러한 절차를 거쳐 '5세 누리과정'은 2011년 7월 15일부터 정부가 공식적으로 사용하는 명칭이 되었다.

2) '5세 누리과정' 고시

정부가 2011년 5월 2일 '만 5세 공통과정 도입 계획'을 발표하면서 기본 방향과 주요 내용을 결정했지만 명칭 변경에서 보았듯이 후속조치는 교육부와 보건복지부가 협의해서 만들어야 했다. 유치원과 어린이집에서 각각 다르게 운영하고 있던 교육과정과 보육과정을 통합하는 문제도 그중 하나였다.

(1) 통합 전

먼저 교육과정과 보육과정 통합 논의가 진행되던 2011년 5월 기준으로 유치원 교육과정과 어린이집 표준보육과정이 어떠했는지를 알아보자.

「유아교육법」 제13조 제2항은 교육부장관이 유치원 교육과정의 기준과 내용에 관한 기본사항을 정하도록 하고 있었다(법률 제10176호, 2010. 3. 24.). 이에 따라 교육부장관은 '유치원 교육과정'을 고시한다. 2011년에 유치원은 1969년 2월에 제정된 이후 여섯 차례 개정된 '2007 개정 유치원 교육과정'을 적용하고 있었다. 유치원 교육과정은 유치원에 다니는 만 3~5세 유아를 대상으로 하고, '건강생활' '사회생활' '표현생활' '언어생활' '탐구생활'의 5개 영역으로 구성되었다. 그리고 각 영역별로 몇 개의 하위내용을 두고 I 수준, II수준, 공통수준으로 구분하였다(교육인적자원부 고시 제2007-153호, 2007. 12. 19.).

어린이집 보육과정은 「영유아보육법」 제29조에 근거를 두고 있다. 법 제29조 제2항과 제4항은 보건복지부장관이 표준보육과정의 구체적인 내용을 보건복지부령으로 정하도록 하였다(법률 제10339호, 2010. 6. 4.). 따라서 「영유아보육법 시행규칙」 제30조 [별표 8의2]는 표준보육과정의 개괄적인 사항을 정하였고, "보육과정의 영역 및 연령별 보육내용, 교사지침 등의 구체적 사항은 보건복지부장관이 정하여 고시한다."고 하였다(보건복지부령 제50호, 2011. 4. 7.).

2011년에 어린이집은 2007년 1월에 제정된 이후 한 차례 개정된 「표준보육과정의 구체적 보육내용 및 교사지침」을 적용하고 있었다. 표준보육과정은 어린이집에 다니는 만 6세 미만 영유아를 대상으로 하고, '기본생활' '신체운동' '사회관계' '의사소통' '자연탐구' '예술경험'의 6개 영역으로 구성되었다. 그리고 각 영역별로 몇 가지 하위내용을 두고 영유아의 연령 집단을 만 2세 미만, 만 2세, 만 3~5세로 구분하였다. 각 연령집단별로 보육내용의 수준을 나누었는데, 만 2세 미만은 1·2·3수준, 만 2세는 1·2수준, 만 3~5세는 1·2·3수준으로 구성하였다(보건복지부 고시 제2010-71호, 2010. 9. 7).

2011년 5월 기준으로 유치원 교육과정과 어린이집 표준보육과정을 비교하면 〈표 6-6〉과 같다.

〈표 6-6〉 유치원 교육과정과 어린이집 표준보육과정 비교

구분	유치원 교육과정	표준보육과정
관련법령	「유아교육법」 제13조	「영유아보육법」 제29조 「영유아보육법 시행규칙」 제30조
주관부처	교육과학기술부(고시)	보건복지부(고시)

대상연령/수준	만 3~5세 / 공통, I, II수준	만 0~5세 / 만 0~2세 미만: 1, 2, 3수준 만 2세: 1, 2수준 만 3~5세: 1, 2, 3수준
영역	5개 영역: 건강생활, 사회생활, 표현생활, 언어생활, 탐구생활	6개 영역: 기본생활, 신체운동, 사회관계, 의사소통, 자연탐구, 예술경험

출처: 관계부처 합동(2011), p. 6에서 재구성.

(2) 통합 과정 및 결과

교육부와 보건복지부는 육아정책연구소와 함께 '만 5세 공통과정 제정 TF'를 구성하고 '5세 누리과정' 제정 작업에 착수하였다. TF 팀은 유아교육 · 보육학계, 유치원과 어린이집 교원, 시 · 도 유아교육 · 보육 담당 전문직, 육아정책연구소 유아교육 · 보육 담당 연구위원 등 13명으로 구성되었고, 2011년 5월 11일부터 8월 1일까지 13차례 운영되었다(대한민국 정부, 2013b: 153).

TF에서 논의한 결과에 따라 교육부와 보건복지부는 2011년 8월 12일 '5세 누리과정' 제정 시안에 대한 공청회를 개최하여 의견을 수렴하였다(교육과학기술부, 보건복지부, 2011d). 그리고 부처별로 심의 과정을 거쳐 2011년 9월 5일 '5세 누리과정'을 각각 고시하였다.

'5세 누리과정'의 주요 특징은 다음과 같다. 첫째, 그동안 수준별로 구성되어 있던 만 3~5세 교육 · 보육과정 중에서 만 5세 유아에게 필요한 기본 능력을 선별하고 수정 · 보완하였다. 둘째, 공통과정 전반에 걸쳐 기본생활습관과 질서, 배려, 협력 등 바른 인성을 기르기 위한 창의 · 인성 교육을 강조하고, 초등학교 교육과정과의 연계를 강화하였다. 셋째, '신체운동 · 건강' '의사소통' '사회관계' '예술경험' '자연탐구'의 5개 영역을 중심으로 유아 주도적인 경험과 놀이 중심의 통합과정으로 구성하였다. 넷째, 1일 운영시간은 3~5시간을 기준으로, 유연하고 탄력적으로 편성할 수 있도록 하였다(교육과학기술부, 보건복지부, 2011e).

교육부는 「유치원 교육과정」을 개정하여 '5세 누리과정'과 '만 3~4세 교육과정'을 구분하였고(교육과학기술부 고시 제2011-30호, 2011. 9. 5.), 보건복지부는 「5세 누리과정의 영역 및 구체적 내용」을 제정 · 고시하였다(보건복지부 고시 제2011-106호, 2011. 9. 5.). 그 후 보건복지부는 2012년 2월에 「표준보육과정의 구체적 보육내용 및 교사지침」을 제정 · 고시하였다(보건복지부 고시 제2012-28호, 2012. 2. 29.).

2011년 9월 5일에 고시된 '5세 누리과정'의 방향, 목적, 목표는 다음과 같다.

〈 5세 누리과정의 구성(5세 누리과정의 방향, 목적, 목표) 〉

Ⅰ. 구성 방향

가. 만 5세아의 기본생활습관과 질서, 배려, 협력 등 바른 인성을 기르는 데 중점을 둔다.

나. 사람과 자연을 존중하고, 우리 문화를 이해하는 데 중점을 둔다.

다. 전인발달이 고루 이루어진 창의적 인재를 기르는 데 중점을 둔다.

라. 초등학교 교육과정과의 연계성을 고려한다.

마. 5개 영역을 중심으로 주도적인 경험을 강조하고, 놀이중심의 통합과정으로 구성한다.

바. 1일 3~5시간의 운영을 기준으로 한다.

Ⅱ. 목적

5세 누리과정은 만 5세아에게 필요한 기본 능력과 바른 인성을 기르고, 민주 시민의 기초를 형성하는 것을 목적으로 한다.

Ⅲ. 목표

가. 기본운동능력과 건강하고 안전한 생활습관을 기른다.

나. 일상생활에 필요한 의사소통 능력과 바른 언어사용 습관을 기른다.

다. 자신을 존중하고 다른 사람과 더불어 생활하는 태도를 기른다.

라. 아름다움에 관심을 가지고 예술 경험을 즐기며, 창의적으로 표현하는 능력을 기른다.

마. 호기심을 가지고 주변세계를 탐구하며, 일상생활에서 수학적 · 과학적 문제해결 능력을 기른다.

출처: 「유치원 교육과정」(교육과학기술부 고시 제2011-30호, 2011. 9. 5.); 「5세 누리과정의 영역 및 구체적 내용」(보건복지부 고시 제2011-106호, 2011. 9. 5.).

'5세 누리과정'을 제정 · 고시함에 따라 2012년 3월부터 유치원이나 어린이집에 다니는 모든 만 5세 유아는 동일한 내용을 배우게 되었다. 정부는 '5세 누리과정' 도입으로 만 5세 유아교육과 보육이 한층 내실화되었다고 평가하였다. 정부의 설명에 따르면, 과거 유치원 교육과정은 연령 구분 없이 적용되어 연령 간의 차별성이 부족했고, 어린이집 표준보육과정은 1일 12시간 운영으로 교육과 보육 서비스의 구별이 분명하지 않았다. 그러나 '5세 누리과정'의 도입으로 만 5세 유아는 공통과정 적용과 초등학교와의 연계 강화, 3~5시간의 공통과정과 구분되는 방과후 과정 운영을 통해 한층 내실화된 프로그램을 적용받게 되었다는 것이다(대한민국 정부, 2013b: 155).

유치원	연령 구분 없이 적용되어 만 5세와 3~4세 과정 간 차별성 부족	➜	질 높은 공통과정 적용, 초등학교와의 연계 강화로 출발선 평등 실현
어린이집	1일 12시간 운영으로 교육 · 보육 서비스 불분명		공통과정(3~5시간)과 종일제(공통과정 이후)로 구분하여 프로그램 내실화

[그림 6-2] 만 5세 유아교육 · 보육 내실화

출처: 대한민국정부(2013b), p. 155에서 일부 수정.

3) 제도 도입 근거 마련을 위한 법령 정비

정부가 '5세 누리과정' 제도를 도입하기 위해 또 하나 중점적으로 해야 할 일이 있었다. 그것은 교육부와 보건복지부 소관 법령에 '5세 누리과정' 제도 도입의 근거를 마련하는 과제였다.

(1) 통합 전

제4장에서 본 것처럼 만 5세 유아 무상교육 원칙은 1997년부터 「초 · 중등교육법」과 「영유아보육법」 등 법률로 명문화되어 있었다. 그럼 정부가 '5세 누리과정' 도입 계획을 발표한 2011년에는 그 원칙이 어떤 법률에 어떻게 표현되어 있었을까? 〈표 6-7〉은 2011년 5월 1일 기준 「유아교육법」과 「영유아보육법」의 유아 무상교육 · 보육 관련 내용을 보여 준다. 「초 · 중등교육법」의 무상교육 원칙은 2004년에 「유아교육법」이 제정되면서 이관되었고, 1997년과 비교해서 크게 달라지지 않았다. 「유아교육법」과 「영유아보육법」은 각각 초등학교 취학 직전 1년의 유아교육과 보육은 무상으로 하되, 대통령령으로 정하는 바에 따라 순차적으로 실시하도록 하고 있다.

다음으로 법률에서 위임받은 대통령령은 만 5세 유아 무상교육 · 보육을 어떻게 규정하고 있었는가? 「유아교육법 시행령」 제29조와 「영유아보육법 시행령」 제22조는 모두 "매년 1월 1일 현재 만 5세에 도달한 유아"를 무상교육 · 보육의 대상으로

〈표 6-7〉 만 5세 유아 무상교육 · 보육 관련 규정

유아교육법 [시행 2010. 3. 24.] [법률 제10176호, 2010. 3. 24., 일부개정]	영유아보육법 [시행 2010. 7. 5.] [법률 제10339호, 2010. 6. 4., 타법개정]
제24조 (무상교육) ① 초등학교 취학 직전 1년의 유아교육은 무상으로 하되, 대통령령으로 정하는 바에 따라 순차적으로 실시한다. ② 제1항에 따라 무상으로 실시하는 유아교육에 드는 비용은 국가 및 지방자치단체가 부담하되, 유아의 보호자에게 지원하는 것을 원칙으로 한다. ③ 제2항에 따른 지원방법 등에 관하여 필요한 사항은 교육과학기술부령으로 정한다.	제35조 (무상보육의 특례) ① 초등학교 취학 직전 1년의 유아(幼兒)와 장애아에 대한 보육은 무상으로 하되, 대통령령으로 정하는 바에 따라 순차적으로 실시한다. ② 제1항에 따른 무상보육 실시에 드는 비용은 대통령령으로 정하는 바에 따라 국가나 지방자치단체가 부담하거나 보조하여야 한다. ③ 제12조 후단에도 불구하고 국가와 지방자치단체는 제1항에 따른 무상보육을 받으려는 유아와 장애아를 보육하기 위하여 필요한 보육시설을 설치 · 운영하여야 한다.

하되, 예산의 범위에서 보호자의 소득과 유아의 거주지에 따라 차등 지원할 수 있게 하였다(대통령령 제22174호, 2010. 5. 31.; 대통령령 제22906호, 2011. 4. 22.).

이에 따라 정부는 만 5세 유아 지원대상과 지원단가를 점진적으로 확대해 왔고, 2011년에는 만 5세 유아를 둔 가정 중 소득기준으로 전체 70%의 가정에 대해 유치원비와 어린이집 보육비를 월 17만 7천 원 지원하고 있었다. 그리고 소요재원은 유치원비의 경우 「지방교육재정교부금법」에 따라 지방교육재정교부금으로 부담하였고, 어린이집 보육료는 「보조금의 예산 및 관리에 관한 법률」에 따라 보건복지부의 국고 예산과 일반 지방자치단체의 지방비로 각각 부담하였다.

(2) 통합 과정 및 결과

교육부와 보건복지부는 2011년 5월부터 '5세 누리과정' 도입 근거 마련을 위한 법령개정 문제를 협의하였다. 그리고 두 부처는 2011년 6월 28일 「유아교육법 시행령」과 「영유아보육법 시행령」 개정안을 입법예고한다고 공동 발표하였다(교육과학기술부, 보건복지부, 2011b). 한편, 교육부 지방교육재정 담당부서는 2011년 8월 25일 별도로 「지방교육재정교부금법 시행령」 개정안을 입법예고하였다(교육과학기술부 공고 제2011-378호).

교육부와 보건복지부가 추진한 법령 개정안은 법제처 심사를 거쳐 2011년 9월

8일에는 법제처차장이 주재하는 '정부입법정책협의회'[4]에서 논의되었다(국회사무처, 2012: 34-35). 그리고 정부는 2011년 9월 26일 차관회의를 거쳐 9월 27일 대통령이 주재한 국무회의에서 관련 법령안을 의결하였고, 9월 30일「유아교육법 시행령」「영유아보육법 시행령」「지방교육재정교부금법 시행령」등 3개 대통령령을 개정 · 공포하였다(교육과학기술부, 보건복지부, 2011f).

그렇다면 '5세 누리과정' 도입을 위한 관련 법령 개정안은 법제처 심사와 정부입법정책협의회를 개최한 후에 어떻게 바뀌었는가? 이것은 법령안 주관기관인 교육부와 보건복지부가 법령안을 입안하여 입법예고한 내용과 국무회의 의결을 거쳐 공포된 개정안의 내용을 비교해 보면 알 수 있다. 하나의 사례로 〈표 6-8〉은 개정되기 전의「유아교육법 시행령」, 교육부가 보건복지부 등 관계부처와 협의한 후 2011년 6월에 입법예고한 개정안, 그리고 2011년 9월 30일에 개정 · 공포된「유아교육법 시행령」의 내용을 보여 준다.

교육부 입법예고안과 법제처 심사를 거친 개정안의 차이점을 발견할 수 있다. 가장 큰 차이점은 '무상교육 대상자 등'을 정한 제29조의 제목과 조문의 내용이 '무상교육'에서 '무상교육 · 보육'으로 바뀌었다가 다시 '무상교육'으로 회복되었다는 점이다. 그 과정은 다음과 같다. 교육부가 관계부처와 협의하기 전에 마련한 법령 개정안의 제목과 내용은 '무상교육'이었다. 그러나 '5세 누리과정' 도입의 주된 협상 대상인 보건복지부는 교육부가 제시한 '무상교육'이라는 용어를 모두 '무상교육 · 보육'으로 수정할 것을 요구하였다. 교육부는「유아교육법 시행령」은 교육부 소관의 법령이고 법령개정 전과 같이 '무상교육'이라는 표현이 타당하다고 주장했지만 보건복지부는 물러서지 않았다. 교육부는 '5세 누리과정' 제도를 도입해야 하는 주관부처였으므로 용어 문제로 계속 시간을 보낼 수는 없었고, 보건복지부의 의견을 수용했다. 그리고 차관회의와 국무회의를 앞두고 법리적 이견을 해소하기 위해 법제처차장이 주재하는 '정부입법정책협의회'에 안건으로 상정하였다.

이것이 관계부처 협의의 한계이고, 법제처와 같은 조정기관이 있어야 하는 이유

4) '정부입법정책협의회'는 법령안에 대하여 관계기관 사이에 이견이 있을 때 그것을 해소하고, 법률안 국회 심의과정에서 정부 입법정책의 일관성 있는 추진을 위해 법제처에 두는 회의체다. 법령안에 대해 관계부처가 협의하는 과정에서 법리적 이견으로 입법이 지연될 경우에는 법제처장에게 안건 상정을 요청할 수 있고, 협의회 의장인 법제처차장은 필요시 회의를 소집할 수 있다. 협의회 위원은 기획재정부, 법무부, 행정안전부, 국무총리실, 법제처 등 소속의 고위공무원단에 속하는 일반직공무원, 그리고 법령안 주관기관과 관계기관 소속의 고위공무원단에 속하는 일반직공무원으로 구성된다[「법제업무 운영규정」(대통령령 제22427호, 2010.10.5. 시행)].

〈표 6-8〉「유아교육법 시행령」 개정 전 · 후 비교(2011년)

유아교육법 시행령 [시행 2010.5.31.] [대통령령 제22174호, 2010.5.31., 일부개정]	교육부 입법예고안 (2011.6.28. 보도자료)[주)]	유아교육법 시행령 [시행 2012.3.1.] [대통령령 제23185호, 2011.9.30., 일부개정]
제29조 (무상교육대상자 등) ① 법 제24조 제1항에 따른 초등학교 취학 직전 1년의 유아에 대한 무상교육은 매년 1월 1일 현재 만 5세에 도달한 유아를 대상으로 하되, 예산의 범위에서 다음 각 호의 어느 하나에 해당하는 유아에게 우선적으로 실시한다. 1.「국민기초생활 보장법」 제5조에 따른 수급권자의 자녀인 유아 2.「도서 · 벽지 교육진흥법」 제2조에 따른 도서 · 벽지에 거주하는 유아 3. 행정구역상 읍 · 면지역에 거주하는 유아	제29조 (무상교육 · 보육 대상자 등) ① 법 제24조 제1항에 따라 초등학교 취학 직전 1년의 유아에 대하여 실시하는 무상교육 · 보육은 매년 1월 1일 현재 만 5세에 도달한 유아로서 다음 각 호의 어느 하나에 해당하는 기관에서 교육과학기술부장관과 보건복지부장관이 협의하여 정하는 공통의 교육 · 보육과정을 제공받는 유아를 대상으로 한다. 1.「유아교육법」 제7조에 따른 유치원 2.「영유아보육법」 제10조에 따른 어린이집 〈삭제〉	제29조 (무상교육대상자 등) ① 법 제24조 제1항에 따라 초등학교 취학 직전 1년의 유아에 대하여 실시하는 무상교육은 매년 1월 1일 현재 만 5세에 도달한 유아로서 다음 각 호의 어느 하나에 해당하는 기관에서 교육과학기술부장관과 보건복지부장관이 협의하여 정하는 공통의 교육 · 보육과정을 제공받는 유아를 대상으로 한다. 1. 유치원 2.「영유아보육법」에 따른 어린이집 3. 그 밖에 교육과학기술부령으로 정하는 바에 따라 유아교육을 실시하도록 지정받은 기관
② 제1항 각 호 외의 유아에 대한 무상교육은 예산의 범위에서 순차적으로 확대하여 실시한다.	② 제1항에 따른 비용은 예산의 범위에서 지원한다.	② 제1항에 따른 비용은 예산의 범위에서 지원한다.
③ 제1항에 따라 무상교육 대상자로 된 유아는 행정구역의 변경에 따른 영향을 받지 아니한다.	〈삭제〉	

주) 교육과학기술부, 보건복지부(2011b), p. 5.

이다. 비단 법령안뿐만이 아니다. 누리과정 도입 당시에 발표된 대부분의 정부자료를 들여다보면 '무상교육'이라는 표현 대신 '무상교육 · 보육'이라고 표현되어 있다. 오랫동안 이원화 체제로 운영되어 온 우리나라 유아교육과 보육의 현실을 보여 주는 씁쓸한 단면이 아닐 수 없다.

또 하나의 차이점은 만 5세 유아 무상교육의 혜택을 받는 기관에 관한 것이다. 교육부 입법예고안은 제29조 제1항에 유치원과 어린이집만을 열거하였으나 법제처 심사를 거친 개정안에서는 "그 밖에 교육과학기술부령으로 정하는 바에 따라 유아교육을 실시하도록 지정받은 기관"이 추가되었다. 정부지원을 받는 기관으로 유치원과 어린이집 외에 '유아대상 미술학원'이 있었기 때문이다. 제5장에서 보았듯이 2001년에 '유아교육법안'이 발의되었을 때 유아교육은 유치원, 어린이집, 미술학원이 같은 비중으로 나누어 담당하고 있었다. 당시「유아교육법」제정에 보육계와 학원계의 반대가 심했으므로 법안 통과를 위한 정치적 타협으로 2004년「유아교육법」제정 과정에서 미술학원에 다니는 유아에게도 무상교육비를 지원하기로 하였다. 〈표 6-7〉에서 보듯이「유아교육법」제24조 제3항은 교육부령으로 무상교육비 지원방법 등을 정하게 하였고, 2005년 2월 제정된「유아교육법 시행규칙」제5조는 '유아교육비 지원의 특례'를 두어 일정요건을 갖춘 유아대상 미술학원에 대해 유아교육비를 지원할 수 있는 근거를 마련하였다. 법제처 심사를 거친 개정안에서의 '제3의 기관'은 유아교육 위탁기관으로 지정된 유아대상 미술학원을 염두에 둔 것이었다.[5)]

제9장에서 자세히 살펴보겠지만 2013년에 누리과정이 만 3~4세까지 확대된 후 2014년부터 누리과정 예산편성을 둘러싼 논쟁이 격화되었다. 논쟁의 핵심은 상위법인「유아교육법」「지방교육재정교부금법」등을 개정하지 않고 시행령 개정만으로 교육부 소관의 지방교육재정교부금을 보건복지부가 지도·감독하는 어린이집 보육료에 지원할 수 있느냐 하는 것이었다. 지원할 수 없다는 측의 주장은 어린이집이 교육법상의 교육기관이 아니라는 것인데, 2005년부터 유아대상 미술학원에 다니는 유아에게도 정부 예산을 지원한 사실을 알았다면 그런 주장을 강하게 하지는 못했을 것이다.

---

5)「유아교육법 시행규칙」제5조 (유아교육비 지원의 특례) ① 시·도 교육감은「학원의 설립·운영 및 과외교습에 관한 법률」에 의하여 설립된 유아대상 미술학원 중 유치원으로의 전환을 희망하는 학원이 별표의 규정에서 정한 기준을 갖추고 유아교육을 실시하고자 하는 경우에는 시·도 유아교육위원회의 심의를 거쳐 유아교육위탁기관으로 지정할 수 있다. ② 교육인적자원부장관 및 시·도 교육감은 제1항의 규정에 의한 유아교육위탁기관에 다니는 유아에 대하여 법 제24조 및 법 제26조 제1항의 규정에 의한 유아교육비를 지원한다. ③ 유아교육위탁기관의 지정절차 및 방법 등에 관하여 필요한 사항은 시·도 교육감이 정한다(교육인적자원부령 제854호. 2005. 2. 24., 제정.). 이 규정에 따라 교육부는 2005년 3월부터 2016년 2월까지 유치원 및 어린이집에 다니는 유아와 마찬가지로 유아대상 미술학원에 다니는 유아에게도 무상교육비를 지원하였다.

「영유아보육법 시행령」의 주요 개정 내용은 〈표 6-9〉와 같다. 「유아교육법 시행령」의 개정 내용과 같이 어린이집에서 공통 교육 · 보육과정을 제공받는 만 5세 유아를 무상보육 대상으로 하고, 그에 소요되는 비용은 「지방교육재정교부금법」에 따른 보통교부금으로 부담하게 하였다. 여기서도 보건복지부 입법예고안은 '「지방교육재정교부금법」에 따른 지방교육재정교부금'이었으나 법제처 심사과정에서 '「지방교육재정교부금법」에 따른 보통교부금'으로 수정되었다.

〈표 6-9〉 「영유아보육법 시행령」 개정 전후 비교(2011년)

영유아보육법 시행령 [시행 2011. 4. 22.] [대통령령 제22906호, 2011. 4. 22., 타법개정]	영유아보육법 시행령 [시행 2012. 3. 1.] [대통령령 제23192호, 2011. 9. 30., 일부개정]
제22조 (무상보육의 대상자 및 그 실시지역) ① 법 제35조 제1항에 따른 초등학교 취학 직전 1년의 유아에 대한 무상보육은 매년 1월 1일 현재 만 5세에 도달한 유아를 대상으로 하여 실시하되, 예산의 범위에서 다음 각 호의 어느 하나에 해당하는 유아에 대하여 우선적으로 실시한다. 1. 「국민기초생활 보장법」에 따른 수급자인 유아 2. 「도서 · 벽지 교육진흥법」 제2조에 따른 도서 · 벽지에 거주하는 유아 3. 행정구역상 읍 · 면 지역에 거주하는 유아	제22조 (무상보육 대상자 등) ① 법 제35조 제1항에 따른 무상보육은 다음 각 호의 영유아를 대상으로 실시한다. 1. 매년 1월 1일 현재 만 5세에 도달한 유아로서 어린이집에서 보건복지부장관과 교육과학기술부장관이 협의하여 정하는 공통의 보육 · 교육과정을 제공받는 유아 2. 장애아 3. 「다문화가족지원법」 제2조 제1호에 따른 다문화가족의 자녀
② 제1항 각 호 외의 영유아에 대한 무상보육은 예산의 범위에서 순차적으로 확대하여 실시한다. ③ 제1항에 따라 무상보육 대상자로 된 유아는 행정구역의 변경에 따라 영향을 받지 아니한다. ④ 제1항부터 제3항까지에서 규정한 사항 외에 무상보육의 실시에 필요한 사항은 보건복지부장관이 정한다.	② 제1항에서 규정한 사항 외에 무상보육의 실시에 필요한 사항은 보건복지부장관이 정한다.

제23조 (무상보육 실시 비용) ① 법 제35조 제2항에 따라 무상보육 실시에 드는 비용은 「보조금의 예산 및 관리에 관한 법률 시행령」 제4조 및 [별표 1]에 따른 영유아 보육사업에 대한 지원 비율에 따라 국가와 지방자치단체가 부담한다. ② 무상보육 실시를 위한 보육료 지원 절차 등 구체적인 사항은 보건복지부장관이 정한다.	제23조 (무상보육 실시 비용) ① 법 제35조 제2항에 따라 제22조 제1항 제1호의 유아에 대한 무상보육 실시에 드는 비용은 예산의 범위에서 부담하되, 「지방교육재정교부금법」에 따른 보통교부금으로 부담한다. ② 법 제35조 제2항에 따라 제22조 제1항 제2호 및 제3호의 영유아에 대한 무상보육 실시에 드는 비용은 「보조금 관리에 관한 법률 시행령」 제4조 및 [별표 1]에 따른 영유아 보육사업에 대한 지원 비율에 따라 국가와 지방자치단체가 부담한다. ③ 무상보육 실시 비용의 지원 방법 및 절차 등 구체적인 사항은 보건복지부장관이 정한다.

마지막으로, 「지방교육재정교부금법 시행령」은 〈표 6-10〉에서 보는 것처럼 '기준재정수요액의 산정 등'을 정한 제4조 제1항 [별표 1]을 개정하였다. '기준재정수요액'은 지방교육과 지방교육 행정 운영에 관한 재정수요를 「지방교육재정교부금법」 제6조의 규정에 의하여 산정한 금액을 말한다. 기준재정수요액을 산정하는 방법은 각 측정항목별로 측정단위의 수치를 그 단위비용에 곱하여 얻은 금액을 합산하여 구한다. 측정항목과 측정단위는 대통령령으로 정하고, 단위비용은 대통령령이 정하는 기준의 범위 안에서 물가변동 등을 감안하여 교육부령으로 정한다(법률 제10221호, 2010. 3. 31.). 예를 들어, '5세 누리과정'에 소요되는 유아교육비와 보육료를 산정하는 방법은 유치원과 어린이집에 다니는 만 5세 유아 수에 교육부장관이 정하는 만 5세 지원액 월 22만 원을 곱한 후에 12개월을 다시 곱해서 구한다.

'5세 누리과정' 도입에 따라 「지방교육재정교부금법 시행령」 제4조 제1항 [별표 1]의 측정항목은 '유아학비 지원'에서 '유아교육비 · 보육료 지원'으로, 측정단위는 '원아 수'에서 '유아 수'로 바뀌었다. 2011년에는 보통교부금으로 유치원에 다니는 만 3~5세 유아의 교육비를 지원했으나, 2012년부터는 어린이집에 다니는 만 5세 유아도 유아교육비를 지원할 수 있게 된 것이다.

2011년 9월 30일 개정 · 공포된 「유아교육법 시행령」과 「영유아보육법 시행령」은 '5세 누리과정' 도입 시기에 맞추어 2012년 3월 1일부터 시행되었고, 「지방교육재정교부금법 시행령」은 2012년 1월 1일부터 시행되었다.

〈표 6-10〉「지방교육재정교부금법 시행령」 개정 전후 비교(2011년)

구분		개정 전(2010. 10. 1. 개정)	개정 후(2011. 9. 30. 개정)
기준재정 수요액의 측정항목 · 측정단위 및 산정기준	측정항목	5. 유아 교육비 가. 유아학비 지원	5. 유아 교육비 가. 유아교육비 · 보육료 지원
	측정단위	원아 수	유아 수
	산정기준	교육과학기술부장관이 정하는 기준에 따른 유아학비 지원대상자 수	1)「유아교육법 시행령」 제29조 제1항 및「영유아보육법 시행령」 제22조 제1항 제1호에 따른 공통 교육 · 보육과정을 제공받는 만 5세 유아 수 2) 교육과학기술부장관이 정하는 기준에 따른 유치원의 만 3세 및 만 4세 유아 수 3) 만 5세 보육료의 정산 잔액

4) '5세 누리과정' 예산 확보

2011년 9월 말까지 '5세 누리과정' 제도 도입과 재원부담 근거 마련을 위한 법령 개정이 마무리되었으므로 이제 2012년도 예산을 확보해야 했다. 〈표 6-11〉은 정부가 2011년 5월 2일 제도 도입 계획을 발표할 때 제시한 '5세 누리과정 연도별 소요 예산안'을 보여 준다. 2011년 기준으로 유치원에 다니는 만 5세 유아교육비는 지방교육재정교부금 2,586억 원이며, 어린이집에 다니는 만 5세 유아보육료는 보건복지부의 국고 1,012억 원과 지방비 1,036억 원 합계 2,048억 원이다. 정부는 2012년부터 만 5세 유아 교육비와 보육료를 모두 교부금으로 부담하기로 하였고, 그 경우 2012년 교부금 부담액은 2011년 대비 8,802억 원 증가한 1조 1,388억 원이다.

정부가 '5세 누리과정' 제도 도입을 위해 공통 교육 · 보육과정을 고시하고 관련 법령을 정비하던 2011년 9월은 제18대 국회의 마지막 정기회 회기 중이었다. 국정감사는 2011년 9월 19일부터 10월 8일까지 20일간 진행되었다(국회사무처, 2011c).

교육부와 소속기관 등을 대상으로 국회 국정감사는 2011년 9월 19일부터 실시되었는데, 국정감사 기간 동안 교육과학기술위원회(이하 '교과위') 위원들은 '5세 누리과정'에 대해서는 많은 질문을 하지 않았다. 당시 교육부 예산 쟁점은 무상급식과 대학 반값등록금이었다. 첫날 국정감사에서 김세연 의원은 사회계층 이동성 완화

〈표 6-11〉 5세 누리과정 연도별 소요 예산(안)

(단위: 억 원)

구분		'10년	'11년	'12년	'13년	'14년	'15년	'16년
교육	교부금	2,482	2,586	5,392	5,482	5,611	6,509	6,647
보육	국고	1,316	1,012	-	-	-	-	-
	지방비	1,375	1,036	-	-	-	-	-
	교부금	-	-	5,996	6,087	6,218	7,204	7,344
	소계	2,691	2,048	5,996	6,087	6,218	7,204	7,344
교부금계		2,482	2,586	11,388	11,569	11,829	13,713	13,991
총계		5,173	4,634	11,388	11,569	11,829	13,713	13,991

※ 내국세에 연동하여 매년 증가하는 지방교육재정교부금('11년 35.3조 원 → '12년 전망 38.4조 원 내외)으로 소요 예산 충당 가능

출처: 관계부처 합동(2011), p. 8.

문제를 거론하면서 '5세 누리과정' 도입에 따라 소득에 관계없이 월 20만 원을 지원하면 소득상위 30%가 가장 큰 수혜자가 되고, 저소득층은 역차별을 받는다고 지적했다. 그리고 임해규 의원은 사립유치원과 어린이집 교사들이 별도의 시간을 내어 연수를 받기 어려운 여건을 고려해서 교사 연수계획을 수립할 것을 주문하였다(국회사무처, 2011d).

국정감사를 마친 국회는 2011년 10월 10일 정부의 시정연설을 시작으로 2012년도 예산안 심사에 들어갔다. 국회 교과위는 10월 28일 교육부 소관 2012년도 예산안을 안건으로 상정하였고, 이주호 교육부장관의 국외출장으로 인해 설동근 제1차관이 예산안 제안설명을 하였다. 설동근 차관은 "유아 및 초 · 중등교육 부문은 금년보다 3조 283억 원 증액된 38조 8571억 원을 편성"하였고, "학교교육 재정지원을 위해 법정 의무지출인 지방교육재정교부금을 2012년 예상 경제성장률에 기초하여 금년보다 3조 1991억 원이 증액된 38조 4822억 원을 편성"하였다고 말했다. 정부측의 예산안 제안설명에 이어 국회 수석전문위원[6]이 교육부 예산안에 대한 검토보고를 했으나 '5세 누리과정' 도입과 관련하여 특별한 언급은 없었다(국회사무처, 2011e).

국회 교과위는 2011년 10월 31일 이주호 장관이 참석한 가운데 다시 전체회의를

6) 수석전문위원은 소속 위원회 위원장의 지휘를 받아 그 업무를 처리하며, 그 위원회 소속 공무원을 지휘 · 감독한다(「국회사무처법」 제8조 내지 제9조).

열어 예산안을 심사하였다. 이날 회의에서 김춘진 의원은 누리과정 신설과 같은 새로운 지방교육재정 부담 사업을 추진하기 위해서는 지방교육재정 교부율을 인상해야 한다는 취지의 질의를 하였다. 김춘진 의원은 정부가 2011년도 실질 경제성장률을 4.5%로 잡고 그 전제하에 국세수입 증가율을 9.7%로 추계했는데, 그러한 전망은 달성하기 어렵고 내국세의 20.27%에 연동하는 지방교육재정교부금도 감소할 수밖에 없으므로 새로운 사업을 하기 위해서는 교부율을 인상해야 한다고 하였다. 이에 대해 이주호 장관은 성장률 전망이 어두운 것으로 듣고 있으나 2011년에도 교부금이 3조 이상 늘었고, "전체적인 추세로 봐서 학생도 많이 줄고 있는 상황이라서 지방교육재정교부금에 여유가 좀 많이 있다는 게 전문가들의 관측"이라고 답하였다(국회사무처, 2011f: 6).

당초 예산안 심사를 위한 교과위 예산결산기금심사소위원회는 2011년 11월 1일부터 3일까지 사흘간 열릴 예정이었으나 쟁점인 무상급식과 대학 반값등록금 예산 문제로 11월 18일까지 여덟 차례 열렸다. 지방교육재정교부금 예산은 11월 1일에 열린 예산결산기금심사소위원회(이하 '예산소위') 제1차 회의에서 논의되었고, 5세 누리과정 문제도 언급되었지만 특별한 쟁점은 없었다(국회사무처, 2011g).

한편, 2011년 11월 8일 열린 국회 예산결산특별위원회 종합 정책질의에서 한나라당 정진섭 의원은 이주호 교육부장관에게 '5세 누리과정'의 도입 배경과 향후 확대 계획을 물었고, 임채민 보건복지부장관에게는 현재의 계획을 물었다. 이주호 장관은 "5세아 교육을 국가가 책임"진다는 제도이며, 어려운 통합을 이루어 낸 것은 상당히 큰 의미가 있다고 하였다. 그리고 앞으로 사립유치원 지원단가를 연차적으로 현실화하겠다고 하였다. 임채민 장관은 "다른 어떤 분야보다도 보육에 대해서는 국가의 역할을 점진적으로, 단계적으로 확대해 나갈 계획"이며, "5세 누리과정과 마찬가지로 3 · 4세에 대한 지원을 단계적으로 확대하는 문제"를 "적극적으로 추진"하고 있다고 대답하였다(국회사무처, 2011h: 60). 국회 교과위는 2011년 11월 21일 2012년도 교육부 예산안을 가결하였고, 국회는 12월 31일 본회의에서 2012년도 정부 예산안을 통과시켰다.

5) 교사용 자료 개발 · 보급과 교사연수

정부가 2011년 9월에 '5세 누리과정'을 고시하고, 관련 법령을 모두 개정하였으므로 사실상 제도 도입을 위한 기반은 마련된 셈이었다. 그러나 2013년 3월에 제도를 시행하기 위해서는 준비해야 할 일들이 남아 있었으므로 교육부를 중심으로 '5세 누리과정' 준비를 위한 후속 작업에 들어갔다. 담당교사 연수계획과 교사용 지도서와 해설서 · 지침서 개발계획을 수립하였고, 새로운 제도를 알리기 위한 TV 광고를 송출하였다(대한민국정부, 2013b: 154).

초 · 중등학교와 달리 유치원과 어린이집은 교과서가 따로 없다. 따라서 교사가 교육과정을 운영할 때 참고할 만한 교사용 자료의 역할이 크다. '5세 누리과정' 교사용 자료의 개발은 2011년 9월 말부터 기본계획을 수립하여 집필진을 구성하고 생활주제별로 심의회를 구성 · 운영하였다. 특히, 유치원 교사용 지도서는 누리과정이 최초로 도입되어 시행되는 점을 감안하여 유아 교육과정과 자료 개발 분야의 최고 전문가들을 위촉하여 집필하도록 하였다(대한민국정부, 2013b: 154).

교사용 자료 개발 · 보급 현황은 〈표 6-12〉와 같다.

〈표 6-12〉 5세 누리과정 관련 자료 개발 · 보급 현황

<table>
<tr><th colspan="3">자료명</th><th>수량</th><th>보급 범위</th><th>보급 부수</th></tr>
<tr><td colspan="3">① 2011개정 유치원 교육과정</td><td>1권</td><td>원당 1부</td><td>9,300부</td></tr>
<tr><td colspan="3">② 5세 누리과정 해설서</td><td>1권</td><td>원당 1부</td><td>9,300부</td></tr>
<tr><td rowspan="2">③ 5세 누리과정 지침서 관련</td><td colspan="2">교사용 지침서</td><td>1권</td><td>원당 1부</td><td rowspan="2">9,300부</td></tr>
<tr><td colspan="2">지침서 동영상자료(DVD)</td><td>1개</td><td>원당 1개</td></tr>
<tr><td rowspan="11">④ 5세 누리과정 지도서 관련</td><td rowspan="11">교사용 지도서</td><td>유치원과 친구</td><td rowspan="11">11권</td><td rowspan="11">시 · 도 교육청 및 교육지원청, 진흥원</td><td rowspan="11">교육과학기술부는 각 500부 보급, 시 · 도 교육청별 자체 배부 예정</td></tr>
<tr><td>나와 가족</td></tr>
<tr><td>우리 동네</td></tr>
<tr><td>동식물과 자연</td></tr>
<tr><td>건강과 안전</td></tr>
<tr><td>생활도구</td></tr>
<tr><td>교통기관</td></tr>
<tr><td>우리나라</td></tr>
<tr><td>세계 여러 나라</td></tr>
<tr><td>환경과 생활</td></tr>
<tr><td>봄여름가을겨울</td></tr>
</table>

	지도서 보조자료 (DVD)	유치원과 친구	11개	시 · 도 교육청 및 교육지원청, 진흥원	
		나와 가족			
		우리 동네			
		동식물과 자연			
		건강과 안전			
		생활도구			
		교통기관			
		우리나라			
		세계 여러 나라			
		환경과 생활			
		봄여름가을겨울			

출처: 교육과학기술부(2012), p. 4.

2012년 2월까지 2011 개정 유치원 교육과정, 5세 누리과정 해설서, 교사용 지침서, 교사용 지도서와 보조자료 등 모두 4종, 세부적으로는 총 26종의 교사용 자료를 개발 · 보급하였다. 특히, 교사용 지침서 1권과 교사용 지도서 총 11권에는 각 권마다 교육용 DVD를 동시에 개발 · 보급함으로써 교사들의 교수 · 학습 활동을 보다 풍부하게 지원하였다(교육과학기술부, 2012).

한편, 교육부와 보건복지부는 2011년 12월 21일, 유치원과 어린이집 교사 3만 2천여 명이 한자리에 모여 5세 누리과정 연수를 시작했다고 발표하였다. 교사연수는 〈표 6-13〉과 같이 중앙연수, 집합연수, 원격연수, 기타 교원연수 등 네 가지 형태로 이루어졌다(교육과학기술부, 보건복지부, 2011g).

중앙연수는 시 · 도별 연수담당 강사요원, 시 · 도 교육청과 시 · 도 업무 담당자를 대상으로, 전국 어디에서나 동일한 수준과 내용으로 '5세 누리과정'을 실시할 수 있는 여건을 조성하기 위해 실시하였다. 집합연수는 '5세 누리과정'의 내용과 운영 방법, 다양한 적용사례 등을 안내함으로써 담당교사가 갖추어야 할 전문성과 역량 강화에 도움을 주기 위한 것이었다. 원격연수는 '5세 누리과정'에서 강조하고 있는 주요 내용별 활동 구성 과정을 보다 상세하게 안내함으로써 담당교사들이 좀 더 쉽게 '5세 누리과정'을 적용할 수 있게 하였다. 유치원과 어린이집 교사의 근무여건을 고려하면서도 적정 교육 이수시간을 확보하기 위해 추가된 것으로, 연수의 질 제고는 물론 전문성과 실효성을 담보하기 위한 조치였다. 기타 교원연수는 만 5세 담당

〈표 6-13〉 5세 누리과정 연수 형태, 시기 및 내용

연수 형태 및 시간	연수 시기	연수 내용
중앙연수	'11. 12. 21 ~ 12. 22 (1박 2일)	• 시도 강사요원(148명) 및 시 · 도 교육청, 시 · 도 담당자(34명) 대상 연수 ※ 연수 프로그램 및 PPT, 동영상 등 강의자료를 제공하여 연수의 질 확보
집합연수 (15시간)	'12. 1월 말	• 5세 누리과정 총론 및 5개 영역별 각론 이해 ※ 신체운동 · 건강, 의사소통, 사회관계, 예술경험, 자연탐구 영역 등
원격연수 (30시간)	'12. 2월 중	• (재교육, 15시간) 집합연수의 주요 내용을 중심으로 재구성 ※ 기타 교원 및 시 · 도(교육)청 담당자도 공유 가능한 내용으로 만 5세 담당교사의 재교육 가능 • (심화교육, 15시간) 5세 누리과정에서 강조하고 있는 주요 내용별 활동 구성 과정(계획-실행-평가과정) 이해
기타 교원연수	'12. 3월~ 연중	• (집합교육) 5세 누리과정에 대한 기타 교원의 이해를 돕기 위해 교원 직무 연수 시 포함하여 실시 • (원격교육) 5세 담당교사들을 위해 제공된 원격 심화연수 내용을 기타 교원들도 제공 받을 수 있도록 연중 운영

출처: 교육과학기술부 · 보건복지부(2011g), p. 3.

교사뿐만 아니라 3~4세 담당교사와 원장, 원감 등 모든 교원을 대상으로 '5세 누리과정'에 대한 연수를 연중 실시하는 것이었다(교육과학기술부, 보건복지부, 2011g).

2012년 2월까지 유치원 교사 1만 4,907명, 어린이집 교사 1만 7,623명 등 3만 2,530명을 대상으로 1인당 15시간의 집합연수와 30시간의 원격연수를 실시하였다(교육과학기술부, 2012). 교사연수는 유치원과 어린이집 교사가 함께 참여하여 '5세 누리과정'의 효율적인 운영 방안을 논의한 것으로 그 자체가 매우 의미 있는 일이다. 이상과 같은 준비과정을 거쳐 2012년 3월 1일부터 모든 유치원과 어린이집에서 '5세 누리과정'이 시행되었다.

참고문헌

감사원(2016a). 「누리과정 예산편성 실태」 감사 결과. 2016. 5. 24. 보도자료.
감사원(2016b). 감사보고서: 누리과정 예산편성 실태.
관계부처 합동(2011). 「만 5세 공통과정」 도입 추진계획. 2011. 5. 2. 보도자료 붙임.
교육과학기술부(2009). 유아교육 선진화 추진계획.
교육과학기술부(2011a). 창의인재와 선진과학기술로 여는 미래 대한민국. 2011년 업무보고. 교육과학기술부.
교육과학기술부(2011b). 만 5세 공통과정 도입 관련 Q/A. 2011. 5. 2. 보도자료.
교육과학기술부(2012). 5세 누리과정 준비 차질없이 진행. 2012. 2. 22. 보도자료.
교육과학기술부, 보건복지부(2011a). '만 5세 공통과정', 이름을 지어주세요. 2011. 5. 13. 보도자료.
교육과학기술부, 보건복지부(2011b). '만 5세 공통과정' 도입 관련 법령 개정. 2011. 6. 28. 보도자료.
교육과학기술부, 보건복지부(2011c). 이제 '5세 누리과정'으로 불러주세요. 2011. 7. 14. 보도자료.
교육과학기술부, 보건복지부(2011d). 「5세 누리과정」 제정(안) 마련. 2011. 8. 12. 보도자료.
교육과학기술부, 보건복지부(2011e). 「5세 누리과정」 고시. 2011. 9. 2. 보도자료.
교육과학기술부, 보건복지부(2011f). '5세 누리과정' 도입 관련 법령개정 공포. 2011. 9. 30. 보도자료.
교육과학기술부, 보건복지부(2011g). 3만 2천여 명의 유치원 · 어린이집 교사, 한 자리에 모여 5세 누리과정 연수 시작! 2011. 12. 21. 보도자료.
교육부(2014). 유아교육비 지원 현황. 내부자료.
국무총리실, 교육과학기술부, 보건복지부(2011). 만 5세 어린이 교육 · 보육, 국가가 책임진다. 2011. 5. 2. 보도자료.
국회사무처(2011a). 제301회 국회(임시회) 국회본회의회의록. 제2호. 2011. 6 .2.
국회사무처(2011b). 제301회 국회(임시회) 교육과학기술위원회회의록. 제1호. 2011. 6. 13.
국회사무처(2011c). 제303회 국회(정기회) 국회본회의회의록. 제1호. 2011. 9. 1.
국회사무처(2011d). 2011년도 국정감사 교육과학기술위원회회의록. 2011. 9. 19.
국회사무처(2011e). 제303회 국회(정기회) 교육과학기술위원회회의록. 제2호. 2011. 10. 28.
국회사무처(2011f). 제303회 국회(정기회) 교육과학기술위원회회의록. 제3호. 2011. 10. 31.
국회사무처(2011g). 제303회 국회(정기회) 교육과학기술위원회회의록(예산결산기금심사소위원회) 제1호. 2011. 11. 1.
국회사무처(2011h). 제303회 국회(정기회) 예산결산특별위원회회의록. 제3호. 2011. 11. 8.
국회사무처(2012). 2012년도 국정감사 교육과학기술위원회회의록. 2012. 10. 24.

김철수(2015). 헌법개설. 서울: 박영사.

노컷뉴스(2010. 10. 24.). “만 5세 조기취학” 도입 안한다. https://www.nocutnews.co.kr/news/765680

대통령실(2011). 청와대 정책소식, 제101호. 2011. 8. 4.

대한민국정부(2013a). 국민과 함께 만든 더 큰 대한민국. 이명박정부 국정백서(2008. 2.~2013. 2.). 01. 총론. 서울: 문화체육관광부.

대한민국정부(2013b). 교육개혁과 신고졸시대 개막. 이명박정부 국정백서(2008. 2.~2013. 2.). 09. 교육. 서울: 문화체육관광부.

문화일보(2009. 11. 25.). 만 5세兒 무상의무교육 실시. http://www.munhwa.com/news/view.html?no=2009112501030327105002l

문화일보(2011. 6. 13.). 부처간 협력 모범사례도 있다… 교과부-복지부 ‘만 5세 교육’ 공조 대표적. 003면.

보건복지가족부(2009). 아이사랑플랜(2009~2012).

장명림 외(2011). 초등학교 취학연령 및 유아교육 체제 개편 연구. 2010 교육과학기술부 정책연구 과제.

조선일보(2009. 11. 26.). ‘만 5세 취학’ 출산율 높일 수 있을까. http://news.chosun.com/site/data/html_dir/2009/11/26/2009112600131.html

청와대(2009). 미래기획위원회, 이명박 정부의 저출산 대응전략 제시. 2009. 11. 25. 보도자료.

대한민국 정책브리핑(http://www.korea.kr)

3~4세 누리과정 도입

개요

이명박 대통령은 '5세 누리과정' 도입에 대한 반응이 좋자 누리과정을 만 3~4세까지 확대하는 방안을 검토하도록 하였다. 여당인 한나라당도 무상교육 확대를 추진하였다. 정부는 관계부처 협의를 거쳐 2012년 1월 18일 '3~4세 누리과정' 도입 계획을 발표하였다. 제도 도입을 위한 후속조치로 2012년 7월 10일 '3~5세 연령별 누리과정'을 고시하였고, 초등학교 취학 전 3년까지 무상교육을 확대하기 위해 「유아교육법」「영유아보육법」과 관련 법령을 개정하였다. 국회 예산 심의 과정에서는 '5세 누리과정' 도입 때와는 다르게 법적 근거를 둘러싼 논쟁이 시작되었다. 교육부와 보건복지부는 2013년 2월까지 교사용 자료 개발 · 보급과 함께 교사연수를 완료하였다. 2013년 3월 1일부터 전국의 유치원과 어린이집에서 '3~5세 연령별 누리과정'이 시행되었다.

1. 제도 도입 배경

1) 무상복지 확대 추세

'5세 누리과정'이 시행되는 2012년 새해를 맞이하면서 우리는 무상보육과 관련한 새로운 뉴스를 접하였다. 0~2세 보육료 지원을 전 계층으로 확대한다는 것이었다. 2011년에 0~2세 영아를 어린이집에 보낼 경우 정부가 소득하위 70%에게만 보육료를 지원하였으나 2012년 3월부터는 전 계층에 지원한다는 것이다. 이 정책은 2011년 12월 23일에 있었던 보건복지부의 2012년 업무보고에도 포함되어 있지 않았다(보건복지부, 2011). 보건복지부는 2012년 1월 2일 보도자료를 통해 2011년 12월 31일 국회 본회의에서 0~2세 전 계층 지원을 포함하는 2012년도 예산안이 최종 확정되었다고 하였다(보건복지부, 2012).

0~2세 보육료 확대 정책이 알려지자 많은 비판이 제기되었다. 포털사이트 '다음 아고라'에는 정책을 재고해 달라는 학부모들의 이슈 청원이 불붙었다. 학부모들의 불만은 크게 두 가지였다. 하나는 지원의 우선순위 문제였다. 2012년 3월부터 만 5세와 0~2세는 전 계층에 지원하고 만 3~4세는 소득하위 70%만 지원하게 되는데, 0~2세보다는 시설을 많이 이용하는 만 3~4세에게 먼저 지원해야 한다는 것이다. 다른 하나는 보육료와 양육수당 지원의 형평성 문제였다. 엄마 품에 있어야 할 0~2세 영아를 어린이집에 보내면 전 계층에 보육료를 지원하고 집에서 키울 경우에는 차상위 계층에게만 양육수당을 지원하는 정책은 잘못되었다는 것이다(노컷뉴스, 2012. 1. 6.).

0~2세 무상보육 정책에 대한 비판 여론이 거세지자 정부 관계자는 2012년 1월 15일, 2013년부터 0~2세 영아를 둔 가정에 양육수당을 확대 지원하는 문제를 검토하고 있다고 하였다(연합뉴스, 2012. 1. 15.). 또 다른 관계자는 만 3~4세 유아도 2013년부터 지원을 확대하는 문제를 관계부처와 협의하겠다고 하였다(조선일보, 2012. 1. 16). 정부 관계자의 말과 같이 며칠 후인 2012년 1월 18일 정부는 '위기관리대책회의'를 열고 2013년부터 '3~4세 누리과정'을 도입하며 양육수당 지원대상도 차상위 계층에서 소득하위 70%로 확대한다고 발표하였다(국무총리실 외, 2012a).

국회와 정부는 왜 갑작스럽게 무상보육 확대를 추진했을까? 여기서 당시 정치권의 상황과 0~2세 무상보육 문제를 깊이 살펴보지는 않겠다. 다만, 여야 정치권은 이른바 '보편적 복지'와 '선택적 복지' 등 무상복지 논쟁 중이었고, 2011년 8월 26일 서울시 무상급식 주민투표 패배의 책임을 지고 오세훈 시장이 사퇴한 후 치른 2011년 10월 26일 서울시장 보궐선거의 쟁점 또한 무상복지 문제였던 것만은 분명하다. 더구나 2012년 4월에는 국회의원 선거, 12월에는 대통령 선거가 예정되어 있었으니 정치권이 무상보육 확대에 관심을 가진 것은 당연한 일이라 하겠다.

2) '3~4세 누리과정' 도입 검토

정부는 '3~4세 누리과정' 도입 계획을 언제부터 검토하기 시작했을까? 다시 말해, 누리과정을 만 3~4세까지 확대하는 문제는 언제부터 정책의제로 채택되었는가? 2012년 1월의 상황을 보면 갑자기 결정된 것처럼 보이지만 정부가 이 문제를 정책의제로 설정한 때는 2011년 7월이다.

그 경위는 이렇다. 2011년 5월 2일 '5세 누리과정' 도입 계획을 발표한 후 교육부와 보건복지부는 현장 교사와 학부모 등을 대상으로 새로운 제도 도입의 취지를 알리고 의견을 듣기 위해 전국 순회 설명회를 실시하였다. 전국 순회 설명회에서는 많은 제안들이 있었는데, 5세 누리과정을 성공적으로 정착시킨 후에 국제적인 추세에 맞춰 만 3~4세 유아에 대한 지원도 대폭 확대해야 한다는 내용이 대부분이었다(이주호 외, 2011: 163).

'5세 누리과정' 도입에 대하여 각계의 긍정적인 반응이 있자 이명박 대통령은 2011년 7월 12일 국무총리 주례보고에서 "지방교육재정교부금의 여건이 허락되면 5세 누리과정을 만 3세 및 만 4세까지 확대하는 방안을 검토하라고 지시"하였다(감사원, 2016b: 6). 교육부는 이때부터 '3~4세 누리과정' 도입 방안을 검토하기 시작하였고, 정책연구도 발주하였다. 정책연구 제목은 '만 3~4세 유아 지원체계 강화방안 연구'이며, 연구는 2011년 8월부터 12월까지 진행되었다(온-나라정책연구 홈페이지).

2011년 9월부터 2012년 1월초까지 대통령과 여당인 한나라당은 영유아 무상교육과 보육에 대한 지원을 강조하였다. 이명박 대통령은 2011년 9월 8일 '추석맞이 대통령과의 대화'에서 초등학교에 들어가기 전 보육은 국가 장래를 위해 복지 차원과 다른 투자 개념으로 봐야 하며, "보육과 영유아 문제는 정부가 조만간 발표하게 될 것"이라고 말했다(뉴시스, 2011. 9. 8.).

한나라당은 서울시장 보궐선거를 앞두고 2011년 9월 15일 당의 복지 비전과 정책을 새롭게 정립하기 위해 'The 좋은 복지 TF'를 구성하였다(파이낸셜뉴스, 2011. 9. 15.). 10월 10일에는 TF팀이 제안한 평생 맞춤형 복지와 무상급식의 단계적 확대를 당론에 준하는 방안으로 확정하고 선거에 임했다(연합뉴스, 2011. 10. 10). 서울시장 선거에 패배한 후인 11월 13일 이주영 한나라당 정책위의장은 "2014년까지 만 0~2세 아동에 대한 보육료와 양육수당 지원대상을 모든 가정으로 확대할 계획"이며, "젊은 세대의 가장 큰 관심사인 보육정책을 앞당겨 추진"하는 것을 적극 검토하고 있다고 말했다(세계일보, 2011. 11. 14.). 이어서 11월 17일 비공개 당정협의에서 한나라당과 정부는 2012년부터 만 5세와 같이 만 3~4세도 전 계층에 지원하기로 합의했고, 소요 예산은 5천억 원으로 추계한다고 하였다(한국경제, 2011. 11. 21.). 정부 내부에서 '3~4세 누리과정' 도입 방안을 검토하는 가운데 한나라당에서도 0~4세 전면 '무상보육'을 적극 추진하는 형국이 된 것이다.

이에 대통령은 2011년 11월 29일 제3기 국민경제자문회의에서 "국가가 0~5세 아이들에 대한 보육을 반드시 책임진다는 자세로 당과 잘 협의해서 예산을 마련할 수 있도록 하라"고 기획재정부장관에게 지시하였다(연합뉴스, 2011. 11. 29.). 따라서 기획재정부는 0~5세 무상보육 확대 관점에서 검토하기 시작하였다. 대통령은 12월 9일 서울 휘경유치원을 방문한 자리에서도 5세 이하 아이들 모두를 국가가 책임지고 교육하도록 하겠다고 말했다(동아일보, 2011. 12. 10.).

이명박 정부 당시에는 새해가 시작되기 전에 정부부처 업무보고를 했는데, 2011년 12월 14일 교육부의 2012년도 업무보고가 있었다. 이 자리에서 대통령은 "내년부터 시작하는 5세 누리과정에 이어 만 4세, 만 3세까지 유치원과 어린이집에 같이 적용되는 공통과정을 마련하고, 지원 확대 방안을 관계부처와 스케줄을 연구하여 발표"할 것을 교육부장관에게 지시하였다(교육과학기술부, 2011). 그리고 2012년 1월 2일, 대통령은 신년 국정연설에서 다음과 같이 말했다(대한민국 정책브리핑 홈페이지).

> 저출산 · 고령화 문제는 우리 미래에 대한 심각한 도전입니다. 출산율 제고를 국가 핵심과제로 삼고 제가 직접 챙기겠습니다. 부모들의 실질적인 양육 부담을 덜기 위해 태어나서부터 다섯 살까지 어린이에 대한 보육 지원을 확대하겠습니다. 올해는 '5세 누리과정'을 도입해서 만 다섯 살 어린이를 둔 모든 가정에 보육비와 교육비를 지원합니다. 네 살, 세 살 어린이도 내년부터 지원하겠습니다. 두 살 이하 아기를 둔 모든 부모는 올해부터 누구나 보육서비스를 지원받을 수 있습니다. 보육에 대한 투자는 복지의 문제이기도 하지만, 미래를 위한 투자이자 저출산 · 고령화에 대응할 수 있는 가장 효과적인 수단이라고 할 수 있습니다.

대통령의 연설 내용을 정리하면, 2012년에는 만 5세와 0~2세 어린이를 대상으로 전 계층에 지원하고, 만 3~4세 어린이는 2013년부터 지원하겠다는 것이다. 대통령의 연설 내용에 비추어 볼 때, 2011년 12월 말까지 정부 내부에서 3~4세 누리과정 확대에 대한 대체적인 틀이 마련되었다고 볼 수 있다.

2. '3~4세 누리과정' 도입 계획

교육부는 2011년 7월부터 '3~4세 누리과정 도입 방안' 마련을 준비했지만 '5세 누리과정'을 도입할 때 누리과정 정책의 기본 틀이 갖추어졌으므로 상대적으로 준비과정이 수월한 편이었다. 다만, 언제부터 만 3~4세까지 누리과정을 확대할 것인지는 대통령의 결단만 남아 있었다. 이명박 대통령이 2012년 신년 국정연설에서 '3~4세 누리과정'을 2013년부터 도입하기로 천명하였으므로 정부 관계부처는 2012년 1월부터 본격적으로 협의하기 시작하였다. '3~4세 누리과정' 도입 확대는 교육부가 마련한 기본계획을 토대로 2012년 1월 5일 국무총리실 주관으로 제1차 관계부처 국장급 회의를 개최하였고, 1월 16일에는 기획재정부장관 주관으로 제2차 관계부처 국장급 회의를 개최하였다. 이어서 1월 17일 관계부처 장관회의를 거쳐, 2012년 1월 18일 제3차 위기관리대책회의에서 '3~4세 누리과정 도입 계획안'을 정부 정책으로 확정 · 발표하였다(대한민국정부, 2013b: 157-158).

정부가 2012년 1월 18일 국무총리실, 기획재정부, 교육부, 행정안전부, 보건복지부 등 관계부처 합동으로 발표한 문건은 두 종류이다. 하나는 기획재정부가 0~5세 무상보육 확대 관점에서 작성한 보도자료이고, 다른 하나는 교육부가 3~4세 누리과정 확대 관점에서 국민들의 이해를 돕기 위해 배포한 보도 참고자료이다. 1월 18일 위기관리대책회의 후에 박재완 기획재정부장관은 관계부처 장 · 차관이 참석한 가운데 2013년부터 3~4세 누리과정을 도입하고 0~2세 양육수당도 대폭 확대한다고 발표하였다. 기획재정부와 교육부가 배포한 두 문건은 '3~4세 누리과정'과 관련하여 중복되는 부분이 있지만 강조하는 내용이 다르므로 차례로 소개한다.

먼저 기획재정부가 2012년 1월 18일 배포한 보도자료의 내용은 다음과 같다.

정부는 1월 18일 회의에서 유아교육과 보육에 대한 국가 책임을 강화하기로 결정하였고, 이는 이명박 정부가 예산을 편성하는 마지막 해인 2013년도에 국가가 책임지는 유아교육과 보육의 비전을 구현한다는 것이었다. 그리고 유아교육과 보육에 대한 투자는 맞춤형 복지, 저출산 대책, 미래 대비 투자, 일자리 대책 등 일석사조의 효과가 있다고 하였다(국무총리실 외, 2012a).

박재완 기획재정부장관이 2012년 1월 18일, '3~4세 누리과정 도입' 관계부처 합동 브리핑에서 발언하고 있다.

출처: 기획재정부 공식 블로그.

3~4세 누리과정과 관련해서는, 첫째, 당초 2013년에 4세 누리과정, 2014년에 3세 누리과정을 도입하고자 했으나 2013년부터 3~4세 누리과정을 동시에 도입하여 지원대상을 전 계층으로 확대하기로 하였다. 둘째, 재원 부담은 재정여건을 감안하여 2014년까지는 국고·지방비와 지방교육재정교부금을 함께 활용하여 지원하고, 2015년부터는 지방교육재정교부금으로 일원화하기로 하였다. 지원단가는 만 5세와 같이 2013년 22만 원부터 2016년 30만 원까지 연차적으로 인상하기로 하였다. 셋째, 2013년 도입에 차질이 없도록 2012년에 근거 법률을 개정하고, 공통 교육과정을 마련하며, 담당교사 연수와 시설 보강 등 준비를 완료하기로 하였다(국무총리실 외, 2012b).

참고로 이날 정부의 발표문에는 양육수당 확대 방안도 포함되었다. 양육수당 지원대상을 2012년 현재 소득하위 15% 수준인 차상위계층에서 2013년에는 소득하위 70%로 대폭 확대하여 서민과 중산층 부모의 양육부담을 완화한다는 내용이다. 정부가 제시한 '이명박 정부의 유아교육·보육 비전'은 〈표 7-1〉과 같다(국무총리실 외, 2012b).

〈표 7-1〉 이명박 정부의 유아교육 · 보육 비전

구분	유아학비 · 보육료	양육수당
1단계 (~'11년)	• 지원대상 지속 확대 * ('08) 차상위 → ('09) 소득하위 50% → ('11) 소득하위 70%	• '09. 7월 양육수당 도입 • 지원대상 및 금액 확대 * ('10) 24개월 미만, 10만 원 → ('11) 36개월 미만, 10~20만 원
2단계 ('12년)	• 5세 누리과정 및 0~2세 유아교육 · 보육 지원 확대	• 장애아동에 대해 취학 전(84개월)까지 양육수당 지원
3단계 ('13년)	• 3 · 4세 누리과정 도입	• 양육수당 지원대상 확대 (소득하위 70%)

출처: 국무총리실 외(2012b), p. 2.

다음으로 교육부가 별도로 배포한 '3~4세 누리과정 도입 계획'의 주요 내용은 다음과 같다(관계부처 합동, 2012).

먼저 제도 도입 배경 및 필요성에서는 누리과정을 만 3~4세 유아까지 확대하므로 몇 가지 사항을 추가하였다. 특히, 국제 추세에서 OECD가 3~5세 유아 취원율을 90% 이상으로 높일 것을 권고했다는 것과 유네스코의 국제표준교육분류(ISCED) 개정 내용을 포함하였다.[1] 유네스코 총회는 2011년 11월 5일 그동안 「ISCED 1997」에서 'ISCED 0' 단계로만 되어 있던 초기 아동교육을 '3세 미만의 초기 아동발달 프로그램(Early Childhood Development, ISCED 01)'과 '3세~초등 취학 전 교육(Pre-primary education, ISCED 02)'의 2개 유형으로 구분하는 「ISCED 2011」 개정안을 채택했다는 것이다(관계부처 합동, 2012).

정부는 유아교육 투자의 중요성 측면에서는 최근 뇌과학 연구의 성과를 소개했다. 사람의 두뇌 발달은 [그림 7-1]과 같이 0~2세의 경우 감각 · 언어 기능과 같이 주된 양육자와의 정서적 유대에 기반을 둔 기초 뇌기능이 주로 발달하고, 만 3세 이후에는 창의성, 문제해결력, 추론 능력 등 고등 뇌기능이 발달한다는 것이다(관계부처 합동, 2012).

'3~4세 누리과정 확대 방안'의 주요 내용은 2011년에 발표한 '5세 누리과정' 도

1) ISCED는 'International Standard Classification of Education'의 약어이다. ISCED 'level 0'은 'Early childhood education' 단계이며, 「ISCED 2011」 개정안의 'level 0'은 'level 01'(Early childhood educational development)과 'level 02'(Pre-primary education)'의 두 가지 범주로 나누어진다(UNESCO Institute for Statistics, 2012).

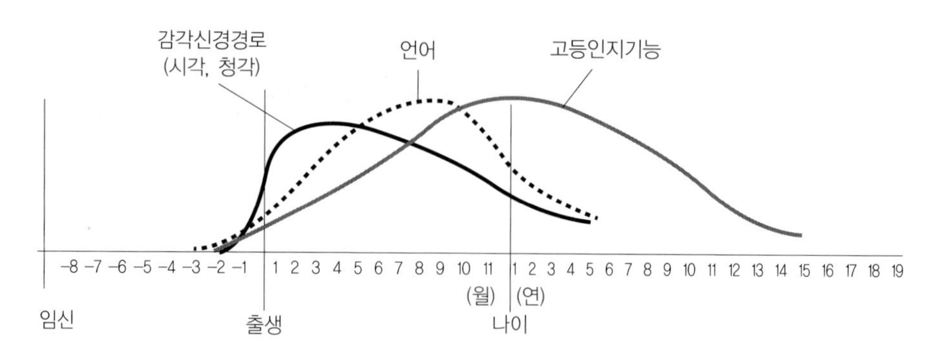

[그림 7-1] 사람의 두뇌 발달

출처: 관계부처 합동(2012), p. 2.

입 계획과 크게 다르지 않으나 공통 교육 · 보육과정, 재원부담 방식, 그리고 법령 개정 측면에서 차이가 있다.

첫째, '5세 누리과정'과 같이 만 3~4세 유아들에 대해서도 유치원과 어린이집에 동시에 적용할 수 있는 공통 교육 · 보육과정인 '3세 누리과정'과 '4세 누리과정'을 연령별로 마련하기로 하였다.

〈표 7-2〉 연령별 누리과정 일원화

구분	2012		2013			
기관	교육 · 보육과정		만 5세	만 4세	만 3세	만 0~2세
유치원 (교과부)	유치원 교육과정 (5세 누리과정/ 만 3~4세 교육과정)	⇨	5세 누리 과정	4세 누리 과정	3세 누리 과정	-
어린이집 (복지부)	표준보육과정 (5세 누리과정/ (만 3~4세/2세/ 2세 미만)		(교과부 · 복지부 공동)			만 2세 미만 및 2세 표준 보육과정 (복지부)

출처: 교육과학기술부(2012a), p. 2에서 일부 수정.

둘째, '5세 누리과정'의 소요재원은 2012년부터 모두 지방교육재정교부금으로 부담하지만, '3~4세 누리과정'에 소요되는 지방교육재정교부금은 2013년부터 점진적으로 부담하도록 하였다. 구체적으로 보면, 2012년에 만 3~4세 유아를 유치원이나 어린이집에 보내는 소득하위 70% 이하 가정은 정부로부터 만 3세는 월 19만 7천 원, 만 4세는 월 17만 7천 원을 지원받았지만 2013년부터는 만 5세 유아와 같이 소득수준과 관계없이 모두 월 22만 원을 지원받는다. 그동안 유치원비는 교육부 소관의 지방교육재정교부금으로 부담하고, 어린이집 보육료는 보건복지부 소관의 국비와 일반 지자체의 지방비로 부담하였는데, 앞으로는 모두 지방교육재정교부금으로 부담하게 된다. 다만, 어린이집 유아에 대한 지방교육재정교부금 부담은 단계적으로 적용하여 2013년에는 지원대상 확대 및 지원단가 인상에 따른 만 3~4세 보육료 추가분을 부담하고, 2014년에는 만 4세 보육료 전체를 부담하며, 2015년부터는 만 3세 보육료까지 부담한다는 것이다.

결과적으로 '3~4세 누리과정'에 소요되는 지방교육재정교부금 부담액은 〈표 7-3〉에서 보는 것처럼 2013년 1조 6,781억 원에서 2015년에는 3조 836억 원으로 증가한다는 것을 알 수 있다.

〈표 7-3〉 만 3~4세 지원 확대에 따른 재원부담 방안 (단위: 억 원)

구분	2012	2013	2014	2015
• 국비+ 지방비 ('12년 대비)	7,747	7,747*(-)	4,510** (△3,237)	- (△7,747)
• 지방교육재정교부금 ('12년 대비)	4,964	16,781 (11,817)	22,930 (17,966)	30,836 (25,872)
합 계	12,711	24,528	27,440	30,836

* 2012년 기준 3·4세아 보육료(소득하위 70%분)
** 2012년 기준 3세아 보육료(소득하위 70%분)
출처: 관계부처 합동(2012), p. 7에서 재구성.

셋째, 만 5세 유아 무상교육 · 보육 원칙은 1997년부터 법률에 명시되어 있었으므로 대통령령을 개정하면 되었다. 그러나 만 3~4세 유아는 법률로 기초생활 수급자와 일정소득 이하 자녀로 지원대상을 제한하였으므로 보호자의 소득수준에 관계없이 교육 · 보육비를 지원하기 위해서는 「유아교육법」과 「영유아보육법」을 개정해야만 했다.

지금까지 정부 발표 내용을 살펴보았지만 소요재원과 관련하여 짚고 넘어가야 할 부분이 있다. 2013년부터 '3~4세 누리과정'을 도입하면, 교육부 소관의 지방교육재정교부금 부담은 점점 증가하고, 보건복지부 소관의 국비와 일반 지자체의 지방비 부담은 점점 감소한다. 교육부는 관계부처와 협의했음에도 왜 이런 방안을 받아들였을까? 2016년에 실시된 감사원의 '누리과정 예산편성 실태 감사보고서'에서 그 이유를 확인할 수 있다(감사원, 2016b: 6-7).

> 이에 교육부는 개인의 지적 발달에 결정적 영향을 미치는 유아 단계에 대한 교육 · 보육을 강화하고 공평한 유아교육 · 보육 기회를 보장하기 위해 2013년부터 만 3~4세까지 누리과정을 확대 적용하기로 하였다. 그리고 이에 필요한 재원은 내국세의 20.27%로 연동되어 결정되는 지방교육재정교부금의 특성상 2011년(35.3조 원) 이후 지방교육재정교부금이 내국세 증가로 연평균 8.6%(3.6조 원) 증가하여 2015년에는 49.5조 원이 될 것이라는 기획재정부의 전망을 바탕으로 당초 보건복지부, 시 · 도, 시 · 도 교육청이 나누어 부담하던 것을 점차 보통교부금으로 전환하여 2015년에는 만 3~4세 누리과정비 전액을 보통교부금에서 부담하도록 결정하고 2012년 1월 18일 관계부처 합동으로 이를 국민에게 발표하였다.

교육부가 그런 결정을 한 이유는 내국세의 20.27%와 연동되는 지방교육재정교부금이 앞으로 매년 3.6조 원씩 증가할 것이라는 기획재정부의 중기 재정계획 전망에 따른 것이다. 그러나 어린이집 누리과정 비용을 보통교부금으로 지원하는 문제는 '3~4세 누리과정' 도입 이후 몇 년간 지속적으로 논란을 초래하게 되었다.

3. 누리과정 확대를 위한 후속조치

정부는 누리과정을 만 3~4세까지 확대하기 위한 세부 과제들의 추진 일정을 제시했다. 2012년 6월까지 '3~4세 누리과정'을 마련해서 고시하고, 9월까지 제도 도입 및 재정부담 근거 마련을 위한 관련법령을 정비하기로 하였다. 또한 2013년 2월까지는 '3~4세 누리과정' 해설서와 지도서를 개발 · 보급하고 담당교사 연수를 실시하기로 하였다. 그리고 2013년 3월부터는 '3~4세 누리과정'을 적용하기로 하였다(관계부처 합동, 2012: 8).

1) '3~5세 연령별 누리과정' 고시

정부가 '3~4세 누리과정 도입 계획'의 기본 방향을 발표했으므로 그에 따른 후속 조치는 교육부와 보건복지부가 협의해서 만들어야 했다. 대표적인 과제가 연령별 누리과정을 마련하는 일이었다.

(1) 통합 전

2012년 3월 1일 기준으로 '유치원 교육과정'은 '5세 누리과정'과 '만 3~4세 교육과정'으로 나누어져 있었고, 어린이집 '표준보육과정'은 '5세 누리과정'과 '만 3~4세' '만 2세' '만 2세 미만'의 연령집단으로 구분되어 있었다. '5세 누리과정'이 시작되었으므로 유치원과 어린이집에 다니는 모든 만 5세 유아에게는 같은 교육과정을 적용했고, 만 4세 이하 영유아에게는 각각 다른 교육·보육과정을 적용하였다.

(2) 통합 과정 및 결과

교육부와 보건복지부는 '5세 누리과정'을 제정할 때와 마찬가지로 '3~4세 누리과정 제정 TF'를 구성하고, 공통과정 마련을 위한 협의에 들어갔다. 유아교육계와 보육계의 교수, 현장 전문가, 교원 등이 참여한 TF 회의는 2012년 3월 2일부터 6월 6일까지 14차례 개최되었다. TF 회의에서 논의한 결과를 토대로 6월 11일에는 공청회를 실시하였다. 교육부는 공청회에서 수렴된 의견을 반영하여 6월 13일 교육과정심의회를 개최하였다(대한민국정부, 2013b: 158).

교육부와 보건복지부가 공청회에서 발표한 '3~4세 누리과정' 제정안의 의의와 특징은 다음과 같다(교육과학기술부, 보건복지부, 2012a).

첫째, 유아교육계와 보육계가 합심하여 누리과정을 제정함으로써 만 5세에 이어 만 3~4세까지 누리과정을 확대·시행할 수 있는 첫걸음을 내딛게 되었다. 이는 만 3~5세 각 연령별로 적용할 수 있는 국가 수준의 공통과정을 마련하였다는 점에서 매우 큰 의의가 있다. 둘째, 만 3~4세의 발달에 기초하여 '5세 누리과정'과의 연계성을 확보하고, 기존의 유치원 교육과정과 어린이집 표준보육과정의 내용을 최대한 반영함으로써 교사들이 큰 어려움 없이 쉽게 활용할 수 있도록 하였다. 셋째, 국가 차원에서 유아기부터 바른 습관과 올바른 인성을 기를 수 있도록 내용을 구성하였다. 넷째, 누리과정 내용은 만 5세는 초등학교 교육과정과의 연계를, 만 3세는

0~2세 표준보육과정과의 연계를 고려하여 일관성 있고 지속적으로 구성될 수 있도록 하였다.

교육부와 보건복지부는 2012년 7월 10일, 각각 '3~5세 연령별 누리과정'을 고시하였다. 교육부는 '5세 누리과정'과 '만 3~4세 교육과정'으로 되어 있던 「유치원 교육과정」을 개정하여 '5세 누리과정'과 '3세 누리과정' '4세 누리과정'으로 나누었다(교육과학기술부 고시 제2012-13호, 2012. 7. 10.; 교육과학기술부 고시 제2012-16호, 2012. 7. 13.). 보건복지부는 「5세 누리과정의 영역 및 구체적 내용」을 「3~5세 연령별 누리과정 고시」로 개정하였다(보건복지부 고시 제2012-82호, 2012. 7. 10.). 그 후 보건복지부는 2013년 1월에 보육과정의 변화를 고려하여 「제2차 표준보육과정 고시」를 「제3차 어린이집 표준보육과정 고시」로 개정하였다(보건복지부 고시 제2013-8호, 2013. 1. 21.). '3~5세 연령별 누리과정' 도입에 따른 유치원 교육과정과 어린이집 표준보육과정의 변화 내용을 정리하면 〈표 7-4〉와 같다.

〈표 7-4〉 유치원 교육과정 및 어린이집 표준보육과정 변화

구분	개정 전(2012년 시행)	개정 후(2013년 시행)
유치원	• 유치원 교육과정(교육과학기술부고시, 제2011-30호, 2011. 9. 5. 폐지제정) - 5세 누리과정 - 만 3~4세 교육과정	• 유치원 교육과정(교육과학기술부고시, 제2012-13호, 2012. 7 .10. 폐지제정) - 3세/4세/5세 누리과정 • 유치원 교육과정(교육과학기술부고시, 제2012-16호, 2012. 7. 13. 정정) - 3세/4세/5세 누리과정
어린이집	• 5세 누리과정의 영역 및 구체적 내용(보건복지부고시, 제2011-106호, 2011. 9. 5. 제정) - 5세 누리과정 • 제2차 표준보육과정 고시(보건복지부고시, 제2012-28호, 2012. 2. 29. 제정) - 만 2세 미만/만 2세/만 3~4세 보육과정	• 3~5세 연령별 누리과정 고시(보건복지부고시, 제2012-82호, 2012. 7. 10. 일부개정) - 3세/4세/5세 누리과정 • 제3차 어린이집 표준보육과정 고시(보건복지부고시, 제2013-8호, 2013. 1. 21. 일부개정) - 0~1세/2세/3~5세 보육과정

이제 만 3~5세 유아는 2013년 3월부터 유치원과 어린이집 어디에 다니든지 국가수준 공통과정으로 '3~5세 연령별 누리과정'을 동일하게 제공받게 되었다. '3~5세 연령별 누리과정'은 1일 3~5시간을 기준으로, 유연하고 탄력적으로 편성 · 운영할

수 있도록 하여 유치원과 어린이집 모두 공통과정을 최대한 충실히 운영하도록 하였다. 교육부와 보건복지부는 2013년 3월에 누리과정을 현장에 적용할 수 있도록 2013년 2월까지 '3~5세 연령별 누리과정' 해설서와 지침서, 교사용 지도서 등을 개발 · 보급하고, 담당교원 연수 등을 실시할 계획이라고 하였다(교육과학기술부, 보건복지부, 2012b).

2)「유아교육법」「영유아보육법」등 법령 개정

정부는 '5세 누리과정'을 도입할 때는 세 개의 시행령을 개정하였으나 '3~4세 누리과정'을 도입하기 위해 두 개의 법률, 즉「유아교육법」「영유아보육법」과 관련 시행령을 개정하기로 하였다. 그럼 통합 전부터 통합을 이루어가는 과정을 나누어서 법령 개정에 대해 알아보자.

(1) 통합 전

정부가 '3~4세 누리과정 도입 계획'을 발표한 2012년 1월 18일 당시「유아교육법」과「영유아보육법」을 보면, 만 3~4세와 만 5세의 유치원비와 보육료 지원 기준이 다르다. 〈표 7-5〉에서 보는 것처럼 만 3~4세 유아에 대해서는 무상교육 원칙을 명시하지 않았다. 다만, 국가와 지방자치단체가「국민기초생활보장법」에 따른 수급권자와 법령에서 정한 저소득층 자녀의 유치원비와 보육료 전부 또는 일부를 부담할 수 있도록 하였다.

법률의 위임에 따라「유아교육법 시행령」제31조는 '저소득층 자녀의 범위와 기준'을 상세하게 정해 놓았고(대통령령 제23488호, 2012. 1. 6.),「영유아보육법시행규칙」제35조는 재산상태 등을 고려하여 보건복지부장관이 매년 '보육료 지원대상'을 정하게 하였다(보건복지부령 제92호, 2011. 12. 8.).

이러한 법령의 규정에 따라 정부는 만 3~4세 유치원비와 보육료 지원대상 및 지원단가를 점차 확대하였다. 만 3~4세 유아에게 정부가 비용을 지원하기 시작한 때는 참여정부 당시인 2004년이었다. 이후 2010년까지는 법정 저소득층과 정부가 정하는 소득분위별 저소득층에게 차등 지원하였고, 2011년부터는 영유아 가구 중 소득하위 70% 이하 가정의 자녀에게 균등 지원하는 것으로 일원화하였다. 2011년과 2012년에 국 · 공립유치원에 다니는 만 3~4세 유아에게는 월 5만 9천 원을 지원하

〈표 7-5〉 영유아 무상교육 · 보육 법제화 내용

유아교육법 [시행 2011. 10. 26.] [법률 제10913호, 2011. 7. 25., 일부개정]	영유아보육법 [시행 2011. 12. 8.] [법률 제10983호, 2011. 8. 4., 타법개정]
제26조 (비용의 부담 등) ① 국가 및 지방자치단체는 제24조 제1항에 따른 무상교육 대상이 아닌 유아 중에서 「국민기초생활 보장법」에 따른 수급권자와 대통령령으로 정하는 저소득층 자녀의 유아교육에 필요한 비용의 전부 또는 일부를 예산의 범위에서 부담하되, 유아의 보호자에게 지원하는 것을 원칙으로 한다. ② 제1항에 따른 지원의 방법 등에 관하여 필요한 사항은 교육과학기술부령으로 정한다. ③ 국가 및 지방자치단체는 대통령령으로 정하는 바에 따라 사립유치원의 설립 및 유치원교사의 인건비 등 운영에 드는 경비의 전부 또는 일부를 보조한다.	제34조 (비용의 부담) ① 국가나 지방자치단체는 「국민기초생활 보장법」에 따른 수급자와 보건복지부령으로 정하는 일정소득 이하 가구의 자녀 등의 보육에 필요한 비용의 전부 또는 일부를 부담하여야 한다. ② 제1항에 따른 보육에 필요한 비용은 가구의 소득수준과 거주 지역 등을 고려하여 차등 지원할 수 있다. ③ 국가와 지방자치단체는 자녀가 2인 이상인 경우에 대하여 추가적으로 지원할 수 있다.

였고, 사립유치원과 어린이집에 다니는 만 3세는 월 19만 7천 원, 만 4세는 월 17만 7천 원을 지원하였다(교육부, 2014). 소요재원은 유치원비의 경우 「지방교육재정교부금법」에 따라 교부금으로 부담하였고, 어린이집 보육료는 「보조금 관리에 관한 법률」에 따라 보건복지부의 국비와 일반 지자체의 지방비로 부담하였다.

(2) 통합 과정 및 결과

'5세 누리과정'을 도입할 때 누리과정 제도의 설계도가 만들어졌으므로 '3~4세 누리과정 도입 계획' 발표 후에는 교육부와 보건복지부가 각각 소관 법령개정 작업을 추진하였다. 결론부터 말하면, 「유아교육법」은 제도 도입 발표 두 달 만인 2012년 3월에 개정되었고, 「영유아보육법」은 1년 후인 2013년 1월에 개정되었다. 법률이 개정됨에 따라 시행령과 시행규칙이 각각 개정되었고, 2013년 2월 말까지 모든 법령 개정이 완료되었다.

먼저 교육부 소관의 법령개정 과정을 알아보자. '3~4세 누리과정' 도입 근거 마련을 위한 「유아교육법」 개정이 비교적 빨리 이루어졌는데, 그 이유는 제18대 국회에서 많은 의원들이 「유아교육법」 개정안을 발의해 놓았기 때문이다. 그중에는 윤상일 의원 등 10명이 2010년 4월에 유아 무상교육 대상을 초등학교 취학 직전 1년에서 3년으로 확대하는 내용으로 발의한 법안이 있었고, 2011년 6월 교육과학기술위원회 전체회의에 상정된 후 법안심사소위원회에 회부되어 있었다(의안정보시스템 홈페이지). 제18대 국회의 임기는 2012년 5월 하순에 만료될 예정이었으므로 정부는 법안 통과를 위해 교육과학기술위원회(이하 '교과위') 등 관련 위원회와 적극적으로 협의하였다(대한민국정부, 2013b: 158).

국회의원과 정부가 발의한 7건의 「유아교육법」 개정안은 2012년 2월 7일 교과위 제1차 법안심사소위원회(이하 '법안소위')에 상정되었다. 법안소위에는 통상 각 상임위원회에서 선임된 여야 의원과 상임위원회 수석전문위원, 정부 각 부처 차관과 실·국장급 공무원이 참석한다. 이날 교과위 법안소위에는 권영진, 김춘진, 박영아, 서상기, 안민석, 이상민, 임해규 의원과 노재석 수석전문위원, 이상진 교육부 제1차관, 김관복 인재정책실장 등이 참석하였다. 법안소위 회의에서 교육부 측은 '3~4세 누리과정'을 도입하기 위해서는 「유아교육법」 제24조를 개정해야 한다고 하였다. 당시 상황을 기록한 회의 내용을 일부 소개한다(국회사무처, 2012a: 36-37).

- **교육과학기술부 인재정책실장 김관복** 현재 저희가 3~4세 누리과정을 도입해서 3세부터 무상교육을 하기로 했습니다. 그렇기 때문에 여기도 관련 조항은 제24조 취학 직전 1년 무상교육 조항이 좀 바뀌어야 됩니다. 3, 4, 5세가 다 포함되게 하기 위해서는. 이상입니다.
- **소위원장 서상기** 현재 4개 법안 중에서 3년으로 확대하는 법안이 있거든요.
- **임해규 위원** 윤상일 의원안.
- **소위원장 서상기** 그래서 이거 참고해서 위원회 대안으로 하고 무상으로 기본적으로 정하되 지원내용과 범위는 대통령령으로 정하는 이런 쪽으로 의견을 모아 주시면 안 되겠습니까?
- **교육과학기술부 인재정책실장 김관복** 저희는 수용 가능합니다.
- **김춘진 위원** 한번 묻겠습니다. 그러면 이 법이 있으나마나, 필요 없는 거네요. 어차피 이게 3년이 안 됐어도 하고 있기 때문에 이 법이 개정되나 안 되나 똑같은 것 아닌가요?
- **교육과학기술부 제1차관 이상진** 5세는 금년부터 하고요. 5세는 이미 법이 있었고…….
- **김춘진 위원** 원래 그것은 옛날부터 있던 것이고요.
- **교육과학기술부 제1차관 이상진** 저희가 3, 4세를 내년부터 하려고 그러거든요. 그러려면 법이 바뀌어야 됩니다.

- 김춘진 위원 내년부터 하려고 그런다고요? 그런데 법을 통과 안 시켜 주면 못 하겠네요?
- 교육과학기술부 제1차관 이상진 못 하지요.

이날 회의에서 여야 의원들은 입법권이 국회에 있다는 사실을 재차 확인하고, 정부가 조금 앞서간 측면이 있지만 빨리 법적인 뒷받침을 해서 유아들이 무상교육과 무상보육의 혜택을 받도록 국회가 협조하자고 하였다(국회사무처, 2012a: 37-38). 7건의 「유아교육법」 개정안은 2012년 2월 13일 제3차 법안소위에서 교과위 대안에 반영하기로 하여 폐기되었고, 교과위 대안은 2월 27일 국회 본회의를 통과하였다(국회사무처, 2012b, 2012c).

「유아교육법」 개정안이 국회를 통과하자 교육부는 2012년 2월 27일 법률개정 내용을 상세하게 설명하는 보도자료를 냈다. 교육부 입장에서는 「유아교육법」이 개정됨에 따라 유아 무상교육을 3년으로 확대하여 '3~4세 누리과정'을 법적으로 뒷받침할 수 있게 된 것을 국민들에게 널리 알릴 필요가 있었다. 그 밖에도 개정된 「유아교육법」에는 교육부가 2009년 12월에 수립한 '유아교육 선진화 추진계획'의 핵심 과제들을 본격적으로 추진할 수 있는 내용들이 법제화되었다. 예를 들면, 유치원 운영위원회 설치, 국·공립유치원 회계 도입, 유아교육정보시스템 구축·운영 근거, 사립유치원 설립 인가방식 변경, '종일제'를 '방과후 과정'으로 개념을 명료하게 하는 내용 등이 이때 개정되었다(교육과학기술부, 2012b).

정부로 이송된 「유아교육법」 개정안은 2012년 3월 21일 공포되었다. 법률 개정안 공포에 맞추어 교육부는 "유치원 교육, 100년 만에 확~ 달라진다"는 제목의 보도자료를 냈다(교육과학기술부, 2012c). 유아 무상교육 확대와 관련한 조문은 2013년 3월 1일부터 시행되었고, 주요 개정 내용은 〈표 7-6〉과 같다.

〈표 7-6〉 「유아교육법」 주요 개정 내용

유아교육법 [법률 제11218호, 2012. 1. 26., 일부개정]	유아교육법 [법률 제11382호, 2012. 3. 21., 일부개정]
제24조 (무상교육) ① 초등학교 취학 직전 1년의 유아교육은 무상으로 하되, 대통령령으로 정하는 바에 따라 순차적으로 실시한다. ② (생략)	제24조 (무상교육) ① 초등학교 취학 직전 3년의 유아교육은 무상(無償)으로 실시하되, 무상의 내용 및 범위는 대통령령으로 정한다. ② (현행과 같음)

③ 제2항에 따른 지원방법 등에 관하여 필요한 사항은 교육과학기술부령으로 정한다.	③ 제2항에 따라 국가 및 지방자치단체가 부담하는 비용은 제4항의 표준유아교육비를 기준으로 교육과학기술부장관이 예산의 범위에서 관계 행정기관의 장과 협의하여 고시한다.
〈신설〉	④ 교육과학기술부장관은 제5조 제1항에 따른 중앙유아교육위원회의 심의를 거쳐 표준유아교육비를 정한다.
〈신설〉	⑤ 제2항에 따른 지원방법, 제3항에 따른 비용 고시 및 제4항에 따른 표준유아교육비 산정 등에 관하여 필요한 사항은 교육과학기술부령으로 정한다.

초등학교 취학 직전 3년까지 유아 무상교육을 실시하되, 무상의 내용과 범위는 대통령령으로 정하도록 「유아교육법」이 개정됨에 따라, 교육부는 「유아교육법 시행령」과 「지방교육재정교부금법 시행령」 개정을 추진하였다. 「유아교육법 시행령」은 2012년 8월 31일 개정되었으며, 주요 개정 내용은 〈표 7-7〉과 같다.

〈표 7-7〉 「유아교육법 시행령」 주요 개정 내용

유아교육법 시행령 [대통령령 제23745호, 2012. 4. 20., 일부개정]	유아교육법 시행령 [대통령령 제24074호, 2012. 8. 31., 일부개정]
제29조 (무상교육 대상자 등) ① 법 제24조 제1항에 따라 초등학교 취학 직전 1년의 유아에 대하여 실시하는 무상교육은 매년 1월 1일 현재 만 5세에 도달한 유아로서 다음 각 호의 어느 하나에 해당하는 기관에서 교육과학기술부장관과 보건복지부장관이 협의하여 정하는 공통의 교육 · 보육과정을 제공받는 유아를 대상으로 한다. 〈후단 신설〉	제29조 (무상교육의 내용 및 범위) ① 법 제24조 제1항에 따라 초등학교 취학 직전 3년의 유아에 대하여 실시하는 무상교육은 매년 1월 1일 현재 만 3세 이상인 유아로서 다음 각 호의 어느 하나에 해당하는 기관에서 교육과학기술부장관과 보건복지부장관이 협의하여 정하는 공통의 교육 · 보육과정(이하 "공통과정"이라 한다)을 제공받는 유아를 대상으로 한다. 이 경우 유아가 받을 수 있는 무상교육 기간은 3년을 초과할 수 없다.
1. ~ 3. (생략)	1. ~ 3. (현행과 같음)
② 제1항에 따른 비용은 예산의 범위에서 지원한다.	② 1월 2일부터 3월 1일까지의 기간 중에 만 3세가 된 유아가 공통과정을 제공받는 경우에는 제1항 전단에도 불구하고 무상교육의 대상으로 본다. 이 경우 유아가 받을 수 있는 무상교육 기간은 3년을 초과할 수 없다.

「지방교육재정교부금법 시행령」은 2012년 10월 15일 개정되었다. 주요 개정 내용은 〈표 7-8〉에서 보는 것처럼 기준재정수요액의 측정항목, 측정단위와 산정기준을 정한 시행령 제4조 제1항 [별표 1]이다. 누리과정이 만 3~4세까지 확대되었으므로 유아교육비와 보육료 지원대상을 유치원과 어린이집에서 공통 교육·보육과정을 적용받는 모든 유아로 확대하였다.

〈표 7-8〉「지방교육재정교부금법 시행령」 주요 개정 내용

<table>
<tr><th colspan="2">구분</th><th>개정 전(2011. 9. 30. 개정)</th><th>개정 후(2012. 10. 15. 개정)</th></tr>
<tr><td rowspan="3">기준재성
수요액의
측정항목
·
측정단위
및
산정기준</td><td>측정항목</td><td>5. 유아교육비
가. 유아교육비·보육료 지원</td><td>5. 유아교육비
가. 유아교육비·보육료 지원</td></tr>
<tr><td>측정단위</td><td>유아 수</td><td>유아 수</td></tr>
<tr><td>산정기준</td><td>1)「유아교육법 시행령」 제29조 제1항 및 「영유아보육법 시행령」 제22조 제1항 제1호에 따른 공통 교육·보육과정을 제공받는 만 5세 유아 수
2) 교육과학기술부장관이 정하는 기준에 따른 유치원의 만 3세 및 만 4세 유아 수
3) 만 5세 보육료의 정산 잔액</td><td>1)「유아교육법 시행령」 제29조 제1항에 따라 최대 3년의 범위에서 공통 교육·보육과정을 제공받는 만 3세 이상의 유아 수
2) 보육료 정산 결과 남거나 부족한 금액</td></tr>
</table>

한편, 보건복지부 소관의 「영유아보육법」은 해를 넘겨 2013년 1월 23일 개정되었다. 영유아 무상보육과 관련된 「영유아보육법」의 개정 과정을 보면, 제19대 국회가 개원한 2012년 5월 30일 김현숙 의원과 오제세 의원이 각각 개정안을 대표발의하였고, 2012년 7월에는 남인순 의원이 개정안을 대표발의하였다. 3건의 「영유아보육법」 개정안은 2012년 9월 17일 보건복지위원회 전체회의에서 제안설명 등을 거쳐 보건복지위원회(이하 '복지위') 법안소위에 회부되었고, 9월 19일 제1차 법안소위에서 복지위 대안에 반영하기로 하여 폐기되었다. 그리고 복지위 대안은 2013년 1월 1일 국회 본회의를 통과하였다(의안정보시스템 홈페이지). 「영유아보육법」 개정안은 2013년 1월 23일 공포되어 3월 1일부터 시행되었으며, 주요 개정 내용은 〈표 7-9〉와 같다. 개정된 법에서 "영유아에 대한 보육을 무상으로" 한다고 규정한 이유는 2013년 3월부터는 만 5세 이하 모든 영유아가 무상보육의 대상이었기 때문이었다.

〈표 7-9〉「영유아보육법」 주요 개정 내용

영유아보육법 [법률 제11382호, 2012. 3. 21., 타법개정]	영유아보육법 [법률 제11627호, 2013. 1. 23., 일부개정]
제34조 (비용의 부담) ① 국가나 지방자치단체는 「국민기초생활 보장법」에 따른 수급자와 보건복지부령으로 정하는 일정소득 이하 가구의 자녀 등의 보육에 필요한 비용의 전부 또는 일부를 부담하여야 한다.	제34조 (무상보육) ① 국가와 지방자치단체는 영유아에 대한 보육을 무상으로 하되, 그 내용 및 범위는 대통령령으로 정한다.
② 제1항에 따른 보육에 필요한 비용은 가구의 소득수준과 거주 지역 등을 고려하여 차등 지원할 수 있다.	② 국가와 지방자치단체는 장애아 및 「다문화가족지원법」 제2조 제1호에 따른 다문화가족의 자녀의 무상보육에 대하여는 대통령령으로 정하는 바에 따라 그 대상의 여건과 특성을 고려하여 지원할 수 있다.
③ 국가와 지방자치단체는 자녀가 2인 이상인 경우에 대하여 추가적으로 지원할 수 있다.	③ 제1항에 따른 무상보육 실시에 드는 비용은 대통령령으로 정하는 바에 따라 국가나 지방자치단체가 부담하거나 보조하여야 한다.
〈신설〉	④ 보건복지부장관은 어린이집 표준보육비용 등을 조사하고 그 결과를 바탕으로 예산의 범위에서 관계 행정기관의 장과 협의하여 제3항에 따른 국가 및 지방자치단체가 부담하는 비용을 정할 수 있다.
〈신설〉	⑤ 국가와 지방자치단체는 자녀가 2명 이상인 경우에 대하여 추가적으로 지원할 수 있다.
〈신설〉	⑥ 제12조 후단에도 불구하고 국가와 지방자치단체는 제1항 및 제2항에 따른 무상보육을 받으려는 영유아와 장애아 및 다문화가족의 자녀를 보육하기 위하여 필요한 어린이집을 설치·운영하여야 한다.
제35조 (무상보육의 특례) ① 초등학교 취학 직전 1년의 유아(幼兒)와 장애아 및 「다문화가족지원법」 제2조 제1호에 따른 다문화가족의 자녀에 대한 보육은 무상으로 하되, 대통령령으로 정하는 바에 따라 순차적으로 실시한다. ② 제1항에 따른 무상보육 실시에 드는 비용은 대통령령으로 정하는 바에 따라 국가나 지방자치단체가 부담하거나 보조하여야 한다.	〈삭제〉

③ 제12조 후단에도 불구하고 국가와 지방자치단체는 제1항에 따른 무상보육을 받으려는 유아와 장애아 및 다문화가족의 자녀를 보육하기 위하여 필요한 어린이집을 설치·운영하여야 한다.	

「영유아보육법 시행령」은 2013년 2월 28일 개정되었으며, 주요 개정 내용은 〈표 7-10〉과 같다. 매년 1월 1일 현재 만 3세 이상인 영유아는 어린이집에서 교육부장관과 보건복지부장관이 협의하여 정하는 공통 교육·보육과정을 제공받는 경우 무상보육의 대상이 되며, 그에 소요되는 비용은 「지방교육재정교부금법」에 따른 보통교부금으로 부담한다는 것이다. 보통교부금으로 어린이집 보육료를 지원하는 시기는 2013년 3월부터지만, 시행령 부칙에 '무상보육 실시 비용에 관한 특례'를 두어 2014년 12월 31일까지는 보통교부금과 「보조금 관리에 관한 법률 시행령」 제4조 및 [별표 1]에 따른 영유아 보육사업에 대한 지원 비율에 따라 국가와 지방자치단체가 부담하는 금액으로 충당하기로 하였다(대통령령 제24397호, 2013. 2. 28.).

〈표 7-10〉「영유아보육법 시행령」 주요 개정 내용

영유아보육법 시행령 [대통령령 제24247호, 2012. 12. 21., 타법개정]	영유아보육법 시행령 [대통령령 제24397호, 2013. 2. 28., 일부개정]
제22조 (무상보육 대상자 등) ① 법 제35조 제1항에 따른 무상보육은 다음 각 호의 영유아를 대상으로 실시한다.	제22조 (무상보육의 내용 및 범위 등) ① 법 제34조 제1항에 따른 영유아(영유아인 장애아 및 「다문화가족지원법」 제2조 제1호에 따른 다문화가족의 자녀 중 영유아를 포함한다) 무상보육은 다음 각 호의 영유아를 대상으로 실시한다.
1. 매년 1월 1일 현재 만 5세에 도달한 유아로서 어린이집에서 보건복지부장관과 교육과학기술부장관이 협의하여 정하는 공통의 보육·교육과정을 제공받는 유아 〈단서 신설〉	1. 매년 1월 1일 현재 만 3세 이상인 영유아: 어린이집에서 법 제29조에 따른 보육과정 중 보건복지부장관과 교육과학기술부장관이 협의하여 정하는 공통의 보육·교육과정(이하 "공통과정"이라 한다)을 제공받는 경우. 다만, 1월 2일부터 3월 1일까지의 기간 중에 만 3세가 된 영유아로서 어린이집에서 공통과정을 제공받는 경우를 포함한다.

2. 장애아	2. 매년 1월 1일 현재 만 3세 미만인 영유아: 어린이집에서 법 제29조에 따른 보육과정(공통과정은 제외한다)을 제공받는 경우
② 제1항에서 규정한 사항 외에 무상보육의 실시에 필요한 사항은 보건복지부장관이 정한다.	② 제1항에도 불구하고 법 제34조 제2항에 따라 장애아는 어린이집에서 법 제29조에 따른 보육과정을 제공받는 경우 만 12세까지 무상보육을 실시할 수 있다.
〈신설〉	③ 제1항 및 제2항에서 규정한 사항 외에 무상보육의 실시에 필요한 사항은 보건복지부장관이 정한다.
③ (생략)	③ (현행과 같음)
제23조(무상보육 실시 비용) ① 법 제35조 제2항에 따라 제22조 제1항 제1호의 유아에 대한 무상보육 실시에 드는 비용은 예산의 범위에서 부담하되, 「지방교육재정교부금법」에 따른 보통교부금으로 부담한다.	제23조(무상보육 실시 비용) ① 법 제34조 제3항에 따라 제22조 제1항 제1호의 영유아 무상보육 실시에 드는 비용은 예산의 범위에서 부담하되, 「지방교육재정교부금법」에 따른 보통교부금으로 부담한다.
②~③ (생략)	②~③ (생략)

이와 같이 2012년 1월 18일 '3~4세 누리과정' 도입계획이 발표된 이후 약 1년이 지난 2013년 2월 28일까지 「유아교육법」과 「영유아보육법」을 비롯하여 관련 대통령령이 모두 개정되었으므로 2013년 3월 1일부터 '3~5세 연령별 누리과정' 시행을 위한 법적 근거가 마련되었다.

3) 누리과정 확대에 따른 예산 확보

앞에서 살펴본 바와 같이 정부는 '3~4세 누리과정' 도입 계획을 발표하면서 유치원비와 보육료 지원 방침을 정했다. 2012년에는 0~5세 영유아를 둔 가정 중에서 소득하위 70% 이하 가정에만 유치원비와 보육료를 지원하였으나 2013년부터는 만 5세 유아와 같이 만 3~4세 유아도 소득수준에 관계없이 지원하기로 한 것이다. 지원단가도 2012년에 만 3세는 월 19만 7천 원, 만 4세는 월 17만 7천 원을 지원하였으나 2013년에는 만 5세와 같이 월 22만 원을 지원하기로 하였다. 〈표 7-11〉은 2011년부터 2013년까지 만 3~5세 유치원비와 보육료 지원대상과 지원단가가 어떻게 변하였는지를 보여 준다.

〈표 7-11〉 유치원비 · 보육료 지원대상 및 지원단가

구분	2011	2012	2013
만 5세	소득하위 70%, 월 17.7만 원	전 계층, 월 20만 원 (5세 누리과정)	전 계층, 월 22만 원 (5세 누리과정)
만 4세	소득하위 70%, 월 17.7만 원	소득하위 70%, 월 17.7만 원	전 계층, 월 22만 원 (4세 누리과정)
만 3세	소득하위 70%, 월 19.7만 원	소득하위 70%, 월 19.7만 원	전 계층, 월 22만 원 (3세 누리과정)

출처: 대한민국정부(2013b), p. 159.

유아 무상교육 지원대상을 확대하고 지원단가를 인상하려면 추가 예산이 필요하다. 정부는 누리과정 확대에 따른 소요예산을 충당하기 위해 2013년과 2014년에는 국비, 지방비, 지방교육재정교부금을 함께 활용하여 부담하다가 2015년부터는 지방교육재정교부금으로 재원을 일원화하기로 하였다. 만 3~5세 유치원비와 보육료 재원 부담 추이를 [그림 7-2]를 통해 살펴보자.

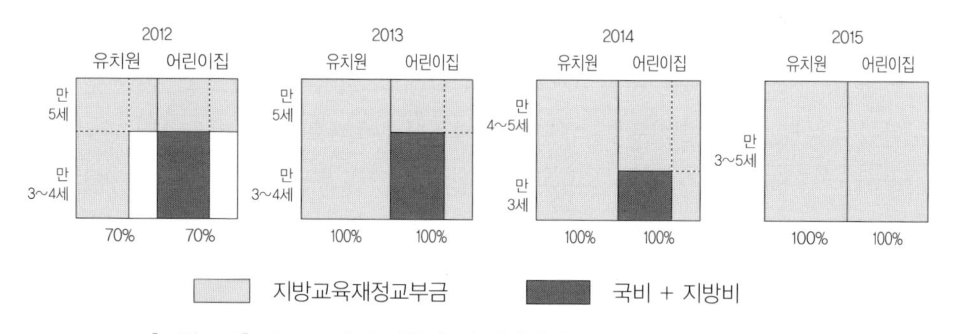

[그림 7-2] 만 3~5세 유치원비 및 어린이집 보육료 재원 부담 추이

'5세 누리과정'이 시행된 2012년에는 지방교육재정교부금으로 만 5세 유치원비와 어린이집 보육료, 유치원의 만 3~4세 소득하위 70% 해당 금액을 지원하고 있었다. 이때 어린이집의 만 3~4세 소득하위 70% 해당 금액은 보건복지부 소관의 국비와 일반 지자체의 지방비로 지원하였으며, 그 금액은 〈표 7-3〉에서 본 바와 같이 7,747억 원이었다. 누리과정을 만 3~4세까지 확대하는 2013년에 국비와 지방비 부담액 7,747억 원은 변동이 없고, 지원대상 확대(70% → 100%)와 지원단가 인상(만 3세 월 19.7만 원, 만 4세 월 17.7만 원 → 만 3~4세 월 22만 원)에 따른 추가 예산은 지방교육재정교부금으로 부담하기로 하였다. 2014년에는 국비와 지방비 부담액이 4,510억 원으로 줄어드는데, 이는 2012년 기준 소득하위 70%에 해당하는 만 3세 어린이집 보육료 해당 금액이다. 2015년부터는 유치원과 어린이집에 다니는 만 3~5세 유치원비와 보육료를 모두 지방교육재정교부금으로 부담하기로 하였다. 이와 같은 정부의 누리과정 재정 계획을 완성하려면 국회에서 정부가 편성한 예산안을 심의·확정해야 했다.

2013년도 예산안 심사과정을 알아보기 전에 2012년도 당시 국회 상황을 보자. 2012년 4월 11일 치러진 제19대 총선 결과, 새누리당이 과반 의석인 152석을 확보하였고, 민주통합당 121석, 통합진보당 13석, 자유선진당 5석, 무소속 3석을 각각 차지하였다. 새롭게 구성된 제19대 국회 교과위는 2012년 7월 12일 교육부로부터 업무보고를 받았고, 10월 5일부터 24일까지 2012년도 국정감사를 진행하였다. 교육부 업무보고와 국정감사에서 '3~4세 누리과정' 확대와 관련하여 특별하게 논의된 것은 없다(국회사무처, 2012d, 2012e, 2012f).

국회의 예산안 심사과정은 정부의 시정연설, 공청회, 2~3일간의 종합정책질의, 예산결산특별위원회에서 약 4일간의 경제부처와 비경제부처 부별심사, 예산안등조정소위원회와 각 상임위원회 심사 순으로 진행된다. 2012년에는 11월 5일부터 예산결산특별위원회(이하 '예결위')와 각 상임위에서 2013년도 예산안 심사를 하였다.

2012년 11월 5일부터 시작된 교과위의 2013년도 교육부 예산안 심사 과정에서 누리과정 문제가 쟁점으로 떠올랐다. 이주호 교육부장관은 2013년도 예산안 제안 설명에서 "유아 및 초·중등교육 부문은 금년보다 2조 6371억 원 증액된 41조 1920억 원을 편성"했고, "지방교육재정교부금을 2013년 예상 경제성장률에 기초하여 금년보다 2조 5810억 원 증액된 41조 283억 원을 편성"했다고 말했다. 이어서 노재석 교과위 수석전문위원이 교육부 예산안에 관한 검토보고를 했는데, 그 내용은 다음과 같다(국회사무처, 2012g).

> 지방교육재정교부금의 2013년도 예산안은 2012년보다 2조 5,810억 원이 증가된 41조 283억 원으로 이 중 1조 4,515억 원은 특별교부금으로 사용될 예정입니다.
>
> 그런데 보통교부금의 기준재정수요액의 산정과 관련하여 「영유아보육법」상 어린이집에서 누리과정을 제공받는 유아에 대한 보육료를 지원하는 데 따른 법

> 적 문제점을 살펴보면 2012년도에 만 5세 어린이집 유아를 위해 4,381억 원을 이미 지원하였고, 2013년도에는 만 5세 보육료 전부와 만 3세 및 만 4세의 보육료 중 보건복지부, 지방자치단체 외의 부족분을 합한 총 1조 4,776억 원을 지원할 예정입니다.
>
> 이에 대한 법적 근거는 「지방교육재정교부금법 시행령」「유아교육법 시행령」「영유아보육법 시행령」의 개정을 통해 마련되고 있습니다. 이들 3개 시행령은 모법인 「유아교육법」「지방교육재정교부금법」「영유아보육법」에서 경비의 소관에 관한 개정 없이 시행령만이 개정된 사항으로 모법의 위임범위를 벗어나거나 다른 법률에 충돌하는 위법한 행정입법에 해당되는 것으로 해석됩니다.

교과위 수석전문위원의 말은 2012년에 이미 시행된 '5세 누리과정'뿐만 아니라 2013년부터 시행 예정인 '3~4세 누리과정'이 법적으로 문제가 있다는 것이다. '5세 누리과정'과 '3~4세 누리과정' 도입을 위한 법령 체계와 예산 시스템은 차이가 없다. 차이가 있다면 '5세 누리과정'에 소요되는 비용은 2012년부터 모두 지방교육재정교부금으로 부담하지만, '3~4세 누리과정'에 소요되는 비용은 2013년과 2014년에 보건복지부 소관의 국고와 지방비를 일부 부담하는 것이다. 2011년 말에 국회에서 '5세 누리과정'의 예산안을 심사할 때, 그리고 2012년 2월에 만 3~4세까지 누리과정 확대를 위해 「유아교육법」 개정을 논의할 때 법적인 문제를 전혀 제기하지 않았던 수석전문위원이 2012년 11월에는 왜 이의를 제기했을까? 정부가 제출한 예산안이 위법한 법률에 의한 것이라면 앞으로의 논의는 자연스럽게 법적 근거 논쟁으로 전개될 수밖에 없다.

교과위 수석전문위원의 검토보고가 끝난 후 교과위 위원들의 질의가 시작되었다. 많은 야당 의원은 정부의 편법적인 일처리 방식을 성토하였고, 앞으로 시·도 교육청이 감당해야 할 예산 부담을 우려하였다. 반면, 교육부는 법제처를 비롯한 관계부처와 충분히 협의해서 법령을 정비하였고, 지방교육재정도 크게 문제되지 않을 것이라고 답변하였다(국회사무처, 2012g).

2012년 11월 6일에는 예결위 비경제부처 부별심사가 있었다. 이날 회의에서 노웅래 의원은 누리과정을 3~4세까지 확대하는 데 따른 추가 예산 약 7,500억 원을 누가 부담하는지, 그리고 시·도나 교육청에서 예산 확보를 못하겠다는 입장인데 그에 대한 대책을 질의하였다. 이에 대해 김동연 기획재정부 제2차관은 세 가지 측면에서 답변하였다. 첫째, 초·중등교육을 지방교육재정교부금으로 부담하는 것처럼 3~5세 유아 교육과정을 통합한 누리과정도 교육청에서 담당할 일이라는 것이다. 둘째, 2013년도 지방교육재정교부금이 2조 6천억 원 증액되므로 교사 인건비 증가분을 감안하더라도 재원은 충분하다는 것이다. 셋째, 지방교육재정교부금은 내국세의 20.27%로 고정되어 있지만 초·중등 학력아동이 감소하고 있으므로 교부금 범위 내에서 충분히 감당할 수 있다는 판단이 관계부처 협의 과정에서 있었다는 것이다(국회 사무처, 2012h).

다음 날인 2012년 11월 7일에는 교과위 예산소위 제2차 회의와 예결위 경제부처 부별심사가 있었다. 교과위 예산소위에서는 누리과정 예산을 심사했으나 교과위 수석전문위원실과 교육부 측의 의견이 팽팽하게 맞서 결론을 내리지 못하고 회의를 중단하였다(국회사무처, 2012i). 이날 회의에서 교과위 수석전문위원실과 교육부 측의 주장을 정리하면 〈표 7-12〉와 같다.

〈표 7-12〉 누리과정 법적 근거에 대한 입장 차이

구분	교과위 수석전문위원실	교육부
입법 체계	• 「유아교육법」은 유치원, 유아교육, 유아교육비 규정 • 「영유아보육법」은 어린이집, 영유아보육, 보육료 규정 • 「지방교육재정교부금법」은 교육기관과 교육행정기관 지원 규정	• 「유아교육법」은 무상교육 원칙을 정하고, 구체적인 내용은 시행령에 위임. • 「유아교육법」에 유아교육·보육위원회 규정도 있음. • 「영유아보육법」상 '보육'은 '교육'이 포함된 개념
상위법 위반 여부	• 「유아교육법시행령」 등 시행령 개정으로 교육기관에 지원하는 교부금을 「영유아보육법」상 어린이집 보육료로 지원하는 것은 「유아교육법」과 「지방교육재정교부금법」 위반 • 법률에서 위임하지 않은 내용을 시행령이 확장해서 규정함으로써 「유아교육법」과 「영유아보육법」 두 법률 간의 경계를 허물어 버렸음.	• 「유아교육법」, 「영유아보육법」에서 시행령에 위임했으므로 법 위반 아님. • 5세 누리과정 도입 시 법제처에서 3개 시행령 개정만으로 가능하다고 했고, 18대 국회에서 2011년 말에 예산 통과 • 3~4세 누리과정 확대를 위해 18대 국회에서 2012년 3월에 여야 합의로 「유아교육법」을 개정하였고, 이에 따라 2012년 8월에 시행령 개정 후 2013년도 예산 편성한 것임.

비용 지원 주체	• 지금까지「영유아보육법」상 경비는 교부금으로 지출되지 않았고, 어린이집 경비는 보건복지부와 일반 시 · 도회계에서 지원 • 교육부는 유치원을 지원하고, 보건복지부와 일반 지자체는 어린이집을 지원하는 체계가 그동안 정부의 일관된 해석이었음.	• 과거에는 그런 해석을 했을 수 있으나 누리과정 정책 도입으로 유치원 · 어린이집 교육과정 통합과 재원을 일원화 • 어린이집은 사실상 교육기관이며, 교부금으로 시 · 도의 교육 · 학예에 소요되는 경비와 의무교육 외의 교육 관련 경비 지원 가능 • 유아는 유치원과 어린이집을 선택해서 가고, 교부금은 바우처 형식으로 유아의 보호자에게 지원

교과위에서 누리과정의 법적 근거에 대한 논쟁이 있자 2012년 11월 7일 예결위 경제부처 부별심사에서 정청래 의원은 이주호 교육부장관에게 누리과정 예산은 모법을 어기고 시행령을 고친 "법의 하극상"이라고 비판하였다. 이에 대해 이주호 교육부장관은 "시행령 개정으로도 충분하다는 부처 협의가 있었기 때문에" 시행령으로 추진하였다고 답변하였다(국회사무처, 2012j: 23).

김태년 의원은 박재완 기획재정부장관에게 누리과정 도입은 바람직하지만, 교과위 수석전문위원실에서도 법적으로 문제가 있다고 지적하였고, 어린이집 누리과정 예산 1조 2천억 원을 교육부가 부담하면 초 · 중등교육에 쓰일 예산이 그만큼 줄어드니 지방교육재정 교부율을 인상하거나 어린이집 누리과정 예산을 보건복지부 예산으로 편성할 것을 요구하였다. 박재완 기획재정부장관은 최근 학생 수가 계속 줄지만 지방교육재정교부금은 계속 늘어나므로 교부금 증액분 2조 6천억 원으로 2013년도 누리과정 예산에 충당할 수 있다고 답변하였다. 그리고 OECD 선진국에 비해 우리나라는 유아교육과 고등교육에 투입되는 비중이 낮으므로 이 분야에 대한 예산 배분을 늘려야 한다고 말했다(국회사무처, 2012j: 78-81).

교과위 예산소위는 2012년 11월 7일에 이어 11월 12일부터 14일까지 누리과정에 대해 논의했지만 어린이집 누리과정 보육료 지원 문제는 위원들 간에 합의를 도출하지 못했다. 이에 따라 2012년 11월 14일 국회 교과위는 전체회의를 열고 여야 간사와 정부 측이 합의한 부대의견을 제시하기로 하였다. 논의 과정에서 일부 문구가 조정되었지만 신학용 교과위 위원장이 발표한 내용은 다음과 같다(국회사무처, 2012k: 3).

> 보통교부금을 통한 누리과정 보육료 지원 문제에 관해서는 "2013년도 회계에서 시 · 도 교육청 재정으로 지출하게 될 만 3 · 4세 유아 공통 교육 · 보육과정에 대한 유아보육료 지원에 관하여는 법적 근거를 보강하고 동시에 지방교육재정 부담 완화를 위해 지방교육재정 교부율을 상향 조정하는 조치를 우리 위원회에서 추진한다. 다만, 2013년도 예산안 통과 이전에 이를 해결하기 위한 시간적 제약이 있으므로 2013년도에 한해 동 예산을 보건복지부 일반회계 예산에 편성할 것을 요구한다".

국회 교과위가 2012년 11월 14일에 2013년도 교육부 예산안을 의결한 후 전국 17개 시 · 도 의회의장협의회는 11월 20일 중앙정부가 전액 국고 지원을 하지 않으면 2013년도 누리과정 관련 예산을 전액 삭감하겠다는 결의문을 채택하였다(한겨레, 2012. 11. 21.). 이 결의를 처음으로 실행한 곳이 광주시의회 교육위원회이다. 광주시의회 교육위원회는 2012년 12월 3일 시교육청이 제출한 2013년 교육비특별회계 예산 심의에서 누리과정 예산을 전액 삭감하였다(서울신문, 2012. 12. 4.). 12월 6일 기준으로 지방의회의 누리과정 예산편성 현황을 보면, 광주 · 전남 · 제주 등 3곳이 전액 삭감하였고, 경기 · 부산 · 울산 등 3곳은 일부 편성하였으며, 서울은 예산안 심사를 보류한 것으로 나타났다(국민일보, 2012. 12. 7.).

일부 시 · 도 의회가 누리과정 예산편성에 제동을 걸자 교육부는 2012년 12월 7일 3~5세 누리과정에 필요한 예산을 전액 시 · 도 교육청에 교부했음에도 시 · 도 의회가 해당 예산을 전액 삭감하거나 일부 삭감한 데 대해 우려를 나타내고 조속히 전액 확보해 줄 것을 당부하였다. 그리고 누리과정으로 인해 예산편성이 어렵다는 교육청에 대해서는 엄밀한 재정 진단을 실시하고 그에 상응하는 조치를 취하겠다고 하였다(교육과학기술부, 2012d).

누리과정을 둘러싼 국회 교과위와 교육부 사이의 논란은 이제 시 · 도 의회와 교육부 사이의 문제로 전개되었다. 이런 상황에서 2012년 12월 19일 제18대 대통령 선거가 실시되었고, 2013년도 예산안은 해를 넘겨 2013년 1월 1일에 국회 본회의를 통과하였다. 국회 교과위에서 요구했던 만 3~4세 어린이집 보육료 국고 반영은 실현되지 않았다.

4) 교사용 자료 개발 · 보급과 교사연수

교육부와 보건복지부는 2012년 7월 10일 공통 교육 · 보육과정인 '3~5세 연령별 누리과정'을 고시한 후 누리과정 운영 지원을 위한 교사용 자료를 개발 · 보급하고 담당교사 연수를 실시하였다.

교육부는 2013년 2월 20일 '질 높은 누리과정 운영을 위한 사전 준비 완료'라는 제목의 보도자료에서 교사용 자료 총 26권 발간 · 보급과 담당교원 연수를 2013년 2월 말까지 모두 완료한다고 밝혔다. 교사용 자료 개발에 대해 교육부는 현장 교원들이 누리과정을 보다 효율적으로 운영할 수 있도록 하기 위해 '5세 누리과정' 자료 개발에 참여한 교육과정 및 자료 개발 분야의 유아교육계 최고 전문가를 팀장으로 하여 보육계와 공동 집필진을 구성하여 개발을 추진하였다. 새로 개발한 교사용 자료 총 26권과 DVD 24종은 '3~5세 연령별 누리과정'을 직접 운영하는 유치원 및 어린이집 교사들을 지원하기 위해 '5세 누리과정'의 내용을 일부 수정 · 보완하고, '3~4세 누리과정'의 내용을 추가하였다. 교육부는 새로 개발한 자료를 2013년 2월 말까지 유치원에 각 1부씩 무상 보급하고 보건복지부 역시 어린이집에 별도 보급하였다(교육과학기술부, 2013).

누리과정 담당교원 연수는 2012년 11월 19일 지역별 강사요원들을 대상으로 한 중앙연수로부터 시작하여 전국 유치원과 어린이집 13만여 명의 현장 교원을 대상으로 한 지역연수를 실시하였다. 중앙연수는 동일한 수준과 내용의 표준화된 연수 여건을 조성하여 전국 어디에서나 질 높은 누리과정 운영이 이루어지도록 하였다. 중앙연수 이후에는 지역별로 8시간의 집합연수와 15시간의 원격연수를 받았다(교육과학기술부, 2013).

3만 8천여 명의 유치원 교사를 대상으로 한 집합연수는 연령별 누리과정의 내용과 교수 · 학습방법, 다양한 적용사례 등 누리과정 담당교사가 갖추어야 할 전문성과 역량을 강화하기 위한 내용으로 구성 · 운영하였다. 원격연수는 돌봄서비스로 인해 다른 학교급에 비해 외부연수 교육에 참여하기 어려운 유치원 교사의 근무여건을 고려하여 적정한 교육 이수시간 확보 방안으로 추가 개설한 연수 프로그램이다. 유치원 교사연수는 2012년 12월부터 시작하여 2013년 2월 25일 마무리하였다(교육과학기술부, 2013).

어린이집 누리과정 담당교사 연수는 보건복지부와 중앙육아종합지원센터에서 연수계획을 수립하고, 매월 연수 희망 교사의 신청을 받아 시 · 도별로 승인한 후 집합연수와 원격연수를 진행하였다(중앙육아종합지원센터 홈페이지).

참고문헌

감사원(2016a). 「누리과정 예산편성 실태」 감사 결과. 2016. 5. 24. 보도자료.

감사원(2016b). 감사보고서: 누리과정 예산편성 실태.

관계부처 합동(2012). 「3~4세 누리과정」 도입 계획. 2012. 1. 18. 보도 참고자료 붙임.

교육과학기술부(2011). 5세 누리과정 만 4세, 만 3세 확대. 2011. 12. 14. 보도자료.

교육과학기술부(2012a). 만 3~4세 유아 내년부터 '누리과정' 도입: 공통과정 적용, 소득에 관계없이 유치원비 · 보육료 지원. 2012. 1. 18. 보도 참고자료.

교육과학기술부(2012b). 3~4세 누리과정 확대 및 유아교육 선진화 추진을 위한 유아교육법, 교육공무원법 개정 완료. 2012. 2. 27. 보도자료.

교육과학기술부(2012c). 유치원 교육, 100년 만에 확~ 달라진다. 2012. 3. 21. 보도자료.

교육과학기술부(2012d). 누리과정 예산 삭감시 시 · 도 재정효율성 진단 실시. 2012. 12. 7. 보도 참고자료.

교육과학기술부(2013). 질 높은 누리과정 운영을 위한 사전 준비 완료. 2013. 2. 20. 보도자료.

교육과학기술부, 보건복지부(2012a). 3-5세, 「연령별 누리과정」 완성. 2012. 6. 11. 보도자료.

교육과학기술부, 보건복지부(2012b). 「3-5세 연령별 누리과정」 완성 · 고시. 2012. 7. 6. 보도자료.

교육부(2014). 유아교육비 지원 현황. 내부자료.

국무총리실, 기획재정부, 교육과학기술부, 행정안전부, 보건복지부(2012a). 내년 만 3~4세아도 '누리과정(공통과정)' 도입 및 0~2세아에 대한 양육수당 대폭 확대. 2012. 1. 18. 보도자료.

국무총리실, 기획재정부, 교육과학기술부, 행정안전부, 보건복지부(2012b). 3 · 4세 누리과정 도입 계획(안). 2012. 1. 18. 보도자료 붙임.

국민일보(2012. 12. 7.). 정부-지방의회, 누리과정 예산 놓고 충돌. 010면.

국회사무처(2012a). 제305회 국회(임시회) 교육과학기술위원회회의록(법안심사소위원회) 제1호. 2012. 2. 7.

국회사무처(2012b). 제305회 국회(임시회) 교육과학기술위원회회의록(법안심사소위원회) 제3호. 2012. 2. 13.

국회사무처(2012c). 제306회 국회(임시회) 국회본회의회의록. 제1호. 2012. 2. 27.

국회사무처(2012d). 제309회 국회(임시회) 교육과학기술위원회회의록 제2호. 2012. 7. 12.

국회사무처(2012e). 2012년도 국정감사 교육과학기술위원회회의록. 2012. 10. 5.
국회사무처(2012f). 2012년도 국정감사 교육과학기술위원회회의록. 2012. 10. 24.
국회사무처(2012g). 제311회 국회(정기회) 교육과학기술위원회회의록. 제6호. 2012. 11. 5.
국회사무처(2012h). 제311회 국회(정기회) 예산결산특별위원회회의록. 제7호. 2012. 11. 6.
국회사무처(2012i). 제311회 국회(정기회) 교육과학기술위원회회의록(예산결산기금심사소위원회) 제2호. 2012. 11. 7.
국회사무처(2012j). 제311회 국회(정기회) 예산결산특별위원회회의록. 제8호. 2012. 11. 7.
국회사무처(2012k). 제311회 국회(정기회) 교육과학기술위원회회의록. 제8호. 2012. 11. 14.
노컷뉴스(2012. 1. 6.). 정부 '무상보육' 꼼수 엄마들 뿔났다. https://www.nocutnews.co.kr/news/4234099
뉴시스(2011. 9. 8.). 추석맞이 '李대통령과의 대화'. http://www.newsis.com/view/?id=NISX20110908_0009183679
대한민국정부(2013a). 국민과 함께 만든 더 큰 대한민국. 이명박정부 국정백서(2008. 2.~2013. 2.). 01. 총론. 서울: 문화체육관광부.
대한민국정부(2013b). 교육개혁과 신고졸시대 개막. 이명박정부 국정백서(2008. 2.~2013. 2.). 09. 교육. 서울: 문화체육관광부.
동아일보(2011. 12. 10.). 0~4세 보육지원은 미래 위한 투자… 다른 예산 줄이더라도 이것은 해야. A06면.
보건복지부(2011). 「건강한 국민, 행복한 대한민국」 2012 보건복지부 업무계획. 2011. 12. 23. 보도자료.
보건복지부(2012). 2012년 새해 보건복지부 예산 36조 6,928억 원으로 최종 확정. 2012. 1. 2. 보도 참고자료.
서울신문(2012. 12. 4.). 광주의회 "국비 지원 없인 못해" 누리과정 예산 708억 전액 삭감. 014면.
세계일보(2011. 11. 14.). 한나라, 0~2세 전면 무상보육 추진. http://www.segye.com/newsView/20111113001816
연합뉴스(2011. 10. 10.). 한나라, '박근혜식 복지' 권고적 당론 채택. https://www.yna.co.kr/view/AKR20111010075100001
연합뉴스(2011. 11. 29.). 李대통령 "당과 협의해 '보육예산' 확충". https://www.yna.co.kr/view/view/AKR20111129189851001
연합뉴스(2012. 1. 15.). 내년부터 만 0~2세 가정보육 양육수당 제공. https://www.yna.co.kr/view/AKR20120115029200017
이주호 외(2011). 인재대국: 이명박 정부의 교육과학기술정책. 서울: 한국경제신문.
조선일보(2012. 1. 16.). 3~4세 내년 전면 무상보육. A01면.
파이낸셜뉴스(2011. 9. 15.). 與 '복지정책TF' 본격 가동… '성장-복지 선순환'. http://www.

fnnews.com/news/201109151354216938
한겨레(2012. 11. 21.). 누리과정, 국고지원 없으면 전액삭감. 014면.
한국경제(2011. 11. 21.). 만 3~4세도 전면 무상교육. https://www.hankyung.com/politics/article/2011112002991

UNESCO Institute for Statistics (2012). International Standard Classification of Education (ISCED) 2011. http://uis.unesco.org/sites/default/files/documents/international-standard-classification-of-education-isced-2011-en.pdf. 2017. 11. 12. 검색.

국가법령정보센터(http://www.law.go.kr)
국회 회의록시스템(http://likms.assembly.go.kr/record)
기획재정부 공식 블로그(http://bluemarbles.tistory.com)
대한민국 정책브리핑(http://www.korea.kr)
온-나라정책연구(http://www.prism.go.kr)
의안정보시스템(http://likms.assembly.go.kr/bill)

3∼5세 연령별 누리과정 운영

개요

2012년 3월부터 '5세 누리과정'이 시작되었고, 2013년 3월부터는 만 3∼4세까지 포함된 '3∼5세 연령별 누리과정'이 시작되었다. 박근혜 정부는 누리과정 정책을 계승하여 '3∼5세 누리과정 지원 강화'를 국정과제에 포함하였다. 교육부와 보건복지부는 새 정부 첫 업무보고에서 누리과정 지원단가를 단계적으로 인상하기로 하였다. 한편, 교육부는 1일 3∼5시간으로 되어 있는 누리과정 운영시간을 조정하겠다고 보고하였다. 여기서는 누리과정 집행 단계에서 3∼5시간으로 되어 있던 누리과정 운영시간이 4∼5시간으로 조정되는 과정을 알아본다.

1. 박근혜 정부의 누리과정 정책 계승

만 5세 유아를 대상으로 한 '5세 누리과정'은 2012년 3월부터 시행되었고, 만 3∼4세 유아를 포함한 '3∼5세 연령별 누리과정'은 2013년 3월부터 시행되었다. 만 3∼5세 유아는 2013년 3월부터 유치원과 어린이집 어디에 다니든 같은 교육과정을 배우고, 부모의 소득수준에 관계없이 유치원비와 보육료를 지원받을 수 있었다. '만 3∼5세 유아 무상교육'이 첫발을 뗀 것이다. 2013년부터는 정책의 명칭도 자연스럽게 '누리과정' 또는 '3∼5세 누리과정'으로 부르기 시작하였다. 언론도 '누리과정'이라고 하거나, 누리과정 뒤에 괄호를 해서 '만 3∼5세 무상보육' '공통 교육 · 보육과정' 등을 추가해서 표현하였다.

정책과정의 측면에서 보면, 2010년부터 2013년 2월까지가 누리과정 정책의 형성 단계였다면, 2013년 3월부터는 누리과정 정책이 집행되는 단계라고 할 수 있다. 정책집행은 정책의 내용을 실현시키는 과정이다. 정책의 내용은 정책목표와 정책수단으로 이루어지는데, 정책의 내용을 실현시킨다는 것의 핵심은 정책수단을 실현시키는 것이다(정정길 외, 2017: 511).

그렇다면 누리과정 정책의 목표는 무엇인가? 「헌법」과 「교육기본법」에서 명시한 교육의 기회균등을 실현하는 것이다. 정책수단은 두 가지 측면에서 생각할 수 있다. 하나는, 유치원과 어린이집에 다니는 모든 유아에게 양질의 공통 교육과정을 제공하는 것이다. 다른 하나는, 소득과 관계없이 유치원비와 보육료를 지원하여 학부모의 경제적 부담을 줄이는 것이다(교육과학기술부, 2012). 따라서 누리과정 정책집행 단계에서는 정부가 고시한 '3~5세 연령별 누리과정'을 유치원과 어린이집 현장에 제대로 안착하게 하고, 유치원비와 보육료를 당초 계획한 대로 지원하는 것이 관건이었다.

누리과정 정책의 제도화는 이명박 정부가 했지만, 정책의 집행은 2012년 12월 대선에서 승리하는 새로운 정부의 몫이었다. 새 정부의 임기는 2013년 2월 25일부터 시작되므로 '3~5세 누리과정'의 집행 시기와 맞물려 있었다. 그러므로 새 정부의 국정철학과 정책 의지는 누리과정 정책의 성패에도 크게 영향을 미칠 상황에 처하게 되었다.

1) 제18대 대통령 선거와 대통령직인수위원회

제18대 대통령 선거를 앞두고 당시 새누리당은 '국민행복 10대 공약'을 표방하고, 그중 하나로 '확실한 국가책임 보육'을 제시했다. 국가책임 보육을 좀 더 구체화한 것이 '0~5세 보육 및 유아교육 국가완전책임제 실현'이며, 그 내용은 다음과 같다(새누리당, 2012: 272).

0~5세 보육 및 유아교육 국가완전책임제 실현

새누리의 진단

- 영유아 유아교육 · 보육 체제 확립과 효율적 재정투자로 서민의 경제적 부담을 줄이고, 안심하고 맡길 수 있는 영유아 교육 · 보육 기반 조성이 필요

- 부모의 자녀 양육유형별 선택권을 보장하여 부모는 편하고, 아이는 행복한 양육 환경 조성이 필요

새누리의 약속

- 0~2세 영아 보육료 국가 전액 지원 및 양육수당 증액, 양육유형 선택권 보장
- 3~5세 누리과정 지원 비용 증액 및 중 · 저소득계층 방과후 비용 소득기반 차등 지원
- 유치원 교사 처우개선
- 민간시설의 보육 · 교육 서비스 공공성 및 질 제고

새누리의 실천

- 국가책임 보육 및 유아교육을 위한 예산의 안정적 확보

출처: 새누리당(2012), p. 272.

새누리당은 대선공약에서 '0~2세 영아 보육료 국가 전액 지원'과 '3~5세 누리과정 지원 비용 증액'을 포함하여 국가책임 보육과 유아교육을 위한 예산을 안정적으로 확보하겠다고 약속하였다.

2012년 12월 19일 대선 결과, 새누리당 박근혜 후보가 당선되었다. 박근혜 당선인은 2012년 12월 27일 제18대 대통령직인수위원회 위원장에 김용준 전 헌법재판소장을 임명하였고, 김용준 위원장은 12월 31일 국정기획조정, 정무, 외교국방통일, 경제1, 경제2, 법질서사회안전, 교육과학, 고용복지, 여성문화 등 9개 분과로 구성된 대통령직인수위원회(이하 '인수위') 조직을 발표하였다. 인수위는 2013년 1월 6일부터 본격적인 활동을 시작하였고, 정부부처의 인수위 업무보고는 1월 11일부터 17일까지 이루어졌다(제18대 대통령직인수위원회, 2013a).

인수위는 분과별 간담회, 현장 방문, 국정과제 토론회 등을 개최한 후 2013년 2월 21일 박근혜 정부의 국정비전과 국정목표를 선정하고, 140개 국정과제를 건의하였다(제18대 대통령직인수위원회, 2013b). 140개 국정과제 중에서 영유아 교육 · 보육 정책영역을 포괄하는 과제는 "67. 무상보육 및 무상교육 확대(0~5세)"였다. 인수위가 건의한 67번 국정과제의 주요 추진계획을 보면, 보건복지부는 '0~5세 보육 국가완전책임제 실현'을, 교육부는 '3~5세 누리과정 지원 강화'를 담당하게 한 것이 특징이다.

인수위가 건의한 국정과제는 새누리당의 제18대 대선공약과 유사하지만 세부 내

용에서 다소 차이가 있다. 대선공약에서는 0~2세 영아 보육료를 국가가 전액 지원하고 양육수당을 증액한다고 하였으나, 인수위 국정과제에는 0~5세 보육료를 전 계층에 지원하고 양육수당도 전 계층에 지원한다고 하였다. 대선공약에 비해 인수위가 건의한 국정과제의 표현이 대담해졌다는 것을 알 수 있다. 인수위 안이 이처럼 대담해진 이유는 박근혜 정부 임기 동안 그렇게 하겠다는 의지의 표현일 수도 있겠지만 2013년부터 달라지는 정책환경을 반영했기 때문일 것이다.

그렇다면 2013년부터 영유아정책은 어떻게 달라졌는가?

첫째, 만 0~2세 영아를 어린이집에 보낼 경우, 전 계층에 보육료를 지원하는 정책은 2012년에 이어 2013년에도 계속되었다. 영아 보육료는 보호자에게 매월 바우처로 지원하는 비용과 어린이집에 직접 지원하는 비용이 있다. 보호자에게 바우처로 지원하는 비용은 만 0세 39.4만 원, 만 1세 34.7만 원, 만 2세 28.6만 원이며, 어린이집에 직접 지원하는 비용은 만 0세 36.1만 원, 만 1세 17.4만 원, 만 2세 11.5만 원이다(보건복지부, 2012). 예를 들어, 갓 태어난 아이를 어린이집에 맡기면, 보육료 75.5만 원이 어린이집의 수입이 된다.

둘째, 2012년에 만 5세 유아를 대상으로 하던 누리과정은 2013년에는 만 3~4세 유아까지 확대하게 되었다. 교육부는 2013년 3월 1일 시행된 「유아교육법」 제24조 제3항에 따라 정부가 부담하는 누리과정 비용을 고시하였다. 국·공립유치원에 다니는 유아는 월 6만 원, 사립유치원과 어린이집에 다니는 유아는 월 22만 원을 지원하기로 한다는 내용이다(교육과학기술부 고시 제2013-10호, 2013. 3. 8.).

셋째, 가정 양육수당 지원대상이 전 계층으로 확대되었다. 2012년 1월에 논란이 되어 2013년부터 소득하위 70%까지 지원대상을 확대하기로 했던 가정 양육수당 지원 문제는 2013년도 예산안 국회 심의과정에서 전 계층의 0~5세 영유아에게 지원하는 것으로 결정되었다(보건복지부, 2013a). 2013년 3월부터 만 5세 이하 영유아는 유치원이나 어린이집을 이용하지 않을 경우에도 보호자의 소득수준에 관계없이 양육수당을 지원받게 된 것이다. 양육수당 지원액은 출생 후 12개월 미만은 월 20만 원, 12~24개월 미만은 월 15만 원, 24개월~만 5세 이하는 월 10만 원이다. 양육수당 지원대상이 확대됨에 따라, 지금까지 지원대상이 아니었던 만 3~5세 유아도 월 10만 원을 지원받게 되었다(보건복지부, 2012).

이상을 종합하면, 2013년부터 영유아의 보호자는 소득수준에 관계없이 아이를 유치원이나 어린이집에 보내면 유치원비와 어린이집 보육료를 지원받고, 가정에서 직접 돌보면 양육수당을 지원받게 되었다. 따라서 2013년은 영유아 무상교육 · 보육이 전면 실시된 원년이라고 해도 과언이 아니다. 2013년부터 달라지는 내용을 보건복지부는 [그림 8-1]과 같이 정리하였다.

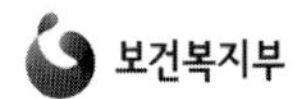

2013년 보육료, 양육수당 全 계층 지원
(2013. 3월 시행)

[그림 8-1] 2013년부터 달라지는 내용

출처: 보건복지부(2012). p. 54.

2) 국정과제: 3~5세 누리과정 지원 강화

2013년 2월 25일 새 대통령은 취임했으나 새 정부의 출범은 순탄하지 못했다. 당초 박근혜 당선인은 초대 국무총리로 김용준 인수위 위원장을 내정하였으나 각종 의혹을 이기지 못하고 불과 5일 만에 낙마하였다. 2013년 1월 말에는 정부조직 개편안이 국회에 제출되었지만 여야 합의가 원만하게 이루어지지 않았다. 따라서 대통령이 취임한 다음날인 2월 26일에는 정홍원 국무총리만 임명장을 받았다. 그러나 정부조직과 관련 없는 청와대 참모진은 어느 정도 진용을 갖추었기에 대통령은 2월 27일 첫 수석비서관회의를 주재하였다. 그리고 3월 11일에는 13개 부처 장관에게 임명장을 수여하고 첫 국무회의를 열었다.

진통 끝에 2013년 3월 22일「정부조직법」개정안이 국회를 통과하였고, 3월 23일부터 박근혜 정부의 17부 3처 17청 조직이 본격적으로 가동 체제를 갖추었다. 교육과학기술부는 신설된 미래창조과학부에 과학기술 분야를 이관하고 명칭을 교육부로 변경하였다(법률 제11690호, 2013. 3. 23.). 박근혜 정부의 초대 교육부장관에는 서남수 위덕대 총장이, 보건복지부장관에는 진영 인수위 부위원장이 임명되었다.

정부는 2013년 5월 28일 국무회의에서 인수위 건의안을 바탕으로 그동안의 여건 변화를 반영하고 검토와 조정 과정을 거쳐 4대 국정기조 달성을 위한 14대 추진전략과 140개 국정과제 추진계획을 확정하였다(국무조정실, 2013). 정부가 확정한 국정과제 64번 '무상보육 및 무상교육 확대(0~5세)'의 세부과제에는 '3~5세 누리과정 지원 강화'가 포함되었다.

64. 무상보육 및 무상교육 확대(0~5세)

가. 과제 개요

ㅁ 영유아 보육 · 교육에 대한 국가 완전 책임 실현

나. 주요 추진계획

① 0~5세 보육 국가완전책임제 실현

- 0~5세 보육료 全 계층 지원, 적정 보육료 산출을 위한 표준보육비용 계측 및 저소득 취약계층의 경우 특별활동비 등 보육료 外 시설 이용 비용 지원 검토
- 시설 미이용 0~2세 차상위 가구에 지급하던 양육수당을 소득 구분 없이 0~5세까지 전 계층 확대

- 어린이집 평가인증 내실화 및 부모모니터링단 운영을 통한 보육서비스 질 개선 추진

[2] 3~5세 누리과정 지원 강화

- 3~5세 누리과정 지원단가의 단계적 인상 추진
- 누리과정 확대 및 유치원 신·증설 등에 따른 교사 확충, 사립유치원 교사의 처우개선 및 역량 강화 추진

출처: 관계부처 합동(2013), p. 131.

정부가 5년간 달성해야 할 과업이자 국민과의 약속인 국정과제에 '3~5세 누리과정 지원 강화'를 포함하였으므로 박근혜 정부는 이명박 정부가 마련한 누리과정 정책을 그대로 계승한 셈이다.

박근혜 정부가 출범한 후 정부부처의 첫 업무보고는 2013년 3월 21일부터 진행되었고, 업무보고 자료는 국정과제의 실천계획 위주로 작성되었다. 보건복지부는 2013년 3월 22일에, 교육부는 3월 28일에 각각 업무보고를 하였는데, '3~5세 누리과정 지원 강화'가 국정과제로 채택되었으므로 교육부와 보건복지부는 업무보고에 그 내용을 반영하였다. 누리과정 지원과 관련하여 교육부와 보건복지부의 2013년도 업무보고 내용을 정리하면 〈표 8-1〉과 같다(교육부, 2013: 30; 보건복지부, 2013b: 14).

〈표 8-1〉 교육부 · 보건복지부 2013년도 업무보고 내용

보건복지부 업무보고(2013. 3. 22.)	교육부 업무보고(2013. 3. 28.)
• 보육료 지원 단가를 현실화하고, 누리과정 재원은 지방교육재정교부금으로 일원화('15) 하여 안정적인 재정지원 체계 마련 * 3~5세 누리과정 단가: ('12) 17.7~20만 원 → ('13) 22만 원 → ('16) 30만 원 ** 누리과정 재원: ('13~'14) 지방교육교부금 +국고 · 지방비 → ('15) 지방교육교부금	• 3~5세 누리과정 학비 단가를 단계적으로 현실화하여 지원 * 지원단가: ('12) 만 5세 전 계층 월 20만 원, 만 3~4세 소득하위 70% 각각 월 19.7만 원, 월 17.7만 원 → ('13) 만 3~5세 전 계층 월 22만 원 → ('16) 월 30만 원

교육부와 보건복지부 모두 누리과정 비용을 2013년에는 월 22만 원 지원하고, 2016년에는 월 30만 원까지 인상한다는 계획이었다. 보건복지부는 누리과정에 소요되는 재원을 2013년과 2014년에는 지방교육재정교부금과 국고 · 지방비로 충당하며, 2015년부터는 모두 지방교육재정교부금으로 일원화한다는 내용을 분명히

했다. 누리과정 지원단가를 2016년까지 단계적으로 인상하고 그에 소요되는 재원은 2015년부터 지방교육재정교부금으로 일원화한다는 계획은 이명박 정부 당시인 2012년 1월에 '3~4세 누리과정 도입 계획'을 발표하면서 정부 방침으로 결정하였던 것이다. 박근혜 정부가 누리과정 정책을 계승하였으므로 교육부와 보건복지부는 새 정부의 국정과제를 충실하게 실천하기 위해 새해 업무보고에 그 내용을 반영하였다. 누리과정 비용과 관련한 문제는 제9장에서 자세히 알아보고, 여기서는 누리과정 운영시간 조정에 대해 알아보고자 한다.

2. 1일 3~5시간의 누리과정 운영시간

2013년 3월 28일 교육부의 2013년도 업무보고 내용 중 유아교육 분야에는 다음과 같이 '유치원 돌봄기능 강화' 과제가 포함되었다(교육부, 2013: 29).

□ 유치원 돌봄기능 강화(국정과제 67-2)[1]
• 누리과정 운영시간을 조정하여 교육과정 운영의 정상화 도모
 (현행 3~5시간 → 점심시간 포함 5시간 원칙)
 - 오전 7시부터 오후 10시까지 아침돌봄, 누리과정 방과후돌봄, 저녁돌봄을 체계적으로 연계하여 유치원의 돌봄기능 강화
 * 유아 발달에 적합한 운영 형태와 방법 등 방과후 과정 운영지침을 마련('13. 12.)

'유치원 돌봄기능 강화' 과제 안에는 누리과정 운영시간을 조정하여 교육과정 운영을 정상화한다는 표현이 들어 있다. 3~5시간으로 되어 있는 누리과정 운영시간을 점심시간을 포함하여 5시간으로 조정하겠다는 것이다.

교육부는 왜 박근혜 정부 첫 업무보고에서 누리과정 운영시간 조정 문제를 제기했을까? 그리고 누리과정 운영시간은 조정되었는가? 만약 조정되었다면 그 과정은 어떠했는가? 결론부터 말하면, '3~5세 누리과정' 시행에 따라 2013년 3월부터 '1일 3~5시간' 기준으로 편성하도록 한 누리과정 운영시간은 약 2년간의 검토를 거쳐

---

1) 2013년 3월에는 아직 정부가 공식적으로 국정과제를 확정하지 않았으므로 교육부가 제시한 과제들은 모두 인수위가 건의한 국정과제 67-2번 '3~5세 누리과정 지원 강화'와 관련되어 있다.

2015년 3월부터는 '1일 4~5시간' 기준으로 편성하는 것으로 바뀌었다.

그렇다면 교육부는 왜 처음부터 누리과정 운영시간을 하루 '4~5시간'으로 정하지 않고 '3~5시간'으로 정하였는가? 그 이유를 알아보기 위해 유아교육 관련 법령과 「유치원 교육과정」의 연혁을 살펴보자.

1) 누리과정 도입 전 교육과정 운영시간

1949년에 「교육법」이 제정될 때부터 유치원은 학교였다. 그러므로 초·중등학교, 대학 등과 같이 학교의 교육과정, 학과 및 교과 등에 관한 일반사항은 유치원에도 적용되었다. 「교육법」 제150조는 "각 학교는 소정의 교과과정을 수업하여야 한다."고 하였고, 제155조 후단에서는 "각 교과의 교수요지, 요목 및 수업시간 수는 문교부령으로써 정한다."고 하였다(법률 제86호, 1949. 12. 31.). 이 규정들은 1998년 3월에 「교육법」이 폐지될 때까지 변하지 않았다. 다만, 일부 용어가 수정되었는데, "교과과정"은 "교육과정"으로, "문교부령"은 "문교부장관"과 "교육부장관"으로 바뀌었다(법률 제3370호, 1981. 2. 13.; 법률 제4268호, 1990. 12. 27.; 법률 제4474호, 1991. 12. 31.).

「교육법」의 위임에 따라 교육부가 「유치원 교육과정」을 제정·공포한 때는 1969년 2월 19일이다. 광복 이후부터 「유치원 교육과정」이 제정될 때까지는 제3장에서 본 것처럼 「교육법」 제147조에 나타난 5개 항목만이 정부가 밝힌 유치원 교육내용이었다. 1952년 4월에 제정된 「교육법 시행령」 제186조에 유치원의 '보육과목'으로 음악, 유희, 담화, 회화, 수기 등 5개 항목이 제시되었다(대통령령 제633호, 1952. 4. 23.). 이에 따라 유치원은 손 유희와 놀이 등을 가르치고 밖에 나가 놀게 하며 이야기를 들려주고 때때로 그림을 그리거나 색종이 접기 또는 색지 붙이기 등의 수기 등으로 그날그날의 일과가 진행되었다. 결국 1945년 이후 1968년까지의 유치원 교육과정은 몇몇 유치원들을 제외하고는 체계적인 교육과정이 없이 오락 활동이나 초등학교 입학 준비와 유아의 보호기능이 중심이 되어 유치원의 교육적 기능을 충분히 발휘하지 못하였다(교육50년사편찬위원회, 1998: 336-337).

1969년에 제정된 「유치원 교육과정」은 2011년 9월 '5세 누리과정' 도입을 위한 교육과정 개정 전까지 여섯 차례 개정되었다. '제1차 유치원 교육과정'부터 '2007 개정 유치원 교육과정'에 제시된 '연간 교육일수와 하루 교육과정 운영시간'은 〈표 8-2〉

와 같다. 유치원의 연간 교육일수는 180일 이상, 하루 교육과정 운영시간은 3시간(180분)이 최소기준이며, 그 시간은 유치원 실정에 맞게 조정할 수 있었다.

〈표 8-2〉 유치원 교육과정의 연간 교육일수와 운영시간

구분	공포 시기	연간 교육일수 및 하루 교육시간	비 고
제1차	1969. 2. 19. (문교부령 제207호)	연간 200일 이상, 하루 3시간(180분)	기후, 계절, 어린이의 발달 정도, 학습경험 내용의 성질 등을 감안하여 실정에 맞도록 시간 단위 조절
제2차	1979. 3. 1. (문교부 고시 제424호)	연간 200일, 주당 18~24시간, 하루 3~4시간	한 시간의 지도 시간은 지역사회의 특성, 유아의 발달 수준, 기후, 계절, 학습 과제의 특성, 아동의 흥미 등을 고려하여 그 실정에 맞도록 조절
제3차	1981. 12. 31. (문교부 고시 제442호)	연간 180일 이상, 하루 3~4시간	지역사회의 특성, 아동의 발달 수준, 흥미, 기후, 계절 및 과제의 특성 등을 고려하여 그 실정에 맞도록 조정
제4차	1987. 6. 30. (문교부 고시 제87-9호)	연간 180일 이상, 하루 3시간	유아의 발달 수준, 지역사회의 실정, 유치원의 특성, 활동내용 및 계절 등을 고려하여 조정·운영
제5차	1992. 9. 30. (교육부 고시 제1992-15호)	연간 180일, 하루 180분	※ 3세아 교육 및 종일제 운영에 관한 사항 포함
제6차	1998. 6. 30. (교육부 고시 제1998-10호)	연간 180일 이상, 하루 180분	유아의 연령과 발달 수준, 기후, 계절, 학부모의 요구 등을 고려하여 실정에 맞도록 조정 ※ 시간연장제 및 종일제 운영에 관한 사항 포함
2007 개정	2007. 12. 19.(교육인적자원부 고시 제2007-153호)	연간 180일, 하루 180분 최소기준	시·도 교육청의 지침과 유치원 실정에 따라 유치원에서 자율적으로 결정

출처: 국가교육과정정보센터 홈페이지.

1981년에 개정된 제3차 유치원 교육과정에서는 교육일수를 연간 200일에서 180일로 줄였는데, 이는 아동의 발달단계에 비추어 그동안 무리했던 것을 조정한 것이다. 1992년 9월에 개정된 제5차 유치원 교육과정에서는 종일제를 도입하였다. 유치원의 일과 운영시간을 다양화함으로써 취업모의 증가로 인해 발생하는 유아 양육 문제를 해소할 길을 열어 놓았다(교육50년사편찬위원회, 1998: 338-343). 1998년 6월에 개정된 제6차 유치원 교육과정에서는 종일제 외에 시간연장제를 도

입하였다. 유치원 교육과정에서의 변화는 1998년 9월에 개정된 「유아교육진흥법」의 수업과정에 반영되었다. 「유아교육진흥법」 제6조는 유치원 수업과정을 '반일제' '시간연장제' '종일제'로 나누고, 보호자의 필요에 따라 수업과정을 선택할 수 있도록 하였다. '반일제'는 1일 3시간 이상 5시간 미만의 수업과정을, '시간연장제'는 1일 5시간 이상 8시간 미만의 수업과정을, '종일제'는 1일 8시간 이상 수업과정을 말한다(법률 제5567호, 1998. 9. 17.).

「교육법」이 폐지되면서 유치원 관련 규정은 1997년 12월에 제정된 「초 · 중등교육법」으로 편입되었다. 「초 · 중등교육법」 제23조 제1항은 "학교는 교육과정을 운영하여야 한다."고 하였고, 제2항에서는 교육부장관이 교육과정의 기본적인 사항을 정하도록 하였다(법률 제5438호, 1997. 12. 13.). 2004년 1월에 제정된 「유아교육법」은 「초 · 중등교육법」과 「유아교육진흥법」의 교육과정 관련 규정, 국가수준 유치원 교육과정의 내용 등을 이어받았다. 「유아교육법」 제2조는 '반일제' '시간연장제' '종일제' 개념을 「유아교육진흥법」에서 계승하였고, 제13조는 「초 · 중등교육법」으로부터 교육과정의 일반 원칙을 물려받았다.

「유아교육법」의 교육과정 관련 규정이 개편을 맞이한 때는 2012년 3월이며, 그 경과는 다음과 같다. 이명박 정부는 2009년 5월, 학부모의 유아학비 부담을 줄이고 질 높은 유아교육 서비스를 제공하기 위해 '유아교육의 선진화'를 추진하기로 결정하고, '유아교육 선진화 TF' 운영과 이해관계자 의견수렴을 거쳐 2009년 12월에 '유아교육 선진화 추진계획'을 확정하여 발표하였다. '유아교육 선진화 추진계획'은 ① 유아학비 부담 경감, ② 선진 유아교육 제도 구축, ③ 미래지향적 교육과정 운영, ④ 우수 교원 배치 · 활용, ⑤ 유아교육 지원체계 강화 등 5개 정책분야, 25개 핵심과제로 구성되었다. 핵심과제 중 몇 가지 예를 들면, 유아 무상교육 단계적 확대, 유치원비 등 유치원 정보공시제도 도입, '유치원운영위원회' 운영, 미래지향적 교육과정 개편, 유치원 종일제 운영 내실화, 교원능력개발평가 단계적 도입, 유아교육 종합정보시스템 구축 등이 있다(교육과학기술부, 2009a, 2009b).

교육부는 미래지향적인 교육과정 개편을 위해 유치원 교육과정을 시대 변화와 수요자의 요구를 반영하여 [그림 8-2]와 같이 '기본과정'과 '종일제'로 구분하여 운영한다는 개편안을 내놓았다. 기본과정은 국가 교육과정으로 내실화하여 교육과정 운영에 대한 장학과 행정지도를 강화하고, 종일제는 기본과정 외에 기타 교육활동과 보육활동을 통합하여 실시한다는 방안이다(교육과학기술부, 2009b: 19).

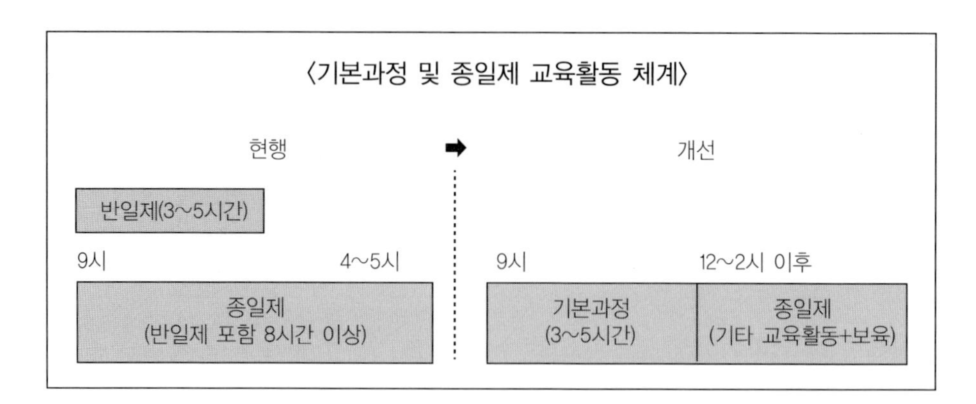

[그림 8-2] 기본과정 및 종일제 교육활동 체계

출처: 교육과학기술부(2009b), p. 19.

교육부는 그 밖에도 I, II, 공통수준별로 구성된 유치원 교육과정을 유아 발달단계별 특성을 고려하여 연령별 방식으로 개편하는 방안도 검토하기로 하였다. 또한 교육과정 전반에 기본생활습관과 '배려와 협력' 등 올바른 인성 형성을 위한 인성교육 내용을 강화하기로 하였다(교육과학기술부, 2009b: 20).

2) 누리과정 도입 후 3~5시간으로 정착

교육부가 '유아교육 선진화 추진계획'을 실행하기 위해서는 「유아교육법」을 개정하여 법적 근거를 확보해야 하는 과제들이 많았다. 교육과정의 기본 틀을 바꾸는 과제도 마찬가지였다. 교육부는 「유아교육법」 개정안을 입안하여 관계부처 협의를 거친 후 2011년 1월에 입법예고하였다. 교육과정과 관련한 개정안을 보면, "반일제 및 시간연장제 정의를 삭제하고, 종일제를 교육과정 외에 기타 교육활동과 보육활동으로 정의"하였고, "유치원은 교육과정 외에 종일제 등을 운영"할 수 있도록 하였다(교육과학기술부 공고 제2011-11호, 2011. 1. 13.). 법제처 심사와 차관회의, 국무회의 등을 거친 「유아교육법」 개정안이 국회에 제출된 때는 2011년 10월이다. 국회에 제출된 개정안을 보면, '반일제' '시간연장제' '종일제' 개념을 삭제하고, 교육과정과 별도로 '방과후 과정'을 추가하였다. '방과후 과정'은 "교육과정 이후에 이루어지는 그 밖의 교육활동과 돌봄활동"을 말한다(의안정보시스템 홈페이지, 의안번호 1813448호). 법제처 심의과정에서 '종일제'는 '방과후 과정'으로 수정되었다.

정부가 발의한「유아교육법」개정안은 2012년 2월 7일에 국회 교육과학기술위원회에 상정되어 다른 6건의「유아교육법」개정안과 함께 교육과학기술위원회 대안으로 2월 27일 국회 본회의를 통과하였으며, 정부는 3월 21일 개정안을 공포하였다. 초등학교 취학 전 3년의 무상교육을 법제화한 것도 이때였다. 유치원 교육과정 관련 규정은 공포한 날부터 시행되었다(법률 제11382호, 2012. 3. 21.).「유아교육법」개정 내용 중에서 유치원 교육과정과 관련된 조문은 〈표 8-3〉과 같다.

〈표 8-3〉「유아교육법」개정 전후 비교(2012년)

유아교육법[시행 2012. 4. 27] [법률 제11218호, 2012. 1. 26, 일부개정]	유아교육법[시행 2012. 3. 21.] [법률 제11382호, 2012. 3. 21., 일부개정]
제2조 (정의) 이 법에서 사용하는 용어의 뜻은 다음 각호와 같다. 1. ~ 3. (생략) 4. "반일제"란 1일 3시간 이상 5시간 미만의 교육과정을 말한다. 5. "시간연장제"란 1일 5시간 이상 8시간 미만의 교육과정을 말한다. 6. "종일제"란 1일 8시간 이상의 교육과정을 말한다.	제2조 (정의) 이 법에서 사용하는 용어의 뜻은 다음 각 호와 같다. 1. ~ 3. (현행과 같음) 4. 삭제 5. 삭제 6. "방과후 과정"이란 제13조 제1항에 따른 교육과정 이후에 이루어지는 그 밖의 교육활동과 돌봄활동을 말한다.
제13조 (교육과정 등) ① 유치원은 교육과정을 운영하여야 한다. ② 교육과학기술부장관은 제1항에 따른 교육과정의 기준과 내용에 관한 기본적인 사항을 정하며, 교육감은 교육과학기술부장관이 정한 교육과정의 범위에서 지역 실정에 적합한 기준과 내용을 정할 수 있다. ③ 교육과학기술부장관은 유치원의 교육과정 운영을 위한 프로그램 및 교재를 개발하여 보급할 수 있다.	제13조 (교육과정 등) ① 유치원은 교육과정을 운영하여야 하며, 교육과정 운영 이후에는 방과후 과정을 운영할 수 있다. ② 교육과학기술부장관은 제1항에 따른 교육과정 및 방과후 과정의 기준과 내용에 관한 기본적인 사항을 정하며, 교육감은 교육과학기술부장관이 정한 교육과정 및 방과후 과정의 범위에서 지역 실정에 적합한 기준과 내용을 정할 수 있다. ③ 교육과학기술부장관은 유치원의 교육과정 및 방과후 과정 운영을 위한 프로그램 및 교재를 개발하여 보급할 수 있다.

교육부는 한편으로는 유아교육 선진화 과제들을 법제화하기 위해「유아교육법」개정을 추진하였고, 다른 한편으로는 2011년 5월에 관계부처와 합동으로 '5세 누리과정 도입 계획'을 발표하였다. 그리고 교육부와 보건복지부는 그 후속조치로 '5세

누리과정'을 개발하여 2011년 9월에 각각 고시하였다. 이 때 고시된 '5세 누리과정'은 "1일 3~5시간의 운영을 기준으로 한다."고 명시하였다(교육과학기술부 고시 제2011-30호, 2011. 9. 5.; 보건복지부 고시 제2011-106호, 2011. 9. 5.).

'5세 누리과정'의 현장 적용을 앞두고 교육부와 보건복지부가 2012년 2월에 발간한 '5세 누리과정 해설서'에는 1일 3~5시간의 운영 기준에 대해 다음과 같이 해설하였다(교육과학기술부, 보건복지부, 2012: 13).

> 5세 누리과정은 1일 3~5시간의 기본교육을 위한 과정으로 3~5시간 운영을 기준으로 구성하였다. 현재 유치원은 1일 3~5시간을 기본 교육과정 운영시간으로 하고, 그 이후 시간은 종일제(방과후) 운영으로 정하고 있다. 반면, 어린이집은 1일 12시간 운영을 기본으로 하고 있어 각각 상이하게 운영되고 있다. 5세 누리과정은 유치원과 어린이집의 전체 운영시간에 해당하는 것이 아니라, 오전의 3~5시간에 해당하는 공통과정이라는 점을 감안하여 3~5시간의 기본 운영과정에 적절한 교육·보육의 내용과 양을 고려하였다.

2012년 3월부터 유치원과 어린이집에 다니는 만 5세 유아는 하루 '3~5시간'에 해당하는 공통과정을 배우게 되었다. 그럼 유치원과 어린이집에 다니는 만 3~4세 유아는 어떠한가? 유치원에 다니는 만 3~4세 유아의 "하루 교육시간은 180분을 최소기준"으로 하되, "시·도 교육청의 지침과 유치원 실정에 따라 유치원에서 자율적으로 결정"하였다(교육과학기술부 고시 제2011-30호, 2011. 9. 5.). 한편, 어린이집에 다니는 만 3~4세 유아는 어린이집 표준보육과정에서 특별히 정하지 않고, 「영유아보육법」 제24조의 위임에 따라 「영유아보육법 시행규칙」 제23조 [별표 8] '어린이집의 운영기준'에서 정하였다. 어린이집의 보육시간은 "평일 12시간 이상 운영함을 원칙"으로 하였다(보건복지부령 제104호, 2012. 2. 3.).

이런 상황에서 정부가 '3~4세 누리과정 도입 계획'을 발표한 때는 2012년 1월이었다. 그리고 교육부와 보건복지부가 '3~5세 연령별 누리과정'을 개발하여 고시한 때는 2012년 7월이었다. 이때 고시된 내용 중에서 누리과정의 '편성' 부분은 다음과 같다.

1. 편성

가. 1일 3~5시간을 기준으로 편성한다.

나. 5개 영역의 내용을 균형 있게 통합적으로 편성한다.

다. 유아의 발달특성 및 경험을 고려하여 놀이를 중심으로 편성한다.

라. 반(학급) 특성에 따라 융통성 있게 편성한다.

마. 성별, 종교, 신체적 특성, 가족 및 민족 배경 등으로 인한 편견이 없도록 편성한다.

바. 일과 운영시간에 따라 심화 확장할 수 있도록 편성한다.

출처: 「유치원 교육과정」(교육과학기술부 고시 제2012-13호, 2012. 7. 10.); 「3~5세 연령별 누리과정 고시」(보건복지부 고시 제2012-82호, 2012. 7. 10.).

2013년 3월부터 '3~5세 연령별 누리과정'이 적용됨에 따라 유치원과 어린이집에 다니는 모든 유아는 하루 '3~5시간'에 해당하는 공통과정을 배우게 되었다. 교육부와 보건복지부는 2013년 2월 '3~5세 연령별 누리과정 해설서'를 발간하였는데, 1일 3~5시간의 누리과정 운영 기준에 대해 다음과 같이 해설하였다(교육과학기술부, 보건복지부, 2013: 21).

> 현재 유치원은 1일 3~5시간의 교육과정 운영시간을 기본과정으로 하고 이후 시간은 방과후 과정으로 운영하고 있다. 반면, 어린이집은 1일 12시간을 기본 운영시간으로 하고 있어 편성 · 운영 기준이 상이하다. 누리과정은 현행 유치원과 어린이집의 운영 기준은 그대로 유지하면서 공통과정을 제공하는 것이므로 전체 일과 운영에 분리하여 적용하기보다 오전 3~5시간 동안의 운영을 원칙으로 하며 유연하고 탄력적으로 편성한다. 이때 만 3, 4, 5세 유아의 발달수준과 학습 특성을 고려하여 교육 · 보육의 내용과 시간을 적절히 조절하며, 신체운동을 위한 1일 1시간 이상의 바깥놀이(대근육 활동시간 포함) 시간을 반드시 확보하여 유아들의 스트레스를 해소하고 또래와의 친사회적인 관계 형성을 원활히 하며 실외의 자연환경을 경험하고 관찰할 수 있도록 한다.

이 내용을 요약하면, 유치원과 어린이집의 공통 교육 · 보육과정인 누리과정은 오전 3~5시간의 운영을 원칙으로 한다. 그러나 유아의 발달수준과 학습 특성을 고려하여 시간을 적절히 조절하고, 1시간 이상의 바깥놀이 활동을 반드시 확보하라는 것이다.

3. 누리과정 운영시간 조정

1) 누리과정 운영시간을 조정하는 이유

이제 교육부가 1일 3~5시간 기준으로 편성하도록 한 누리과정 운영시간을 조정하려고 한 이유와 조정 과정을 알아볼 때가 되었다.

먼저 박근혜 정부 첫 업무보고에서 교육부가 누리과정 운영시간 조정 문제를 제기한 이유는 무엇인가? 그 답은 교육부가 2013년 2월에 수립한 '유아교육발전 5개년 계획'에서 찾을 수 있다. 2012년 3월부터 시행된 누리과정의 개선 필요성을 처음으로 제기한 문서가 '유아교육발전 5개년 계획'이다. 교육부가 이 계획을 수립한 이유는 2012년 1월 26일 개정된「유아교육법」제3조의2에서 교육부장관이 5년마다 '유아교육발전 기본계획'을 수립하도록 의무화했기 때문이다. 법률의 위임에 따라 2012년 4월 20일 개정된「유아교육법 시행령」은 교육부장관이 '유아교육발전 기본계획'을 수립할 때 포함해야 할 사항들을 정하였다. 개정된「유아교육법」과「유아교육법 시행령」은 2012년 4월 27일부터 시행되었다(법률 제11218호, 2012. 1. 26.; 대통령령 제23745호, 2012. 4. 20.).

교육부가 '유아교육발전 5개년 계획' 수립에 착수한 때는 2012년 6월이다. 교육부는 학계, 공·사립유치원 대표, 관련분야 전문가 등 34명으로 구성된 '유아교육 5개년 계획수립 TF'를 구성하고, TF 운영과 정책연구 추진을 병행하였다. 2012년 7월에는 과제 발굴을 위한 교육청 담당자 워크숍을 실시하였고, 11월에는 연구진이 마련한 초안을 바탕으로 학부모, 유치원 교원, 시·도 교육청 담당자 등이 참석한 현장 세미나를 통해 의견을 수렴하고 내용을 보완하였다. 교육부는 2013년 2월 21일 중앙유아교육위원회 심의를 거쳐 2월 22일 '유아교육발전 5개년 계획'을 확정하였다(교육과학기술부, 2013).

교육부가 '유아교육발전 5개년 계획' 수립을 위해 준비한 기간은 2012년 6월부터 2013년 2월까지 약 9개월이다. 그 기간 동안 유아교육·보육 정책을 둘러싸고 많은 변화가 있었다. '5세 누리과정'은 현장에서 시행되고 있었고, 교육부와 보건복지부가 '3~5세 연령별 누리과정'을 개발하여 고시된 때는 2012년 7월이었다. 2012년 12월에는 제18대 대통령선거가 있었고, 인수위는 2013년 2월에 140개 국정과제를 건의했다. 2013년 3월부터는 '3~5세 연령별 누리과정' 시행이 예정되어 있었다. 따라서 '유아교육발전 5개년 계획'에는 '5세 누리과정'의 현장 적용과정에서 발생한 문제점과 개선방안, 새롭게 출범한 정부의 유아교육·보육 정책 방향과 국정과제가 반영되었을 것임은 두말할 필요조차 없다.

'유아교육발전 5개년 계획'의 비전과 목표는 [그림 8-3]과 같다. '유아교육 발전 5개년 계획'은 ① 유아교육 기회 확대, ② 유치원 운영 효율화, ③ 교육과정 및 방과후 과정 내실화, ④ 교원 전문성 및 자긍심 강화, ⑤ 유아교육 지원체제 강화 등 5대 영역의 25개 핵심과제로 구성되었다(교육과학기술부, 2013: 7). 5대 영역 중에서 국정과제인 '3~5세 누리과정 지원 강화'와 관련되는 영역은 ① 유아교육 기회 확대, ③ 교육과정 및 방과후 과정 내실화, ④ 교원 전문성 및 자긍심 강화 영역이며, 각 영역의 내용은 다음과 같다.

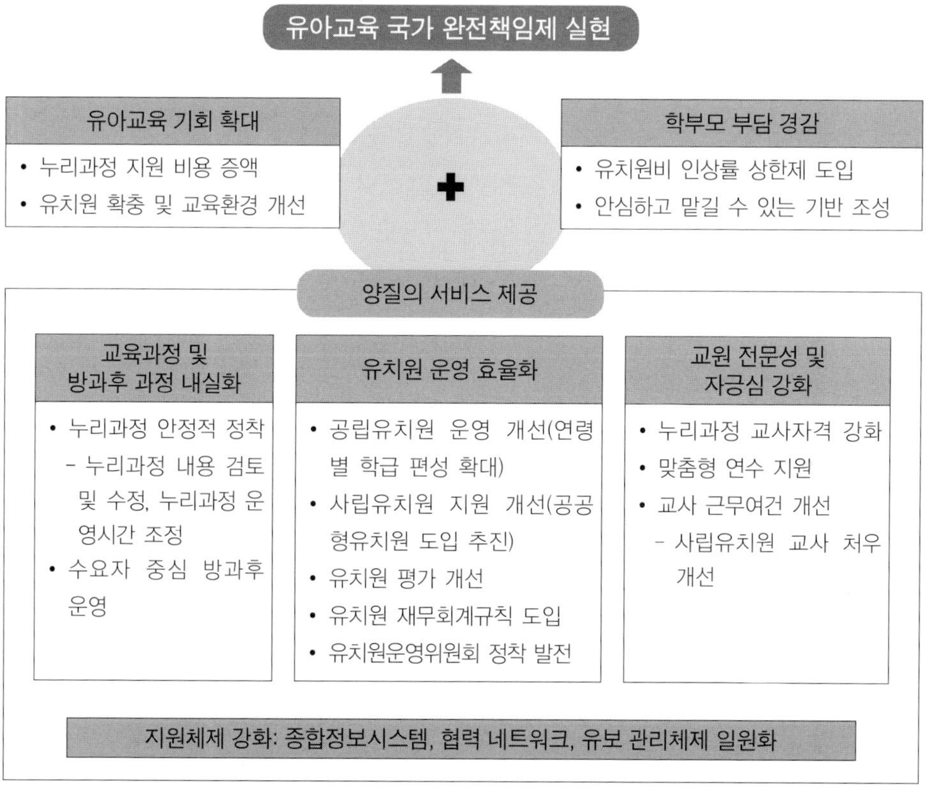

유아교육 국가 완전책임제 실현

유아교육 기회 확대
- 누리과정 지원 비용 증액
- 유치원 확충 및 교육환경 개선

학부모 부담 경감
- 유치원비 인상률 상한제 도입
- 안심하고 맡길 수 있는 기반 조성

양질의 서비스 제공

교육과정 및 방과후 과정 내실화
- 누리과정 안정적 정착
  - 누리과정 내용 검토 및 수정, 누리과정 운영시간 조정
- 수요자 중심 방과후 운영

유치원 운영 효율화
- 공립유치원 운영 개선(연령별 학급 편성 확대)
- 사립유치원 지원 개선(공공형유치원 도입 추진)
- 유치원 평가 개선
- 유치원 재무회계규칙 도입
- 유치원운영위원회 정착 발전

교원 전문성 및 자긍심 강화
- 누리과정 교사자격 강화
- 맞춤형 연수 지원
- 교사 근무여건 개선
  - 사립유치원 교사 처우 개선

지원체제 강화: 종합정보시스템, 협력 네트워크, 유보 관리체제 일원화

[그림 8-3] 유아교육발전 5개년 계획의 비전 및 목표

출처: 교육과학기술부(2013), p. 6.

'유아교육 기회 확대' 영역에서는 유아 무상교육을 확대하기 위해 누리과정 지원 단가를 2013년 월 22만 원에서 2014년 월 24만 원, 2015년 월 27만 원을 거쳐 2016년에는 월 30만 원까지 연차적으로 상향 조정하기로 하였다(교육과학기술부, 2013: 9).

'교육과정 및 방과후 과정 내실화' 영역에서는 누리과정의 안정적인 정착을 위해 누리과정의 정체성을 명확하게 하고 질적 발전을 도모하기로 하였다. 그중에는 교육과정 운영을 정상화하기 위해 현행 3~5시간인 누리과정 운영시간을 점심시간을 포함한 5시간으로 조정하겠다는 내용도 포함되어 있다. 그리고 누리과정 운영을 위한 현장 지원체제를 강화하기로 하였다. 여기에는 유치원과 어린이집에서 동일하게 이루어지는 누리과정 수업의 질을 높이기 위한 컨설팅 장학 강화가 포함되어 있다(교육과학기술부, 2013: 18-19).

'교원 전문성 및 자긍심 강화' 영역에서는 누리과정 교사 자격기준을 강화하고, 전문성을 높이기 위한 맞춤형 연수를 추진하기로 하였다. 누리과정은 교직 이수자와 전문 학사학위 이상 소지자로 제한하고, 중 · 장기적으로 학사학위 취득자로 한정하는 제도 개선을 추진하기로 하였다. 그리고 교원의 생애주기를 4개 수준으로 구분하여 생애주기별로 맞춤형 연수를 지원하기로 하였다(교육과학기술부, 2013: 22).

교육부가 2013년도 업무보고에 누리과정 운영시간 조정 문제를 담은 이유는 '유아교육발전 5개년 계획'에서 확정한 과제를 추진하기 위해서였다. 그렇다면 '유아교육발전 5개년 계획'에서는 왜 누리과정 운영시간 문제를 제기했을까? 교육부가 '유아교육발전 5개년 계획' 수립을 위해 실시한 정책연구에서 그 단서를 찾을 수 있다. 정책연구진은 "교육과정 1일 3~5시간은 이후 방과후 과정과 맞물려 있어 현실적으로 교육과정 정상화 및 관리감독 문제, 학부모 방과후 과정 비용 부담 증가 문제 등 여러 가지 혼란을 초래하고 있고, '3~5세 연령별 누리과정'의 공교육화를 위해서는 명확하고 적정한 수업시간 기준을 제시할 필요"가 있다고 하였다(김영옥 외, 2013: 170).

앞에서도 보았듯이 교육부와 보건복지부가 관계 전문가들과 협의해서 '5세 누리과정'을 고시한 때는 2011년 9월이며, '5세 누리과정'이 현장에서 적용된 때는 2012년 3월이다. 또한 '3~4세 누리과정 도입 계획' 발표 후 협의과정을 거쳐 '3~5세 연령별 누리과정'을 고시한 때는 2012년 7월이다. 교육부가 '유아교육 발전 5개년 계획' 수립을 위해 TF를 구성할 무렵이다. 공통 교육 · 보육과정인 '누리과정'은 유아교육계와 보육계가 합심하여 개발하였지만, 유아교육 분야 전문가들은 나름대로 제도 개선의 필요성을 느꼈을 것이다. 그 결과가 반영된 것들 중 하나가 누리과정 운영시간 조정 문제였을 것이다.

2) 1일 4~5시간으로 조정

다음으로 '1일 3~5시간' 기준으로 편성하도록 한 누리과정 운영시간을 조정하게 된 과정을 알아보자.

교육부는 2013년도 업무보고에서 교육과정 운영을 정상화하기 위해 3~5시간으로 되어 있는 누리과정 운영시간을 점심시간 포함하여 5시간으로 조정하겠다고 하였다. '누리과정 운영시간'은 무엇인가? 우선 용어부터 명확하게 이해할 필요가 있다. '누리과정 운영시간'은 "유치원과 어린이집에서 '3~5세 연령별 누리과정'에 근거하여 교사가 교육 · 보육활동을 계획하고, 이를 적용하는 시간이며, 누리과정 행 · 재정적 지원을 받는 시간"이다. 그리고 '유치원 · 어린이집 운영시간'은 '기관 문 여는 시각'부터 '기간 문 닫는 시각'의 시간을 말한다. 즉, 전체 하루 일과를 시작하기 위해서 유치원과 어린이집의 문을 여는 시각에서부터 하루 일과를 마무리하고 문을 닫는 시각을 의미한다. 한편, '유치원 · 어린이집 이용시간'은 "유치원과 어린이집에서 제공하는 운영시간 내에서 영유아와 부모의 필요에 의해서 실제적으로 이용하는 시간"이다(이진화, 박창현, 윤지연, 2015: 41-42).

교육부는 2013년도 업무보고에 누리과정 운영시간 조정 과제를 포함하였으므로 구체적인 성과를 내야 했다. 2013년 11월 19일에는 교육부가 주최하고 육아정책연구소가 주관한 '유치원 교육과정 운영 적정시간에 대한 토론회'가 열렸다. 토론회 발제를 맡은 육아정책연구소 최은영 박사는 이 문제를 논의하게 된 배경을 설명한 후, 국내 · 외 유치원 교육과정 운영시간을 분석하고, 유치원 운영시간과 이용시간 현황 분석을 토대로 누리과정 운영시간 조정 필요성을 제안하였다. 그리고 누리과정 운영시간을 조정해야 하는 근거로 다음 몇 가지를 제시하였다(최은영, 장혜진, 2013).

첫째, 유치원 교육과정 운영시간에 관한 최근 국외 동향을 보면, 국가 재정이 허락하는 한 교육비에 대한 무상지원을 확대하고, 교육과정 운영시간을 늘이면서 교육서비스에 대한 국가의 책무성을 확보하려는 경향이 있다는 것이다. 둘째, 유치원 운영시간과 이용시간 실태를 보면, 대부분의 유아들이 최소 5시간 이상 유치원을 이용하고 있고, 교육과정 운영시간의 최소 시간인 하루 3시간 이용이 끝난 후에도 다양한 특성화 활동으로 인해 하원시간이 늦어지고 있다는 것이다. 셋째, 유치원 이용시간에 대한 학부모의 요구를 반영한다면, 유치원 등원시간을 오전 9시, 하원시간을 오후 2시로 하고 약 1시간의 급·간식 시간을 포함하여 총 5시간을 운영해야 한다는 것이다. 넷째, 유아가 활동에 몰입할 수 있고 교사와 유아 사이의 다양한 상호작용이 일어날 수 있도록 충분한 시간을 제공해야 누리과정의 질을 담보할 수 있다는 것이다(최은영, 장혜진, 2013).

누리과정 운영시간을 점심시간 포함하여 5시간으로 확대하고자 하는 교육부의 방침에 대해 토론회에 참석한 공·사립유치원연합회 대표들은 반대하는 입장이었고, 학부모는 찬성하는 입장이었다(한국교육신문, 2013. 11. 23.). 한국교원단체총연합회는 2013년 11월 20일 입장을 발표했다. 교육부의 제도 개선 취지에는 공감하지만, 유치원 교사의 수업부담을 초래할 것이 자명하고, 지역과 유치원의 여건을 고려하지 않고 일률적으로 시행할 경우 학생과 학부모에게 불편을 초래할 수 있으므로 약간의 자율성을 보장하는 방안을 고려해야 한다는 것이다(한국교원단체총연합회, 2013). 전국교직원노동조합은 2014년 1월 22일 정부세종청사 교육부 앞에서 '유아교육 정상화를 위한 전국 교사대회'를 열었다. 이날 유치원 교사 1천여 명은 누리과정 운영시간을 현행 3~5시간에서 5시간으로 단일화하려는 교육부의 지침을 철회하라고 촉구하였다(연합뉴스, 2014. 1. 22.).

그러나 교육부는 2014년 2월 3일, '유치원 교육력 제고를 위한 교육과정 및 방과후 과정 운영 내실화 계획'을 마련하여 시·도 교육청에 통보하였다(교육부, 2014; 서울특별시교육청, 2014). 교육부는 2013년부터 시작된 3~5세 누리과정의 안착을 위한 과제의 하나로 교육과정 운영시간 기준을 제시하였다. 교육과정 운영시간은 "유아의 발달특성을 반영한 1일 1시간 이상의 바깥놀이 시간과 점심시간 등을 포함 5시간 편성·운영"을 원칙으로 하였다. 다만, 혼합학급 운영 등 유치원의 여건을 고려하여 유치원운영위원회의 심의나 자문을 거쳐 30분 범위 내에서 조정할 수 있는 예외를 두었다. 그리고 교육과정에서는 국가 수준의 유치원 교육과정을 엄격히 준수하고 교육과정 외 일체의 특성화 활동을 금지하였다. 아울러 [그림 8-4]와 같이 유치원 현장에서 '아침돌봄 → 교육과정(누리과정) → 방과후 과정 → 저녁돌봄'으로 이어지는 일과(日課) 운영 절차를 이해하고 운영하도록 각 시·도 교육청이 지도할 것을 주문하였다(교육부, 2014).

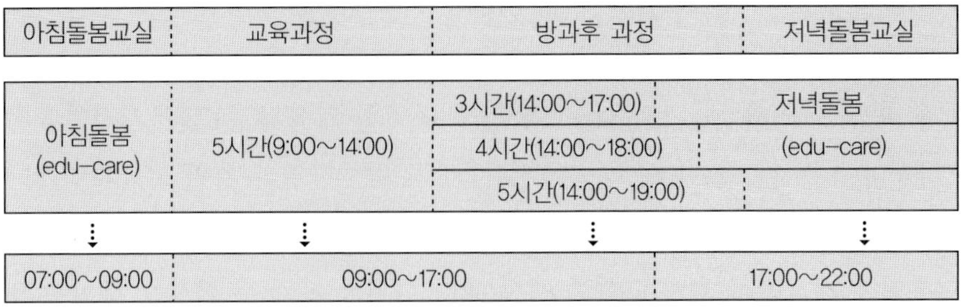

아침돌봄교실	교육과정	방과후 과정	저녁돌봄교실
아침돌봄 (edu-care)	5시간(9:00~14:00)	3시간(14:00~17:00) 4시간(14:00~18:00) 5시간(14:00~19:00)	저녁돌봄 (edu-care)
07:00~09:00	09:00~17:00		17:00~22:00

[그림 8-4] 유치원 일과 운영 절차

출처: 교육부(2014), p. 4.

교육부가 기본계획을 수립하여 시 · 도 교육청에 보내면, 각 시 · 도 교육청은 지역 실정에 맞게 시행계획을 만들어 교육지원청으로 통보한다. 각 교육지원청은 세부 시행계획을 만들어 관할 구역 안에 있는 각 유치원에 공문을 시행한다. 교육부의 각종 계획은 이런 경로를 거쳐 유치원까지 전달된다.

유치원 교육과정을 점심시간 포함하여 5시간으로 편성하도록 한 교육부 지침에 대해 전국교직원노동조합 소속 유치원 교사들은 2014년 2월 19일, 현재 1일 3~5시간으로 되어 있는 유치원 교육과정을 5시간으로 확대하면 유치원 교육의 자율성과 교원의 근무여건이 나빠질 것이라고 하면서 교육부의 지침을 철회하라고 촉구했다. 그리고 유치원 교육 5시간 운영은 반인권적 처사라며 교육부를 국가인권위원회에 제소하였다(뉴시스, 2014. 2. 19.). 세계일보는 "유아에 하루 300분 수업 …… 제정신인가"라는 제목의 기사에서 유치원 현장의 분위기와 교육부 관계자의 입장을 소개하였다(세계일보, 2014. 2. 24.).

교육부는 2014년 2월에 유치원 교육과정 운영 내실화 계획을 시 · 도 교육청에 보낸 이후에도 「유치원 교육과정」 개정 준비를 서두르지 않았다. 당시 교육부 유치원 교육과정 업무담당자의 말에 따르면, 그 이유는 세 가지를 들 수 있다. 첫째, 현장의 반대가 많았기 때문이다. 둘째, 2013년 12월에 정부가 '유보통합 추진방안'을 확정했는데, 2015년에 추진하기로 되어 있는 과제 중에 유치원과 어린이집의 이용시간을 조정하는 과제가 포함되어 있었기 때문이다. 셋째, 초등학교 1~2학년 수업시수를 늘리고자 하는 「초 · 중등학교 교육과정」의 개정에 맞추어 「유치원 교육과정」을 개정하려고 했다는 것이다. 그러나 2014년 9월에 초등학교 1~2학년의 수업시수를 주당 1시간 늘리고, 2015년 9월에 교육과정을 개정 고시하여 2017년부터 단계적으로 적용하기로 결정됨에 따라 유치원 교육과정 개정을 미룰 이유가 없어졌다고 하였다.

해가 바뀐 2015년 1월 13일에 교육부는 「유치원 교육과정」 일부개정안을 행정예고하였다. 「유치원 교육과정」을 개정하는 이유는 "현행 유치원 교육과정 고시의 1일 누리과정 편성기준(3~5시간)을 4~5시간으로 편성·운영하도록 하여 정상적인 교육활동 시간을 확보하고, 정부지원 대비 형평성 문제 등 학부모 불편을 해소"하기 위해서이다(교육부 공고 제2015-2호). 한편, 보건복지부도 2015년 1월 23일 '3~5세 연령별 누리과정 일부개정안'을 행정예고하였다. 보건복지부가 '3~5세 연령별 누리과정'을 개정하는 이유는 "어린이집 3~5세 연령별 누리과정의 운영시간을 3~5시간에서 4~5시간으로 조정하여 어린이집 간 운영시간 편차를 줄이고, 교육과정의 안정적인 시간을 확보"하기 위해서이다(보건복지부 공고 제2015-55호). 교육부와 보건복지부가 2015년 1월에 같은 취지의 행정예고를 했다는 것은 이미 부처 협의를 마쳤다는 의미일 것이다.

2015년 1월 22일에는 교육부와 보건복지부를 비롯한 6개 부처 합동으로 대통령 업무보고를 했다. 교육부가 1월 27일 배포한 '2015년 교육부 업무계획'에는 중점 추진해야 할 과제의 하나로 '교육과정 운영시간 확대' 문제가 포함되어 있다(교육부, 2015: 64). 2013년도 업무보고와 차이가 나는 점은 '1일 3~5시간'의 교육과정 운영시간을 '5시간'으로 확대하는 대신 '4~5시간'으로 완화하였다는 점이다.

□ 유치원 교육 내실화를 위한 교육과정 운영시간 확대
- 유치원 교육과정(누리과정) 운영시간을 현행 1일 "3~5시간"에서 "4~5시간" 기준으로 편성하도록 「유치원 교육과정 고시」 개정
  - 유아기 발달특성을 반영한 1일 1시간 이상 바깥놀이 시간 확보 등 정상적인 교육활동 보장

  ※ 유치원 교육과정 운영시간: 급·간식(생활습관), 휴식 및 전이시간 등 포함

2015년 2월 2일에는 '유치원 교육과정'과 '3~5세 연령별 누리과정 일부개정안'에 대한 의견수렴을 위해 교육부와 보건복지부가 주최하고 육아정책연구소가 주관하는 공청회가 열렸다. 그 후 교육부는 2월 24일 「유치원 교육과정」을 개정·고시하였고, 보건복지부는 3월 12일 '3~5세 연령별 누리과정'을 개정·고시하였다(교육

부고시 제2015-61호, 2015. 2. 24; 보건복지부고시 제2015-45호, 2015. 3. 12.). 「유치원 교육과정」의 개정 내용은 〈표 8-4〉와 같으며, '3~5세 연령별 누리과정'의 개정 내용도 동일하다.

〈표 8-4〉「유치원 교육과정」 개정 전후 비교

유치원 교육과정 [시행 2013. 3. 1.] [교육과학기술부 고시 제2012-16호, 2012. 7. 13. 정정]	유치원 교육과정 [시행 2015. 3. 1] [교육부 고시 제2015-61호, 2015. 2. 24, 폐지제정]
제1장 누리과정의 총론 Ⅲ. 편성과 운영 1. 편성 가. 1일 3~5시간을 기준으로 편성한다. 나~바. (생략)	제1장 누리과정의 총론 Ⅲ. 편성과 운영 1. 편성 가. 1일 4~5시간을 기준으로 편성한다. 나~바. (현행과 같음)

참고문헌

관계부처 합동(2013). 박근혜정부 국정과제. 2013. 5. 28. 국무조정실 보도 참고자료.

교육과학기술부(2009a). 유아교육 선진화를 위한 종합적인 발전방안 마련. 2009. 12. 8. 보도자료.

교육과학기술부(2009b). 유아교육 선진화 추진계획. 보도 참고자료.

교육과학기술부(2012). 만 3~4세 유아 내년부터 '누리과정' 도입: 공통과정 적용, 소득에 관계없이 유치원비 · 보육료 지원. 2012. 1. 18. 보도 참고자료.

교육과학기술부(2013). 유아교육발전 5개년 계획.

교육과학기술부, 보건복지부(2012). 5세 누리과정 해설서. 서울: 교육과학기술부 · 보건복지부.

교육과학기술부, 보건복지부(2013). 3-5세 연령별 누리과정 해설서. 서울: 교육과학기술부, 보건복지부.

교육50년사편찬위원회(1998). 교육50년사: 1948~1998. 서울: 교육부.

교육부(2013). 행복교육, 창의인재 양성: 2013년 국정과제 실천계획.

교육부(2014). 유치원 교육력 제고를 위한 교육과정 및 방과후 과정 운영 내실화 계획(안). 교육부 내부자료.

교육부(2015). 모두가 함께하는 행복교육 창의인재 양성을 위한 2015년 교육부 업무계획. 2015. 1. 27. 보도자료 붙임.

국무조정실(2013). 국정과제 추진계획 및 관리 · 평가방안 확정. 2013. 5. 28. 보도자료.

김영옥 외(2013). 유아교육발전 5개년 계획수립 정책연구. 교육과학기술부 · 광주광역시교육청.
뉴시스(2014. 2. 19.). 유치원 교사들 "누리과정 5시간 운영 반인권적"…인권위 제소. http://www.newsis.com/view/?id=NISX20140219_0012734054#
대한민국정부(2017). 박근혜정부 정책백서. 세종: 문화체육관광부.
보건복지부(2012). 2013년부터 이렇게 달라집니다. 2012. 12. 27. 보도 참고자료.
보건복지부(2013a). 2013년 새해 보건복지부 예산 41조 673억 원으로 최종 확정. 2013. 1. 1. 보도 참고자료.
보건복지부(2013b). 2013년 업무계획. 2013. 3. 22. 보도자료.
새누리당(2012). 세상을 바꾸는 약속 책임있는 변화. 제18대 대통령선거 새누리당 정책공약집.
서울특별시교육청(2014). 유치원 교육력 제고를 위한 교육과정 및 방과후 과정 운영 내실화 계획. 네이버 웹문서 검색.
세계일보(2014. 2. 24.). 유아에 하루 300분 수업… 제정신인가. 013면.
연합뉴스(2014. 1. 22.). 유치원 교사들 "5시간 수업 강제지침 철회하라". https://www.yna.co.kr/view/AKR20140122142000004
이진화, 박창현, 윤지연(2015). 「3-5세 누리과정」운영 및 이용 실태와 정책효과 분석. 서울: 육아정책연구소.
정정길, 최종원, 이시원, 정준금, 정광호(2017). 정책학원론. 서울: 대명출판사.
제18대대통령직인수위원회(2013a). 대통령직인수위원회 백서. 제18대, 박근혜정부 희망의 새 시대를 위한 실천과제. 서울: 제18대대통령직인수위원회.
제18대대통령직인수위원회(2013b). 대통령직인수위원회, 박근혜정부의 국정비전, 국정목표 선정. 2013. 2. 21. 보도자료.
최은영, 장혜진(2013). 유치원 교육과정 운영의 적정 시간. 유치원 교육과정 운영 적정시간에 대한 토론회 자료집. 서울: 육아정책연구소.
한국교육신문(2013. 11. 23.). 정부 누리과정 5시간 확대… 현장 논란분분. http://www.hangyo.com/news/article.html?no=42945
한국교원단체총연합회(2013). 누리과정 운영 5시간으로 확대, 신중히 검토해야… 교사 수업 · 행정업무 부담 가중 우려 행정지원인력 배치 우선돼야. 2013. 11. 20. 보도자료.

국가교육과정정보센터(http://ncic.go.kr)
국가법령정보센터(http://www.law.go.kr)
보건복지부(http://www.mohw.go.kr)
의안정보시스템(http://likms.assembly.go.kr/bill)
한국교원단체총연합회(http://www.kfta.or.kr)

제9장

누리과정 예산편성 논쟁과 해소

개요

2012년 11월에 시작된 누리과정 예산편성 논쟁은 2014년 9월에 정부가 2015년도 예산안을 발표한 이후 더욱 확산되었다. 누리과정 비용은 2015년부터 모두 지방교육재정교부금으로 지원하기로 하였으나 세수가 부족하여 국고로 목적예비비를 편성하였고, 지방채 발행을 위해 「지방재정법」도 개정하였다. 정부는 2015년 10월에 누리과정 예산을 시 · 도 교육청의 의무지출경비로 지정하기 위해 「지방재정법 시행령」을 개정하였지만 2016년 예산에도 목적예비비를 편성하였다. 정부와 시 · 도 교육청 간의 갈등은 시 · 도 교육청과 시 · 도 의회 간의 갈등으로 번졌으며, 2016년에 일부 지역에서는 유치원 누리과정 비용도 중단하는 사태가 벌어졌다. 2016년에 정부는 추경예산을 통해 누리과정 예산을 확충하였다. 누리과정 논쟁은 2016년 12월에 '유아교육지원 특별회계'가 도입됨으로써 해소되었다.

1. 누리과정 논쟁의 발단

1) 2012년, 누리과정 논쟁의 서막

제7장에서 우리는 국회 교육과학기술위원회(이하 '교과위')가 2012년 11월 2013년도 교육부 예산안을 심의하는 과정에서 누리과정 제도 도입의 위법성 문제를 처음

으로 거론했다는 사실을 알았다. 그리고 교과위 전체회의와 예산결산기금심사소위원회(이하 '예산소위')에서 누리과정 문제를 논의한 후 2013년도 교육부 예산안을 의결하면서 부대의견으로 누리과정의 법적 근거를 보강하고, 지방교육재정 교부율을 상향 조정하는 조치를 취하며, 2013년도에 한해 만 3~4세 어린이집 보육료를 보건복지부의 일반회계 예산으로 편성할 것을 요구한다는 내용도 확인하였다.

교과위 전체회의와 예산소위에서 벌어진 논쟁의 핵심은 정부가 누리과정 정책을 도입하면서 「유아교육법」과 「영유아보육법」 같은 상위 법률을 개정하지 않고 시행령 개정만으로 교육부 소관의 지방교육재정교부금을 보건복지부 소관의 어린이집에 지원할 수 있느냐 하는 것이었다. 야당 소속 의원들은 교과위 수석전문위원의 검토보고를 토대로 정부가 법률을 위반하여 예산안을 제출했다고 하면서 교육부장관을 비롯한 담당자들을 성토하였다. 반면, 교육부는 법령개정 과정에서 법제처도 문제없다고 했으므로 위법한 입법행위라고 생각하지는 않는다고 답하였다.

교과위 위원들의 주장을 요약하면 이렇다. 첫째, 정부가 만 3~5세 유아 지원을 확대한 것은 잘한 일이지만 새로운 정책을 도입하면서 법률을 제대로 정비하지 않아 위법성 논쟁을 불러일으켰다는 것이다. 다시 말해, 지방교육재정교부금은 「유아교육법」 등 교육 관련 법률에 명시된 교육기관에 사용해야 하는데, 교육기관이 아닌 어린이집에 사용하는 것은 문제가 있다는 것이다. 둘째, 시 · 도 교육청이 예산편성권을 가지고 있는 지방교육재정교부금을 중앙정부의 결정으로 어린이집에 사용하게 하면 초 · 중등교육에 투자할 재정 여력이 부족해지고, 결국 그 책임은 시 · 도 교육청에 전가된다는 것이다.

이에 대해 이주호 교육부장관 등이 답변한 내용은 다음과 같다. 첫째, '5세 누리과정' 도입은 이미 오래전에 만 5세 무상교육 원칙이 법제화되어 있었으므로 법률의 위임에 따라 3개 시행령 개정안을 마련했다는 것이다. 법령개정 과정에서 2011년 9월 8일 법제처 차장이 주재하는 '정부입법정책협의회'에서 개정안의 내용을 최종 확정하였으며, 국무회의를 거쳐 공포했으므로 절차상 문제는 없다고 하였다. 그리고 '3~4세 누리과정' 도입을 위해서는 2012년 3월에 국회가 「유아교육법」을 개정하여 유아 무상교육 확대와 관련되는 내용을 추가하였으며, 같은 취지로 「영유아보육법」 개정안도 발의되어 2012년도 정기국회에서 개정될 예정이라는 것이다. 둘째, 지방교육재정은 기획재정부의 전망에 따르면 지방교육재정교부금이 매년 3.5조 원, 즉 연평균 8.8% 늘어나므로 크게 어려움이 없다는 것이다.

2012년 11월에 있었던 교과위의 2013년도 교육부 예산안 심의과정은 누리과정 도입의 적법성과 지방교육재정 충당 가능성에 대한 논쟁의 서막이었다.

2) 누리과정 논쟁을 하는 이유

박근혜 정부 출범 직후에 실시된 2013년도 부처별 업무보고에서 교육부와 보건복지부는 누리과정 지원단가를 단계적으로 현실화하여 지원하겠다고 대통령에게 보고하였다. 그렇다면 교육부와 보건복지부가 2013년도 업무계획에 보고한 내용은 실현되었는가? 결론부터 말하면, 누리과정 지원단가는 2013년에 월 22만 원으로 정해진 뒤 계속 동결되었고, 오히려 공식적 · 비공식적 정책 참여자 사이에 누리과정 예산편성을 둘러싼 논쟁만 몇 년간 벌어진 후에 종결되었다.

2013년부터 2016년까지 누리과정 예산편성을 둘러싼 논쟁을 살펴보기에 앞서 몇 가지 의문점을 해소하고 넘어가야겠다. 누리과정의 재원으로 활용하는 지방교육재정교부금은 어떤 돈인가? 그리고 논쟁을 하는 이유와 쟁점은 무엇인가?

지방교육재정교부금이 어떤 돈인지 알아보기 위해 우리나라 재정 체계를 살펴볼 필요가 있다. 일반적으로 재정(public finance)은 정부가 공공 욕구를 충족시키기 위해 수행하는 모든 경제적 활동을 말한다. 정부는 중앙정부와 지방정부로 나눌 수 있으므로, 재정 또한 중앙정부의 재정과 지방정부의 재정으로 세분할 수 있다. 중앙정부의 재정은 크게 예산과 기금으로 나눌 수 있고, 예산은 일반회계와 특별회계로 구분될 수 있는데, 우리가 예산이라고 할 때는 일반회계만을 지칭하는 경우가 많다. 한편, 지방정부의 재정은 일반 지방정부가 관리하는 재정과 시 · 도 교육청이 관리하는 교육재정으로 구성된다. 일반 지방정부의 재정은 예산과 기금으로 구성되며, 예산은 다시 일반회계와 특별회계로 구분된다(이준구, 조명환, 2016: 28-48).

[그림 9-1]에서 보는 것처럼 지방재정 중에서 교육재정은 교육비특별회계를 의미한다. 교육비특별회계는 「지방교육자치에 관한 법률」 제38조에 따라 "시 · 도의 교육 · 학예에 관한 경비를 따로 경리하기 위하여" 해당 지방자치단체에 두는 회계이다(법률 제11690호, 2013. 3. 23.). 그러므로 각 시 · 도 교육청마다 교육비특별회계가 있다. 2013년 기준으로 시 · 도 교육청의 교육비특별회계 세입은 [그림 9-2]와 같이 지방교육재정교부금, 지방자치단체 일반회계 전입금, 자체수입 등으로 이루

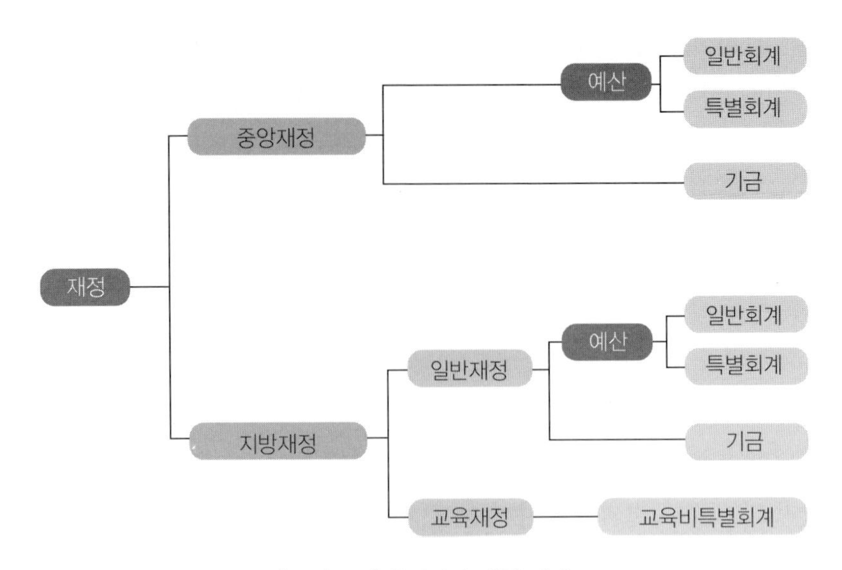

[그림 9-1] 우리나라 재정 체계

출처: 국회예산정책처 홈페이지.

어져 있다. 이 중에서 중앙정부기관인 교육부가 일반회계로 편성하여 각 시 · 도 교육청에 교부하는 지방교육재정교부금이 가장 큰 비중을 차지한다.[1)]

지방교육재정교부금의 목적, 종류와 재원, 교부 방법 등을 정한 법률이 「지방교육재정교부금법」이다. 「지방교육재정교부금법」 제1조는 "이 법은 지방자치단체가 교육기관 및 교육행정기관을 설치 · 경영함에 필요한 재원의 전부 또는 일부를 국가가 교부하여 교육의 균형 있는 발전을 도모함을 목적으로 한다."고 명시하고 있다. 여기서 지방교육재정교부금(이하 '교부금')의 교부 주체는 교육부장관이며, 교육기관과 교육행정기관을 설치 · 경영하는 지방자치단체는 시 · 도 교육청이다.

교부금의 목적을 정한 법조문에서 쟁점 하나가 드러난다. 유치원은 「유아교육법」에서 정한 학교이자 교육기관인 것이 명백하지만, 「영유아보육법」에 근거를 두고 있는 어린이집은 교육기관으로 볼 수 있느냐 하는 점이다. 어린이집이 교육기관이라면 교부금으로 어린이집에 다니는 유아에게도 누리과정 비용을 지원할 수 있지만, 교육기관이 아니라면 교부금으로 지원할 수 없다는 것이 하나의 쟁점이다. 누리과정 정책을 도입한 정부와 여당은 유치원뿐만 아니라 어린이집도 유아 공통 교육과정을 적용하므로 교육부 소관의 교부금을 어린이집 보육료로 지원할 수 있

1) 2015년 교육비특별회계 세입결산액은 62조 3,605억 원이며, 이 중에서 지방교육재정교부금은 39조 4,056억 원으로 63.2%를 차지한다(국회예산정책처 홈페이지).

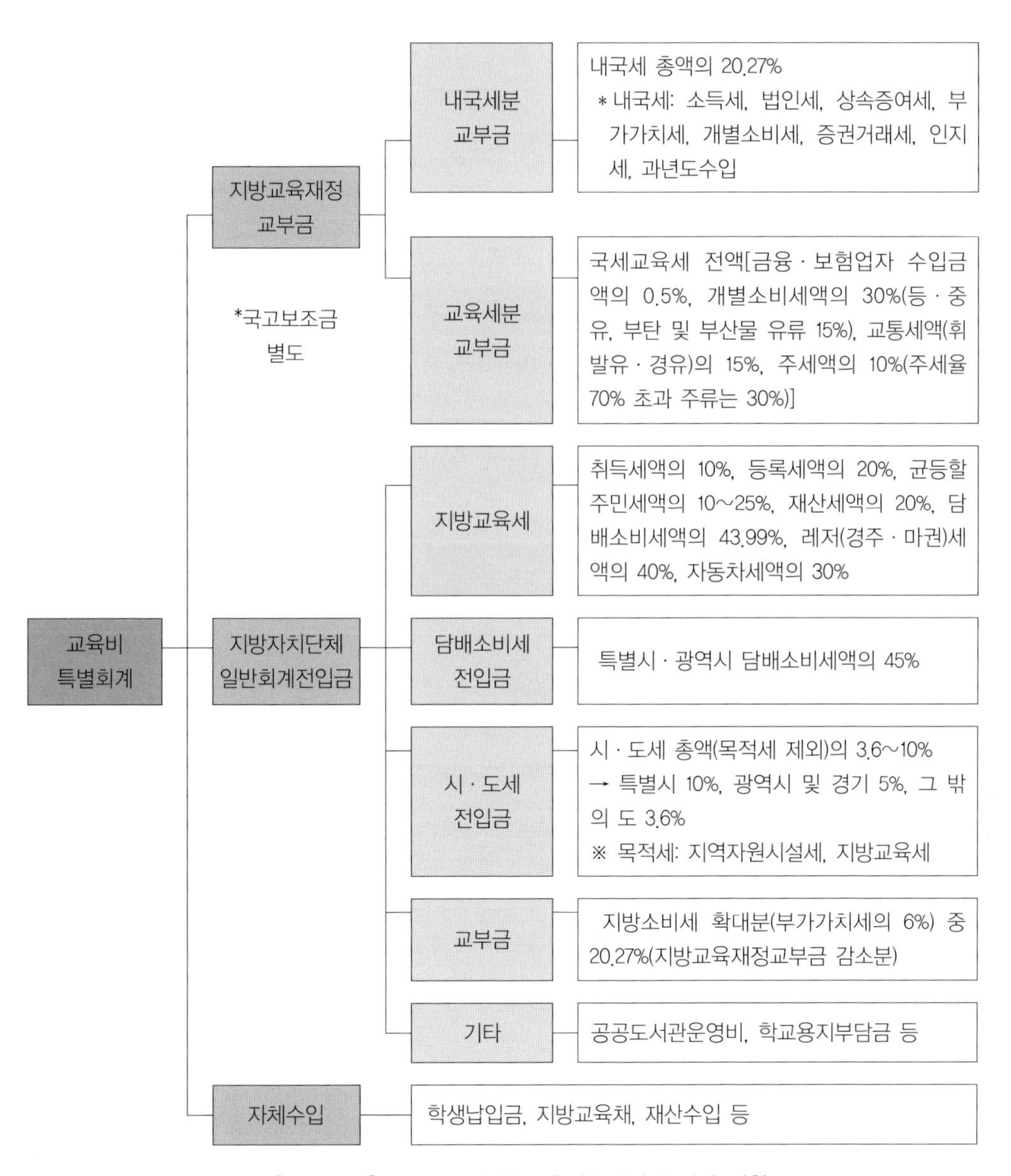

[그림 9-2] 시 · 도 교육청 교육비특별회계 세입 재원 구조

출처: 교육부 내부자료를 토대로 재구성.

다는 입장이었고, 야당과 진보 성향의 시 · 도 교육감들은 어린이집은 교육법상의 교육기관이 아니므로 교부금을 어린이집 보육료로 지원하는 것은 옳지 않다는 입장이었다.

「지방교육재정교부금법」 제3조는 교부금을 보통교부금과 특별교부금으로 나눈다. 2013년 3월 기준으로 교부금의 재원은 해당 연도 내국세 총액의 20.27%와 「교육세법」에 의한 교육세 세입액 전액을 합산한 금액이다. 보통교부금의 재원은 교육세 세입액 전액과 내국세 총액의 20.27% 금액의 96%에 해당하는 금액을 합한 금액이고, 특별교부금의 재원은 내국세 총액의 20.27% 금액의 4%에 해당하는 금액이다. 예를 들어, 〈표 9-1〉에서 보는 것처럼 2013년도 내국세 총액이 150조 원, 교육세 세입액이 5조 원이라면 교부금 총액은 35조 4,050억 원[30조 4,050억 원(150조 원×20.27%)+5조 원]이다. 이 중에서 보통교부금은 34조 1,888억 원[29조 1,888억 원(30조 4,050억 원×96%)+5조 원]이며, 특별교부금은 1조 2,162억 원(30조 4,050억 원×4%)이다.

〈표 9-1〉 지방교육재정교부금 재원(예시)

지방교육 재정교부금	보통교부금			특별교부금
	소계	교육세 전액(100%)	내국세 총액의 20.27% 금액의 96%	내국세 총액의 20.27% 금액의 4%
35조 4,050억 원	34조 1,888억 원	5조 원	29조 1,888억 원	1조 2,162억 원

여기에도 쟁점이 숨어 있다. 누리과정의 재원은 지방교육재정교부금 중 보통교부금인데, 교육부가 교부한 보통교부금으로 시·도 교육청이 유치원과 어린이집의 누리과정 비용을 충당하기 위해서는 각 시·도 교육비특별회계 세입에서 가장 큰 비중을 차지하는 보통교부금의 규모가 늘어나야 한다. 보통교부금이 늘어나는 방법은 두 가지를 생각해 볼 수 있다. 하나는, 경기 활성화로 내국세가 더 많이 걷히는 것이다. 앞의 사례에서 내국세 총액이 150조 원보다 더 걷혀야 교부금으로 할당되는 몫도 커진다. 다른 하나는, 20.27%인 교부율 자체를 인상하는 것이다. 내국세 총액이 늘어나지 않더라도 교부율이 22.27%로 인상된다면 교부금은 증가한다. 논리를 단순화하면, 누리과정 정책을 추진하는 상황에서 내국세 총액이 증가하지 않거나 지방교육재정교부율이 인상되지 않을 경우 취할 수 있는 방법은 매우 제한적이다. 중앙정부가 추가 예산의 전부 또는 일부를 지원하거나, 시·도 교육청이 주어진 예산범위 내에서 예산 절감대책을 마련하여 누리과정 비용을 충당하는 것이다.

국회가 예산안을 확정하면 교육부는 「지방교육재정교부금법」에서 정한 절차에 따라 각 시·도 교육청에 보통교부금을 총액으로 교부한다(법률 제11690호, 2013. 3.

23.). [그림 9-1]에서 보면, 중앙정부인 교육부의 일반회계에 편성된 보통교부금은 지방정부의 교육재정, 즉 시 · 도 교육청의 교육비특별회계로 교부된다. 교육부장관은 「지방교육재정교부금법 시행규칙」 제4조에 따라 매 회계연도 개시 전에 시 · 도 교육청에 교부할 보통교부금의 예정액을 시 · 도 교육감에게 미리 통지할 수 있다. 그리고 매년 2월 말까지 시 · 도 교육청에 교부할 보통교부금의 총액을 통지하여야 한다(교육부령 제1호, 2013. 3. 23.). 전자를 '예정교부'라 하고, 후자는 '확정교부'라 부른다. 교육부는 시 · 도 교육청의 예산안 편성 · 제출과 지방의회의 심의를 지원하기 위해 보통교부금 예산이 국회에서 확정되기 전인 매년 10월경에 예정교부를 실시하고 있다.

지방자치단체의 재정 활동을 총괄적으로 관리하는 일반법은 「지방재정법」이지만, 지방자치단체에서 이루어지는 예산편성과 의결 절차에 대해서는 「지방자치법」 제127조에서 정하고 있다. 시 · 도지사는 매년 예산안을 편성하여 회계연도 개시 50일 전까지 시 · 도 의회에 제출하여야 하고, 시 · 도 의회는 회계연도 개시 15일 전까지 예산안을 의결하여야 한다(법률 제11690호, 2013. 3. 23.). 이러한 과정을 시 · 도 교육청의 관점에서 정리하면, 시 · 도 교육감은 교육부로부터 교부받은 보통교부금을 교육비특별회계 예산에 계상한 후 예산안을 편성하여 11월 10일까지 시 · 도 의회에 제출하여야 한다. 시 · 도 의회가 시 · 도 교육청의 예산안을 12월 15일까지 심의 · 의결하면 교육감은 예산을 집행한다. 시 · 도 교육청을 포함한 지방자치단체의 예산과정은 [그림 9-3]과 같다.

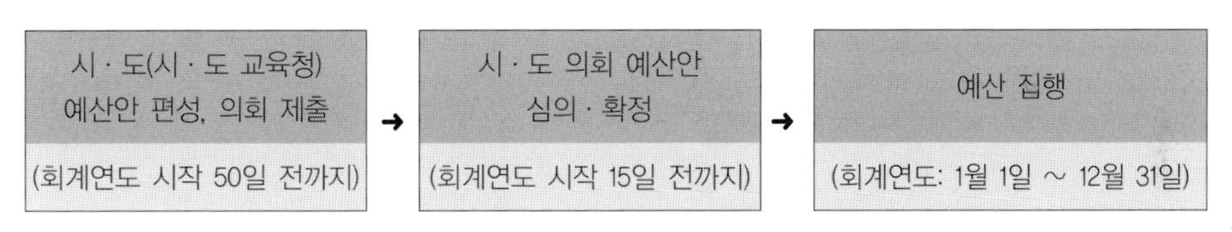

[그림 9-3] 지방자치단체의 예산과정

3) 상대적으로 재정 여건이 좋았던 2013년

박근혜 정부 첫해이자 '3~5세 연령별 누리과정'이 처음 시행된 2013년은 다른 해에 비해 누리과정 예산 부담을 둘러싼 논란이 상대적으로 적은 해였다. 그 이유는 여러 가지를 들 수 있겠으나 2013년에는 교부금 예산 사정이 좋았고, 시 · 도 교육청이 부담해야 할 누리과정 비용 또한 상대적으로 적었기 때문이다.

이러한 추정을 통계자료로 확인해 보자. 〈표 9-2〉는 2012년부터 2016년까지 교육부가 시·도 교육청에 교부한 교부금 추이를 보여 준다. 교부금 총액은 2012년 38조 4,473억 원에서 2013년 41조 619억 원으로 증가했으나 2014년에는 40조 8,681억 원, 2015년에는 39조 4,056억 원으로 감소하였다. 누리과정의 재원으로 사용되는 보통교부금도 2012년 37조 1,002억 원에서 2013년 39조 6,105억 원으로 증가했지만 2014년과 2015년에는 오히려 감소하였다.

〈표 9-2〉 지방교육재정교부금 추이 (단위: 억 원)

구분	2012년도	2013년도	2014년도	2015년도	2016년도
지방교육재정교부금	384,473	410,619	408,681	394,056	431,615
(증가율, %)	(9.0)	(6.8)	(-0.5)	(-3.6)	(9.5)
보통교부금	371,002	396,105	394,117	380,186	416,399
(증가율, %)	(8.9)	(6.8)	(-0.5)	(-3.5)	(9.5)
특별교부금	13,471	14,514	14,564	13,870	15,216

출처: 국회예산정책처 홈페이지.

다음으로 [그림 9-4]는 누리과정 재원 부담 추이를 나타낸다. 교육부가 시·도 교육청에 교부한 교부금 중에서 누리과정에 투입된 비용은 2012년 1조 818억 원에서 2016년 4조 382억 원으로 증가했다. 2012년에는 시·도 교육청이 '5세 누리과정'에 소요되는 비용을 모두 부담했지만 교부금에서 차지하는 비중이 크지 않았다. 2013년에는 어린이집의 '3~4세 누리과정' 비용 중에서 소득하위 70%에 해당하는 7,747억 원을 보건복지부와 일반 지자체가 2012년도 수준으로 나누어 부담하였고, 시·도 교육청은 어린이집의 소득상위 30%의 비용과 유치원의 비용 합계 2조 6,492억 원을 부담하였다.

연도별 보통교부금 추이와 시·도 교육청의 누리과정 부담 추이를 종합하면, 2012년과 비교하여 2013년에 보통교부금은 2조 5,103억 원 증가하였고, 시·도 교육청이 부담한 누리과정 비용은 1조 5,674억 원 늘어났다는 사실을 알 수 있다. 각 시·도 교육청은 늘어난 보통교부금을 활용해서 누리과정 비용으로 충당할 수 있었을 것이다. 그러나 2014년과 2015년에는 사정이 다르다. 2014년에는 보통교부금이 2013년 대비 1,988억 원 줄어든 반면, 누리과정 비용은 7,663억 원 늘어났다.

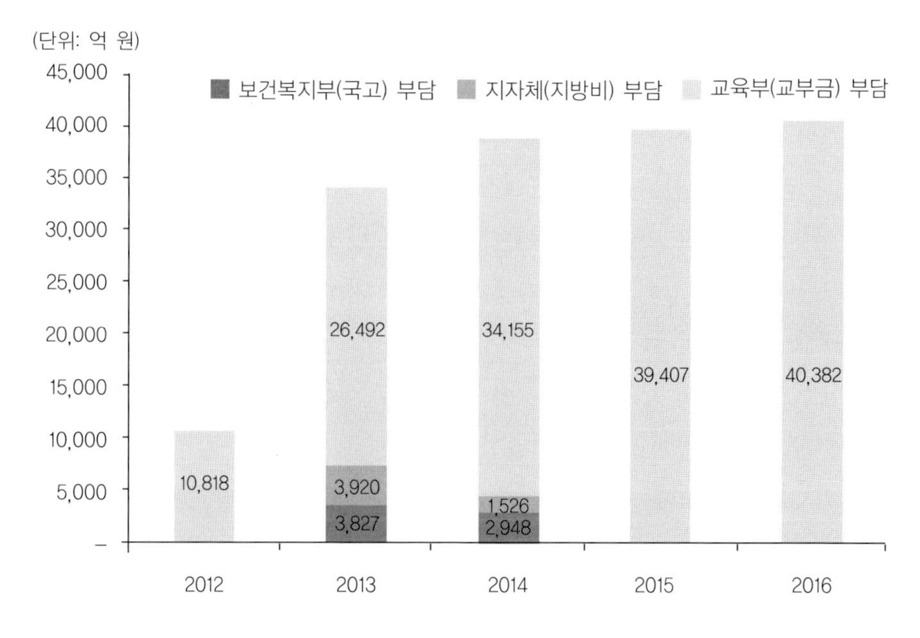

[그림 9-4] 누리과정 재원 부담 추이

출처: 감사원(2016b), p. 8.

2015년에는 보통교부금이 2014년 대비 1조 3,931억 원으로 대폭 줄었지만 누리과정 비용은 5,252억 원 늘어났다.

한편, 2014년도 누리과정 예산 확보는 전망이 밝지 않았다. 언론은 박근혜 정부의 교육분야 3대 국정과제가 예산부족으로 대폭 삭감될 우려가 있다고 보도하였다. 언론 보도에 따르면, 박근혜 정부의 3대 교육복지 사업은 '누리과정' '초등돌봄교실' '고교 무상교육'이다. 교육부가 국정과제 실현을 위해 누리과정 1조 6천억 원, 초등돌봄교실 7천억 원, 고교 무상교육 5천억 원을 국고로 지원해 줄 것을 기획재정부에 요청하였으나, 기획재정부가 세수 부족을 이유로 반영하지 않을 가능성이 크다는 것이었다(세계일보, 2013. 9. 9.).

정부는 2013년 9월 26일 국무회의에서 2014년도 예산안을 확정했는데, 우려는 현실로 나타났다(매일경제, 2013. 10. 1.). 당초 계획과 같이 누리과정 지원단가도 2014년에는 월 24만 원으로 인상하려고 했으나 월 22만 원으로 정해졌다(조선일보, 2013. 11. 13.). 누리과정 지원단가를 단계적으로 인상하겠다는 대선 공약과 국정과제는 박근혜 정부의 임기 초기부터 지켜지지 못할 가능성이 커졌다.

2013년 10월 14일부터 국회 교육문화체육관광위원회는 교육부와 소속기관을 대상으로 2013년도 국정감사를 실시하였다. 서남수 교육부장관은 국정감사 업무 보고에서 '고른 교육기회 보장을 위한 교육비 부담 경감'과 관련된 목표와 과제를 설명하면서 "만 3 · 4세 누리과정 확대로 학부모 유아교육비 부담이 경감"되었고, "2014년 누리과정 사업은 지방교육재정 효율화 등을 통한 재원 확보를 통해 차질 없이 추진"하겠다고 보고하였다(국회사무처, 2013a). 첫날 국정감사에서 교육문화체육관광위원회(이하 '교문위') 위원들은 누리과정에 대해 질의하지 않았다.

그러나 2013년 10월 31일 종합 국정감사에서 김태년 의원은 2014년도 전체 정부 예산안이 2013년 대비 4.7% 증액된 반면, 교육부 예산안은 1%, 지방교육재정교부금은 0.6%밖에 증가하지 않아 누리과정을 비롯한 주요 공약사업 추진에 차질을 빚을 것이라고 지적하였다. 이에 대해 서남수 교육부장관은 "지방교육재정은 교부금률에 따라서 결정"이 되고, "다각적인 방안을 강구 중"에 있으며, 2014년의 재정 상황이 전체적으로 굉장히 어렵다고 답변하였다(국회사무처, 2013b).

국정감사가 끝난 후 국회 교문위는 2013년 12월 5일부터 2014년도 교육부 예산안을 심의하였다. 서남수 교육부장관은 예산안 제안 설명에서 "2014년도 세출은 총지출을 기준으로 금년보다 5,397억 원을 증액한 54조 3,661억 원으로 편성"하였으며, "학교교육 활성화를 위해 법정 의무지출인 지방교육재정교부금을 금년보다 2,313억 원 증액한 41조 2,932억 원으로 편성"하였다고 말했다. 이에 대해 김태년, 도종환, 유은혜, 정진후 의원은 교육부가 누리과정 예산을 포함하여 예산을 제대로 확보하지 못했다고 질타하였고, 서남수 장관은 지방교육재정이 내국세에 연동되어 있어 세수가 줄어들게 되면 제일 타격을 입을 수밖에 없다고 답변하였다. 그리고 기획재정부에 누리과정을 비롯한 신규 사업에 대해 국고지원 요구를 했으나 기획재정부는 국고 재정에 한계가 있기 때문에 지방교육재정에서 담당해 줄 것을 요구했다고 말했다(국회사무처, 2013c).

2013년 12월 6일에는 교문위 예산소위가 열렸으나 누리과정 예산과 관련하여 별다른 논란은 없었다(국회사무처, 2013d). 국회 교문위는 12월 18일 전체회의에서 2014년도 교육부 예산안을 의결하였고, 국회는 2014년 1월 1일 본회의에서 2014년도 예산안을 의결하였다.

2. 누리과정 논쟁의 확산

1) 세월호 사건과 제6회 전국 동시 지방선거

박근혜 정부 2년차인 2014년은 정치 · 사회적으로 큰 변화가 있었던 해이다. 4월 16일에는 세월호 사건이 일어났고, 6월 4일에는 제6회 전국 동시 지방선거가 있었다. 2014년 연초부터 정치권의 관심은 지방선거에 쏠려 있었다. 언론은 1월부터 지방선거에서 여당인 새누리당과 야당인 새정치민주연합 중 어느 쪽이 우세할지 점치기도 했고(조선일보, 2014. 1. 30.), 2월 4일부터는 광역단체장과 교육감 선거의 예비후보자 등록이 시작되었다(서울신문, 2014. 2. 3.).

세월호 참사가 박근혜 대통령의 책임이라는 논쟁 속에서 치러진 2014년 6월 4일 지방선거 결과, 광역단체장은 17개 시 · 도 중에서 새누리당이 8곳, 새정치민주연합이 9곳 당선되어 어느 쪽이 승리했다고 말할 수 없었다. 그러나 교육감은 이른바 '진보 성향 교육감'이 13곳이나 당선되었다(중앙일보, 2014. 6. 6.). 지방선거 이후인 6월 12일에는 김기춘 청와대 비서실장은 유임되었지만 정무수석, 민정수석, 경제수석, 교육수석 등 수석비서관 4명이 교체되었고(동아일보, 2014. 6. 13.), 6월 13일에는 박근혜 정부의 2기 내각을 구성할 새로운 장관 후보자들이 지명되었다(경향신문, 2014. 6. 14.). 17개 정부부처 중에서 8개 부처가 개각의 대상이었다. 중앙정부와 지자체의 주요 정책결정자들이 대폭 바뀐 것 외에 11월 19일에는 정부조직도 개편되었다. 정부는 교육부장관이 겸임하는 교육 · 사회 · 문화부총리를 신설하여 교육 · 사회 · 문화정책 관련 부처를 총괄 · 조정하도록 했고, 안전행정부를 행정자치부로 명칭을 변경하는 한편, 인사혁신처와 국민안전처를 신설하였다(법률 제12844호, 2014. 11. 19.).

누리과정 예산 부담을 둘러싼 논란 측면에서 보면, 2014년은 한마디로 '예산 전쟁'이 시작된 해라고 할 수 있다. 본격적인 논란은 정부가 2014년 9월 18일 국무회의에서 2015년도 예산안을 확정하면서부터 시작되었다. 2015년도 정부 예산안은 전년 대비 20조 원 늘어난 376조 원 규모의 '슈퍼 예산'이었지만, 교육부가 국고 지원 요청한 누리과정 2조 2천억 원, 초등돌봄교실 6,600억 원, 고교 무상교육 2,420억 원은 전혀 반영되지 않았다(동아일보, 2014. 9. 19.). 더구나 지방교육재정교부금은 내국세 감소 전망 등으로 2014년 대비 1조 3,475억 원이 줄어든 39조 5,206억 원으로 정해졌다(교육부, 2014a).

2015년부터는 유치원과 어린이집의 누리과정 비용 전액을 지방교육재정교부금으로 부담하게 되었지만 누리과정의 재원인 지방교육재정교부금 총액은 오히려 줄어들었다. 반응은 즉각 나타났다. 17개 시·도 교육감은 2014년 9월 18일, 2015년도 누리과정 어린이집 보육료 예산을 중앙정부가 책임지지 않으면 교육청도 어린이집 보육료 예산편성을 거부할 수 있다고 결의하였다(뉴스1, 2014. 9. 18.). 이런 와중에 방문규 기획재정부 제2차관은 9월 29일 기자 간담회에서 학생 수가 줄어들고 있으므로 내국세의 20.27%씩 무조건 배정되는 지방교육재정교부금을 인구 구조에 맞게 손질해야 한다는 의견을 내놓았다(노컷뉴스, 2014. 9. 29.).

전국시도교육감협의회(이하 '교육감협의회')는 2014년 10월 6일 긴급 임시총회를 열어 "2015년도 누리과정 예산편성에 관하여 논의하고 어린이집 보육료 예산 전액을 편성하지 않기로 결의"하였다. 그리고 "전국 시·도 교육청의 재정여건을 감안해서 누리과정 등 정부시책 사업은 지방교육재정교부금이 아니라 반드시 중앙정부가 부담하여 지방교육재정을 정상화해 줄 것을 촉구"하였다. 교육감협의회 자료에 따르면, 2015년에 교육청이 부담해야 할 누리과정 예산은 유치원 1조 7,855억 원과 어린이집 2조 1,429억 원, 합계 3조 9,284억 원이다(전국시도교육감협의회. 2014a).

이에 대해 교육부는 2014년 10월 7일 "교육감은 「유아교육법」 등 관련 법령에 따라 어린이집 누리과정 지원에 대한 예산편성 의무가 있다고 보며, 2015 회계년도 보통교부금 교부 시 누리과정비 전액을 산정하여 교부할 예정"이라고 하였다. 그리고 교육부는 "2015년도 어려운 지방교육재정 상황을 고려하고, 정부의 확장적 재정 정책 운용을 통한 경기회복 지원 방침에 부응"하여 교부금에서 원리금을 상환하는 지방채 발행 등을 통하여 시·도 교육청의 가용 재원이 확보되도록 지원할 것이라고 하였다(교육부, 2014b). 교육부의 입장을 정리하면, 누리과정에 소요되는 법정 교부금은 전액 교부할 예정이고, 지방교육재정이 부족하면 시·도 교육청이 지방채를 발행할 수 있도록 돕겠다는 것이다. 최경환 경제부총리는 10월 8일 경제장관회의를 주재하는 자리에서 교육감협의회가 어린이집 누리과정 예산편성을 거부한 데 대해 유감을 표시하고, 교육 관련 법령에 따라 예산편성 의무를 준수해야 한다고 강조하였다(문화일보, 2014. 10. 8.).

한편, 국회 교문위는 2014년 10월 8일부터 교육부와 관련기관을 대상으로 2014년도 국정감사를 실시하였다. 첫날 국정감사에서 교문위 위원들은 누리과정 예산 확보가 미흡한 점을 질책하고, 기획재정부 차관의 교부금 축소 발언에 대한 교육부장관의 입장, 누리과정의 법적 근거가 미흡한 점, 그리고 제도 도입 당시 교육감들과 협의했는지 여부 등을 질의하였다. 황우여 교육부장관은 교육재정이 매우 어렵지만 예산 확보는 최종적으로 국가가 책임져야 한다고 말했다. 그리고 기획재정부 차관의 발언에 동의하지 않지만 재정 상태가 어려울 때는 절약하고 불요불급한 것은 후순위로 미루는 지혜가 필요하며, 누리과정 제도 도입 당시 교육감들과 직접적인 합의는 하지 않았다고 답했다. 누리과정의 법적 근거에 대해서는 "교육부장관으로서는 법령이 무효화되거나 달리 규정이 되기 전에는 교육법과 시행령에 따라서 예산도 집행하고 또 일단은 그 법령을 준수해야 될 의무"가 있다고 말했다(국회사무처, 2014a).

기획재정부는 2014년 10월 9일, 2015년도 누리과정 사업은 차질 없이 시행 가능하다는 보도자료를 냈다. 2015년 지방교육재정교부금은 내국세 증가에 따라 1조 3천억 원 증가하지만 2013년에 과다 교부된 2조 7천억 원을 정산할 경우 1조 4천억 원이 감소하여 자금 흐름에 일시적인 어려움이 있지만, 중앙정부가 지방채를 인수하여 해소하도록 1조 9천억 원을 2015년 예산에 반영하겠다는 것이다. 그리고 현재의 누리과정 제도는 2012년에 "국민적 합의와 국회에서의 법률 개정을 거쳐 이미 시행 중"이므로 "일시적인 재정적 어려움을 이유로 국민적 합의에 의해 시행 중인 제도를 되돌리려는 것은 심각한 문제"라고 하였다. 또한 "국가 전체의 재정여건이 어려운 점을 감안하여 시·도 교육청도 불요불급한 지출 수요 조정 등" 재정운영을 효율화하는 노력이 필요하다고 하였다(기획재정부, 2014a).

국회 국정감사가 진행되는 가운데 최경환 경제부총리와 황우여 교육부장관은 2014년 10월 15일 합동 기자회견을 열어 2015년 누리과정이 차질 없이 추진되어야 한다는 정부 입장을 밝혔다. 이날 정부가 발표한 내용을 정리하면 다음과 같다. 첫째, 어린이집을 포함하여 취학 직전 만 3~5세는 「유아교육법」상 무상교육의 대상이며, 시·도 교육감의 교육·학예 사무에 해당하므로 어린이집 누리과정 예산편성은 시·도 교육감의 법령상 의무이다. 둘째, 3~5세 누리과정은 지난 정부에서 2012년에 국가 교육·사회정책적 차원에서 교육계의 요구와 의견 수렴, 관계부처 협의를 거쳐 추진하였고, 관련 법령 또한 국민 의견수렴과 여야 합의를 거쳐 개정하였다. 셋째, 2015년에 일시적인 지방교육재정의 어려움에 대해서는 시·도 교육청이 세출 구조조정 등 재정 효율화를 위해 노력하고, 정부도 추가 지원방안을 협의하고 검토하는 등 공동 노력하기로 한다는 것이다(교육부, 기획재정부, 2014).

국회 교문위는 2014년 10월 16일 서울시교육청, 경기도교육청, 강원도교육청에 대한 국정감사를 진행하였는데, 야당 의원들이 전날 기획재정부장관과 교육부장관의 합동 기자회견과 관련해서 교육부장관의 출석을 요구하며 파행을 겪기도 하였다(서울신문, 2014. 10. 17.). 같은 날 한국교원단체총연합회는 누리과정 예산편성을 둘러싼 문제를 해소하기 위해 정부와 교육감들이 적극적으로 대화하고 해결방안을 모색할 것을 촉구하였다. 더불어 "소관부처는 보건복지부이면서 누리과정 보육예산은 교육부 소관 지방교육재정교부금에서 부담하는 것은 지속적인 법률적, 행정적 논란의 빌미"가 되므로 "조속한 유 · 보통합을 통해 행 · 재정 일원화를 이루는 것이 궁극적 방법"이라고 강조하였다(한국교원단체총연합회, 2014).

전국 시 · 도 의회 교육위원장들은 2014년 10월 23일 국회 정론관에서 기자회견을 열고 누리과정과 초등돌봄교실 사업은 정부가 책임지라고 촉구하였다. 그리고 국회에 지방교육재정 교부율을 내국세 총액의 20.27%에서 25%로 인상해 줄 것과 2015년도 국회 예산안 심의과정에서 누리과정 어린이집 보육료를 보건복지부 예산으로 편성할 것을 요구하였다(YTN, 2014. 10. 23.).

논란이 확산되자 언론은 누리과정 예산 논란이 발생하게 된 원인과 해법을 심층 분석하였다. 누리과정 재원 갈등의 배경은 정부가 잘못된 세수 예측을 근거로 누리과정 예산을 지방교육재정교부금에 떠넘겼기 때문이며(한겨레, 2014. 10. 24.), 세수에 따라 증감하는 교부금이 문제의 화근이라고 하였다(동아일보, 2014. 10. 27.).

국회 교문위는 2014년 10월 27일 교육부 소관업무에 대한 종합감사를 실시했다. 이날 국정감사에서 많은 교문위 위원들은 10월 15일 기획재정부장관과 교육부장관의 합동 기자회견에서 새로운 재원대책이 발표되기를 기대했지만 실망만 느꼈다고 하였다. 이에 대해 황우여 교육부장관은 "그때 그렇게 하게 된 것은 어린이집을 운영하시는 분들이나 또 어린이집에 아이들을 보내던 부모들께서 많은 질문을 하면서 이 부분에 대한 정부의 의지를 확인하고자 하는 상황에서 국감 도중이지만 그런 일을 분명히 해 드리기 위해서 했던 것"이라고 말했다. 그리고 앞으로 국민들이 우려하지 않도록 정치권과 정부가 힘을 합해서 어떻게 하는 것이 가장 지혜롭고 또 국민 부담을 가장 적게 하는지를 논의해야 한다고 말했다(국회사무처, 2014b).

국회 국정감사가 끝난 다음날인 2014년 10월 28일 전국 시 · 도 교육감들은 교육감협의회 간담회를 개최하여 어린이집 누리과정 예산을 편성하지 않기로 한 결의를 재확인하였다. 그리고 어린이집 누리과정 예산을 중앙정부가 해결할 것을 강력하게 다시 촉구하였다(뉴시스, 2014. 10. 28.).

2) 2014년, 누리과정 예산 전쟁의 시작

박근혜 대통령은 2014년 10월 29일 국회에서 2015년도 예산안 시정연설을 하였고, 연설 후에는 여야 지도부와 국정현안 전반에 대해 논의하였다. 이날 회동에서 예산은 법정시한 내에 처리하기로 하였고, 새정치민주연합은 누리과정 예산 부족분 2조 2천 억 원의 대책 마련을 요청하였다(조선일보, 2014. 10. 30.).

정부의 예산안 시정연설이 끝난 후에는 교섭단체 대표연설과 대정부 질문으로 이어진다. 정치권은 홍준표 경상남도지사가 2014년 11월 3일 2015년부터 무상급식 지원중단 선언을 한 이후 무상복지 논쟁에 휘말렸다. 무상보육과 무상급식은 여야 간 진영 싸움으로 전개되었다. 11월 4일 경제 분야 대정부 질문에서부터 누리과정에 대한 질의가 있었다. 김관영 의원이 누리과정 예산 문제가 왜 생겼느냐고 묻자 최경환 경제부총리는 2012년에 여야 합의로 관련 법령이 개정되면서 누리과정이 시작되었고, 2013년과 2014년에 지자체에서 예산편성을 정상적으로 해 오던 중에 2013년에 국세 세수 결함이 있어서 논란이 있다고 하였다. 그러나 "이것은 돈이 있으면 편성해도 되고 없으면 안 해도 되고 하는 그런 문제가 아니고 법에 편성하도록 의무화되어 있는 법정사항"이라고 말했다(국회사무처, 2014c).

2014년 11월 5일 교육 · 사회 · 문화 분야 대정부 질문에서는 김태년, 박혜자, 김세연, 박홍근, 박윤옥 의원이 누리과정에 대해 질의하였고, 심재철 의원은 무상급식에 대해 질의하였다. 김태년 의원은 정홍원 국무총리에게 3~5세 누리과정 지원비용 확대와 같은 공약이 차질 없이 진행되고 있는지, 제도 도입 당시에 시 · 도 교육청과 협의가 되었는지, 법률의 하극상은 아닌지, 어린이집이 교육기관인지, 유보통합이 안 된 현 상태에서는 어린이집 누리과정 예산을 보건복지부 일반회계에서 편성하는 게 상식이 아닌지 등을 물었다. 정홍원 국무총리는 시 · 도 교육청과 협의가 된 것으로 알고 있고, 「유아교육법」에서 무상의 범위와 내용을 대통령령에 위임하였으므로 법률의 하극상은 아니라고 생각하며, "국가 재정도 어려운 사정을 고려해서 지방이나 또는 교육당국에서도 조금씩 조정을 하는 그런 노력이 필요"하다고 말했다. 그리고 "법률 해석에 대한 견해 차이는 앞으로 해소하는 그런 입법적인 노력을 우리 정부와 국회가 같이 할 필요"가 있다고 말했다(국회사무처, 2014d: 12-17). 박혜자 의원과 박홍근 의원의 질의도 김태년 의원의 질의 내용과 비슷하였다.

김세연 의원은 황우여 교육부장관에게 누리과정의 법적 근거와 재정 확보 문제에 대한 앞으로의 계획을 물었다. 황우여 교육부장관은 "지금 시급한 것은 누리과정을 편성하느냐 안 하느냐의 문제가 아니라 누리과정에 소요되는 재원을 어떻게 만드느냐 하는 문제"라고 하였다. 다시 말해서, 누리과정 편성은 법적으로 의무사항이고, 재원 확보 방법으로는 국가채무가 많으면 지방채를 최대한 활용하고, 지방채에 한계가 있다면 「지방재정법」을 개정해서 충분한 재원을 동원하고, 만약 국비투입이 가능하다면 국회와 논의해서 교육에 지장이 없도록 재정 확보에 총력을 기울여야 한다고 하였다(국회사무처, 2014d: 30). 박윤옥 의원은 저출산 문제와 유보통합과 연계하여 누리과정 예산 확보 대책을 물었고, 황우여 장관은 "국민을 불안하게 하면 안 되기 때문에 교육부장관으로서는 어떤 방식이든지 반드시 경비를 마련할 테니 더 이상 국민들 불안해하시지 말고 또 교육감들도 이제 편성 문제는 그만 얘기해 주셨으면 하는 당부"를 드린다고 하였다(국회사무처, 2014d: 58-59).

심재철 의원은 "무상급식이 교육재정의 블랙홀이 돼서 교육환경 개선이나 취약계층 학생들에 대한 지원에 차질"이 생기고 있으므로 학교급식을 "소득수준에 따라서 부담을 달리하는 방법으로 리모델링을 해서 복지의 원칙도 지키고 재정도 절감하는 효과를 누려야 된다."고 말했다. 그리고 "공짜 시리즈는 정치권한테도 큰 책임"이 있는데, "선거 때 표 얻겠다고 너도 나도 공짜 포퓰리즘 정책들을 남발"했다고 말했다(국회사무처, 2014d: 17-19).

교육감협의회가 어린이집 누리과정 예산을 편성하지 않겠다고 결의한 후 경기도교육청이 처음으로 실행에 옮겼다. 이재정 경기도교육감은 2014년 11월 5일 "내년도 경기도 교육비 예산안 세입이 총 11조 7160억 원으로 세출보다 1조 5000억 원 적은 상황"이라며 "이로 인해 어린이집 보육료 예산 5,670억 원 전액을 편성하지 못했다."고 말했다. 경기도교육청은 유치원 누리과정 예산도 4,632억 원 중 735억 원을 편성하지 않았다(중앙일보, 2014. 11. 6.).

다음날 교육감협의회는 긴급총회를 열고 "심각한 교육재정 위기에도 불구하고 어린이집 보육대란이 일어날 것을 우려"하여 어린이집 누리과정 예산의 2~3개월분을 편성하기로 결의하였다. 다만, 예산 형편상 편성할 수 없는 지역은 예외로 하기로 하였다(전국시도교육감협의회, 2014b). 교육감협의회가 입장을 바꾼 이유는 2014년 11월 5일 교육부 장 · 차관이 교육감협의회 임원단을 만나 극적으로 봉합의 실마리를 찾았기 때문이다(한겨레, 2014. 11. 7.).

2014년 11월 6일부터 7일까지는 국회 예산결산특별위원회 종합정책 질의가 있었다. 이종진 의원이 누리과정 예산에 대한 대책을 묻자 최경환 경제부총리는 "일부 교육청이 재량지출 항목인 무상급식 예산은 편성을 하면서도 법령상 의무사항인 누리과정 예산편성을 하지 않기로 한 것은 매우 실망스러운 일"이라고 한 후, 누리과정 예산이 일시적으로 부족한 점을 감안하여 4.9조 원의 지방채를 발행할 계획이라고 말했다(국회사무처, 2014e: 11). 김현미 의원은 황우여 교육부장관에게 정부가 편성한 누리과정 예산과 지방 교육청이 요구하는 액수가 어느 정도냐고 물었다. 황우여 장관은 5천억 원에서 5천 4백억 원 정도 차이가 있다고 대답하였다(국회사무처, 2014e: 72-73).

2014년 11월 7일 조간신문은 당시의 상황을 헤드라인으로 실으며, 많은 지면을 할애하였다. 조선일보는 "무상복지의 비명"이라고 표현하였다. 서울신문은 "돈 없다는 교육청 매년 불용예산 1조 넘어"라는 제목의 기사에서 전국 17개 시 · 도 교육청이 2013년 예산으로 편성했다가 사용하지 않은 불용예산이 1조 5,815억 원이라고 보도하였다. 한겨레는 교육감들이 정부의 누리과정 절충안을 일부 수용해서 내년도 어린이집 예산 2~3개월분을 편성하기로 했다는 내용을 자세하게 다루었다(조선일보, 서울신문, 한겨레, 2014. 11. 7.).

같은 날 예산결산특별위원회(이하 '예결위') 종합정책 질의에서 김성태 의원은 서울신문 기사를 언급하며 황찬현 감사원장에게 시 · 도 교육청의 예산집행 실태를 감사한 적이 있는지, 실태는 어떠했는지를 물었다. 황찬현 감사원장은 2014년 6월과 7월 사이에 "17개 시 · 도 교육청의 지방교육재정 운용실태에 대한 감사를 실시해서 현재 내부 처리 중"이며, "각 시 · 도 교육청이 저희들이 보기에는 상당히 방만하게 재정을 운용하고 있는 것"으로 보인다고 하였다. 그러면서 재정 운용을 "개선한다면 매년 한 5000~8000억 정도는 절감할 여지"가 있는 것으로 보인다고 말했다. 김성태 의원은 최경환 경제부총리에게는 "교육감들의 정치적인 행위에 대해서" 어떻게 생각하느냐고 물었다. 최경환 경제부총리는 "예산편성하는 사람의 기본자세는 법정의무경비는 제일 먼저 편성"해야 하고, 그러고 나서 재량지출을 하는 것이 "기본자세 중의 ABC에 해당"한다고 말했다(국회사무처, 2014f: 51). 나경원 의원은 최경환 경제부총리에게 복지 지출은 계속 늘어나는데 증세 없이도 가능한지, 무상급식과 무상보육이 어떻게 시작되었는지, 보편적 복지 정책도 재검토해 봐야 하는 것은 아닌지 등을 물었다. 그리고 아이디어 차원에서 지방교육재정이 좀 더 투명하고 공개적으로 운용되어야 한다고 말했다(국회사무처, 2014f: 58-61).

2014년 11월 7일 국회 교문위는 2015년도 교육부 예산안 심사를 시작하였다. 임진대 수석전문위원은 예산안 검토보고에서 "지방교육재정교부금 예산은 39조 5206억 원으로 전년 대비 1조 3475억 원 감소"하였고, "내년부터는 현행 법령상 누리과정의 어린이집 보육료를 시 · 도 교육청이 전액 부담함에 따라 지방교육재정이 더욱 악화될 우려가 있으므로 지방교육재정 세출 구조조정, 세입 확대 노력과 함께 불가피한 범위 내에서 직 · 간접적인 국가 예산 지원이 있어야 할 것"이라고 하였다(국회사무처, 2014g: 10). 이날 정진후 의원은 11월 5일에 교육부 장 · 차관과 교육감협의회 회장단이 만나서 협의했다는 한겨레 보도의 사실 여부를 물었고, 황우여 장관은 "교육부가 교육감협의회 회장단과 최근의 사태에 대해서 심도 있게 논의한 사실"은 있다고 답했다(국회사무처, 2014g: 11-12).

국회가 예산심사를 하는 가운데 청와대도 무상복지 논쟁에 가세하였다. 안종범 청와대 경제수석은 2014년 11월 9일, 무상급식은 지자체의 재량으로 하는 것이어서 한번도 공약으로 내세운 적이 없지만, 무상보육은 반드시 추진하겠다고 수차례 공약했다고 말했다. 그리고 누리과정은 법적으로 꼭 예산을 편성하게 되어 있는 지자체와 시 · 도 교육청의 의무사항이라고 하였다. 야당은 "말장난으로 본질을 호도"한다며 강하게 비판하였다(조선일보, 2014. 11. 10.).

2014년 11월 10일부터 국회에서는 예결위 부별심사와 교문위 예산소위가 동시에 열렸다. 11월 10일과 11일, 예결위 경제부처 부별심사에서는 많은 의원이 누리과정과 무상급식에 대해 질의하였다. 앞서 홍준표 경상남도지사와 안종범 청와대 경제수석이 무상급식 문제를 언급했으므로 예결위 위원들의 질의와 최경환 경제부총리의 답변은 누리과정과 무상급식의 프레임 싸움 같은 양상으로 전개되었다. 이날 질의한 의원의 수가 많아 일일이 소개하지는 않겠지만 최경환 경제부총리의 답변은 일관되게 시 · 도 교육청이 법정 의무사항인 누리과정 예산을 먼저 편성하고, 그다음에 무상급식과 같은 재량지출 사업 예산을 편성해야 한다는 것이었다. 그리고 누리과정을 도입할 때 만들었던 각종 시행령은 상위법에 어긋나지 않는다는 것이 법제처의 유권해석이라고 했다가 나중에는 법제처에서 주관한 회의체에서 결정했으므로 유권해석이나 다름없다고 하였다(국회사무처, 2014h).

2014년 11월 12일 비경제부처에 대한 부별심사에서도 많은 예결위 위원들이 황우여 교육부장관에게 질의하였다. 황우여 교육부장관은 누리과정 예산편성은 의무지출 사항이어서 시·도 교육청이 편성을 끝까지 하지 않으면 위법 문제가 발생하고, 상위법과의 충돌 문제는 대법원이나 헌법재판소에서 위헌 또는 위법이 확정되기 전에는 공무원은 현행법에 따라야 한다고 하였다. 그리고 국무총리실 중심으로 유보통합을 진행하고 있으므로 유보통합에 맞추어 최종적이고 통일된 법체계 정비를 해야 한다고 하였다. 아울러 현재의 진통은 유보통합으로 가는 과정이며, 3개 교육청이 아직 누리과정 예산을 편성하지 않고 있지만 조만간 정리가 말끔히 될 것이라고 답하였다(국회사무처, 2014j).

이날 우원식 의원은 법제처장에게 누리과정 도입 때 개정된 시행령이 상위법에 위반되는지를 검토해 본 적이 있느냐고 물었다. 제정부 법제처장은 검토해 본 적이 있고, "저희가 법제심사를 할 때 상위법에 위반되는지 여부를 시행령에 넣을 때 다 검토를 합니다. 그래서 저희는 법체계상 문제가 없다는 것으로 결론이 났습니다."라고 대답하였다(국회사무처, 2014j: 49).

2014년 11월 13일 비경제부처에 대한 부별심사에서도 일부 위원들이 질의하였고, 황우여 교육부장관은 2015년에는 유보통합을 마무리해야 한다는 의지를 보였다. 종합정책 질의와 부별심사를 마친 국회 예결위는 예산안 등 조정소위원회를 구성하여 2015년도 예산안을 회부하였다(국회사무처, 2014k).

이처럼 2015년도 누리과정 예산은 워낙 판이 커진 상황이어서 교문위 예산소위에서는 합의가 이루어지지 않았다. 2014년 11월 20일 기준으로 국회 16개 상임위원회 가운데 예산안을 처리하지 못한 곳은 교문위가 유일했다. 그나마 11월 20일 오전 황우여 부총리[2] 겸 교육부장관과 국회 교문위 여야 간사가 만나서 누리과정 예산 5,600억 원 국고 지원을 합의했다는 사실이 알려졌으나, 김재원 새누리당 원내 수석부대표는 그것을 부정하였다(중앙일보, 2014. 11. 21.).

---

2) 세월호 사건 이후 '국민안전처' 신설, 해양경찰청과 소방방재청의 업무 조정 · 개편, 인사혁신처 설치, 교육부장관이 겸임하는 교육 · 사회 · 문화 부총리 신설 등을 주요 내용으로 하는 「정부조직법」이 개정되어 2014년 11월 19일 시행되었다. 따라서 이날부터 황우여 교육부장관은 '부총리'를 겸하게 되었다(법률 제12844호, 2014.11.19., 일부개정).

3) 누리과정 예산 국고 우회지원

그러던 중 여야는 2014년 11월 25일 원내대표, 정책위의장, 원내수석부대표가 참여하는 '3+3 회동'에서 누리과정 '국비 우회지원' 방식에 합의하였다. 누리과정으로 발생하는 교부금 부족분에 대해 지방채를 발행하되 정부가 이자를 부담하고, 2015년 교육부 예산을 증액하여 이를 다시 교육청에 넘겨준다는 것이다(동아일보, 2014. 11 .26.). 그러자 11월 12일 정회된 이후 열리지 않았던 교문위 예산소위도 11월 25일 재개되었다. 그러나 예산 증액 규모에 대해 여야 위원 간 의견이 대립되어 합의가 이루어지지 않았다. 야당은 교육부가 작성한 5,233억 원을 주장하였고, 여당은 금액까지 여야가 합의한 것은 아니라고 하였다(국회사무처, 2014l). 11월 28일에도 교문위 예산소위가 열렸으나 국고 증액분에 지방채 이자가 포함되는지 여부를 두고 논쟁하다가 결국에는 이견이 있다는 의견을 붙여서 예결위에 넘기기로 하고 예산심사를 종료하였다(국회사무처, 2014m).

국회는 2014년 12월 2일 본회의를 열고 2015년도 예산안을 통과시켰다. 누리과정 예산은 누리과정 순증액과 지방채 이자 5,064억 원을 목적 예비비 형식으로 우회지원하는 형식으로 편성되었다. 구체적인 내역은 지방채 이자 지원액 333억 원과 대체사업 지원액 4,731억 원이다(매일경제, 2014. 12. 3.). 교부금으로 지원하는 누리과정 예산을 국고로 직접 지원할 수 없으니 '우회지원 방식'을 택한 것이다. 우회지원 방식으로 추가 확보한 예산이 5,064억 원이므로 시 · 도 교육청 입장에서는 어느 정도 숨통이 트여서 2015년 누리과정 사업을 추진할 수 있게 되었다.

약 3개월간에 걸친 예산 전쟁은 끝났으나 이러한 문제해결 방식은 관련되는 모든 당사자들을 지치게 만들었다. 국회의 예산심사 시기는 공교롭게도 유치원과 어린이집의 원아모집 시기와 맞물려 있어서 누리과정 예산 부담 주체를 두고 여야 정치권, 중앙정부와 시 · 도 교육청의 싸움이 격화되면서 가장 힘든 사람들은 아이를 기관에 맡겨야 하는 부모와 그 기관에서 일하는 교사들이었다. 그러나 2014년에 누리과정을 둘러싼 예산 전쟁은 2015년 이후에 벌어질 전쟁의 전초전에 불과하였다. 그 전조는 2014년 12월 22일 대통령 주재로 열린 제6차 국민경제자문회의 겸 경제관계 장관회의에서 보이기 시작하였다. 정부는 이날 회의에서 '2015년 경제정책 방향'을 확정 · 발표하였고(기획재정부, 2014b), 국민경제자문회의와 한국조세재정연구원은 '국가-지방자치단체의 상생 발전을 위한 재정관계 재정립 방안'을 보고하였다(국민경제자문회의, 2014). 박근혜 대통령은 회의 모두발언에서 "교육재정 교부금도 학생 수가 계속 줄어드는 등 교육환경이 크게 달라졌는데 현행 제도를 유지하는 게 과연 최선인지도 검토해 봐야 하겠다."고 말했다(머니투데이, 2014. 12. 23.). 대통령의 발언은 지방교육재정 제도 개혁을 암시하는 것이었다.

3. 위기로 치닫는 누리과정

2015년은 박근혜 정부 3년차를 맞이하는 해였다. 2015년 5월부터 7월까지 약 2개월간 중동호흡기증후군, 즉 메르스 사태로 온 나라가 공포에 빠졌다. 누리과정 비용 지원 측면에서 보면, 유치원비와 어린이집 보육료를 모두 지방교육재정교부금으로 부담하는 원년이었다. 아이를 둔 부모라면 누구나 2014년에 있었던 누리과정 예산 전쟁을 두 번 다시 겪고 싶지 않았을 것이다. 그러나 2014년에는 9월 하순부터 약 3개월간 누리과정 논란이 있었지만 2015년에는 1년 내내 시끄러웠다.

왜 1년 내내 논란이 있었는가? 굳이 분류하자면 상반기에는 2014년 말에 2015년 예산안을 확정하면서 여야 합의로 결정한 누리과정 예산 우회지원이 매끄럽게 집행되지 않았기 때문이다. 하반기에는 정부가 추진하는 지방교육재정 개혁으로 인한 갈등과 2016년 누리과정 예산 확보 문제 때문이다.

1) 매끄럽지 못한 누리과정 예산 우회지원

박근혜 대통령은 2014년 12월에 이어 2015년 1월 26일 청와대 수석비서관회의에서 지방재정 제도개혁을 주문하였다. 이날 박 대통령은 "지난해 세수는 부진한 반면에 복지 수요는 계속 증가하고 있어서 중앙정부나 지방 모두 살림이 어려운 상황"이라며 "이런 때일수록 지속적인 재정개혁과 국가와 지방자치단체 간의 원활한 소통이 필요"하다고 강조하였다. 박 대통령은 지방교부세 제도의 개혁을 언급하였고, "교육재정 교부금의 경우도 학생 수가 계속 감소하는 등 교육환경이 크게 달라졌는데도 학교 통폐합과 같은 세출 효율화에 대한 인센티브가 지금 전혀 없다."며 "내국세가 늘면 교육재정 교부금이 자동적으로 증가하게 되는 현행 제도가 과연 계속 유지해야 하는지에 대해서도 심층적인 검토가 필요하다."고 말했다. 그리고 "특히 누리과정과 같이 법률에서 지출의무를 규정한 사업, 또 경로당 난방비와 같이 국회 의결을 거친 사업 등 이런 국가 시책 사업들이 차질 없이 시행되도록 지자체가 적극 동참하고 협조하도록 하는 지방재정 제도가 되어야겠다."고 밝혔다(대한민국 정책브리핑 홈페이지).

일부 언론은 대통령의 발언이 '증세 없는 복지'라는 큰 틀을 유지하면서 재정개혁을 통해 세수 부족을 메우겠다는 의지를 반영한 것이라고 보도하였다(한국경제, 2015. 1. 27.). 전국 시·도 교육감들은 대통령의 발언에 우려를 표시하였다. 1월 30일 열린 황우여 사회부총리와의 간담회에서 시·도 교육감들은 지방교육재정교부금 비율을 낮춰서는 안 된다는 입장을 전달하였다. 이에 대해 황우여 사회부총리는 대통령의 발언이 반드시 교부금 비율을 낮추자는 취지는 아니며 교부금 제도의 선진화를 의미하는 것이라고 해명하였다(국민일보, 2015. 1. 31.).

국회 교문위는 2015년 2월 11일 교육부로부터 업무보고를 받았다. 윤관석 의원은 황우여 사회부총리에게 지방교육재정교부금과 관련한 대통령의 발언에 대해 어떻게 생각하느냐고 물었다. 황우여 사회부총리는 "그 부분은 지금 2018년 전후로 한 여러 가지 지수 변화에 따르는 그리고 또 지방교육재정교부금률이 고정됨으로써 재정이 여의치 않을 때 나오는 것, 이런 것을 포함해서 합리화하고 선진화하자 그런 취지"로 받아들인다고 말했다. 그리고 "2018년이 되면 통계상으로는 교사 1인당 학생 수, 그다음에 2020년이 되면 학급당 학생 수가 OECD 기준을 다 초과" 하는데, 이러한 상황 변화에 대한 대응책도 제시해야 하고, 교육재정도 "적정화, 합리화, 효율화, 선진화"하는 쪽으로 검토하자는 것이 교육부의 입장이라고 답하였다(국회사무처, 2015a: 46-47).

박홍근 의원은 "교육부로부터 받은 2015년도 교육부 입법계획과 「지방교육재정교부금법」 개정 방향을 봤더니 교육부가 현재 학교 등의 교육기관에만 지원하도록 되어 있는 교육교부금을 누리과정에도 집행할 수 있도록 이 법의 목적 조항을 개정할 것을 추진"한다고 지적하였다. 그리고 "3월에 관계부처 심의, 5월 말 국회개정안 제출, 8월 말까지 국회통과"와 같은 상세일정도 나와 있다면서 이대로 추진할 것이냐고 물었다. 황우여 사회부총리는 유보통합을 전제로 해서 관계법령을 정비할 필요가 있다고 하였다. 그러나 박홍근 의원은 유보통합과 함께 법 정비를 하는 것이 우선이며, 그러지 않고 「지방교육재정교부금법」을 개정하는 것은 옳지 않다고 하였다(국회사무처, 2015a: 82-83).

김태년 의원은 국무총리실 유보통합 TF팀의 부단장으로부터 보고를 받아 보니 가장 중요한 핵심인 재정 대책이 2016년 이후로 미루어져 있어서 정부가 유보통합에 대한 의지가 있는지 의심이 들고, 제대로 될 수 있을지 염려가 된다고 하였다. 그리고 2015년 지방교육재정교부금이 1조 3,475억 원 감소한 이유가 2013년도 세입결손 정산분 2조 6,733억 원이 뒤늦게 반영되었던 것처럼 2016년에도 2014년도 세입결손분 때문에 1조 5천억 원 정도 영향을 받게 되는데 이에 대한 대책을 세워야 한다고 지적하였다(국회사무처, 2015a: 84-85).

청와대는 2015년 2월 23일 집권 3년차인 2015년에 추진할 핵심 개혁과제 24개를 발표하였다. 핵심 개혁과제를 범주화하면 공공개혁, 노동개혁, 교육개혁, 금융개혁 등 4대 부문 구조개혁과 경제혁신, 통일 준비이다. 그중에서 교육개혁에는 '자유학기제 확산' '일 · 학습 병행' '지방교육재정 개혁' 과제가 포함되었다(한국경제, 2015. 2. 24.). 교육개혁과제는 교육부가 감당해야 할 몫이었다.

정부가 지방교육재정 제도 개선을 모색하는 가운데, 현장에서는 이른바 '4월 보육대란'이 다가오고 있었다. 왜 4월 보육대란인가? 앞에서 보았듯이 2014년 11월 5일 교육부 장 · 차관과 교육감협의회 임원진이 만난 다음날 교육감협의회는 2015년도 어린이집 누리과정 예산 2~3개월분을 편성하기로 결의한 바 있었다. 그때 이후 시 · 도 교육청별로 어린이집 누리과정 예산을 짧게는 2~3개월, 길게는 6~7개월분을 편성해 놓은 상태였다. 2개월 치를 편성한 곳은 광주였고, 3개월 치를 편성한 곳은 서울 · 인천 · 강원 · 전북 · 제주 등 다섯 곳이었다. 2015년 3월 기준으로 광주는 이미 예산 부족이 현실화되었고, 나머지 다섯 곳도 한 달 후에 누리과정 예산이 부족하게 되는 상황이었다. 이 문제에 대비하기 위해 국회와 정부는 2015년도 예산안을 확정하면서 누리과정 예산 우회지원 방식을 택했었다. 그러나 기획재정부는 목적예비비 5,064억 원을 배정하지 않았고, 국회도 2월 임시국회에서 지방채 발행 요건을 완화하기 위한 「지방재정법」 개정을 하지 못했다(국민일보, 2015. 3. 2.; 한겨레, 2015. 3. 10.).

기획재정부가 예비비를 조기에 배정하지 않고, 국회가 「지방재정법」을 개정하지 못한 것은 나름대로 이유가 있었다. 기획재정부가 예비비 5,064억 원 배정을 미룬 이유는 그 돈이 시 · 도 교육청에서 필요로 하는 누리과정 예산의 약 2개월 치에 불과하고, 각 교육청이 정부 예산을 받은 이후에도 열악한 재정을 이유로 지방채 발행을 미룰 가능성이 있었기 때문이었다. 따라서 국회에서 「지방재정법」 개정이 먼저 이루어져야 한다는 것이 기획재정부의 입장이었다(동아일보, 2015. 3. 11.).

국회 역시 「지방재정법」 개정이 늦어졌는데 그 이유는 소관 상임위원회인 안전행정위원회의 여야 의원들 간 입장 차이 때문이었다. 여당인 새누리당은 현실적으로 지방재정이 어려우니 지방채를 발행해서 재정 공백을 메워야 하며, 지난해 지도부의 합의를 존중하자고 하였다. 반면, 야당인 새정치민주연합은 법을 개정하려는 이유가 지방채 발행 요건을 완화하기 위한 것이므로 좋지 않은 선례를 남기게 되며, 지난해 지도부 합의 또한 소관 상임위와 논의 없이 이뤄진 것이어서 무작정 따라갈 수 없다는 것이었다(머니투데이, 2015. 3. 11.).

누리과정 예산 논란이 재연되자 여야 원내대표는 2015년 3월 10일 「지방재정법」 개정과 누리과정 국고지원 예산 5,064억 원 집행을 4월 중에 동시에 처리하기로 합의하였다. 교육부는 국고 예비비 배분 방식과 지방채 발행 규모를 결정하기 위해 관계부처와 협의하고 있다고 하였다(교육부, 2015a). 같은 날 이완구 국무총리는 최경환 경제부총리와 황우여 사회부총리를 만나 보육대란 해소방안을 논의했다. 협의 결과, 여야 정치권에서 「지방재정법」 개정안을 처리하기 전에 광주 등 재원부족 문제가 현실화된 지역에 예비비를 미리 지원하되, 교육청이 지방채 발행을 서두르도록 주문하기로 하였다(동아일보, 2015. 3. 12.). 송언석 기획재정부 예산실장은 3월 11일 기자 간담회에서 학부모들의 걱정이 많지만 누리과정은 중단되지 않을 것이라고 말하고, 「지방재정법」 개정 전이라도 시·도 교육청이 지방채 발행을 약속해야 한다는 입장을 표명하였다(머니투데이, 2015. 3. 12.).

한편, 감사원은 2015년 3월 17일, 2014년 11월에 예결위에서 논의되었던 '지방교육재정 운용 실태' 감사 결과를 발표하였다. 교육부와 17개 시·도 교육청을 대상으로 지방교육재정 대책, 지방교육재정교부금 운용, 시·도 교육청 재정 운용 및 관리, 사립학교 재정 운용 등 네 가지 분야에 대하여 2014년 6월부터 7월까지 실시한 감사 결과였다(감사원, 2015). 주요 일간지는 감사원의 감사 결과를 인용해서 '17개 시·도 교육청 예산 연평균 2조 과다 편성' '지방교육청 인건비 등 6000억 낭비' '무상보육 예산 부족분의 절반 샜다'는 등으로 헤드라인을 썼다(서울신문, 중앙일보, 2015. 3. 18.).

교육부는 2015년 3월 25일 시·도 교육청 부교육감 회의를 열어 목적예비비 5,064억 원과 정부보증 지방채 8,000억 원을 지원하기로 결정하고, 누리과정 예산 편성 협조를 요청하였다. 그리고 3월 26일에는 2015년에 추진할 5대 핵심 개혁 과제를 선정하였다. 5대 핵심 교육개혁 과제는 '자유학기제 확산' '공교육 정상화 추진' '지방교육재정 개혁' '산업수요 맞춤형 인력 양성' '일 · 학습병행제 도입 · 확산'이다. 교육부는 과제 추진을 뒷받침하기 위해 같은 날 '교육개혁추진협의회'를 구성하고, 1차 회의를 개최하였다. 교육개혁추진협의회는 김재춘 교육부차관과 김용승 가톨릭대 부총장을 공동의장으로 하고, 정부부처 및 산하기관 관계자, 민간단체, 학부모, 교원, 언론인 등 92명으로 구성되었다. 교육부는 5대 핵심 개혁 과제 중 지방교육재정 개혁안을 마련하기 위해 2015년 3월부터 4월까지 별도로 '지방교육재정 혁신추진단'을 운영하여 5월에는 구체적인 혁신방안을 발표하고, 국가재정전략회의에 보고할 계획이라고 하였다(교육부, 2015b).

교육부가 시 · 도 교육청에 2015년도 누리과정 예산편성을 요청했으나 서울 · 경기 · 인천 등 수도권 교육감들은 예산편성을 거부하였다. 조희연 서울시교육감, 이재정 경기도교육감, 그리고 이청연 인천시교육감은 2015년 4월 2일 기자회견을 열어 "누리과정 예산 문제, 정부가 책임져야 한다!"는 성명서를 발표하였다(이재정, 이청연, 조희연, 2015). 수도권 교육감들의 주장은 교육부가 정부보증 지방채를 당초 여야가 합의한 1조 2천억 원이 아닌 8천억으로 정함으로써 교육청에 약 4,600억 원의 예산 부담을 전가시켰다는 것이다. 3월에 수습되는 듯했던 누리과정 갈등은 재점화되었고, '4월 보육대란'이 현실화되었다. 강원 · 전북 교육청의 어린이집 누리과정 예산이 바닥을 드러낸 것이다.

국회 교문위는 2015년 4월 10일 교육부로부터 현안 업무보고를 받았다. 황우여 사회부총리는 업무보고에서 "교육부는 지난 3월 국회의「지방재정법」개정과 목적예비비 지원을 4월 중 동시 처리하기로 한 여야 합의 결과를 존중하며「지방재정법」이 개정되면 지방채와 목적예비비를 신속하게 지원하여 국민들이 불안해하지 않도록 누리과정을 차질 없이 추진해 나갈 예정"이라며, 국회의 협조를 부탁했다(국회사무처, 2015b: 3). 이날도 윤관석, 정진후, 김태년, 강은희, 박홍근, 유은혜 의원은 누리과정 예산과 관련하여 교육부를 질타하거나 대안을 제시하였다.

이런 가운데 국회 안전행정위원회는 2015년 4월 28일「지방재정법」개정안을 의결하였다. 핵심 쟁점이었던 지방채 발행 규모는 1조 원으로 정했고, 개정안은 2017년까지 한시적으로 적용하도록 하였다(서울신문, 2015. 4. 29.). 국회는 5월 12일 본회의를 열어「지방재정법」개정안을 통과시켰다.「지방재정법」개정 전후를 비교하면 〈표 9-3〉과 같다.

〈표 9-3〉「지방재정법」 개정 전후 비교

지방재정법 [법률 제12844호, 2014.11.19., 타법개정]	지방재정법 [법률 제13283호, 2015.5.13., 일부개정]
제11조 (지방채의 발행) ① 지방자치단체의 장은 다음 각 호를 위한 자금 조달에 필요할 때에는 지방채를 발행할 수 있다. 〈단서 신설〉	제11조 (지방채의 발행) ① 지방자치단체의 장은 다음 각 호를 위한 자금 조달에 필요할 때에는 지방채를 발행할 수 있다. 다만, 제5호 및 제6호는 교육감이 발행하는 경우에 한한다.
1. ~ 4. (생략)	1. ~ 4. (현행과 같음)
〈신설〉	5. 「지방교육재정교부금법」 제9조 제3항에 따른 교부금 차액의 보전
〈신설〉	6. 명예퇴직(「교육공무원법」 제36조 및 「사립학교법」 제60조의3에 따른 명예퇴직을 말한다. 이하 같다) 신청자가 직전 3개 연도 평균 명예퇴직자의 100분의 120을 초과하는 경우 추가로 발생하는 명예퇴직 비용의 충당
② ~ ⑤ (생략)	② ~ ⑤ (현행과 같음)

「지방재정법」이 개정된 후 전북교육청 등 일부 교육청에서 계속 논란이 있었지만 2015년도 누리과정 예산편성은 사실상 일단락되었다.

2) 누리과정 예산 시 · 도 교육청 의무지출경비 지정

이제 2015년 하반기에 주요 이슈가 된 지방교육재정 개혁에 대해 알아보자. 정부는 2015년 5월 13일 박근혜 대통령 주재로 국무위원, 민간 전문가 등이 참석한 가운데 '2015 국가재정전략회의'를 개최하였다. 이날 회의에서는 지방재정, 지방교육재정, R&D, 복지, 공공기관 등 '10대 분야 재정개혁'을 집중 추진하기로 했는데, 그중에는 교육부가 마련한 '지방교육재정 효율화' 방안도 포함되었다. 지방교육재정 효율화 방안에는 누리과정과 관련된 내용이 두 가지였다. 하나는, 누리과정 등 주요 교육서비스를 의무지출경비로 지정하여 각 교육청별로 편성 결과를 공개한다는 것이고, 다른 하나는, 교부금 배부기준을 수요자 중심으로 개선해 학생 수 비중을 확대함으로써 교육 수요가 큰 지역에 더 많은 재원을 배분한다는 것이었다(기획재정부, 2015a).

교육감협의회는 2015년 5월 29일 임시총회를 개최하여 누리과정 예산 의무지출경비 편성을 거부하는 결의문을 채택하였다. 교육감협의회는 정부가 누리과정 의무지출 책임을 시 · 도 교육청에 전가하지 말고 중앙정부 의무지출경비로 편성하고, 정치권에게는 교육재정 확대와 국가책임 무상보육 완성을 위한 사회적 논의기구를 구성하라고 하였다(전국시도교육감협의회, 2015a).

정부는 2015년 9월 8일 국무회의에서 2016년도 예산안을 확정하였다. 기획재정부는 예산안 설명자료에서 지방교육재정교부금에 대해 두 가지를 언급하였다. 하나는, 누리과정을 의무지출경비로 지정하여 학부모와 아이들이 현장에서 안심하고 교육받을 수 있는 여건을 조성한다는 것이며, 다른 하나는, 2013년 이후 처음으로 전년 대비 증가하는 교부금의 효율적 집행방안을 마련한다는 것이었다. 교부금 추이는 2012년 38.4조 원, 2013년 41.1조 원, 2014년 40.9조 원, 2015년 39.4조 원, 2016년 41.3조 원으로, 2016년에는 전년 대비 1.9조 원 증가하였다(기획재정부, 2015b: 50). 교부금이 증가하면 시 · 도 교육청이 누리과정 예산을 편성하기가 수월해진다.

정부가 2016년도 예산안을 발표한 9월 8일 교육감협의회는 "정부의 일방통행식 누리과정 의무지출경비 지정 추진은 현재의 열악한 지방교육재정 위기를 더욱 악화시키고, 유 · 초 · 중등교육의 황폐화와 교육대란을 불러일으킬 것이 명백"하다면서 정부의 강행 추진에 반대한다는 뜻을 밝혔다(전국시도교육감협의회, 2015b).

이런 가운데 일부 언론은 2015년 9월 16일 행정자치부가 누리과정 예산을 시 · 도 교육청의 의무지출경비로 명시하는 내용 등이 담긴 「지방재정법 시행령」 일부개정령안을 입법예고했다고 보도하였다(세계일보, 2015. 9. 16.). 실제 행정자치부는 9월 7일 「지방재정법 시행령」 일부개정령안을 입법예고하였다. 개정안의 내용에는 "「유아교육법」 제24조와 동법 시행령 제29조 및 제34조 제5항에 따라 초등학교 취학 직전 3년의 유아에 대하여 실시하는 무상교육 · 보육에 대한 비용을 중기 지방재정계획 의무지출 범위에 명시"한다는 내용이 들어 있다. 입법예고 기간은 9월 17일까지였다(행정자치부, 2015).

교육감협의회는 2015년 10월 5일 임시총회를 개최하여 '2016년 누리과정 예산과 지방교육재정 안정적 확보를 위한 성명서'를 채택하였다. 교육감협의회는 누리과정 예산을 중앙정부 의무지출경비로 편성하고, 시 · 도 교육청 의무지출경비로 지정하는 법령 개정은 위헌적이고 불법적인 것이므로 즉각 중단하라고 하였다(전국시도교육감협의회, 2015c). 교육감협의회는 10월 21일에도 임시총회를 개최하여

2016년 누리과정 예산편성에 대하여 논의하고, "어린이집 누리과정 예산편성은 법률적으로 교육감의 책임이 아닐 뿐만 아니라, 현실적으로도 시 · 도 교육청의 재원으로는 편성 자체를 할 수 없는 실정이므로 2016년 어린이집 누리과정 예산을 편성하지 않는다."고 결의하였다(전국시도교육감협의회, 2015d).

누리과정 비용을 시 · 도 교육감의 의무지출 사항으로 정한 「지방재정법 시행령」은 2015년 10월 6일 공포되어 시행되었으며, 개정 내용은 〈표 9-4〉와 같다.

〈표 9-4〉 「지방재정법 시행령」 개정 전후 비교

지방재정법 시행령 [대통령령 제25781호, 2014. 11. 28., 일부개정]	지방재정법 시행령 [대통령령 제26572호, 2015. 10. 6., 일부개정]
제39조 (의무지출의 범위) 법 제33조 제3항 제6호에 따른 의무지출의 범위는 다음 각 호와 같다.	제39조 (의무지출의 범위) 법 제33조 제3항 제6호에 따른 의무지출의 범위는 다음 각 호와 같다.
1. 「지방교육재정교부금법」 제11조 제2항에 따른 교육비특별회계전출금, 「지방세기본법」 제67조에 따른 징수교부금, 법 제29조 및 제29조의2에 따른 조정교부금 등 법령에 따라 지출과 지출규모가 결정되는 경비	1. 「지방교육재정교부금법」 제11조 제2항에 따른 교육비특별회계전출금, 「지방세기본법」 제67조에 따른 징수교부금, 법 제29조 및 제29조의2에 따른 조정교부금
2. (생략)	2. (현행과 같음)
3. 지방채 및 차입금 등에 대한 이자지출[전문개정 2014. 11. 28.]	3. 지방채 및 차입금 등에 대한 이자지출
〈신설〉	4. 「유아교육법」 제24조와 같은 법 시행령 제29조 및 제34조 제3항 · 제5항에 따른 공통의 교육 · 보육과정 지원비
〈신설〉	5. 그 밖에 법령에 따라 지출과 지출규모가 결정되는 경비[전문개정 2014. 11. 28.]

한편, 국회 교문위는 2015년 9월 10일부터 10월 8일까지 교육부 소관 분야에 대한 2015년도 국정감사를 실시하였다. 그러나 당시 정치권의 최대 이슈는 국정교과서 문제였으므로 누리과정 문제는 다루어지지 않았다(국회사무처, 2015c, 2015d).

대통령은 2015년 10월 27일 국회에서 2016년도 예산안 시정연설을 했고, 국회는 10월 28일부터 예산안 심사에 들어갔다. 10월 28일 예결위 종합정책질의와 교문위 회의가 동시에 열렸다. 예결위 수석전문위원은 2016년도 예산안 검토보고에서

"교육재정교부금은 올해에는 세입결손 정산 등으로 감소했지만 내년에는 세입 여건이 개선돼 1조 9000억 원 증가"했으며, "교육교부금으로 충당하는 3~5세아 누리과정 예산소요는 4조 원 규모"라고 하였다. 그리고 "시 · 도 교육청에서는 부족재원 충당을 위한 지방채 발행이 증가해 교육자치단체 채무가 내년에는 14조 8000억 원에 이를 전망이어서 적정한 관리 방안 마련이 필요"해 보인다고 하였다(국회사무처, 2015e).

국회 교문위는 2015년 10월 28일, 2016년도 교육부 소관 예산안을 상정하였다. 황우여 사회부총리는 예산안 제안 설명에서 "세출은 총지출 기준으로 금년보다 2조 3,761억 원 증액된 55조 7,299억 원으로 편성"했으며, "지방교육재정교부금은 1조 8,660억 원 증액된 41조 2,716억 원을 편성"했다고 말했다(국회사무처, 2015f). 교문위 예산소위는 11월 2일부터 예산안 심사에 들어갔고 누리과정 문제도 논의되었으나 지난해와 마찬가지로 누리과정 예산은 더 이상 교문위에서 해결되지 않았다. 교문위는 전체회의에서 2016년도 예산안을 의결하지 못했다. 예결위 종합정책질의와 부별심사에서 누리과정과 관련하여 의원들이 많은 질의를 했는데, 누리과정의 법적 근거와 교육청의 예산편성 의무, 국고 지원 필요성 등 2014년에 질의한 내용과 큰 차이가 없었다.

교육감협의회가 2016년도 어린이집 누리과정 예산을 편성하지 않기로 결의하고 경남교육청에서도 이에 동조하자 경상남도는 2015년 11월 5일 도에서 직접 누리과정 소요예산을 편성하겠다고 발표하였다. 경상남도가 누리과정 예산을 전액 편성하여 보육료 지원에 차질이 없도록 하고, 그 금액만큼 교육청에 지원하는 교육비특별회계 전출금에서 상계한다는 내용이다(경상남도, 2015a). 경남교육감은 11월 9일 "경남도의 누리과정 예산 임의편성은 있을 수 없는 것"이며, 이에 따른 법적 대응도 검토하겠다고 하였다(경상남도교육청, 2015). 이에 대해 같은 날 경상남도는 경남교육청이 법령과 사실관계를 호도하고, 근거 없이 경상남도를 비방하고 도민들을 혼란스럽게 하고 있다며, 경남교육청의 주장을 반박하였다(경상남도, 2015b).

경남교육청뿐만 아니라 다른 시 · 도 교육청의 어린이집 누리과정 예산 미편성 사태는 가시화되었다. 교육부가 각 시 · 도 교육청을 통해 2016년 누리과정 예산편성 계획을 조사한 결과, 2015년 11월 10일 기준으로 대구 · 경북 · 울산을 제외한 14개 교육청은 〈표 9-5〉와 같이 어린이집 누리과정 예산을 편성하지 않을 계획인 것으로 파악되었다.

〈표 9-5〉 2016년 누리과정 예산편성 계획 현황(2015. 11. 10. 기준) (단위: 억 원)

시도	누리과정 소요액			본예산편성계획			미편성 금액			비고
	유치원	어린이집	계	유치원	어린이집	계	유치원	어린이집	계	
서울	2,525	3,807	6,332	2,525	-	2,525	-	△3,807	△3,807	
부산	1,330	977	2,307	1,330	-	1,330	-	△977	△977	
대구	1,154	765	1,919	575	382	957	△579	△383	△962	
인천	1,155	1,232	2,387	1,155	-	1,155	-	△1,232	△1,232	
광주	706	670	1,376	598	-	598	△108	△670	△778	
대전	734	550	1,284	734	-	734	-	△550	△550	
울산	569	465	1,034	569	349	918	-	△116	△116	
세종	86	172	258	86	-	86	-	△172	△172	
경기	5,100	5,459	10,559	5,100	-	5,100	-	△5,459	△5,459	
강원	454	659	1,113	454	-	454	-	△659	△659	
충북	459	824	1,283	459	-	459	-	△824	△824	
충남	671	1,073	1,744	671	-	671	-	△1,073	△1,073	
전북	691	782	1,473	691	-	691	-	△782	△782	
전남	482	951	1,433	482	-	482	-	△951	△951	
경북	1,167	986	2,153	1,167	493	1,660	-	△493	△493	
경남	1,456	1,444	2,900	1,456	-	1,456	-	△1,444	△1,444	
제주	166	458	624	166	-	166	-	△458	△458	
합계	18,905	21,274	40,179	18,218	1,224	19,442	△687	△20,050	△20,737	

출처: 교육부(2015d), p. 4.

교육부는 2015년 11월 11일 "누리과정 예산은 관련 법령상 의무지출경비로서 교육감들이 누리과정 예산을 편성하지 않는 것은 법령 위반이며, 3~5세 유아들의 유아교육 및 보육을 받을 권리를 침해하는 것으로 2016년 누리과정 예산을 편성할 것을 강력히 촉구"하였다. 그리고 '누리과정 도입 및 추진경과' '2016년 지방교육재정 보통교부금 예정 교부 현황'과 '지방교육재정 불용액 · 이용액 현황' 등 설명자료를 배포하였다(교육부, 2015d).

교육부 자료를 보면, 2016년 누리과정 총 소요예산은 4조 179억 원이며, 유치원에 1조 8,905억 원, 어린이집에 2조 1,274억 원이 필요하다. 그중에서 시 · 도 교육청은 유치원에 1조 8,218억 원, 어린이집에 1,224억 원 합계 1조 9,442억 원을 편성할 계획이므로 2조 737억 원은 미편성될 상황에 놓였다. 이러한 누리과정 사태에 대해 언론은 "4조 원 무상보육 '2년째 핑퐁'" "불안한 어린이집 예산…… 유치원 갈아타기" "'어린이집 엑소더스' 오나" "어린이집 대혼란 우려"와 같은 제목으로 기사를 썼다(경향신문, 매일경제, 서울신문, 조선일보, 2015. 11. 11.).

황우여 사회부총리와 정진엽 보건복지부장관은 2015년 11월 25일 어린이집 누리과정 예산 지원과 관련하여 학부모에게 전하는 공동서한문을 발표하였다. 서한문의 내용을 요약하면, 누리과정 예산이 지방교육재정의 의무지출경비로 지정되었는데도 14개 시·도 교육청이 어린이집 누리과정 예산을 편성하지 않아 학부모들의 불안이 가중되고 있어 안타까우며, 앞으로 두 부처는 관계기관과 긴밀히 협의하여 어린이집 누리과정 지원이 반드시 이루어질 수 있도록 중앙정부로서 더욱 노력하겠다는 것이다(교육부, 2015e; 보건복지부, 2015).

다음날인 11월 26일 교육감협의회는 임시총회를 개최하여 기존의 총회 결의사항을 재확인하였다. 이날 재확인한 내용은 "어린이집 누리과정 예산편성은 법률적으로 교육감의 책임이 아닐 뿐만 아니라, 현실적으로도 시·도 교육청의 재원으로는 편성 자체를 할 수 없는 실정이므로 2016년 어린이집 누리과정 예산을 편성하지 않는다."는 것이다(전국시도교육감협의회, 2015e). 교육감협의회는 11월 30일에도 긴급 기자회견을 열어 "국회는 예산심의와 법안심의 과정에서 누리과정 문제의 근본적인 해결책을 마련하라."고 요구하였다. 교육감협의회는 이날 기자회견문 외에 '2016년 지방교육재정 전망'과 '시·도 교육청 연도별 채무현황' 자료를 배포하였다(전국시도교육감협의회, 2015f).

정부와 시·도 교육청이 이른바 '치킨게임'을 벌이는 양상이 전개되었고, 2014년에 이어 2015년에도 누리과정 예산이 새해 예산안의 최대 쟁점이 되었다. 여야는 새해 예산안 심사를 11월 30일까지 마쳐야 했지만 12월 1일에도 누리과정 예산에 대한 견해차를 좁히지 못하였다. 결국 새해 예산안은 법정 처리시한인 12월 2일을 넘겨 12월 3일 새벽에 국회를 통과하였다. 누리과정 예산은 2015년도 예산과 같이 우회지원을 위해 예비비에서 3천억 원이 배정되었다. 이는 학교 노후시설 개선과 환경정비 명목으로 지원해서 우회적으로 지방교육재정 부담을 덜어 주는 방식이다(중앙일보, 2015. 12. 3.).

국회의 누리과정 예산 3천억 원 우회지원 결정에 대해 교육감협의회는 12월 3일 유감을 표명하고, 수용할 수 없다고 하였다. 그리고 기존 총회에서 결의한 내용을 재확인하였다(전국시도교육감협의회, 2015g). 언론은 거센 후폭풍과 보육대란을 우려하였다. 유치원 원아모집 시기를 맞아 학부모들은 공립유치원에 이어 사립유치원에 당첨되기 위해 아우성이었다(한겨레, 2015. 12. 3.; 경향신문, 2015. 12. 12.).

3) 시 · 도 교육청과 시 · 도 의회 사이의 갈등

그런데 누리과정을 둘러싼 정책환경은 더욱 복잡하게 전개되었다. 그동안 누리과정 예산편성을 둘러싼 논란은 중앙정부와 시 · 도 교육청 사이에 이루어졌으나 이제는 시 · 도 의회와 일부 시 · 도 교육청 간 갈등으로 확대되었다. 17개 시 · 도 교육청 중 14곳이 어린이집 누리과정 예산을 편성하지 않자 일부 시 · 도 의회가 교육청이 편성한 유치원 예산을 삭감하거나 어린이집 예산으로 돌릴 것을 요구하고 나섰다(한국일보, 2015. 12. 7.). 따라서 2016년에는 유치원 누리과정 예산편성도 장담할 수 없게 되었다.

상황이 급박하게 전개되자 이번에는 국무조정실이 나섰다. 추경호 국무조정실장은 2015년 12월 16일 시 · 도 교육청 누리과정 예산편성 점검 및 대책협의를 위한 긴급 차관회의를 개최하였다. 이날 회의에 참석한 부처는 기획재정부, 교육부, 행정자치부, 문화체육관광부, 보건복지부이다. 국무조정실장의 모두 발언을 요약하면, 2016년에 교부금이 1조 8천억 원 증가하고 목적예비비 3천억 원을 추가로 반영하므로 누리과정 재정 여건이 크게 개선될 전망인데도, 일부 지역에서 누리과정 예산을 편성하지 않거나 전액 삭감하여 학부모의 불안을 가중시키고 있어 심각한 우려를 표명하지 않을 수 없다는 것이다. 그러면서 "정부는 일부 지자체와 시 · 도 교육청이 계속하여 누리과정 예산을 편성하지 않을 시에는 법과 원칙에 따라 엄중 대응할 것"이고, "누리과정 예산을 편성하지 않음으로써 발생하는 문제에 대해서는 시 · 도 교육청이 전적으로 책임을 져야 할 것"이라고 말했다(국무조정실, 2015a).

이에 대해 교육감협의회는 12월 17일 "정부와 국회가 누리과정 관련 예산과 대책을 마련하지 않아서 발생하게 될 보육대란의 책임을 시 · 도 교육청에 전가시키지 말고, 지금이라도 중앙정부와 국회가 책임 있는 대책을 마련하라."고 촉구하였다. 그리고 "매년 반복되는 누리과정 문제를 근본적으로 해결하기 위해 2015년 12월 21일 국회에서 '여야 대표와 전국시도교육감협의회장, 교육부장관과 기획재정부장관 등이 참석하는 누리과정 예산 대책 마련을 위한 긴급회의' 개최"를 제안하였다. 이날 교육감협의회는 2016년 누리과정 예산 관련 시 · 도 의회 심의 현황을 배포하였다(전국시도교육감협의회, 2015h). 〈표 9-6〉을 보면, 2015년 12월 16일 현재 7곳의 시 · 도 교육청이 어린이집 누리과정 예산을 편성하지 않았고, 1곳은 수정예산안 제출을 요구한 상태이며, 이 중에서 서울 · 광주 · 경기 · 전남 등 4곳은 시 · 도 교육청에서 전액 편성한 유치원 누리과정 예산을 시 · 도 의회에서 전액 삭감하였거나 삭감할 예정이라는 것을 확인할 수 있다.

서울시의회는 2015년 12월 22일 본회의를 열고 교육청이 편성한 유치원 누리과정 예산 2,521억 원을 전액 삭감한 예산안을 통과시켰다. 광주 · 전남 의회에 이어 세 번째였다. 이에 교육부는 12월 23일 서울 등 누리과정 예산을 편성하지 않은 7개 교육청에 대하여 누리과정 예산을 편성할 것을 강력히 촉구하였다(교육부, 2015f). 같은 날 교육감협의회의 서울 · 광주 · 전남 · 인천 · 강원도 교육감은 기자간담회를 열고 누리과정 예산을 정부가 지원할 것을 재차 촉구하면서 대통령 면담을 요청하였다(동아일보, 2015. 12. 24.).

국무조정실이 다시 나섰다. 추경호 국무조정실장은 2015년 12월 24일 관계부처 긴급 차관회의를 열어 "시 · 도 교육청이 법령상 규정된 누리과정 예산편성 의무를 충실히 이행할 것을 다시 한 번 강력하게 촉구"하고, "지자체와 시 · 도 교육청이 계속하여 누리과정 예산을 편성하지 않을 시에는 재의요구 요청, 대법원 제소 및 교부금 차감 등 법적 · 행정적 · 재정적 수단 등 모든 방법을 총동원하여 강력하게 대처해 나갈 것"이라고 말했다(국무조정실, 2015b). 교육부 이영 차관은 같은 날 브리핑에서 학부모를 볼모로 정부에 책임을 떠넘기는 것은 절대 용납할 수 없다며 강경 대응 입장을 밝혔다(연합뉴스, 2015. 12. 24.).

누리과정은 2012년에 도입된 이후 최대의 위기에 봉착하였다. 2015년이 저물었으나 시 · 도 지역 중 7곳은 어린이집 누리과정 예산을 전혀 편성하지 않았고, 7곳 중 4곳은 유치원 누리과정 예산도 전액 삭감하는 사태가 벌어진 것이다. 그 와중에 경기도는 2015년 마지막 날 도의회 여야 의원들이 누리과정 예산편성을 놓고 격렬한 몸싸움을 벌여 의원 4명이 병원으로 실려 갔고, 예산안 법정처리 시한을 넘겨 광역단체로는 처음으로 준예산 사태를 맞게 되었다(조선일보, 2016. 1. 2.). 이런 상태라면 2016년에는 누리과정 갈등이 절정에 달할 듯했다.

〈표 9-6〉 2016년 누리과정 예산 관련 시 · 도 의회 심의 현황(2015. 12. 16. 기준)

교육청	시 · 도 교육청 예산안		시 · 도 의회 심의 결과		비고
	어린이집 누리과정 예산	유치원 누리과정 예산	어린이집 누리과정 예산	유치원 누리과정 예산	
서울	미편성	전액 편성	미편성	전액 삭감	시 · 도 의회 본회의 연기
부산	미편성	전액 편성	6개월분 편성	7.6개월분 편성	시 · 도 의회 본회의 심의완료
대구	6개월분 편성	6개월분 편성	8개월분 편성	8개월분 편성	시 · 도 의회 본회의 심의완료
인천	미편성	전액 편성	6개월분 편성	6개월분 편성	시 · 도 의회 본회의 심의완료 (교육감 부동의)
광주	미편성	전액 편성	미편성	전액 삭감	시 · 도 의회 본회의 심의완료
대전	미편성	전액 편성	6개월분 편성	6개월분 편성	시 · 도 의회 본회의 심의완료
울산	9개월분 편성	전액 편성	9개월분 편성	전액 편성	시 · 도 의회 본회의 심의완료
세종	미편성	전액 편성	미편성	전액 편성	시 · 도 의회 본회의 심의완료
경기	미편성	전액 편성	미편성	전액 삭감	시 · 도 의회 본회의연기
강원	미편성	전액 편성	미편성	6개월분 편성 (6개월분 삭감)	시 · 도 의회 본회의 심의완료
충북	미편성	전액 편성	수정예산안 제출 요구	약 4개월분 편성	시 · 도 의회 본회의 연기 (교육감 부동의)
충남	미편성	전액 편성	약 6개월분 편성	전액 편성	시 · 도 의회 본회의 심의완료 (교육감 부동의)
전북	미편성	전액 편성	미편성	전액 편성	시 · 도 의회 본회의 심의완료
전남	미편성	전액 편성	미편성	전액 삭감	시 · 도 의회 본회의 심의완료
경북	6개월분 편성	전액 편성	6개월분 편성	전액 편성	시 · 도 의회 본회의 심의완료
경남	미편성	전액 편성	2개월분 편성	전액 편성	시 · 도 의회 본회의 심의완료
제주	미편성	전액 편성	2개월분 편성	전액 편성	시 · 도 의회 본회의 심의완료

출처: 전국시도교육감협의회(2015h).

4. 누리과정 갈등의 절정

1) 유치원 누리과정 비용 지원 중단 사태

보육대란이 가시화되자 2016년 새해 벽두부터 교육부는 누리과정 예산을 편성하지 않은 시 · 도 교육청을 대상으로 압박 수위를 높였다. 교육부는 2016년 1월 4일, 누리과정 예산을 편성하지 않은 서울 · 광주 · 전남 · 전북 · 강원 · 세종 등 6개 교육청과 준예산 성립 상태인 경기도교육청의 교육감을 대상으로 "보육대란을 막기 위한 조치를 즉각 취해야 하며, 그렇지 않을 경우 이에 대한 모든 책임을 져야 할 것"이라고 하였다. 또한 지난해 말에 교육부의 재의요구 요청을 받은 서울 · 광주 · 전남 등 3개 교육청이 이 요청에 따르지 않을 경우, 「지방자치법」에 따라 대법원에 직접 제소할 계획이라고 하였다. 아울러, 준예산이 성립된 경기도교육청은 관련 법령에 따라 학부모에게 누리과정비를 지원할 의무가 있으므로 준예산 체제 하에서 누리과정 예산 집행에 만전을 기해야 할 것이라고 하였다(교육부, 2016a).

다음날인 1월 5일 최경환 경제부총리는 '누리과정 예산편성 촉구 담화문'을 발표했다. 경제부총리의 담화문 내용을 요약하면, 시 · 도 교육감들이 "박근혜 정부 출범 이전인 2012년부터 누리과정을 문제없이 편성해 오다가 2014년 6월 교육감 선거 이후 누리과정 예산편성을 거부하고 있는 상황"인데, 시 · 도 교육감의 의지만 있으면 2016년 누리과정 예산을 충분히 편성할 수 있음에도 미편성하는 것은 직무유기라고 하였다. 그리고 일부 지방의회에서 유치원 예산까지 삭감하여 학부모와 아이들을 볼모로 삼는 것은 "더 이상 재원의 문제가 아니라 누리과정을 정치적으로 이용하는 것은 아닌지" 우려스럽다고 하였다. 그러면서 정부는 문제해결을 위해 조기 추경과 이용 · 전용 등을 요청할 것이며, 그럼에도 불구하고 교육감이 예산편성을 하지 않으면, 감사원 감사 청구, 검찰 고발 등 모든 방법을 총동원하여 강력하게 대처하겠다고 말했다(기획재정부, 2016a).

이에 대해 교육감협의회는 2016년 1월 6일 기자회견에서 누리과정 문제가 발생하게 된 것은 정부의 무책임한 재정 대책에서 비롯되었고, 정부와 국회는 누리과정과 관련하여 직무유기를 해 왔으며, 감사원 감사와 고발 조치로 문제가 해결될 수 없으므로 국회 교문위와 기재위 연석회의를 통한 토론회와 여 · 야당과 정부 · 교육감협의회 대표가 참여하는 긴급회의를 개최하자고 제안하였다. 그리고 참고자료를 통해 최경환 경제부총리의 발언을 반박하였다(전국시도교육감협의회, 2016a).

2016년 연초부터 누리과정 논쟁이 다시 불붙었다. 논쟁의 내용은 별로 달라진 것이 없다. 어린이집이 교육기관인지 여부, 시 · 도 교육청의 재정 여건, 그리고 예산 부담의 주체를 두고 서로의 주장을 반복했다.

정부와 시 · 도 교육청이 서로 양보 없는 주장을 하는 가운데 한국민간어린이집연합회를 비롯한 10개 보육시민단체 회원들은 2016년 1월 6일 대통령과 국회에 누리과정 예산 사태 해결을 촉구하는 기자회견을 열었다(한국일보, 2016. 1. 7.). 그리고 어린이집 예산이 편성되지 않은 지역의 한국어린이집총연합회 지회는 각 지역 교육감들을 직무유기 혐의로 검찰에 고발하기 시작하였다. 2016년 1월 7일에는 경기도어린이집연합회와 강원도어린이집연합회가 실행에 옮겼다(문화일보, 2016. 1. 8.). 한국어린이집총연합회는 1월 8일, 감사원에 누리과정 예산을 편성하지 않은 7개 시 · 도 교육청에 대한 감사를 요청하였다.

교육부는 2016년 1월 11일 어린이집 누리과정 예산을 편성하지 않은 7개 시 · 도 교육청의 예산 분석 결과를 발표하였다. 이날 교육부가 발표한 내용은 2015년 말부터 유치원과 어린이집 누리과정 예산을 모두 편성하지 않은 서울 · 광주 · 경기 · 전남교육청과 어린이집 누리과정 예산을 편성하지 않은 세종 · 강원 · 전북교육청의 2016년 예산을 점검한 결과이다. 교육부는 예산 점검 결과, 2015년에는 지방교육재정에 단기적인 어려움이 있었으나 2016년에는 교부금과 지방세가 모두 증가하여 재정 여건이 호전되므로 시 · 도 교육청이 누리과정 예산을 편성할 수 있다고 결론을 내렸다(교육부, 2016b).

〈표 9-7〉 교육부의 7개 시 · 도 교육청 본예산 점검 결과(2016년)

<table>
<tr><th rowspan="2">시 · 도</th><th colspan="3">소요액</th><th colspan="3">편성액</th><th colspan="4">활용 가능 재원</th></tr>
<tr><th>유치원</th><th>어린이집</th><th>계</th><th>유치원</th><th>어린이집</th><th>계</th><th>자체 재원</th><th>정부 지원</th><th>지자체 전입금</th><th>계</th></tr>
<tr><td>서울</td><td>2,521</td><td>3,807</td><td>6,328</td><td>유보금
(2,521)</td><td>미편성</td><td>0
(2,521)</td><td>2,331</td><td>495</td><td>2,054</td><td>4,880</td></tr>
<tr><td>광주</td><td>706</td><td>670</td><td>1,376</td><td>유보금
(681)</td><td>미편성</td><td>0
(681)</td><td>310</td><td>79</td><td>574</td><td>963</td></tr>
<tr><td>세종</td><td>86</td><td>172</td><td>258</td><td>86</td><td>미편성</td><td>86</td><td>163</td><td>23</td><td>132</td><td>318</td></tr>
</table>

경기	5,100	5,459	10,559	유보금 (5,100)	미편성	0 (5,100)	3,059	614	2,015	5,688
강원	454	659	1,113	227 (227)	미편성	227 (227)	836	129	154	1,119
전북	691	833	1,524	691	미편성	691	623	145	178	946
전남	482	951	1,433	유보금 (482)	미편성	0 (482)	841	171	212	1,224
계	10,040	12,551	22,591				8,163	1,656	5,319	15,138

출처: 교육부(2016b), p. 4.

교육감협의회는 2016년 1월 12일, 교육부의 예산 점검 결과 발표에 대해 사실을 왜곡하고 국민을 호도하는 일방적인 주장이라고 반박하고, 정부가 해야 할 일은 "1월 임시국회에서 누리과정 예산 지원과 근본적인 해결방안을 마련하는 일"이라고 하였다. 그리고 7개 시 · 도 교육청별로 입장을 밝혔다(전국시도교육감협의회, 2016b).

보육대란이 임박하고 누리과정 예산을 둘러싼 논란이 재점화된 상황에서 박근혜 대통령은 2016년 1월 13일 대국민 담화를 발표한 후 기자회견을 가졌다. 뉴데일리 기자가 "이른바 진보라고 지칭되는 교육감들이 누리과정 예산편성을 거부해 정부와 충돌"했는데, "이를 두고 법적 의무를 저버린 직무유기라는 비판"이 일고 있다고 하면서 누리과정의 해결책을 듣고 싶다고 질문하였으며, 이에 대해 대통령은 다음과 같이 대답하였다(대한민국 정책브리핑 홈페이지).

> 누리과정과 관련해서는 우리 아이들의 건강한 성장을 위해서 이 과정은 꼭 필요하다고 생각을 합니다. 그런데 이것이 아이들을 볼모로 잡고 사실을 왜곡을 하면서 정치적 공격 수단으로, 이런 것까지 그런 수단으로 삼고 있어서 참으로 안타깝게 생각을 합니다. 누리과정은 한마디로 말하면 우리 모든 아이들의 균등한 생애 출발선 보장을 위해서 3세부터 5세까지 공통의 보육과 교육의 과정을 아이들에게 제공하는 그런 사업 아닙니까? 그래서 2012년에 도입이 됐는데 그때 도입이 됐을 때 관련 법령이 있었고 또 그때 여야가 합의를 했어요. 그래서 지방교육재정교부금으로 지원을 했습니다. 2012년, 2013년.
>
> 그런데 금년에는 교육교부금이 무려 1조 8,000억 정도나 늘었고 또 지자체의 전입금도 많이 늘어서 상당히 재정 여건이 다 좋은 상황에 있습니다. 그리고 정

부도 또 목적예비비를 한 3,000억 원 정도 편성을 해서 교육청을 지원하기로 했고 이런 상황이기 때문에 교육감들이 의지만 있다면 얼마든지 예산을 편성할 수가 있는 상황입니다. 그런데도 작년까지 교부금으로 잘 지원을 했던 누리과정을 이제 와서 거부를 한다고 하면 중앙정부는 법을 고쳐서 이건 중앙정부가 직접 지원하겠다, 그 교육청 통하지 않고. 그런 방식으로 교육청의 교육감들은 아예 다 정부가 직접 법을 바꾸어가지고 지원하는 식으로 가면 좋겠다고 생각을 하는 건지 그걸 묻고 싶습니다.

그래서 아직도 누리과정 예산을 한 7개 교육청이 편성하지 않고 있는데 이건 정말 교육청이 이렇게 정치적이고 비교육적인 이런 행동을 해서는 안 된다고 생각을 합니다, 아이들을 상대로. 그래서 지금이라도 빨리 누리과정 예산을 편성을 해서 아이들과 또 특히 우리 학부모들이 불안하시지 않도록 그렇게 해 주기를 바랍니다.

대통령의 발언에서 누리과정 현안에 대한 생각을 읽을 수 있다. 2016년 1월 13일 취임한 이준식 부총리 겸 교육부장관은 1월 18일 교육감협의회 회장단과 간담회를 갖고 누리과정 문제를 논의했으나 합의점을 찾지 못했다(세계일보, 2016. 1. 19.). 결국 1월 20일 서울 · 경기 · 광주 · 전남 4개 지역의 유치원에서 보육대란이 일어났다. 왜 유치원에서 먼저 시작되었는가? 유치원비 결제방식이 어린이집 보육료 결제방식과 다르기 때문이다.

어린이집 보육료 결제방식은 신용카드 결제방식과 같다. 다시 말해, 학부모가 매

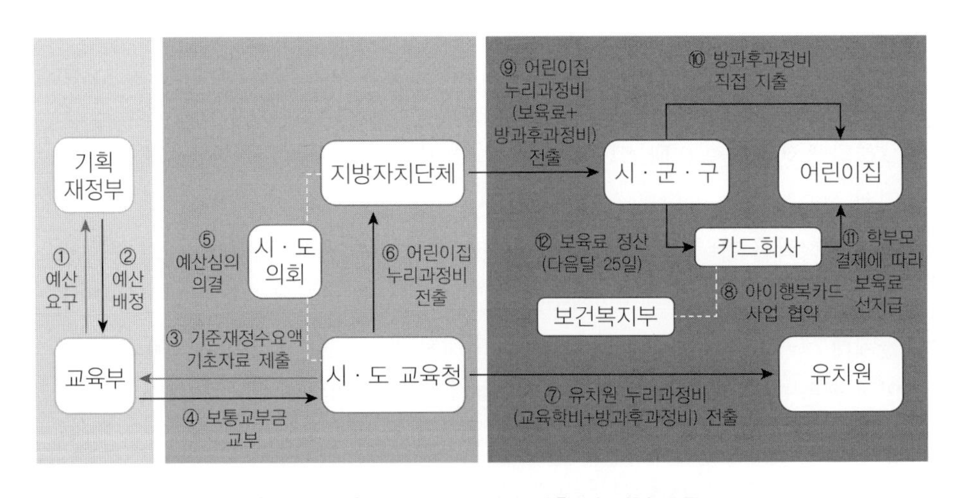

[그림 9-5] 누리과정비 예산 전출 및 집행 흐름

출처: 감사원(2016a), p. 14.

월 카드로 보육료를 결제하면 카드 회사가 어린이집에 비용을 지급하고, 다음 달에 교육청이 지자체를 거쳐 카드사에 보육료를 지급하는 구조이다. 따라서 한 달은 여유가 있다. 반면, 유치원비 결제방식은 재원여부 인증 시스템이다. 아이가 유치원에 재원하고 있다는 것을 인증하면 교육청은 유치원에 분기별로 예산을 선지원하고, 추후 정산한다. 유치원은 학부모가 직접 내는 납부금과 정부가 지원하는 누리과정 비용을 주된 수입으로 해서 인건비와 운영비 등으로 지출한다. 2016년에 정부가 매월 사립유치원에 다니는 유아 1명에게 지원하는 누리과정 비용은 교육과정비 22만 원, 방과후 과정비 7만 원 합해서 29만 원이다. 교육청의 누리과정 지원비가 중단되면, 사립유치원에 유아를 보내는 학부모는 매월 29만 원을 추가로 부담해야 하고, 유치원 교직원은 보수를 제대로 받지 못한다.

2016년 1월 20일 엄동설한에 서울시의회 앞에는 한국유치원총연합회 서울지회 소속 유치원 원장과 교사 등 500여 명이 누리과정 예산편성을 촉구하는 집회를 열었다(뉴스1, 2016. 1. 20.). 1월 21일 경기도청 앞에는 한국유치원총연합회 경기지회 소속 유치원 원장과 교사 850여 명이 항의집회를 하였다(한국일보, 2016. 1. 22.). 유치원 누리과정 예산 미지급 사태가 현실이 되자 한국교원단체총연합회는 1월 21일, 같은 날 개최될 예정인 교육감협의회에서 교육부장관과 밤샘협상을 해서라도 보육대란을 반드시 막을 것을 촉구하였다. 그리고 누리과정, 무상급식 등 교육복지 정책과 관련한 갈등과 혼란을 개선하기 위해 법제화를 통한 복지정책 전환, 행정부처 간 업무 이관을 통한 유보통합 조속 추진 등을 제시하였다(한국교원단체총연합회, 2016a).

이준식 사회부총리는 2016년 1월 21일 열린 교육감협의회 총회에 참석하여 누리과정 문제를 협의하였으나 별다른 진전이 없었다. 총회를 개최한 교육감협의회는 "유·초·중등 교육에 사용되어야 할 지방교육재정교부금에서 어린이집 누리과정 예산을 편성하게 하는 것은 위법일 뿐만 아니라 공교육을 포기하는 것"과 같다고 발표하였다. 그리고 '어린이집 누리과정 예산은 국고에서 해결' '누리과정 시행과 관련된 시행령의 법률 위반 해소' '사회적 논의 기구 구성' '지방교육재정 총량 확대' 등 기존 결의를 재확인하였다(전국시도교육감협의회, 2016c).

교육감협의회 총회에서 기존 입장을 재확인하자 정부는 다시 총체적으로 대응하는 모습을 보였다. 대통령의 발언, 국무총리를 비롯한 기획재정부·교육부·보건복지부 장·차관들의 유치원과 어린이집 현장 방문, 그리고 브리핑이 이어졌다. 대통령은 2016년 1월 25일 수석비서관회의에서 누리과정 문제를 언급하였다(KTV 국민방송, 2016. 1. 25.).

> 지난해에 이어 누리과정이 정치적 이슈화 되고 있는데 언제까지 아이들과 부모들을 볼모로 이런 상황이 계속되어야 하는지 안타깝습니다. 최근에는 1월 달 교사 월급날이 다가오면서 학부모들뿐만 아니라 많은 국민들이 보육대란을 걱정하고 있습니다. 누리과정 예산을 놓고 무조건 정부 탓을 하는 시 · 도 교육감들의 행동은 매우 무책임합니다.
>
> 아울러 시 · 도 교육청이 어린이와 학부모를 정치적 볼모로 이용하는 상황이 재발되지 않도록 근본적인 대책을 마련해야 할 것입니다. 필요하면 법을 고쳐서라도 중앙정부가 용도를 지정해서 누리과정과 같은 특정한 용도의 교부금을 직접 투입할 수 있도록 해서 시 · 도 교육청 등이 받을 돈은 다 받고 써야 할 돈은 안 쓰는 상황을 제도적으로 차단할 수 있도록 검토하기를 바랍니다.
>
> 우리 정부는 원칙을 소중히 여기고 있습니다. 인기 영합적이고, 진실과 다른 왜곡된 주장에 대해서는 원칙을 지키는 정부의 단호한 모습을 보여 주고, 원칙을 지키는 사람이 혜택을 보는 사회를 만들어야 할 것입니다. 이런 의미에서 당초 국민과 했던 약속, 그 원칙을 지키기 위해 노력하고 있는 시 · 도 교육청들에게는 이미 금년도 예산에 편성되어 있는 3천억 원의 예비비를 우선 배정하는 방안을 적극 검토하기 바랍니다.

한편, 국회 교문위는 2016년 1월 26일 교육부로부터 '누리과정 현황 및 대책'에 대한 현안보고를 받았다. 이준식 사회부총리는 17개 시 · 도 교육청별 누리과정 예산편성 현황을 보고하고, 앞으로 교육부는 "교육청 · 지자체 · 지방의회에 누리과정 예산이 조속히 편성될 수 있도록 지속적으로 협조 요청함과 아울러 국고 목적예비비 지원 및 지자체 전입금 조기 전출을 위한 관계부처 협의를 추진"하겠다고 말했다. 교문위 위원들은 누리과정 갈등을 해결해야 한다고 했지만 새누리당은 정부측의 입장을, 야당은 교육감협의회의 입장을 대변하여 별다른 해법을 찾지 못했다. 여당 의원들은 시 · 도 교육청의 재정 상태가 어려운 상황에서 어떤 교육청은 누리과정 예산을 편성하고 어떤 교육청은 편성하지 않은 것은 문제가 있지 않느냐고 하였다. 야당 의원들은 누리과정은 대통령 공약이니 중앙정부가 책임을 져야 하고 시 · 도 교육청의 교육재정에 대해 교육부와 시 · 도 교육청의 주장이 서로 다르므로 국회와 함께 재정 상황을 검증해 보자고 하였다(국회사무처, 2016a).

여기서 2016년 1월 말과 2월 초에 있었던 정부의 유치원 · 어린이집 현장 방문과 브리핑, 교육감협의회와 일부 시 · 도 교육청의 예산편성 동향에 대해 일일이 열거하지는 않겠다. 그런데 누리과정 예산편성을 둘러싸고 이렇게 진영이 나뉜 채 벌어진 책임 공방을 국민들은 어떻게 받아들였을까? 특히, 영유아를 둔 부모들은 이 문제를 어떻게 생각하였을까?

여론조사 기관인 한국갤럽은 이 문제를 조사해서 2016년 1월 29일 결과를 발표하였다. 누리과정 예산을 편성하지 않은 데 대한 책임 소재를 물은 결과, 국민의 45%는 '중앙정부의 책임이 크다'고 했고, 27%는 '시 · 도 교육청의 책임이 크다'고 답했다. 그러나 미취학 또는 유치원생 자녀를 둔 부모의 77%는 '중앙정부의 책임이 크다'고 답했다. 지지하는 정당이 어디냐에 따라서 답변이 달랐다. 새누리당 지지층은 중앙정부보다 시 · 도 교육청의 책임이 크다고 답했고, 더불어민주당과 국민의당 지지층은 중앙정부의 책임이 더 크다고 답한 비율이 높았다(뉴스1, 2016. 1. 29.). 4월 13일 총선을 앞둔 여야 정치권이 한국갤럽의 여론조사 결과를 어떻게 받아들였을까? 선거에 영향을 미치는 변수는 많이 있겠지만 누리과정 정책에 관한 한 여당에 불리해 보였다.

2) 누리과정 논란 속에 치러진 제20대 총선

2016년 2월이 되자 유치원에 이어 어린이집 보육대란이 다가오고 있었다. 그러나 정부와 일부 교육감은 그동안의 주장을 반복하면서 더욱 강경하게 대치하였다. 정부는 2016년 2월 2일 국무회의에서 누리과정 우회지원을 위한 목적예비비 3천억 원을 집행하기로 의결하였다(문화일보, 2016. 2. 2.). 「지방재정법」 개정과 맞물려서 목적예비비 집행이 늦어졌던 2015년에 비하면 2016년에는 조기에 예산을 집행하는 셈이다. 그러나 예비비 집행 방법은 지난달에 대통령이 언급한 것처럼 지역별로 누리과정 예산을 편성한 정도에 따라 차등 지원하는 것이었다.

교육부는 2016년 2월 5일 국고 목적예비비 1,095억 원을 시 · 도 교육청에 지원한다고 발표하였다. 교육부가 밝힌 예비비 지원대상 교육청은 12곳이다. 누리과정 예산을 전액 편성했거나 편성 계획을 공문으로 제출한 대구 · 대전 · 울산 · 세종 · 충남 · 경북 등 6개 교육청은 배정액 전액을 즉시 지원하기로 하였다. 그리고 예산을 일부만 편성한 부산 · 인천 · 충북 · 전남 · 경남 · 제주 등 6개 교육청은 배정액의 50%를 우선 지원하되, 향후 예산편성 상황에 따라 추가로 지원할 예정이라고 하였다. 그러나 어린이집 예산을 전액 편성하지 않은 서울 · 광주 · 경기 · 강원 · 전북 등 5개 교육청은 지원대상에서 제외하고, 앞으로 예산편성 여부에 따라 지원할 계획이라고 하였다(교육부, 2016c). 이날 교육부가 배포한 '누리과정 편성(계획) 및 목적예비비 지원 현황'은 〈표 9-8〉과 같다.

〈표 9-8〉 누리과정 편성(계획) 및 목적예비비 지원 현황 (단위: 억 원)

시도	2016년 소요액			편성액계 (계획 제출 포함)				편성월수		목적 예비비 배분액 (억 원)	금회 지원	
	유치원	어린이집	계	유치원	어린이집	계	편성율	유치원	어린이집		지원 비율 (%)	지원액 (억 원)
대구	1,153	765	1,918	1,153	765	1,918	100	12	12	146	100	146
대전	734	550	1,284	734	550	1,284	100	12	12	85	100	85
울산	569	465	1,034	569	465	1,034	100	12	12	63	100	63
세종	86	172	258	86	172	258	100	12	12	22	100	22
충남	671	1,073	1,744	671	1,073	1,744	100	12	12	144	100	144
경북	1,167	986	2,153	1,167	986	2,153	100	12	12	191	100	191
부산	1,330	977	2,307	841	488	1,329	57.6	8	6	215	50	108
인천	1,156	1,232	2,388	594	562	1,156	48.4	6	5	132	50	66
충북	459	824	1,283	459	412	871	67.9	12	6	110	50	55
전남	483	951	1,434	311	400	711	49.6	8	5	172	50	86
경남	1,454	1,444	2,898	1,454	241	1,695	58.5	12	2	212	50	106
제주	166	458	624	166	76	242	38.8	12	2	45	50	23
서울	2,521	3,807	6,328	0	0	0	0	0	0	496	미지원	0
광주	706	670	1,376	706	0	706	51.3	12	0	79	미지원	0
경기	5,100	5,459	10,559	1,646	0	1,646	15.6	4	0	614	미지원	0
강원	454	659	1,113	454	0	454	40.8	12	0	129	미지원	0
전북	691	833	1,524	691	0	691	45.3	12	0	145	미지원	0
합계	18,900	21,325	40,225	11,702	6,190	17,892	44.5			3,000		1,095

출처: 교육부(2016c), p. 3.

교육부가 예비비 지원대상 교육청을 발표한 2016년 2월 5일 기준으로 어린이집 예산을 전액 편성하지 않은 교육청은 5곳이고, 그중에서 서울교육청은 유치원 예산도 전혀 편성하지 않았다. 서울시의회는 같은 날 유치원과 어린이집 각각 4.8개월 치 누리과정 예산을 편성하였지만, 서울시교육청은 서울시의회가 의결한 어린이집 누리과정 예산 4.8개월 치 편성을 거부하였다. 어린이집 누리과정은 중앙정부의 책임이라는 것이다. 따라서 서울지역의 어린이집은 다시 보육대란을 겪을 상황에 처했다(조선일보, 2016. 2. 6.).

전국 17명의 시 · 도 교육감 가운데 대구 · 울산 · 경북을 제외한 14명의 교육감은 2016년 2월 4일부터 2월 22일까지 누리과정 예산 문제는 대통령이 직접 해결해야 한다며 청와대 앞에서 1인 시위를 하기로 했고, 2월 4일에는 이재정 경기도교육감이 1인 시위를 진행하였다(문화일보, 2016. 2. 4.). 조희연 서울시교육감이 1인 시위를 하던 2월 16일에는 같은 장소와 같은 시간에 공교육살리기학부모연합 이경자 대표가 조희연 교육감을 비판하는 맞불 1인 시위를 벌이기도 하였다(뉴시스, 2016. 2. 16.).

교육부는 2016년 2월 18일 어린이집 누리과정 예산을 전액 미편성한 경기 · 광주 · 강원 · 전북 등 4개 교육청에 대해 예산편성을 재차 촉구하였다. 교육부의 이날 발표는 2015년 12월 개통한 지방교육재정 공시포털 시스템, 즉 '지방교육재정알리미'에 공시된 시 · 도 교육청의 결산 자료를 비교 · 분석한 결과를 토대로 한 것이었다. 교육부는 "어린이집 누리과정 예산을 전액 미편성한 광주 · 강원 · 전북 등 3개 교육청의 재정 여건이 예산을 전액 편성하기로 한 대전 · 충남 교육청보다 오히려 양호하거나 유사한 수준이라는 결론"을 냈고, "교육감의 의지만 있으면 충분히 누리과정 예산편성이 가능함을 재차 확인할 수 있었다."고 하였다(교육부, 2016d).

한편, 교육감협의회는 청와대 분수대 앞에서 교육감들의 릴레이 1인 시위를 마친 후 2016년 2월 24일에는 국회를 방문, 더불어민주당과 정의당 대표와 각각 면담을 갖고 누리과정 예산 문제 해결을 요청하였다. 교육감협의회가 각 당 대표와 면담을 위해 준비한 '누리과정 관련 설명자료'는 지방교육재정 현황 및 문제점, 2016년 지방교육재정 전망, 누리과정 예산 해결방안 등으로 구성되어 있다(전국시도교육감협의회, 2016d). 교육감협의회가 보도 참고자료로 배포한 '2016년 누리과정 예산편성 현황'은 〈표 9-9〉와 같다.

〈표 9-9〉 2016년 누리과정 예산편성 현황(2016. 2. 22. 기준)

교육청	시 · 도 교육청 당초 예산안		누리과정 예산편성 현황		비고
	어린이집	유치원	어린이집	유치원	
서울	미편성	전액	4.8개월	4.8개월	시의회 1회 추경심의 시 변경 (교육감 부동의)
부산	미편성	전액	6개월분	7.6개월분	시의회 어린이집 누리과정비 증액 (교육청 동의)
대구	6개월분	6개월분	전액	전액	시의회 어린이집 누리과정비 증액 (1회 추경 추가 확보)
인천	미편성	전액	6개월분	6개월분	시의회 어린이집 증액, 유치원 삭감 (교육감 재의요구) 자지구 어린이집 약 3개월 지원
광주	미편성	전액	미편성	3개월분	1회추경 유치원 3개월분 편성 지자체 어린이집 3개월 지원
대전	미편성	전액	6개월분	6개월분	시의회 어린이집 누리과정비 증액 (교육감 동의)
울산	9개월분	전액	전액	전액	1회 추경 추가 확보
세종	미편성	전액	미편성	전액	교육청 예비비로 어린이집 2개월 지원
경기	미편성	전액	미편성	4개월분 (8개월 삭감)	도의회 유치원 누리과정비 삭감 (지자체 어린이집 2개월분 지원)
강원	미편성	전액	미편성	6개월분 (6개월 삭감)	도의회 유치원 6개월 삭감 (지자체 어린이집 방과후비 2개월 지원)
충북	미편성	전액	6개월	6개월	도의회 유치원 삭감, 어린이집 증액 (교육감 재의요구) (지자체 어린이집 방과후비 2개월분 지원)
충남	미편성	전액	약 6개월분	전액	도의회 어린이집 증액 (교육감 재의요구)
전북	미편성	전액	미편성	전액	지자체 어린이집 방과후비 3개월분 지원
전남	미편성	전액	5개월분	5개월분	1회 추경 변경
경북	6개월분	전액	6개월분	전액	시 · 도 의회 본회의 심의완료
경남	미편성	전액	2개월분	전액	도의회 어린이집 증액
제주	미편성	전액	2개월분	전액	도의회 어린이집 증액

출처: 전국시도교육감협의회(2016d), p. 11.

〈표 9-9〉를 보면, 2016년 2월 22일 기준으로 17개 시·도 교육청의 누리과정 예산편성 문제가 시·도 교육청, 시·도 의회, 그리고 지방자치단체 사이의 역학관계에 따라 얼마나 다양하게 전개되고 있는지를 확인할 수 있다.

이러한 상황에서 교육감협의회는 2016년 3월 2일 누리과정 문제의 근본적인 해결을 위해 정치권이 적극 나설 것을 제안하는 성명서를 발표하였다. 교육감협의회는 성명서에서 "여·야 정치권이 초·중등 교육 여건을 악화시키고 민생 최대 현안이 되고 있는 누리과정 예산 문제 해결방안을 교육 관련 첫 번째 총선 공약으로 선정 제시할 것"을 요구하였다. 이와 더불어 "국민들에게 각 당의 입장을 책임 있게 개진하는 자리를 마련하기 위해, 각 당의 대표가 참여하는 토론회"를 개최할 것을 제안하였다(전국시도교육감협의회, 2016e).

교육감협의회는 정부와 새누리당이 2016년 3월 28일 당정협의를 열고 '지방교육정책 지원 특별회계법' 제정을 추진한다고 하자, 같은 날 누리과정 관련 특별회계법 제정을 수용할 수 없다는 입장을 밝혔다(전국시도교육감협의회, 2016f). 정부와 새누리당이 추진하기로 한 '지방교육정책 지원 특별회계법안'은 보통교부금과 특별교부금으로 나누는 지방교육재정교부금 항목에서 보통교부금 재원의 일부인 교육세 부분을 분리하여 별도의 특별회계를 신설하는 내용을 담고 있다. 이 특별회계는 누리과정, 초등돌봄교실, 방과후 학교 등 특정 용도로만 사용하여야 하며, 교육감이 누리과정 지원에 필요한 예산을 편성하지 않을 경우에는 교육부장관이 그 예산을 지방자치단체의 장에게 직접 지원할 수 있게 하였다. 법안은 3월 29일 새누리당 류지영 의원이 대표발의하였다(의안정보시스템 홈페이지, 의안번호 1918655).

누리과정 예산 논란이 진행 중인 가운데 2016년 4월 13일 제20대 국회의원 선거가 실시되었다. 선거 결과, 새누리당이 과반 확보에 실패하여 2000년 16대 총선 이후 16년 만에 여소야대 정국이 형성되었다. 의석 분포를 보면, 새누리당은 122석, 더불어민주당은 123석, 국민의당은 38석, 정의당은 6석, 무소속은 11석을 얻었으므로 새누리당은 원내 제2당이 되었다. 이것은 무엇을 의미하는가? 앞으로 정부와 여당은 야당의 협조 없이는 법률안과 예산안을 국회에서 통과시키기가 더욱 어렵게 되었다는 것을 뜻한다.

국회의원 선거는 끝났지만 누리과정 예산 논란은 좀처럼 수그러들지 않았다. 정부는 2016년 4월 22일, 박근혜 대통령 주재로 '2016 국가재정전략회의'를 열어 10개 분야 재정개혁 과제를 설정하였다. 10개 분야 재정개혁 과제에는 교육부가 마련한 '지방교육재정 책임성 강화 방안'이 포함되었다. 그 내용은 최근 학생 수 감소에도 불구하고 교부금은 계속 증가하고 있으나 일부 교육청은 누리과정 등 법정의무지출 사업의 편성을 거부하는 등 재정 책임성이 미흡하므로 '지방교육정책 지원 특별회계'를 신설하여 법정지출 예산편성의 이행 장치를 마련하겠다는 것이다(기획재정부, 2016b).

정부가 추진하고자 하는 '지방교육정책 지원 특별회계'는 지난 3월에 당정협의에서 결정하여 류지영 의원이 대표발의한 내용과 동일하다. 이에 대하여 교육감협의회는 2016년 4월 26일 정부가 추진하고자 하는 특별회계 신설을 철회하고, 누리과정 예산을 정부 부담으로 하는 근본적인 해결방안 마련을 촉구하였다. "4 · 13 총선의 결과로 누리과정 예산의 책임이 정부에 있다는 국민의 의사를 확인"했다고도 언급하였다(전국시도교육감협의회, 2016g).

2016년 5월이 되자 다시 보육대란이 다가오고 있었다. 전국 17개 시 · 도 교육청 가운데 11곳의 누리과정 예산이 6월 안에 소진될 예정이거나 이미 바닥이 난 상태였다. 이준식 사회부총리와 교육감협의회 회장인 장휘국 광주시교육감, 부회장인 김복만 울산시교육감은 5월 10일 간담회를 갖고 누리과정 예산 문제를 논의했지만 서로의 입장차를 좁히지 못했다(경향신문, 2016. 5. 11.). 국회는 2016년 5월 19일 제19대 국회 마지막 본회의를 열고 일부 법안을 통과시켰지만, 교육 부분의 쟁점법안 중 하나인 누리과정 법안은 포함되지 않았다. 결국 '지방교육정책 지원 특별회계법안'은 19대 국회 임기만료와 함께 자동 폐기되었다.

3) 누리과정 문제에 대한 감사원 감사 결과

한편, 감사원은 2016년 5월 24일 '누리과정 예산편성 실태'에 대한 감사 결과를 발표하였다. 감사원은 2016년 3월 17일부터 4월 1일까지 교육부와 17개 시 · 도 교육청을 대상으로 감사를 실시했는데, 감사를 실시한 이유는 2016년 1월 8일 누리과정 예산편성 주체와 시 · 도 교육청의 재정 여력을 확인해 달라고 접수된 공익감사 청구 때문이었다. 감사원이 중점적으로 감사한 내용은 두 가지이다. 하나는, 누리과정 예산편성 주체와 관련한 법령상 쟁점을 검토한 것이고, 다른 하나는, 시 · 도 교육청이 어린이집 누리과정 예산을 편성할 재정 여력이 있는지를 확인하고 분석한 것이다(감사원, 2016a: 1-2).

먼저 감사원은 "「영유아보육법 시행령」「지방재정법 시행령」 등 시행령으로 교육청이 어린이집을 지원하도록 규정한 것은 법률 연혁적으로 '교육'과 '보육'이 서로를 포함하는 개념으로 해석할 수 있고, 법률에서 기본적인 사항을 정하고 시행령에서는 구체적인 집행 방법을 정한 것으로 볼 수 있는 점 등을 고려"해 보면, 헌법이나 상위 법률에 위배된다고 단정하기 어렵다고 하였다. 그리고 "시행령이 헌법·법률에 위배되는지를 확정할 권한이 있는 헌법재판소나 대법원이 관련 시행령 등을 위헌·위법이라고 결정하지 않은 현 단계에서는 기존 대법원 판례 등을 고려하면 위 시행령 등은 유효하여 교육청은 어린이집 누리과정 예산을 우선 편성할 의무가 있다고 판단"하였다(감사원, 2016a: 2).

다음으로 감사원은 어린이집 누리과정 예산을 일부 또는 전부 미편성한 11개 교육청의 2016년도 재정 여력을 확인한 결과, 추가 세입을 활용하고 과다 편성된 세출예산을 조정하면 경기 등 9개 교육청은 누리과정 예산 전액 편성이 가능하고, 인천·광주 등 2개 교육청은 일부 편성이 가능하다고 보았다(감사원, 2016a: 2-3).

감사원이 '누리과정 예산편성 실태' 감사 결과를 발표하자 교육감협의회는 수용 거부 의사를 밝혔다. 교육감협의회는 2016년 5월 26일 감사원의 감사 결과 발표에 대해 "공공감사의 취지에 벗어난 편향적인 감사이며, 해마다 누리과정 예산 문제로 반복되는 보육대란을 근본적으로 해결하기 위한 감사가 아니라 정부의 주장을 반복한 맞춤형 감사에 불과하다."며 비판하였다. 그리고 "지난 3월부터 실시된 감사 과정에서 각 시·도 교육청이 충분한 소명을 하였음에도 교육청의 입장을 묵살한 채 여전히 근거 없는 추정치로 누리과정 예산편성이 가능하다고 국민을 호도하고 있다."고 하였다. 교육감협의회는 또 "감사원은 법률을 해석하는 기관이 아님에도 불구하고 임의적으로 수탁한 법무법인과 외부 전문가들의 의견을 통해 시행령만으로 교육청이 어린이집 누리과정 예산을 우선 편성할 의무가 있다고 판단한 것은 헌법 이론적으로나 법률적으로 수용하기 어렵다."고 하였다. 교육감협의회는 국회 회의록과 법률 검토 내용, 그리고 10개 시·도 교육청의 입장 등을 정리하여 감사원의 감사 결과를 반박하였다(전국시도교육감협의회, 2016h). 교육감협의회는 5월 27일 총회를 열어 이재정 경기도교육감을 교육감협의회 회장으로 선출하였다.

2016년 5월 말이 되자 서울·전남 등 일부 지역의 보육대란이 눈앞으로 다가왔다. 교육부는 5월 30일 감사원 감사에서 지적된 사항을 차질 없이 이행하겠다고 하면서 누리과정 예산을 편성하지 않은 10개 시·도 교육청에 대해서도 조속히 예산

〈표 9-10〉 누리과정 예산편성 현황(2016. 5. 29. 기준) (단위: 억 원)

지역	교육청 편성 개월 수(계획)		지자체	주요 동향 (교: 교육청, 지: 지자체)
	유치원 (계획)	어린이집 (계획)	어린이집 (개월)	
부산	8(12)	6(12)	12	(교, 지) 전액 편성(6. 3. 의회제출, 추경 일정 6. 16.~ 6. 30.)
대구	12	12	12	(교, 지) 전액 편성(2. 25.)
울산	12	12	12	(교, 지) 전액 편성(2. 26.)
충남	12	12	12	(교, 지) 전액 편성(5. 19.)
대전	12	12	12	(교, 지) 전액 편성(5. 27.)
세종	12	0(12)	12	(교) 추경 예정(5. 13.~5. 31., 예비비 · 자체재원 先지원 중) (지) 정상집행
경북	12	6(12)	12	(교) 전액 편성 예정(추경 6. 10.~ 6. 24.) (지) 정상집행
전남	5(12)	5(5)	5(12)	(교) 추경 예정(5. 17.~ 5. 26.) (지) 정상집행(교육청 편성 시 추가 편성)
충북	6(12)	6(6)	6(6)	(교) 추경 예정(6. 8.~ 6. 23.) (지) 정상집행(교육청 편성 시 추가 편성)
경남	12	2(8)	12	(교) 추경 예정(6. 7.~ 6. 23.) (지) 정상집행(자체재원 先집행)
제주	12	2(9)	12	(교) 추경 예정(5. 26.~ 6. 8.) (지) 정상집행(자체재원 先집행)
인천	6(11)	6(11)	12	(교) 유치원 · 어린이집 각 5개월 추경예산안 의회 제출 (차기 의회 6. 7.~ 7. 7.) (지) 정상집행
서울	4.8(4.8)	4.8(4.8)	12	(교) 4.8개월 정상집행 입장 표명(3. 11.) (지) 정상집행
강원	9(12)	3*(0)	12	(교) 의회에서 어린이집 예산 의결, 교육감 부동의 * 방과후 과정비 9개월분(어린이집 전체 예산 환산 시 3개월) (지) 1~5월 어린이집 방과후 과정비 선집행
광주	3(12)	0(0)	12	(교) 추경 미정 (4~5월분은 예산 전용을 통해 집행) (지) 1~5월 어린이집 방과후 과정비 선집행
경기	8(12)	0(0)	12	(교) 추경 미정 (지) 어린이집 2개월분 준예산으로 선집행 예산서에는 12개월 전액 반영되었으나, 경기도의회 여 · 야 합의를 거쳐 집행 가능한 것을 조건으로 의결
전북	12	0(0)	12	(교) 추경 미정 (지) 1~3월 어린이집 방과후 과정비 선집행

출처: 교육부(2016e), p. 7.

을 편성할 것을 촉구하였다. 교육부는 "이번 감사원 감사를 통해 누리과정 예산과 관련한 법령상 또는 재정 여건상 문제없음이 객관적으로 입증된 만큼, 시 · 도 교육청은 국민들에게 혼란을 줄 수 있는 정치적 논쟁을 중단하고, 교육적 관점에서 조속히 예산을 편성하여 아이들과 학부모들, 유치원 · 어린이집 교사들의 걱정을 해소하여 줄 것을 당부"하였다(교육부, 2016e).

〈표 9-10〉은 2016년 5월 29일 기준으로 교육부가 배포한 시 · 도별 누리과정 예산편성 현황이다. 부산 · 대구 · 울산 · 충남 · 대전 · 세종 · 경북 등 7개 지역은 누리과정 예산을 전액 편성하였거나 편성 계획서를 제출하였고, 나머지 10개 지역은 일부만 편성한 상태이다. 누리과정 예산을 일부만 편성한 10개 지역 중에서 서울 · 전남은 6월부터 누리과정 예산이 고갈될 예정이었고, 경기 · 전북 · 광주는 어린이집 누리과정 예산이 전혀 편성되지 않았다.

그러던 중 2016년 5월 30일부터 제20대 국회의 임기가 시작되었다. 「국회법」 제5조 제3항에 따르면 국회의원 총선거 후 최초의 임시회는 의원의 임기 개시 후 7일에 집회하도록 되어 있지만, 국회는 6월 13일에 첫 임시회를 열고 개원했다. 국회 개원은 법정시한을 넘겼지만, 국회의원은 개원 전이라도 법안을 발의할 수 있다. 제20대 국회 개원 전까지 7명의 국회의원이 「지방교육재정교부금법」 개정안을 대표발의하였다. 그리고 제19대 국회에서 류지영 의원이 대표발의했다가 회기만료로 자동 폐기된 '지방교육정책 지원 특별회계법안'은 새누리당 한선교 의원이 2016년 6월 7일 같은 내용으로 대표발의하였다(의안정보시스템 홈페이지, 의안번호 2000132).[3)]

4) 추경 예산과 2016년 누리과정 예산편성

2016년 6월 중순부터 언론은 정부가 2016년도 추가경정예산편성을 고민하고 있다고 보도하였다(동아일보, 2016. 6. 17.). 정부는 6월 28일 대통령 주재로 국민경제자문회의 겸 경제관계장관회의를 개최하여 '2016년 하반기 경제정책 방향'을 확정 · 발표했는데, 그 안에는 10조 원 수준의 추경을 포함하여 하반기에 20조 원 이

3) 한선교 의원 등 13명이 2016년 6월 7일 발의한 '지방교육정책지원 특별회계법안'은 2016년 8월 26일 철회되었고, 한선교 의원 등 17명은 2016년 8월 26일 '지방교육정책지원 특별회계법안'을 발의하였다(의안정보시스템 홈페이지).

상의 재정 보강을 추진하겠다는 내용이 들어 있다(관계부처 합동, 2016; 기획재정부, 2016c). 추경예산에 누리과정 예산을 포함하는 문제를 두고 여야가 대립할 것은 불을 보듯 뻔한 일이었다.

새로 구성된 국회 교문위는 2016년 6월 28일 교육부로부터 업무보고를 받았다. 제19대 국회와 마찬가지로 제20대 국회 교문위의 주요 쟁점 중 하나는 누리과정 문제였다. 교문위 위원들은 누리과정 예산편성 주체와 관련한 감사원 감사 결과, '지방교육정책 지원 특별회계법' 제정 필요성, 지방교육재정교부금의 성격과 지방교육재정 교부율 상향 조정, 박근혜 정부의 공약 실현 정도, 2016년도 목적예비비 배분 방식, 어린이집이 교육기관인지 여부, 누리과정 문제해결을 위한 사회적 협의기구 구성과 같은 문제들을 제기했다. 그 외에도 염동열 의원이 누리과정 예산을 편성하지 않은 교육청들에 대해 교육부가 좀 더 적극적인 역할을 해야 한다고 하자, 이준식 사회부총리는 2016년 하반기에 추경이 편성되면 시 · 도 교육청이 부족하다고 하는 정도의 예산이 교부금 몫으로 확보되므로 누리과정 예산편성은 문제가 없을 것으로 전망하였다(국회사무처, 2016b: 69).

정부가 추경을 편성한다고 하자 2016년 7월 4일 국회 경제 분야 대정부질문에서도 질문이 나왔다. 김진표 의원이 이번 추경에 누리과정 예산 몫으로 국고 1조 7천억 원을 지원해야 한다고 하면서 정부의 계획을 묻자 유일호 경제부총리는 다음과 같이 답변하였다(국회사무처, 2016c: 15).

> 원래 재원조달 문제에 대해서는 저희가 2012년도에 이미 일정부분 합의를 봐서 교육재정교부금의 확대에 의해서 충당하는 것으로 그렇게 합의를 했다고 생각을 합니다. 그리고 감사원의 감사 결과도 지금 올해, 적어도 2016년도에는 누리과정 예산을 충분히 감당할 수 있다 하는 것이 있습니다. 그래서 이번 추경에서는 이것이 요건이 주로 구조조정 관련되는 것이고 이런 부분이기 때문에 이것을, 누리과정을 여기에다 넣는 것은 저희는 어렵다고 생각을 합니다. 다만, 또 이번에 이것을 세입경정으로 추진을 하고 있기 때문에 내국세의 20.27%를 교부금으로 지원하는, 그러니까 교육재정교부금이 그만큼 증가되는 부분이 있습니다. 그래서 그것도 지방교육재정에서 활용 가능한 것이 아닌가 이렇게 생각을 합니다.

정부가 추경 예산을 편성할 때 국고를 누리과정 예산에 추가하느냐, 추경 편성이 세입 증가에 따른 것이므로 초과 세수 중에서 교부금만큼의 비율을 누리과정 예산으로 충당하느냐를 두고 김진표 의원과 경제부총리 사이에 인식의 차이를 알 수 있다.

국회 예결위는 2015년도 결산에 대해 2016년 7월 12일부터 13일까지는 종합정책질의를 했고, 7월 14일부터 15일까지는 부별심사를 했다. 이때도 누리과정 문제가 주요 이슈였다. 나흘간 예결위 위원들의 질의를 종합해 보면, 어린이집이 교육기관인가, 지방교육재정교부금을 어린이집에 지원할 수 있는가, 제도 도입 당시 시 · 도 교육청과 협의했는가, 누리과정 예산편성 책임이 누구에게 있는가, 누리과정 예산 문제는 왜 생겼으며 누구의 책임인가, 시 · 도 교육청의 예산 부족 문제를 어떻게 해결할 것인가, 왜 지역마다 예산편성 정도가 다른가, 2016년 추경에 누리과정 예산을 추가할 계획이 있는가, 법적 근거를 명확히 해야 하는 것 아닌가 등이었다(국회사무처, 2016d, 2016e, 2016f, 2016g).

2012년 11월 국회 교육과학기술위원회에서 시작된 누리과정 논란은 2년 후인 2014년 11월에는 예결위까지 확산되어 2016년까지 3년째 같은 논란이 반복되었다. '5세 누리과정'이 도입된 2012년 이후 정치체제는 많은 변화가 있었고, 누리과정을 둘러싼 정책 환경도 많이 바뀌었다. 공식적인 정책 참여자의 면면도 달라졌다. 대통령선거는 2012년 12월에 한 차례 있었지만 국무총리와 교육부장관, 기획재정부장관, 보건복지부장관은 여러 번 바뀌었다. 정부부처 차관과 국 · 과장을 비롯하여 실무자들도 대부분 바뀌었다. 국회는 제18대 국회에서 2012년 4월에 제19대 총선, 2016년 4월에 제20대 총선을 치렀다. 제20대 국회는 여소야대로 바뀌었다. 법령도 「유아교육법」「영유아보육법」「지방재정법」과 그 시행령이 각각 개정되었다. 정치체제와 그것을 둘러싼 경제 · 사회적 환경, 그리고 공식적인 정책 참여자가 바뀌었지만 누리과정 논란은 반복되었다.

교육부 장 · 차관이 참석하는 교문위와 달리, 예결위 종합정책질의에는 국무총리를 비롯한 국무위원과 감사원장, 법제처장 등이 참석한다. 2016년 7월 당시 예결위 위원들의 질의에 대해 국무총리를 비롯한 정부 측에서 답변한 내용 중 몇 가지를 소개하고자 한다.

먼저, 어린이집이 교육기관인가에 대해 이준식 사회부총리는 "당초 누리과정이라는 것이 유치원과 어린이집을 통합한 과정"이므로 "어린이집도 유치원과 같은 교육기관으로 인정"해야 한다고 말했다(국회사무처, 2016d: 32). 방문규 보건복지부차관은 어린이집은 "사회복지시설이기도 하지만 또 한편으로 누리과정을 수행하는 범위 내에서는 교육기관의 역할"도 하고 있다고 말했다. 황교안 국무총리는 「유아교육법」 제24조에는 "초등학교 취학 직전 3년의 유아교육은 무상으로 실시하되 무상의 내용과 범위는 대통령령으로 정한다"고 규정되어 있고, 법률의 위임을 받은 「유아교육법 시행령」에서는 "공통의 교육 · 보육과정을 제공받는 유아를 대상으로 한다"고 명백하게 정했으므로 어린이집에서도 교육을 할 수 있다고 하였다(국회사무처, 2016e: 100-101). 이완수 감사원 사무총장은 현행 체계상 어린이집을 교육기관으로 보고 있다고 말했다(국회사무처, 2016g: 61).

김태년 의원은 교육기관에 대해서는 「교육공무원법」에 나와 있는데, 그것은 학교라고 하였다. 그리고 학교에 어린이집은 없으므로 "누리과정에 대한 사회적 갈등을 없애려면 법령을 정비해야 하고 재원에 대한 대책을 확실하게 마련"해야 한다고 말했다. 그리고 국무총리실에 유보통합과 관련한 구체적인 실행계획 제출을 요구하였다(국회사무처, 2016e: 124).

다음으로, 누리과정 예산편성의 책임이 누구에게 있느냐에 대해 황찬현 감사원장은 법률에 명시적으로 편성 의무가 있는지 여부는 규정된 것은 없고 시행령에 의해 판단을 하는데, 「지방재정법 시행령」이 그 근거라고 하였다. 김태년 의원이 시행령이 아닌 법률적 판단을 묻자 황찬현 감사원장은 "결국은 상위법을 시행하기 위해서 만든 것이 시행령일 텐데 그 시행령도 행정기관과 국민을 구속하는 법규명령이기 때문에 저희들이 볼 때는 그 시행령의 효력이 있는지, 그것이 법령의 위임을 받아서 만든 것인지, 이런 효력을 봤기 때문에 전혀 법률에 근거하지 않는 법적인 판단이라고 그렇게 단정적으로 말씀드리기는 어렵다."고 말했다(국회사무처, 2016e: 100).

주광덕 의원은 시 · 도 교육청의 누리과정 예산편성 의무와 재정 여력에 대해 감사원이 감사 결론에 도달하게 된 법률적 근거를 물었다. 이에 대해 황찬현 감사원장은 다음과 같이 대답하였다(국회사무처, 2016e: 107).

> 저희들이 첫 번째로는 편성 의무가 누구한테 있느냐 이것이 전제가 됐습니다. 그래서 그 시행령과 관련해서 시행령에 편성 의무를 지웠고 그 효력이 있느냐 이게 쟁점이 되었습니다. 물론 그 전제로서 보육이 교육의 개념에 들어가느냐 또는 마땅한 상위법이 없는데도 시행령에 들어간 것이 상위법의 위임 없이 된

> 위법이냐 이런 쟁점들이 최종적인 편성 의무를 확정할 때 전제가 된 쟁점이었습니다.
>
> 그 점에 대해서 저희들이 외부에 의견을 물었고 결론은 일부 표 차이는 있습니다마는 보육의 개념은 교육에 들어간다는 것이었고 또한 이것이 위헌이라든지 상위법의 위임이 없는 것으로 보기는 어렵다 그것이, 여러 가지 이론으로 그렇게 설명을 하는 것이 다수의견이었고 최종적으로는 그 전제를 밟아서 편성 의무가 있느냐는 부분에 대해서는 그 시행령이 현행법으로 존재하는 한 헌재나 대법원에서 그것이 문제가 돼서 최종적으로 무효로 선언되기 전까지는 유효하다는 것이, 저희들이 일곱 군데 의견을 물었는데 여섯 군데에서는 유효하다고 봤고 한 군데는 견해를 효력이 없는 것으로 봤습니다.

김경협 의원은 정부가 「영유아보육법 시행령」에 무상보육 실시 비용을 보통교부금으로 부담하도록 개정을 했는데, 상위법 위반이 아니냐고 물었다. 제정부 법제처장은 그렇게 보지는 않는다고 하였다. 김경협 의원이 국회입법조사처의 공식 입장은 「영유아보육법 시행령」이 「지방교육재정교부금법」에 위배된다고 판단을 한다면서 재차 묻자, 제정부 법제처장은 「영유아보육법」 제2조에서 "보육의 개념에 교육을 포함"시키고 있고, 「유아교육법」 제4조에서도 유아교육 · 보육에 관한 기본계획, 유치원과 어린이집 간의 연계 규정을 두고 있기 때문에 "교육과 보육이 복합적인 것"으로 보고 있다고 하였다(국회사무처, 2016e: 107).

장병완 의원은 "여러 위원들이 지적했듯이 누리과정 예산 부족의 근본 원인은 2011년 누리과정 계획을 수립할 때의 전망에 비해서 실제 들어온 교육재정교부금이 2015년 기준으로 약 10조 원 정도 부족했기 때문"이라고 하였다. 그리고 "이렇게 중앙정부와 지방교육청이 평행선을 달리면 아이 기르기에 지친 국민들이 아이 낳기를 더욱 기피하게 될 것이기 때문에 근본적인 해결이 필요한 시점"이라고 하였다. 장병완 의원은 "결국 해법은 누리과정을 별도의 독립 비목으로 설정"해야 하는데, "현재의 지방교육재정 소요를 재산정하고 이 규모에서 누리과정 소요를 분리해서 독립시키고 남은 소요를 교부금 비율로 재설정하는 것이 그나마 합리적인 해결 방안"이라고 제안하였다(국회사무처, 2016g: 20-21).

정부는 2016년 7월 22일 조선업 등 구조조정과 일자리 지원을 위해 총 11조 원의 2016년도 추경예산안을 편성하였다. 11조 원 중에서 2016년 예상 세수 증가분 9.8조 원은 세출 확대에 활용하고, 2015년도 세계잉여금 1.2조 원은 국가채무 상환에 사용할 계획이었다. 초과 세수가 9.8조 원이므로 지방교육재정교부금 몫으로는 1.9조 원이 편성되었다. 정부는 시 · 도 교육청이 이 돈을 누리과정 편성 재원으로 활용할 수 있을 것으로 전망하였다(기획재정부, 2016d). 교육부는 "이번 추경에 따른 교부금 증액으로 시 · 도 교육청의 재정 여건이 대폭 개선될 것으로 예상"하고, "현재까지 법정 의무지출인 누리과정 예산을 편성하지 않고 있는 교육청에 대해서는, 동 재원 등을 활용하여 조속한 시일 내에 누리과정 예산을 전액 편성해야 할 것"이라고 강조하였다(교육부, 2016f).

정부가 추경예산안을 편성한 이후 누리과정 예산 논란은 다시 불붙었다. 정부는 2016년 7월 26일 추경안을 국회에 제출하였고, 7월 27일부터 이른바 '추경 정국'이 시작되었다. 당시 추경 정국의 최대 쟁점은 누리과정 예산이었다(세계일보, 2016. 7. 27.). 대통령은 황교안 국무총리가 대독한 시정연설문에서 추경은 신속히 집행해야 효과가 극대화될 수 있다고 했지만, 여야는 추경안 심사에 착수하기 위한 의사일정에 합의하지 못했다. 누리과정 예산편성을 둘러싸고 정부 · 여당과 야당 사이에 이견을 좁히지 못했기 때문이다.

2016년 8월이 되었으나 추경 처리를 두고 여야는 대립하였다. 8월 3일 더불어민주당 · 국민의당 · 정의당 등 야 3당 원내대표는 당시 현안인 검찰개혁과 사드(THAAD, 고고도미사일 방어체계) 대책 특별위원회 구성을 포함한 8개 항목에 대한 공조를 합의하고 이 중 일부를 추경예산과 연계할 수 있다는 입장을 밝혔다. 이에 대해 새누리당은 "다수 야당의 횡포"라며 반발하였다(한겨레, 2016. 8. 4.). 그럼에도 정부 · 여당과 야당 간 물밑 접촉은 계속되었다. 여야 3당 원내대표는 8월 12일 정세균 국회의장 주재로 열린 회동에서 8월 22일에 추경과 2015년도 결산안을 처리하기로 합의하였다(문화일보, 2016. 8. 12.).

2016년 8월 16일부터 임시국회가 열렸고, 국회 교문위는 2016년도 추경안 심사에 들어갔다. 이준식 사회부총리는 추경안 제안 설명에서 이번 추경안 편성으로 교부금이 당초 예산보다 1조 9,331억 원 증액된 43조 1,615억 원이라고 하였다. 이날 여당 의원들은 아직까지 누리과정 예산을 편성하지 않은 시 · 도 교육청에 대한 대책을 물었고, 야당 의원들은 시 · 도 교육청의 지방채가 막대하므로 교부금으로는 지방채 상환에 충당하고 별도 예산을 국고로 지원하거나 교부율을 올려야 한다고 하였다. 국가채무 상환에 활용할 1.2조 원의 절반인 6천억 원을 지방채 상환에 활용하자는 의견도 있었다(국회사무처, 2016h).

국회에서 추경안 심사를 하는 가운데 교육감협의회 이재정 회장 등 교육감 6명은 2016년 8월 18일 국회에서 긴급 기자회견을 열고, "누리과정 문제의 근본적 해결책 마련과 추경에 누리과정 예산을 포함할 것"을 촉구하였다. 교육감들은 기자회견문에서 "전국 시 · 도 교육청은 현재 14조 원이 넘는 지방교육채를 떠안고 있으며 올해 지방교육채 상환액만도 5천억 원이 넘는 최악의 재정위기를 맞고 있다."고 하고, "이번 추경예산은 2017년도와 2018년도에 반영해야 할 교부금을 미리 앞당겨 반영한 것에 불과하며 예산운영의 기본적 원칙을 저버린 것으로써 받아들일 수 없다."고 말했다(전국시도교육감협의회, 2016i).

여야는 당초 2016년 8월 22일 본회의를 열어 11조 원 규모의 추경을 통과시키기로 했으나 이른바 '서별관 청문회'로 불리는 '조선 · 해운업 부실 원인규명 청문회'에 최경환 전 경제부총리와 안종범 청와대 정책조정수석을 증인으로 참석시켜야 한다는 야당과 이에 반대하는 여당이 타협안을 찾지 못해 추경안 통과가 무산되었다(조선일보, 2016. 8. 24.). 추경이 무산될 가능성이 높아진 상황에서 8월 25일에는 이정현 새누리당 대표 출범 이후 첫 고위 당정청 회의가 열렸고, 이 회의에서 8월 안으로 추경 처리에 힘을 모으기로 하였다(내일신문, 2016. 8. 25.). 그러나 국회 교문위에서 문제가 생겼다. 국회 교문위는 8월 29일 야당 단독으로 국채 상환에 사용하기로 한 1조 2천억 원 중에서 6천억 원을 지방채 상환에 사용하는 안을 통과시켰다(국회사무처, 2016i). 이것이 하나의 원인이 되어 8월 30일로 예정된 본회의에서의 추경안 처리는 불발되었다(서울신문, 2016. 8. 31.).

한편, 정부는 2016년 8월 30일 사상 처음으로 400조 원을 초과하는 2017년도 예산안을 발표하였다. 지방교육재정교부금은 2016년 41.2조 원 대비 4.7조 원 증가한 45.9조 원으로 책정되었다(기획재정부, 2016e). 교육부도 같은 날 '2017년 교육부 예산안'을 발표하였다(교육부, 2016g). 정부가 새해 예산안을 발표함에 따라 국회는 9월 1일부터 시작되는 정기국회에서 2016년도 추경안과 2017년도 본예산을 함께 다루어야 할 상황에 놓였다. 여야는 8월 임시국회 마지막 날인 31일 밤늦게까지 협상한 끝에 9월 1일 본회의에서 추경안을 처리하기로 합의하였으나, 9월 1일에는 예결위 통과로 만족해야 했다. 예결위에서는 야당이 요구한 국채상환 예산 중 지방채 상환을 위한 6천억 원 지원은 반영되지 않았으나 교육시설 개 · 보수비 2천억 원을 예비비로 편성하였다. 2012년에 누리과정이 도입된 이후 세 번째 예비비 편성이었다.

2016년 9월 1일 본회의에서 추경안은 처리되지 않았다. 제20대 국회 첫 정기회 개회식이 9월 1일 있었으나 이번에는 정세균 국회의장의 개회사가 문제가 되었다. 새누리당 의원들은 국회의장이 우병우 청와대 민정수석의 거취, 사드 배치에 있어서 소통 부재 등을 거론하자 본회의장에서 집단 퇴장한 뒤 국회 의사일정을 전면 거부하였다. 그러나 국회는 하루 만에 다시 정상화되었다. 정세균 국회의장이 기자회견 형식으로 유감을 표명하기로 하고, 박주선 국회부의장이 사회를 보기로 한 것이다. 국회는 9월 2일 본회의에서 추경안을 통과시켰다(동아일보, 2016. 9. 3.).

2016년도 추경안이 확정된 후 교육부는 "9월 8일 오전까지 시 · 도 교육청으로부터 누리과정 예산편성 계획을 제출받은 결과, 서울 · 인천 · 광주 · 전남 · 경남 · 제주 등 6개 교육청이 추가로 편성 계획을 제출"하였으며, "계획 제출 기준으로 전액 편성 교육청은 총 14개로 확대"되었다고 발표하였다. 교육부는 또 추경에 따라 교부금이 1.9조 원 증액되었음에도 경기 · 강원 · 전북 등 3개 교육청이 "계속해서 누리과정 예산을 편성하지 않을 경우에는 관련 규정에 따라 2017년도 교부금 교부 시 감액 조치"할 수밖에 없다고 재차 확인하였다(교육부, 2016h). 2016년 9월 8일 현재 시 · 도 교육청 2016년도 누리과정 예산편성 현황은 〈표 9-11〉과 같다.

교육부의 발표에 대해 한국교원단체총연합회는 2016년 9월 8일, 누리과정 예산을 둘러싼 그동안의 갈등과 의견 차이에도 불구하고 14개 시 · 도 교육청이 전액 편성한 것은 유아와 학부모 · 교원을 우선 고려한 결정으로 높이 평가하며 환영한다고 하였다. 아울러 시 · 도 의회에서도 누리과정 관련 추경예산안이 반드시 통과되기를 기대하고, 아직 예산을 편성하지 않은 경기 · 강원 · 전북 지역도 조속히 해결되기를 바란다고 하였다(한국교원단체총연합회, 2016b).

정부 추경으로 시 · 도 교육청에 투입되는 예산이 교부금 1조 9천억 원과 예비비 2천억 원 등 약 2조 1천억 원 늘어났지만 경기 · 강원 · 전북 지역은 어린이집 누리과정 예산을 편성하지 않았다. 따라서 이들 지역의 어린이집 교사들의 반발이 고조되었다(국민일보, 2016. 9. 22.). 이 가운데 강원도교육청은 9월 22일 어린이집 누리과정 운영비 12개월치를 편성하기로 하였다(연합뉴스, 2016. 9. 22.).

일부 지역에서 여전히 2016년도 어린이집 누리과정 예산을 편성하지 않자 이영 교육부차관은 2016년 10월 4일 경기 · 전북지역 어린이집연합회 관계자들과 간담회를 가졌다. 이영 차관은 현장의 고충을 청취하고, 예산 미편성 교육청에 대해서는 2017년도 교부금에서 감액 정산할 계획이며, '지방교육정책 지원 특별회계법'

〈표 9-11〉 시 · 도 교육청 누리과정 예산편성 현황(2016. 9. 8. 기준)

지역	교육청 편성 개월 수(계획)		지자체	주요 동향 변동(교: 교육청, 지: 지자체)
	유치원 (계획)	어린이집 (계획)	어린이집 (계획)	
대구	12	12	12	(교, 지) 전액 편성(2. 25.)
울산	12	12	12	(교, 지) 전액 편성(2. 26.)
경북	12	12	12	(교, 지) 전액 편성(5. 4.)
충남	12	12	12	(교, 지) 전액 편성(5. 19.)
대전	12	12	12	(교, 지) 전액 편성(5. 27.)
부산	12	12	12	(교, 지) 전액 편성(6. 30.)
충북	12	12	12	(교, 지) 전액 편성(7. 20.)
세종	12	10 (12)	12	(교) 전액 편성 완료(5. 31.) ※ 어린이집 잔여 2개월분 예비비로 집행 예정 (지) 정상집행
서울	7.4 (12)	7.4 (12)	12	(교) 유치원(911억 원), 어린이집(1,333억 원) 부족분 전액 편성 예정(9. 5. 의회제출) (지) 정상집행
경남	12	8 (12)	12	(교) 어린이집 부족분(481억 원) 전액 편성 예정(9.20. 의회제출) (지) 정상집행
전남	12	5 (12)	12	(교) 어린이집 부족분(508억 원) 전액 편성 예정(9.13. 의회제출) (지) 정상집행
인천	11 (12)	11 (12)	12	(교) 유치원(107억 원), 어린이집(95억 원) 부족분 전액 편성 예정(9.30. 의회제출) (지) 정상집행
광주	9 (12)	0 (12)	12	(교) 유치원(185억 원)(9.28. 의회제출), 어린이집(670억 원) 부족분 전액 편성 예정(정리추경) (지) 9월까지 어린이집 방과후 과정비 선집행 예정
제주	12	9 (12)	12	(교) 어린이집 부족분(108억 원) 전액 편성 예정(10월 추경 검토) (지) 정상집행
강원	9 (12)	2.3* (0)	12 (-)	(교) 유치원 부족분(138억 원) 전액 편성 예정(9. 27. 의회제출) * 방과후 과정비 9개월분(어린이집 전체 예산 환산 시 2.3개월) (지) 12월까지 어린이집 방과후 과정비 선집행
전북	12	0 (0)	12	(교) 어린이집 편성 불가 입장 (지) 1~3월 어린이집 방과후 과정비 선집행
경기	8 (12)	0 (0)	12	(교) 어린이집 편성 불가 입장 (지) 12월까지 어린이집 방과후 과정비 선집행 예정

출처: 교육부(2016h), p. 3.

제정을 통해 반복되는 누리과정 예산 문제를 근본적으로 해결하기 위한 제도 개선을 추진하겠다고 하였다(교육부, 2016i). 그리고 같은 날 강원도교육청을 방문하여 민병희 강원도교육감과 만나 어린이집 누리과정 예산편성 문제를 협의했으나 접점을 찾지 못했다(노컷뉴스, 2016. 10. 4.).

이런 가운데 대구 · 대전 · 울산 · 경북 교육감을 제외한 13개 지역 교육감들은 2016년 10월 6일, 2017년도 어린이집 누리과정 예산을 편성할 수 없다는 결의문을 발표하였다(전국시도교육감협의회, 2016k). 2016년 10월 기준으로 일부 지역이 2016년도 누리과정 예산을 편성하지 않은 상태에서 2017년도 예산을 편성하지 않겠다고 결의한 것이다.

교육부는 2016년 10월 21일 시 · 도 교육청 예산담당 과장회의를 개최하고, 2017년도 시 · 도 교육청별 보통교부금 예정교부액을 통지하였다. 교육부는 2016년 10월 21일 현재까지 2016년 어린이집 누리과정 예산을 편성하지 않은 경기도교육청은 5,356억 원, 전북교육청은 762억 원 합계 6,117억 원을 감액 교부하였다. 감액된 예산은 유보금으로 배정하여 연말까지 해당 교육청이 누리과정 예산을 정상적으로 편성 · 집행할 경우에는 2017년 2월 확정교부 때 지원하고, 예산을 편성하지 않으면 교부기준에 따라 전체 교육청에 배분할 계획이라고 하였다(교육부, 2016j).

이처럼 2016년에 누리과정 갈등은 절정에 달했다. 10월까지도 일부 지역의 2016년도 예산편성이 끝나지 않은 채 2017년도 예산 전쟁이 다시 시작되었다. 그러나 2017년도 누리과정 예산 전쟁은 지금까지와는 차원이 다르게 전개되었다. 그것은 격변하는 정치체제 속에서 이루어졌다.

5. 누리과정 재정 문제 해소

정부는 2016년 8월 30일 2017년도 예산안을 발표했는데, 누리과정 등 주요 정책사업의 예산을 안정적으로 편성하기 위해 '지방교육정책 지원 특별회계'를 신설하기로 하였다(기획재정부, 2016e). 교육부도 같은 날 '2017년 교육부 예산안'을 발표했다. 교육부는 "지방교육재정교부금과 '지방교육정책 지원 특별회계'를 통한 시 · 도 교육청 교부 예산은 총 45조 9,118억 원"이며, 이것은 2016년 본예산 교부금 대비

4조 6,834억 원 증액된 수준이라고 하였다. 그리고 "지방교육재정교부금은「지방교육정책 지원 특별회계」를 신설함에 따라 40조 7,128억 원으로 편성"하였고, "누리과정 문제해결을 위해 국세 교육세를 재원으로「지방교육정책 지원 특별회계」를 신설하여 누리과정 지원 및 방과후 학교 지원 등 5개 사업에 5조 1,990억 원을 교부할 계획"이라고 하였다. 2017년에 유치원과 어린이집 누리과정 비용은 3조 8,294억 원이다(교육부, 2016g: 7-8).

정부가 2017년 예산안을 발표한 날 이재정 교육감협의회 회장은 "2017년 교육부 예산안은 특별회계를 신설하여 교육청으로 하여금 누리과정 예산을 편성하도록 강제하겠다는 것으로, 누리과정 논란을 더욱 악화시킬 것"이라고 말했다. 그리고 "누리과정 문제의 근본적 해결방안을 담은 2017 교육부 예산안을 다시 마련할 것"을 촉구하였다(전국시도교육감협의회, 2016j).

정부가 새해 예산안을 발표한 후 2016년 9월 1일부터 제20대 국회의 첫 번째 정기국회가 시작되었다. 2016년도 추경안이 우여곡절 끝에 9월 2일 국회 본회의를 통과했지만 앞으로 국회가 맞이할 상황은 그 누구도 상상하지 못했을 만큼 혼돈 그 자체였다. 2016년 8월 초부터 일부 언론에서 제기하기 시작한 미르재단과 K스포츠재단 설립과정 등 각종 의혹이 일파만파로 번졌기 때문이다.

1) 대통령 비선 실세의 국정농단 의혹

2016년도 국정감사는 이러한 의혹을 밝히고자 하는 야당과 증인채택을 막으려는 여당의 기싸움을 예고하고 있었다. 국정감사(이하 '국감')는 9월 26일부터 시작되었지만 여당인 새누리당은 국감을 거부했고, 이정현 새누리당 대표는 같은 날 무기한 단식농성에 들어갔다. 새누리당은 왜 국감을 거부했고, 당 대표는 왜 단식을 했는가? 새누리당이 보기에 중립을 지켜야 할 국회의장이 야권과 공조하여 2016년 9월 24일 국회 본회의에서 김재수 농림축산식품부 장관 해임건의안을 통과시켰기 때문이다. 다음날 박근혜 대통령은 김재수 장관 해임건의안을 받아들이지 않겠다는 입장을 공개적으로 밝혔다. 야권은 단독으로라도 국감을 실시하기로 하였다(국민일보, 2016. 9. 26.).

국회 교문위는 2016년 9월 26일 교육부 등을 대상으로 국감을 실시하려고 하였으나 새누리당 의원들이 참석하지 않아 9월 28일 시작하는 것으로 변경하였다(국회사무처, 2016j). 9월 28일에도 새누리당 의원들이 참석하지 않았지만 교문위는 더불어민주당과 국민의당 의원만으로 국감을 실시하였다. 야당 의원들은 전날 문화체육관광부를 대상으로 한 국감에서는 미르재단과 K스포츠재단을 둘러싼 의혹을 밝히려고 하였고, 9월 28일에는 이른바 '비선실세'로 불리는 최순실의 딸을 둘러싼 이화여대 승마 특례입학 등 의혹을 제기하였다. 누리과정 예산과 관련해서는 유성엽 교문위 위원장이 아직 상정도 되지 않은 특별회계 설치 법안을 근거로 예산을 편성하는 문제점과 교부금 예산으로 어린이집을 지원하는 법적 근거 등을 질의하였다(국회사무처, 2016k).

이정현 대표가 1주일간의 단식을 중단한 2016년 10월 2일, 새누리당은 국회 보이콧을 접고 10월 4일부터 국감에 참여하기로 하였다(국민일보, 2016. 10. 3.). 앞에서도 말했듯이 대구 · 대전 · 울산 · 경북 교육감을 제외한 13개 지역 교육감들이 2017년도 어린이집 누리과정 예산을 편성할 수 없다는 결의문을 발표한 날은 10월 6일이었다. 교육감들은 교육세를 재원으로 하는 2017년 교육부 예산안의 특별회계 신설은 법률 침해적 발상으로 지방교육자치를 훼손하며, 지방교육재정을 파탄에 이르게 할 것이라고 하였다(전국시도교육감협의회, 2016k). 2017년 누리과정 예산안 심의과정에서도 지난 몇 년간 겪었던 예산 전쟁이 불가피해 보였다.

새누리당 의원들이 복귀했으나 국회 교문위는 국정감사 기간 동안 증인채택 문제로 파행을 거듭하였다. 낮에는 파행을 거듭하고 밤이 되어서야 감사를 시작하는 일이 잦아서 '주파야감(晝跛夜監)'이라는 신조어를 남기기도 하였다(문화일보, 2016. 10. 13.). 2016년 10월 14일 마지막 종합감사에서도 각종 의혹에 대한 증인채택은 이루어지지 않았으나 감사는 정상적으로 진행되었다. 누리과정과 관련해서는 유성엽 위원장이 정책은 선택의 문제지만 법률 해석은 유일해야 하고 그것을 바탕으로 법 적용과 집행을 해야 한다고 말했지만, 나경원 의원은 법 해석이 다르다는 것을 속기록에 남기기 위해 발언한다고 하면서 의견을 제시하였다(국회사무처, 2016l).

국감을 끝낸 국회는 새해 예산안 심사에 들어갔다. 박근혜 대통령은 취임 후 매년 그랬듯이 2016년 10월 24일에도 2017년도 예산안 시정연설을 하였다. 대통령은 시정연설의 서두에서 20대 국회가 첫 예산안부터 법정처리 기한을 지켜 주고 산적한 현안들도 대화와 타협으로 풀어내서 국민들에게 새로운 정치의 희망을 보여 줄 것을 당부하였다. 그리고 연설의 말미에 개헌 추진을 공식화하였다. 대통령은 "1987년 개정되어 30년간 시행되어 온 현행 5년 단임 대통령제 헌법은 과거 민주화 시대에는 적합할 수 있었지만, 지금은 몸에 맞지 않는 옷"이 되었다고 하고, "임기 내에 헌법 개정을 완수하기 위해 정부 내에 헌법 개정을 위한 조직을 설치해서 국민의 여망을 담은 개헌안을 마련"하겠다고 말했다(대한민국 정책브리핑 홈페이지).

대통령은 그동안 개헌 논의에 대해 국정의 '블랙홀'이 될 수 있다는 입장을 취했으므로 이날 임기 내 개헌 추진 발언은 정국을 뒤흔들 만한 것이었다. 그러나 2016년 10월 24일 저녁에 JTBC가 특종 보도를 하면서 상황은 급반전되었다. JTBC는 박 대통령의 비선 실세 의혹을 받고 있는 최순실의 개인 컴퓨터 파일 200여 개를 입수해서 분석한 결과, 최 씨가 박 대통령의 연설문들을 실제 연설을 하기 전에 미리 전달받은 정황이 드러났다고 보도하였다(JTBC, 2016. 10. 24.). 박 대통령은 10월 25일 최 씨에게 공식 연설문 등을 사전에 유출했다는 의혹과 관련해서 대국민 사과 기자회견을 하였다. 박 대통령은 "최순실 씨는 과거 제가 어려움을 겪을 때 도와준 인연으로 지난 대선 때 주로 연설, 홍보 분야에서 저의 선거운동이 국민에게 어떻게 전달되는지에 대해 개인적 의견이나 소감을 전달해 주는 역할"을 했다고 인정하였다. 취임 후에도 일정기간에는 일부 자료에 대해 의견을 들은 적이 있으나, 청와대 및 보좌체제가 완비된 이후에는 그만뒀다고 하였다. 그리고 "이유 여하를 막론하고 국민 여러분께 심려를 끼치고, 놀라고, 마음 아프게 해 드린 점을 송구스럽게 생각"한다고 말했다(연합뉴스, 2016. 10. 25.).

대통령이 대국민 사과를 했지만 민간인에게 청와대 문건을 유출했다고 인정한 것이었으므로 사태는 걷잡을 수 없었다. 야당은 물론 여당에서도 2016년 10월 26일에는 최씨의 국정농단 의혹과 관련해 청와대의 전면적인 인적 개편을 요구하고 나섰다(조선일보, 2016. 10. 27.). 대학가에서는 국정농단 의혹에 대한 진상 규명을 촉구하는 시국선언이 들불처럼 번졌다. 2016년 10월 29일에는 국정농단 진상규명과 대통령 하야를 요구하는 첫 번째 촛불집회가 열렸다. 대통령이 청와대 수석비서관들의 일괄사표 제출을 지시한 10월 30일, 해외에 체류하던 최 씨가 귀국했고, 다음 날 검찰에 출두하였다. 더불어민주당, 국민의당, 정의당 등 야 3당은 11월 1일 이른바 '최순실 게이트' 진상규명을 위한 국정조사와 함께 별도 특검을 추진하기로 합의하였다(동아일보, 2016. 11. 2.).

2) 확산되는 촛불집회, 반복되는 누리과정 예산 전쟁

이러한 정치 환경 속에서 국회 교문위는 2016년 11월 1일 2017년도 교육부 예산안을 상정하였다. 이준식 사회부총리는 예산안 제안 설명에서 "유아 및 초·중등교육 부문은 금년보다 2조 7409억 원이 증액된 46조 1859억 원으로 편성"하였고, "지방교육재정교부금은 2조 4487억 원 감액된 40조 7128억 원을 편성하였으며, 교육세를 재원으로 하는 지방교육정책지원 특별회계를 신설하여 5조 1990억 원을 편성"하였다고 말했다. 교문위 위원들은 누리과정 예산에 대해서도 논의했으나 그동안 논의된 내용과 특별히 다르지 않았고 예산안 심사는 예산소위에 회부하였다(국회사무처, 2016m).

한편, 검찰 특별수사본부는 2016년 11월 3일 미르재단과 K스포츠재단에 대기업들이 출연하도록 강요한 혐의 등으로 최순실을 구속 수감하였다. 그러자 박근혜 대통령은 11월 4일 두 번째 대국민 사과를 하였다. 대통령은 "국가 경제와 국민의 삶의 도움이 될 것이라는 바람에서 추진된 일이었는데 그 과정에서 특정 개인이 이권을 챙기고 여러 위법행위까지 저질렀다고 하니 너무나 안타깝고 참담한 심정"이라며, 앞으로 검찰이 명명백백하게 진실을 밝혀야 하고, 자신도 검찰 조사에 성실히 임하겠다고 하였다. 그리고 "무엇으로도 국민들의 마음을 달래 드리기 어렵다는 생각을 하면 내가 이러려고 대통령을 했나 라는 자괴감이 들 정도"로 괴롭기만 하다고 하였다(연합뉴스, 2016. 11. 4.)

여론조사 전문업체 한국갤럽은 2016년 11월 4일 박 대통령의 국정 지지도가 5%까지 떨어져 역대 대통령 가운데 최저치를 기록했다고 발표하였다(연합뉴스, 2016. 11. 4.). 11월 5일 열린 두 번째 촛불집회에서 시민들은 "박근혜 퇴진"을 외쳤다.

어지러운 정국이 계속되고 국회에서 2017년도 예산안을 심사하고 있는 가운데 수도권 자치단체장과 교육감, 의회 의장은 11월 7일 국회에서 긴급 기자회견을 열고, 지방재정 확충과 누리과정 문제의 근본적 해결을 국회에 촉구하였다. 이날 기자회견은 박원순 서울시장, 조희연 서울시교육감, 이청연 인천시교육감, 이재정 경기도교육감, 양준욱 서울시의회의장, 정기열 경기도의회의장 등 18명의 공동대표 이름으로 국회의원, 시장·군수·구청장, 시·도의원, 교육장, 시·군·구의원, 관계자 등 300여 명이 참석하여 진행하였다. 공동대표들은 기자회견 후 각 당 원내대표를 방문하여 입장문을 전달하고 국회 차원의 조속한 문제해결을 당부하였다(전국시도교육감협의회, 2016l).

언론은 2016년 11월 8일부터 시 · 도 교육청의 2017년도 누리과정 예산편성 실태를 보도하기 시작하였다. 시 · 도 교육청이 예산안을 편성하여 시 · 도 의회에 제출하는 시기가 되었기 때문이다. 2016년 11월 11일 기준으로 대구 · 대전 · 울산 · 경북 등 4곳은 유치원과 어린이집 누리과정 예산을 전액 편성했고, 인천은 7개월분만 편성했다. 그러나 나머지 12곳은 어린이집 누리과정 예산을 편성하지 않았다(조선일보, 2016. 11. 11.).

촛불집회는 매주 토요일마다 열렸고, 참여 인원은 점점 늘어났다. 2016년 11월 12일 3차 촛불집회에는 주최 측 추산 100만 명, 경찰 추산 26만 명이 참여하였다. 집회 참가자들은 '최순실 게이트' 진상규명과 박근혜 대통령 퇴진을 요구하였다. 청와대 대변인은 11월 15일 대통령의 즉각적인 하야나 '질서 있는 퇴진'은 고려하지 않고 있다고 하였다. 검찰 수사도 '서면조사'를 원칙으로 하고 조사 시기도 늦춰달라고 검찰에 전달한 것으로 전해졌다. 같은 날 문재인 더불어민주당 전 대표는 기자회견을 갖고 국민과 함께 전국적인 퇴진 운동에 나서겠다고 말했다(조선일보, 2016. 11. 16.).

국회 교문위는 2016년 11월 16일 전체회의를 열어 2017년도 예산안과 교육부, 문화체육관광부 소관 법안들을 안건으로 상정하였다. 이날 회의에서 송기석 예산소위 위원장은 11월 2일부터 11월 16일까지 예산안 등을 심사한 결과를 보고했는데, 누리과정 관련 예산안은 심사 과정에서 의원들 간에 찬반이 있어 의결을 유보하기로 했다고 말했다. 유성엽 위원장은 교육부가 특별회계 신설을 전제로 2017년도 누리과정 예산안을 편성했고, 특별회계 신설에 대해 여야 간에 의견이 갈리므로 교문위에서는 일단 결정을 유보하고 예결위로 결정을 넘기자고 말했다. 교문위 전체회의가 열린 11월 16일 현재 누리과정과 관련해서 특별회계 법안 4개가 교문위에 제출되어 있고, 여야 3당 정책위의장과 경제부총리, 사회부총리가 참여하는 5자 협의체가 구성되어 있으므로 교문위에서의 법안심사 결과와 5자 협의체에서의 합의사항을 종합해서 예결위에서 최종 결정하도록 하자는 의미였다. 이날 교문위는 2017년도 교육부 예산안을 의결했고, 누리과정 관련 특별회계 법안 4건도 상정하여 법안소위에 회부하였다(국회사무처, 2016n).

이재정 교육감협의회 회장은 2016년 11월 17일, 여야정 정책협의체와 예결위에서 누리과정 문제의 조속한 해법을 마련해 줄 것을 촉구하는 성명을 발표하였다.

국세 교육세를 재원으로 특별회계를 신설하고자 하는 교육부 예산안을 폐기하고 어린이집 누리과정 지원을 위한 별도 국고 예산을 조속히 편성하라는 것이 성명서의 주요 내용이다(전국시도교육감협의회, 2016m).

국회는 2016년 11월 17일 본회의를 열어 이른바 '최순실 특검법'을 통과시켰고, 2016년 11월 17일부터 2017년 1월 15일까지 '국정조사 특위'를 가동하였다(국회사무처, 2016o).[4] 박근혜 대통령은 11월 18일 공식 일정을 재개하여 한광옥 비서실장을 비롯하여 최재경 민정수석 등 청와대 참모진과 정무직 10명에게 각각 임명장을 수여하였다. 또한 11월 22일로 예정된 국무회의를 주재하고 12월에는 일본에서 열릴 예정인 한 · 중 · 일 정상회의에도 참석할 것이라는 보도가 흘러나왔다. 야당은 이날부터 박근혜 대통령 퇴진을 위한 범국민 운동에 본격적으로 착수하였다(세계일보, 2016. 11. 19.).

검찰 특별수사본부는 2016년 11월 20일 '최순실 국정농단' 중간 수사결과를 발표하였다. 검찰은 최순실과 안종범 전 청와대 수석, 정호성 전 비서관 등 3명을 기소하고, 대통령을 미르재단과 K스포츠재단의 불법 설립 및 강제 모금, 청와대 문건 유출 등을 공모한 혐의를 받는 피의자로 입건하였다. 헌정 사상 첫 피의자 대통령이 된 셈이다(조선일보, 2016. 11. 21.).

2016년 11월 22일 국무회의에서 '최순실 특검법'이 통과되었다. 김무성 새누리당 전 대표는 11월 23일 내년 대선 불출마를 선언하고 대통령 탄핵에 앞장서겠다고 하였다. 야 3당 원내대표는 11월 24일 대통령 탄핵소추안을 공동으로 마련해 정기국회가 끝나는 12월 9일까지 탄핵안을 의결하기로 합의하였다. 새누리당에서도 탄핵 찬성 의원이 40명을 넘어선 것으로 알려졌다(한겨레, 2016. 11. 25.).

대통령 탄핵 정국이 시작된 가운데 2017년도 예산안 법정처리 시한은 서서히 다가오고 있었다. 예산안 처리 시한을 일주일 앞둔 2016년 11월 24일, 정세균 국회의장과 여야 3당 정책위의장이 만나 2017년 예산안 처리 문제를 논의하였다. 새해 예산안에서 더불어민주당이 최우선 과제로 선택한 것은 누리과정 예산이었다. 더불어민주당은 정부 · 여당이 추진하는 특별회계 전액을 삭감해서 보통교부금으로 반영하고, 어린이집 누리과정 예산을 일반회계로 편성하거나 지방재정교부율을

---

4) 최순실 국정농단 의혹 사건과 관련하여 2016년 11월 17일 국회 본회의에서 의결된 법률안과 국정조사계획서 승인안의 명칭은 각각 '박근혜 정부의 최순실 등 민간인에 의한 국정농단 의혹 사건 규명을 위한 특별검사의 임명 등에 관한 법률안'과 '박근혜 정부의 최순실 등 민간인에 의한 국정농단 의혹 사건 진상규명을 위한 국정조사계획서 승인의 건'이다[국회사무처. 제346회 국회(정기회), 국회본회의회의록 제13호].

인상해서 필요한 재원을 확보해야 한다는 입장이었다. 그러기 위해서는 법인세와 소득세 인상을 통한 추가세입 확보가 하나의 방편이었다. 따라서 법인세와 소득세 인상을 각각 담은 '법인세법 개정안'과 '소득세법 개정안'을 정기국회 중점 통과 법안으로 지정하였다. 그러나 누리과정 예산이 안정적으로 확보된다면 세법 개정안을 예산부수법안으로 지정하지 않을 수도 있다는 유연한 입장을 견지하였다. 따라서 새해 예산안의 3대 쟁점은 법인세와 소득세 인상, 누리과정 예산 확보였다. 정세균 국회의장은 여야 협상을 통해 합의하기를 바라지만, 합의가 되지 않으면 헌법과 법률, 그리고 그동안의 관행에 따라 처리할 수밖에 없다고 하였다(중앙일보, 2016. 11. 25.).

2016년 11월 25일 대통령의 국정 지지도는 역대 최저치를 또 갱신하였다. 한국갤럽은 대통령의 국정 운영을 긍정적으로 평가한 응답자가 4%이고, 93%는 부정적으로 평가했다고 발표하였다. 대통령의 국정 지지도는 11월 이후 3주째 5%를 유지해 왔으나 더 떨어진 것이다(연합뉴스, 2016. 11. 25.). 한국갤럽은 같은 날 정당 지지도 조사결과를 발표했는데, 더불어민주당 34%, 국민의당 16%, 새누리당 12%였다. 새누리당 지지도는 창당 이후 최저치였다(뉴시스, 2016. 11. 25.). 행정부 수반인 대통령의 리더십을 전혀 기대할 수 없고, 새누리당은 대통령 탄핵안 처리를 두고 '친박계'와 '비박계'로 분열되어 있었으므로 예산안과 세법 개정안이 졸속으로 처리되는 것 아니냐는 우려가 커졌다. 뿐만 아니라 야권의 '12월 2일 또는 12월 9일 탄핵안 처리' 계획과 '12월 2일 새해 예산안 법정처리 시한'이 맞물려 있어서 상황은 더욱 복잡해졌다. 11월 26일 제5차 촛불집회에는 주최 측 추산 190만 명이 참가하였다.

국회 기획재정위원회 여야 3당 간사, 기획재정부 제1차관과 세제실장은 2016년 11월 27일 예산안 처리의 막판 쟁점으로 떠오른 법인세 · 소득세 인상 여부, 누리과정 지원 액수 등을 놓고 비공개 협상을 벌였다(조선일보, 2016. 11. 28.). 그러나 협상은 잘 이루어지지 않았다. 더불어민주당 우상호 원내대표는 11월 28일, 정부가 2~3일 내로 누리과정 예산에 대한 답을 주지 않으면 민주당은 결단할 수밖에 없다고 말했다. 같은 날 정세균 의장과 3당 원내대표의 만남에서도 누리과정 문제가 논의되었다. 법인세 인상과 누리과정 예산 '빅딜'이 새해 예산안의 최대 관심사였다(중앙일보, 2016. 11. 29.).

3) 3년 한시 「유아교육지원특별회계법」

정세균 국회의장은 2016년 11월 29일, 2017년도 세입예산안 부수법률안 31건을 지정해 소관 상임위원회에 통보하였다. 정 의장은 "국정 혼란에도 국회가 중심을 잡고 예산안 및 관련 법안 처리에 만전을 기해야 한다."며 "국회법 제85조의3에 따라 소관 상임위원회는 11월 30일까지 지정된 부수법안을 여야 합의로 꼭 처리"해 줄 것을 당부하였다. 이날 발표한 예산 부수법안을 상임위별로 보면 기재위 24건, 국토위 1건, 교문위 6건이다. 「국회법」 제85조의3은 위원회가 예산안과 세입예산 부수법안 심사를 11월 30일까지 마치도록 하고, 만약 마치지 못할 때에는 12월 1일 본회의에 자동부의하도록 정하고 있다(대한민국국회, 2016a).

한편, 박근혜 대통령은 2016년 11월 29일 제3차 대국민 담화를 했다. 박 대통령은 "1998년 처음 정치를 시작했을 때부터 대통령에 취임하여 오늘 이 순간에 이르기까지 오로지 국가와 국민을 위하는 마음으로 모든 노력"을 다해 왔다고 하면서, 단 한 순간도 사익을 추구하지 않았으며, 작은 사심도 품지 않고 살아왔다고 말했다. 그러나 주변을 제대로 관리하지 못한 것은 큰 잘못이라고 하였다. 그러면서 대통령직 임기단축을 포함한 진퇴 문제를 국회의 결정에 맡기겠다고 하였다(연합뉴스, 2016. 11. 29.). 대통령이 자진 사퇴를 거부하고 국회의 결정에 따르겠다고 했으니 이제 대통령의 운명은 국회로 넘어왔다. 박 대통령은 11월 30일, 전날 야당이 추천한 특별검사 후보 2명 중에서 박영수 변호사를 임명했고, '박근혜 정부의 최순실 등 민간인에 의한 국정농단 의혹 사건 진상규명을 위한 국정조사 특별위원회'(이하 '국조특위')는 같은 날 국정조사를 개시하였다(내일신문, 2016. 11. 30.).

정세균 국회의장은 2016년 11월 30일 여야 3당 원내대표를 만나 예산안 관련 협상을 이어 갔고, 예산안을 법정시한 내에 처리해 달라고 당부하였다. 그러나 여야 합의가 이루어지지 않자 전날 지정한 31건의 부수법안 중에서 20건을 '본회의 자동부의법안'으로 선정하여 통보하였다. 본회의 자동부의법안은 정부제출 법안 14건, 의원발의 법안 6건이며, 소관 상임위별로 보면 기재위 17건, 교문위 3건이다. 정세균 국회의장은 "헌법조항(제54조 ②항)을 준수하기 위해 법정시한인 12월 2일에는 예산안과 부수법안을 본회의에 상정 · 표결할 수밖에 없다."며 "여야는 그전까지 누리과정, 법인세, 소득세 등 쟁점사항을 꼭 합의해 달라."고 당부하였다(대한민국국회, 2016b). 이날 누리과정 지원을 위한 특별회계 신설과 관련하여 자동부의된 법안은 유성엽 의원이 대표발의한 것으로 〈표 9-12〉에서 보는 것처럼 기재위 소관 1건, 교문위 소관 3건이다.

〈표 9-12〉 누리과정 관련 본회의 자동부의 법안 선정 목록

소관상임위	법안명	주요 내용
기재위	국가재정법 일부개정안 (유성엽 의원 대표발의)	• 유아공교육체제발전특별회계의 설치근거 마련
교문위	유아공교육체제발전 특별회계법안 (유성엽 의원 대표발의)	• 누리과정 및 유아교육, 보육 통합 등에 대한 명확한 법률적 기반이 마련되고 안정적인 재원을 확보하기 전까지, 한시적으로 누리과정에 소요되는 비용만을 위한 특별회계를 설치
	지방교육재정교부금법 일부개정안 (유성엽 의원 대표발의)	• 지방교육재정교부금 보통교부금 중 유치원에서 소요되는 누리과정 비용을 공교육체제발전특별회계로 전입시킴
	지방교육자치에 관한 법률 일부개정안 (유성엽 의원 대표발의)	• 교육 및 학예에 관한 경비를 충당하는 재원으로 '유아 공교육체제 발전 특별회계법'에 따른 유아공교육체제발전특별회계 전입금을 포함

출처: 대한민국국회(2016b)에서 재구성.

국회 예결위가 2017년도 예산안 심사 마지막 날인 2016년 11월 30일까지 예산안을 의결하지 못했으므로 이제 예산안은 정부 원안대로 본회의에 안건으로 올라가게 되었다. 정부 원안의 통과를 막기 위해서는 여야가 합의해서 수정안을 제출해야 하는데, 여야가 12월 2일 본회의까지 수정안을 내려면 쟁점인 누리과정 예산에 대해 합의해야 했다. 여야 간 합의로 누리과정 예산을 증액할 경우에는 정부가 동의해야 한다. 누리과정 예산 문제가 예산안 협상의 최대 쟁점이 된 것은 2014년 이래 3년째였다. 그런데 2016년의 상황은 지난 2년과 많이 달라졌다. 가장 큰 변화는 대통령 탄핵정국으로 정부와 여당에 대한 청와대의 영향력이 약화되었다는 것이다.

예산안 처리 시한을 하루 앞둔 2016년 12월 1일, 새누리당 김광림, 더불어민주당 윤호중, 국민의당 김성식 정책위의장은 정부가 특별회계를 편성하고 그동안 우회지원해 온 누리과정 예산을 대폭 늘리도록 요구하는 합의문을 발표하였다. 통상적으로 예산안 협상에서 정부·여당과 야당 간에 치열한 줄다리기를 벌여 온 것과는 달리, 이번에는 여야가 정부를 상대로 협공을 펴는 이례적인 상황이 연출된 것이다. 여야 3당 정책위의장이 합의한 정부지원액은 1조 원 규모이지만 정부 측은 지원액 규모가 너무 크다는 입장을 고수하는 것으로 알려졌다(연합뉴스, 2016. 12. 1.).

새해 예산안 법정처리 시한인 2016년 12월 2일, 정부와 여야 3당은 2017년도 예산안 협상을 타결하였다. 정부와 여야 3당의 합의 내용은 누리과정을 위하여 3년 한시 특별회계를 신설하고, 세입은 지방교육재정교부금과 일반회계로부터의 전입금으로 하며, 2017년도 일반회계 전입금은 8,600억 원으로 한다는 것이었다. 2017년도 누리과정 예산은 유치원 1조 9,049억 원, 어린이집 1조 9,245억 원으로 합계 3조 9,000억 원이며, 이 가운데 중앙정부 일반회계로 어린이집 누리과정 예산 8,600억 원을 부담하기로 한 것이다(조선일보, 2016. 12. 3.).

예산안에 대한 여야정 합의가 지연된 관계로 예산안 처리를 위한 국회 본회의는 2016년 12월 2일 밤늦게 개회되었다. 정세균 국회의장은 개회사에서 "무엇보다 법정시한 내에 여야 합의로 처리할 수 있게 되어 의장으로서 대단히 기쁘게 생각"하며, "엄중한 시기에 우리 국회가 국민들께 제 역할을 하는 모습을 보여 드릴 수 있게 되어 다행스러운 마음"이라고 하였다. 그리고 "특히 이번에 수년간 논란이 되어 왔던 누리과정 예산을 제도화함으로써 갈등의 소지를 해소했다는 점을 높이 평가"하고, 오늘을 계기로 더 이상 마찰이나 논란이 없기를 바라며 아이들이 밝고 건강하게 자랄 수 있도록 앞으로도 최선을 다해 나가자고 말했다(국회사무처, 2016p: 2).

2016년 12월 2일 본회의에서는 앞서 국회의장이 세입예산안 부수법안으로 부의한 누리과정 관련 법안 4건도 상정되었다. '유아 공교육체제 발전 특별회계법안' 등 4건의 법안을 대표발의한 유성엽 의원은 법안 제안 설명에서, 그동안 누리과정 논란이 계속 되어 온 정황과 법안을 대표발의한 취지를 말한 후, "제가 제안한 법률안들이 통과가 된다면 말끔하게 누리과정 문제가 해결이 될 것"이라고 하였다. 그러나 여야 3당 합의로 마련된 수정안은 "절대 통과가 돼서는 안 되는 법"이라고 하였다. 유성엽 의원은 수정안이 통과되어서는 안 되는 이유를 설명했다. 수정안은 "어린이집에 대해서 교육세나, 실질적으로는 교육재정교부금에서 부담할 수 있는 길을 터 줘 버리는 길"이며, "정부가 그동안 법률을 위반해서 잘못해 온 일을 오히려 합법화시켜 주고 정당화"시켜 준다고 하였다. 한마디로 수정안을 통과시키는 것보다는 자신의 원안을 통과시키고, 그것도 어렵다면 지금까지와 같이 목적예비비를 편성해서 지원하자는 것이었다(국회사무처, 2016p: 8-9).

유성엽 의원의 제안 설명에 이어 여야가 합의한 수정안을 대표 발의한 염동열 의원은 제안 설명에서 "수정안은 제명을 '유아 공교육체제 발전 특별회계법'에서 '유아교육지원 특별회계법'으로 변경하고 특별회계의 세입을 교육세, 기타 재원에서의 일반회계 전입금"으로 하였고, "유효기간을 종전의 '2021년 12월 31일까지'에서 '2019년 12월 31일까지'로 수정"하였다고 말했다(국회사무처, 2016p: 9). 투표 결과, 수정안이 가결되었고, 당초 유성엽 의원이 대표발의한 나머지 3개 법안도 각각 수정안이 발의되어 가결되었다. 그러나 2017년도 예산안은 수정안 작성에 시간이 걸려서 국회는 차수를 변경하여 12월 3일 새벽에 본회의를 열고 수정안을 통과시켰다(국회사무처, 2016q).

국회가 「유아교육지원특별회계법」을 제정한 이유는 "유아교육 정책에 대한 일관성과 안정성을 기하고 누리과정을 둘러싼 사회적 혼란과 갈등을 방지"하기 위해서이다. 같은 날 국회에서 의결한 「지방교육재정교부금법」「지방교육자치에 관한 법률」「국가재정법」의 개정 이유는 "2019년까지 한시적으로 누리과정 운영을 지원하는 '유아교육지원특별회계'를 설치하는 내용으로 「유아교육지원특별회계법」이 제정"됨에 따라 관련 법률의 내용을 각각 개정한다는 것이다. 4개 법률은 각각 2016년 12월 20일 제 · 개정되어 2017년 1월 1일부터 시행되었다(국가법령정보센터 홈페이지).

이때 제 · 개정된 4개 법률의 내용을 차례로 살펴보자.

먼저 「유아교육지원특별회계법」의 내용을 보면, '유아교육지원특별회계'(이하 '특별회계')는 교육부장관이 운용 · 관리한다. 특별회계의 세입은 ① 일반회계로부터의 전입금, ② 다른 특별회계와 기금으로부터의 전입금, ③ 차입금, ④ 그 밖의 수입금이다. 일반회계로부터의 전입금은 크게 두 가지이다. 하나는, 「교육세법」에 따른 교육세 중 해당 회계연도의 예산으로 정하는 금액이고, 다른 하나는, 예산에서 정하는 일반회계 금액이다. 특별회계의 세출은 ①「유아교육법」에 따른 유치원과 「영유아보육법」에 따른 어린이집에서 취학 직전 3년의 유아에 대한 공통 교육 · 보육과정 운영에 소요되는 비용을 지원하기 위하여 지방자치단체에 교부하는 지원금, ② 차입금에 대한 원리금 상환, ③ 그 밖의 특별회계의 운용에 필요한 경비이다. 교육부장관은 특별회계 예산을 시 · 도교육비특별회계에 전입하여 시 · 도 교육감이 예산을 편성 · 집행하도록 하며, 시 · 도 교육감은 예산을 다른 용도에 사용해서는 안 된다(법률 제14395호, 2016. 12. 20. 제정).

「지방교육재정교부금법」의 개정 내용은 〈표 9-13〉과 같다. 국가가 지방자치단체에 교부하는 교부금의 재원에 해당 연도의 「교육세법」에 의한 교육세 세입액 중에서 「유아교육지원특별회계법」 제5조 제1항에서 정하는 금액을 제외한 금액을 포함한다는 것이다.

〈표 9-13〉 「지방교육재정교부금법」 개정 전후 비교

지방교육재정교부금법 [법률 제14373호, 2016. 12. 13., 일부개정]	지방교육재정교부금법 [법률 제14399호, 2016. 12. 20., 일부개정]
제3조 (교부금의 종류와 재원) ① (생략)	제3조 (교부금의 종류와 재원) ① (현행과 같음)
② 교부금의 재원은 다음 각 호의 금액을 합산한 금액으로 한다.	② 교부금의 재원은 다음 각 호의 금액을 합산한 금액으로 한다.
1. · 2. (생략)	1. · 2. (현행과 같음)
3. 당해 연도의 「교육세법」에 의한 교육세 세입액 전액에 해당하는 금액	3. 해당 연도의 「교육세법」에 의한 교육세 세입액 중 「유아교육지원특별회계법」 제5조 제1항에서 정하는 금액을 제외한 금액
③ · ④ (생략)	③ · ④ (현행과 같음)

「지방교육자치에 관한 법률」의 개정 내용은 〈표 9-14〉와 같다. 교육 · 학예에 관한 경비를 충당하는 재원에 '유아교육지원특별회계에 따른 전입금'을 명시하는 내용이다.

〈표 9-14〉 「지방교육자치에 관한 법률」 개정 전후 비교

지방교육자치에 관한 법률 [법률 제14372호, 2016. 12. 13., 일부개정]	지방교육자치에 관한 법률 [법률 제14398호, 2016. 12. 20., 일부개정]
제36조 (교육 · 학예에 관한 경비) 교육 · 학예에 관한 경비는 다음 각 호의 재원(財源)으로 충당한다.	제36조 (교육 · 학예에 관한 경비) 교육 · 학예에 관한 경비는 다음 각 호의 재원(財源)으로 충당한다.
1. ~ 3. (생략)	1. ~ 3. (현행과 같음)
4. 제1호 내지 제3호 외의 수입으로서 교육 · 학예에 속하는 수입	4. 유아교육지원특별회계에 따른 전입금
〈신설〉	5. 제1호 내지 제4호 외의 수입으로서 교육 · 학예에 속하는 수입

「국가재정법」은 특별회계 설치 근거를 추가하기 위해 개정되었다. 「국가재정법」 제4조 제3항은 법률로써 특별회계를 설치하도록 하고 있으므로 관련 조문의 [별표]

에「유아교육지원특별회계법」을 신설하였다.

'유아교육지원특별회계' 도입은 시 · 도 교육청의 누리과정 예산편성에 어떤 영향을 미치는가? 2015년부터 유치원과 어린이집의 누리과정 비용은 중앙정부 재정, 즉 교육부 일반회계에 편성된 보통교부금이 주된 재원이었고, 보통교부금의 재원은 내국세 총액의 20.27% 금액의 96% 해당 금액과 교육세 세입액 전액이었다. 그러나 2017년부터는 누리과정 운영 지원을 위해 중앙정부 재정에 '유아교육지원특별회계'가 신설되었고, 특별회계의 주된 재원은 중앙정부의 일반회계 전입금과 교육세 세입액 중 일부이다. 따라서 시 · 도 교육청의 입장에서 보면, 유아교육지원특별회계 도입으로 인해 중앙정부의 일반회계 전입금을 추가로 받게 되었다. 그동안 시 · 도 교육청은 내국세에 연동되어 교부되는 보통교부금에 의존하여 누리과정 예산을 편성해야 했으므로 경제가 어려울 때는 내국세 감소로 예산편성에 어려움이 있었으나 앞으로는 경기변동과 관계없이 누리과정 예산을 교육세 일부와 함께 중앙정부 일반회계에서 별도로 지원받을 수 있게 된 것이다.

국회가 3년 한시의 특별회계를 설치하고 2017년도 누리과정 예산을 통과시키자 한국교원단체총연합회는 2016년 12월 5일, 이번 합의가 누리과정 예산 갈등과 논란 해소의 출발점이 되길 기대한다고 하였다. 다만, 여전히 부담주체에 대한 법적 논란이 존재하고, 재정도 충분히 확보되었다고 보기 어려우므로 근본적인 대책 마련을 위해 몇 가지 과제를 제시하였다. 첫째, 누리과정 특별회계 편성 기간인 3년이 지나면 또 재원을 둘러싼 논란과 갈등이 재연될 수 있으므로 조속히 유보통합을 추진해야 한다. 둘째, 표를 의식하는 포퓰리즘 교육복지 정책으로 교육환경시설 예산과 학교기본운영비 등 교육 본질 예산이 축소되고 있으므로 '선별적 복지 정책'으로 방향을 전환해야 한다. 셋째, 시 · 도 교육청은 여야 합의 정신을 존중해서 내년에는 누리과정 예산을 반드시 편성할 것을 촉구한다(한국교원단체총연합회, 2016c).

한편, 교육감협의회는 2016년 12월 6일, 누리과정 관련 법안과 예산안이 국회를 통과한 데 대해 입장을 발표하였다. 일부 교육감들의 '입장 유보'를 전제로 교육감협의회는 "이번에 통과된 '유아교육지원특별회계법안' 등의 관련 법안과 예산안의 핵심은, 지방교육재정교부금과 일반회계 전입금을 세입으로 하는 3년 한시 특별회계를 설치하고, 누리과정 전체 비용의 78%를 지방교육재정교부금에서, 나머지 22%인 8600억 원은 일반회계 전입을 통해서 재원을 마련한 것"이라고 하였다. 그리고 "이번에 통과된 안들이 정부의 법률위반 행정으로 야기된 누리과정의 불법성

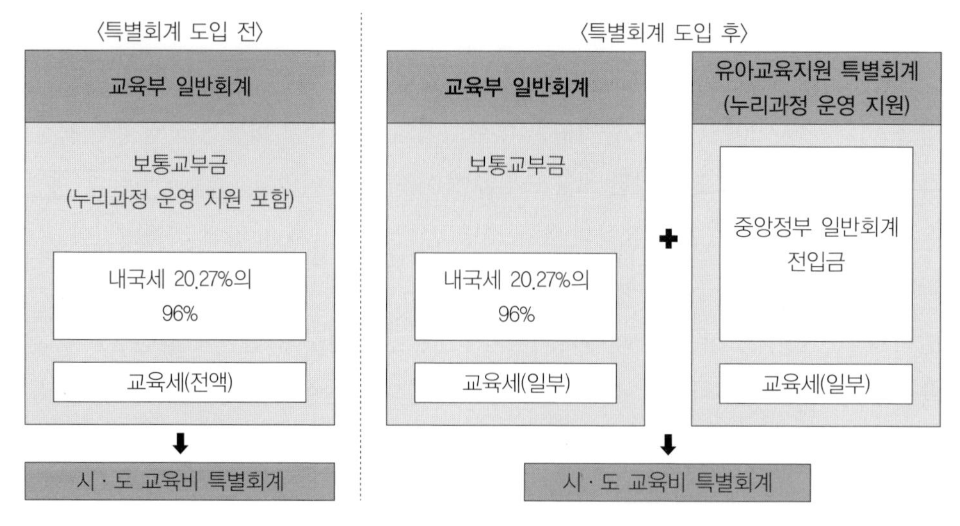

[그림 9-6] 유아교육지원 특별회계 도입 전후 비교

해소와 지방교육재정 문제 해법에 하나의 실마리를 제공했다는 의미에도 불구하고, 지난 4년여 동안 우리 교육감들과 교육주체들이 줄기차게 요구해 왔던 핵심 문제를 외면한 채, 당장의 갈등만 덮는 임시방편에 그친 것에 대하여 깊은 유감을 표한다"고 하였다. 아울러 이번 법률안은 '3년 한시'의 임시 대책이므로 정부와 국회는 보다 근본적인 해결책 마련을 서둘러야 할 것이라고 하였다(전국시도교육감협의회, 2016n).

「유아교육지원특별회계법」 제정안이 국회를 통과한 이후 시 · 도 교육청의 누리과정 예산편성은 순조로웠다. 경기도교육청은 2016년 미편성액 5,459억 원을 편성하기로 경기도와 합의하였고(한겨레, 2016. 12. 5.), 충남교육청은 2017년 어린이집 누리과정 예산까지 편성하였다(문화일보, 2016. 12. 8.). 2016년 12월 13일에는 경기도 예산안이 도의회를 통과했는데, 5년 만에 시한 내 처리였다(동아일보, 2016. 12. 14.). 서울시교육청은 12월 21일 유치원과 어린이집 누리과정 5개월분 예산을 편성하였고, 나머지는 2017년 추경 때 편성하기로 하였다(한겨레, 2016. 12. 23.). 그러나 전북교육청은 도의회가 편성한 어린이집 누리과정 예산을 2016년 말까지 집행하지 않아 두 기관 간 갈등을 빚었다(한겨레, 2017. 1. 3.).

한편, 2017년부터 유치원과 어린이집의 누리과정 비용을 '유아교육지원특별회계'로 지원함에 따라 보건복지부는 〈표 9-15〉와 같이 「영유아보육법 시행령」을 개정하였다. 어린이집 누리과정 비용을 보통교부금으로 부담해 왔으나 2019년까지는 유아교육지원특별회계에서 부담한다는 내용이다.

〈표 9-15〉「영유아보육법 시행령」 개정 전후 비교

영유아보육법 시행령 [대통령령 제27252호, 2016.6.21., 타법개정]	영유아보육법 시행령 [대통령령 제27732호, 2016.12.30., 일부개정]
제23조 (무상보육 실시 비용) ① 법 제34조 제3항에 따라 제22조 제1항 제1호의 영유아 무상보육 실시에 드는 비용은 예산의 범위에서 부담하되, 「지방교육재정교부금법」에 따른 보통교부금으로 부담한다. 〈단서 신설〉	제23조 (무상보육 실시 비용) ① 법 제34조 제3항에 따라 제22조 제1항 제1호의 영유아 무상보육 실시에 드는 비용은 예산의 범위에서 부담하되, 「지방교육재정교부금법」에 따른 보통교부금으로 부담한다. 다만, 법률 제14395호 「유아교육지원특별회계법」 부칙 제2조에 따른 유효기간까지는 같은 법 제2조에 따른 유아교육지원특별회계에서 부담한다.

어수선한 정국 속에서도 새해 예산안을 합의 처리한 국회는 이제 박근혜 대통령의 거취 문제를 다루어야 했다. 박 대통령은 2016년 11월 29일 제3차 대국민 담화에서 자신의 진퇴 문제를 국회의 결정에 맡기겠다고 했으나 여야는 생각이 달랐다. 새누리당은 비박계의 다른 목소리가 있기는 했으나 '4월 퇴진, 6월 대선'을 당론으로 정했고, 야 3당은 대통령의 퇴진 시한 입장 표명에 상관없이 12월 9일에 탄핵소추안을 표결하기로 합의하였다. 그러나 토요일마다 열린 촛불집회는 규모가 점점 더 커져 갔고 그것은 국회에 커다란 압박이었다. 대통령 탄핵소추안 발의는 12월 3일 새벽에 야 3당과 무소속 의원 171명이 참여해서 이루어졌다(연합뉴스, 2016. 12. 3.).

대통령 탄핵소추의 열쇠는 새누리당이 쥐고 있었다. 「헌법」 제65조 제2항은 "대통령에 대한 탄핵소추는 국회 재적의원 과반수의 발의와 국회 재적의원 3분의 2 이상의 찬성이 있어야 한다."고 정하고 있는데, 2016년 12월 3일 현재 야 3당 소속과 무소속 의원은 172명, 새누리당 의원은 128명이었다. 국회에서 대통령 탄핵안이 통과되려면 야당과 무소속 의원 전원과 새누리당 의원 128명 중에서 28명 이상 찬성해야 했다. 12월 3일 제6차 촛불집회는 주최 측 추산 232만 명으로 절정에 달했다. 엄청난 규모의 촛불집회는 대통령의 퇴진 시기와 방법에 대하여 의견이 갈렸던 여야를 압박하기에 충분하였다.

국회는 2016년 12월 9일 대통령 탄핵소추안을 상정하여 표결하였다. 투표 결과, 총 투표수 299표 중 찬성 234표, 반대 56표, 기권 2표, 무효 7표로 대통령 탄핵안은 가결되었다(국회사무처, 2016r). 대통령 탄핵안이 국회를 통과함으로써 박근혜 대통령은 헌법재판소 심판이 있을 때까지 권한이 정지되었고, 황교안 국무총리가 대통령 권한을 대행했다. 대통령 탄핵안 의결 이전부터 친박계와 비박계로 나뉘어졌던 새누리당은 12월 21일 비박계 의원 34명이 탈당을 선언함으로써 분당 위기에 직면하였다(동아일보, 2016. 12. 22.). 새누리당을 탈당한 비박계 의원 29명은 12월 27일, 가칭 '개혁보수신당'을 출범시켰다. 정치권은 21년 만에 4당 체제가 되었다(서울신문, 2016. 12. 28.). '개혁보수신당'은 2017년 1월 8일 당명을 '바른정당'으로 확정했다.

2017년 3월 10일, 헌법재판소는 9명의 재판관 만장일치로 박근혜 대통령 탄핵을 인용하였다(헌법재판소 결정, 2016헌나1). 검찰은 퇴임 후 사저로 복귀한 박근혜 전 대통령을 2017년 3월 21일 피의자 신분으로 조사하고, 3월 27일 구속영장을 청구하였다. 법원이 3월 31일 구속영장을 발부함에 따라 피의자 박근혜는 구속 수감되었다(뉴스1, 2017. 3. 31.).

4) 문재인 정부 출범과 국정과제

두 달에 못 미치는 짧은 대선 준비기간을 거쳐 2017년 5월 9일 제19대 대통령 선거를 실시한 결과, 더불어민주당의 문재인 후보가 당선되었다. 더불어민주당의 대선 공약 중에서 유아교육과 관련한 내용은 다음과 같다.

〈교육의 국가책임 강화〉

1. 국공립유치원을 확대하고 유아기 출발선 평등을 실현하겠습니다.

□ 누리과정 예산에 대한 국가 책임 확대

□ 저소득층 유아 교육기회 확대로 유아기 출발선의 불평등 완화
- 국공립유치원 이용 아동 기준 40% 수준까지 확대
- 사립유치원 교사 처우 개선
- 저소득층계층 유아의 국공립유치원 이용 확대
- 유치원과 어린이집의 교사 · 교육 프로그램 · 교육시설 등 질의 균등화를 통해 유아교육 만족도 제고

□ 유치원, 어린이집 '학부모 안심교육인증제' 도입

□ 유치원 간, 어린이집 간 격차 완화

출처: 더불어민주당(2017), p. 206.

제19대 대통령 선거는 헌정 사상 초유의 현직 대통령 파면으로 인한 보궐선거였으므로 대통령직인수위원회 없이 선거 다음날 대통령의 임기가 시작되었다. 2017년 5월 10일 '문재인 정부'가 공식 출범하였다. 문재인 대통령은 5월 10일 취임행사를 한 후 이낙연 국무총리와 서훈 국가정보원장 후보자를 지명했고, 대통령 비서실장과 경호실장을 임명하였다. 5월 11일에는 청와대 조직을 개편하는 한편, 조국 민정수석을 비롯한 수석비서관들을 임명하였다. 문 대통령은 5월 12일, 새 정부의 국정 방향과 목표를 수립하는 '국정기획자문위원회'를 조속히 설치하라고 지시하였다. 이에 따라 5월 16일 「국정기획자문위원회의 설치 및 운영에 관한 규정」이 제정되어 같은 날 시행되었다.[5)]

청와대는 2017년 5월 19일 문재인 정부 5년의 밑그림을 그릴 국정기획자문위원회(이하 '국정기획위')에 참여할 위원명단을 발표하였다. 국정기획위에는 기획, 경제1, 경제2, 사회, 정치 · 행정, 외교 · 안보 등 6개 분과를 두었고, 1명의 위원장과 3명의 부위원장을 포함해서 34명의 위원이 참여하였다. 위원장에는 더불어민주당 김진표 의원이 임명되었고, 부위원장은 국무조정실장과 더불어민주당 정책위의장, 청와대 정책실장이 맡았다(연합뉴스, 2017. 5. 19.).

국정기획위는 2017년 5월 22일 현판식을 갖고 공식 발족하였고, 5월 24일부터 5월 26일까지 사흘간 정부부처로부터 업무보고를 받았다. 교육부는 5월 25일 업무보고를 했는데, 보고 내용에는 어린이집 누리과정 예산을 전액 국고로 지원하는 방안이 포함된 것으로 알려졌다. 이에 대해 기획재정부는 사전에 부처 협의가 없었다고 말한 것으로 언론에 보도되었다(연합뉴스, 2017. 5. 25.). 5월 26일자 주요 일간지는 '누리과정 예산 전액 국고 부담'을 일제히 보도하였다.

교육부가 국정기획위에 어린이집 누리과정 예산 국고 지원을 보고했다는 내용이 언론에 보도되자 교육감협의회는 2017년 5월 26일 환영의 입장을 밝히면서도 "어린이집뿐만 아니라 유치원을 포함한 누리과정 예산 전체를 국고에서 지원해야 한다."는 입장을 발표하였다(전국시도교육감협의회, 2017a). 그러나 교육감협의회는 이 주장을 계속하지는 않았다. 국정기획위가 6월 9일 교육감협의회 임원단을 초청하

5) 사실상의 인수위 역할을 맡을 '국정기획자문위원회'의 기능은 정부의 조직 · 기능과 예산 현황을 파악하고, 정부의 정책기조를 설정하며, 국가 주요정책 선정과 실행을 위한 중 · 장기 계획 수립 등에 대해 대통령의 자문에 응하는 것이었다. 국정기획자문위원회의 존속기한은 최장 70일로 하였고, 국정기획자문위원회에 국민의 참여와 소통을 위한 '국민참여기구'를 두도록 하였다(대통령령 제28049호, 2017. 5. 16., 제정).

여 개최한 간담회에서 교육감협의회는 새 정부가 우선적으로 추진해야 할 교육과제를 제안했는데, 여기에 누리과정 예산 문제는 포함되지 않았다(전국시도교육감협의회, 2017b).

국정기획위는 2017년 7월 13일 대통령에게 국정운영 5개년 계획을 보고하였고, 7월 14일에는 해단식을 열고 60일간의 활동을 마무리하였다. 대통령 보고 후 수정 · 보완을 거친 '문재인 정부 국정운영 5개년 계획'은 7월 19일 국민에게 공개되었다. 국정기획위는 문재인 정부의 국가 비전으로 '국민의 나라 정의로운 대한민국'을 정하고, 5대 국정목표와 20대 국정전략을 설정하였다. 그리고 국정전략별로 핵심 정책을 100대 국정과제로 선정하였다. 100대 국정과제 중에서 유아교육과 관련된 것은 49번 '유아에서 대학까지 교육의 공공성 강화' 과제에 포함되었다. 국정기획위는 누리과정 지원 예산에 대한 국가 책임을 강화하여 2018년부터 어린이집 누리과정 예산을 전액 국고로 지원하기로 하였다(국정기획자문위원회, 2017).

문재인 정부의 국정운영 5개년 계획이 발표된 다음날 중소벤처기업부 신설 등을 골자로 한 「정부조직법」 개정안이 국회를 통과하였다. 문재인 대통령이 주재한 2017년 7월 25일 국무회의에는 이낙연 국무총리, 김동연 부총리 겸 기획재정부장관, 김상곤 부총리 겸 교육부장관을 비롯해서 문재인 정부에서 임명한 국무위원이 참석하였다. 이날 국무회의에서는 「정부조직법」 개정안을 심의 · 의결하였다. 새

49. 유아에서 대학까지 교육의 공공성 강화(교육부)

□ 과제 목표

- 누리과정 지원 예산 등에 대한 국가 책임 확대 및 경제적 여건에 관계없이 고등교육 실질적 기회 제공

□ 주요 내용

- (유아교육 국가 책임 확대) '18년 어린이집 누리과정 전액 국고 지원, 국 · 공립유치원 취학률 확대('17년 25% → '22년 40%)
- (유치원과 어린이집 격차 완화) 교사 · 교육프로그램 · 교육시설 질 균등화
  - 교사 자질 향상과 교사 처우 개선('18년), 전문교육과정 운영, 자격체계 개편 추진 (교육부 · 복지부)

  * 추진 방법 및 일정은 국가교육회의에서 협의 · 조정

출처: 국정기획자문위원회(2017), p. 82.

정부 출범 후 76일 만이었다. 7월 26일부터 18부 5처 17청으로 개편된 새로운 「정부조직법」이 시행되었다(연합뉴스, 2017. 7. 25.).

정부는 2017년 8월 29일 '2018년도 예산안'을 발표하였다. 총 지출은 2017년 대비 7.1% 증가한 429.0조 원이며, 어린이집 누리과정 예산 2.1조 원 전액을 국고로 지원하기로 하였다(기획재정부, 2017). 교육부도 같은 날 '2018년도 교육부 예산안'을 발표하였다. 교육부는 "지방교육재정교부금과 유아교육지원특별회계를 통한 시·도 교육청 교부 예산은 총 53조 4,506억 원"이며, 2017년 본예산 대비 6조 5,780억 원이 증액되었다고 하였다. 그리고 "지난 5년간 이어진 정부-교육청 간 누리과정에 대한 재정부담 갈등 해소 및 국가 책임 확대"를 위해, 유치원 누리과정 예산은 기존과 같이 교육세로 부담하고, 2018년 어린이집 누리과정 소요예산 2조 586억 원 전액은 국고로 지원한다고 발표하였다. 참고로 2017년 어린이집 누리과정 소요예산은 2조 875억 원이었고, 그중 41.2%인 8,600억 원을 국고로 지원했었다(교육부, 2017).

국회 교문위는 2017년 10월에 교육부를 대상으로 2017년도 국정감사를 실시했고, 11월에는 2018년도 교육부 예산안을 심사했으나 누리과정은 더 이상 쟁점이 아니었다. 다만, 예산안 협상 막바지에 야당인 자유한국당이 누리과정 예산에서 국고는 50%만 지원하고 나머지는 교부금으로 부담할 것을 요구하여 쟁점사항에 포함되긴 했다(매일경제, 2017. 12. 1.). 교육감협의회는 2017년 12월 1일 어린이집 누리과정 국고 지원 예산을 정부 원안대로 통과시킬 것을 촉구하는 성명서를 냈다(전국시도교육감협의회, 2017c).

여야는 2017년 12월 4일, 국회선진화법 시행 후 처음으로 법정시한을 넘긴 상태에서 새해 예산안 협상을 타결하였다(연합뉴스, 2017. 12. 4.). 2018년도 누리과정 예산은 유치원 1조 8,341억 원, 어린이집 2조 586억 원 등 총 3조 8,927억 원이었고, 어린이집 비용은 모두 국고로 부담하기로 하였다. 이와 함께 2019년 이후 누리과정 국고 지원은 2018년 규모를 초과할 수 없고 2019년 이후에는 유아 1인당 누리과정 지원단가를 2018년 수준인 월 22만 원으로 동결하며 지원단가를 인상한다면 인상분은 시·도 교육청 예산에서 부담한다는 부대의견을 냈다(조선일보, 2017. 12. 5.). 국회는 2017년 12월 5일 본회의를 열어 2018년도 예산안을 상정하였고, 12월 6일 새벽에 의결하였다(국회사무처, 2017a, 2017b).

이로써 누리과정 예산편성 논쟁은 사실상 종결되었다. 2016년 12월에 정부와 국회가 협의하여 '유아교육지원특별회계'를 도입한 것, 문재인 정부가 '어린이집 누리과정 전액 국고 지원'을 국정과제에 포함하고 이를 실천한 것은 누리과정 문제 해결책으로써 주효했다고 볼 수 있다.

참고 문헌

JTBC(2016. 10. 24.). 최순실 PC 파일 입수…대통령 연설 전 연설문 받았다. http://news.jtbc.joins.com/article/article.aspx?news_id=NB11340632

KTV뉴스(2016. 1. 25.). "무책임… 법 개정 검토". http://www.ktv.go.kr/issue/home/516913/view/517904

YTN(2014. 10. 23.). 시도교육위원장 "누리과정 예산 정부가 책임져야". https://www.ytn.co.kr/_ln/0103_201410231729525096

감사원(2015). 감사원,「지방교육재정 운용 실태」감사결과 발표. 2015. 3. 17. 보도자료.

감사원(2016a).「누리과정 예산편성 실태」감사 결과. 2016. 5. 24. 보도자료.

감사원(2016b). 감사보고서: 누리과정 예산편성 실태.

경상남도(2015a). 누리과정 예산은 경남도에서 편성하여 지원하겠습니다. 2015. 11. 5. 보도자료.

경상남도(2015b). 누리과정 예산의 경남도 직접 편성, 보육현장 혼란을 막기 위한 부득이하고 적법한 조치입니다. 2015. 11. 9. 보도자료.

경상남도교육청(2015). 경남도 누리과정 예산 임의편성 안된다. 2015. 11. 9. 보도자료.

경향신문(2014. 6. 14.). 대선 캠프 · 인수위로 되돌린 '6.13 개각'. 002면.

경향신문(2015. 11. 11.). "정부가 무상보육 책임지겠다더니"… 어린이집 대혼란 우려. 014면.

경향신문(2015. 12. 12.). 경쟁률 100대 1… '사립'마저 안되면 막막 "이러니 헬조선". 006면.

경향신문(2016. 5. 11.). '누리예산' 풀리지 않는 갈등. 012면.

관계부처 합동(2016). 2016년 하반기 경제정책 방향.

교육부(2014a). 2015년도 교육부 예산안 55조 1,322억 원. 2014. 9. 18. 보도자료.

교육부(2014b). 전국 시 · 도 교육감협의회, '어린이집 보육료 예산전액 미편성 결의' 보도자료 관련. 2014. 10. 7. 설명자료.

교육부(2015a). 누리과정 예비비 5,046억 원 바로 푼다 … 배분절차 개시 관련 보도. 2015. 3. 10. 설명자료.

교육부(2015b). 교육부, 자유학기제 등 5대 핵심 교육개혁 과제 추진에 박차. 2015. 3. 26. 보도자료.

교육부(2015c). 2016년 교육부 예산안 발표. 2015. 9. 10. 보도자료.

교육부(2015d). 2016년 어린이집 누리과정 예산편성 촉구. 2015. 11. 11. 보도자료.
교육부(2015e). 누리과정 관련 관계부처 공동 서한문 발표. 2015. 11. 26. 보도자료.
교육부(2015f). 교육부, 시 · 도 교육청에 누리과정 예산편성 촉구. 2015. 12. 23. 보도자료.
교육부(2016a). 누리과정 예산편성을 위한 즉각적인 조치 촉구. 2016. 1. 4. 보도자료.
교육부(2016b). 교육부, 2016년 시 · 도 교육청 본예산 분석 결과 발표. 2016. 1. 11. 보도자료.
교육부(2016c). 교육부, 시 · 도 교육청에 목적예비비 1,095억 원 지원 통보. 2016. 2. 5. 보도자료.
교육부(2016d). 교육부, 어린이집 누리과정 예산 전액 미편성 4개 교육청에 대한 예산편성 재차 촉구. 2016. 2. 18. 보도자료.
교육부(2016e). 교육부, 감사결과 이행 및 누리과정 예산편성 촉구. 2016. 5. 30. 보도자료.
교육부(2016f). 추경예산안 확정, 지방교육재정교부금 1.9조 원 증액. 2016. 7. 22. 보도자료.
교육부(2016g). "2017년 교육부 예산안" 발표. 2016. 8. 30. 보도자료.
교육부(2016h). 14개 시 · 도 교육청 누리과정 예산 전액 편성. 2016. 9. 8. 보도자료.
교육부(2016i). 차관, 누리과정 예산 미편성 지역 연합회 회장단과 직접 소통나서. 2016. 10. 4. 동정자료.
교육부(2016j). 교육부, 시 · 도 교육청에 2017년 보통교부금 예정 교부. 2016. 10. 21. 보도자료.
교육부(2017). 2018년도 교육부 예산안 발표. 2017. 8. 29. 보도자료.
교육부, 기획재정부(2014). 2015년도 누리과정 차질 없이 시행. 2014. 10. 15. 보도자료.
국무조정실(2015a). 국무조정실장, 시 · 도 교육청 누리과정 예산편성 긴급현안점검. 2015. 12. 16. 보도자료.
국무조정실(2015b). 국무조정실장, 누리과정 예산 등 지방교육 · 복지재정 현안 관련 긴급 관계 차관회의 개최. 2015. 12. 24. 보도자료.
국무조정실(2016). 황교안 총리, 누리과정 관련 긴급 현장 상황 점검. 2016. 1. 22. 보도자료.
국민경제자문회의(2014). 국가-지방자치단체 간 재정 혁신을 통한 상생방안 제시. 2014. 12. 22. 보도자료.
국민일보(2015. 1. 31.). 황우여 부총리 만난 전국 교육감들 "교육재정교부금 축소 안돼". 009면.
국민일보(2015. 3. 2.). 보육대란 째깍째깍… 광주, 어린이집 누리예산 바닥 부모에게 우선 걷고 환급 검토. 001면.
국민일보(2016. 10. 3.). 민생은 없었던 '7일'. 001면.
국민일보(2016. 9. 26.). 朴 '해임 거부'… 巨野와 대충돌. 001면.
국정기획자문위원회(2017). 문재인정부 국정운영 5개년 계획.
국회사무처(2013a). 2013년도 국정감사 교육문화체육관광위원회 회의록. 2013. 10. 14.
국회사무처(2013b). 2013년도 국정감사 교육문화체육관광위원회 회의록. 2013. 10. 31.
국회사무처(2013c). 제320회 국회(정기회) 교육문화체육관광위원회 회의록. 2013. 12. 5.
국회사무처(2013d). 제320회 국회(정기회) 교육문화체육관광위원회 회의록(예산결산기금심사소위원회) 제6호. 2013. 12. 6.
국회사무처(2014a). 2014년도 국정감사 교육문화체육관광위원회 회의록. 2014. 10. 8.
국회사무처(2014b). 2014년도 국정감사 교육문화체육관광위원회 회의록. 2014. 10. 27.
국회사무처(2014c). 제329회 국회(정기회) 국회본회의회의록. 제10호. 2014. 11. 4.
국회사무처(2014d). 제329회 국회(정기회) 국회본회의회의록. 제11호. 2014. 11. 5.
국회사무처(2014e). 제329회 국회(정기회) 예산결산특별위원회회의록. 제3호. 2014. 11. 6.
국회사무처(2014f). 제329회 국회(정기회) 예산결산특별위원회회의록. 제4호. 2014. 11. 7.
국회사무처(2014g). 제329회 국회 교육문화체육관광위원회 회의록. 2014. 11. 7.
국회사무처(2014h). 제329회 국회(정기회) 예산결산특별위원회회의록. 제5호. 2014. 11. 10.
국회사무처(2014i). 제329회 국회(정기회) 예산결산특별위원회회의록. 제6호. 2014. 11. 11.
국회사무처(2014j). 제329회국회(정기회) 예산결산특별위원회회의록. 제7호. 2014. 11. 12.
국회사무처(2014k). 제329회 국회(정기회) 예산결산특별위원회회의록. 제8호. 2014. 11. 13.
국회사무처(2014l). 세329회 국회(정기회) 교육문화체육관광위원회 회의록(예산결산기금심사소위원회). 2014. 11. 25.
국회사무처(2014m). 제329회 국회(정기회) 국회 교육문화체육관광위원회 회의록(예산결산기금심사소위원회). 2014. 11. 28.
국회사무처(2015a). 제331회 국회(임시회) 교육문화체육관광위원회 회의록. 제3호. 2015. 2. 11.
국회사무처(2015b). 제332회 국회(임시회) 교육문화체육관광위원회 회의록. 제2호. 2015. 4. 10.
국회사무처(2015c). 2015년도 국정감사 교육문화체육관광위원회 회의록. 2015. 9. 10.
국회사무처(2015d). 2015년도 국정감사 교육문화체육관광위원회 회의록. 2015. 10. 8.
국회사무처(2015e). 제337회 국회(정기회) 예산결산특별위원회회의록. 제4호. 2015. 10. 28.
국회사무처(2015f). 제337회 국회(정기회) 교육문화체육관광위원회 회의록. 2015. 10. 28.
국회사무처(2015g). 제337회 국회(정기회) 교육문화체육관광위원회 회의록(예산결산기금심사소위원회). 제5호. 2015. 11. 16.
국회사무처(2015h). 제337회 국회(정기회) 교육문화체육관광위원회 회의록(예산결산기금심사소위원회). 제7호. 2015. 11. 19.
국회사무처(2016a). 제339회 국회(임시회) 교육문화체육관광위원회회의록. 제1호. 2016. 1. 26.
국회사무처(2016b). 제343회 국회(임시회) 교육문화체육관광위원회회의록. 제2호. 2016. 6. 28.
국회사무처(2016c). 제343회 국회(임시회) 국회본회의회의록. 제6호. 2016. 7. 4.
국회사무처(2016d). 제343회 국회(임시회) 예산결산특별위원회회의록. 제3호. 2016. 7. 12.
국회사무처(2016e). 제343회 국회(임시회) 예산결산특별위원회회의록. 제4호. 2016. 7. 13.
국회사무처(2016f). 제343회 국회(임시회) 예산결산특별위원회회의록. 제5호. 2016. 7. 14.
국회사무처(2016g). 제343회 국회(임시회) 예산결산특별위원회회의록. 제6호. 2016. 7. 15.

국회사무처(2016h). 제345회 국회 교육문화체육관광위원회회의록. 제1호. 2016. 8. 16.

국회사무처(2016i). 제345회 국회 교육문화체육관광위원회회의록. 제3호. 2016. 8. 29.

국회사무처(2016j). 2016년도 국정감사 교육문화체육관광위원회회의록. 2016. 9. 26.

국회사무처(2016k). 2016년도 국정감사 교육문화체육관광위원회회의록. 2016. 9. 28.

국회사무처(2016l). 2016년도 국정감사 교육문화체육관광위원회회의록. 2016. 10. 14.

국회사무처(2016m). 제346회 국회(정기회) 교육문화체육관광위원회회의록. 제7호. 2016. 11. 1.

국회사무처(2016n). 제346회 국회(정기회) 교육문화체육관광위원회회의록. 제8호. 2016. 11. 16.

국회사무처(2016o). 제346회 국회(정기회) 국회본회의회의록. 제13호. 2016. 11. 17.

국회사무처(2016p). 제346회 국회(정기회) 국회본회의회의록. 제15호. 2016. 12. 2.

국회사무처(2016q). 제346회 국회(정기회) 국회본회의회의록. 제16호. 2016. 12. 3.

국회사무처(2016r). 제346회 국회(정기회) 국회본회의회의록. 제18호. 2016. 12. 9.

국회사무처(2017a). 제354회 국회(정기회) 국회본회의회의록. 제16호. 2017. 12. 5.

국회사무처(2017b). 제354회 국회(정기회) 국회본회의회의록. 제17호. 2016. 12. 6.

기획재정부(2014a). 2015년도 누리과정 사업, 차질 없이 시행 가능. 2014. 10. 9. 보도자료.

기획재정부(2014b). 2015년 경제정책 방향. 2014. 12. 22. 보도자료.

기획재정부(2015a). 「2015 국가재정전략회의」주요 내용. 2015. 5. 13. 보도자료.

기획재정부(2015b). "청년희망, 경제혁신, 민생안정"을 위한 2016년 예산안.

기획재정부(2016a). 정부 "누리과정 예산 미편성 직무유기 … 강력 대처할 것" 2016. 1. 5. 기재부뉴스.

기획재정부(2016b). 「2016 국가재정전략회의」주요 내용. 2016. 4. 21. 보도자료.

기획재정부(2016c). 「2016년 하반기 경제정책 방향」. 2016. 6 .28. 보도자료.

기획재정부(2016d). 구조조정과 일자리 지원을 위해 총 11조 원의 추가경정예산안 편성. 2016. 7. 22. 보도자료.

기획재정부(2016e). 2017년 예산안, "일자리 우선! 경제활력 우선!"에 역점을 둡니다. 2016. 8. 30. 보도자료.

기획재정부(2017). "내 삶을 바꾸는" 2018년도 예산안. 2017. 8 .29. 보도자료.

내일신문(2016. 11. 30.). 슈퍼 국조 개시, 최순실게이트 규명 돌입. 002면.

내일신문(2016. 8. 25.). 당정청 "이달 안에 추경 처리". 002면.

노컷뉴스(2014. 9. 29.). 기재부 "학생 수 줄어드는데… 교육재정도 손질해야". https://www.nocutnews.co.kr/news/4096065

노컷뉴스(2016. 10. 4.). 교육부 차관, 강원도교육감과 누리과정 문제 논의 못해. https://www.nocutnews.co.kr/news/4663482

뉴스1(2014. 9. 18.). 전국시도교육감 "졸속 누리과정 예산 정부가 책임져라". http://news1.kr/articles/?1864101

뉴스1(2016. 1. 20.). '보육대란' 임박… 유치원 · 학부모, 정부-교육청에 집단 반발. http://

news1.kr/articles/?2549607
뉴스1(2016. 1. 29.). 누리과정 논란 책임, 중앙정부 45%〉 시도교육청 27%… 갤럽. https://news.mt.co.kr/mtview.php?no=2016012911418290848
뉴스1(2017. 3. 31.). 朴 전 대통령 '구속'… 法 "범죄 혐의 소명 · 증거인멸 우려". http://news1.kr/articles/?2952877
뉴시스(2014. 10. 28.). 전국 시 · 도교육감들, 누리과정 예산편성 않기로 결의. http://www.newsis.com/view/?id=NISX20141028_0013259912
뉴시스(2016. 11. 25.). 새누리, '3등 정당' 전락… 최저치 경신. http://www.newsis.com/view/?id=NISX20161125_0014540817#
뉴시스(2016. 2. 16.). 누리과정 예산, 의견 다른 1인 시위. http://www.newsis.com/view/?id=NISI20160216_0011356497
대한민국국회(2016a). 정세균 국회의장, 세입예산안 부수법률안 31건 지정 · 통보. 2016. 11. 29. 보도자료.
대한민국국회(2016b). 정세균 국회의장, 본회의 자동부의법안 20건 선정 · 통보. 2016. 11. 30. 보도자료.
더불어민주당(2017). 나라를 나라답게. 제19대 대통령선거 더불어민주당 정책공약집.
동아일보(2014. 10. 27.). 3~5세 보육대란 위기… 稅收 따른 들쭉날쭉 교부금이 화근. A10면.
동아일보(2014. 11. 26.). 고비 넘은 누리과정 예산… 교문위 14일 만에 정상화. A04면.
동아일보(2014. 6. 13.). 김기춘 실장 빼고 수석만 4명 교체. A01면.
동아일보(2014. 9. 19.). 고교무상교육-초등돌봄교실 예산 '0'. A04면.
동아일보(2015. 12. 24.). 교육감들 "대통령 만나 담판짓겠다". A10면.
동아일보(2015. 3. 11.). 두 달 늦춘 시한폭탄… '지방채' 갈등에 보육대란 재발 불 보듯. A12면.
동아일보(2015. 3. 12.). "누리과정 예산 바닥난 교육청 6곳… 지방채 발행 조건부 3월부터 지원". A06면.
동아일보(2016. 11. 2.). 野3당 국정조사-별도특검 추진 합의. a04면.
동아일보(2016. 12. 14.). 경기 새해 예산안 5년 만에 시한내 처리. A18면.
동아일보(2016. 12. 22.). 새누리 쪼개진 날, 반기문 대권 출사표. A01면.
동아일보(2016. 6. 17.). 柳부총리 "추경 포함한 정책조합 고민하고 있다". A04면.
동아일보(2016. 9. 3.). 野의 힘자랑… 與의 구태… 험난한 20대 국회. A01면.
매일경제(2013. 10. 1.). 3~5세 보육비 국고지원 무산. A30면.
매일경제(2014. 12. 3.). 누리과정 5064억 새로 편성… 박근혜 예산 감액 없어. A02면.
매일경제(2015. 11. 11.). 13개 市道 누리예산 0원… '어린이집 엑소더스' 오나? a31면.
매일경제(2017. 12. 1.). '캐스팅보터' 국민의당 예산정국서 존재감 과시. a08면.
머니투데이(2014. 12. 23.). '누리과정' 지자체 예산에 우선 반영해야. 006면.
머니투데이(2015. 3. 11.). 누리과정, 4개월 만에 '재탕 합의' 왜? 003면.
머니투데이(2015. 3. 12.). '누리과정' 중단 없다지만… 당장 1년뒤 모르는 '미봉책'. 004면.
문화일보(2014. 10. 8.). 어린이 볼모로 위협하는 교육감들 유감… 누리과정 지원 예산편성

의무 준수해야. 019면.
문화일보(2016. 1. 8.). 경기일부 지자체 누리예산 지원 '급선회'. 012면.
문화일보(2016. 10. 13.). '주파야감' 교문위… 결국 빈손 국감. 008면.
문화일보(2016. 12. 8.). '누리과정 대란' 내년엔 사라지나. 012면.
문화일보(2016. 2. 2.). 누리예산 未편성한 교육청엔 안준다. 014면.
문화일보(2016. 2. 4.). 누리예산 싸움 '1인 시위' 나선 교육감들… 정치투쟁 · 법리투쟁 이어 장외투쟁까지. 016면.
문화일보(2016. 8. 12.). 與野 3당, 22일 追更 처리 합의. 005면.
보건복지부(2015). 누리과정 관련 관계부처 공동 서한문 발표. 2015. 11. 25. 보도자료.
보건복지부(2016). 정진엽 장관, 누리과정 예산 관련 현장 의견 청취. 2016. 1. 22. 보도자료.
서울신문(2014. 10. 17.). 야 "황우여 나와 누리과정 예산 해명하라"… 한때 파행. 004면.
서울신문(2014. 11. 7.). 돈 없다는 교육청 매년 불용예산 1兆 넘어. 001면.
서울신문(2014. 2. 3.). 6 · 4 고지 앞으로… 120일 '3각 전쟁'. 001면.
서울신문(2015. 11. 11.). 불안한 어린이집 예산… 유치원 갈아타기. 010면.
서울신문(2015. 3. 18.). 17개 시도교육청 예산 연평균 2조 과다 편성. 011면.
서울신문(2015. 4. 29.). 어린이집 지원중단 위기 급한 불 진화. 006면.
서울신문(2016. 12. 28.). 1與 3野… 개헌 · 정책 합종연횡 시작. 001면.
서울신문(2016. 8. 31.). 누리예산 · 개성공단에 가로막혀… 추경 처리 불발. 008면.
세계일보(2013. 9. 9.). 세수 가뭄에… 3대 교육복지사업 '펑크 위기'. 001면.
세계일보(2015. 9. 16.). 누리과정 예산 교육청 부담 의무화. 012면.
세계일보(2016. 1. 19.). 아이들 볼모로… 당국은 '치킨게임'만. 012면.
세계일보(2016. 11. 19.). '국정 복귀' 박대통령… 탄핵 준비하는 야당. 001면.
세계일보(2016. 7. 27.). 국회로 온 추경… 누리예산 최대 쟁점. 005면.
연합뉴스(2015. 12. 24.). 교육부 "학부모 볼모로 누리예산 책임전가 용납 못해". https://www.yna.co.kr/view/AKR20151224060300004
연합뉴스(2016. 10. 25.). 朴대통령 '연설문 사전 유출' 대국민 사과. https://www.yna.co.kr/view/AKR20161025139500001
연합뉴스(2016. 11. 25.). "朴대통령 지지율 4%… 3주째 5% 유지하다 더 추락" 〈갤럽〉. https://www.yna.co.kr/view/AKR20161125054100001
연합뉴스(2016. 11. 29.). 朴대통령 3차 대국민담화 전문. https://www.yna.co.kr/view/AKR20161129113700001
연합뉴스(2016. 11. 4.). "朴대통령 국정지지율 5%로 추락… 역대 대통령 최저치" 〈갤럽〉. https://www.yna.co.kr/view/AKR20161104055651001
연합뉴스(2016. 11. 4.). 박근혜 대통령, 최순실 파문 대국민담화. https://www.yna.co.kr/view/AKR20161104066800001
연합뉴스(2016. 12. 1.). 여야, 누리과정 합의에 정부 난색… 내일 예산안 최종 담판. https://m.yna.co.kr/view/AKR20161201152751001

연합뉴스(2016. 12. 3.). '야3당+무소속' 의원 171명, 朴대통령 탄핵소추안 발의. https://www.yna.co.kr/view/AKR20161203006600001

연합뉴스(2016. 9. 22.). 강원교육청, 올해 어린이집 누리과정 예산 부분 편성. https://www.yna.co.kr/view/AKR20160922077900062

연합뉴스(2017. 12. 4.). 여야, 시한 초과 이틀만에 새해 예산안 극적 타결. https://www.yna.co.kr/view/AKR20171204142700001

연합뉴스(2017. 5. 19.). 국정기획자문委 6개 분과위 구성… 34명 참여. https://www.yna.co.kr/view/AKR20170519178500001

연합뉴스(2017. 5. 25.). 내년부터 어린이집 누리과정 전액 국고 지원… 2兆 소요 예상. https://www.yna.co.kr/view/AKR20170525161652004

연합뉴스(2017. 7. 25.). 출범 76일 만에 '동거정부' 끝… '문재인 내각' 첫 국무회의. https://www.yna.co.kr/view/AKR20170725075900001

이재징, 이청연, 조희연(2015). 누리과정 예산 문제, 정부가 책임져야 한다! 2015. 4. 2. 성명서.

이준구, 조명환(2016). 재정학(제5판). 경기: 문우사.

전국시도교육감협의회(2014a). 어린이집 보육료 예산전액 편성하지 않기로 결의. 2014. 10. 7. 보도자료.

전국시도교육감협의회(2014b). 어린이집 누리과정 예산 일부 편성 결의. 2014. 11. 6. 보도자료.

전국시도교육감협의회(2015a). 누리과정 예산 의무지출경비 편성 거부. 2015. 5. 29. 보도자료.

전국시도교육감협의회(2015b). 누리과정 예산 의무지출경비 지정 강행 추진 반대. 2015. 9. 8. 보도자료.

전국시도교육감협의회(2015c). 누리과정 예산 중앙정부 의무지출경비 지정과 위헌적이고 불법적인 시행령 개정 중단 촉구. 2015. 10. 5. 보도자료.

전국시도교육감협의회(2015d). 2016년 어린이집 누리과정 예산편성 거부. 2015. 10. 21. 보도자료.

전국시도교육감협의회(2015e). 누리과정 예산 관련 기존 총회 결의 재확인. 2015. 11. 26. 보도자료.

전국시도교육감협의회(2015f). 전국시도교육감협의회, 오늘 국회 긴급 기자회견. 2015. 11. 30. 보도자료.

전국시도교육감협의회(2015g). 땜질 처방식 누리과정 예산 지원 반대. 2015. 12. 3. 보도자료.

전국시도교육감협의회(2015h). 누리과정 예산 대책 마련 긴급회의 제안. 2015. 12. 17. 보도자료.

전국시도교육감협의회(2016a). 여 · 야당 대표, 기획재정부와 교육부 장관, 전국시도교육감협의회장이 참여하는 긴급회의를 다시 제안합니다! 2016. 1. 6. 보도자료.

전국시도교육감협의회(2016b). 정부와 국회의 누리과정 예산 지원과 근본대책 마련만이 유일한 해법. 2016. 1. 12. 보도자료.
전국시도교육감협의회(2016c). 누리과정 예산 근원적으로 해결하라! 2016. 1. 21. 보도자료.
전국시도교육감협의회(2016d). 누리과정 관련 설명자료. 2016. 2. 25. 보도자료의 참고자료.
전국시도교육감협의회(2016e). 누리과정 문제의 근본적 해결을 위해 정치권이 적극 나서야. 2016. 3. 2. 보도자료.
전국시도교육감협의회(2016f). 지방교육자치의 근간을 뒤흔드는 누리과정 관련 특별회계법 제정 반대. 2016. 3. 28. 보도자료.
전국시도교육감협의회(2016g). 누리과정 예산 정부가 책임지고 「지방교육정책 지원 특별회계법안」 폐기하라. 2016. 4. 26. 보도자료.
전국시도교육감협의회(2016h). 감사원 누리과정 예산 감사 결과 사실 왜곡. 2016. 5. 26. 보도자료.
전국시도교육감협의회(2016i). 누리과정 문제, 근본적 대책 마련을 촉구합니다. 2016. 8. 18. 보도자료.
전국시도교육감협의회(2016j). 편법적으로 누리과정 예산편성 떠넘기는 "누리과정 지원 특별회계 신설" 수정 촉구. 2016. 8. 30. 입장발표.
전국시도교육감협의회(2016k). 17년도 어린이집 누리과정 예산편성 불가. 2016. 10. 6. 보도자료.
전국시도교육감협의회(2016l). 수도권 자치단체장 · 교육감 · 의장 한 목소리 누리과정 국회 해결 촉구. 2016. 11. 7. 보도자료.
전국시도교육감협의회(2016m). 누리과정 교육부 예산안 폐기 및 별도 국고 예산편성 촉구. 2016. 11. 17.
전국시도교육감협의회(2016n). 누리과정, 이제는 근본적 문제 해결방안 마련할 때. 2016. 12. 6.
전국시도교육감협의회(2017a). 시도교육감협 5월 총회, 누리과정 예산 전액 국고 지원해야. 2017. 5. 26. 보도자료.
전국시도교육감협의회(2017b). 시도교육감협, 국정기획위에 5대 선결 교육과제 제안. 2017. 6. 9. 보도자료.
전국시도교육감협의회(2017c). 어린이집 누리과정 국고지원 예산을 정부 원안대로 통과시킬 것을 강력하게 촉구한다. 2017. 12. 1. 성명.
조선일보(2013. 11. 13.). 내년엔 더 준다던 어린이집 · 유치원비… 정부, 돈 쓸 곳 많아 인상 약속 못 지켜. A12면.
조선일보(2014. 1. 30.). 서울 · 인천 · 충남 · 강원… 민주 단체長들 강세. A01면.
조선일보(2014. 10. 30.). 재정赤字 늘려서라도 경제 살리겠다. A01면.
조선일보(2014. 11. 10.). 靑 "무상급식은 大選공약 아니다". A06면.
조선일보(2014. 11. 7.). 無償복지의 비명. A01면.
조선일보(2015. 11. 11.). 4兆원 무상보육 '2년째 핑퐁'. a01면.
조선일보(2016. 1. 2.). 경기도의회, 누리예산 몸싸움… 광역단체 첫 '準예산 사태'. A01면.

조선일보(2016. 2. 6.). 서울시의회도 누리예산 4.8개월치 긴급 편성. A11면.
조선일보(2016. 10. 27.). "靑 전면 개편하라" 새누리, 특검 수용. http://news.chosun.com/site/data/html_dir/2016/10/27/2016102700294.html
조선일보(2016. 11. 11.). 내년에도… 길 잃은 누리과정. a13면.
조선일보(2016. 11. 16.). 靑 "퇴진 · 하야없다" 文 "전국적 퇴진운동". A01면.
조선일보(2016. 11. 21.). "최순실과 공범"… 헌정 첫 피의자 대통령. A01면.
조선일보(2016. 11. 28.). '법인세 · 누리과정 빅딜' 與野 막판 힘겨루기. A05면.
조선일보(2016. 12. 3.). 2兆 어린이집 예산, 정부가 45% 부담… "市道교육청과 갈등 임시 봉합". A03면.
조선일보(2016. 8. 24.). 추경 절실한데 리더십이 없다. A01면.
조선일보(2017. 12. 5.). 누리과정 어린이집 2兆, 이젠 국고서 전액 지원. A05면.
중앙일보(2014. 11. 21.). 10분 만에 뒤집힌 여 · 야 · 정 누리과정 예산 합의. 008면.
중앙일보(2014. 11. 6.). 경기교육청, 내년 어린이집 보육료 예산 '0'. 010면.
중앙일보(2014. 6. 6.). "새로운 대한민국 만들라" 국민이 명령했다. 001면.
중앙일보(2015. 12. 3.). 누리과정 3000억 편성… 호남 · 충청 SOC는 1000억 증액. 003면.
중앙일보(2015. 3. 18.). 지방교육청 인건비 등 6000억 낭비… 무상보육 예산 부족분의 절반 샜다. 010면.
중앙일보(2016. 11. 25.). 민주당 "누리예산 안정적 편성 땐 법인세 인상안 추후 논의 가능". 010면.
중앙일보(2016. 11. 29.). 우상호 "누리예산만 확보되면…" 법인세 이낭 유보 내비쳐. 008면.
한겨레(2014. 10. 24.). 누리과정 예산, 정부는 왜 떠넘겼나. 010면.
한겨레(2014. 11. 7.). 교육감들 "어린이집 예산 내년 2~3개월분 편성". 001면.
한겨레(2015. 12. 3.). "유치원이 아니고 로또" "애를 낳지 말라는건지". 010면.
한겨레(2015. 3. 10.). 어린이집 예산 바닥… 교육감들 "누리과정 포기할 수도". 003면.
한겨레(2016. 11. 25.). '박근혜 탄핵안' 보름안에 결판 . 001면.
한겨레(2016. 12. 23.). 서울시교육청, 내년 누리과정 예산 확정. http://www.hani.co.kr/arti/society/schooling/775867.html
한겨레(2016. 12. 5.). 정부, 누리과정 예산 지원 미봉책 불과… 시 · 도교육청에 1조2천억 떠넘겨. http://www.hani.co.kr/arti/society/area/773347.html
한겨레(2016. 8. 4.). 3야, 검찰개혁 · 사드 특위 합의… 세월호 특조위 연장도. 005면.
한겨레(2017. 1. 3.). 전북도-교육청 '누리과정 예산갈등' 새해부터 폭발. http://www.hani.co.kr/arti/society/area/777144.html
한국경제(2015. 1. 27.). 朴대통령 "지방재정 개혁할 시점". A03면.
한국경제(2015. 2. 24.). 핵심 국정과제 '선택과 집중'… 경제활성화 속도전 나섰다. A04면.
한국교원단체총연합회(2014). 누리과정 보육예산 둘러싼 정부-교육감 갈등, 적극적 해결방안 모색해야. 2014. 10. 16.
한국교원단체총연합회(2016a). 시 · 도 교육감협의회-교육부장관 누리과정 협상에 대한 교총 논평. 2016. 1. 21.
한국교원단체총연합회(2016b). 14개 시·도 교육청 누리과정 예산 전액 편성에 대한 교총 논평. 2016. 9. 8.
한국교원단체총연합회(2016c). 누리과정 3년 한시 특별회계 편성 국회 통과에 대한 교총 논평. 2016. 12. 5.
한국일보(2015. 12. 7.). 누리과정 예산 갈등… 시도의회로 확산. https://www.hankookilbo.com/News/Read/201512062029368252
한국일보(2016. 1. 22.). "보육대란 전에 민생대란" 누리예산 반발 확산. 10면.
한국일보(2016. 1. 7.). 속타는 학부모들 "서로 한발씩 양보해 보육대란 막아라". A14면.
행정자치부(2015). 지방재정법 시행령 일부개정령(안) 입법예고. 2015. 9. 7.

교육부(https://www.moe.go.kr)
국가법령정보센터(https://www.law.go.kr)
국무조정실·국무총리비서실(https://opm.go.kr/pmo)
국회예산정책처(https://www.nabo.go.kr)
국회회의록시스템(https://likms.assembly.go.kr/record)
기획재정부(https://www.mosf.go.kr)
대한민국 정책브리핑(https://www.korea.kr)
보건복지부(https://www.mohw.go.kr)
의안정보시스템(https://likms.assembly.go.kr/bill)
전국시도교육감협의회(https://www.ncge.or.kr)
한국교원단체총연합회(https://www.kfta.or.kr)
헌법재판소(https://www.ccourt.go.kr)

유보통합 추진방안

개요

2013년 2월 박근혜 정부 출범을 앞두고 제18대 대통령직인수위원회에서 유보통합 논의가 있었다. 박근혜 정부는 유보통합을 정책의제로 설정하고 국무조정실 중심으로 추진하도록 하였다. 정부는 2013년 12월 '유보통합 추진방안'을 확정했고, 2014년 2월에는 국무조정실에 '영유아교육 · 보육 통합 추진단'을 설치하였다. 영유아교육 · 보육 통합 추진단은 유보통합 세부 과제를 10개로 설정했고, 2014년부터 2016년까지 8개 과제의 통합방안을 마련하여 시행하였다. 박근혜 정부는 학부모 요구를 최우선에 두고 2014년부터 단계적으로 추진하여 임기 내에 유보통합을 완성한다는 계획을 세웠으나 대통령이 파면된 2017년 3월까지 실현하지 못했다. 유보통합 과제 중 2개 과제, 즉 교사 양성 · 자격 개편과 관리부처 · 재원 통합은 이루어지지 않았다.

1. 유보통합 정책 도입 배경

2012년 12월 대통령 선거 결과, 새누리당 박근혜 후보가 당선되었다. 2012년 12월 31일 제18대 대통령직인수위원회가 구성되었고, 대통령직인수위원회(이하 '인수위')는 2013년 1월 6일부터 활동을 시작하였다. 정부부처의 인수위 업무보고는 2013년 1월 11일부터 17일까지 실시되었다(제18대 대통령직인수위원회, 2013a).

교육부의 인수위 업무보고는 2013년 1월 15일 예정되어 있었는데, 보고 당일 조

간신문에 "유치원 · 어린이집 '유아학교'로 통합"이라는 제목의 기사가 보도되었다. 해당 언론은 인수위와 정부 고위관계자의 말을 인용하여 "유치원과 어린이집을 통합하는 작업이 새 정부에서 본격 추진될 것"이라고 전망하고, "새 정부가 출범하고 만 3~5세 누리과정이 시행되는 현 시점이 통합의 적기"라고 하였다(머니투데이, 2013. 1. 15.). 실제 당일 교육부의 업무보고에는 '유아교육 · 보육 관리체제 선진화 방안'이 포함되었고, 다른 언론도 이 사실을 확인 보도하였다(한겨레, 2013. 1. 16.).

1) '유보통합'이라는 정책의제

정부부처의 업무보고를 받은 인수위는 분과별 간담회, 현장 방문, 국정과제 토론회 등을 개최하면서 국정과제 도출을 위해 노력하였다. 인수위는 2013년 1월 25일부터 2월 18일까지 분과별 토론회를 진행했고, 토론회는 당선인이 직접 주재하였으며, 토론회 주요 내용은 보도자료를 통해 외부에 공개되었다. 2013년 2월 14일 교육과학분과 토론회에 참석한 박근혜 당선인은 유보통합 문제를 처음으로 언급하였다(제18대 대통령직인수위원회, 2013b).

> 유아교육과 보육 관리체계 일원화하는 것, 유보 통합도 사실 이런 때 아니면 참 시행하기가 어렵겠지요. 이것은 정말 그렇게 꼭 가야 될 방향이라고 생각을 합니다. 그런데 통합에 따른 국민의 혼란을 최소화할 필요가 있기 때문에 통합을 우선하기보다는 성과를 극대화할 수 있는 사전준비를 철저히 해야 할 것이라고 생각합니다. 아무리 우리가 가야 할 방향이고 또 지금 아니면 어렵지 않겠나 해도 이것이 사전준비도 없이 덜커덕 해 놓으면 이런저런 부작용이 있다고 그러면 그것이 잘 시행이 안 되기 때문에 이런 것이야말로 꼭 성공하기 위해서 사전준비가 철저히 되어야 된다고 생각합니다.

2013년 2월 18일에는 인수위 총괄 역할을 맡은 국정기획조정분과 토론회가 있었다. 이날 당선인은 그동안의 노고를 치하한 후 국정과제의 원활한 실천을 위해 두 가지를 당부하였다. 하나는, 부처 간 칸막이 해소와 협력이다. 다른 하나는, 정부 정책에 대한 평가 시스템을 새롭게 구축하라는 것이다. 그리고 정부 출범 초기부터 속도감 있는 개혁 추진을 강조하면서 다음과 같이 말했다(제18대 대통령직인수위원회, 2013c).

> 그리고 초기야말로 가장 기본적이면서 파급효과가 크고 또 하기가 어려운 것을 해야 된다고 생각을 합니다. 예를 들면, 유보통합 같은 문제도 시작은 확실하게 되어야 된다, 이 부분에 있어서. 또 유통구조의 개선 문제 같은 것, 하여튼 이것이 복잡하고 안 되는 이런 것은 초기에, 이것을 해결 안 하면 안 된다 하는 그런 힘든 것을 뽑으셔서 거기에 집중적으로 아주 사활을 걸고 쏟아부어야 된다, 그렇게 해야 성공적인 정부로 가는 틀을 마련할 수 있다고 생각을 합니다.

인수위는 2013년 2월 21일 박근혜 정부의 국정비전과 국정목표를 선정하고, 140개 국정과제를 건의하였다. 140개 국정과제 중에서 영유아 교육·보육 정책영역을 포괄하는 과제는 '무상보육 및 무상교육 확대(0~5세)'이다(제18대 대통령직인수위원회, 2013d). 토론회 과정에서 논의되었던 유보통합은 인수위가 건의한 국정과제에 포함되지 않았다.

2013년 2월 25일 새로운 대통령은 취임했으나 정부의 출범은 순탄하지 못했다. 「정부조직법」 개정안이 국회를 통과한 날은 2013년 3월 22일이었고, 3월 23일부터 박근혜 정부의 조직이 본격적으로 가동되었다. 교육과학기술부는 신설된 미래창조과학부에 과학기술 분야를 이관하고 명칭을 교육부로 변경하였다(법률 제11690호, 2013. 3. 23.).

박근혜 정부가 출범한 후 정부부처의 첫 업무보고는 2013년 3월 21일부터 진행되었다. 보건복지부는 3월 22일에, 교육부는 3월 28일에 각각 업무보고를 하였다. 교육부와 보건복지부는 인수위 토론회에서 대통령 당선인이 유보통합을 강조하였을 뿐만 아니라 부처 간 협업과 칸막이 제거를 당부하였으므로 업무보고 내용에 '유보통합'을 포함하였다. 보건복지부는 '한국형 보육·유아교육 발전 로드맵' 마련을 위해 2013년 상반기부터 민관합동 TF를 구성하겠다고 하였다(보건복지부, 2013: 43). 교육부는 '0~5세 보육·교육에 대한 국가완전책임제 실현'을 위해 2013년 5월까지 '민관합동 유아교육·보육 통합추진위원회'를 구성하여 추진계획을 확정하기로 하였다. 그리고 2013년 5월부터 2014년 12월까지 지역 시범사업을 실시하고, 평가를 하겠다고 하였다(교육부, 2013: 38). 두 부처가 나란히 유보통합을 추진하겠다고 보고하는 진풍경이 벌어졌다.

정부는 2013년 5월 28일 국무회의에서 인수위 건의안을 바탕으로 4대 국정기조 달성을 위한 14대 추진전략과 140개 국정과제 추진계획을 확정했다(국무조정실, 2013c). 정부가 확정한 국정과제에도 '유보통합'은 포함되지 않았다.

2) 국무조정실 중심으로 유보통합 추진

2013년 정부부처 업무보고가 진행되는 동안 유보통합과 관련한 대통령의 언급이 계속되었다. 2013년 4월 15일 수석비서관회의에서 대통령은 "부처별 업무보고 때 마다 강조해 온 것이 칸막이 제거와 관계부처 간의 협업"이며, "이 부분과 관련해서 가장 솔선해야 할 곳이 청와대"라고 당부한 뒤 유보통합에 대해 말했다(대한민국 정책브리핑 홈페이지).

> 유아교육과 보육 관리체계를 일원화하는 소위 유보통합은 그 과정에서 이해집단 간 갈등이 발생할 수 있고, 또 막대한 재정 부담도 발생할 수 있기 때문에 넘어야 할 산이 많다고 생각합니다. 이견이 있는 과제이므로 국무조정실이 조정 역할을 하되, 우선 교육부와 복지부를 비롯한 해당 부처가 해결책을 제시한다는 자세를 가지고 통합모델 기본방향 등에 대해 적극적으로 대안을 마련하는 것이 좋을 것 같습니다. 국무조정실에 무작정 맡긴다는 자세가 아니라 해당 부처가 적극성을 가질 때 속도도 나고 해결책도 나올 것입니다. 이것은 어디까지나 수요자인 학부모, 국민들께 좀 더 편안한 서비스를 제공한다는 목적에 충실해야 될 것으로 생각하고, 이 과제가 성과를 낸다면 부처 간의 협업 성공사례가 될 수 있기 때문에 최선을 다해서 모범적인 대안이 나왔으면 합니다.

새 정부 출범 후에 대통령이 유보통합을 공개적으로 언급한 것은 이때가 처음이었다. 2013년 4월 23일 17개 부처 장관이 모두 임명된 뒤에 열린 첫 국무회의에서 대통령은 다음과 같이 말했다(대한민국 정책브리핑 홈페이지).

> 협업과제가 굉장히 중요하고 협업을 통하지 않고는 과제를 이룰 수 없다고 생각합니다. 그래서 중요한 협업과제에 대한 예를 들면, 유보통합이나 ODA 협업 문제 등이 있는데 협업을 효과적으로 하기 위한 방안으로 현장 중심, 국민 중심 등 국정운영 방침을 이야기했지만 유치원에 어린이를 보내는 부모, 보육시설에 보내는 부모 등은 이러한 것들이 (부처별로) 갈라져 있기 때문에 불편을 겪고 있습니다. 협업을 하는 데 있어서 이제까지 각 부처가 해 왔던 것들이 있기 때문에 부처 중심으로만 생각할 수 있습니다. 이러한 것을 완전히 국민 중심으로 돌려서 오로지 국민에게 더 편안하고 좋은 서비스를 하겠다는 목적에 충실하게 되면 (부처 중심이라는) 경계선을 넘기가 더 쉬울 것이라고 생각합니다. 그러한 의미로

학부모들에게 여론조사를 통해 부처 간에 갈라져 있어서 불편한 점, 아쉬운 점 등 솔직하고 생생한 이야기를 받아 정리하여 협업을 할 때 실제 불편한 점을 어떻게 해소하고 서비스 질을 높이기 위해 부처가 무엇을 해야 할지 등 오로지 그 점을 중심으로 생각하면 원활하게 (협업이) 될 수 있는 길이라고 생각합니다.

국무조정실은 2013년 4월 30일 정부부처 중에서 마지막으로 업무보고를 했다. 이날도 유보통합에 대한 대통령의 지시가 이어졌다(대한민국 정책브리핑 홈페이지).

협업과 관련해 이런 말씀을 드리고 싶습니다. 각 부처 간에 그동안 해 왔던 영역이 있기 때문에 이렇게 하는 게 더 좋지 않겠느냐 하는 관성이 있는 것이 인지상정이라 생각합니다. 이런 것을 극복하고 어떻게든 국민 중심으로 가기 위해 그것을 뛰어넘는, 또 뛰어넘어도 보람 있게, 즐겁게 뛰어넘을 수 있는 방법을 말씀드립니다. 예를 들면, 유보통합이다, 하면 복지부의 생각이 있고 교육부의 생각이 있는데 우리가 중요시 여기는 것은 국민 중심이고 현장 중심이기 때문에 그 어린이들을 유치원이나 보육시설에 보내는 어머니 마음이 제일 중요하지 않겠습니까. 그러면 그 학부모를 중심으로 해 심층 여론조사를 해 보는 겁니다. 특히, 어머니들이 이게 이렇게 되면 이렇게 좋을 텐데 하는 여러 가지 이야기가 나올 겁니다. 우리 공무원 여러분들이 밤낮으로 어떻게 하면 좋은 정책으로 좀 잘해볼까 하고 많은 노력을 하는데 학부모의 입장에서는 볼 때 그게 아니다, 그렇게 노력을 하는 게 현장에서는 별 소용이 없고 오히려 불편을 끼치는 일이 많다, 그럴 때 일한 보람도 없고 힘 빠지고 내가 뭣 때문에 밤을 세워서 공무원으로서 일을 했던가, 그런 자괴감이 들지 않겠습니까.

이 부처는 빨강을 그리려고 하고 저 부처는 흰색을 그리려고 하는데 국민이 원하는 것은 분홍색이다 그런데 빨강으로 하겠다, 흰색으로 하겠다 하는 것이 무슨 의미가 있냐 이거죠. 국민한테 하나도 와 닿지를 않는데 이것이야말로 힘 빠지는 헛수고가 되어 버립니다. 국민이 원하는 것은 분홍색이다 하면 분홍색을 어떻게 하면 국민에게 선사할까 하는 생각만 하고 두 부처가 힘을 합한다면 여러 가지 생각의 차이를 넘을 수 있고 기쁘게 즐겁게 극복할 수 있는 길이 아닌가 생각됩니다.

박근혜 대통령은 유보통합 추진을 위해 부처 협업과 학부모 여론조사를 재차 강조하였다. 2013년 4월 중에 대통령이 세 차례 연이어 유보통합을 강조하였으므로 추진 의지를 확인할 수 있다. 대통령이 언급한 내용을 정리하면, 국무조정실 중심으로 유보통합을 추진하되, 교육부와 보건복지부가 적극 협조하고 학부모 심층 여론조사도 실시하여 좋은 방안을 마련하라는 것이었다.

한편, 새 정부가 유보통합을 추진하기로 하자 각 정당과 언론에서도 이 문제를 논의하기 시작하였다. 2013년 4월 16일에는 새누리당 김세연 의원과 민주통합당 김태년 의원이 공동 주최한 유보통합 관련 토론회가 열렸다. '유아교육과 보육, 이원화 체제의 문제점과 대안'이라는 주제를 발제한 공주대학교 이일주 교수는 유아교육과 보육의 이원화에 따른 문제점을 해소하기 위해 교육부가 유아교육 · 보육 업무를 통합 관장해야 한다고 주장하였다(이일주, 2013). 연합뉴스는 '민 · 관 TF 출범 …… 본격 논의 불붙어' '왜 필요한가' '막대한 통합재정 등 난제 산더미' 등 기획기사를 작성했고, 유보통합을 위해 철저한 논의가 필요하다는 사설도 실었다(연합뉴스, 2013. 4. 25.).

대통령의 지시에 따라 국무조정실은 2013년 4월 중순부터 유보통합 업무를 추진하기 시작하였다. 박근혜 정부의 첫 국무조정실장으로는 2013년 3월 25일 김동연 기획재정부 제2차관이 발탁되었다. 유보통합 추진방안을 마련하기 위해 국무조정실이 제일 먼저 착수한 일은 추진체계를 만들고 추진일정을 잡는 일이었다. 국무조정실은 2013년 5월 10일 국가정책조정회의[1]에 '유보통합위원회 구성 및 운영 계획'을 보고하였다(국무조정실, 2013f). 김동연 국무조정실장은 2013년 5월 21일 현장의 목소리를 듣기 위해 유치원과 어린이집을 방문하여 학부모 간담회를 열었고, 5월 22일에는 제1차 유보통합추진위원회를 개최하였다(국무조정실, 2013a, 2013b).

제1차 유보통합추진위원회 회의에서는 유보통합 추진체계와 앞으로의 추진일정 등이 논의되었다. 유보통합 논의 기구는 [그림 10-1]에서와 같이 유보통합과 관련하여 주요 정책을 결정하는 '유보통합추진위원회'와 실무 조정을 담당하는 '실무조정위원회', 그리고 전문가로 구성된 '통합모델개발팀'이었다. 유보통합추진위원회 위원장은 국무조정실장이 맡았고, 위원은 기획재정부, 교육부, 안전행정부, 보

1) 국가정책조정회의는 박근혜 정부 당시 "중앙행정기관 간 정부 정책에 대한 이견 및 주요 국정현안 등을 협의 · 조정하기 위하여 국무총리 소속"으로 둔 회의체였다. 의장은 국무총리이며, 정부 주요 부처 장관과 안건 관련 중앙행정기관의 장, 국무조정실장, 대통령비서실 국정기획 수석비서관, 정무 수석비서관 등이 참석했다[「국가정책조정회의 규정」(대통령령 제24500호, 2013. 4. 16., 제정)]. 문재인 정부는 정부조직 개편과 함께 '국가정책조정회의'를 폐지하고 '국정현안점검조정회의 규정'을 신설하였다(대통령령 제28211호, 2017. 7. 26., 타법개정).

건복지부, 여성가족부, 국무조정실 등 6개 부처 차관과 공익단체, 언론, 학계, 학부모 대표 등 6명의 민간위원이었다. 실무조정위원회 위원장은 국무조정실 국무2차장이었고, 위원은 유보통합추진위원회에 참여하는 6개 부처의 실 · 국장급 공무원과 학계, 시설 운영자, 교육자 대표 등이었다. 통합모델개발팀에는 한국개발연구원(KDI), 육아정책연구소, 한국보육진흥원, 대학교수 등 6명이 참여하였다(국무조정실, 2013b).

유보통합추진위원회는 2013년 5~6월중에 수요자인 학부모 등 여론조사를 실시하고, 8월 말까지 통합모델개발팀을 중심으로 2~3개의 통합모델안을 개발한 후 시범사업 대상과 지역을 결정하기로 하였다. 아울러 2014년 3월 새 학기 시작에 맞추어 시범사업을 실시하는 것으로 잠정적으로 추진일정을 정하였다. 김동연 국무조정실장은 "유보통합에 있어 관계부처의 협조가 가장 중요하기 때문에 정부 차원에서 이를 협업의 선도과제로 선정하여 부처 간 칸막이를 없애는 데 각별한 노력을 기울일 것"이라고 말했다(국무조정실, 2013b). 유보통합추진위원회의 결정에 따라 교육부와 보건복지부는 육아정책연구소와 함께 2013년 5월부터 '학부모 의견조사'를 실시했고, 국무조정실은 통합모델 개발을 위한 정책연구팀을 가동하였다.

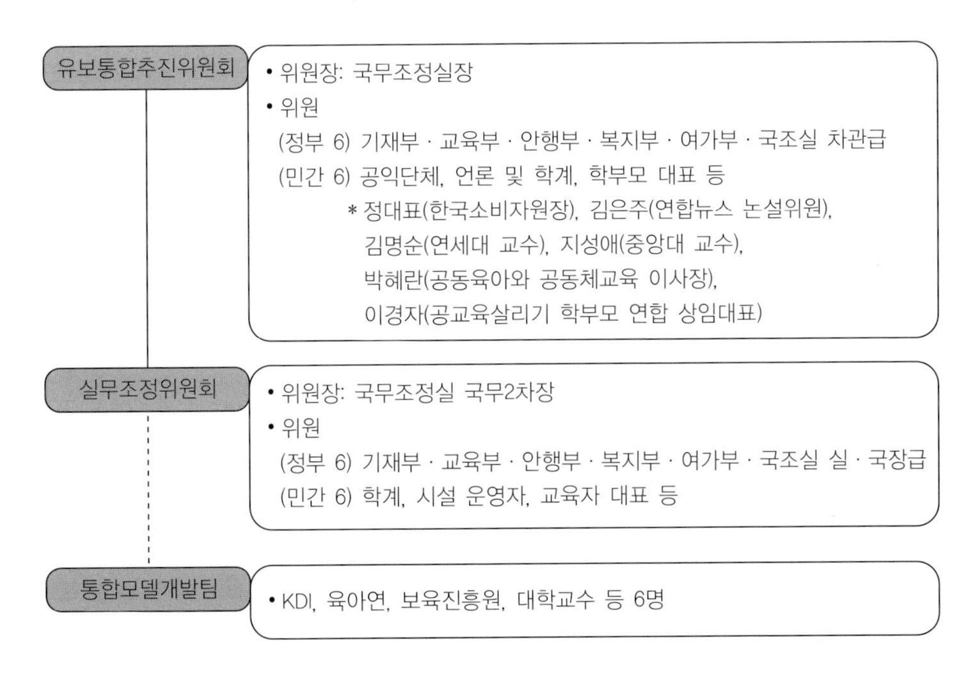

[그림 10-1] 유보통합 논의 기구도

출처: 국무조정실(2013b), p. 3.

2. 유보통합 추진방안(2013년)

1) 학부모 의견조사와 정책연구

유보통합과 관련한 학부모 의견조사는 교육부와 보건복지부, 육아정책연구소가 공동으로 한국갤럽에 의뢰하여 2013년 6월 17일부터 7월 12일까지 4주간 실시하였다. 조사대상은 전국 유치원과 어린이집에 다니는 0~5세 아이의 학부모 1,500명이며, 조사방법은 가구방문을 통한 면접방식이었다. 2013년 7월 31일 국무조정실은 유보통합과 관련한 수요자의 의견을 듣기 위해 유치원과 어린이집을 이용하는 학부모들과 간담회를 가졌는데, 이날 간담회는 '학부모 의견조사' 결과를 바탕으로 학부모들이 토론하는 형식으로 진행되었다. 국무조정실이 조사결과를 잠정 분석한 주요 내용은 다음과 같다(국무조정실, 2013d).

첫째, 학부모들이 어린이집과 유치원을 선택할 때 가장 중요하게 생각하는 것은 접근성, 원장과 교사의 자질, 프로그램의 질적 수준이었다. 그리고 현재 이용기관에 대한 불편사항은 불편사항 없음(38%), 비용 부담(20%), 토요일 · 휴일 돌봄의 부족(16%), 제한된 운영시간(16%)이었다.

둘째, 어린이집과 유치원의 실제 이용시간은 7시간 9분, 비용을 부담하더라도 반드시 이용해야 하는 시간은 7시간 50분, 국가가 무상지원을 해 주기를 바라는 시간은 8시간 23분이었다. 학부모는 교육 프로그램의 질을 높인다면 추가비용의 일정 부분을 부담할 의사가 있는 것으로 나타났다.

셋째, 담임교사에게 바라는 자질은 훌륭한 인성, 아이와 원활한 상호작용, 교육 · 보육 관련 지식, 경력, 부모와 원활한 소통, 학력 순이었다. 그리고 교육 · 보육 내용 중에서 개선을 바라는 사항은 인성지도, 놀이중심 활동, 다양한 특별활동, 기본생활습관 지도, 돌봄기능 강화, 바람직한 또래관계, 실외활동, 교육기능, 초등학교 연계교육 순이었다.

넷째, 유보통합과 관련하여 현재와 같이 어린이집과 유치원으로 이원화되어 있어서 유용한 점으로는 다양한 프로그램 선택 가능(46%), 생각해 본 적 없음(23%), 다양한 선택 이용시간(13%) 등을 들었다. 그리고 어린이집과 유치원으로 이원화되어 있어 불편한 점으로는 동일한 연령임에도 이용시간과 비용 차이(30%), 생각해 본 적 없음(23%), 이용연령 차이로 형제가 다른 기관 이용(17%) 등을 들었다.

이날 간담회에 참석한 학부모들은 '학부모 의견조사' 결과를 듣고 공감을 표하고, 다양한 견해를 제시하였다. 학부모들이 가장 원하는 것은 믿고 맡길 수 있는 교사와 시설을 보유한 곳, 필요한 시간에 아이를 맡길 수 있는 곳이었다. 그리고 "특히, 어린이집과 유치원이 양질의 교육과 보육 서비스를 제공하려면 교사의 자질이 가장 중요한 만큼, 유보통합을 추진할 때 교사의 인성교육, 교사 처우 개선, 시설기준, 학부모 교육 등에도 정부가 관심"을 가져 줄 것을 희망하였다(국무조정실, 2013d).

학부모 의견조사와 별도로 국무조정실은 2013년 5월부터 통합모델개발팀을 구성하여 정책연구를 맡겼다. 2013년 5월 22일 국무조정실 발표에 따르면, 통합모델개발팀이 2013년 8월 말까지 통합모델안과 시범사업 실시방안을 개발하고, 유보통합추진위원회는 그것을 토대로 시범사업 대상과 지역 등을 결정하기로 되어 있었다(국무조정실, 2013b). 그러나 통합방안 발표가 지연되자 언론은 유보통합이 제대로 될 수 있을지 의문을 제기하였다.

조선일보는 2013년 8월 6일 "20년 끌어온 '유치원 · 어린이집 통합' 이번엔 될까"라는 제목의 기사에서 유보통합을 자세하게 다루었다. 박근혜 정부가 과거 어느 때보다 의욕적으로 유보통합을 추진하고 있지만 제대로 추진될 수 있을지 의문이라고 하면서 쟁점 세 가지를 제시하였다. 첫째, 유치원 교사의 질과 급여가 어린이집 교사보다 높은데 수준을 맞추려면 막대한 재정이 소요된다는 것이다. 둘째, 0~2세는 교육보다 돌봄이 중요한 시기인데 영아들을 어느 부처에서 담당하느냐이다. 셋째, 교육부와 보건복지부 중 어느 부처로 통합하느냐이다(조선일보, 2013. 8. 6.).

국무조정실은 2013년 8월 30일, 김동연 국무조정실장 주재로 제5차 협업점검협의회를 개최하여 박근혜 정부 출범 후 지난 6개월간의 협업과제 추진상황을 점검하고, 하반기에 집중 추진해야 할 과제 20개를 선정하였다. 부처 간 협업 활성화를 위한 20개 주요 과제에는 '유아교육 · 보육 통합'이 포함되었다. 그 내용은 학부모와 유아 입장에서 보다 나은 서비스를 제공하기 위해 영유아교육 · 보육 체계를 보다 체계적이고 효율적으로 통합 관리하겠다는 것으로, 학부모 여론조사 등을 통해 9월 중 유보통합 모델을 확정하기로 하였다(국무조정실, 2013f). 통합방안 발표가 또 늦어지자 한국경제는 2013년 10월 7일 "부처 간 '20년 영역싸움'에 유치원 · 보육원 통합 표류"라는 제목의 기사를 보도하였다. 유보통합은 인재 육성과 활용에 관한 많은 현안 중 하나인데, 관계부처 사이의 장벽에 가로막혀 국무조정실 주도로 부처 간 협업 활성화를 위한 20개 주요 과제에 선정되었다는 것이다(한국경제, 2013. 10. 7.).

한편, 정부가 유보통합 추진방안을 마련 중인 가운데 2013년 7월 25일 국회에서는 무소속 현영희 의원이 주최하는 '영유아의 행복을 위한 유보통합 대토론회'가 열렸다. 이날 토론회에는 유아교육과 보육계 관계자 3천여 명이 참석해 유보통합 방안을 놓고 열띤 토론을 벌였다. 토론회 발제를 맡은 광주대학교 최민수 교수는 "OECD 국가의 유보통합은 대부분 교육부를 중심으로 이루어지고 있고, 보육과 복지를 강조하는 경향보다 교육과 복지를 강조하는 추세"라며 교육부로 통합하는 게 바람직하다는 입장을 제시하였다(조선일보, 2013. 8. 2.).

2) 유보통합 추진방안 확정

국무조정실은 2013년 12월 3일 유보통합추진위원회 제2차 회의를 열어 '유보통합 추진방안'을 논의하였다. 이날 국무조정실은 '유보통합 추진방안'이 만들어지기까지의 경과를 공개하였다. '유보통합 추진방안'은 그동안 실무조정위원회를 중심으로 7차례에 걸쳐 세부 논의를 거쳤고, 국무조정실 · 교육부 · 보건복지부 등 관계부처가 학부모, 유치원 · 어린이집 원장, 교사, 학계 등 이해관계자와의 간담회와 의견조사 등을 통해 의견을 수렴하여 반영한 것이었다(국무조정실, 2013f).

학부모 의견조사 결과에 따르면, 학부모들은 ① 비용부담 증가 없는 양질의 교사와 서비스 제공, ② 시설과 교사 간 격차는 축소하되 시설의 다양성은 유지, ③ 접근성이 좋은 시설 선호, ④ 0~2세 영아의 유치원 이용 허용, 결제카드 호환과 같은 편의 증진을 요구하는 경향이 있었다. 이에 따라 국무조정실은 학부모의 다양하고 복잡한 요구는 관리부처나 시설 통합만으로는 해결이 어렵고, 품질 개선, 다양한 시설과 프로그램 확보 등을 함께 추진할 필요가 있다고 분석하였다(국무조정실, 2013f).

국무조정실이 설정한 유보통합 추진의 기본방향은 ① 학부모 요구 충족에 최우선 순위를 두고, ② 박근혜 정부 임기 내에 완성하되, ③ 이해관계자의 갈등요인을 효율적으로 관리하면서 2014년부터 단계적으로 추진한다는 것이었다. 부연하면, 유보통합은 정보공시, 결제카드 통합, 품질 개선 등 학부모가 원하는 것을 최우선으로 고려하고, 교사와 시설 간 격차를 축소하되, 유치원과 어린이집 형태의 다양

유보통합 추진방안(안) 논의 경과

- 2013. 5. 10 국가정책조정회의, '유보통합위원회 구성 · 운영계획' 보고
  - 유보통합추진위(국무조정실장), 실무조정위, 통합모델개발팀 구성 · 가동
- 2013. 5. 22 제1차 유보통합추진위원회, 통합모델 개발 등 논의
- 2013. 5~8월, 통합모델개발팀, 통합모델안 등 연구 · 개발
- 2013. 5~8월, 학부모 의견조사, 간담회 등을 통해 관련 의견수렴
- 2013. 8~11월, 실무조정위원회(국무2차장), 통합모델개발팀(案)을 바탕으로 통합모델 및 시범사업 추진방안 검토 · 조정

출처: 국무조정실(2013f), p. 4.

성은 유지하며, 이해관계자 의견을 충분히 수렴하여 단계적으로 추진하기로 하였다(국무조정실, 2013f).

유보통합의 단계별 추진내용을 보면, 첫해인 2014년에는 1단계로 통합 전에 즉시 할 수 있는 과제부터 우선 추진하기로 하였다. ① 정보공시 내용 확대와 연계 및 통합, ② 공통 평가항목과 평가기준 마련, 유치원 평가와 어린이집 평가인증 연계, ③ 재무회계규칙 적용 확대와 공통 적용항목 개발 등이었다. 2015년부터는 2단계로 규제환경 정비 등 본격적인 통합을 추진하기로 하였다. ④ 결제카드 통일, ⑤ 시설기준 정비 · 통합, ⑥ 이용시간 통합, ⑦ 0~2세 유치원 취원 허용, ⑧ 교사자격과 양성체계 정비 및 연계 추진 등이었다. 그리고 2016년에는 3단계로 관리부처와 재원 등을 통합해서 마무리하기로 하였다. ⑨ 어린이집과 유치원 간 교사 처우 격차 해소를 위한 단계적 지원, ⑩ 관리부처와 재원의 통합이 주요 과제였다(국무조정실, 2013f).

국무조정실은 이날 회의에서 논의한 '유보통합 추진방안'을 국무총리가 주재하는 '국가정책조정회의'에 보고하여 2013년 내에 최종 확정되면, 2014년 3월부터 본격적으로 추진될 예정이라고 하였다(국무조정실, 2013f). 정부는 2013년 12월 26일 국가정책조정회의에서 '유보통합 추진방안'을 확정하였다.

3) 유보통합추진단 구성과 통합과제 추진

정부는 2014년이 되자 유보통합 추진조직체를 정비하는 한편, 각 과제별 추진계

획을 수립하기 시작하였다. 2013년이 유보통합을 정책의제로 채택하고 정책분석 과정을 거쳐 기본방침을 결정한 해였다면, 2014년은 유보통합 추진방안에 포함된 각 과제들의 구체적인 실행계획을 만들어 가는 해였다.

정부는 2014년 1월 14일, 국무총리 소속으로 '영유아 교육 · 보육통합추진단'을 두도록 하는 국무총리 훈령을 발령했다.[2] 그리고 2월 14일에 영유아 교육 · 보육통합 추진단(이하 '유보통합추진단')을 공식 발족하였다. 추진단장은 국무조정실 국무2차장이 겸임하였고, 부단장은 국무조정실의 국장급 공무원이 맡았다. 3개 팀은 국무조정실, 기획재정부, 교육부, 보건복지부 등 정부부처 공무원과 육아정책연구소, 한국보육진흥원 등 민간전문가 18명으로 구성하기로 하였다. 추진단장인 고영선 국무2차장은 "유 · 보 서비스 체계 개선의 핵심인 교육 · 보육의 질을 개선하고 다양성을 살리는 등 학부모의 요구를 최대한 수용해, 선택의 폭은 넓히고 불편은 최소화하는 데 역점을 두겠다."고 말했다(국무조정실, 2014a). 유보통합추진단 조직 구성은 [그림 10-2]와 같다.

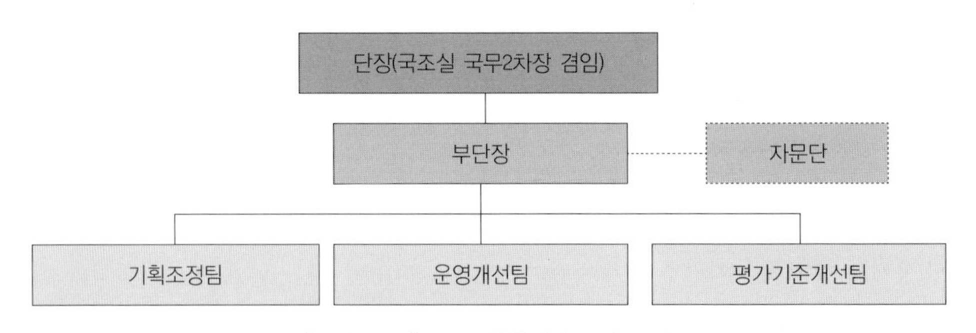

[그림 10-2] 유보통합추진단 조직 구성

출처: 국무조정실(2014a), p. 3.

국무조정실은 유보통합추진단을 발족하면서, '유 · 보 서비스 체계' 개선 필요성, 추진방안, 개선 후 달라지는 점, 그리고 향후 추진방향을 제시하였다. 먼저 유보통합의 필요성을 다음과 같이 설명하였다(국무조정실, 2014a).

2) '영유아 교육 · 보육 통합 추진단'은 유아교육과 영유아보육의 통합에 관한 전략 수립과 통합 추진 업무의 수행 등을 위하여 국무총리 소속으로 설치되었다. 주요 기능은 영유아 교육 · 보육의 통합 전략, 통합 추진계획과 세부지침 마련, 통합 추진상황의 분석 · 평가, 단계적 통합을 위한 총괄 조정 · 관리 등이었다. 유보통합추진단에는 단장 1명과 부단장 1명을 두고, 단원은 관계 행정기관에서 파견된 공무원과 관계기관 · 단체 등에서 파견된 인력으로 구성하기로 했다[「영유아 교육 · 보육 통합 추진단의 설치 및 운영에 관한 규정」(국무총리훈령 제626호, 2014.1.14., 제정)].

영유아가 건강하게 성장 · 발전할 수 있는 환경을 만들어 주는 것은 국가의 책임입니다. 우리나라는 영유아(0~5세)를 교육하고 돌보는 기관이 설립 목적과 취지에 따라 크게 둘로 나누어져 있습니다. 즉, 유치원은 교육기관으로서 3~5세 유아를, 어린이집은 사회복지기관으로서 0~5세 영유아를 대상으로 합니다. 이에 따라 근거법령, 교사의 자격, 설치기준, 담당부처, 민원관리 부서 등이 다르고, 보육이나 교육의 내용, 학부모 부담 수준, 이용일수나 시간 등이 각각 다르게 운영되고 있습니다. 유 · 보 서비스 체계 개선은 어린이집-유치원 어느 기관을 가더라도 일정수준 이상의 교육 · 보육 서비스를 학부모가 이용할 수 있도록 서비스 질을 개선하는 과정이자, 학부모의 선택권 보장을 위해 어린이집과 유치원의 다양한 기관형태는 그대로 두면서, 학부모가 이용과정에서 양 기관의 차이로 인해 겪는 불편과 불합리를 해소하는 과정입니다.

국무조정실이 이날 제시한 추진방안은 정부가 2013년 12월에 발표한 유보통합 추진 방안의 단계별 추진내용과 같다. 1단계는 즉시 할 수 있는 정보공시, 평가, 재무회계규칙 통합 과제를 우선 추진하고, 2단계는 규제환경 정비 과제인 결제카드, 시설기준, 이용시간 통합, 교사자격 및 양성체계 정비 등을 추진하며, 3단계는 어린이집-유치원 간 교사 처우격차의 단계적 해소를 포함하여 관리부처와 재원을 통합함으로써 통합을 마무리하겠다는 것이다(국무조정실, 2014a).

유보통합을 하면 달라지는 점은 다음과 같다. 첫째, 유치원과 어린이집 어느 기관에서건 우수한 자질의 교사로부터 공통 교육 · 보육과정을 격차 없이 제공받을 수 있게 된다. 둘째, 국가 차원의 교육 · 보육 비전에 따라 종합적이고 효율적인 유아교육 · 보육 지원체계가 확립된다. 정책 대상자별로 보면, 학부모는 만족도가 올라가고 이용 불편은 줄어든다. 알고 싶은 정보를 통합 정보포털에서 쉽게 비교한 후 유치원이나 어린이집을 선택할 수 있고, 결제카드 통합으로 정부지원금 결제에 따른 불편이 해소된다. 교사는 자질과 처우가 단계적으로 좋아진다. 재교육 · 보수교육을 전제로 단계적으로 처우가 개선되고, 교사자격 · 양성체계 개편으로 자질과 자긍심이 높아지며, 근무시간 조정 등으로 장시간 근로관행이 개선된다. 기관의 원장은 운영환경이 나아진다. 시간선택제 보육 등으로 기관을 탄력적으로 운영할 수 있고, 표준비용을 주기적으로 재산정하여 운영 부담을 완화할 수 있다(국무조정실, 2014a). 유보통합 전후를 비교하면 [그림 10-3]과 같다.

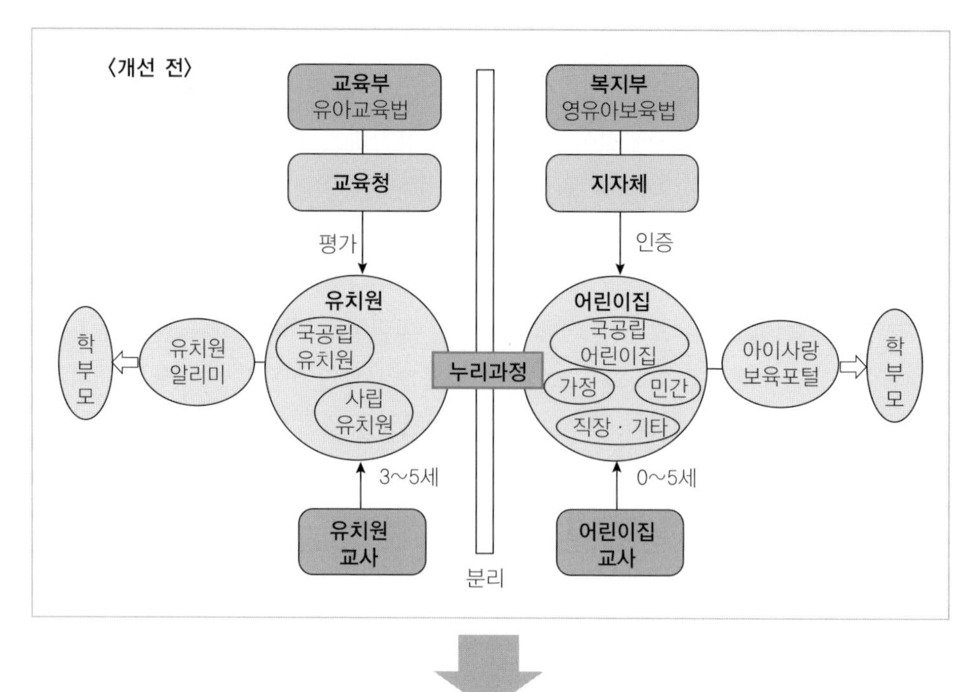

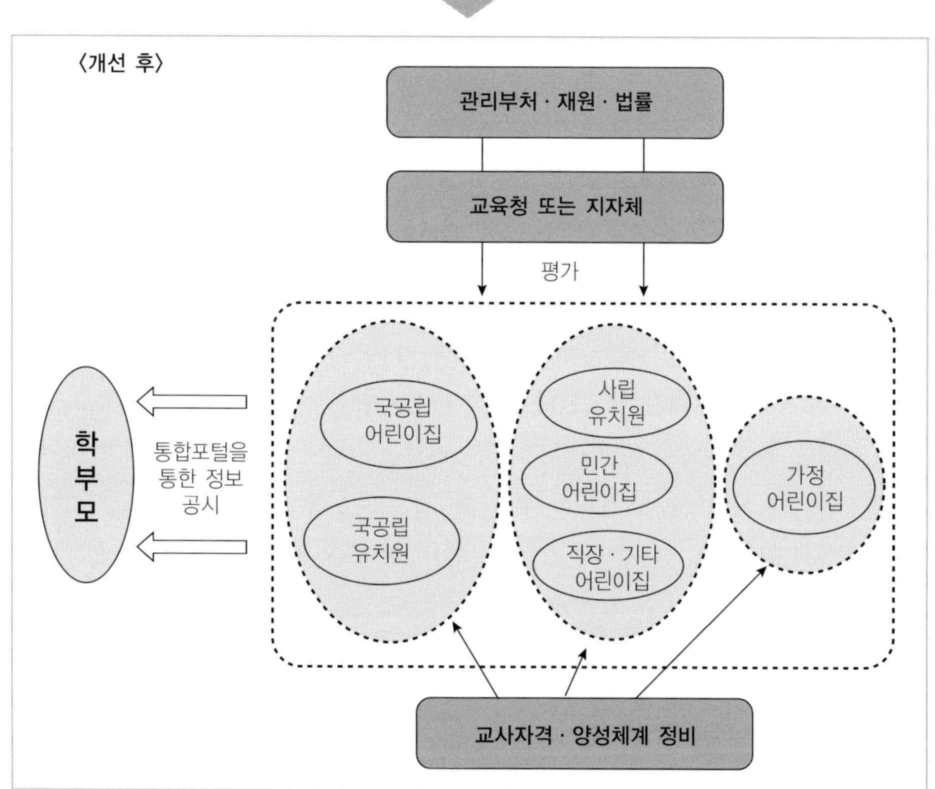

[그림 10-3] 유보통합 전후 비교

출처: 국무조정실(2014a), p. 7.

국무조정실 유보통합추진단은 앞으로 학부모와 이해관계자 의견을 충분히 수렴하여 세부방안을 구체화하고, 교육부와 보건복지부 등 관계부처와 협력하여 현장에서의 혼란이 없도록 유보통합을 단계적으로 추진해 나가기로 하였다(국무조정실, 2014a). 유보통합추진단이 제시한 영유아교육 · 보육 현황은 〈표 10-1〉과 같다.

〈표 10-1〉 영유아교육 · 보육 현황

구분	유치원	어린이집
근거 법률 및 성격	「유아교육법」(교육기관)	「영유아보육법」(사회복지기관)
관리부처	교육부 – 시 · 도 교육청	복지부 – 자치단체
이용대상 및 현황 ('12년 기준)	3~5세, 8천5백 개, 60만 명	0~5세, 4만2천 개, 150만 명
운영시간	3~5시간+방과후 과정(선택)	12시간(7:30~19:30)+시간연장(선택)
정부지원 총액 ('13년 기준)	총 4조 원 (지방교육재정교부금)	총 8.3조 원 (국비 4.1조 원, 지방비 4.2조 원)
정부지원 교육비 · 보육료 (학부모/기관)	0세 75만 원(39만 원/36만 원), 1세 52만 원(35만 원/17만 원), 2세 40만 원(29만 원/11만 원), 3~5세 22만 원(22만 원/0)	
교육 · 보육 내용	공통 누리과정(3~5세)	표준보육과정(3~5세) * 공통 누리과정 포함
		표준보육과정(0~2세)
교사자격 · 양성	유치원교사 1 · 2급 및 준교사 (전문대졸 이상, 학과제)	보육교사 1 · 2 · 3급 (고졸 이상, 학점제)
정보공시	'12.9월~, 유치원 알리미	'13.12월~, 아이사랑보육포털
	* 어린이집-유치원 간 공시항목 · 주기 등 세부사항 상이	
평가체계	의무적 평가	자율적 평가인증제
	* 평가항목은 유사하나 평가주체, 평가절차 등 상이	
재무회계규칙	어린이집, 유치원, 기관별 설립주체 등에 따라 운영 상이	
가격규제	원장 자율	시 · 도별 상한액
시설기준	1, 2층, 놀이터 160㎡(40명 이하) 등	1층 원칙, 놀이터 3.5㎡/명 등

출처: 국무조정실(2014a), p. 9.

3. 유보통합 단계별 과제 추진

유보통합이 박근혜 정부의 국정과제에 포함된 때는 2014년 4월이었고,[3] 국무조정실이 유보통합 추진 조직을 정비하여 세부 추진계획을 수립한 때는 2014년 5월이었다. 단계별 통합과제의 세부 추진일정은 〈표 10-2〉와 같다(신미경, 2015).

〈표 10-2〉 단계별 통합과제에 대한 세부 추진일정

단계	추진과제	2014년	2015년	2016년
1단계 서비스 질 향상 기반 구축	실행방안 마련	→		
	관계법령 개정 등		→	→
2단계 규제 및 운영환경 차이 해소	정책연구 및 대안 검토	→	→	
	통합방안 마련		→	→
3단계 부처 · 재원 통합	정책연구 및 대안 검토		→	
	통합방안 마련			→

출처: 신미경(2015). p. 67.

유보통합추진단은 [그림 10-1]의 유보통합 논의 기구 중 유보통합추진위원회, 실무조정위원회는 그대로 두고 통합모델개발팀은 해체하였다. 대신 유보통합추진단의 3개 팀과 정책연구팀, 관계부처 등으로 실무조정팀(Working Group)을 구성하여 과제별 실행방안을 마련하게 하였다(신미경, 2015). 구체적으로 보면, 유보통합추진단의 3개 팀이 통합과제를 나누어서 담당했는데, 과제의 성질에 따라 정책연구 용역을 발주하고 교육부와 보건복지부 등 관계부처와 협의하여 과제별 세부 추진방안 초안을 마련하였다. 그리고 유보통합 실무조정위원회 논의 과정을 거쳐 수정 · 보완하고, 마지막으로 유보통합추진위원회에 안건으로 상정하였다. 유보통합추진위원회에서 과제별 추진방안이 확정되면, 과제에 따라서는 법령 개정을 거쳐야 시행할 수 있는 것도 있었고, 법령 개정 없이 곧바로 추진할 수 있는 것이 있었다.

3) 국무조정실은 140개 국정과제 중 하나인 '64. 무상보육 및 무상교육 확대(0~5세)'의 하위과제에 '유아교육 · 보육 통합'을 포함하였다. 이는 2017년 당시 국무조정실 국정과제 업무 담당부서에 확인한 사실이다.

유보통합추진단은 유보통합 세부 추진계획을 수립하면서 앞서 '유보통합 추진 방안'에서 확정한 과제들을 재설정하였다. 2014년에 추진하는 1단계 통합과제는 ① 유아학비 · 보육료 지원 결제카드 통합, ② 유치원 · 어린이집 정보공시 연계 · 통합, ③ 유치원 · 어린이집 평가체계 통합, ④ 재무회계규칙 강화 · 통합으로 정하였다. 당초 2단계에 하기로 했던 결제카드 통합을 1단계에 배치하였다. 규제 및 운영환경 차이 해소를 위해 2015년에 추진하는 2단계 통합과제는 ⑤ 가격규제 제도 개선, ⑥ 0~2세 유치원 취원 허용 및 교육 · 보육과정 통합, ⑦ 시설기준 정비, ⑧ 유치원 · 어린이집 운영시간 조정, ⑨ 교육 · 보육 지원방식 다양화, ⑩ 교사 양성 · 자격 정비 및 연계 등이었다. 2016년에 추진하는 3단계 통합과제는 ⑪ 교사 처우 격차 해소, ⑫ 관리부처 및 재원, 법률 통합이었다. 이상 12개 통합과제 중에서 2015년도 추진과제인 ⑧ 유치원 · 어린이집 운영시간 조정, ⑨ 교육 · 보육 지원방식 다양화 과제는 보건복지부에서 추진하는 맞춤형 보육 지원체계 개편과 연계하여 추진하는 것으로 변경하였다(신미경, 2015). 따라서 교사 통합과 관련되는 ⑩ 교사 양성 · 자격 정비 및 연계, ⑪ 교사 처우 격차 해소를 하나의 과제로 합치면 모두 10개 과제가 된다. 유보통합 단계별로 추진하는 과제의 내용을 도식화하면 [그림 10-4]와 같다.

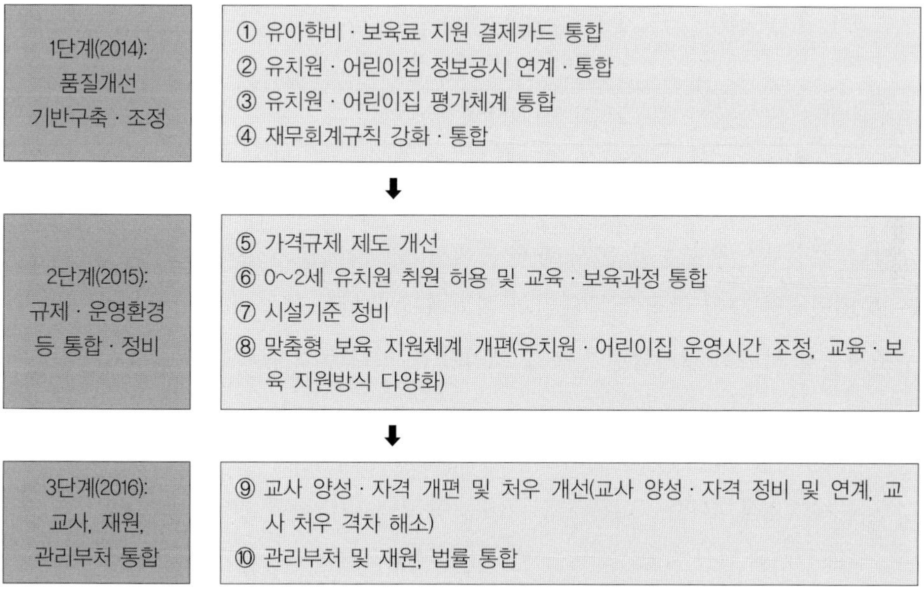

1단계(2014): 품질개선 기반구축 · 조정	① 유아학비 · 보육료 지원 결제카드 통합 ② 유치원 · 어린이집 정보공시 연계 · 통합 ③ 유치원 · 어린이집 평가체계 통합 ④ 재무회계규칙 강화 · 통합
⬇	
2단계(2015): 규제 · 운영환경 등 통합 · 정비	⑤ 가격규제 제도 개선 ⑥ 0~2세 유치원 취원 허용 및 교육 · 보육과정 통합 ⑦ 시설기준 정비 ⑧ 맞춤형 보육 지원체계 개편(유치원 · 어린이집 운영시간 조정, 교육 · 보육 지원방식 다양화)
⬇	
3단계(2016): 교사, 재원, 관리부처 통합	⑨ 교사 양성 · 자격 개편 및 처우 개선(교사 양성 · 자격 정비 및 연계, 교사 처우 격차 해소) ⑩ 관리부처 및 재원, 법률 통합

[그림 10-4] 유보통합 단계별 추진과제

유보통합추진단은 단계별로 통합과제들을 재설정했지만 통합이 계획한 대로 진행된 것은 아니다. 통합과제 중에서 가장 오래 소요된 과제는 '재무회계규칙 강화 · 통합'이었다. '교사 양성 · 자격 개편 및 처우 개선' 과제와 '관리부처 및 재원, 법률 통합' 과제는 통합방안을 발표하지 못했다. 〈표 10-3〉은 2013년 5월 유보통합추진위원회가 구성된 후 회의가 열린 시기와 회의 안건을 보여 준다. 2013년에는 유보통합 추진방안을 마련하였고, 유보통합추진단이 구성된 2014년부터는 과제별 추진방안 마련에 주력했다는 사실을 알 수 있다.

〈표 10-3〉 유보통합추진위원회 회의 개최 시기 및 안건

유보통합추진위원회	회의 안건
1차 회의(2013년 5월)	• 유보통합추진위원회 구성 및 운영계획(안) ※ 학부모 등 여론조사 실시계획 포함
2차 회의(2013년 12월)	• 유보통합 추진방안(안)
3차 회의(2014년 8월)	• 결제카드 통합(안) • 정보공시 연계 · 통합(안)
4차 회의(2014년 12월)	• 정보공시 통합(안) • 평가체계 통합(안)
5차 회의(2015년 9월)	• 0~2세 유치원 취원 허용(안) • 시설기준 정비 · 통합(안) • 유치원비 인상률 상한제 도입(안)
6차 회의(2016년 9월)*	• 재무회계규칙 정비 방안(안)

* 6차 회의는 보도자료를 배포하지 않았음.

박근혜 정부는 유보통합 10개 과제 중에서 8개 과제를 통합하였다. 이 같은 사실은 2016년 6월 27일 국회 정무위원회 회의에서 유의동 새누리당 의원과 이석준 국무조정실장 사이의 질의답변을 통해 확인할 수 있다(국회사무처, 2016: 61).

- **유의동 위원** 지금 유보통합이 어디까지 진행이 됐나요?
- **국무조정실장 이석준** 10단계에서 8개는 됐고요. 나머지 관리부처 통합하고 그다음에 교원과 교사 처우 개선하는 문제가 남아 있습니다.
- **유의동 위원** 제일 중요한 게 남아 있네요? 10개 중에 8개라고 그래서 거의 다 해소된 것 같은데 나머지 남은 2개가 한 10 중에 8 정도는 차지하는 것 아닌가요, 비

중이?

- **국무조정실장 이석준** 뭐 비중을 위원님이 그렇게 보시면 그렇게 보실 수가 있습니다.
- **유의동 위원** 언제쯤 그것 다 마무리되지요?
- **국무조정실장 이석준** 올해 연말까지 하고요. 그다음에 교원 · 교사 처우 개선 그 문제는 재정 상황이라든지 여러 가지 여건을 좀 보면서 해야 될 것 같습니다. …… (후략) ……

이하에서는 유보통합 10개 과제 중에서 유보통합추진위원회에서 통합방안을 확정한 6개 과제,[4] 그리고 교육부와 보건복지부가 각각 추진한 2개 과제 등 8개 과제의 추진 내용을 추진된 순서대로 살펴보고자 한다.

1) 유아학비 · 보육료 지원 결제카드 통합

(1) 통합 전

2013년에 유보통합 추진방안이 확정될 당시 유치원은 교육부의 유아학비 지원 결제카드인 '아이즐거운카드'를, 어린이집은 보건복지부의 보육료 지원 결제카드인 '아이사랑카드'를 사용하였다. 이처럼 결제카드가 이원화되어 있어서 아이들이 유치원과 어린이집을 이동할 때 학부모들은 새로운 카드를 발급받아야 하는 불편함이 있었다. 2013년 한 해만 해도 유치원에서 어린이집으로 옮긴 아이는 2만 4천 명, 어린이집에서 유치원으로 이동한 아이는 24만 3천 명이었다(국무조정실, 2014b).

(2) 통합 과정 및 결과

정부는 2014년 8월 29일 추경호 국무조정실장 주재로 제3차 유보통합추진위원회를 열어 '유아학비 · 보육료 지원 결제카드 통합방안'을 논의하고 확정하였다.[5] 유보통합추진위원회 제3차 회의는 2014년 2월에 유보통합추진단이 발족된 후 처음 개최되었다(국무조정실, 2014b).

---

4) 유보통합추진위원회가 '재무회계규칙 정비 방안'을 확정한 때는 2016년 9월이었다. 2016년 6월 27일 국회 정무위원회에서 국무조정실장이 10개 과제 중 8개 과제의 통합이 진행되었다고 한 이유는 그 당시 국무조정실 유보통합추진단에서 '재무회계규칙 정비 방안'을 마련해 놓았기 때문이다. 필자는 당시 교육부에서 유보통합추진단에 파견되어 재무회계규칙 통합 업무 등을 담당했었다.

5) 추경호 국무조정실장은 2014년 7월 25일 임명되었다.

결제카드를 통합하는 목적은 유치원과 어린이집을 이동할 때 새로운 카드를 발급받아야 했던 학부모의 불편을 해소하기 위해서였다. 정부는 확정된 통합방안에 따라 부처 간 협업을 통해 [그림 10-5]와 같이 통합 결제카드인 '아이행복카드'를 발급하기로 하였다(국무조정실, 2014b).

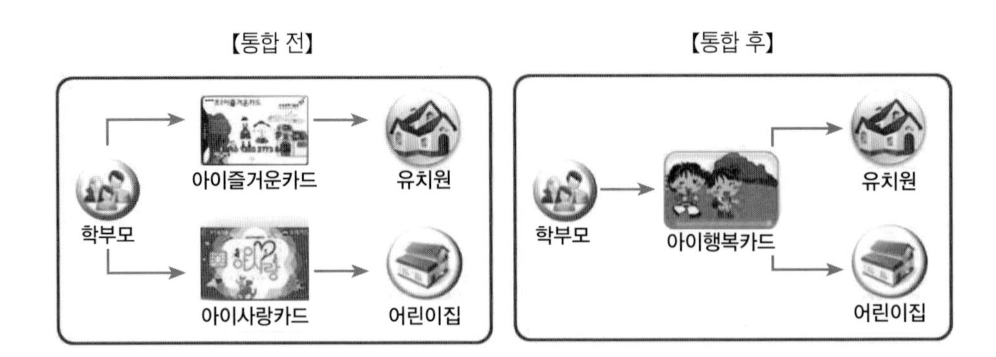

[그림 10-5] 결제카드 통합 전후 비교

출처: 국무조정실(2014b), p. 2.

2014년 11월에 황우여 교육부장관과 문형표 보건복지부장관은 컨소시엄을 맺은 카드사 대표 7명과 '보육료 · 유아학비 지원카드 통합사업' 업무협약을 체결하였다. 아이행복카드를 통한 유아학비 · 보육료 지원 서비스는 2015년 1월부터 시행되었다(교육부 외, 2014).

2) 유치원 · 어린이집 정보공시 통합

(1) 통합 전

유치원 정보공시는 2011년 12월 개정된 「교육관련기관의 정보공개에 관한 특례법」 제5조의2에 근거를 두고 있다(법률 제11135호, 2011. 12. 31.). 그리고 2012년 4월에 개정된 시행령에서는 유치원 원장이 공시해야 하는 정보의 범위, 공시 횟수와 시기를 정했다. 유치원 정보공시는 7개 항목 18개 범위였다(대통령령 제23744호, 2012. 4. 20.). 유치원 정보공시 서비스는 2012년 9월 29일부터 전용 사이트인 '유치원 알리미(e-childschoolinfo.moe.go.kr)'를 통해 시작되었다(교육과학기술부, 2012).

어린이집 정보공시는 2013년 6월에 개정된 「영유아보육법」 제49조의2에 근거를 두고 있다(법률 제11858호, 2013. 6. 4.). 2013년 12월에는 시행령을 개정하여 어린이집 원장이 공시해야 하는 정보의 범위, 공시 횟수와 시기를 정하였다. 어린이집 정보공시는 6개 항목 34개 범위였다(대통령령 제24904호, 2013. 12. 4.). 어린이집 정보공시 서비스는 2013년 12월 '아이사랑보육포털(www.childcare.go.kr)'에 정보공시 시스템을 구축하여 2014년 1월부터 본격적으로 실시되었다(보건복지부, 2013: 7)

유치원과 어린이집의 정보공시는 항목과 범위, 공시 횟수와 시기에 차이가 있었고 정보공시 사이트 또한 달랐다.

(2) 정보공시 통합 과정 및 결과

정부는 2014년 8월 29일 열린 제3차 유보통합추진위원회에서 '유치원 · 어린이집 정보공시 연계 및 통합방안'을 확정하였다. 정보공시 통합방안을 마련한 목적은 유치원과 어린이집이 개별 사이트에 각각 정보를 공시하고 공시항목도 상이하여 학부모들이 시설을 비교하고 선택하는 데 제약이 있었기 때문에 이를 해소하기 위해서였다(국무조정실, 2014b).

이날 회의에서는 정보공시 통합의 개략적인 방향을 정했다. 첫째, '유치원알리미'와 '아이사랑보육포털'에서 각각 제공하고 있는 유치원과 어린이집 정보를 2014년 11월부터는 공통 항목 중심으로 한눈에 비교할 수 있게 개편하기로 하였다. 둘째, 2014년에는 통합 항목을 마련하고, 2015년 11월까지 법령 개정을 거쳐 통합 항목을 공시하기로 하였다. 셋째, 2016년에 관리부처가 통합되면 그 부처 중심으로 정보공시를 통합하고, 다양한 맞춤형 서비스를 제공하는 종합정보 포털을 구축하기

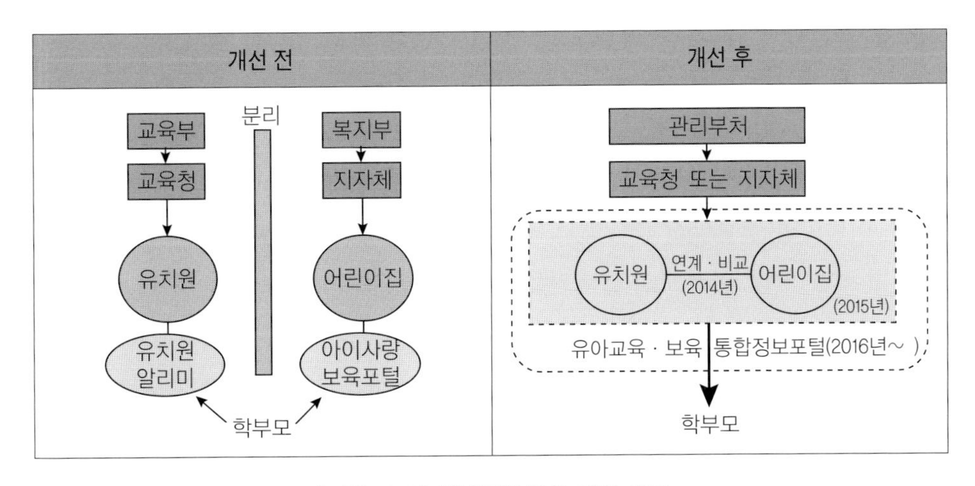

[그림 10-6] 정보공시 통합 전후 비교

출처: 국무조정실(2014b), p. 3.

로 하였다. 국무조정실은 정보공시 시스템 개선 전후 달라지는 모습을 [그림 10-6]과 같이 표현하였다(국무조정실, 2014b).

이러한 통합방안에 따라 유치원과 어린이집 정보를 한곳에서 비교할 수 있는 '어린이집 · 유치원 통합정보공시 사이트(www.childinfo.go.kr)'가 2014년 11월 17일 개통되어 대국민 서비스를 시작하였다(국무조정실, 2014c). [그림 10-7]은 '어린이집 · 유치원 통합정보공시' 초기 화면을 보여 준다.

[그림 10-7] 어린이집 · 유치원 통합정보공시 사이트

출처: 어린이집 · 유치원 통합정보공시 홈페이지.

3차 회의에 이어 정부는 2014년 12월 16일 제4차 유보통합추진위원회를 열어 '유치원 · 어린이집 정보공시 통합방안'을 확정하였다. 제4차 회의에서 확정한 내용은 두 가지이다. 첫째, 학부모의 선택권을 강화하고 교육 · 보육 서비스의 질적 수준을 개선하기 위해 유치원 7항목 18범위, 어린이집 6항목 34범위로 되어 있던 정보공시 항목을 7항목 20개 범위로 정비 · 통합하였다. 학부모 의견수렴을 통해 학부모가 알고 싶어 하는 급식, 건강 · 안전, 교육 · 보육비용, 교직원 등 항목에 대한 공개를 확대 · 개편하였고, 학부모의 요구와 활용이 낮은 정보는 현장의 업무부담 개선을 위해 간소화하였다(국무조정실, 2014d). 둘째, 통합항목은 시스템 개편과 법령 개정 등을 거쳐 2015년 10월에 적용하기로 하였고, 앞으로 유보통합이 진행되면 제도 개편 상황을 반영하여 지속적으로 개선해 나가기로 하였다(국무조정실, 2014d).

정보공시 항목이 통합되었으므로 교육부와 보건복지부는 관련 시행령을 개정하였다. 교육부는 2015년 6월에 「교육관련기관의 정보공개에 관한 특례법 시행령」을 개정하였고(대통령령 제26323호, 2015. 6. 22.), 보건복지부는 2015년 9월에 「영유아보육법 시행령」을 개정하였다(대통령령 제26525호, 2015. 9. 15.). 유치원과 어린이집의 통합정보공시 서비스는 '어린이집 · 유치원 통합정보공시' 사이트 등을 통해 제공하고 있으며, '유치원 알리미' '어린이집 정보공개 포털'에서도 활용할 수 있다. 통합정보공시 검색 항목은 〈표 10-4〉와 같다.

〈표 10-4〉 통합 정보공시 검색 항목

항목	범위	세부내용
기본 현황	기관명	유치원, 어린이집 명칭
	설립유형	각각의 설립유형(국공립, 사립 등)
	주소 및 연락처	주소, 전화번호, 팩스번호, 홈페이지
	위치정보	우리 집에서의 거리 등 위치기반 정보 제공
영유아	영유아 현황	연령별 학급 수, 영유아 정 · 현원
교직원	교직원 현황	교원 및 기타 직원 현황
교육 · 보육과정	1일 운영시간	기본 운영시간(시작시간 및 종료시간)
	누리과정 운영	누리과정 운영시간
	제공서비스	돌봄 · 시간연장 등 추가 운영 여부
교육 · 보육비용	교육 · 보육비용	연령별 학부모 부담금
기타	통학용 차량 운영	차량 운영여부 및 보험 가입 여부

출처: 어린이집 · 유치원 통합정보공시 홈페이지.

3) 유치원 · 어린이집 평가체계 통합

(1) 평가체계 통합 전

유치원 평가와 어린이집 평가인증이 법제화된 시기는 동일하다. 즉, 2004년 1월 29일 「유아교육법」이 제정되자 100년 이상 제대로 된 법이 없었던 유치원 교육이 체계를 잡기 시작하였다. 어린이집은 2004년 1월 29일 「영유아보육법」이 전면 개정될 때 유치원처럼 평가항목을 도입하였다.

「유아교육법」 제19조는 교육부장관이 유치원 평가를 할 수 있도록 했고, 평가대상 · 기준 · 절차와 평가결과 공개 등은 대통령령으로 정하도록 하였다(법률 제7120호, 2004. 1. 29.). 이에 따라 2005년 1월에 제정된 「유아교육법 시행령」 제20조 내지 제22조에서는 유치원 평가에 관한 개략적인 사항을 정하였다(대통령령 제18690호, 2005. 1. 29.). 유치원 평가의 근거가 마련됨에 따라 교육부는 2007년에 100개 유치원을 대상으로 시범평가를 하였고, 2008년부터 2010년까지 제1주기 평가, 2011년부터 2013년까지 제2주기 평가를 실시하였다. 제2주기 평가가 진행 중인 2012년 1월에 「유아교육법」이 개정되어 유치원 평가 권한이 시 · 도 교육감에게 이양되었다(법률 제11218호, 2012. 1. 26.). 제3주기 유치원 평가를 앞둔 2013년 12월에 정부는 유보통합 추진방안을 발표하였고, 제3주기 유치원 평가가 진행 중인 2014년 12월에는 '유치원 · 어린이집 평가체계 통합방안'을 확정하였다.

한편, 2004년 1월에 개정된 「영유아보육법」 제30조는 보건복지부장관이 어린이집 평가인증을 할 수 있게 했고, 평가인증 업무를 공공 또는 민간기관 · 단체 등에 위탁하여 실시할 수 있도록 했으며, 기타 사항은 보건복지부령으로 정하도록 하였다(법률 제7153호, 2014. 1. 29.). 그러나 2004년 6월에 영유아보육 업무가 보건복지부에서 여성부로 이관됨에 따라 「영유아보육법 시행규칙」 개정과 평가인증의 구체적인 내용은 여성부 주도로 만들어졌다. 어린이집 평가인증은 2005년 시범실시를 거쳐 2006년에는 본격적으로 확대 · 실시되어 2009년까지 제1차 평가인증을 마쳤다. 그리고 2010년부터 2014년까지 제2차 평가인증을 진행하고 있었다. 보건복지부는 어린이집 평가인증 사업을 2006년에는 육아정책개발센터에 위탁했으나 2010년부터는 한국보육진흥원에 위탁하였다(보건복지부, 2014: 49-50).

(2) 통합 과정 및 결과

정부는 2014년 12월 16일 제4차 유보통합추진위원회에서 '유치원 · 어린이집 평가체계 통합방안'을 확정하였다. 평가체계를 통합한 목적은 시설유형에 관계없이 갖추어야 할 공통 핵심사항을 점검 · 평가하고 시설 간 비교 가능한 정보를 제공함으로써 학부모의 시설 선택권을 확대하기 위해서였다(국무조정실, 2014d).

이날 확정된 '평가체계 통합방안'의 내용은 다음과 같다. 첫째, 2016년부터 유치원과 어린이집 평가체계를 통합하기로 하였다. 평가체계는 〈표 10-5〉와 같이 평가

영역 6개, 평가지표 27개로 간소화하고, 평가항목은 어린이집 145개, 유치원 134개로 하였다(국무조정실, 2014d).

〈표 10-5〉 유치원 · 어린이집 통합평가(안)

현행					통합평가	
어린이집		유치원				
평가영역	6개	평가영역	4개	⇨	평가영역	6개
		평가지표	11개			
평가지표	50개	평가요소	30개	⇨	평가지표	27개
구성요소	308개	(매뉴얼)	-	⇨	평가항목 (어린이집/유치원)	145개/134개

출처: 국무조정실(2014d), p. 2.

둘째, 평가대상은 전체 유치원과 어린이집이며, 3년 주기로 평가하기로 하였다. 기관의 수를 고려하여 매년 유치원과 어린이집을 3분의 1인 1,700개씩 나누어 평가하기로 한 것이다(국무조정실, 2014d).

셋째, 평가방법은 [그림 10-8]과 같이 각 기관에 의한 자체평가, 현장 평가자에 의한 현장평가, 평가위원회에 의한 종합평가의 3단계로 진행하기로 하였다. 평정방식은 절대평가 방식의 등급제를 적용하는데, 각 평가항목별로 '충족' 또는 '미충족'을 결정하고, 평가지표별 · 평가영역별 · 기관별로 등급을 부여하기로 하였다. 각 기관에는 최종적으로 매우 우수, 우수, 적합, 개선 필요 등 4개 등급 중 1개를 부여하기로 하였다(국무조정실, 2014d).

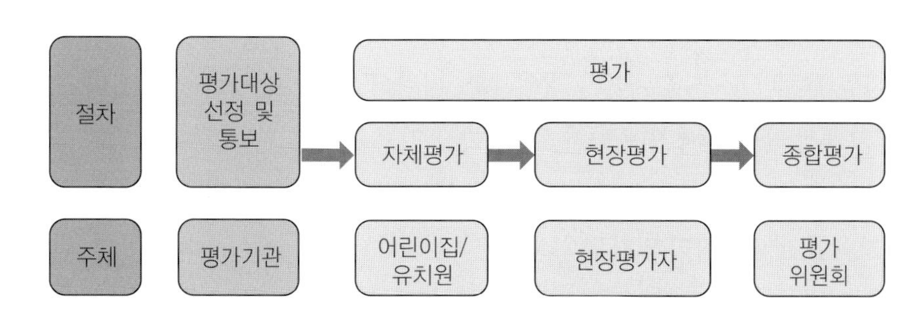

[그림 10-8] 어린이집 · 유치원 통합평가 절차

출처: 국무조정실(2014d), p. 2.

넷째, 평가결과는 각 기관별로 우수하거나 개선이 필요한 영역을 학부모가 쉽게 파악할 수 있도록 평가등급과 평정사유, 개선 필요 사항을 공개하고, 평가결과에 따라 평가주기를 조정하는 등 인센티브를 제공하기로 하였다(국무조정실, 2014d).

정부는 평가체계 통합을 위해 관련 법령을 개정하고, 시범 운영을 통한 현장검증을 거쳐 순차적으로 추진하기로 하였다. 구체적으로 보면, 2015년 상반기에는 어린이집 평가를 의무화하고, 중앙정부와 지자체 간 유치원 평가업무 조정 등을 위한 「유아교육법」과 「영유아보육법」 등 관련법령을 개정하기로 하였으며, 통합평가 시범계획을 수립하는 한편, 매뉴얼을 개발하기로 하였다. 2015년 하반기에는 시범평가를 실시하고, 2016년에 관리부처 통합 후에는 본격적으로 통합평가를 실시하기로 하였다(국무조정실, 2014d).

평가체계 통합방안에 따라 2015년에는 유치원 46개, 어린이집 149개 등 총 195개 시설을 대상으로 통합평가가 시범 운영되었다. 교육부는 2016년에 통합평가 보완방안을 마련하고 제4주기 유치원 평가 기본계획을 시행하였다. 그리고 2017년부터 2019년까지 실시하는 제4주기 유치원 평가는 통합방안에서 제시한 통합지표 평가방식을 반영하여 실시하되, 평가의 세부적인 절차와 방법, 공개범위 등에 대해서는 시 · 도 교육청이 자율로 추진하도록 하였다(교육부, 2017a: 10-12). 보건복지부는 2017년 6월에 등급제 도입, 평가이력 공개, 평가지표 정비 등을 주요 내용으로 하는 '어린이집 평가체계 개편방안'을 마련하여 2017년 11월부터 시행하였다(보건복지부, 2017).

4) 어린이집 미설치 지역 0~2세 유치원 취원 허용

(1) 제도 개선 전

유치원에는 만 3~5세 유아가 취원하고, 어린이집에는 만 0~5세 영유아가 취원한다. 그래서 만 0~5세 영유아가 두 명 이상 있는 부모는 자녀가 각각 다른 기관을 이용할 경우 불편할 수밖에 없다. 더구나 사는 지역에 유치원은 있지만 0~2세 영아를 보육할 어린이집이 없다면 불편함은 더 클 수 있다.

학부모 대상 조사결과에 따르면, 연령 차이로 서로 다른 기관을 이용하는 데 따른 불만족은 17.2%였고, 그중에서 농어촌 학부모는 27.2%였다. 또한 어린이집 접근성에 대한 불만족은 15.5%였고, 이 중 농어촌 학부모는 21.0%였다(국무조정실,

2015).

(2) 제도 개선 과정 및 결과

정부는 2015년 9월 2일 제5차 유보통합추진위원회를 열어 '어린이집 미설치 지역 0~2세 유치원 취원 허용방안'을 확정하였다. 가까운 어린이집이 없어 영아 보육에 어려움을 겪거나 취원 연령 차이로 자녀들을 서로 다른 시설에 보내야 했던 학부모의 불편을 어느 정도 해소하기 위해서였다(국무조정실, 2015).

이날 확정된 방안의 내용은 크게 두 부분으로 나눌 수 있다.

먼저, 부처 통합 이전에는 '유치원 연계 어린이집 확충사업'을 시범 실시하기로 하였다. 이 사업은 2016년에 농어촌 등 학부모 불편 해소가 시급한 지역에 유치원 연계 어린이집을 운영하여 앞으로 유치원에 0~2세 영아 취원을 허용할 경우 고려해야 할 사항을 미리 파악하기 위한 것이었다. 2015년 현재 전국 농어촌 지역 중 417개 읍면동(29%)에 어린이집이 설치되지 않았고, 어린이집이 없는 417개 읍면동 중에서 379개 읍면동(91%)에는 유치원이 설치되어 있었다. 따라서 시범사업은 이 지역에 있는 병설유치원 옆에 국·공립어린이집 9개소 내외를 설치한다는 계획이었다(국무조정실, 2015).

다음으로, 관리부처 통합 이후에는 시범사업 결과와 학부모 수요 등을 고려하여 어린이집 미설치 지역에 유치원 영아반 설치를 단계적으로 허용하기로 하였다. 1단계로는 어린이집 미설치 지역 일부에 적용하고, 2단계로는 어린이집 미설치 지역 전체에 적용하며, 통합부처에서 운영평가를 통해 적용지역 확대 필요성을 검토하기로 하였다(국무조정실, 2015).

정부는 향후 추진일정으로 2015년 하반기에 시범사업을 추진하고, 2016년에는 0~2세 영아의 유치원 취원을 허용하는 법령을 마련하며, 2017년 하반기에는 어린이집 미설치 지역 0~2세 영아의 유치원 취원을 허용한다는 계획을 세웠다(국무조정실, 2015).

이러한 계획에 따라 교육부는 국무조정실, 보건복지부, 경남교육청·도청, 거제교육지원청·시청과 협업을 통해 거제시 소재 숭덕초등학교 병설유치원 옆에 어린이집을 설치하고 2016년 10월에 개원식을 가졌다(교육부, 2016a). 2017년 12월 기준으로 병설유치원에는 만 3~5세 29명, 어린이집에는 만 0~2세 12명이 다녔고, 일부 프로그램을 공유하였다(동아일보, 2017. 12. 18.).

5) 유치원 · 어린이집 시설기준 정비 · 통합

(1) 통합 전

유치원은 학교이므로 시설 · 설비 기준도 초 · 중등학교, 대학교와 유사한 법체계를 따른다. 법률에서는 시행령에 위임하고, 그 시행령은 다시 다른 시행령에 위임하는 구조이다. 「유아교육법」 제8조 제1항은 시설 · 설비 등 설립기준을 대통령령으로 정하도록 하였고, 「유아교육법 시행령」 제8조에서는 따로 대통령령으로 정하도록 하였다. 유치원의 시설 · 설비 등 설립기준은 「고등학교 이하 각급학교 설립 · 운영 규정」에서 정하고 있다(대통령령 제25963호, 2015. 1. 6.).

어린이집의 설치기준은 「영유아보육법」 제15조에 근거를 두고 있으며, 구체적인 사항은 보건복지부령으로 정하도록 위임하였다. 다만, 놀이터와 비상재해대비시설과 관련한 사항은 법률에서 직접 규정하고 있다. 2011년 6월 법 개정으로 놀이터 설치기준, 2011년 12월 법 개정으로 비상재해대비시설 기준이 추가되었다(국가법령정보센터 홈페이지). 「영유아보육법 시행규칙」 제9조는 어린이집의 구조 및 설비기준 등 설치기준을 [별표 1]에서 자세하게 정하고 있다(보건복지부령 제303호, 2015. 1. 28.).

(2) 통합 과정 및 결과

정부는 2015년 9월 2일, 제5차 유보통합추진위원회에서 '유치원 · 어린이집 시설기준 정비 · 통합방안'을 확정하였다. 유치원 · 어린이집의 시설 기준 중 영유아의 안전과 교사 근무환경 개선을 중심으로 정비 방안이 마련되었는데, 주요 내용은 다음과 같다(국무조정실, 2015).

우선 앞으로 새로 설치되는 유치원과 어린이집에는 교사실 등 필수시설과 실외놀이터, 영유아용 피난기구와 경보설비 설치를 의무화하기로 하였다. 필수시설은 교실 또는 보육실, 목욕실을 포함한 화장실, 조리실, 교사실 등을 말한다. 유치원 교실은 유아 1인당 최소 기준면적 2.2제곱미터를 추가하기로 하였고, 20인 이하 어린이집에는 기관의 설치부담 등을 고려하여 교사실 설치를 면제하기로 하였다. 또한 영유아의 안전과 직결되는 피난기구, 경보설비 등은 기존 시설에도 적용하되, 1~3년간 유예기간을 주어 기관의 부담을 줄이기로 하였다(국무조정실, 2015).

시설기준 정비 · 통합방안에 따라 교육부는 2017년 12월 29일 「고등학교 이하 각급학교 설립·운영 규정」을 개정하였다. 유치원의 교사(校舍)는 교실, 화장실과 교사실을 갖추어야 하고, 유치원에서 조리한 음식을 유아의 급식으로 제공하는 경우에는 조리실도 갖추도록 하였다. 그리고 교실로 사용되는 총면적이 학생 정원에 2.2제곱미터를 곱한 면적 이상이 되도록 하였다. 이 기준은 법령 시행일인 2017년 12월 29일 이후 설립인가를 받은 유치원부터 적용된다(대통령령 제28518호, 2017. 12. 29.). 유아들의 안전을 위해 교육연구시설로 분류되고 있는 병설유치원의 교사를 아동 관련 시설로 보아 소방시설을 갖추도록 하였고, 연면적 400제곱미터 미만의 유치원에 경보설비로 단독경보형 감지기를 갖추도록 하였다(대통령령 제28518호, 2017. 12. 29.).

보건복지부도 2017년 12월 12일「영유아보육법 시행규칙」을 개정하였다. 보육정원이 21명 이상인 어린이집은 교사가 교육활동을 계획·준비하고 자료 제작 등을 할 수 있도록 교사실을 설치하고, 어린이집이 3층 이하인 경우에는 단독경보형 감지기를 설치하도록 하였다. 개정된 규칙은 2018년 6월 13일부터 시행되었다(보건복지부령 제541호, 2017. 12. 12.).

6) 유치원비 인상률 상한제 도입(교육부 과제)

2015년 9월 2일 열린 제5차 유보통합추진위원회에서는 앞에서 본 두 개의 심의안건 외에 교육부가 마련한 '유치원비 인상률 상한제 도입 현황 및 향후계획'이 보고안건으로 상정되었다(국무조정실, 2015).

(1) 제도 개선 전

「유아교육법」 제25조는 유치원의 설립·경영자는 교육부령으로 정하는 바에 따라 수업료 등의 교육비용과 그 밖의 납부금을 받을 수 있게 하였다(법률 제13119호, 2015. 2. 3.). 이에 따라「유아교육법 시행규칙」 제6조는 유치원 설립유형별로 수업료 등을 결정하는 방법을 정했는데, 사립유치원은 해당 유치원의 실정에 따라 원장이 정하도록 하였다(교육부령 제70호, 2015. 8. 4.). 즉, 사립유치원은 교육비용과 그 밖의 납부금을 자율적으로 정할 수 있었다.

(2) 제도 개선 과정 및 결과

교육부는 2013년 2월에 수립한 '유아교육발전 5개년 계획'의 세부과제 중 하나로 '사립유치원 원비 인상률 상한제 도입'을 포함하였다. 「유아교육법」을 개정하여 인건비 · 운영비 등 정부 재정지원을 받는 사립유치원에 원비 인상률 상한제를 도입하겠다는 것이었다(교육과학기술부, 2013: 15).

교육부가 이 제도를 도입한 이유는 첫째, 사립유치원에 대한 재정지원은 계속 늘어나고 있었지만 유치원비가 자율화되어 있어서 학부모 부담이 증가했기 때문이었다. 2012년 현재 전국 유치원비 평균은 월 32만 5천 원이었는데, 가장 비싼 곳은 서울지역의 월 80만 7천 원, 가장 저렴한 곳은 전남지역의 월 14만 1천 원이었다. 둘째, 정부 재정지원을 받는 어린이집, 초 · 중등학교와 대학은 납입금 징수를 기관상 자율에 맡기지 않고 법률로 규제하고 있었기 때문이었다(교육과학기술부, 2013: 13-15).

사립유치원의 유치원비 인상률 상한제 도입을 주요 내용으로 하는 「유아교육법」이 개정된 때는 2015년 3월이었고, 같은 해 9월부터 시행되었다. 주요 개정 내용은 각 유치원의 유치원비 인상률이 직전 3개 연도 평균 소비자 물가상승률을 초과해서는 안 된다는 것이었다. 다만, 교육감이 정하는 기준에 해당하는 사립유치원은 시 · 도 유아교육위원회의 심의를 거쳐 직전 3년간의 평균 소비자 물가상승률을 초과하여 유치원비를 받을 수 있도록 하였다(법률 제13226호, 2015. 3. 27.).

「유아교육법」이 개정됨에 따라 교육부는 「유아교육법 시행규칙」을 개정하여 유치원비 산정방법 등을 정한 제6조의2를 신설하였다. 유치원비 인상률은 유치원에 재원하는 유아 1인당 월평균 유치원비를 기준으로 계산하고, 그 외에 필요한 사항은 교육부장관이 정하여 고시하도록 하였다(교육부령 제70호, 2015. 10. 7). 교육부는 통계청에서 제공한 연도별 물가상승률을 기하평균으로 산출하여 2017년 10월 31일, 「2018학년도 유치원 원비 인상률 산정방법 고시」를 제정하였다. 2018학년도 유치원비 인상 상한율은 1.3%로 정하였다(교육부고시 제2017-136호, 2017. 10. 31.).

7) 맞춤형 보육 지원체계 개편(보건복지부 과제)

(1) 제도 개선 전

어린이집 운영기준은 「영유아보육법」 제24조의 위임에 따라 「영유아보육법 시행규칙」 제23조 관련 [별표 8]에서 정하고 있다. 어린이집은 주 6일 이상, 하루 12시간 이상 운영하여야 한다. 다만, 보호자의 근로시간 등을 고려하여 보호자와 영유아에게 불편을 주지 않는 범위에서 어린이집 원장이 미리 영유아의 보호자에게 동의를 받은 경우에는 운영일과 운영시간을 조정할 수 있다(보건복지부령 제524호, 2017. 9. 15.). 이와 같이 어린이집 하루 12시간 운영 원칙에는 예외가 있었다.

그러나 그동안 어린이집 보육서비스는 가구의 특성이나 실제 어린이집 이용시간과 관계없이 모든 아이들에게 12시간 종일반을 제공해 왔다. 그 결과, 보육현장에서는 이용시간이 짧은 아이를 더 선호하게 되었고, 가정에서 부모 양육이 필요한 영아들의 어린이집 이용시간이 늘어나게 한 원인으로 지적되어 왔다(보건복지부, 2016a).

(2) 제도 개선 과정 및 결과

'부모 선택권이 보장된 맞춤형 보육서비스 제공'은 박근혜 정부 국정과제였다(관계부처 합동, 2013: 129). 정부는 2015년 5월 국가재정전략회의에서 맞춤형 보육정책 방향을 논의했고, 보건복지부는 그해 7월부터 10월까지 일부 지역에서 시범사업을 실시하였다(보건복지부, 2016a). 2015년 12월에는 중앙보육정책위원회를 열어 2016년 7월부터 맞춤형 보육제도를 본격 시행하기로 확정하였다(보건복지부, 2015).

보건복지부는 2016년 4월에 맞춤형 보육정책의 내용을 구체화하여 발표했다. 맞춤형 보육은 아이와 부모의 보육 필요에 맞게 보육서비스를 다양화하는 정책으로 자녀양육 공백이 발생하는 맞벌이 가정 등에 일·가정 양립을 지원하고, 부모와의 애착관계 형성이 중요한 영아기 아이들의 적정시간 어린이집 이용을 유도하기 위한 목적으로 추진되었다. 정책의 주요 내용은 2016년 7월부터 어린이집 0~2세반을 이용하는 영아들을 대상으로 현재의 12시간 종일반(7:30~19:30) 외에 맞춤반(9:00~15:00 + 긴급 보육바우처 15시간) 서비스를 도입한다는 것이었다. 누리과정을 운영하는 만 3~5세 유아는 대상에서 제외하였다(보건복지부, 2016a).

맞춤형 보육정책이 발표된 후 보육단체는 보육료 추가 인상 등을 요구하며 제도 시행 연기를 요구하였다. 제도 시행과 관련한 갈등이 고조되자 2016년 6월 16일 여·야·정 '민생경제 현안 점검회의'에서 맞춤형 보육 자격기준을 일부 보완하는 것을 전제로 당초 일정대로 7월 1일 제도를 시행하기로 합의하였다(조선일보, 2016. 6. 17.). 맞춤형 보육은 2016년 7월 1일 시행되었다(보건복지부, 2016b).

8) 유치원 · 어린이집 공통 재무회계규칙 정비

(1) 통합 전

사립유치원의 재무와 회계는 「사립학교법」 제32조, 제33조 및 제51조에 따라 제정된 「사학기관 재무 · 회계 규칙」에 근거하여 운영하고 있었다. 「사학기관 재무 · 회계 규칙」 제15조의2는 학교 회계의 예산과목 구분은 [별표 3]과 [별표 4]를 따르도록 하였는데, 이 세입 · 세출과목은 유치원과 초 · 중등학교가 모두 같이 사용하는 것이었다(교육부령 제96호, 2016. 4. 20.).

어린이집 재무회계규칙은 「사회복지사업법」 제23조, 제34조 및 제45조에 의해 제정된 「사회복지법인 및 사회복지시설 재무 · 회계 규칙」을 따르고 있었다. 「사회복지법인 및 사회복지시설 재무 · 회계 규칙」 제10조 제3항 제2호는 어린이집의 예산은 [별표 7]과 [별표 8]의 세입 · 세출 예산과목 구분에 따라 편성하도록 하였다(보건복지부령 제377호, 2015. 12. 24.).

(2) 재무회계 통합 과정 및 결과

정부가 2013년 12월 '유보통합 추진방안'의 1단계 과제에 '재무회계규칙 적용 확대와 공통 적용항목 개발'을 포함하기 전부터 사립유치원의 재무회계규칙 제정은 교육부가 해결하려던 과제였다.

교육부는 2009년 12월에 수립한 '유아교육 선진화 추진계획'의 핵심과제에 '사립유치원 재무회계규칙 제정'을 포함하였다. 사립유치원 특성에 맞는 재무회계 관리체계를 구축하여 유치원 재정 운영의 투명성과 국민의 유아교육에 대한 신뢰도를 높이기 위해서였다(교육과학기술부, 2009: 16). 이 계획에 따라 교육부는 2012년 6월 25일 '사립유치원 재무 · 회계 규칙 제정안'을 마련하고 공청회를 열고자 했으나 사립유치원연합회 측의 반대로 공청회가 무산되었다(김은설 외, 2014).

2013년 2월에 수립한 '유아교육발전 5개년 계획'에도 '유치원 재무 · 회계규칙 도입'이 핵심과제에 포함되었다(교육과학기술부, 2013: 13-16). 그리고 2013년 12월에 정부가 발표한 '유보통합 추진방안'에도 재무회계규칙 통합 과제가 포함되었다. 교육부는 2014년 10월 7일, 사립유치원 재무회계규칙 제정안을 마련하고 공청회를 열고자 했으나 이번에도 사립유치원연합회 측의 반대에 부딪혀 취소되었다(뉴시스, 2014. 10. 7.).

사립유치원 재무회계규칙 제정이 어려워지자 국무조정실은 교육부, 보건복지부와 협의하여 유치원과 어린이집의 재무회계규칙에 공통 적용할 수 있는 정비 방안을 마련하였다. 그리고 2016년 9월 제6차 유보통합추진위원회에 '재무회계규칙 정비 방안'을 안건으로 상정하였다. 재무회계규칙 정비 방안이 확정됨에 따라 교육부와 보건복지부는 각각 「사학기관 재무 · 회계 규칙」과 「사회복지법인 및 사회복지시설 재무 · 회계 규칙」 개정을 추진하였다.

교육부는 2016년 9월 20일 '사학기관 재무회계규칙 개정안'을 입법예고하였고, 개정되는 규칙은 2017년 3월부터 적용할 예정이었다(교육부, 2016b). 「사학기관 재무 · 회계 규칙」은 2017년 2월 24일 개정 · 공포되었다. 교육부는 그동안 논란이 많았던 사립유치원의 재정 투명성을 확보할 수 있는 계기가 마련되었다고 보고, 시행시기는 개별 사립유치원의 준비 기간과 인력 확충 등 재무회계 운영 여건을 고려하여 2017년 9월 1일부터 시행하기로 하였다(교육부, 2017b). 규칙의 주요 개정 내용은 두 가지이다. 하나는 "종전에는 사립유치원의 경우에도 초 · 중등학교의 회계처리 기준에 따라 회계를 처리"하였으나 "앞으로는 사립유치원의 회계처리 기준, 사립유치원 회계의 예산항목 구분 및 그 세입 · 세출 결산에 관한 서식을 별도로 마련하여 사립유치원의 운영 실정에 맞게 투명하고 체계적인 회계처리가 이루어질 수 있도록" 하였다. 다른 하나는 "관할청이 적립금의 규모에 관한 조치 등 적립금에 필요한 조치를 하는 경우 교육부장관이 정한 기준이 있으면 그에 따르도록" 하였다(국가법령정보센터 홈페이지).

한편, 보건복지부는 「사회복지법인 및 사회복지시설 재무 · 회계 규칙」을 2017년 2월 14일 개정 · 공포하여 3월 1일부터 시행하였다(보건복지부령 제480호, 2017. 2. 14.). 규칙의 주요 개정 내용은 "어린이집에 대해서도 완성에 수년을 요하는 공사 등 특수한 사업을 위하여 회계연도마다 일정액을 적립금으로 적립할 수 있도록 하고, 유치원과 어린이집 예산과목의 비교를 보다 용이하게 하기 위하여 어린이집 시설회계 세입 · 세출예산과목을 재편성"하는 것이었다(국가법령정보센터 홈페이지).

참고문헌

관계부처 합동(2013). 박근혜 정부 국정과제. 2013. 5. 28. 보도 참고자료.

교육과학기술부(2009). 유아교육 선진화 추진계획.

교육과학기술부(2012). 유치원 정보공시 대국민 서비스 개시로 모든 교육관련기관 정보공시 시대 열려! 2012. 9. 28. 보도자료.

교육과학기술부(2013). 유아교육발전 5개년 계획.

교육부(2013). 행복교육, 창의인재 양성: 2013년 국정과제 실천계획.

교육부(2016a). 어린이집 미설치 지역에 유치원-어린이집 연계 시범 운영. 2016. 10. 27. 보도자료.

교육부(2016b). 사립유치원 재정 운영의 투명성과 편의성 제고. 보도자료. 2016. 9. 20. 보도자료.

교육부(2017a). 제4주기 유치원 평가 중앙연수.

교육부(2017b). 사립유치원 재정 투명성 제고를 위한 재정업무 매뉴얼 마련 및 회계시스템 구축. 2017. 2. 27. 보도자료.

교육부, 보건복지부, 국무조정실(2014). 내년 1월부터 보육료 · 유아학비 지원카드 통합. 2014. 11. 19. 보도자료.

국무조정실(2013a). 김동연 국무조정실장, 유보통합 현장 의견수렴에 나서. 2013. 5. 21. 보도자료.

국무조정실(2013b). 김동연 국무조정실장, 수요자 중심의 유보통합 추진 밝혀. 2013. 5. 22. 보도자료.

국무조정실(2013c). 국정과제 추진계획 및 관리 · 평가방안 확정. 2013. 5. 28. 보도자료.

국무조정실(2013d). 수요자 중심의 유보통합 추진을 위한 학부모 의견 청취. 2013. 7. 31. 보도자료.

국무조정실(2013e). 하반기 협업성과 창출을 위한 20대 과제 집중 추진. 2013. 8. 30. 보도자료.

국무조정실(2013f). 유보통합, 학부모 의견 최대한 반영해 임기내 완성. 2013. 12. 3. 보도자료.

국무조정실(2014a). 국무총리 소속 '영 · 유아 교육 · 보육 통합 추진단' 14일 공식 출범! 2014. 2. 14. 보도자료.

국무조정실(2014b). 정부, 내년부터 유치원과 어린이집 결제카드 하나로 통합한다! 2014. 8. 29. 보도자료.

국무조정실(2014c). 우리집 주변의 어린이집 · 유치원 정보, 한 곳에서 찾아보세요! 2014. 11. 17. 보도자료.

국무조정실(2014d). 유치원 · 어린이집 평가 등급 공개로 학부모 선택권 확대! 우수기관에 대하여는 인센티브도 제공된다! 2014. 12. 16. 보도자료.

국무조정실(2015). 어린이집 미설치 지역에 0~2세 유치원 취원, '16년 시범사업 후 단계적 실시. 신규 유치원 · 어린이집, 교사실 · 경보설비 등 설치 의무화. 2015. 9. 2. 보도자료.
국회사무처(2016). 제343회 국회(임시회) 정무위원회 회의록. 제2호. 2016. 6. 27.
김은설, 박진아, 이동하(2014). 통합 재무회계규칙 운영을 위한 사립유치원 재무회계규칙 제정 연구. 서울: 육아정책연구소.
뉴시스(2014. 10. 7.). 사립유치원 재무 · 회계 규칙 제정 공청회 취소. http://www.newsis.com/view/?id=NISI20141007_0010217077
동아일보(2017. 12. 18.). 유보통합 바통 이을 대통령 자문기구엔 유아교육 전문가 '0명'. A16면.
머니투데이(2013. 1. 15.). 유치원 · 어린이집, 유아학교로 통합한다. https://news.mt.co.kr/mtview.php?no=2013011415581603068
보건복지부(2013). 2013년 업무계획. 2013. 3. 22. 보도자료.
보건복지부(2014). 2014 어린이집 평가인증 안내(40인 이상 어린이집). 서울: 보건복지부.
보건복지부(2015). 내년 7월부터 맞춤형 보육제도 시행. 2015. 12. 30. 보도자료.
보건복지부(2016a). 0~2세반 대상 맞춤형 보육, 7월 1일부터 시행. 2016. 4. 26. 보도자료.
보건복지부(2016b). 맞춤형 보육 시행 첫날, 복지부장관 영유아 점심배식 참여 등 차분한 시행 현장 확인. 2016. 7. 1. 보도자료.
보건복지부(2016c). 어린이집 재무회계규칙 정비. 2016. 11. 23. 보도자료.
보건복지부(2017). 어린이집 평가 정보, 더욱 믿을 수 있게 만든다. 2017. 6. 30. 보도자료.
신미경(2015). 유보통합 추진과제 현황과 향후 전망. 한국유아교육학회 2015년 추계정기학술대회.
연합뉴스(2013. 4. 25.). 〈보육 · 교육 통합〉 ① 민 · 관 TF 출범… 본격 논의 불붙어. https://www.yna.co.kr/view/AKR20130423173600017
이일주(2013). 유아교육과 보육, 이원화 체제의 문제점과 대안. 새누리당 김세연 의원, 민주통합당 김태년 의원 공동 주최 토론회 자료집. 1-43.
제18대 대통령직인수위원회(2013a). 대통령직인수위원회 백서. 제18대, 박근혜 정부 희망의 새 시대를 위한 실천과제. 서울: 제18대대통령직인수위원회.
제18대 대통령직인수위원회(2013b). 대통령 당선인 주재 교육과학분과 국정과제 토론회 비공개 부분 주요내용. 2013. 2. 14. 보도자료
제18대 대통령직인수위원회(2013c). 대통령 당선인 주재 국정기획조정분과 국정과제 토론회 비공개 부분 주요내용. 2013. 2. 18. 보도자료
제18대 대통령직인수위원회(2013d). 대통령직인수위원회, 박근혜 정부의 국정비전, 국정목표 선정. 2013. 2. 21. 보도자료.
조선일보(2013. 8. 2.). 현영희 "영아 · 유아학교 만들어 교육부가 통합 관리해야". http://news.chosun.com/site/data/html_dir/2013/08/02/2013080201945.html
조선일보(2013. 8. 6.). 20년 끌어온 '유치원 · 어린이집 통합' 이번엔 될까. a12면.
조선일보(2017. 6. 17.). 두자녀 가구도 어린이집 종일반 허용 검토. A12면.
한겨레(2013. 1. 16.). "유치원 · 어린이집 통합 필요"… 교과부, 인수위에 업무보고. 010면.
한국경제(2013. 10. 7.). 부처간 '20년 영역싸움'에 유치원 · 보육원 통합 표류. A06면.

국가법령정보센터(http://www.law.go.kr)
대한민국 정책브리핑(http://www.korea.kr)
어린이집 · 유치원 통합정보공시(http://www.childinfo.go.kr)

제4부

정책평가와 향후 과제

유보통합 정책의 성과와 과제

개요

지금까지 여러 차례 추진된 유보통합 정책은 성과도 있었지만 한계도 드러내었다. 과거 정책으로부터 얻은 교훈은 다음과 같다. 유보통합이 성공하려면 이해관계자의 의견 수렴과 공감대 형성을 바탕으로 새 정부 출범 초기에 정부부처부터 먼저 통합해야 한다. 일단 유보통합을 하기로 방침을 정했다면 대통령이 정책의지를 가지고 일관성 있게 추진하고, 0~5세 영유아 전체를 통합의 대상으로 해야 하며, 통합에 따른 재원은 경기변동에 탄력적으로 대응할 수 있는 예산 지원방식을 활용해야 한다.

1. 유보통합 정책평가

지금까지 광복 후 70여 년간 유아교육과 보육의 역사에서 전개된 유보통합 정책의 사례들을 살펴보았다. 그동안 정부가 추진한 영유아정책 중에서 어떤 정책을 유보통합 정책이라고 볼 수 있느냐에 대해서는 다양한 견해가 있을 수 있겠지만 이 책에서는 다섯 가지 사례를 추출하였다. 첫 번째는 전두환 정부가 1982년에 수립한 '유아교육 진흥 종합계획'이고, 두 번째는 김영삼 정부 당시 대통령자문 교육개혁위원회가 1997년에 발표한 '유아교육의 공교육 체제 확립 방안'이다. 세 번째는 노무현 정부 당시 대통령자문 고령화 및 미래사회위원회가 2004년과 2005년에 마련한 '육아지원 정책 방안'이다. 네 번째는 이명박 정부가 2011년과 2012년에 추진한 '누리과정 도입 계획'이며, 다섯 번째는 박근혜 정부가 2013년에 발표한 '유보통합 추진방안'이다.

이처럼 역대 정부가 다양한 정책을 추진하였지만 우리나라는 여전히 영유아정책이 이원화된 상태로 운영되고 있다. 유치원은 교육부와 시·도 교육청이, 어린이집은 보건복지부와 일반 지방자치단체가 관장한다. 유치원 교사와 보육교사의 자격·양성체계도 다르다. 여기서 몇 가지 질문을 던져 본다. 과연 유보통합은 해야 하는 것인가? 지금까지 여러 차례 정책을 추진하였는데 왜 유보통합은 실현되지 않았는가? 그동안 추진한 정책의 성과와 한계는 무엇이며, 어떤 시사점을 얻을 수 있는가? 앞으로 유보통합 정책을 계속 추진해야 한다면, 어떻게 시작해야 하는가? 이러한 질문들에 대하여 학자들과 정책 담당자마다 여러 가지 견해가 있을 수 있다.

이 장에서는 유보통합은 바람직하고 유보통합 정책 또한 계속 추진되어야 한다는 것을 전제로, 역대 정부가 추진한 정책 사례들을 평가하고자 한다. 각 정책 사례의 성과와 한계, 도출된 시사점은 앞으로 정부가 유보통합 정책을 결정하고 집행하는 데 필요한 정보를 제공할 수 있을 것으로 기대한다.

유보통합 정책의 평가기준은 효과성과 형평성으로 설정하였다. 정책의 효과성(effectiveness)은 정책목표의 달성 정도를 의미하는데, 효과성을 판단하는 것은 정책이 집행된 후에 사회에 미친 영향을 추정하는 평가에 있어서 가장 핵심적인 작업이다. 정책문제의 해결이 정책목표인 경우에는 그 문제의 해결이 정책목표의 달성으로 나타나는 효과라고 할 수 있다. 효과성 평가에서는 당초 의도했던 정책효과만이 아니라 의도하지 않았던 부수효과에 대해서도 판단할 수 있다(정정길 외, 2017: 633-635). 효과성 평가를 통해 각각의 정책이 당초 의도한 목표가 무엇이었는지, 의도했던 정책효과를 달성하였는지, 아울러 정책의 부작용은 무엇이었는지를 알아보고자 한다.

효과성 평가는 정책효과가 사회적으로 얼마나 발생했는지를 밝힐 뿐 누구에게 얼마만큼 돌아갔는지는 제외한다. 이 제외된 문제를 고려하는 것이 형평성 평가이다. 정책의 형평성(equity)은 정책집행 후에 나타난 정책의 결과가 정책 대상자들에게 공평하게 배분되었는지를 파악하는 개념이다.[1] 형평성 평가의 측면에서 보면 정책의 효과가 보다 많은 사람들에 의해 향유되고 나아가 사회적으로 열악한 형편

1) 형평성은 공평성과 같은 개념이다. 이 책에서는 공평성보다는 일반적으로 널리 쓰이는 형평성을 사용한다.

에 있는 사람들에게 보다 많은 혜택이 주어진 정책이 바람직스럽다(정정길 외, 2017: 637-638). 형평성 평가를 통해 각 정책별로 주된 향유자가 누구인지, 정책의 효과가 계층별 · 지역별 등 기준에 따른 필요를 적절하게 충족하였는지 등을 알아보고자 한다.

다음에서는 유보통합 정책 사례별로 정책의 추진배경과 정책결정 및 집행과정을 요약한 후, 각 정책의 목표를 확인하고 효과성과 형평성 기준에 따라 각 정책의 성과와 한계를 알아본다.

1) 유아교육 진흥 종합계획

우리나라는 광복 이후 1970년대 말까지 유아교육에 대한 투자를 소홀히 하였다. 1978년에 만 5세 유아의 유치원 취원율은 5.3%에 불과했고, 이때에 비로소 저소득층뿐만 아니라 중산층의 자녀도 탁아시설인 어린이집을 이용할 수 있었다. 문교부가 관리하는 유치원과 보건사회부가 관리하는 어린이집 외에 농촌진흥청이 관리하는 농번기유아원이 있었지만 농번기유아원은 취학 전 유아를 대상으로 농번기에 약 2개월간 운영하는 데 불과했다.

1979년 말 '12 · 12 사태'를 계기로 정권을 장악한 신군부의 제5공화국 정부는 유아교육 진흥을 새로운 정책의제로 설정하였다. 세계적으로 유아교육의 중요성이 강조되고 있었고, 북한과의 체제 경쟁도 고려요소 중 하나였다. 제5공화국 정부는 먼저 도시 영세민 지역과 농어촌의 아이들을 돌보고 가르치기 위해 1981년 3월부터 전국에 새마을협동유아원을 설치하였다. 1982년에는 대통령의 지시에 따라 '유아교육 진흥 종합계획'을 수립하였다.

유아교육 진흥 종합계획의 목표는 유아교육 기회를 확대하는 것이었다. 즉, 다원화된 유아교육 체계를 유치원과 새마을유아원으로 정비하고, 1982년부터 1986년까지 5년간 유아교육기관을 대폭 확충하여 1981년 15%에 불과한 유치원과 새마을유아원의 유아 취원율을 1986년에는 38%까지 확대한다는 계획이었다. 교육대상은 4~5세로 하되, 3세 이하 탁아기능도 갖도록 하였다. 교육방법은 교육과 보육을 병행하고 유치원은 교육에, 새마을유아원은 보육에 중점을 두기로 하였다. 시설은 연차별 · 단계별로 확대하고 영세민과 농어촌 취약지역에 우선하기로 하였다. 정책을 제도화하기 위해 '유아교육진흥법'을 제정하기로 하였다.

이 정책은 처음부터 정부가 주도하였고, '유아교육진흥법안'도 정부가 발의하였다. 법안은 국회에서 논의 과정을 거쳐 여야 합의로 통과되었고, 결정된 정책은 제5공화국 정부 기간 동안 세 차례 수정 · 보완을 거치면서 집행되었다. 수정된 계획을 종합하면, 목표연도인 1986년 유아교육기관의 취원율을 43%로 높였고, 유아교육 기회 확대 계획을 보다 효율적으로 추진하기 위해 취원율 산정과 통계기준 연령을 만 5세로 하였으며, 전체 취원율 43% 중에서 만 5세 유아 취원율은 57%, 만 4세 유아 취원율은 12.9%로 정하였다.

유아교육 진흥 종합계획의 성과 중에서 가장 주목할 만한 것은 유아교육 기회의 확대였다. 1986년 기준으로 유치원과 새마을유아원을 포함한 만 4~5세 유아 전체 취원율은 33.1%로 목표치인 43%를 충족하지 못했지만 1980년 7.3%에 불과하던 만 5세 유아 취원율은 1986년 57%까지 확대되었다. 1970년대까지 일부 극소수 계층만 유아교육을 받았던 상황에서 취원 대상 유아의 과반수가 유아교육을 받게 된 것은 우리나라 유아교육사상 매우 의미 있는 변화였다.

[그림 11-1]과 [그림 11-2]는 1950년대부터 2018년까지 유치원 수와 유치원 원아 수의 변화 추이를 보여 준다. 유치원은 1955년 192개에서 1980년 901개로 완만하게 증가하다가 1985년에는 6,242개로 급격하게 증가하였고, 1990년 8,354개, 1995년 8,960개가 되었다. 유치원의 원아 수는 1955년 11,561명에서 1980년 66,433명으로 완만하게 증가하다가 1985년 314,692명으로 대폭 증가하였고, 1990년 414,532명, 1995년 529,265명이 되었다. 광복 이후 1970년대 말까지 유치원 교육은 사립유치원 교육을 의미했다. 사립유치원도 1980년대부터 1995년까지 유치원 수와 원아 수가 급격하게 증가했지만 정부가 국 · 공립유치원을 본격적으로 설립하기 시작한 때는 1980년대였다. 1980년 40개였던 국 · 공립유치원은 1985년 3,767개, 1990년 4,603개로 대폭 증가하였다. 시설 수 측면에서는 국 · 공립유치원이 사립유치원보다 오히려 많다. 국 · 공립유치원 원아 수는 1980년 2,324명에서 1985년 144,297명으로 대폭 늘어났지만 1990년부터 약 20여 년간은 답보상태였다. 1980년대는 유아교육 진흥의 시기였다고 해도 과언이 아닐 것이다.

유치원과 함께 유아교육기관이 된 새마을유아원은 유아교육 기반을 확장 및 강화하고, 유아교육에 대한 국민의식을 높이는 등 우리나라 유아교육사에서 큰 획을 그었다(윤기영, 1985: 20-27). 사실상 유아교육과 영유아보육에 관한 법률이 「교육법」과 「유아교육진흥법」 등 두 가지 법률로 통합되었고, 통합된 영유아 교육법령의 체제 속에 영유아에 대한 교육과 보육이 '넓은 의미의 교육'으로 통합되었다. 이는 우리 사회 전반적으로 영유아를 소극적인 보호가 아닌 보다 적극적인 교육의 대상으로 인식할 것을 요구하는 정책이었다(이덕난, 2009: 207). 또 이 시기의 보육은 그동안 '선별적 보호' 단계를 지나 '보편적 교육 성격의 보육' 단계로 진입하였다(황보영란, 2014).

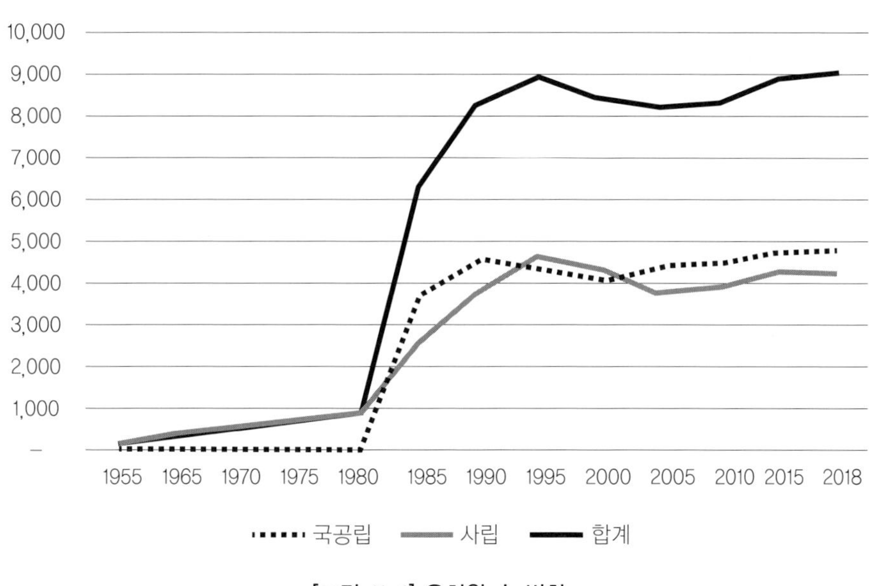

[그림 11-1] 유치원 수 변화

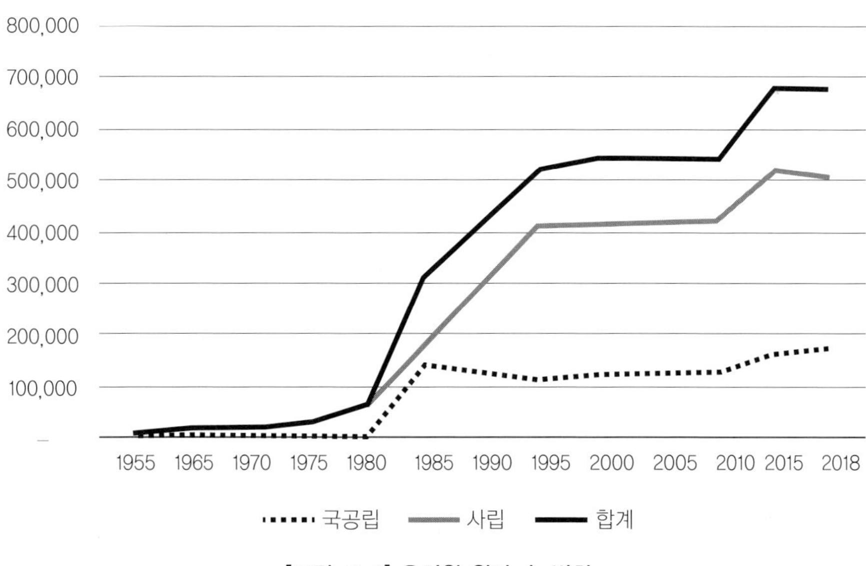

[그림 11-2] 유치원 원아 수 변화

1980년대 유아교육 진흥 정책은 어려운 여건 속에서도 유아교육 계획 수립과 교재 개발 및 보급, 유아교육 교원자격체계의 정비, 교원 재교육 및 현직교사 연수 등 교육에 관한 사항을 문교부가 관장하게 한 측면에서도 의미 있는 정책이었다. 무엇보다도 어린이집 · 농번기유아원 · 새마을협동유아원 등으로 난립된 영유아 시설들을 새마을유아원으로 통합하여 유치원과 함께 유아교육기관으로 규정하고, 유아교육 기회를 확대한 것은 긍정적인 평가를 받아 마땅하다.

그러나 유아교육 진흥 정책은 유치원과 새마을유아원의 목적, 교육내용, 교수 · 학습방법, 교사에 대한 이론과 실제의 방향을 정립하지 않은 채 양적 확대에 중점을 두었기 때문에 많은 문제점을 갖고 있다. 새마을유아원은 복지의 성격을 가지는 기관이고 정치적 흐름의 영향을 받았으며, 인적 구성이 유치원과 달라 교육기관으로의 전환이 불가능했다. 새마을유아원의 설립 취지는 유아교육 기회의 확대, 보육시설의 양적 확대, 탁아 · 보육기능 보완 내지 강화, 지역사회 개발 등이었다(조복희 외, 2013). 새마을유아원의 이러한 특성은 당시 국가와 사회가 새마을유아원에 바라는 기대였다고도 할 수 있다.

새마을유아원의 실제 운영에 있어서는 몇 가지 문제점이 드러났다. 첫째, 지원체계의 문제이다. 유치원의 주관부처는 문교부, 새마을유아원의 주관부처는 내무부라는 이원 체계는 예산집행의 경직성, 결재 과정의 비효율성 등 행정상의 문제를 불러일으켰다(윤기영, 1985: 29-30). 둘째, 새마을유아원은 인적 구성상 취약점이 많았다. 새마을유아원 교사는 취원 유아나 부모의 특성에 비추어 일반 유치원 교사보다 좀 더 숙달되고 노련한 교사여야 하지만 교사 유인체계가 오히려 그 반대였다. 장학지도를 담당하는 문교부나 산하 교육위원회, 교육청의 장학 요원도 부족하여 초등교육 전공자가 임무를 수행하는 것도 문제점으로 지적되었다(윤기영, 1985: 30).

영유아정책 전체를 놓고 볼 때 1980년대의 유아교육 진흥 정책은 유아교육에 치우친 정책이었다. 내무부의『새마을유아원 백서』에서도 밝혔듯이 1987년 새마을유아원에 취원할 수 있는 연령은 취학 전 영유아였지만 0~3세 영아는 극소수에 불과했고, 4~5세 유아가 93%를 차지했다. 결과적으로 저소득층 맞벌이 부부가 영아를 맡길 곳이 부족했다. 1970년대와 1980년대를 거치면서 산업화 · 도시화 · 핵가족화의 진전과 함께 일하는 여성들이 점차 증가했고, 탁아 문제가 대두되었지만 정부는 탁아 수요에 충분히 대응하지 못하였다.

유보통합의 관점에서 볼 때, 1982년의 유아교육 진흥 정책은 한계를 드러내었다. 유치원과 새마을유아원의 주관부처가 하나의 정부부처로 통합되지 않았고, 내무부 · 문교부 · 보건사회부가 통합의 요소들을 나누어 담당하였다. 「교육법」이 있음에도 불구하고 「유아교육진흥법」을 제정하여 교육과 보육 이원화의 단초를 열었다.

2) 유아교육의 공교육 체제 확립 방안

산업구조의 재편으로 기혼여성들이 노동시장으로 대거 유입되고 저소득층 가정의 자녀들이 방치되는 상황이 벌어지자 1980년대 중반에 도시 빈민지역과 공단지역을 중심으로 민간 탁아소가 생겨났다. 정부도 이때부터 여성정책에 관심을 가지기 시작했고, 가정탁아에 대한 정책연구를 비롯하여 공단지역에 직장탁아소를 설치 · 운영하기로 하였다. 1987년 12월 제정된 「남녀고용평등법」은 사업주에게 근로여성을 위한 육아시설을 제공하게 하였다.

1987년 6월 민주항쟁과 10월 대통령직선제 개헌에 이은 12월 대통령선거로 정치체제는 큰 변화를 맞이하였다. 새 헌법에 의해 1988년 2월에 출범한 노태우 정부는 1960년대 이후 통치이념이었던 경제제일주의와 안보우선주의를 더 이상 고수할 수 없었다. 1988년 4월에 치러진 제13대 국회의원 선거에서는 사상 최초로 여소야대 정국이 출현했고, 사회 각계의 민주화 요구가 봇물처럼 터져 나왔다. 영유아정책에서는 탁아 문제가 핵심 이슈였다.

노태우 정부는 1989년 9월 기혼여성의 취업 확대에 따른 탁아수요 증가에 대응하고 탁아시설의 법적 근거를 마련하기 위해 「아동복지법 시행령」을 개정했다. 그러나 지역사회탁아소연합회를 비롯한 민간단체들은 독립적인 탁아법 제정을 요구했고, 탁아사업 활성화를 위한 법안이 의원입법으로 발의되었다. 그러던 중 1990년 초에 두 가지 사건이 발생하였다. 1990년 2월에 3당 합당으로 민주자유당이라는 거대 여당이 출현하였고, 3월에는 맞벌이 부부 자녀가 지하셋방에서 질식사하였다. 이를 계기로 정치권은 탁아 문제에 더욱 관심을 가지게 되었고, 1991년 1월 「영유아보육법」이 제정되었다. 이때부터 보육사업에 대한 재정투자가 대폭 확대되었고, 보육시설이 급격하게 늘어났다.

1993년 2월에 출범한 김영삼 정부는 범정부 차원의 교육개혁을 추진했다. 대통령 자문 교육개혁위원회는 1997년 6월 '유아교육의 공교육 체제 확립 방안'을 대통령에게 보고했는데, 유아교육 개혁 방향은 다음과 같다. 첫째, 3세 이상 초등학교 취학 전 유아들의 교육을 공교육 체제 안에 원칙적으로 포함하고, 교육과 보호 서비스가 함께 제공되도록 새로운 형태의 유아교육 체제를 구축한다. 둘째, 불리한 조건에 놓여 있는 저소득층의 유아들에게는 교육의 기회를 우선 제공하고, 학부모 부담을 완화시켜 교육기회의 형평을 유지한다. 셋째, 초등학교 취학 직전 연령인 만 5세 유아들에게는 최소한 1년의 유아교육을 받고 초등학교에 입학할 수 있도록 교육의 기회와 권리를 보장하여 출발점 평등의 원칙을 구현한다.

정부는 교육개혁위원회가 제안한 유아교육 개혁방안을 '유아학교 체제의 구축'과 '유아교육의 내실화 및 무상교육 단계적 추진'의 2개 과제로 나누어 추진했다. 1997년 11월, 유아교육 개혁방안을 법제화하기 위해 김원길 의원 등이 1차로 유아교육법안을 발의했으나 보육시설 측과 학원 측이 연합하여 법 제정에 반대하였다. 법안의 내용 중에서 다양한 이해관계자들이 암묵적으로 합의한 내용은 만 5세 유아 무상교육 부분뿐이었다. 김영삼 정부 때 「유아교육법」 제정은 무산되었고, 만 5세 유아 무상교육의 단계적 추진 과제는 1997년 12월 제정된 「초 · 중등교육법」에 명시되었다. 같은 시기 「영유아보육법」도 개정되어 만 5세 유아 무상보육은 '무상보육의 특례' 형식으로 반영되었다.

'유아교육법안'은 김영삼 정부, 김대중 정부, 노무현 정부를 거치면서 국회의원이 네 차례 발의하였다. 법안이 발의된 후 국회 상임위원회 간, 이해관계자 간 대립이 극심했으므로 교육개혁위원회가 유아교육 개혁방안을 발표한 지 7년 만인 2004년 1월에야 「유아교육법」이 제정되었다. 유아교육 개혁방안 중에서 유치원과 보육시설을 일원화하여 유아학교 체제를 구축하겠다는 과제는 유아교육과 보육에 관한 사항을 심의하기 위해 국무총리실 소속으로 '유아교육 · 보육위원회'를 두는 형태로 봉합되었다. 「유아교육법」 제정에 맞추어 「영유아보육법」도 전부 개정되었다. 개정된 내용은 보육시설 종사자의 자격기준을 강화하고, 영유아 보육시설 설치 · 운영을 인가제로 전환하는 등 영유아보육에 대한 공공성을 강화하는 내용을 담았다.

교육개혁위원회의 유아교육 개혁방안은 어느 정도 성과가 있었다. 첫째, 김영삼 정부 임기까지 성과만을 본다면 만 5세아 무상교육을 법제화했다는 점이 가장 크다. 1997년 12월 만 5세아 무상교육 · 보육이 법제화됨으로써 다음 정부는 법적 근거를 가지고 유아교육비 · 보육료 지원을 점차 확대할 수 있었다.

둘째, 갈등과 진통은 있었지만 7년이 지난 2004년 1월 「유아교육법」을 제정하였다. 「유아교육법」 제정의 가장 큰 의미는 그동안 「초 · 중등교육법」과 「유아교육진흥법」에서 규정하고 있던 유아교육 관련 사항을 종합하여 별도의 독립된 법으로 제정함으로써 유아교육의 독자성을 확보하고, 유아교육의 체계적인 발전 기틀을 마련했다는 점이다.

그러나 일부 성과에도 불구하고 유아교육 개혁방안은 한계가 있었다. 앞에서도 말했듯이 유아교육 개혁안의 골자는 3세 이상 취학 전 유아를 대상으로 유아학교 체제를 구축하고, 교육과 보호가 통합된 서비스를 제공하는 것이었다. 그러나 현실적으로 유아교육과 보육 체계가 분리 · 운영되고 있는 상황에서 제시된 개혁안은 정책 추진과정에서 장애에 대한 진단과 대책이 없었고, 구체적인 추진전략도 미흡하였다(한만길 외, 2007: 35).

유아교육계와 보육계의 갈등이 시작된 시기에 대해서는 이론이 있지만 김영삼 정부의 유아교육 개혁방안이 갈등을 불러일으킨 하나의 원인이라는 점은 부정할 수 없을 것이다. 1997년에 유아교육 개혁방안이 제안된 이후 2004년 1월에 「유아교육법」이 제정되기까지는 약 7년간의 세월이 걸렸다. 그 세월은 정부부처를 비롯하여 다양한 이해관계자들의 갈등이 극적으로 표출된 시기였다(배인숙, 2006; 송기창, 2011; 이원영, 2004).

유아교육계와 보육계의 갈등 쟁점에 대해서도 여러 가지 이유가 있으나 교육개혁위원회가 제안한 '유아학교'로의 유치원 명칭 변경이 도화선이었다. 교육개혁위원회는 1997년 6월 유아교육 개혁방안을 대통령에게 보고하기 전에 정책연구와 두 차례의 공청회를 개최하였는데, 1996년 12월 4일 열린 제1차 공청회에서 유아교육계와 보육계의 시각 차이가 극명하게 드러나 양자 간에 갈등이 표면화되었다(송기창, 2011: 54). 유치원과 보육시설을 통합하여 유아학교로 전환하는 「유아교육법」 제정에 대해 보육계와 학원계는 만 3~5세 유아의 학부모들이 유아학교를 택할 것이라고 예상하고 절대 반대의사를 표시하였다(이원영, 2004).

[그림 11-3]과 [그림 11-4]는 1991년 「영유아보육법」이 제정된 이후 유치원과 어린이집 변화 추세를 보여 준다. 먼저 기관의 수를 보면, 유치원은 1993년 8,515개에서 2014년 8,826개로 답보상태에 있으나 어린이집은 1993년 5,490개에서 2014년 43,742개로 급격하게 늘어났다. 원아 수를 보면, 유치원은 1993년 469,380명에서 2014년 652,546명으로 조금 증가했으나 어린이집은 1993년 153,270명에서 2014년 1,496,671명으로 대폭 증가하였다.

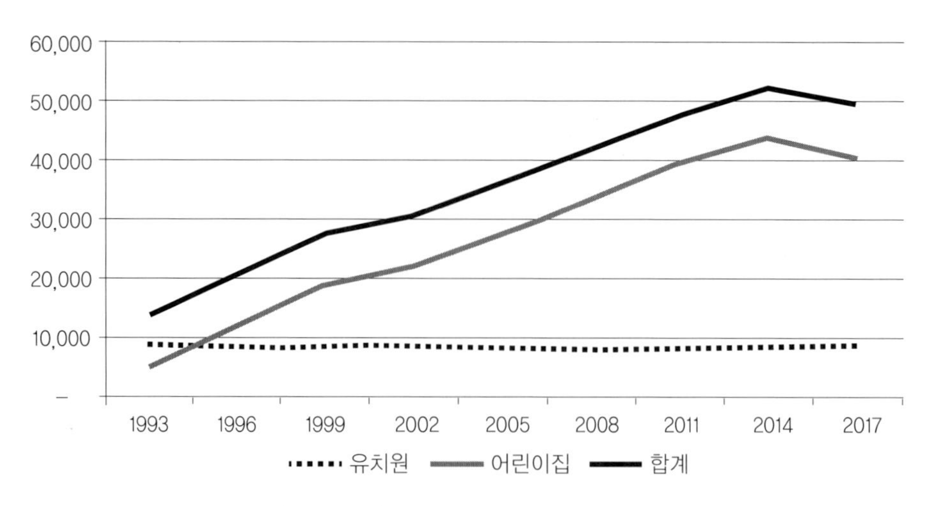

[그림 11-3] 유치원 · 어린이집 수 변화

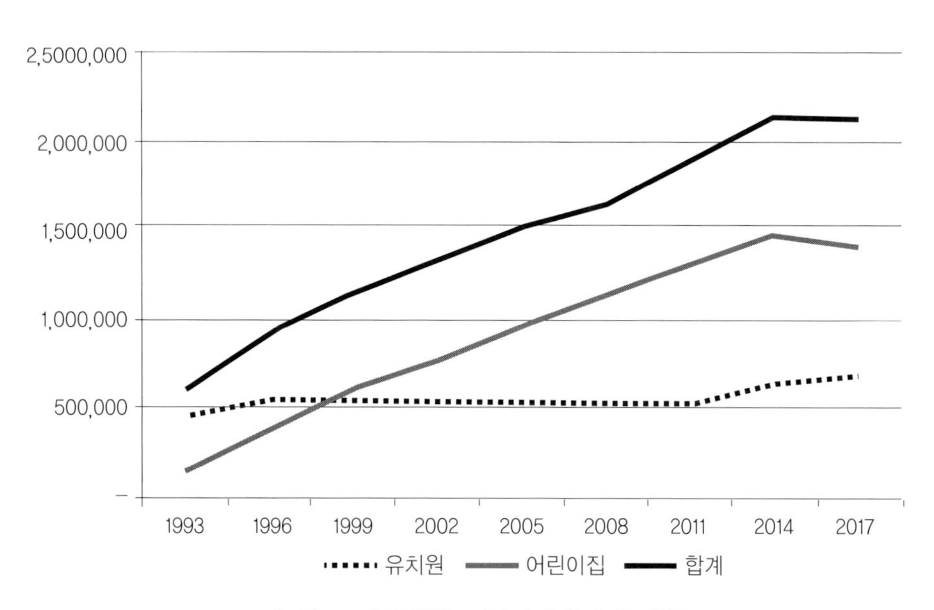

[그림 11-4] 유치원 · 어린이집 원아 수 변화

그림에서 보는 것처럼 어린이집이 시설 수와 원아 수 측면에서 유치원을 넘어선 시기는 김영삼 정부 때부터였다. 김영삼 정부는 유아교육 개혁방안을 추진하는 한편으로 1995년부터 1997년까지 1조 3천억 원을 투입하여 '보육시설 확충 3개년 계획'을 추진하였다. 이 계획이 마무리되던 1998년에 어린이집은 16,584개, 영유아 수는 529,017명으로 늘어났다(이대균, 1999: 8-9). 한편, 유치원은 1997년 9,010개였으나 1998년에 8,976개로 오히려 줄어들었고, 이용하는 유아 수도 1997년 567,814명에서 1998년 534,060명으로 감소하였다(이대균, 1999: 10). 1990년대는 보육사업의 전성기라고 해도 과언이 아닐 것이다. 만 3~5세 유아와 0~2세 영아를 보육하는 어린이집은 2000년대 이후에도 더욱 늘어났고, 그런 상황에서 특별한 혜택 제공도 없이 어린이집에서 만 3~5세 유아를 떼어 내는 일은 쉬운 문제가 아니었다.

유보통합의 관점에서 1997년 교육개혁위원회의 유아교육 개혁방안은 문제가 있었다. 이 정책은 영유아정책의 대상인 0~5세아 중에서 유치원과 어린이집의 만 3~5세 유아교육을 교육부가 관리하는 유아학교로 통합하고, 교육과 보호가 통합된 「유아교육법」을 제정하여 유아 공교육을 확립하려고 하였다. 보육시설은 영유아를 함께 보육하고 있음에도 영아와 유아를 분리하고, '영아전담 보육시설'에 대한 정책지원 등 배려가 없었으며, 현장의 공감대가 이루어지지 않은 상태에서 정책을 발표하였다. 그 결과, 「유아교육법」 제정 과정에서 유아교육계와 보육계는 갈등을 첨예하게 표출하였다.

3) 육아지원 정책 방안

외환위기 상황에서 1998년 김대중 정부가 출범했을 때 유아교육 분야의 현안은 「유아교육법」 제정과 함께 유아교육 개혁을 지속적으로 추진하는 것이었다. 보육분야의 과제는 1991년 「영유아보육법」 제정 이후 그동안 보육시설 확충 일변도에서 벗어나 보육서비스의 질적 수준을 개선하고 보육의 공공성을 강화하는 일이었다. 교육부와 보건복지부는 이러한 과제를 해결하기 위해 각각 종합계획을 만들었다.

교육부는 교육정책의 방향과 청사진을 종합적으로 제시하기 위해 1999년 3월 '교육발전 5개년 계획 시안'을 발표하였다. 유아교육 분야 과제에는 '유아교육 기회 확대 및 질적 수준 제고'가 채택되었다. '보육시설 확충 3개년 계획'이 끝난 후 새로운 보육정책을 모색하던 보건복지부는 21세기 변화된 사회 환경에 부응하고 미래지향적인 보육체계를 구축하기 위해 2001년 12월 '보육사업 중·장기 종합 발전계획'을 발표하였다. 이어서 보건복지부는 노동부·여성부와 함께 여성인력 활용도를 높이고 다양한 보육서비스 수요를 충족시키기 위해 2002년 3월 '보육사업 활성화 방안'을 발표하였다. 당시 보육 수요가 있는 0~5세 영유아 134만 4천 명 중에서 어린이집을 이용하는 영유아는 53%인 70만 3천 명이었다.

교육부와 보건복지부의 중·장기 종합계획에 공통으로 들어간 대표적인 과제는 만 5세아 무상교육·보육 확대 실시였다. 김대중 정부는 외환위기 극복 과정에서 중산층과 서민층의 생활안정을 위한 대책 중 하나로 1999년 하반기부터 생활보호대상자 및 농어촌지역의 저소득층 만 5세 자녀에게 유치원비와 보육료를 지원하기 시작하였다. 2000년에는 지원대상을 농어촌지역에서 중소도시로 확대하였고, 2002년 3월부터는 '저소득층 자녀 유치원 학비 지원'을 '만 5세아 무상교육비 지원'으로 명칭을 변경하였다.

김대중 정부 기간 동안 정부부처가 공동으로 유아교육과 보육의 발전을 위해 노력한 사례가 있다. 2002년 7월, 여성부장관이 유아교육·보육 발전에 관한 범부처 논의 기구를 제안함에 따라 정부는 같은 해 11월 '유아교육·보육 발전기획단'을 구성하고, 관계부처와 국책연구기관 합동으로 '영유아교육·보육 발전방안'을 마련하기 시작하였다. 2002년 12월, 제16대 대통령선거가 끝난 후 정책연구진은 2003년 1월 대통령직인수위원회에 연구내용의 요지를 보고하였다. 유아교육·보육 발전기획단은 노무현 정부 출범 후 2003년 4월과 12월 인적자원개발회의에 정책연구 결과와 기획단 운영경과를 보고하였다. 그러나 기획단의 활동은 2003년 3월 종료된 정책연구 결과에 따라 정부안을 마련하기 위해 실무팀을 구성하는 단계에서 종결되었고, 결국 정부안은 만들어지지 않았다. 유아교육·보육 발전방안은 비록 정부안으로 만들어지지 않았지만 노무현 정부 이후 영유아정책에 많은 영향을 미쳤다.

유아교육 개혁방안과 중·장기 유아교육 발전계획, 보육의 공공성 강화를 비롯한 각종 보육발전 종합계획의 과제들을 실현하기 위해서는 법률 제·개정이 필요했다. 그런 점에서 노무현 정부 당시인 2004년 1월 제정된 「유아교육법」과 전면 개정된 「영유아보육법」은 각각 1990년대 이후 유아교육계와 보육계가 추구해 온 과제들을 법제화한 것이어서 그 의미가 컸다.

1997년부터 시도한 「유아교육법」 제정은 7년 만인 2004년에 종결되었다. 김영삼 정부 당시 유아교육 개혁방안을 논의하는 과정에서 이해집단 간 대립이 심했으므로 정부는 「유아교육법」 제정을 위한 두 가지 전략을 세웠다. 첫째는 정부입법이 아닌 의원입법으로 추진한다는 전략이었고, 둘째는 법안 제정의 가장 핵심적인 내용인 '유아학교' 체제 개편 내용을 삭제하고 유치원에서 제공하는 유아교육을 위한 법을 제정한다는 것이었다(대한민국정부, 2006: 190). '유아교육법안'은 김영삼 정부 때 한 차례, 김대중 정부 때 두 차례, 노무현 정부 때 한 차례 모두 네 차례 의원입법으로 발의되었지만, 국회 논의과정에서 보육의 공공성 강화를 위해 발의된「영유아보육법」개정안의 내용과 상충하여 '유아학교'라는 용어가 삭제되어 통과되었다.

2003년 2월 25일 노무현 정부가 출범하였고, 한 달 후인 3월 25일 국무회의에서 보육업무의 여성부 이관이 결정되었다. 당시 저출산 · 고령화가 사회문제로 대두되자 정부는 2003년 10월 대통령비서실 정책실 산하 '사회통합기획단'을 '고령사회대책 및 사회통합기획단'으로 확대 개편하고, 그 아래에 '인구 · 고령사회대책팀'을 설치하였다. '인구 · 고령사회대책팀'에는 관계부처와 국책연구기관이 참여하여 육아지원 정책방안을 포함한 저출산 · 고령사회 대책을 마련하기 시작하였다.

노무현 정부는 2004년 3월 인구 · 고령사회대책팀을 확대 개편하여 '대통령자문 고령화 및 미래사회위원회'를 발족하였다. 여성부가 보육업무를 이관 받은 2004년 6월, 고령화 및 미래사회위원회는 '제1차 육아지원 정책 방안'을 대통령에게 보고하였다. 육아지원정책 방안은 '미래인력 양성 및 여성 경제참여 확대'를 정책비전으로 설정했고, 출산력 제고와 우수한 아동 육성, 육아비용 경감, 여성취업률 제고, 일자리 창출을 4대 정책목표로 제시하였다. 육아지원의 정책대상은 0세부터 초등학교 저학년인 8세까지로 하였다.

육아지원 정책 방안은 연령별로 정책방안을 설정한 것이 특징이다. 0세는 가정에서 자녀를 돌볼 수 있도록 육아 환경을 조성하고, 양육능력이 부족한 부모를 위한 지원제도를 마련하고자 하였다. 1세부터 5세까지는 보육과 유아교육을 내실화하고, 서비스 이용기회를 확대하기로 하였다. 육아지원기관의 양적 확대뿐만 아니라 인력 · 시설 · 프로그램 등의 전국적 표준화와 서비스 질 제고를 함께 추진하여 3세 미만은 보육, 3~4세는 영유아의 발달 수준에 따라 보육 또는 교육 선택, 5세는 유아교육 위주로 실시하고자 하였다. 6세부터 8세까지는 방과후 교실을 확대하여 유휴시설의 가동률을 높이고, 저학년 초등학생을 방과후에도 부모가 안심하고 맡길 수 있도록 제도를 마련하고자 하였다(정책기획위원회, 2008: 41).

고령화 및 미래사회위원회는 2004년에 실시한 '2004년도 전국 보육 · 교육 실태조사' 결과를 토대로 2005년 5월 '제2차 육아지원 정책 방안'을 대통령에게 보고하였다. 정책의 목표는 육아지원시설 이용기회를 확대하여 접근성을 높이고, 가정의 육아비용 부담을 경감하며, 육아의 질적 수준을 높이는 것으로 정하였다. 세부 추진과제로는 지역별 · 연령별 육아지원시설 균형 배치, 표준보육료 · 교육비 산정과 소득수준별 보육료 · 교육비 차등 지원, 만 5세 무상교육 추진, 유치원 교육과정과 표준보육과정 상호 연계, 보육시설 평가인증제 도입과 유치원 시범평가 실시 및 확대, 교사양성 교육과정 강화와 통합 보육 · 교육이 가능한 교사인력 확충 등이 포함되었다. 이 방안은 표준보육료 · 교육비 산정과 육아지원시설 확충 등으로 많은 예산이 요구되었고, 예산 확충방안에 대한 논의가 길어지면서 공식적으로 발표되지 않았다. 그러나 육아지원 정책 방안은 「저출산 · 고령사회기본법」에 따라 구성된 '저출산 · 고령사회위원회'가 2006년 7월 수립한 '제1차 저출산고령사회 기본계획'과 여성가족부의 '제1차 중장기 보육계획'으로 이어졌다.

육아지원 정책 방안은 몇 가지 점에서 긍정적으로 평가할 수 있다. 첫째, 그동안 국가 차원의 총괄적 방향 설정 없이 정책이 추진되어 왔던 것에 반해 종합적인 육아지원 정책을 마련했다는 점에서 큰 의의가 있다(정책기획위원회, 2008: 46). 유아교육과 보육을 핵심으로 하면서도 '육아'라는 통합적인 개념을 도입하여 정책방안을 제시한 점은 큰 성과라고 할 수 있다(대한민국정부, 2006: 214).

둘째, 육아정책연구기관이 설립되었다. 그동안 한국교육개발원, 한국보건사회연구원, 한국여성개발원이 각각 수행하던 유아교육과 보육 정책연구를 2005년 '육아정책개발센터'를 설립함으로써 통합적으로 할 수 있게 되었다. 육아정책개발센터는 2009년 12월 '육아정책연구소'로 명칭을 변경하였다.

셋째, 공평한 교육기회를 제공하고 학부모 부담을 경감하기 위해 교육비 · 보육료 지원을 확대하였다. 2006년까지 저소득층 위주로 지원하던 만 5세아 무상교육비 지원을 2007년부터는 중산층까지 확대하였고, 지원단가도 매년 인상하였다. 0~4세아는 저소득층 차등보육료 지원으로 통칭할 수 있는데, 보육시설에 다니는 0~4세아가 차등보육료를 지원받아 온 것과 달리 유치원에 다니는 만 3~4세아는 2004년에 처음으로 유아교육비를 지원받았다.

넷째, 유치원 종일제 운영이 급격하게 증가하였고, 사립유치원에 대한 재정지원이 확대되었다. 2002년에는 전체 유치원의 29.6%만 종일반을 운영했으나, 2003년에는 35.2%, 2005년 62.5%, 2007년 81%로 계속 늘어났다. 또 2006년부터 농어촌 지역과 30만 명 미만 도농복합지역 사립유치원 학급 담임교사에게 학급담임수당을 지원하기 시작하였다.

다섯째, 보육의 보편성과 공공성을 강화하는 정책들이 시행되었다. 2005년 보육교사 자격증제도가 도입되었고, 자격검정 및 자격증 발급체계를 구축하였다. 어린이집 평가인증제도는 2005년 시범실시를 거쳐 2006년 본격 시행되었다. 표준보육과정 개발 · 보급을 위해 여성가족부는 2007년 1월「표준보육과정의 구체적 보육내용 및 교사지침」을 고시하였다. 2007년에는 e-보육, 즉 '표준보육행정시스템'이 구축되었고, '보육시설 운영위원회'와 보육시설 '재무회계규칙'이 도입되었다.

이러한 성과에도 불구하고 육아지원 정책 방안에서 제시된 많은 과제들이 실현되지 못하였다. 육아지원 행정 및 전달체계를 정비하고자 '유아교육 · 보육위원회'와 '보육정책조정위원회'를 통합 · 운영하고자 한 방안은 이루어지지 않았다. 방과 후 교육 · 보육 활성화는 계속된 정책 중 추진 정도가 가장 미흡했는데, 주무부처가 없어 정책의 방향과 세부 추진과제 등이 마련되지 못한 것이 원인이었다(정책기획위원회, 2008: 46). 육아지원기관의 균형 배치와 이용기회 확대를 위한 방안 중 초등 유휴교실을 병설유치원과 보육시설 등 통합 육아지원시설로 활용하는 과제는 실행되지 못했다. 국 · 공립 기관의 확충, 보육 · 유아교육 통합 교사 양성, 교사 급여의 현실화 등도 추진이 미흡하였다(정책기획위원회, 2008: 53-54).

유보통합의 관점에서 육아지원 정책 방안은 영유아 외에 초등학교 저학년까지를 정책대상으로 하여 연령별로 지원정책을 마련했다는 특징이 있지만 여러 부처가 연령별 정책을 나누어 담당한 문제가 있었다. 또 육아지원은 보육, 유아교육, 방과 후 교육을 포괄하는 개념이었지만 보육의 공공성 강화 쪽으로 편향된 정책이었다. 유보통합을 위해 제시한 과제 중 만 3~5세아 교육비 · 보육료 지원 확대와 '육아정책개발센터' 설치는 차기 정부가 유보통합 정책을 한 단계 진전시키는 데 많은 도움을 준 정책이었다.

4) 누리과정 정책

교육부와 보건복지부가 유아교육 정책과 영유아보육 정책을 각각 추진하는 상황에서 2009년 11월 '만 5세 초등학교 취학'이 저출산 대책 방안의 하나로 제안되었다. 이명박 정부는 대안 검토 후 '만 5세 무상교육 강화'를 정책의제로 설정하고, 2011년 5월 '만 5세 공통과정 도입 계획'을 발표하였다. 정책의 목표는 유치원과 어린이집에 만 5세 유아 공통 교육과정을 도입하고, 소요되는 비용은 교육부 소관의 지방교육재정교부금으로 충당하여 학부모의 육아 부담을 경감시키겠다는 것이었다. 2011년 소득하위 70%까지 지원하던 만 5세 유치원비와 어린이집 보육료를 2012년부터는 전 계층에 지원하고, 지원단가도 매년 인상하기로 하였다.

정부는 2012년 2월까지 공통 교육과정인 '5세 누리과정'을 고시하였고, 「유아교육법 시행령」「영유아보육법 시행령」「지방교육재정교부금법 시행령」 등 관련법령을 개정하였으며, 교사용 자료 개발 · 보급과 교사연수를 완료하였다. 2012년 3월 '5세 누리과정'이 시행되었다.

이명박 대통령은 '5세 누리과정' 도입에 대한 반응이 좋자 2011년 7월 12일 누리과정을 만 3세, 만 4세까지 확대하는 방안을 검토하도록 지시하였다. 정부는 관계부처 협의를 거쳐 2012년 1월 '3~4세 누리과정' 도입 계획을 발표하였다. 2013년 2월까지 '3~5세 연령별 누리과정'을 고시하였고, 교사용 자료 개발 · 보급과 교사연수를 실시했다. 국회는 초등학교 취학 전 3년까지 무상교육을 확대하기 위해 「유아교육법」과 「영유아보육법」을 개정하였다. 2012년 11월 국회 예산 심의과정에서 누리과정의 법적 근거를 둘러싼 논란이 있었지만 2013년 3월부터 전국의 유치원과 어린이집에서 '3~5세 연령별 누리과정'이 시행되었다.

2013년 2월 출범한 박근혜 정부는 누리과정 정책을 계승하여 '3~5세 누리과정 지원 강화'를 국정과제에 포함하였다. 2013년 3월부터 누리과정 정책은 집행 단계에 접어들었고, 교육과정 운영은 비교적 순탄하게 진행되었다. 1일 3~5시간으로 되어 있는 누리과정 운영시간을 4~5시간으로 조정한 것이 교육과정 측면에서의 변화였다. 2015년 3월부터 유치원과 어린이집은 1일 4~5시간 누리과정을 운영한다.

반면, 누리과정의 법적 근거와 예산편성을 둘러싼 논란은 2014년 9월에 정부가 2015년도 예산안을 발표한 이후 본격적으로 벌어졌다. 누리과정에 소요되는 비용은 2015년부터 모두 지방교육재정교부금으로 지원하기로 하였으나 교부금은 경기 변동에 민감한 내국세가 주요 재원이었다. 2013년 경기 둔화로 세수가 부족하여 2015년에 시 · 도 교육청에 배분되는 교부금이 줄어들자 17개 시 · 도 교육감은 2015년도 누리과정 어린이집 보육료 예산을 중앙정부가 책임지지 않으면 교육청도 어린이집 보육료를 전액 편성하지 않는다고 결의하였다. 이에 대해 중앙정부는 어린이집 누리과정 예산편성은 시 · 도 교육감의 법령상 의무이며, 일시적인 교육재정의 어려움은 교육청이 세출 구조조정 등 재정 효율화를 통해 극복해야 한다고 맞섰다. 2014년 11월 국회 예산 심의과정에서 누리과정 예산은 최대 쟁점이자 여야 간 진영 싸움으로 번졌고, 교육부 소관 상임위인 교육문화체육관광위원회에서는 해결할 수가 없었다. 결국 2015년도 누리과정 예산 논란은 여야 지도부가 국비

약 5천억 원을 목적예비비로 우회지원하는 방식에 합의한 후 마무리되었다.

2015년에는 1년 내내 누리과정 논란이 있었다. 상반기에는 여야 합의로 결정한 누리과정 예산 우회지원이 매끄럽게 집행되지 않았다. 기획재정부가 목적예비비를 조기에 배정하지 않은 이유는 그 돈이 교육청에서 필요로 하는 누리과정 예산의 일부에 불과하고 교육청이 예산을 받은 후에도 열악한 재정을 이유로 지방채 발행을 미룰 가능성이 있다고 보았기 때문이었다. 국회 안전행정위원회에서는 지방채 발행요건을 완화하기 위한 「지방재정법」 개정에 여야 간 입장이 달랐다. 누리과정 예산 갈등이 재연되자 여야 지도부가 다시 나섰고 국회는 2015년 5월 「지방재정법」 개정안을 통과시켰다.

2015년 하반기의 논란은 정부가 추진한 지방교육재정 개혁으로 인한 갈등과 2016년 누리과정 예산확보 문제 때문이었다. 정부의 지방교육재정 효율화 방안에는 누리과정 비용을 의무지출경비로 지정하는 내용이 포함되어 있었는데, 시·도 교육감협의회는 이를 거부하는 결의문을 채택하였다. 정부는 2015년 10월 「지방재정법 시행령」을 개정하여 누리과정 비용을 시·도 교육감의 의무지출 사항으로 정했지만, 교육감협의회는 2016년도 어린이집 누리과정 예산을 편성하지 않기로 결의하였다. 2014년에 이어 2015년에도 누리과정 예산이 정부 예산안의 최대 쟁점이었고, 목적예비비 3천억 원이 배정되었으나 교육감협의회는 수용하지 않았다. 17개 시·도 교육청 중 14곳이 2016년도 어린이집 누리과정 예산을 편성하지 않자 일부 시·도 의회는 교육청이 편성한 유치원 예산을 삭감하였다. 누리과정 예산편성 논란은 중앙정부와 시·도 교육청 간 갈등을 넘어 시·도 의회와 시·도 교육청 간 갈등으로 비화되었고, 누리과정 제도 도입 이후 최대 위기에 봉착하였다.

서울 등 7개 교육청이 누리과정 예산을 편성하지 않은 상태에서 출발한 2016년은 연초부터 누리과정 논쟁이 불붙었다. 논쟁의 내용은 늘 비슷했다. 어린이집이 교육기관인지 여부, 시·도 교육청의 재정 여건, 예산 부담주체를 두고 서로의 주장을 반복했다. 그런 가운데 2016년 4월 13일 실시된 국회의원 총선에서 여당인 새누리당이 과반 확보에 실패하여 16년 만에 여소야대 정국이 형성되었다. 그 무렵 정부는 시·도 교육청 법정지출 예산편성의 이행장치를 마련하기 위해 특별회계 신설을 추진하였다. 2016년 7월에는 총 11조 원 규모의 2016년도 추경예산안을 편성하였는데, 초과 세수가 9.8조 원이므로 교부금 몫으로는 1.9조 원이 편성되었고, 국회가 추경예산안을 통과시킨 때는 9월 초였다.

누리과정 예산이 추가로 확보되었지만 경기 · 전북 지역은 2016년 10월 기준으로 2016년도 어린이집 누리과정 예산을 편성하지 않았다. 그런 상황에서 대구 · 대전 · 울산 · 경북을 제외한 13개 지역 교육감들은 2017년도 어린이집 누리과정 예산을 편성하지 않겠다고 결의하였다. 일부 지역의 2016년도 예산편성이 끝나지 않은 상태에서 2017년도 예산 전쟁이 다시 시작되었다. 그런데 2017년도 누리과정 예산 전쟁은 지금까지와는 차원이 다른 격변하는 정치체제 속에서 이루어졌다. 이른바 대통령 비선 실세의 국정농단 의혹이 일파만파로 번져 2016년 10월 말에는 국정농단 진상규명과 대통령 하야를 요구하는 첫 번째 촛불집회가 열렸다. 2016년 11월 대통령의 국정 지지도는 역대 최저치인 4%였고, 대통령과 청와대는 정부와 여당에 대해 영향력을 행사할 수 없었다. 그런 가운데 정부와 여야 3당은 2016년 12월 2일, 2017년도 예산안 협상을 타결하였다. 누리과정을 위해 3년 한시 특별회계를 신설하고, 세입은 지방교육재정교부금과 일반회계로부터의 전입금으로 하며, 2017년도 일반회계 전입금은 8,600억 원으로 한다는 것이었다. 특별회계 신설로 시 · 도 교육청의 2017년도 누리과정 예산편성은 대체로 순조로웠다.

2012년 11월에 시작된 누리과정 예산편성 논란은 약 4년간의 진통 끝에 2016년 12월 '유아교육지원특별회계'가 도입되면서 일단락되었다. 2017년 3월 박근혜 대통령의 탄핵으로 같은 해 5월 출범한 문재인 정부는 어린이집 누리과정 비용 전액을 국고로 지원하는 정책을 추진하였다.

누리과정 정책의 성과는 무엇인가?

첫째, 유치원과 어린이집의 유아 교육과정을 통합하였다. 영유아정책을 담당하는 정부부처가 이원화된 상태에서 유치원과 어린이집에 공통 적용할 수 있는 교육과정을 마련하여 유아교육의 질적 수준을 높이는 첫발을 내디뎠다는 것은 매우 의미 있는 일이다. 교육부와 보건복지부는 2011년에 '5세 누리과정'을, 2012년에는 '3~5세 연령별 누리과정'을 제정하여 만 5세는 2012년 3월부터, 만 3~4세는 2013년 3월부터 적용하기 시작하였다.

둘째, 만 5세 유아뿐만 아니라 만 3~4세 유아는 부모의 소득수준에 관계없이 전계층에 유아 무상교육비를 지원받게 되었다. 만 5세 유아 무상교육비 지원 정책은 1997년에 처음 법제화된 후 역대 정부가 지원대상과 지원단가를 점차 인상해 왔으며, 2012년 전 계층에 지원하기까지 약 15년의 세월이 흘렀다. 2013년에는 누리과정을 만 3~4세까지 확대함에 따라 유치원이나 어린이집에 다니는 모든 유아는 정부가 책정한 일정 금액의 유치원비 또는 보육료를 지원받을 수 있게 되었다.

셋째, 유아 교육기회가 확대되었다. 유치원과 어린이집 이용률은 만 5세 유아의 경우 2011년 82.7%였으나 2015년에는 92.9%로 늘어났고, 만 3세와 만 4세 유아는 2012년에 각각 87.4%, 90.8%였으나 2015년에는 89.5%, 90.8%이다. 만 3~5세 모두 2015년 기준으로 90% 전후의 기관 이용률을 보이고 있어서 누리과정 대상 확대의 성과목표를 달성하였다(이윤진 외, 2016: 102-104).

넷째, 만 3~5세 유아교육과 보육에 소요되는 재정을 통합하였다. 누리과정이 도입되기 전에 유치원비는 교육부 소관의 지방교육재정교부금으로, 어린이집 보육료는 보건복지부 소관의 국비와 일반지자체의 지방비로 부담했으나 누리과정 도입 후에는 지방교육재정교부금으로 일원화되었다. 다만, 누리과정에 소요되는 재정은 2015년부터 모두 지방교육재정교부금으로 부담하기로 하였으나 교부금은 내국세와 연동되어 경기변동에 영향을 받으므로 안정된 재원이라고 할 수 없었다. 2016년 12월 「유아교육지원특별회계법」이 제정됨으로써 2017년부터는 누리과정 비용을 국고 일반회계와 교육세를 재원으로 충당하게 되었다. '유아교육지원특별회계'는 교육부장관의 소관이므로 누리과정 재정이 통합된 것은 변함이 없다.

이러한 성과에도 불구하고 누리과정 정책은 몇 가지 문제점을 드러냈다. 가장 미흡한 점은 누리과정 정책의 법적 근거와 예산 부담 주체를 둘러싸고 정책 집행과정에서 정부와 시·도 교육청 간, 여야 간에 갈등이 심화되었다는 점이다. 어린이집 보육대란이 자주 발생하였고, 유치원비 지원이 중단되기도 하였다. 이러한 갈등은 자녀를 집 가까운 곳에서 저렴한 비용으로 양질의 교육을 받게 하고픈 부모들의 기대를 저버리는 일이 아닐 수 없다.

둘째, 누리과정 정책목표 중 하나인 학부모의 경제적 부담 경감은 실현되었다고 보기 어렵다. 누리과정 정책을 설계할 때 정부는 만 5세 유아의 누리과정 지원단가를 2012년 월 20만 원에서 2016년 월 30만 원까지 단계적으로 인상한다고 하였다. 2013년 월 22만 원부터 지원하기 시작한 만 3~4세 유아의 누리과정 비용 지원 계획도 마찬가지였다. 그러나 누리과정 지원단가는 월 22만 원으로 계속 동결되었고, 학부모가 기관에 추가로 지불하는 평균 비용은 2013년에는 62,984원, 2014년에는 66,447원, 2016년에는 70,229원이다. 기관에 내는 추가 비용은 기관의 종류별로 다른데, 유치원은 월평균 약 9만 원, 어린이집은 약 5만 원으로 유치원이 어린이집보다 약 4만 원 더 많다. 동일한 누리과정 비용을 지원받더라도 어느 기관에 다니느냐에 따라 추가로 내는 비용이 다르고 격차도 크기 때문에 보편적 지원정책의 효과를 달성했다고 보기 어렵다(이윤진 외, 2016: 84-87).

유보통합의 관점에서 누리과정 정책은 통합의 요소인 유아 교육과정 통합과 유치원비·보육료 재정 통합을 추진한 정책이었지만 그 영향력은 매우 컸다. 유치원과 어린이집의 관리체계를 교육부와 보건복지부로 유지한 상태에서 유아 교육과정과 유치원비·보육료 지원 재정을 통합하고자 한 시도는 유보통합을 위한 큰 발걸음을 내딛기 시작했음을 의미한다. 누리과정의 도입으로 학부모들은 유아교육의 질적 수준과 재정지원에 관심을 갖게 되었고, 여야 정치권은 유아교육·보육 이원화의 문제점과 유보통합의 필요성을 재인식하는 계기가 되었다. 이명박 정부 때 도입한 누리과정 정책은 박근혜 정부와 문재인 정부에 계승되었고, 박근혜 정부가 유보통합 문제를 정책의제로 설정하는 데 중요한 기여를 하였다.

5) 유보통합 추진방안

정부가 3~5세 연령별 누리과정 시행을 준비하고 있던 2012년 12월, 제18대 대통령 선거가 있었고, 새누리당 박근혜 후보가 당선되었다. 교육부는 2013년 1월 15일 유보통합을 주요 내용으로 하는 '유아교육·보육 관리체제 선진화 방안'을 제18대 대통령직인수위원회에 보고하였고, 대통령직인수위원회는 분과별 토론회에서 유보통합 문제를 두 차례 논의하였다.

새 정부 출범 후 박근혜 대통령은 2013년 4월 국무조정실 중심으로 유보통합 정책을 추진하되, 교육부와 보건복지부가 적극 협력하고, 학부모 여론조사를 실시하여 유보통합 방안을 마련하라고 지시하였다. 국무조정실은 2013년 5월 10일 국가정책조정회의에 '유보통합위원회 구성 및 운영 계획'을 보고했고, 5월 22일 제1차 유보통합추진위원회를 개최하였다. 제1차 유보통합추진위원회에서는 유보통합 추진체계와 향후 추진일정을 논의하였다. 유보통합 논의 기구는 유보통합과 관련하여 주요 정책을 결정하는 '유보통합추진위원회', 실무 조정을 담당하는 '실무조정위원회'와 전문가로 구성된 '통합모델개발팀'이었다. 향후 일정으로는 2013년 5~6월 중에 학부모 여론조사를 실시하고, 8월 말까지 통합모델개발팀을 중심으로 통합모델안을 개발한 후 2014년 3월 새 학기에 맞추어 시범사업을 실시하는 것으로 잠정 결정하였다.

박근혜 정부는 학부모 의견조사, 정책연구, 관계부처 협의를 거쳐 2013년 12월 '유보통합 추진방안'을 확정하였다. 유보통합 추진의 기본방향은 학부모 요구 충족에 최우선 순위를 두고, 박근혜 정부 임기 내에 완성하되, 이해관계자의 갈등요인을 효율적으로 관리하면서 2014년부터 단계적으로 추진한다는 것이었다. 유보통합의 단계별 추진내용은 다음과 같다. 첫해인 2014년에는 1단계로 통합 전에 즉시 할 수 있는 과제부터 우선 추진하기로 하였다. ① 정보공시 내용 확대와 연계 및 통합, ② 공통 평가항목과 평가기준 마련, 유치원 평가와 어린이집 평가인증 연계, ③ 재무회계규칙 적용 확대와 공통 적용항목 개발 등이었다. 2015년부터는 2단계로 규제환경 정비 등 본격적인 통합을 추진하기로 하였다. ④ 결제카드 통일, ⑤ 시설기준 정비 · 통합, ⑥ 이용시간 통합, ⑦ 0~2세 유치원 취원 허용, ⑧ 교사자격과 양성체계 정비 및 연계 추진 등이었다. 그리고 2016년에는 3단계로 관리부처와 재원 등을 통합해서 마무리하기로 하였다. ⑨ 어린이집과 유치원 간 교사 처우 격차 해소를 위한 단계적 지원, ⑩ 관리부처와 재원의 통합이 주요 과제였다.

유보통합 추진방안이 마련되었으므로 국무조정실은 유보통합 추진 조직을 정비하는 한편, 각 과제별 추진계획을 수립하기 시작하였다. 2014년 2월 국무조정실에 3개 팀으로 구성된 '영유아교육 · 보육 통합 추진단'을 설치하였다. 유보통합 추진단은 유보통합 세부 추진계획을 수립하면서 정부가 확정한 '유보통합 추진방안'의 과제들을 재설정하였다. 2014년에 추진하는 1단계 통합과제는 ① 유아학비 · 보육료 지원 결제카드 통합, ② 유치원 · 어린이집 정보공시 연계 · 통합, ③ 유치원 · 어린이집 평가체계 통합, ④ 재무회계규칙 강화 · 통합으로 정하였다. 당초 2단계에 하기로 했던 결제카드 통합을 1단계에 배치하였다. 2015년에 추진하는 2단계 통합과제는 ⑤ 가격규제 제도 개선, ⑥ 0~2세 유치원 취원 허용 및 교육 · 보육과정 통합, ⑦ 시설기준 정비, ⑧ 유치원 · 어린이집 운영시간 조정, ⑨ 교육 · 보육 지원방식 다양화, ⑩ 교사양성 · 자격 정비 및 연계 등이었다. 2016년에 추진하는 3단계 통합과제는 ⑪ 교사 처우 격차 해소, ⑫ 관리부처 및 재원, 법률 통합이었다.

12개 통합과제 중에서 ⑧ 유치원 · 어린이집 운영시간 조정, ⑨ 교육 · 보육 지원방식 다양화는 보건복지부가 추진하는 '맞춤형보육 지원체계 개편'과 연계하여 추진하는 것으로 변경하였다. 또 교사 통합과 관련되는 ⑩ 교사 양성 · 자격 정비, ⑪ 교사 처우 격차 해소는 하나의 과제로 묶어 '교사 양성 · 자격 개편 및 처우 개선'으로 정하고, 2016년에 추진하기로 하였다. 결과적으로 박근혜 정부가 추진하는 유보통합 과제는 모두 10개였다.

박근혜 정부는 2014년부터 대통령이 탄핵으로 파면된 2017년 3월까지 유보통합 10개 과제 중 8개 과제를 실행하였다. 먼저 유아학비 · 보육료 지원 결제카드는 '아이행복카드'로 통합하여 2015년부터 시행하였다. 유치원 · 어린이집 통합 정보공시 사이트를 2014년 11월에 개통한 데 이어 2015년에는 정보공시 항목을 정비 · 통합하여 관련법령을 개정하였다. 평가체계 통합을 위해 2015년에 유치원과 어린이집 195개 시설을 대상으로 통합평가를 시범 운영했고, 교육부와 보건복지부는 각각 2016년과 2017년에 평가계획을 세워 시행하였다. 어린이집 미설치 지역의 0~2세 영아 유치원 취원 허용을 위해 2016년에 '유치원 연계 어린이집 확충사업'을 시범 실시하였다. 유치원 · 어린이집 시설기준 정비 · 통합방안에 따라 교육부와 보건복지부는 2017년에 관련법령을 개정하였다. 교육부 단독 과제인 유치원비 인상률 상한제는 2015년에 법률 개정을 완료하였고, 보건복지부 단독 과제인 맞춤형 보육 지원체계 개편은 2016년 7월부터 시행되었다. 재무회계규칙 통합방안에 따라 교육부와 보건복지부는 2017년에 관련규정을 개정하여 시행하였다. 교사 양성 · 자격 개편 및 처우 개선과 관리부처 · 재원 통합은 이루어지지 않았다.

유보통합 추진방안의 가장 큰 성과는 수요자의 편의 증진을 위해 유치원과 어린이집에서 서로 다르게 운영되던 많은 요소들을 통합하였다는 것이다. 결제카드를 '아이행복카드'로 통합하였고, 정보공시 항목과 범위를 통합하고 통합정보공시 사이트를 개통하였다. 평가체계를 통합하였고, 미흡한 시설기준을 정비하였으며, 재무회계규칙을 개정하여 예산과목을 유사하게 맞추었다. 그 밖에 어린이집이 설치되지 않은 지역에 '유치원 연계 어린이집 확충사업'을 시범 실시하였고, 유치원에 가격규제 장치를 마련하였으며, 어린이집에 맞춤형 보육서비스를 도입하였다.

두 번째 성과는 우리나라 역사상 처음으로 정부가 유보통합을 정책의제로 채택하고 '유보통합 추진방안'을 마련하여 추진하였다는 것이다. 제18대 대통령직인수위원회에서 유보통합 문제를 논의할 때부터 정부가 유보통합 정책을 결정하고 과제별 통합방안을 마련하는 과정에서 유보통합 자체에 반대하는 목소리는 크지 않았다. 그런 점에서 김영삼 정부의 교육개혁위원회가 '유아교육의 공교육체제 확립 방안'을 발표한 후 「유아교육법」을 제정하는 과정에서 이해관계자 간의 갈등이 첨예하게 대립했던 것과는 대조적이었다.

그러나 박근혜 정부의 유보통합 정책도 한계를 드러냈다. 가장 큰 문제는 유보통합의 핵심과제인 관리부처 통합과 교사자격 통합을 3단계인 2016년 이후에 배치했다는 것이다. 그 결과, 다른 과제들은 과제별 통합방안을 마련하여 통합을 완료했거나 후속조치를 추진했지만 두 개의 과제는 통합방안조차 발표되지 않았다. 국정추진 동력이 가장 약화되는 시점인 정권 말기에 갈등 유발이 크고 재정부담도 큰 과제를 해결하겠다는 방안 자체가 문제였던 것이다(이정욱, 2017: 455-456).

두 번째 문제는 대통령의 정책의지가 일관되지 못했다는 것이다. 유보통합은 처음에는 교육부가 인수위 보고를 통해 정책 이슈화를 시도했지만 그다음부터는 대통령이 정책의제로 설정하고 정책추진을 독려하였다. 복잡하고 어려운 일일수록 정부 초기에 사활을 걸고 추진하라는 말도 했다. 그러나 대통령은 정책을 집행하는 단계에서는 시간이 지날수록 유보통합을 언급하지 않았다. 2013년에 유보통합 모델안 개발 연구의 책임자였던 윤희숙 KDI 국제정책대학원 교수의 말과 같이 유보통합을 위해서는 "일관성 있는, 강력한 리더십"이 필요하다(동아일보, 2017. 12. 18.).

그 밖의 문제점으로 정부가 유보통합에 소요되는 재원확보 방안 없이 정책 설계를 했다는 점, 유보통합의 진행 상황이 제대로 공개되지 않았다는 점 등을 지적하는 견해도 있다(이정욱, 2017: 457-458). 2016년 2월에 한 언론은 유보통합 목표과제 8개 중에서 완료된 것은 2개뿐이라고 하였다. 교사 자격 · 양성체계 정비와 관리부처 등 핵심 사안은 기본 윤곽도 나오지 않았다고 하며, 유보통합 자체가 유야무야될 우려가 있다고 지적하였다(경향신문, 2016. 2. 23.). 이에 대해 국무조정실은 "국무총리실 유보통합추진단과 관계부처 합동으로 필요한 과제들을 계획대로 추진 중"이라고 해명하였다. 교사 자격체계와 관리부처 통합은 정책연구 단계에 있고, 당초 계획대로 2016년 내에 통합방안을 확정 · 발표하겠다고 하였다(국무조정실, 2016). 그러나 그 해명은 지켜지지 않았다.

박근혜 정부는 임기 내에 유보통합을 완성하겠다고 하였다. 그 약속을 지키지 못한 이유는 앞에서 열거한 문제 외에 여러 가지가 있을 수 있겠지만 한 가지 추가하고 싶은 것은 누리과정 정책과 유보통합 정책의 관계이다. 우리는 앞에서 2014년 9월부터 누리과정 예산편성을 둘러싼 논쟁이 확산되었고, 2015년에는 더욱 심화되었으며, 누리과정 문제의 해결책으로 유보통합이 대두되었다는 것을 알았다. 그런데 누리과정 논쟁이 확산 · 심화된 때는 정부가 2013년 12월에 확정한 유보통합 추진방안의 과제별 추진방안을 마련하던 때였다. 정부는 2014년 8월부터 2015년 9월까지 세 차례 유보통합추진위원회를 열어 과제별 추진방안을 확정하였고, 관련 보도자료를 배포하였다. 그러나 누리과정 갈등이 절정에 달한 2016년에는 2월에 해명 보도자료를 한 차례 냈을 뿐 그 이후에 유보통합과 관련된 홍보를 전혀 하지 않았다.

박근혜 정부의 유보통합 정책이 성공하지 못한 이유는 정치체제를 둘러싼 사회·경제적 환경 변화와 정치체제 내부의 변화에서 찾을 수 있을 것이다. 다시 말해, 2014년부터 2016년까지 세수 부족에 따른 누리과정 예산편성 논쟁과 2016년 10월에 본격적으로 불거진 국정농단 사태가 복합적으로 작용했다는 뜻이다. 필자는 그중에서 사건의 발생시기로 볼 때 누리과정 예산편성 논쟁이 유보통합 정책의 성패에 더 큰 영향을 미쳤다고 생각한다.

박근혜 정부의 유보통합 추진정책은 정부부처 통합뿐만 아니라 유치원과 어린이집에서 서로 다르게 운영되는 0~5세 영유아 대상의 다양한 요소들을 통합하고자 하였다. 그러므로 여러 차례의 정책 사례 중에서 가장 포괄적인 유보통합 정책이었다고 할 수 있다.

2. 시사점, 향후 전망과 과제

1) 몇 가지 시사점

몇 차례 추진된 유보통합 정책의 성과와 한계 분석을 토대로 다음과 같은 시사점을 얻을 수 있다.

첫째, 유보통합 정책을 추진할 때는 유아교육뿐만 아니라 영아 돌봄도 고려해야 한다. 1980년대 전두환 정부의 '유아교육 진흥 정책'은 유아교육 기회를 확대하는 데는 기여했지만 상대적으로 영아의 돌봄은 소홀히 하였다. 당시 유아교육의 대상은 만 4~5세였고, 일을 해야만 하는 여성들은 만 3세 이하의 자녀를 맡길 만한 시설이 부족했다. 결국 증가하는 탁아 수요를 충족시키기 위해 1991년 「영유아보육법」이 제정되었고, 보육사업은 보건복지부로 일원화되었다. 이때부터 유치원은 3~5세 유아를 교육하고, 어린이집은 0~5세 영유아를 보육하는 체제로 굳어졌다. 1997년의 '유아교육의 공교육 체제 확립 방안'은 3~5세 유아교육의 공교육화에 초점을 맞춘 정책으로 0~2세 영아보육에 대해서는 특별한 언급이 없었다.

둘째, 유보통합을 지향한다면 하나의 정부부처가 0~5세 영유아정책을 총괄하도록 해야 한다. 2019년 현재 우리나라가 유보통합이 된 나라인가를 묻는다면 아직 통합이 되지 않았다고 대답할 것이다. 그 이유는 영유아정책을 교육부와 보건복지부가 나누어 담당하기 때문이다. 1980년대 '유아교육 진흥 정책'은 유치원과 새마을유아원을 유아교육기관으로 설정하면서도 내무부 · 문교부 · 보건사회부 등 3개 부처에 역할을 나누어 맡겼다. 1997년의 '유아교육의 공교육 체제 확립 방안'도 3~5세 유아교육은 유아학교로 하여 교육부가 담당하고, 0~2세 영아보육은 보건복지부가 담당하도록 하는 방안이었으므로 연령별 이원화 체제로 귀결되는 정책이었다. 2000년대의 '육아지원 정책 방안'은 정책대상을 0~8세 아동으로 하고, 0세, 1~5세, 6~8세 연령별로 정책 방안을 설정한 후 교육부 · 노동부 · 여성부 · 보건복지부 등 정부부처별로 역할을 나누어 맡겼다.

셋째, 유보통합에 소요되는 재정은 지방교육재정교부금과 같이 내국세에 연동되는 예산보다는 경기 변동에도 불구하고 탄력적으로 대응할 수 있는 예산 지원방식을 활용해야 한다. 누리과정 정책의 법적 근거와 예산편성에 대하여 국회에서 여 · 야 간에 논쟁을 벌이고 중앙정부와 시 · 도 교육청 간 갈등을 일으킨 가장 큰 이유는 시 · 도 교육청의 예산 사정 때문이었다. 우리 속담에 '곳간에서 인심난다'는 말이 있다. 2012년에 '5세 누리과정'이 처음 도입되었을 때, 지방교육재정에서 5세 누리과정 지원비가 차지하는 비중은 크지 않았고, 국회와 시 · 도 교육청에서 누리과정 정책을 반대하는 목소리는 거의 찾아볼 수 없었다는 사실이 그것을 반증한다.

넷째, 유보통합을 성공하기 위해서는 새 정부 출범 초기에 정부부처부터 통합해야 하고, 정부부처를 먼저 통합하지 않더라도 일단 통합하기로 했다면 최고 정책결정권자가 정책의지를 가지고 일관성 있게 추진해야 한다. 김영삼 정부의 '유아교육의 공교육 체제 확립 방안'은 임기 마지막 해인 1997년에 발표되어 정책 추진동력이 현저히 떨어진 상태에서 추진되었다. 2013년에 발표한 박근혜 정부의 '유보통합 추진방안'은 부처통합을 후순위로 미루었고, 시간이 갈수록 정치 · 사회적 환경 변화에 따라 통합에 대한 대통령의 정책의지가 약해졌다. 정부부처 통합이 이루어지지 않았으므로 부처 통합이 되어야 완료할 수 있는 평가체계 통합, 0~2세 유치원 취원 허용, 시설기준 정비 등의 과제들은 완전히 통합되지 않은 상태로 남아 있다.

다섯째, 유보통합 정책은 장기적인 비전과 목표를 가지고 이해관계자의 의견수렴과 국민의 공감대 형성과정을 거쳐 추진해야 한다. 1980년대 '유아교육 진흥 정책'은 대통령이 종합계획 수립을 지시한 지 두 달 만인 1982년 3월 확정되었다. 정부가 발의한 '유아교육진흥법안'을 국회에서 논의하는 과정에 국민들은 졸속입법을 우려하여 수천 통의 진정서 · 건의문 · 탄원서를 국회에 제출하였다. 1997년의 '유아교육의 공교육 체제 확립 방안'을 추진하는 과정에서는 유아교육법안이 발의되자 국회 상임위원회, 정부부처, 유아교육계와 보육계 · 학원계 사이에 첨예한 의견대립과 갈등이 일어났다. 이때의 갈등구조가 워낙 커서 이후 유보통합이라는 말을 공개적으로 꺼내기 어려웠다. 반면, 누리과정 도입 초기에는 정책에 대한 반응이 좋았으므로 정부는 2013년에 유보통합을 정책의제로 설정하고 '유보통합 추진 방안'을 발표하였다.

요약하면, 유보통합을 이루려면 이해관계자의 의견수렴과 공감대 형성을 바탕으로 새 정부 출범 초기에 정부부처부터 먼저 통합해야 한다. 정부부처를 먼저 통합하지 않더라도 일단 통합하기로 방침을 정했다면 대통령이 정책의지를 가지고 일관성 있게 추진해야 한다. 통합방법은 0~2세 영아와 3~5세 유아를 연령별로 분리하여 두 개의 정부부처가 담당하게 할 것이 아니라 0~5세 영유아 전체를 통합의 대상으로 해야 한다. 통합에 따른 재원은 경기변동에 탄력적으로 대응할 수 있는 예산 지원방식을 활용해야 할 것이다.

2) 향후 전망과 과제

유보통합과 관련하여 미래를 전망하고 해결해야 할 과제를 살펴보기에 앞서 문재인 정부 출범 후부터 2019년 현재까지 논의된 내용을 알아보자. 2017년 5월 9일 제19대 대통령 선거가 실시되었고, 다음날인 5월 10일 문재인 정부가 출범했다. 문재인 정부의 대통령직인수위원회 역할을 맡은 국정기획자문위원회는 5월 22일 현판식을 갖고 공식 발족되었다. 국정기획자문위원회는 정부부처 업무보고를 받은데 이어 6월 8일에는 유보통합을 주제로 '끝장토론'을 실시한다고 발표하였다(연합뉴스, 2017. 6. 8.). 국정기획자문위원회가 유보통합 토론회를 개최한다고 하자 영유아 관련 52개 단체가 참여한 '유아교육 · 보육혁신연대'는 6월 9일 성명서를 냈다. 성명서의 골자는 문재인 대통령이 "물 관리를 환경부로 일원화하듯, 유보통합 일원화도 결단해야" 하며, "유보통합으로 「영유아교육법」을 제정하여 미래지향적인 제도를 구축해야 한다"는 것이었다(유아교육 · 보육혁신연대, 2017). 6월 11일 김진표 국정기획자문위원회 위원장이 주재하고 관계부처 공무원과 전문가 등이 참석하여 유보통합 끝장토론을 벌였으나 결론을 내지 못했다. 주요 일간지는 국정기획자문위원회의 동향과 유보통합 관련 이슈를 중요하게 다루었다.

국정기획자문위원회는 2017년 7월 19일 '문재인정부 국정운영 5개년 계획'을 발표했다. 국정운영의 설계도인 5개년 계획에는 100대 국정과제가 선정되었는데, 유아교육과 관련된 사항은 49번 '유아에서 대학까지 교육의 공공성 강화' 과제에 포함되었다. 49번 과제의 세부과제에는 '유치원과 어린이집 격차 완화'라는 표현이 들어갔고, 격차 완화의 주요 내용은 교사 · 교육 프로그램 · 교육시설 질의 균등화였다. 유치원과 어린이집의 질적 수준을 균등하게 하기 위해 2018년에는 교사 자질 향상과 교사 처우를 개선하고, 그 이후에는 교육부와 보건복지부가 협력하여 전문교육과정 운영 및 자격체계 개편을 추진한다는 내용이다. 추진 방법과 일정은 앞으로 구성될 국가교육회의에서 협의 · 조정하기로 하였다(국정기획자문위원회, 2017).

정부는 2017년 9월 '국가교육회의 설치 및 운영에 관한 규정안'을 국무회의에서 의결했고, 10월부터 12월까지 신인령 국가교육회의 의장을 포함한 21명의 위원 구성을 완료하였다.[2] 국가교육회의는 2017년 12월 27일 제1차 회의에서 2018년에 우선 결정 · 추진할 핵심 교육정책 중 하나로 '유치원 · 어린이집 격차 해소방안'을 제시하고, 집중 논의하기로 하였다(국가교육회의, 2017a, 2017b).

대통령직속 국가교육회의가 제1차 회의를 개최한 날, 교육부와 보건복지부는 각각 영유아정책과 관련한 중장기 계획을 발표하였다. 교육부는 2017년 12월 27일 발표한 '유아교육 혁신방안'에서 "유아교육에 대한 국가책임 강화와 교육문화 혁신"을 정책비전으로 내세웠다. 주요 추진과제로 '유아교육의 공공성 강화를 통한 교육의 희망 사다리 복원' '교실혁명을 통한 유아중심의 교육문화 조성' '교육공동체와 함께 유아의 건강한 발달 지원' '유아교육 혁신을 위한 행정시스템 구축' 등을 제시하였다(교육부, 2017). 2018년부터 2022년까지 5년간 유아교육의 발전 방향을

2) 국가교육회의는 "교육혁신, 학술진흥, 인적자원개발 및 인재양성과 관련된 주요 정책 등에 관한 사항을 효율적으로 심의 · 조정하기 위하여 대통령 소속으로" 설치되었다. 국가교육회의는 의장 포함 21명의 위원으로 구성되고, 소관 업무를 전문적으로 수행하기 위하여 필요한 경우 분야별 전문위원회를 둘 수 있으며, 특정 현안을 논의하기 위하여 필요한 경우 존속기간을 정하여 운영하는 특별위원회를 둘 수 있도록 했다. 국가교육회의의 회의 운영 지원 등의 사무를 처리하기 위하여 국가교육회의기획단을 두기로 하였다[「국가교육회의 설치 및 운영에 관한 규정」(대통령령 제28285호, 2017.9.12., 제정)].

제시한 유아교육 혁신방안의 내용 중에 유치원과 어린이집 격차 해소방안은 포함되지 않았다. 국가교육회의가 추진해야 할 일이었기 때문일 것이다.

보건복지부도 2017년 12월 27일 '제3차 중장기 보육 기본계획(2018~2022)'을 발표하였다. 이 계획은 "영유아의 행복한 성장을 위해 함께하는 사회"를 비전으로 제시했고, 국정과제인 '보육 · 양육에 대한 사회적 책임 강화'를 실현하기 위한 4개 분야 17개 과제로 구성되었다. 4개 분야는 '보육의 공공성 강화' '보육체계 개편' '보육서비스의 품질 향상' '부모 양육 지원 확대'이다. 보육서비스의 품질 향상 분야의 과제 중에는 보육교사와 유치원 교사와의 양성체계 및 자격체계 간 격차 해소를 위해 자격체계를 1 · 2급 중심으로 개편하는 내용이 포함되었다. 유치원 교사와 같이 대학을 중심으로 한 신규 자격취득 과정을 활성화하고, 대학 외 보육교사교육원과 학점은행제 방식의 양성과정을 정비해 나가기로 하였다(보건복지부, 2017).

한편, 2018년 2월 27일 개최된 국가교육회의 제2차 회의에서는 '2018년 국가교육회의 운영계획' 등을 논의하였다. 국가교육회의는 2018년 현안과제 중 하나로 '유치원 · 어린이집 격차 완화'를 선정하였고, 산하 유 · 초 · 중등교육전문위원회에서 "유아교육의 질 및 형평성 제고를 위해 교원 자격체계, 양성과정, 처우 등에 대한 종합적인 대책"을 마련하기로 하였다. 구체적인 일정은 2018년 6월부터 방안을 검토하기 시작하여 9월까지 의견을 수렴하고 교육비전과 개혁안을 검토한 후 10월에 초안을 마련한다는 것이었다(국가교육회의, 2018a, 2018b).

이상을 종합하면, 문재인 정부는 2017년 7월 '유치원 · 어린이집 격차 완화'를 국정과제로 설정하였고, 국가교육회의는 2018년에 교원 자격체계, 양성과정, 처우 등에 대한 종합대책을 마련하기로 했다는 사실을 확인할 수 있다. 따라서 정부는 앞으로 한동안 유보통합의 요소 중에서 교원 자격 · 양성 · 처우 문제를 집중적으로 다룰 것으로 전망된다. 교원과 관련한 종합대책을 마련한 후에도 신입생 모집공고를 하여 수업연한에 따른 신규교사를 양성하고, 현직교사 대상으로 보수교육을 실시하고, 이들에게 새로운 자격을 부여하여 현장에 배출하는 데는 적어도 7~8년 이상 소요될 것이다. 교원의 질은 ECEC 서비스의 질을 결정하는 가장 중요한 요소이므로, 새 정부가 이 문제를 국정과제로 정하고 2018년부터 우선 추진하기로 한 결정은 매우 고무적이다.[3]

---

3) 문재인 정부가 '유치원 · 어린이집 격차 해소'를 국정과제로 정하고 교원의 질 균등화를 세부과제로 정함에 따라 국무조정실 유보통합추진단은 교원 관리체제 구축을 위한 기초자료를 제공하기 위해 2017년 10

흔히 유보통합의 어려움을 빗대어 “남북통일보다 더 어려운 것이 유보통합”이라고들 한다. 남북통일과 같이 유보통합도 어렵지만 언젠가는 달성해야 할 과업이라면, 국가교육회의가 이번 기회에 교원 자격 · 양성 · 처우 문제에 대한 종합대책을 잘 마련하여 정착시키기를 기대한다.

유치원과 어린이집의 교원 격차 문제가 해소된다면 유보통합을 위해 앞으로 남은 과제는 무엇인가? 지난 정부에서 누리과정 정책과 유보통합 정책을 통해 많은 과제들이 통합되었으므로 남아 있는 가장 중요한 과제는 정부부처와 재원을 통합하는 것이다. 하나의 정부부처가 영유아정책을 수립할 때 여러 가지 장점이 나타날 수 있다고 한 OECD와 유네스코의 각종 보고서를 인용할 필요도 없이 동일한 정책대상을 두고 교육부와 보건복지부가 유사한 정책을 각각 수립하는 것은 낭비이자 비효율이다. 교육부는 「유아교육법」에 따라 5년마다 ‘유아교육발전 5개년 계획’을 수립하고, 보건복지부는 「영유아보육법」에 따라 ‘중장기 보육 기본계획’을 수립한다. 두 중앙행정기관은 중장기 계획을 수립할 때 각각 중앙유아교육위원회와 중앙보육정책위원회의 심의를 거치지만 부처 간에는 계획의 내용을 협의하지 않는다. 중앙정부에서 결정한 중장기 계획은 각각 시 · 도 교육청과 일반 지방자치단체에 전달된다. 유치원과 어린이집을 직접 지도 · 감독하는 시 · 도 교육청과 일반 지방자치단체가 시설의 설립 · 폐지, 원아모집, 교육과정 운영을 비롯한 시설 운영 등을 협조하기는 사실상 어려운 구조이다.

영유아 자녀를 둔 학부모는 어떤 영유아정책을 원할까? 학부모는 유치원이든 어린이집이든 집 가까운 곳에서, 양질의 교육과 돌봄 서비스를, 저렴한 비용으로 제공받을 수 있기를 원한다. 2013년에 정부가 유보통합 추진방안을 마련할 때 교육부 · 보건복지부 · 육아정책연구소가 협력하여 학부모 대상 여론조사를 실시한 적이 있다. 조사 결과, 학부모는 유치원과 어린이집 이원화 체제의 장점으로 교육과 돌봄 등 다양한 프로그램을 선택할 수 있다고 했고, 단점으로는 동일한 연령인데도

월부터 2018년 1월까지 관련 정책연구를 실시하였다. 연구의 제목은 “각 국의 유치원, 어린이집 교사 자질 향상 및 전문성 제고방안”이며, 연구대상은 일본 · 싱가포르 · 대만 · 영국 · 뉴질랜드 등 5개국의 ECEC 교원체제 및 관련 현황이다. 구체적으로 이 연구는 우리나라와 유사한 교육 · 문화적 배경을 가지고 있는 일본, 싱가포르, 대만과 유아교육과 보육의 행정체제는 통합되어 있으나 교원 양성체제는 분리되어 있는 영국, 그리고 ECEC 교원의 자격을 3년제 학사로 상향하여 일원화된 체제로 운영하고 있는 뉴질랜드의 ECEC 교원 자격체계, 양성교육과정 및 현직교육에 대한 조사 · 분석을 바탕으로 한국적 상황에 부합하는 ECEC 교원 자질 향상과 전문성 제고를 위한 정책적 시사점을 제시하였다(신동주, 염지숙, 장혜진, 2018; 온-나라정책연구 홈페이지).

기관별로 이용시간과 비용에 차이가 난다는 점을 들었다. 학부모들은 유보통합에는 별다른 관심이 없는 것처럼 보이지만 '유치원과 어린이집이 동일하게 운영되었으면 좋겠다고 동의하는 정도'에 있어서는 '지도 · 감독 체계'를 1순위로 꼽았다(교육부, 육아정책연구소, 2013; 보건복지부, 2013). 유치원과 어린이집을 관장하는 정부 부처와 재정이 통합된다고 해서 영유아정책과 관련된 모든 문제가 해결되는 것은 아니겠지만 현재와 같은 이원화된 체제보다는 훨씬 더 효율적이고 효과적으로 영유아정책을 추진할 수 있을 것이라 생각한다.

참고문헌

경향신문(2016. 2. 23.). 유보통합 '유야무야'. 001면.

교육부(2017). 출발선 평등을 실현하기 위한 '유아교육 혁신방안' 발표. 2017. 12. 27. 보도자료.

교육부, 육아정책연구소(2013). 유아교육 · 보육 통합 관련 학부모 인식조사 연구. 서울: 교육부.

교육인적자원부, 한국교육개발원(2007). 교육백서: 2003~2007. 서울: 교육인적자원부.

국가교육회의(2017a). 국가교육회의 제1차 회의 개최: 국가교육회의 운영방향 및 운영세칙 등 논의. 2017. 12. 27. 보도자료.

국가교육회의(2017b). 제1차 국가교육회의 안건.

국가교육회의(2018a). 국가교육회의 제1차 회의 개최: 2018년 국가교육회의 운영계획 논의. 2018. 2. 27. 보도자료.

국가교육회의(2018b). 국가교육회의 2018년 운영계획(안).

국무조정실(2016). 유보통합 '유야무야' 제하 기사 관련. 2016. 2. 22. 보도해명.

국정기획자문위원회(2017). 문재인정부 국정운영 5개년 계획.

대한민국정부(2006). 국가인적자원개발 백서: 인재강국코리아 · Creative Korea 2000-2006. 서울: 교육인적자원부.

동아일보(2017. 12. 18.). 부처-전문가집단-업계 이해관계 엇갈려… 유보통합 이루려면 강력한 리더십 필요. A16면.

배인숙(2006). 유아교육법 제정과정 참여집단의 활동과 영향력 분석. 열린유아교육연구, 11(2), 183-210.

보건복지부(2013). 보육 · 유아교육 통합 관련 학부모 인식조사 연구. 서울: 보건복지부.

보건복지부(2017). '보육 · 양육에 대한 사회적 책임 강화'를 위한 제3차 중장기 보육 기본계획(2018~2022) 발표. 2017. 12. 27. 보도자료.
송기창(2011). 유아교육과 보육, 그 갈등과 협력의 정치학. 교육정치학연구, 18(3), 43-72.
신동주, 염지숙, 장혜진(2018). 각국의 유치원, 어린이집 교사 자질향상 및 전문성 제고방안. 국무조정실 · 국무총리비서실, 덕성여자대학교.
연합뉴스(2017. 6. 8.). 유치원 · 어린이집 통합 '해묵은 논쟁' 끝장토론서 풀리나. https://www.yna.co.kr/view/AKR20170608161900004
유아교육 · 보육혁신연대(2017). 유아교육보육혁신연대 성명서: 6월 11일, 국정기획자문위원회 유보통합 끝장토론에 앞서. 2017. 6. 9. 보도자료.
윤기영(1985). 새마을 유아원의 특성에 따르는 기능상의 문제점 분석. 새마을 연구논문집, 4, 17-35.
이대균(1999). 1990년대 유아교육 관련 주요 법안의 분석적 고찰. 유아교육학논집, 3(1), 5-25.
이덕난(2009). 영유아교육 관련법령의 변천과정에 나타난 유아교육과 보육의 의미에 관한 연구. 교육법학연구, 21(2), 195-216.
이원영(2004). 유아교육법 제정과정과 그 의의. 유아교육학논집, 8(4), 5-32.
이윤진, 김지현, 이민경(2016). 누리과정 정책 성과 분석. 육아정책연구소.
이윤진, 김지현, 이민경(2017). 누리과정 정책 평가와 유보통합의 필요성. 입법과 정책, 9(3), 385-408. 국회입법조사처.
이정욱(2017). 영유아 교육 및 보육 정책의 방향. 교육비평, (39), 444-464.
정정길, 최종원, 이시원, 정준금, 정광호(2017). 정책학원론. 서울: 대명출판사.
정책기획위원회(2008). 안정적 자녀양육 지원체계 구축. 참여정부 정책보고서, 2-26.
조복희, 강희경, 김양은, 한유미(2013). 한국 보육의 역사 및 관련법과 현황. 한국보육지원학회지, 9(5), 381-405.
한만길 외(2007). 5 · 31 교육개혁의 성과와 과제. 서울: 대통령자문 교육혁신위원회.
황보영란(2014). 영유아보육법에 관한 연혁적 고찰. 육아지원연구, 9(2), 125-146.

교육부(http://www.moe.go.kr)
교육통계서비스(https://kess.kedi.re.kr)
국가교육회의(https://eduvision.go.kr)
보건복지부(http://www.mohw.go.kr)
온-나라 정책연구(http://www.prism.go.kr)

찾아보기

인명

내용

저자 소개

장석환(Jang Seok Hwan)

경북대학교 행정학과 졸업
고려대학교 교육대학원 교육학 석사
중앙대학교 대학원 인적자원개발정책학 박사
전) 교육부 유아교육정책과 서기관
　국무조정실 영유아교육 · 보육통합추진단 운영개선과장
현) 충남대학교 국제교류과장

〈논문〉
문민정부 이후 대학 정원정책 분석(교육행정학연구, 2007)
대학 정원조정의 메커니즘과 자율화의 과제(교육행정학연구, 2009)
유아교육 · 보육 통합 추진 현황 및 방향(육아정책포럼, 2014)

한국의 영유아정책

- 영유아 교육 · 보육 통합 관점 -

Early Childhood Education and Care Policy in Korea

2020년 1월 20일 1판 1쇄 발행
2020년 9월 25일 1판 3쇄 발행

지은이 • 장석환
펴낸이 • 김진환
펴낸곳 • (주) 학지사
04031 서울특별시 마포구 양화로 15길 20 마인드월드빌딩
대표전화 • 02)330-5114 팩스 02)324-2345
등록번호 • 제313-2006-000265호

홈페이지 • http://www.hakjisa.co.kr
페이스북 • https://www.facebook.com/hakjisa

ISBN 978-89-997-1988-2 93370

정가 22,000원

이 도서의 국립중앙도서관 출판시도서목록(CIP)은 서지정보유통지원시스템 홈페이지(http://seoji.nl.go.kr)와 국가자료공동목록시스템(http://www.nl.go.kr/kolisnet)에서 이용하실 수 있습니다.
(CIP 제어번호: CIP2019048678)